W0233676

China wird mobil. Immer mehr Autos sind auf immer mehr neuen Straßen unterwegs. Die Verkehrsadern dringen plötzlich in völlig unberührte Gebiete vor, Wirtschaft und Tourismus bahnen sich neue Wege. Welche Auswirkungen das auf die Menschen hat, wie ganz China sich dadurch enorm verändert, davon erzählt Peter Hessler ebenso eindrücklich wie brillant. Er weiß, wovon er spricht: Er hat selbst den chinesischen Führerschein gemacht und ist losgefahren.

Peter Hessler, geboren 1969 in Pittsburgh, USA, war jahrelang Peking-Korrespondent der Zeitschrift *The New Yorker* und veröffentlichte Sachbücher und Reiseberichte. 2001 machte er den chinesischen Führerschein und fuhr tausende Kilometer mit einem VW Jetta die Große Mauer entlang. *Über Land* ist sein erstes Buch, das auf Deutsch erscheint.

PETER HESSLER

ÜBER LAND

Begegnungen im neuen CHINA

Aus dem Amerikanischen
von Friedrich Griese

Berliner Taschenbuch Verlag

FSC

Mixed Sources

Product group from well-managed
forests and other controlled sources

Cert no. SGS - COC - 2061
www.fsc.org
© 1996 Forest Stewardship Council

März 2011
BvT Berliner Taschenbuch Verlags GmbH, Berlin
© 2009 Peter Hessler
Die Originalausgabe erschien 2010 unter dem Titel
Country Driving. A Journey by Car from Farm to Factory
bei Harper Collins, New York
Für die deutsche Ausgabe
© 2009 BV Berlin Verlag GmbH, Berlin
Umschlaggestaltung: Rothfos & Gabler, Hamburg
unter Verwendung einer Fotografie des Autors
Druck und Bindung: Clays Ltd, St Ives Plc
Printed in Great Britain
ISBN 978-3-8333-0174-0

www.berlinverlage.de

für Leslie

INHALT

BUCH I

DIE MAUER

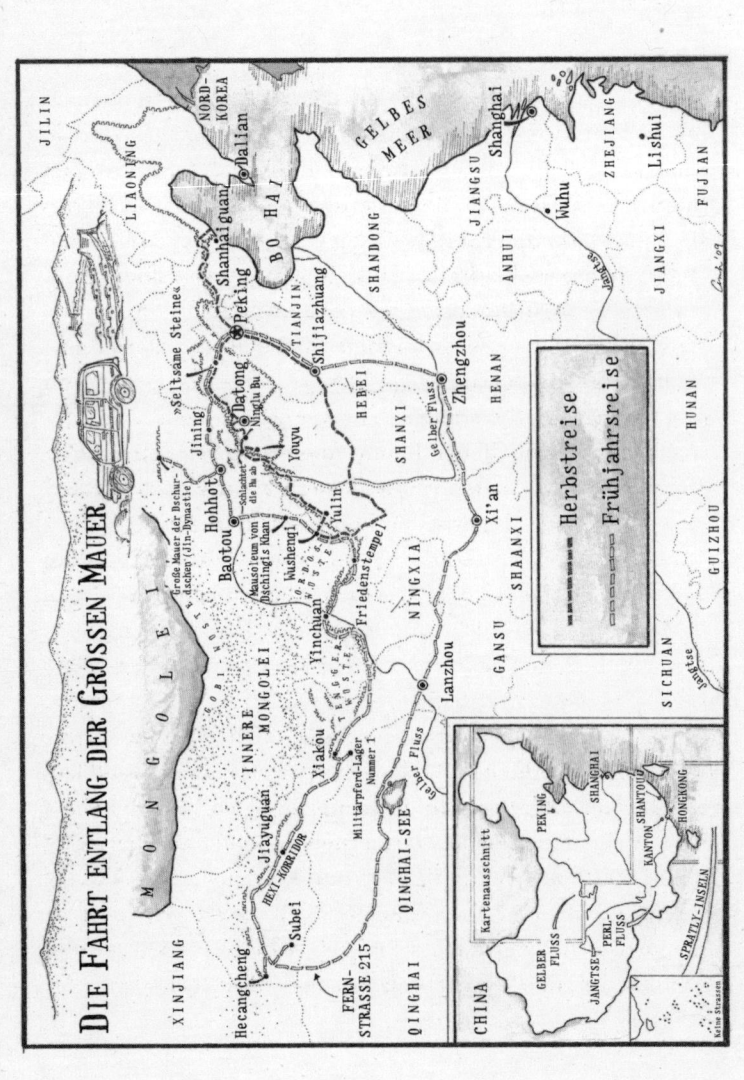

I

Es gibt noch leere Straßen in China, besonders in den Steppen des Westens, wo die Landstraßen, die zum Himalaja führen, kaum etwas befördern außer Staub und Wind. Leere Straßen findet man sogar in den Boomtowns an der Küste. Dort führen sie zu halbbebauten Fabrikbezirken und geplanten Wohnungskomplexen; sie schlängeln sich zwischen terrassenförmig angelegten Feldern hindurch, die dazu bestimmt sind, zu den Vorstädten von morgen zu werden. Sie verbinden Dörfer miteinander, deren Bewohner vor weniger als einer Generation ihre Reisen zu Fuß bewältigten. Es war der Gedanke an all diesen vergänglichen offenen Raum – die neuen Straßen zu alten Orten, die Landschaften vor dem Wandel –, der mich letztlich bewog, mir einen chinesischen Führerschein zu besorgen.

Als ich mich im Sommer 2001 an das Pekinger Amt für Verkehrssicherheit wandte, lebte ich seit fünf Jahren in China. In dieser Zeit hatte ich mich passiv per Bus und Flugzeug, Schiff und Bahn befördern lassen; ich döste bei der Fahrt durch Provinzen und schlief, wenn wir Städte durchquerten. Nun selbst am Steuer zu sitzen rüttelte mich jedoch wach. So ging es überall: Allein in Peking legten jeden Tag im Schnitt fast tausend Anwärter die Führerscheinprüfung ab, Vorreiter eines landesweiten Autobooms. Die meisten stammten aus der wachsenden Mittelschicht, für die das Auto ein Zeichen von Mobilität, Wohlstand und Modernität war. Für mich bedeutete es Abenteuer. Die Fragen der schriftlichen Führerscheinprüfung deuteten auf eine Welt hin, in der nichts selbstverständlich war:

223. Wenn Sie an eine überflutete Straße kommen, sollten Sie

   a) beschleunigen, damit der Motor nicht absäuft.
   b) anhalten, prüfen, ob das Wasser nicht zu tief ist, und langsam hindurchfahren.
   c) einen Fußgänger suchen und ihn bitten, Ihnen vorauszugehen.

282. Wenn Sie an einen Bahnübergang kommen, sollten Sie

   a) beschleunigen und ihn überqueren.
   b) nur dann beschleunigen, wenn Sie sehen, dass ein Zug sich nähert.
   c) bremsen und sich vergewissern, ob es ungefährlich ist, bevor Sie ihn überqueren.

Chinesische Führerscheinbewerber mussten sich einer ärztlichen Untersuchung unterziehen, die schriftliche Prüfung ablegen, an einem technischen Kurs teilnehmen und dann eine zweitägige Fahrprüfung absolvieren. Es gab daneben jedoch die abgespeckte Version für Leute, die bereits eine ausländische Zulassung besaßen. Ich legte die Ausländerprüfung an einem grauen, schwülen Vormittag ab, der Himmel hing tief über der Stadt wie ein Schleier aus feuchter Seide. Der Prüfer war in den Vierzigern, und er trug weiße baumwollene Autofahrerhandschuhe, die Finger waren gelb von Zigaretten der Marke »Roter Pagodenberg«. Kaum saß ich im Auto, steckte er sich eine an. Es war ein Volkswagen Santana, der beliebteste Personenwagen des Landes. Als ich das Lenkrad anfasste, waren meine Hände schlüpfrig von Schweiß.

»Lassen Sie den Wagen an«, sagte der Prüfer, und ich drehte den Schlüssel um. »Fahren Sie los.«

Ein ganzer Straßenzug war ausdrücklich für Fahrprüfungen abgesperrt. Es war, als warte ein ganzes Viertel darauf, dass das Leben beginnt: Kein anderes Auto war zu sehen, keine Fahrräder, keine Menschen; nicht ein einziger Laden oder provisorischer Stand säumte den Gehsteig. Keine Dreiräder, hochbeladen mit Waren, keine Flachbettkarren mit tuckernden Zweitaktmotoren, keine Taxis, die auf der Jagd nach Fahrgästen wie Fische umherflitzten. Niemand bog ab, ohne zu blinken, niemand trat, ohne sich umzuschauen, vom Bürgersteig auf die Straße. Noch nie hatte ich eine so friedliche Straße in Peking gesehen, und in den Jahren danach wünschte ich manchmal, ich hätte Zeit gehabt, es zu genießen. Aber ich hatte gerade fünfzig Meter zurückgelegt, als der Prüfer sich wieder meldete.

»Fahren Sie an die Seite«, sagte er. »Sie können den Motor ausmachen.«

Der Prüfer füllte mit schwungvoller Schrift Formulare aus. Seine Zigarette war gerade mal zu einem Viertel abgebrannt. Eines der letzten Dinge, die er mir sagte, war: »Sie sind ein sehr guter Fahrer.«

Der Führerschein wurde unter meinem chinesischen Namen Ho Wei eingetragen. Er war gültig für sechs Jahre, und zum Schutz vor Fälschern war er mit einem Hologramm versehen, das einen Mann zeigte, der auf einem alten Pferdewagen steht. Die Gestalt trug wallende Gewänder und deutete mit einem erhobenen Arm in die Ferne. Im Verlauf jenes Jahres brach ich zu einer Fahrt quer durch China auf.

* * *

Als ich mit meiner Reiseplanung begann, empfahl mir ein Pekinger Fahrer *Das Kartenbuch des chinesischen Autofahrers*. Das Buch war erschienen bei einer Firma namens Sinomaps, die das Land in 158 Diagramme aufgeteilt hatte. Es enthielt sogar eine Straßenkarte von Taiwan, die aus politischen Gründen in jedem

Atlas des Festlandes enthalten sein musste, auch wenn niemand, der Sinomaps benutzte, jemals nach Taipei fahren wird. Noch unwahrscheinlicher war, dass ein chinesischer Autofahrer auf die Spratly-Inseln geraten wird, mitten im Südchinesischen Meer, ein Territorium, das sich zur Zeit fünf Länder streitig machen. Die Spratlys haben keine zivilen Bewohner, aber die Chinesen sind von ihrem Anspruch überzeugt, und deshalb enthielt das *Kartenbuch des Autofahrers* eigens eine Seite mit der Inselkette. Das war die einzige Karte ohne Straßen.

Das Studium des Buches weckte in mir den Wunsch, nach Westen zu fahren. Die Karten des Ostens und des Südens machten einen betriebsamen Eindruck – zahllose Städte und ein endloses Gewirr von Straßen. Seit dem Beginn von »Reform und Öffnung«, der von Deng Xiaoping 1978 eingeleiteten Periode marktwirtschaftlicher Veränderungen, hatten die Küstenregionen sich am stärksten entwickelt. Das ganze Land bewegt sich in diese Richtung: Zur Zeit meiner Reise hatten bereits an die hundert Millionen Menschen die Bauernhöfe verlassen, überwiegend in Richtung Südosten, und der gleichmäßige Gang des Landlebens wich stetig der Hast der Fabrikstädte. Im Norden und Westen gab es dagegen noch ausgedehnte Gebiete mit landwirtschaftlicher Nutzung, und die Karten dieser Regionen vermittelten ein Gefühl von Weite, das mich reizte. Es gab weniger Straßen und Städte. Manchmal war die halbe Seite mit Punkten besprenkelt, dem Zeichen für Wüste. Und die Karten im Westen umfassten mehr Raum – im nördlichen Tibet stand eine einzige Seite für ein Fünftel der Landmasse Chinas. Im Buch schien sie die gleiche Größe zu haben wie Taiwan. Auf keiner der Seiten war der Maßstab vermerkt. Hin und wieder gaben winzige Zahlen die Entfernung zwischen Städten in Kilometern an, aber ansonsten war man auf seine Vermutungen angewiesen.

Außerdem waren die meisten Straßen nicht gekennzeichnet. Schnellstraßen erschienen als dicke blaurote Arterien, während die Nationalstraßen rote Venen waren, die zwischen den größeren Städten verliefen. Provinzstraßen trugen ein schwächeres Rot, und Kreis- und Ortsstraßen waren noch kleiner – winzige Kapillaren, die sich durch abgelegene Gebiete zogen. Die Idee, diesen kleinen roten Straßen zu folgen, gefiel mir, aber keine einzige hatte einen Namen. Die Seite für die Region Peking zeigte sieben Schnellstraßen, zehn Autobahnen und über hundert kleinere Straßen, aber nur die Autobahnen waren nummeriert. Ich fragte den Pekinger Fahrer nach den Kapillaren.

»Solchen Straßen gibt man keine Namen«, sagte er.

»Woher weiß man dann, wo man ist?«

»Manchmal gibt es Schilder, auf denen der Name der nächsten Stadt steht«, sagte er. »Wo es kein Schild gibt, können Sie anhalten und jemanden fragen, wie Sie dorthin kommen, wo Sie hinwollen.«

Die Führerscheinprüfung streifte auch dieses Problem:

352. Wenn ein anderer Fahrer Sie anhält und nach dem Weg fragt, sollten Sie

a) ihm nicht helfen.
b) geduldig und zutreffend antworten.
c) ihm einen falschen Weg nennen.

Tausende von namenlosen Straßen durchzogen die Sinomaps, und es war unmöglich, eine klare Route in den Westen zu finden. Nicht so verwirrend war dagegen ein anders Symbol: ᴨᴨᴨᴨᴨᴨᴨ. Diese Markierung tauchte an der Nordostküste auf, bei der Stadt Shanhaiguan, und verlief von dort westwärts durch die Provinz Hebei. Sie setzte sich fort in die Provinzen Shanxi und Shaanxi und dann in die Innere Mongolei. Sogar in den Wüsten von Ningxia und Gansu, wo die Sandpunkte so dicht standen wie Sterne, durchbrachen die feinen Linien von ⎍⎍⎍⎍⎍⎍⎍ die Galaxie. Das war ein Teil einer Sinomaps-Karte, der leicht zu verstehen war – schon als Junge hätte ich erkannt, dass es sich um die Große Mauer handelt. In meiner ganzen Kindheit dachte ich, wenn ich eine Karte von China betrachtete: Stell dir vor, du würdest einer Mauer folgen, die sich durch ein ganzes Land zieht!

Irgendwann hatten die Chinesen sogar erwogen, die Große Mauer in eine Straße umzuwandeln. In den zwanziger Jahren richteten chinesische Intellektuelle ihren Blick auf die Vereinigten Staaten, wo das Automobil bereits die Landschaft veränderte. Chinesische Stadtplaner, von denen einige in den Staaten studiert hatten, forderten die Städte auf, ihre alten Stadtmauern niederzureißen und das Material für den Bau von Ringstraßen zu verwenden, die für den Autoverkehr geeignet waren. Bis 1931 hatte sich über zwei Dutzend Städte für diesen Weg entschieden, darunter die im Süden gelegene Stadt Kanton, die über 800 Jahre alte Bauwerke abriss. Unweigerlich richteten die Modernisierer ihre Aufmerksamkeit auf die Große Mauer selbst. Die Shanghaier Zeitung *Shenbao* brachte 1923 einen Artikel von Lei Sheng unter dem Titel »Nutzung von Abfallmaterial für den Bau einer Straße auf der Großen Mauer«. Der Verfasser unterstützte einen Vorschlag der Regierung, das Bauwerk zu erneuern, und sprach von einer »sehr guten Gelegenheit«: »Die Große Mauer verläuft von Shanhaiguan nach Yumenguan; sie ist eine durchgehende, gerade Linie, die sich über Tausende von *li* erstreckt. Würde man sie in eine Straße umwandeln, entstünde eine Verbindung zwischen Peking, Shanxi, Shaanxi und Gansu, die den Handel erleichtern würde …« Die Diskussion über die Idee zog sich hin. 1931 sprach sich das einflussreiche *Students' Magazine* dafür aus und bemerkte, dass bei den vielen Steinen in der Mauer »kein großes Kapital nötig sein wird, und im Ergebnis schließen wir eine große Lücke der Verkehrsinfrastruktur, die von Osten nach Westen, vom Ozean ins Innere verläuft …«

Dieser Plan wurde nicht befolgt, sicherlich, weil die Regionen der Großen Mauer so gebirgig und abgelegen sind. Aber siebzig Jahre später fand ich als Fahrer Gefallen an der Generalroute. Von Osten nach Westen, vom Ozean ins Innere – eine solche Autoreise hatte ich in China schon immer unternehmen wollen. Die Zinnenmuster in meinem *Kartenbuch* ﹏﹏﹏ symbolisierten die Mauer; an vielen Stellen sah ich Straßen, die parallel zu ihr verliefen oder sie kreuzten, und meistens waren es Straßen vom Kapillartyp, die zum Teil etliche Kilometer an den Ruinen entlangführten. Die Große Mauer konnte mich durch das kleinstädtische China geleiten; ich konnte sie über die ganze Länge verfolgen bis an den Rand der tibetischen Hochebene. Nachdem ich den Gedanken einmal gefasst hatte, wurde ich ihn nicht mehr los, obwohl Freunde mich davor warnten, lange Strecken allein zu fahren. Aber auch das war in der Prüfung schon behandelt worden:

347. Wenn ein anderer Fahrer mit guten Absichten Sie vor etwas warnt, sollten Sie

a) aufgeschlossen sein und genau zuhören.
b) nicht zuhören.
c) zuhören, aber den Rat nicht beachten.

* * *

In Peking mietete ich mir einen Wagen und nahm Kurs auf Shanhaiguan, eine Stadt an der Küste, wo die Große Mauer auf die Bohai-See trifft. Von dort aus fuhr ich westwärts durch die Provinz Hebei. Es war Herbst, und die meisten Feldfrüchte waren schon geerntet; nur der Mais stand noch hoch auf den Feldern. Alles andere lag auf der Straße ausgebreitet – gesprenkelte Bahnen aus Erdnüssen, hier und da kleine Berge aus Sonnenblumenkernen, leuchtend rote Chilis, fächerartig verteilt. Die Bauern breiteten die Früchte sorgsam am Rand des Asphalts aus, weil er die beste Fläche zum Trocknen und Sortieren bot. Das ungedroschene Getreide schütteten sie mitten auf die Straße, damit Autos darüberfuhren. Das war verboten – nichts verstößt so offen sowohl gegen die Verkehrssicherheit als auch gegen die Lebensmittelhygiene. Im ländlichen China wird es dennoch weithin geduldet, denn das Dreschen ist am einfachsten, wenn ein anderer die Arbeit übernimmt. Anfangs fiel es mir jedoch schwer, über Nahrung hinwegzufahren. An meinem ersten Reisetag brachte ich den Wagen vor jedem Haufen mit kreischenden Bremsen zum Stehen, kurbelte das Fenster hinunter und fragte: »Darf ich da drüberfahren?« Die Bauern riefen ungeduldig: »Los, los, los!« Und so fuhr ich dann, wobei Hirse, Sorghum und Weizen unter meinen Rädern knisterten. Am zweiten Tag fragte ich nicht mehr, am dritten Tag lernte ich, beim Anblick von Getreide zu beschleunigen.

Wenn ich auf einen Haufen zufuhr, trat ich aufs Gas – krach! knirsch! –, und im Rückspiegel sah ich dann, wie die Leute sich mit Rechen und Besen auf die Straße stürzten. Das war mein Anteil an der herbstlichen Arbeit – eine Durchfahr-Ernte.

Die Berge von Hebei sind steil, das Gestein liegt offen zutage, und ich fuhr durch Dörfer mit felsigen Namen: Ochsenherzberg, Zweigipfeldorf, Berggeisttempel. Die Große Mauer beschattete diese Kleinstädte mit ihren roten Ziegeldächern. Die Befestigungen folgten gewöhnlich der Kammlinie, hoch über den Feldern, und ich bekam sie auf der kurvenreichen Fahrt durch die Berge immer wieder flüchtig zu sehen. Die Ming-Dynastie hatte diese Bauten errichtet, überwiegend im 16. Jahrhundert, und sie hatte gute Arbeit geleistet, denn das Steinfundament und die grauen Ziegelmauern schmiegten sich noch immer fest an den Bergkamm. Manchmal tauchte die Mauer in ein Tal hinab, und an diesen tiefen Stellen war das Bauwerk so sauber abgeerntet worden wie die Felder. Die Ziegelverblendung war völlig verschwunden; übriggeblieben waren nur noch das Fundament und die Mauerfüllung aus gestampfter Erde, durch die Witterung pockennarbig geworden und zerbröselnd. Diese nackte Mauer durchquerte die Talsenke und kletterte wieder die Berge hinauf, bis schließlich von einer bestimmten Höhe ab die Ziegelverblendung wieder auftauchte. Auf beiden Seiten des Tales verlief die Grenze der Zerstörung in gleicher Höhe, so als markiere sie den Höchststand einer großen Sturzflut, die durch Hebei gebraust war. Diese Flut war aber von Menschen gemacht, und der Wasserpegel war ein Maß der Motivation. Er zeigte genau an, wie hoch die Menschen für kostenlose Ziegel zu klettern bereit waren.

In dem Dorf Yingfang machte ich halt, um einen dieser kahlen Abschnitte zu besichtigen, und auf dem Weg dorthin gesellte sich ein Bauer namens Wang Guo'an zu mir. »Als ich jung war, war sie in besserem Zustand«, sagte er. »Viel wurde während der Kulturrevolution abgerissen.«

Er führte mich hinter sein Haus, wo alte Ziegel säuberlich zu über einen Meter hohen Stapeln aufgeschichtet waren. »Die sind von der Großen Mauer«, sagte er. »Man sieht es an dem Mörtel – solch ein Mörtel wurde früher benutzt. Sie stammen von einem großen Turm im Dorf.«

Als ich ihn fragte, ob die Dorfbewohner noch immer die Befestigungen demontieren, schüttelte er den Kopf. »Das lässt die hiesige Verwaltung nicht mehr zu«, sagte er. »Diese Ziegel wurden vor vierzig Jahren beschafft und für den Bau eines Hauses verwendet, das vor kurzem abgerissen wurde. Wir werden jetzt etwas anderes daraus bauen.«

In diesen dichtbevölkerten Landschaften konnte alles zu irgendetwas nutze sein. Hebei ist ungefähr so groß wie der Bundesstaat Washington, aber die Bevölkerungszahl ist mehr als elfmal so hoch – insgesamt 68 Millionen. In die Berge wurden Ackerterrassen geschnitten, auf den Straßen werden Früchte getrocknet, vorbeifahrende Autos dienen als Drescher. Ist eine Mauer in der Nähe, wird sie genutzt, bisweilen zweimal.

Körperlich gesunde Menschen führen nicht selten ein Doppelleben; nachdem sie den Acker bestellt haben, gehen sie in die großen Städte. Dort arbeiten sie im Hochbau oder im Straßenbau oder am Fließband in einer Fabrik. Die höchste Zahl von Jobs, die ich auf einer einzigen Visitenkarte aufgelistet sah, war 27. Das war in der Provinz Shanxi, gleich hinter der Grenze von Hebei, und ich lernte den Mann auf einer Beerdigung kennen.

In diesem Teil Chinas haben selbst Beerdigungen etwas Geschäftiges an sich, und überall im Norden musste ich aus Rücksicht auf Leichenprozessionen anhalten. Sie fanden auf der Straße statt, so öffentlich wie das Dreschen, und gewöhnlich wurde ich zum anschließenden Leichenschmaus eingeladen. Es war möglich, quer durch Hebei und Shanxi von einer Beerdigung zur nächsten zu fahren, und es gab sogar Leute, die so lebten – eine endlose Autoreise, auf der jeder Halt gleichbedeutend war mit der ultimativen Endstation eines anderen. In der Stadt Xinrong lernte ich Wei Fu und seine Frau kennen, die sich darauf spezialisiert hatten, bei Gedenkfeiern Stücke aus der traditionellen Shanxi-Oper darzubieten. Sie fuhren einen alten Pritschenwagen der Marke Beijing, dessen Ladefläche sie für Aufführungen hergerichtet hatten. In Xinrong parkten sie auf der Hauptstraße, zogen die Handbremse an, nahmen die Plane ab, bauten ein Sonnendach auf und installierten zwei riesige Peavey-Lautsprecher. In einer knappen halben Stunde war die Bühne fertig, und auf der Straße versammelten sich Hunderte von Zuschauern. Die Beerdigung war ein Ereignis von sieben Tagen, und der besondere Aufwand erklärte sich damit, dass dem Toten das größte Geschäft in Xinrong gehört hatte, das Glücksquell-Kaufhaus. Die Familie hatte den Sarg des Mannes direkt am Eingang aufstellen lassen, und selbst im Tod machte er noch ein gutes Geschäft, weil die Menge von der Straße in das Kaufhaus strömte, sich am Sarg vorbeidrängte und Snacks kaufte, die sie verzehrte, während sie der Oper lauschte.

Am nächsten Tag stieß ich zu einer weiteren Beerdigung, unmittelbar nach der Grablegung. Es war auf dem Lande, auf einer weiten Ebene, deren Wahrzeichen ein hoher Meldeturm der Großen Mauer war. Es gab keine größeren Städte in der Nähe – in China, wo das Gesetz für die meisten Bürger die Einäscherung vorschreibt, sind Beerdigungen nur in abgelegenen ländlichen Regionen erlaubt. Unter dem Turm hatten sich zwanzig Männer und Frauen versammelt, gekleidet in weißes Sackleinen, das in der Taille durch ein rotes Seil zusammengehalten wurde. In der Ferne verkündete ein riesiges Schild eine staatliche Propagandaparole: »Wer den Ackerboden schützt, der schützt unsere Lebensgrundlagen«.

Ich wurde von dem einzigen Anwesenden begrüßt, der nicht das weiße Trauergewand trug. Er war 69 Jahre alt und rundlich, und er trug einen blauen Anzug und eine Mütze. Sein rundes Mondgesicht glänzte vor Schweiß. Er zeigte das breiteste Lächeln, das ich seit der Beerdigung vom Vortag gesehen hatte, als ich mit Wei Fu, dem Leiter der Operntruppe, geplaudert hatte. Bei einer chinesischen Beerdigung gibt es immer mindestens einen, der fröhlich ist.

»Kommen Sie her, kommen Sie her!«, sagte der rundliche Mann und zog mich am Arm. »Wir sind fast fertig!«

Er überreichte mir eine laminierte Visitenkarte. Die Vorderseite zeigte zwei einander umfassende Hände von Geschäftsleuten und dazu die Worte:

Zhang Baolong

Fengshui-Meister
Dienste für die gesamte Länge des Drachens,
von Anfang bis Ende

Fengshui-Meister befassten sich von jeher damit, das Verhältnis zwischen Bauten und Landschaft zu bewerten, um Harmonie zwischen dem Natürlichen und dem Menschengemachten herzustellen. Die Auffassungen dieser Schule hatten einst großen Einfluss auf militärische und politische Dinge gehabt. Die Ming-Dynastie hatte es zum Beispiel vermieden, einen dreißig Kilometer langen Bergrücken nordwestlich von Peking wegen der Nähe zu den kaiserlichen Gräbern mit der Großen Mauer zu bebauen. Strategisch eignete er sich hervorragend für Verteidigungsanlagen, aber Fengshui-Meister hielten ihn für eine *longmai*, eine »Drachenader«. Ein die Ader verletzendes Bauwerk konnte den Ming Unglück bringen, und daher ließ man den Bergkamm in Ruhe. Der Kaiser machte sich die Mühe, weiter nördlich Mauern zu errichten, wo das Gelände nicht so leicht zu verteidigen war und stärkere Befestigungen verlangte.

Als die Kommunisten 1949 an die Macht kamen, griffen sie viele kulturelle Traditionen als abergläubisch an, darunter die Religion, die Wahrsagerei und die Fengshui-Analyse. Auch nachdem die Reformen von Deng Xiaoping zu größerer Toleranz geführt hatten, kamen manche Gebräuche nicht mehr auf die Beine; der Taoismus zum Beispiel findet im heutigen China wenig Anhänger. Der Glaube an Fengshui hat sich jedoch als unverwüstlich erwiesen, hauptsächlich wegen des Zusammenhangs mit Geschäften. Gutes Fengshui kann Glück bedeuten, und für eine fachkundige Analyse ist man auch bereit, etwas springen zu lassen. Zhang Baolong war einer der neuen Meister – mit der Marktwirtschaft konnte er ebenso geschickt umgehen wie mit der Geographie. Seine Visitenkarte führte 27 verschiedene Dienste an, von der »Auswahl des Ehegatten« bis zur »Wahl der Grabstätte« – dies stand für die »gesamte Länge des Drachens«. Zu seinem Angebot gehörte ferner das Einsetzen von Holzbalken für Häuser, die Bestimmung des Standorts für ein Bergwerk und die Behandlung »ungewöhnlicher Krankheiten«. Er baute Särge. (»Das Holz müssen Sie selbst liefern.«) Er half bei der Beschaffung von Hochzeitslimousinen. Bei der Dienstleistung Nr. 21 auf seiner Karte ging es darum, Gebeine umzubetten, eine nicht ungewöhnliche Aufgabe in einem Land, das einen Bauboom erlebt.

»Diesen Platz habe ich ausgewählt!«, sagte der Mann stolz und deutete auf den Fleck mit der frisch ausgehobenen Erde. Vor dem Grab machten die Trauernden der Reihe nach ihren Kotau: Sie knieten nieder, verbrannten ein Bündel Totengeld und stießen, während sie mit dem Kopf auf den Boden schlugen, Klagelaute aus. An meiner Gegenwart schien niemand Anstoß zu nehmen. Im Norden Chinas hatte ich die Erfahrung gemacht, dass die Teilnehmer an Bestattungen sich durchweg einladend verhalten, wohl auch, weil sie selten Ausländer sehen. Dennoch dämpfte ich meine Stimme, um zu fragen: »Wer wird denn begraben?«

Zhang Baolong schien meine Frage jedoch zu überhören; er sprach noch immer über Fengshui. »Es ist ostwestlich ausgerichtet«, fuhr er fort, auf das Grab deutend. »Mit dem Kopfende im Westen und dem Fußende im Osten. Und der Baum, den ich gepflanzt habe, ist eine Pappel. Für Männer pflanzen wir Pappeln, für Frauen Weiden, damit die Seele weiß, wo das Grab ist. Dieser spezielle Platz eignet sich aus vielen Gründen. Die Lage des Meldeturms dort ist zum Beispiel sehr wichtig. Dieser Platz ist gut, weil er hochgelegen ist, und der Bach dort, der nach Osten fließt, führt Wasser. Und oberhalb steht der Meldeturm, der das Grab beschützt. Wer hier begraben liegt, wird viele begüterte Nachfahren haben, die es im zivilen, militärischen und wissenschaftlichen Bereich weit bringen werden.«

Die Männer waren fertig mit ihrem Kotau, jetzt waren die Frauen an der Reihe: Eine nach der anderen senkte ihren Kopf zu Boden. Die Frauen jammerten lauter, und ihre Wehklagen hallten über das ganze Tal.

»Mein Vater und mein Großvater waren beide Fengshui-Meister«, fuhr Zhang fort. »Das ist Tradition in meiner Familie. Und alle haben ein langes Leben. Mein Vater wurde fünfundneunzig, und meine Mutter war achtundneunzig, als sie starb. Meine Großmutter wurde neunundneunzig!«

Die Totenklage wurde lauter. Ich fragte mich, ob es nicht vielleicht eine bessere Gelegenheit gäbe, über Langlebigkeit zu sprechen, aber Zhang redete unbeirrt weiter. »Ich habe drei Söhne und drei Töchter«, sagte er. »Meine Söhne sind ebenfalls Fengshui-Meister! Und eine meiner Töchter« – er strahlte, vielleicht beim Gedanken an die Sicherheit in dieser Welt und der nächsten – »ist Krankenschwester!«

* * *

Auf der Fahrt durch Hebei und Shanxi hatte ich ideales Wetter – morgens war es frisch, und die Sonne warf ein klares Licht auf die Terrassenfelder. Meistens wurde ich früh wach, aber ich hatte keinen festen Plan. Ich versuchte, mich in Sichtweite der Großen Mauer zu halten, und wann immer mich etwas interessierte, machte ich halt. Ich fuhr einfach los und klärte die weitere Route unterwegs; an manchen Tagen legte ich nur gut 300 Kilometer zurück. Auf dem Lande kommt man nur langsam voran, weil immer wieder etwas dazwischenkommt – die Bauern breiten das Getreide zum Dreschen auf der Straße aus, eine Schafherde kreuzt die Fahrbahn, oder ein Leichenzug hält einen auf. Auch die Straßen an sich waren völlig unvorhersehbar. Ein schmaler roter Strich auf meiner Sinomaps-Karte konnte sich als eine nagelneue Asphaltstraße entpuppen, aber genauso gut konnte es sich um einen Feldweg oder gar um ein trockenes Bachbett handeln. An vielen Stellen waren Ausbesserungsarbeiten im Gange. Seit 1998 hatte die chinesische Regierung viel in die ländlichen Straßen investiert, unter anderem als Reaktion auf die asiatische Finanzkrise, und dieses Projekt war noch im Gange, als ich meine Reise antrat.

Im modernen China war der Straßenbau des Öfteren das Mittel der Wahl, um der Armut oder einer Krise zu begegnen.

Das erste große Programm zum Bau von Autostraßen begann 1920, als der ganze Norden infolge einer Dürre von einer schrecklichen Hungersnot heimgesucht wurde. Es war schwierig, Nahrung zu den Hungernden zu bringen, weil das noch aus kaiserlicher Zeit stammende Straßennetz für Pferdegespanne ausgelegt war. Das amerikanische Rote Kreuz unterstützte den Bau moderner, für Lastwagen und Automobile geeigneter Straßen, und im Oktober 1920 begannen die Bauarbeiten in der Provinz Shandong. Zur Arbeit wurden die Bauern aus der Umgebung herangezogen, von denen viele dem Verhungern nahe gewesen waren; auf den neuen Straßen konnten die Lastwagen mit Nahrungsmitteln zu ihnen gelangen. Der amerikanische Ingenieur Oliver J. Todd, der das Shandong-Projekt leitete, schätzte, dass auf diese Weise eine halbe Million Menschen direkt oder indirekt mit Nahrung und Brennstoff versorgt wurde.

Das Straßenbauprogramm des Roten Kreuzes erstreckte sich schließlich auf vier nördliche Provinzen, und es war so erfolgreich, dass die chinesische Regierung Todd in ihre Dienste berief. Er blieb achtzehn Jahre und leitete den Fernstraßenbau im ganzen Land. Bei einem einzigen Projekt im Jahr 1928 standen ihm 200000 Arbeiter zur Verfügung, mehr Leute, als damals am Straßennetz der Vereinigten Staaten beschäftigt waren. Die Zahl der Personenwagen in China blieb gering – 1922 gab es in Peking rund 1500 –, aber das Interesse war lebhaft. In chinesischen Städten fanden Automobilausstellungen statt; die Shanghaier Zeitung *Shenbao* brachte wöchentlich eine »Automobil-Beilage«. Im Jahr 1935 besaß China 80000 Kilometer guter, nicht asphaltierter Straßen, und es war nur eine Frage der Zeit, bis das Land einen Autoboom erleben würde.

Dieser Boom wurde dann allerdings um über ein halbes Jahrhundert verschoben. Die japanische Invasion lähmte den jungen Automarkt, und nachdem Mao an die Macht gekommen war, machte das kommunistische Wirtschaftssystem es den Menschen jahrzehntelang unmöglich, sich ein Auto zu kaufen. Das ländliche Straßennetz stagnierte, und erst in den Reformjahren konnte die Regierung diese Infrastruktur in größerem Stil ausbauen. Den Anstoß gab, so wie einst die Hungersnöte, die asiatische Finanzkrise, und wenn dabei auch die Stützung der Konjunktur im Vordergrund stand, so sah die Regierung doch zugleich eine Gelegenheit, den lange aufgeschobenen Autoboom endlich in Schwung zu bringen. Die Geschichte wiederholte sich. Dies war Chinas zweite Welle von Autopionieren, und sie fingen praktisch von vorn an. Im Jahr 2001, als ich meinen Führerschein machte, hatte das Land über 1,2 Milliarden Einwohner, aber weniger als zehn Millionen Personenwagen. Auf 128 Menschen kam ein Fahrzeug – das entsprach dem Stand der Vereinigten Staaten im Jahr 1911.

Für meine Reise mietete ich bei einer Pekinger Firma namens »Hauptstadt-Autos« einen in China gebauten Jeep Cherokee. Es war eine junge Branche – noch fünf Jahre zuvor wäre kaum jemand auf die Idee gekommen, sich für einen Wochenendausflug ein Auto zu mieten. Inzwischen hatte sich das Geschäft jedoch entwickelt, und meine örtliche Niederlassung von Hauptstadt-Autos verfügte über eine Flotte von rund fünfzig Fahrzeugen, überwiegend Volkswagen Santanas und Jettas, die in China gebaut wurden. Es waren kleine Limousinen, die auf demselben Basismodell beruhten wie der VW Fox, der früher in den USA verkauft wurde. Bei Hauptstadt-Autos mietete ich für Wochenendausflüge oft einen Jetta, und dabei lief ein kompliziertes Ritual ab. Erst füllte ich einen Berg von Papieren aus und zahlte meine 25 Dollar pro Tag. Dann öffnete der Chefmechaniker den Kofferraum, um zu beweisen, dass ein Ersatzreifen und ein Wagenheber an Bord waren. Schließlich wurde der Jetta von außen besichtigt, und eventuelle Dellen und Kratzer wurden in einer Umrissskizze des Wagens festgehalten. Das nahm oft eine ganze Weile in Anspruch – im Pekinger Verkehr geht es unsanft zu, und es oblag mir, jeden Kratzer an der Tür und jede Delle in der Stoßstange einzuzeichnen. Nachdem der bereits vorhandene Schaden dokumentiert war, schaltete der Mechaniker die Zündung ein und zeigte mir die Tankuhr. Mal war der Tank zur Hälfte, mal nur zu einem Viertel gefüllt. Gelegentlich schaute er genau hin und verkündete: »Drei Achtel.« Meine Pflicht war es, den Wagen mit genau derselben Tankfüllung zurückzugeben. Von Woche zu Woche stimmte es nie genau, und eines Tages beschloss ich, etwas für die junge Branche zu tun.

»Wissen Sie«, sagte ich, »Sie sollten alle Wagen nur mit vollem Tank vermieten und vom Kunden verlangen, dass er ihn voll zurückgibt. So machen das die Autovermietungen in Amerika. Es ist viel einfacher.«

»Das würde hier nie funktionieren«, sagte Herr Wang, der gewöhnlich den Papierkram für mich erledigte. Er war der freundlichste der drei Männer, die im Kundenzentrum von Hauptstadt-Autos saßen und um die Wette qualmten. Hinter ihrem Rauchschleier war an der Wand ein Plakat zu erkennen, das die Kundeneinschätzung der Firma verriet:

Bewertung der Kundenzufriedenheit: 90 %
Leistungsbewertung: 97 %
Bewertung der gebührenden Ausdrucksweise: 98 %
Bewertung der Diensteinstellung: 99 %

»Das funktioniert vielleicht in Amerika, aber nicht hier«, fuhr Herr Wang fort. »In China würden die Leute das Auto leergefahren zurückgeben.«

»Dann verlangen Sie einen Zuschlag fürs Auftanken«, erklärte ich. »Machen Sie das zur Regel. Wer sie nicht befolgt, zahlt einen Zuschlag. Dann werden die Leute es kapieren.«

»Chinesen würden das niemals tun!«

»Bestimmt würden sie es tun«, sagte ich.

»Sie verstehen die Chinesen nicht«, meinte Herr Wang lachend, und die anderen nickten zustimmend. Als Ausländer hatte ich das oft zu hören bekommen, und damit war die Diskussion beendet. Die Chinesen hatten den Kompass, das Papier, die Druckerpresse, das Schießpulver, den Seismographen, die Armbrust und den Regenschirm erfunden; im 15. Jahrhundert waren sie bis nach Afrika gesegelt; sie hatten die Große Mauer errichtet; in den letzten zehn Jahren hatten sie ihre Wirtschaft in einem Tempo ausgebaut, das man in den entwickelten Ländern noch nicht erlebt hatte. Sie waren in der Lage, einen Mietwagen mit genau drei Achteln einer Tankfüllung zurückzugeben, aber den Tank vollzumachen überstieg offenbar ihre kulturellen Möglichkeiten. Wir haben noch öfter darüber gesprochen, aber irgendwann ließ ich das Thema fallen. Mit einem so freundlichen Menschen wie Herrn Wang konnte man nicht streiten.

Besonders gutgelaunt wirkte er immer, wenn ich einen frisch beschädigten Wagen zurückgab. In den Staaten hatte ich nie einen Unfall gehabt, aber Peking war etwas anderes. Als ich zum ersten Mal in der Hauptstadt war und herumlief, fiel mir das grobe körperliche Verhalten der Fußgänger auf – dauernd wurde ich angerempelt. In einer Stadt mit dreizehn Millionen Einwohnern lernt man, mit solchen Kontakten zu rechnen, und als ich meinen Führerschein hatte, erkannte ich, dass es mit dem Autofahren nicht anders ist. Die ersten Male, als ich einen Jetta mit Beulen zurückbrachte, fühlte ich mich schrecklich; nach dem vierten oder fünften Mal hatte ich mich daran gewöhnt. Ich fuhr andere Autos an, andere Autos fuhren mich an. Wenn es eine Beule gab, regelten wir das auf der Straße, so wie es alle in China machen.

Einmal fuhr mir jemand in der Nähe des Lamatempels in der Pekinger Innenstadt in meinen Mietwagen. Ich stieg aus, um den Schaden zu besichtigen; der andere Fahrer sagte, statt sich vorzustellen, sofort: »Hundert Yuan.« Das entsprach ungefähr zwölf Dollar und war allgemein der Ausgangspunkt für eine mittlere Pekinger Beule. Als ich Herrn Wang dieses Angebot telefonisch übermittelte, war seine umgehende Antwort: »Verlangen Sie zweihundert.« Ich verhandelte ungefähr fünf Minuten, bis der andere Fahrer sich schließlich bereit erklärte, 150 zu zahlen. Herr Wang war zufrieden; er wusste, dass man nie genau das bekommt, was man verlangt hat. Und jeder Unfall hatte etwas Positives – Beulen waren ein gutes Geschäft. Diese Geschäfte werden ohne Papierkram abgewickelt, und ich hatte den Verdacht, dass die Männer am Schalter bei Hauptstadt-Autos das Geld zuweilen in die eigene Tasche steckten.

Ein andermal war ich nördlich von Peking auf dem Lande unterwegs, als ich einen Hund überfuhr. Das Tier flitzte hinter einem Haus hervor und stürzte auf meinen Jetta zu; ich wich aus, aber es war zu spät. So etwas passierte häufig, weil die Hunde genau wie Menschen in China an Autos noch nicht gewöhnt waren. Als ich den Wagen zurückgab, schien Herr Wang befriedigt zur Kenntnis zu nehmen, dass die Kunststoff-abdeckung des rechten Blinklichts kaputt war. Er fragte mich, was ich erwischt hatte.

»Einen Hund«, sagte ich.

»*Gou mei wenti?*«, sagte er. »Der Hund hat wohl nichts ab-bekommen, oder?«

»Doch, er hat was abbekommen«, antwortete ich. »Er ist tot.«

Das Lächeln von Herrn Wang verstärkte sich. »Haben Sie ihn gegessen?«

»So ein Hund war es nicht«, sagte ich. »Es war einer von diesen winzigen Hündchen.«

»Manchmal erwischt ein Fahrer einen Hund«, erklärte Herr Wang. »Dann wirft er ihn in den Kofferraum, fährt nach Hause und brät ihn.« Ich konnte nicht erkennen, ob er einen Witz machte. Er besaß selbst einen Hund, aber das heißt in China nicht unbedingt, dass man sich in seiner Ernährung ent-sprechende Einschränkungen auferlegt. Für die Blinklicht-abdeckung berechnete er mir zwölf Dollar – genauso viel wie für eine Beule mittlerer Größe.

29

Ich wurde nie gefragt, wo ich mit dem Jeep hinfuhr. Der Mietvertrag enthielt ein ausdrückliches Verbot, die Region Peking zu verlassen, aber ich beschloss, mich darüber hinwegzusetzen – wie weit ich gefahren war, würden sie erst bei der Rückgabe anhand des Kilometerzählers merken. Wenn man in China lebt, kommt man nicht umhin, Vorschriften zu ignorieren, und es gehört zu den Grundwahrheiten, dass Verzeihen leichter fällt als Erlauben. Der Jeep war das größte Fahrzeug, ein Cherokee 7250, und sie machten mir einen Sonderpreis von dreißig Dollar pro Tag. Er war weiß, mit roten Verzierungen an den Seiten, und die Türen zierten die englischen Worte »City Special«. Der Name war treffend, denn in rauem Gelände taugte das Ding nichts, weil es nur Hinterradantrieb hatte. Ich war mir sicher, dass ich irgendwann auf meiner Reise in Schlamm, Sand oder Schnee steckenbleiben würde, aber es war sinnlos, sich jetzt darüber Sorgen zu machen, denn etwas Besseres hatte Hauptstadt-Autos nicht zu bieten. Auf jeden Fall konnte ich, wenn ich im Westen in Schwierigkeiten geraten sollte, jederzeit Herrn Zhang, den Fengshui-Meister, anrufen. Auf seiner Visitenkarte bot er als Dienstleistung Nr. 22 »Autos und Lastwagen abschleppen« an, aufgeführt zwischen »Gebeine abholen« und »Hörner und Trommeln spielen«.

* * *

Nach Westen zu war die Straße stetig angestiegen, und jetzt hatte ich im Norden der Provinz Shanxi eine Höhe von über 1200 Metern erreicht. Aus der dürren staubigen Landschaft erhoben sich niedrige braune Kuppen, durchzogen von wasserlosen Bachbetten, die sich in ihre Flanken eingegraben hatten. Es war, als sei den Bergen jeglicher Glanz genommen worden, als sei die Farbe von den Hängen gespült worden und habe sich in den Feldern gesammelt, wo die Bauern dabei waren, Süßhafer zu ernten. Nur diese Täler zeigten lebhafte Farben: das tiefe

Grün der Feldfrüchte, den dunklen Schimmer der Bewässerungskanäle und das leuchtende Blau der Baumwolljacken, die von älteren Chinesen auf dem Lande noch immer häufig getragen wurden. Die Landschaft war jedoch von einer schlichten Schönheit, und zum ersten Mal empfand ich sie als offen – eine Vorahnung der großen Steppen Zentralasiens.

Im Talgrund erhoben sich allenthalben die Überreste von Meldetürmen. Sie bestanden aus gestampfter Erde, in derselben staubigbraunen Farbe wie die Hügel, und sie waren über sechs Meter hoch. Manche Dörfer waren gänzlich von alten Verteidigungsanlagen umringt. Nach Norden zu waren es nur rund dreißig Kilometer bis zur Inneren Mongolei, und die Provinzgrenze war auf meiner Karte durch ein vertrautes Symbol markiert: ⊓⊔⊓⊔⊓⊔⊓⊔ .

Beim letzten Dorf vor der Grenze hielt ich an. Der Ort hieß Ninglu Bu – in dieser Region tragen viele Ortsnamen den Zusatz *bu*, der »Festung« bedeutet, weil sich dort ehemals Garnisonen der Ming-Dynastie befanden. In Ninglu erhob sich mitten im Ort eine alte Festung, und das Dorf war umgeben von Erdwällen. Diese Befestigungen überragten völlig die schlichten Häuser der heute gerade mal 120 Bewohner.

Wenn ich in Dörfern mit alten Ruinen haltmachte, fragte ich oft, ob jemand deren Geschichte kenne. In Ninglu ging eine Gruppe älterer Männer auf dem Dorfplatz sofort darauf ein. »Sprechen Sie mit dem Alten Chen«, sagte einer, und ein anderer schlurfte davon, um ihn zu holen. Fünf Minuten später kreuzte Chen Zhen auf. Er war 53 Jahre alt, hatte ein sonnengegerbtes Gesicht und kurzgeschnittene graue Haare. Er trug eine dunkle Polizistenhose, ein grünes Hemd mit den Goldknöpfen der Volksbefreiungsarmee und eine blaue Uniformjacke mit Epauletten auf den Schultern und Ärmelstreifen. Auf dem Lande tragen Männer oft überzählige Armee- und Polizeiuniformen, weil die billigen Kleidungsstücke praktisch sind. Meistens passen die Teile nicht zusammen, und sie sind zu groß – dem Alten Chen hingen die Ärmel bis zu den Finger-spitzen. Es schien, als habe er die Kluft geerbt, so wie Ninglu seine Erdwälle geerbt hatte – das Ganze, von den schlabbrigen Jacken bis zu den zerbröckelnden Befestigungen, hätte zu den Hinterlassenschaften einer geschlagenen Armee gehören kön-nen, die alles preisgegeben hatte und nach Süden geflohen war.

Er stand stocksteif da, während ich mich vorstellte. Ich erklärte, ich sei aus Peking gekommen und interessiere mich für die Große Mauer, und fragte ihn dann, ob er etwas über die Geschichte des Dorfes wisse. Der Alte Chen hörte aufmerksam zu und räusperte sich. »Kommen Sie mit«, sagte er, »ich habe Informationen.«

Er führte mich zu einer Gruppe von Häusern mit Lehmwän-den und ließ mich in das größte davon eintreten. Der Raum wurde fast gänzlich von einem *kang* ausgefüllt, dem in Nord-china gebräuchlichen Ofenbett, das im Winter von unten durch die heiße Abluft einer Feuerstelle beheizt wird. Aber noch hatten wir Herbst, und der Alte Chen sparte sein Brennholz auf. Im Raum war es kalt. Chen schenkte mir eine Schale Tee ein, an der ich mir die Hände wärmte. Dann trat er an einen Schrank und holte aus einer Schublade einen Band aus dünnem Reis-papier hervor, den er mir stolz überreichte. Auf dem Vorder-deckel prangte ein handgeschriebener Titel:

Die Annalen von Ninglu Bu
Untersuchung erstellt am 22. Januar 1992

Auf Seite 1 stand in der sorgfältigen Handschrift des Alten Chen: »Der Stadtwall wurde im 22. Jahr des Kaisers Jiajing (1543) errichtet und im ersten Jahr des Kaisers Wanli (1573) mit gebrannten Ziegeln umhüllt.« Ich durchblätterte das Buch – Dutzende von Seiten, Hunderte von Daten. Es gab Karten: Eine Seite mit der Überschrift »Große Mauer« zeigte kreuz und quer verlaufende breite blaue Striche und Kreise.

»In dieser Gegend gibt es dreiunddreißig Meldetürme«, sagte der Alte Chen und deutete auf die Kreise. »Die sind von den Ming. Die Ming-Mauer verläuft entlang der Grenze zur Inneren Mongolei. Es gibt in dieser Gegend aber noch andere Mauern von anderen Dynastien.«

Er zog eine andere Schublade auf, entnahm ihr eine graue Tonscherbe und reichte sie mir. In meiner Handfläche fühlte sich der gehärtete Ton kühl an. »Was glauben Sie, aus welcher Dynastie sie ist?«, fragte er.

Als ich ihm gestand, dass ich keine Ahnung hätte, wirkte er enttäuscht. »Falls Sie noch einmal wiederkommen, könnten Sie einen Archäologen mitbringen«, sagte er. »Ich weiß, wo man eine Menge von diesen Töpferwaren findet, aber ich weiß nicht, aus welcher Dynastie sie sind.« Schatzsucher, erklärte er, hätten in der Gegend unbeschädigte Töpferwaren und bronzene Artefakte gefunden. »Die guten wurden alle verkauft«, sagte er. »Niemand unterbindet das.«

Forschen war sein Hobby – er war Bauer und hatte früher als Parteisekretär gedient, auf dem höchsten Posten der Kommunistischen Partei im Dorf. Jetzt war er Rentner, aber er bestellte immer noch 0,8 ha Land, und zwar mit Kartoffeln. Er besaß fünf Schafe. Sein Jahreseinkommen betrug rund 200 Dollar, und er war nur sechs Jahre zur Schule gegangen, aber in Geschichte hatte er sich gebildet, so gut er konnte. Seit dem Ruhestand hatte er oft das 24 Kilometer entfernte Bezirksarchiv von Zuoyun aufgesucht. Dort stöberte er Informationen über die örtlichen Befestigungen auf, und auf Fahrten durch den Bezirk versuchte er, vorgefundene Ruinen den historischen Beschreibungen zuzuordnen. Er hatte auch die betagten Einwohner von Ninglu befragt, von denen einige sich noch an den Krieg gegen die Japaner erinnerten, als man Ziegel aus der Garnisonsmauer der Ming-Zeit entnommen und zum Hausbau verwendet hatte. Ich fragte ihn, warum er diese Mühe auf sich genommen hatte. »Weil es sonst niemand machte«, sagte er.

»Und wenn niemand die Vergangenheit studiert, wird niemand sie kennen.«

Bezogen auf die akademische Welt, hatte der Alte Chen recht: An keiner Universität der Welt gibt es einen Fachgelehrten, der sich speziell mit der Großen Mauer befasst. Die chinesischen Historiker betreiben überwiegend Textforschung, und sie untersuchen gewöhnlich politische Institutionen, die sich anhand der Dokumente einer Dynastie oder einer Regierung aufspüren lassen. Was die Archäologen angeht, so pflegen sie alte Gräber auszugraben. Die Große Mauer passt weder in die Tradition der einen noch der anderen: Sie liegt nicht unter der Erde, und sie liegt auch nicht genau auf der Druckseite; der Forscher muss beides verbinden, Feldarbeit und Lektüre. Aber selbst ein fachlich interessierter Wissenschaftler könnte nur schwer angeben, womit er sich eigentlich befasst, weil Tausende von Mauern den Norden durchziehen. Das chinesische Reich hatte hier immer seine größten Probleme, während es ansonsten natürliche Grenzen aufweist: im Osten das Meer, im Süden den Dschungel, im Westen den Himalaja. Doch die Steppen des Nordens bieten sich offen dar, und in alten Zeiten waren sie bevölkert von nomadischen Stämmen, die ihre sesshaften Nachbarn immer wieder überfielen. Um sie abzuwehren, bauten die Chinesen wiederholt Mauern – die erste bekannte Erwähnung solcher Verteidigungsanlagen stammt aus dem Jahr 656 v. Chr. Im Laufe der folgenden 2000 Jahre errichteten viele Dynastien Befestigungen, allerdings auf unterschiedliche Weise und unter verschiedenen Bezeichnungen ihrer Verteidigungsanlagen. Für das, was wir heute als »Große Mauer« kennen, wurden mindestens zehn verschiedene Wörter benutzt.

Zwei Dynastien haben sich beim Mauerbau besonders hervorgetan. Im Jahr 221 v. Chr. erklärte sich Qin Shihuang zum Kaiser, und während seiner Herrschaft ordnete er an, Dämme aus gestampfter Erde und Feldsteinen über eine Länge von 4800 Kilometern zu errichten. Seine Dynastie, die Qin, wurde berüchtigt für solche Zwangsarbeitsprojekte, und Volkslieder und Legenden überdauerten die meisten der Erdwälle, die über die Jahrhunderte allmählich verfielen. Während die Qin-Wälle vor allem in der Phantasie des Volkes überlebten, schuf die Ming-Dynastie Wehranlagen, die dank ihrer Materialien überdauert haben. Die Ming kamen im Jahr 1368 an die Macht, und in der Region Peking errichteten sie schließlich Befestigungen aus Bruchsteinen und Ziegeln. Sie waren die einzige Dynastie, die in großem Stil mit so beständigen Materialien baute – ebendies waren die beeindruckenden Mauern, die ich in der Provinz Hebei gesehen hatte. Doch die Verteidigungsanlagen der Ming bilden eher ein System als ein einzelnes Bauwerk, und es gibt Regionen mit bis zu vier Barrieren.

Im 18. Jahrhundert begannen westliche Forschungsreisende und Missionare in größerer Zahl China aufzusuchen. Sie hörten die Geschichten der Qin, und sie sahen die Mauern der Ming, und sie kamen nicht umhin, beides miteinander zu verknüpfen. Aus dieser imaginären Verbindung von den Qin zu den Ming wurde das, was wir heute unter der Großen Mauer verstehen: eine vermeintlich geschlossene Struktur aus Ziegeln und Steinen, 2000 Jahre alt, die sich so säuberlich wie eine Markierung auf einer Karte quer durch China zieht – ⅏⅏⅏⅏. 1793 besichtigte ein Engländer namens Sir John Barrow die Mauer in der Nähe von Peking, verallgemeinerte das, was er sah, und erklärte, dass das Bauwerk über seine gesamte Länge genügend Steine enthielte, um zwei kleinere Mauern rings um den Äquator zu errichten. (Dabei berücksichtigte er nicht, dass die Wälle im Westen Chinas kleiner und aus gestampfter Erde sind.) 1923 behauptete das Magazin *National Geographic*, die Große Mauer sei vom Mond aus mit bloßem Auge zu erkennen. (In Wahrheit konnte niemand sie 1923 vom Mond aus sehen, und auch heute ist sie von dort aus nicht zu sehen.) Chinesische Intellektuelle versuchten eine Zeit lang, solchen Übertreibungen zu widerstehen, in der zutreffenden Annahme, dass die Ausländer sowohl historisch als auch geographisch einiges durcheinandergeworfen hatten. Aber schließlich fanden die Mythen Anklang bei Nationalisten wie Mao Zedong, der die Große Mauer propagandistisch ausschlachtete, weil er den symbolischen Wert einer durchgehenden Absperrung erkannt hatte. Es war jedenfalls nicht einfach, die Dinge richtigzustellen in einem Land, das keinerlei akademische Tradition in der Erforschung der alten Bauwerke besaß. Schließlich gaben die Chinesen auf und übernahmen die Vorstellung der Fremden, und heute hat man sogar einen einheitlichen Ausdruck, *Changcheng*, wörtlich »lange Mauer«, den man sich als alles umfassendes Äquivalent für »Große Mauer« zu eigen gemacht hat.

Wenn Chinesen sich heute der Erforschung der Großen Mauer widmen, dann nur außerhalb der akademischen Welt. In Peking gibt es kleine Gemeinschaften von Amateurhistorikern, die die Untersuchung vor Ort mit der Textforschung zu verknüpfen suchen, und in den Provinzen trifft man hin und wieder Leute wie den Alten Chen. Er erzählte mir, dass er gehofft habe, einen Provinzverlag zu finden, der sein Buch veröffentlicht. Nachdem er mir seine Schriften und die von ihm gesammelten Artefakte gezeigt hatte, lud er mich ein, die Wälle in der näheren Umgebung zu besichtigen.

Wir stiegen in den City Special und fuhren auf einem unbefestigten Feldweg in Richtung Norden. Einige Kilometer außerhalb des Dorfes hielten wir an, und der Alte Chen führte mich durch ein mit struppigem Gras bewachsenes Hochtal. Er ging langsam, in der bedächtigen Haltung, die man bei Männern auf dem Lande häufig sieht: den Kopf gesenkt, die Hände auf dem Rücken gefaltet. Bei einer klar erkennbaren grasbewachsenen Erhöhung blieb er stehen.

»Das ist von den Nördlichen Wei«, sagte er. Dabei bezog er sich auf eine Dynastie, die von 386 bis 534 n. Chr. über diese Region geherrscht hatte. Die ursprüngliche Anlage war im Laufe der Jahrhunderte von Wind und Regen abgetragen worden, und jetzt war davon nur noch eine 60 Zentimeter hohe Bodenwelle übrig, die sich in nordöstlicher Richtung über die Hügel zog. Sie kreuzte sich mit einer anderen Erhöhung, die so undeutlich war, dass ich sie ohne seinen Hinweis nicht erkannt hätte. »Das ist der Han-Wall«, sagte er. Dieser war noch älter: Die Han herrschten von 206 bis 220 n. Chr. Ein dritter Wall oben in den Hügeln ging auf die Ming zurück. Die Ming-Befestigungen waren 1,80 Meter hoch und erstreckten sich von Ost nach West, in beide Richtungen erkennbar bis zum Horizont. In dieser Landschaft mit ihren uralten Grenzen war der Ming-Wall gewissermaßen ein Neuling – erst 400 Jahre alt.

»Ich habe diese Dinge im Laufe der Jahre so oft gesehen, dass ich schließlich neugierig wurde«, erklärte der Alte Chen. »Woher stammten sie? Welches System steckte dahinter? Das war der eigentliche Anlass, warum ich mit meinen Untersuchungen begann.«

Ich fuhr ihn heim zu seinem Haus, wo wir nochmals eine Schale Tee tranken. Der Name des Dorfes, erklärte er, sei eine Abkürzung der Wendung *Ningxi Hulu*, die wörtlich bedeutet: »Befriede die Hu.« Mit *hu* bezeichneten die Chinesen einst die nomadischen Völker des Nordens. Es bezog sich nicht auf einen bestimmten Stamm oder eine Volksgruppe, und es war abfällig – eine herabsetzende Wendung, die sich auf alle Fremden bezog. Das letzte Zeichen *lu* war noch unverblümter; es bedeutete »Barbaren«.

»Im Grunde bedeutet der Name unseres Dorfes ›Tötet die Fremden‹«, sagte der Alte Chen lächelnd. »Schauen Sie sich das an.« Er schlug mein Buch der Sinomaps auf und zeigte auf ein anderes Dorf 16 Kilometer weiter östlich: Weilu, das heißt »Schüchtert die Barbaren ein«. In der Nähe befanden sich die Stadt Pohu: »Erschlagt die Hu.« Andere Dörfer trugen die Namen »Schüchtert die Hu ein«, »Unterdrückt die Barbaren« und »Schlachtet die Hu ab«. Moderne Karten benutzen für *hu* ein gleichlautendes Zeichen mit der Bedeutung »Tiger«.

Dieser Austausch erfolgte erstmalig während der Qing-Dynastie unter der Fremdherrschaft der Mandschu, die ebenfalls aus dem Norden kamen und daher auf die Darstellung von Menschen von außerhalb der Wälle empfindlich reagierten. Es war jedoch nur eine kosmetische Veränderung, und die ursprüngliche Bedeutung ist immer noch so offenkundig wie die alten Festungen, die das Dorf überragen.

Am Spätnachmittag, als die Sonne schon tief über den Feldern stand, verließ ich Ninglu. Der Alte Chen geleitete mich zum City Special, und ein Dutzend Einheimische folgte uns aus Neugier. Angesichts ihrer abgetragenen, schmutzigen und schlecht sitzenden Uniformen kam ich mir vor, als würde ich mich auf eine verzweifelte Mission begeben. Mein nächstes Fahrtziel lag im Norden, wo Berge hoch über das Grenzland aufragten, eine Reihe dürrer Gipfel, denen jegliche Farbe ausgewaschen worden war. Der Alte Chen schüttelte mir die Hand und wünschte mir alles Gute. »Bringen Sie, wenn Sie wiederkommen, bitte einen Archäologen mit«, erinnerte er mich.

Zunächst säumten Pappeln den Weg, deren Laub sich der Jahreszeit entsprechend golden verfärbte, und dann begann die Straße durch das kahle Bergland anzusteigen. Andere Autos begegneten mir nicht. Auf einer Höhe von 1800 Metern durchstieß die Straße den Ming-Wall, der die Grenze der Provinz Shanxi kennzeichnete. Das alte Bauwerk war durchbrochen worden, um Platz für die Fahrbahn zu schaffen, und ein Zementpfosten markierte den Beginn der Inneren Mongolei. Sie ist die letzte Region im Norden Chinas, und sie war die am dünnsten besiedelte Gegend, die ich bisher besucht hatte.

Ich fuhr weiter, bis ich einen Pass erreichte, bei dem ein Feldweg von der Hauptstraße abzweigte. Ich fuhr einige hundert Meter parallel zur Kammhöhe hinein und hielt an. Im Fond des Jeeps führte ich ein Zelt und einen Schlafsack mit. Die Nacht war ideal zum Campieren – die Luft war so klar, dass die Sterne über dem Tal zu pulsieren schienen. Bevor ich im

Zelt einschlief, dachte ich an die Grenzorte, die ich am nächsten Tag besuchen wollte. »Erschlagt die Hu«, »Schlachtet die Hu ab« – wieder nur eine ruhige Fahrt über Land.

Um Mitternacht wurde das Zelt plötzlich von Licht überströmt. Erschrocken setzte ich mich kerzengerade auf – ich dachte, es seien die Scheinwerfer eines herannahenden Autos. Rasch öffnete ich die Zelttür und schaute hinaus. Es war der Vollmond, der gerade über dem Horizont aufgegangen war. Sonst war alles normal: Auf dem Feldweg war nichts zu sehen, der City Special stand da. Tief im Tal waren die Lichter von Ninglu ausgegangen, und der aufgehende Mond warf Schatten über die Steppe. Eine Weile saß ich still da, bis meine Furcht sich gelegt hatte; ich hörte nichts außer dem Wind und dem Pochen meines Herzens.

* * *

An den Abenden machte ich mir Sorgen wegen eventueller Besucher, insbesondere der Polizei. Überlandfahrten waren in China noch nicht üblich, und für Ausländer galten strenge Vorschriften. Eigentlich durfte ich den City Special außerhalb von Peking nicht benutzen, und bestimmte Teile des Westens waren gänzlich für Ausländer gesperrt, wegen der dort herrschenden Armut, wegen ethnischer Spannungen oder militärischer Anlagen. Und ein ausländischer Journalist brauchte eigentlich eine Genehmigung der örtlichen Behörden, wenn er sich irgendwohin begeben wollte. Auch deshalb hatte ich mein Zelt mitgenommen; ich gedachte die Hotels der Kleinstädte zu meiden, die ihre Gästelisten der Polizei übermitteln mussten.

Unterwegs befolgte ich meine eigenen Richtlinien. Ich wartete bis zum Sonnenuntergang, um mein Zelt aufzuschlagen, und beim ersten Tageslicht brach ich wieder auf; nirgends machte ich ein Lagerfeuer an. Wenn ich in einer Kleinstadt bleiben musste, suchte ich ein Übernachtungsheim für Lkw-

Fahrer, wo ausländische Gäste so selten sind, dass man dort in der Regel keine polizeilichen Anmeldeformulare hat. Mein Wasservorrat reichte für mehrere Tage. Beim Fahren stand ich gewöhnlich unter dem Einfluss von Koffein und Zucker – der City Special war voll bestückt mit Coca-Cola, dem Sportgetränk Gatorade, Oreo-Doppelkeksen und Schokoriegeln. Wenn ich über längere Zeit nicht duschen konnte, machte ich bei einem Friseurladen halt und ließ mir die Haare waschen. In jeder chinesischen Kleinstadt gibt es mindestens einen Friseurladen, und ein gängiger Service ist Waschen mit Kopfmassage, meistens für rund einen Dollar. Mittags bog ich oft von der Straße ab, um ein Nickerchen zu machen. Nachts fuhr ich grundsätzlich nicht. Ermüdung spielt im chinesischen Straßenverkehr eine solche Rolle, dass sie auch in der Führerscheinprüfung vorkommt:

133. Wenn Sie vier Stunden gefahren sind, müssen Sie den Wagen anhalten; die vorgeschriebene Ruhepause dauert mindestens

    a) 10 Minuten
    b) 20 Minuten
    c) 15 Minuten

Die richtige Antwort ist B – wer eine Viertelstunde pausiert, bleibt fünf Minuten hinter der Vorschrift zurück. In China gilt Autofahren als körperliche Anstrengung, zumindest nach den Vorschriften zu urteilen. Von Rechts wegen muss ein Lkw-Fahrer mindestens 155 Zentimeter groß sein, ein Pkw-Fahrer mindestens 150 Zentimeter. Um den Führerschein zu bekommen, muss man an jeder Hand mindestens drei normale Finger haben. Daumen sind unabdingbar. Jedes Ohr muss in der Lage sein, den Ton einer Stimmgabel aus einem Abstand von fünfzig Zentimetern auszumachen. Man darf nicht farbenblind sein. Man darf nicht an Epilepsie, angeborenem Herzfehler, Gleichgewichtsstörung oder Ménière-Syndrom leiden. Es ist ausdrücklich verboten zu fahren, wenn man von »Hysterie« befallen ist. Wenn man unterschiedlich lange Beine hat und der Unterschied größer ist als fünf Zentimeter, darf man kein Fahrzeug mit gängigem Getriebe führen.

Das Gesetz listet solche körperlichen Voraussetzungen detailliert auf, so als seien gute Gesundheit und ein gesunder Körper entscheidend für die Verkehrssicherheit, was aber eindeutig nicht der Fall ist. Auch das Verkehrsaufkommen ist nicht das Problem – im Jahr 2001, als ich durch den Norden fuhr, hatte China nur etwa ein Fünftel der Zahl der Pkws und Busse der Vereinigten Staaten. Aber es gab mehr als doppelt so viele Verkehrstote und insgesamt 750 000 Verkehrsunfälle. Es war ein Land von frischgebackenen Fahrern, von denen die meisten in neuerrichteten Städten unterwegs waren, und diese Kombination war tödlich. In einer vertrauten Umgebung hätten die Leute vermutlich weniger Probleme gehabt – in Peking zum Beispiel fuhren sie in den alten Teilen der Stadt zumeist ausgezeichnet. Peking setzt sich seit alters her aus einem Geflecht von Hutongs zusammen, engen, von Ziegelmauern begrenzten Gassen, die im 13. Jahrhundert angelegt wurden. Jedes Mal, wenn ich in einen Hutong fuhr, bekam ich wegen der Enge einen Schweißausbruch, aber den anderen schien das nichts auszumachen. Sie waren geduldig, und sie waren geschickt: Ein Pekinger Hutong-Fahrer konnte einem entgegenkommenden Santana ausweichen, problemlos um eine Schar Schulkinder herumfahren und seinen Wagen mit Zentimeterabstand an einer Ziegelmauer aus der Zeit der Ming-Dynastie parken. Hätte man die Mentalität der Hutong-Bewohner irgendwie auf das Straßensystem des Landes übertragen können, wäre allen wahrscheinlich ein großer Dienst erwiesen worden.

Doch mit dem freien Raum einer neuen Straße wurden die Leute nicht so leicht fertig. Das lag zum Teil an Planungsmängeln: Im Jahr 2001 beherbergte Peking unversehens über eine Million Fahrzeuge, und die Stadt hatte Mühe, ihre Infrastruktur entsprechend anzupassen. Südlich des Hutong, in dem ich wohnte, hatten alte Viertel breiteren Straßen weichen müssen, aber die Verkehrsregelung war oft bizarr. An einer großen Kreuzung hatte ein genialer Stadtplaner die Spur für Linksabbieger an den rechten Rand der Straße verlegt, so dass jeder, der links abbiegen wollte, fünf belebte Spuren schneiden musste. Hatte er das geschafft und fuhr er anderthalb Kilometer geradeaus, kam er an eine andere Kreuzung, wo die Ampelschaltung so schlecht abgestimmt war, dass alle Richtungen gut fünf Sekunden lang grün hatten. Anderswo befanden sich ganze Stadtbezirke im Bau. Straßen waren halb fertig, die Beschilderung war schlecht geplant, nicht beschilderte Auffahrten mündeten in geheimnisvolle Durchgangsstraßen. Stadtpläne von Peking zeigten Kleeblatt-Kreuzungen, die an eine Zeichnung von M. C. Escher erinnerten.

Noch heute, da einige der Probleme behoben sind, ist eine Stadtfahrt ein Abenteuer. Und Probleme sind unvermeidlich in einem Land, in dem die meisten Fahrer Anfänger sind. Der Übergang kam in China so plötzlich, dass die Leute sich noch nicht umgewöhnen konnten – sie fahren, wie sie gehen. Sie bewegen sich gern in Rudeln, und sie fahren zu dicht auf, wann immer es möglich ist. Vom Blinker machen sie kaum Gebrauch. Stattdessen verlassen sie sich auf automobile Körpersprache: Drängt ein Auto nach links, kann man vermuten, dass es gleich abbiegen will. Und die Leute sind großartig im Improvisieren. Sie verwandeln Gehsteige in Überholspuren, und sie werden einen Kreisverkehr in umgekehrter Richtung anfahren, wenn ihnen das schneller erscheint. Wenn sie eine Autobahnausfahrt verpasst haben, fahren sie einfach auf den Standstreifen, legen den Rückwärtsgang ein und treffen die Ausfahrt im zweiten Anlauf. Bei Staus mogeln sie sich auf dem Seitenstreifen durch,

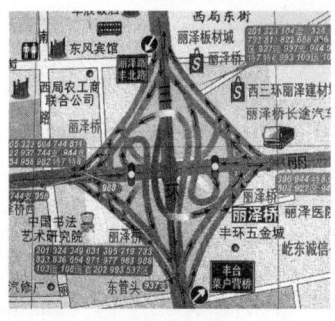

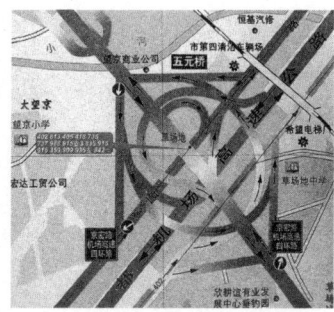

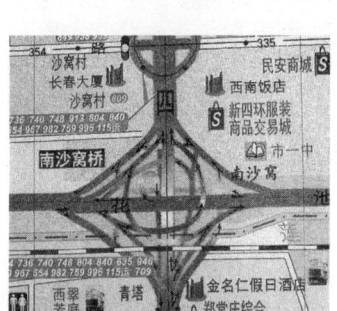

so wie sich Chinesen auch gern vordrängeln, wenn sie für Eintrittskarten anstehen. Mauthäuschen können gefährlich sein, weil die Menschen durch ihre Erfahrung mit kommunistischen Zuteilungen und langen Schlangen gelernt haben, Möglichkeiten rasch einzuschätzen und spontane Entscheidungen zu treffen. Wenn sie an eine Mautstelle kommen, wechseln die Fahrer gern in allerletzter Sekunde die Spur; deshalb kommt es oft direkt vor einem Häuschen zu Unfällen. Selten schauen die Fahrer in den Rückspiegel. Scheibenwischer gelten ebenso wie Scheinwerfer als Ablenkung.

Tatsächlich war die Benutzung von Scheinwerfern bis in die späten siebziger Jahre verboten, als die Auslandsreisen von führenden Chinesen sich häuften. In den Anfängen der

Reformzeit sahen Regierungen in Europa und den Vereinigten Staaten diese Reisen gern, hofften sie doch, die Tuchfühlung mit der Demokratie werde die politische Haltung der Gäste verändern. 1983 weilte Chen Xitong, der Bürgermeister von Peking, auf Besuch in New York. Auf dem Weg zu seinen Treffen mit Bürgermeister Ed Koch und anderen Würdenträgern machte Chen eine wichtige Beobachtung: Die Fahrer in Manhattan schalten nachts die Lichter an. Zurück in China, ordnete er an, dass die Autofahrer von Peking desgleichen tun. Welche Schlüsse er aus seinen Begegnungen mit der amerikanischen Demokratie zog, ist unklar (er landete wegen Korruption im Gefängnis), aber zumindest für die Verkehrssicherheit hat er das Seine getan.

Die Feinheiten der Scheinwerferbenutzung haben die chinesischen Autofahrer gleichwohl noch immer nicht kapiert. Die meisten lassen ihre Lichter aus, bis es stockdunkel ist, und dann schalten sie das Fernlicht ein. Bei Regen, Nebel, Schnee oder Dämmerung benutzt fast niemand Scheinwerfer – und wenn doch, so gehört es sogar zu den wenigen Dingen, die chinesische Autofahrer wütend machen. Wenn man dicht auffährt, rechts überholt oder über den Bürgersteig fährt, sagen sie nichts. Ohne mit der Wimper zu zucken, nehmen sie es hin, wenn jemand in einer Autobahnauffahrt zurücksetzt. Wenn aber jemand während eines Regenschauers seine Lichter einschaltet, betätigen sie verärgert die Lichthupe.

Meistens jedoch sind sie nicht aus der Ruhe zu bringen, und man kann sich kaum ein anderes Land vorstellen, in dem die Leute solche Freude daran haben, so schlecht zu fahren. Auf der offenen Strecke hat man das Gefühl, als seien alle soeben aus einem Hutong freigelassen worden – plötzlich überfällt sie ein Geschwindigkeits- und Konkurrenzrausch, und den größten Kick erleben sie beim Überholen anderer Autofahrer. Sie überholen auf Hügelkuppen, in Kurven, in Tunneln. Werden sie selbst überholt, versuchen sie sofort, den anderen wieder zu überholen, so als sei es ein Spiel. Soweit ich sagen kann, ist das die einzige Frage der schriftlichen Führerschein-prüfung mit drei richtigen Antworten:

77. Beim Überholen eines anderen Autos sollte man

    a) links vorbeifahren.
    b) rechts vorbeifahren.
    c) rechts oder links vorbeifahren, je nach gegebener Lage.

Die Prüfungsfragen gehen direkt auf veröffentlichte amtliche Forschungsmaterialien zurück, und die Führerschein-Abteilung des Amtes für Verkehrssicherheit händigte mir eine Bro-schüre aus, die 429 Multiple-Choice-Fragen und 256 Richtig-oder-falsch-Fragen enthielt. Viele dieser Fragen fangen den Geist der Straße ein (»Richtig oder falsch: In einem Taxi darf man kleine Mengen Sprengstoff befördern«), aber es ist nicht recht erkennbar, wie sie die Leute auf das Autofahren in China vorbereitet. Wenn man jedoch die falschen Antworten studiert, kann man eine Menge lernen. Sie beschreiben das übliche Verhalten im Verkehr so anschaulich, dass man praktisch die Gesichter hinter dem Steuer sieht:

81. Sie sollten, wenn Sie ein anderes Fahrzeug überholt haben,

    a) warten, bis zwischen den beiden Fahrzeugen ein sicherer Abstand besteht, den rechten Blinker set-zen und in die ursprüngliche Spur zurückkehren.
    b) so schnell wie möglich vor dem anderen Auto ein-scheren.
    c) vor dem anderen Auto einscheren und dann brem-sen.

117. Wenn Sie sich einem markierten Fußgängerübergang nähern, sollten Sie

a) bremsen und anhalten, falls Fußgänger da sind.
b) beschleunigen, um zu dem Auto direkt vor Ihnen aufzuschließen, und dann dicht hinter ihm den Übergang queren.
c) einfach durchfahren, weil Fußgänger Fahrzeugen die Vorfahrt lassen sollten.

80. Wenn Sie sich anschicken, ein Auto zu überholen, und bemerken, dass es links abbiegt, wendet oder ein anderes Fahrzeug überholt, sollten Sie

a) rechts überholen.
b) nicht überholen.
c) hupen, beschleunigen und links überholen.

Viele Antworten betreffen das Hupen. In einem chinesischen Auto hat die Hupe im Grunde eine neurologische Funktion – sie kanalisiert die Reflexe des Fahrers. Die Leute hupen dauernd, und anfangs klingen alle Hupen gleich, aber mit der Zeit lernt man, sie zu interpretieren. In diesem Sinne ist das Hupen so kompliziert wie die Sprache. Das Chinesische ist eine tonale Sprache, und das bedeutet, dass ein einzelner Laut wie *ma* eine unterschiedliche Bedeutung hat, je nachdem, ob die Tonhöhe gleich bleibt, ansteigt, abfällt und ansteigt oder schnell abfällt. Ein einzelner chinesischer Hupton kann dagegen mindestens zehn verschiedene Dinge bedeuten. Ein kräftiges *Tuuuutttt* soll Aufmerksamkeit erregen. Ein doppelter Ton – *Tuuuutttt, Tuuuutttt* – zeigt Verärgerung an. Ein ausgespochen langes *Tuuuuuuutttttttt* bedeutet, dass der Fahrer im Verkehrsgewühl steckengeblieben ist, alle Drängeloptionen ausgeschöpft hat und sich wünscht, dass alle anderen von der Straße verschwinden. Wenn als Antwort ein *Tuuuuuuuuuuuuuuuuttttttttttttttttt* ertönt, heißt das, dass die anderen nicht bereit sind zu verschwinden. Ein stotterndes, heftiges *Tut Tut T't T't T't T't T't* bedeutet reine Panik. Dann gibt es das nachträgliche *Tut* – das machen Fahranfänger, wenn sie zu langsam waren, um auf den Knopf zu drücken, bevor eine Situation sich geklärt hat. Und schließlich gibt es noch ein kurzes elementares *Tut*, das einfach sagt: Meine Hände sind noch am Lenkrad, und diese Hupe wird weiterhin als Verlängerung meines Nervensystems fungieren. Andere Huptöne kommen in der Prüfung vor:

353. Wenn Sie an einem älteren Menschen oder einem Kind vorbeifahren, sollten Sie

   a) abbremsen und darauf achten, dass Sie gefahrlos vorbeikommen.
   b) mit unveränderter Geschwindigkeit weiterfahren.
   c) die Hupe betätigen, damit sie sich vorsehen.

269. Wenn Sie in einen Tunnel einfahren, sollten Sie

   a) hupen und beschleunigen.
   b) abbremsen und die Lichter einschalten.
   c) hupen und die Geschwindigkeit beibehalten.

355. Wenn Sie durch ein Wohngebiet fahren, sollten Sie

   a) hupen wie normal.
   b) mehr hupen als normal, um die Anwohner zu warnen.
   c) nicht hupen, um die Anwohner nicht zu stören.

* * *

Meine erste Anhalterin las ich auf dem Weg nach »Erschlagt die Hu« auf. Bei Sonnenaufgang hatte ich mein Zelt abgebaut, und nachdem ich die Karte studiert hatte, beschloss ich, eine Route zu probieren, die auf der Nordseite parallel zum Ming-Wall verlief. Sie entpuppte sich als die schlimmste Straße bisher – sie begann als Feldweg hoch auf dem Berg und fiel dann steil ab. Der Wasserabfluss hatte tiefe Furchen in die Oberfläche gegraben; der City Special schlingerte und ächzte. Zu meiner Linken thronte die Große Mauer säuberlich auf einer Kammlinie – sie schien mühelos zu schweben, während ich die kaputte Straße hinunterrumpelte. Auf halber Strecke zum Talgrund stand eine junge Frau am Wegesrand und winkte wie verrückt. Ich kurbelte das Fenster herunter.

»Wo fahren Sie hin?«, fragte sie.

»»Erschlagt die Hu‹, dann ›Schlachtet die Hu ab‹«, sagte ich. Im Chinesischen rollen einem diese Dorfnamen richtig von der Zunge.

»Kann ich bis ›Erschlagt die Hu‹ mitfahren?«

»Kein Problem«, sagte ich und stieß die Tür auf. Die Frau hatte einen Sack mit frischem Schweinefleisch bei sich, und das fettige Fleisch schillerte weiß und rosafarben durch die Plastikfolie. Sie stellte ihn auf den Boden und zögerte vor dem Einsteigen.

»Wie viel kostet es?«, fragte sie.

»Wie viel kostet was?« Einen Moment glaubte ich, sie spräche von dem Schweinefleisch.

»Nach ›Erschlagt die Hu‹«, erwiderte sie. »Wie viel?«

Eine gute Frage – welchen Preis kann man für die Zerstörung unbestimmter Nomadenstämme nehmen? »Machen Sie sich darüber keine Gedanken«, sagte ich. »Ich fahre sowieso dorthin.«

Sie hieß Gao Linfeng und war 27 Jahre alt. Sie erzählte mir, sie sei in ›Erschlagt die Hu‹ aufgewachsen, aber jetzt arbeite sie in einer Fabrik in Hohhot, der Hauptstadt der Inneren

Mongolei. Sie sei auf der Heimfahrt, um ihre Großmutter zu besuchen – das Fleisch war ein Geschenk. In dieser Gegend gibt es kaum Verkehrsmittel; sie hatte eine Fahrt mit dem Bus von Ninglu erwischt, aber der hatte sie nur bis zur Passhöhe mitgenommen. Von dort wollte sie zu Fuß weitergehen, bis sich eine Mitfahrgelegenheit ergab. Sie trug einen neuen grauen Geschäftsanzug, ein frisches Make-up, und ihre Haare waren hübsch gestylt. Wie war es möglich, auf einem Feldweg in der Inneren Mongolei so gut auszusehen? Ich hatte ein altes graues T-Shirt und eine schmutzige Hose an; das letzte Mal, dass mir jemand die Haare gewaschen hatte, lag zwei Tage zurück.

Gao war wie viele Landbewohner von zu Hause fortgegangen, um in der Stadt Arbeit zu suchen. 1978, am Beginn der Politik der Reform und Öffnung, lebten rund 80 Prozent der Bevölkerung auf dem Lande. Der wirtschaftliche Aufschwung erzeugte eine wachsende Nachfrage nach Bau- und Fabrikarbeitern, die überwiegend aus ländlichen Regionen kamen. Die chinesische Landwirtschaft war seit jeher übervölkert, und die jungen Leute waren froh wegzukommen; bis 2001 waren rund 90 Millionen fortgezogen. Durch China zu fahren hieß, die größte Wanderungsbewegung der Menschheitsgeschichte mitzuerleben – annähernd ein Zehntel der Bevölkerung war unterwegs zu einem neuen Leben fern der Heimat.

Die meisten zog es in die Küstenregionen, aber auch Provinzstädte wie Hohhot boten Gelegenheiten. Gao hatte, wie sie mir erzählte, am Fließband angefangen, sich dann aber emporgearbeitet, und nun saß sie in der Geschäftsleitung. Ihre Fabrik fertigte Wollpullover für den Export. In Hohhot hatte sie einen dreijährigen Sohn, und sie kehrten selten nach »Erschlagt die Hu« zurück. »Es ist so arm hier«, sagte sie. »Die Landwirtschaft ist schwierig, wegen der Höhe und der Dürre. Schauen Sie sich den Mais an.« Sie zeigte auf ein Feld mit staubigen grünen Stängeln, das an die Straße grenzte. »Fast überall ist er schon abgeerntet, aber hier ist alles so spät, weil es so hoch liegt.«

Nachdem wir ein Weilchen geplaudert hatten, fragte sie höflich: »Sie sind nicht aus unserem China, nicht wahr?«

»Nein.«

»Aus welchem Land kommen Sie?«

Es war verlockend, ihr zu sagen, ich sei ein Hu, aber dann sagte ich doch die Wahrheit.

»Meine Fabrik exportiert Pullover in Ihr Land!«, entgegnete sie fröhlich.

Wie viele junge Leute in den Fabrikstädten hatte sie auf eigene Faust ein wenig Englisch gelernt, war aber zu schüchtern, ihr Können bei mir anzuwenden. Sie fragte mich nach dem Leben in Amerika aus, wollte wissen, wie groß meine Familie ist und ob es in meiner Heimatstadt Bauern gibt. »Fahren Sie auf derselben Straßenseite wie in China?«, fragte sie. Das bejahte ich, obwohl es im Moment belanglos war, weil der schlechte Straßenzustand sowieso nur zwei Spurrillen übriggelassen hatte. Und wenn eine gewisse Ironie darin steckte, unmittelbar hinter der Großen Mauer auf der Fahrt nach »Erschlagt die Hu« ein freundliches Gespräch mit einem Ausländer zu führen, dann ließ Gao Linfeng es sich nicht anmerken. Ich ließ sie an dem wuchtigen, von den Ming errichteten Stadttor aussteigen; sie winkte mir nach, während ich mich nach »Schlachtet die Hu ab« aufmachte.

Die Städte an dieser Straße waren schwer befestigt, und sie alle leerten sich rasch. Wo immer ich haltmachte, sagte man mir, die meisten jungen Leute seien schon fort. Das Leben war hier nie einfach gewesen – seit jeher waren die Bedingungen unsicher gewesen, und jahrhundertelang hatten unpersönliche und zuweilen gewalttätige Kräfte von außen diese abgelegenen Gegenden geprägt. Dies war einst Grenzland gewesen. Orte wie »Erschlagt die Hu« konnten – manchmal in sehr beschränktem Rahmen – Ackerbau in chinesischem Stil betreiben, aber nach Norden hin eignete sich das Land nur zur Viehhaltung. Hirtenvölker entwickelten naturgemäß eine hohe Mobilität, während die Chinesen an die Orte gefesselt waren, wo sie Ackerfrüchte anbauten. Sie gaben ein leichtes Angriffsziel ab, und der Zusammenprall der Kulturen war oft brutal. »Sie kommen wie ein Wirbelsturm und verschwinden wie der Blitz«, schrieb ein chinesischer Minister im 2. Jahrhundert v. Chr. »Ohne feste Ansiedlung umherzuziehen ist ihre Lebensart, und daher sind sie schwer zu kontrollieren.« Die Nomaden zu bekämpfen, sagte ein Kaiser, sei so, »wie wenn man einen Schatten angreift«. Ein anderer Beamter beschrieb sie als »gierig nach Getreide, menschengesichtig, aber tierherzig«.

Die meisten Nomaden waren keine Invasoren; sie hatten im Allgemeinen kein Interesse an der Eroberung von Land. Was sie wollten, waren die Güter der Chinesen, nicht ihre Kultur – für einen Kaiser nach dem anderen, eine Dynastie nach der anderen ein Rätsel. Es war anders als im Süden, wo das Reich sich nicht mit militärischer Gewalt, sondern durch kulturelle Beeinflussung ausbreitete. Der amerikanische Historiker Arthur Waldron hat ein Buch mit dem Titel *The Great Wall of China* geschrieben, in dem er einige der Zusammenstöße im Norden während der Ming-Dynastie beschreibt. Er sagte mir, es sei wichtig, die chinesische Sichtweise zu verstehen. »Für sie war das, was sie hatten, nicht die chinesische Zivilisation, sondern Zivilisation schlechthin«, erklärte er. »Sie musste selbstverständlich bei jedermann Anklang finden, unabhängig von seiner ethnischen Zugehörigkeit, so wie eine Zahnbehandlung mit örtlicher Betäubung bei jedermann Anklang finden würde. Und im Großen und Ganzen war es auch so. Als das Reich sich nach Süden ausdehnte, zogen nicht Chinesen dorthin, sondern die einheimische Bevölkerung änderte ihre Gebräuche. Sie dachten sich gefälschte Stammbäume aus, sie errichteten Schreine – sie machten genau das, was jeder macht, wenn er Zugang zu einer neuen Kultur zu finden sucht. Das ist die Stärke der Chinesen, bis heute. Sie brauchen keine Gewalt. Sie brauchen keine Spione und keine Geheimpolizei. Den

Menschen ringsum gefällt es, Teil dieser chinesischen Welt zu sein.«

»Die Reiternomaden sind die Ersten, die sich davon nicht angezogen fühlen«, fuhr Waldron fort. »Und das macht die Chinesen ratlos, weil sie immer darauf gebaut haben, dass ein Fremder von der Kultur angezogen wird. Aber die Reiternomaden sind unansprechbar. Sie dringen einfach ein, und sie vergewaltigen, plündern und brandschatzen. Für die Chinesen war es dasselbe Problem, das die Amerikaner mit al-Qaida haben, mit Leuten, die uns einfach hassen. Viele Amerikaner denken, die anderen müssten uns nur besser kennenlernen. Lade sie zu einem guten alten amerikanischen Barbecue ein, zeig ihnen, wie wir hier leben – es muss ihnen einfach gefallen! Doch genau das passiert nicht. Eine ähnliche Bruchlinie gab es in der chinesischen Kultur. Es war eine Bruchlinie zwischen dem ungeheuren Vertrauen auf die Stärke der eigenen Kultur und der Einsicht, dass man möglicherweise zur Gewalt Zuflucht nehmen muss.«

Im Laufe der Jahrhunderte reagierten die Chinesen mal so, mal so. Hin und wieder griffen sie die Nomaden an, und dabei konnten sie genauso brutal sein wie die »Barbaren«. Chinesische Soldaten spürten die Lager der Nomaden auf und metzelten Frauen und Kinder nieder. Im Zuge ihrer ökologischen Kriegsführung steckten sie Weideland in Brand, um die Nomaden auszuhungern. Und die Chinesen errichteten Verteidigungsanlagen: Wälle und Mauern, die sich quer durch den ganzen Norden zogen. Diese Taktik bevorzugten besonders die Ming, weil sie oft zu schwach waren, um in die Offensive zu gehen.

So verwickelt wie das Problem der Nomaden, so komplex war die Lösung der Chinesen. Die Ming-Dynastie nutzte mehrere Strategien, um den Nomaden beizukommen: Sie führten Angriffsmanöver durch, sie errichteten Wälle zu ihrer Verteidigung, und sie versuchten es mit Handel und Diplomatie. Ming-Kaiser schenkten den mongolischen Fürsten Güter und gewährten ihnen offizielle Titel, und sie förderten Handelsmessen an wichtigen Orten längs der Grenze. »Schlachtet die Hu ab« ist einer dieser Orte – in der Ming-Zeit wurde es zu einem berühmten Markt, wo Mongolen mit den Chinesen Waren austauschen konnten. Der Handel blieb aber immer im Ungleichgewicht, weil die Nomaden, abgesehen von Pferden, kaum etwas für den Bedarf der Chinesen anzubieten hatten. Und die Regierung führte an solchen Orten eine strenge Aufsicht, auch um zu verhindern, dass die Mongolen Eisen kauften, um daraus Waffen zu machen. Am Ende war die kulturelle Kluft unüberwindlich. Die Chinesen verstanden sich auf die Erzeugung von Getreide und Waren, und sie beherrschten die Handelsmessen; die Mongolen besaßen diese administrativen Fähigkeiten nicht, aber dafür verstanden sie sich auf den Angriff. Früher oder später mündete das Zusammentreffen dieser so unterschiedlichen Gruppen immer in Gewalt.

Noch immer gibt es Ausländer, die nach chinesischen Waren verlangen, aber sie müssen, um sie zu finden, nicht mehr den weiten Weg nach »Schlachtet die Hu ab« auf sich nehmen. Erneut haben die Forderungen der Außenwelt diesen abgelegenen Ort verändert. Die Große Mauer verläuft immer noch mitten durch die Stadt mit ihren hohen Garnisonsmauern, und das ganze Tal hindurch erheben sich zerfallene Türme. Es war der am stärksten befestigte Teil des Nordens, den ich bis dahin besucht hatte, und es war zugleich der stillste. Die Hauptstraße war wenig mehr als ein Truckstop – eine verschlafene Zeile billiger Restaurants und Reparaturwerkstätten, die für Leute auf der Durchreise tätig waren. Das war alles, was von der örtlichen Wirtschaft übriggeblieben war. Die Verlockung, die von den Jobs in den Fabriken des Südens ausging, hatte diesen Ort mit einer Wucht geschlagen, wie es den Nomaden niemals gelungen war. »Schlachtet die Hu ab« lag im Sterben – auf seinen staubigen Straßen sah ich keinen einzigen jungen Menschen.

* * *

Ich folgte, in südlicher und westlicher Richtung fahrend, einer langen Reihe von Meldetürmen, die parallel zum Fluss Cangtou verlief. Seit ich die Provinz Hebei verlassen hatte, war das Land stetig ärmer geworden, und jetzt befand ich mich im Hochland des nördlichen Zentralchina. Die Menschen lebten hier auf Löss, einem dünnen trockenen Boden, der aus der Gobi und anderen Wüsten des Nordwestens herbeigeweht worden war. Im Laufe von Jahrtausenden hat der Wind in diesem Teil Chinas mächtige Schichten abgelagert, und die gelbe Erde kann bis in eine Tiefe von 180 Metern reichen. Der Boden ist brüchig, aber fruchtbar, und einst war die Region bewaldet gewesen, allerdings infolge jahrhundertelanger Übervölkerung kahlgeschlagen worden. Nachdem die Bäume verschwunden waren, begannen die Menschen, Terrassen in die Hänge zu graben, bis die Landschaft einem desperaten menschlichen Bauwerk glich: einer Schichttorte aus Staub. Niederschläge sind rar – rund 250 Millimeter jährlich –, aber selbst so geringe Wassermengen können den spröden Boden fortschwemmen. Bachbette verschwinden in Erdlöchern; ein winziger Bach gräbt sich zuweilen Hunderte von Metern tief unter den umgebenden Berghängen ein. Die meisten Bauern wohnen in *yaodong*, schlichten Höhlenwohnungen, die sie in die Lösshänge gegraben haben. Die Höhlen sind im Sommer kühl, im Winter warm – und verheerend bei einem Erdbeben. Während der Ming-Dynastie soll ein einziges großes Beben im Jahr 1555 Hunderttausende von Menschenleben gefordert haben.

Die Große Mauer war nicht der Hauptgrund für die Verschlechterung der Umwelt, aber sie trug unzweifelhaft dazu bei. Wo die Mauer hinkam, verschlang sie Ressourcen, und die Verwalter der Ming hielten die Kosten des Bauwerks fest. Der amerikanische Historiker David Spindler, der die Zahlen für ein einzelnes Mauerprojekt untersuchte, kam zu dem Schluss, dass für jeden Ziegelstein, der gebrannt und in die Mauer eingefügt wurde, siebeneinhalb Kilogramm Holz verfeuert wurden. Auch dort, wo Soldaten das Bauwerk aus gestampfter Erde oder unbehauenen Steinen errichteten, benötigten sie Holz zum Kochen, und die Einnahmen der Garnison beruhten wesentlich auf dem Holzeinschlag. Spindler ermittelte, dass in der Ming-Zeit nur 60 bis 70 Prozent des Betriebsbudgets der Mauer vom Staat kamen – den Rest mussten die Soldaten aufbringen, vielfach durch Holzeinschlag. Es gab Klagen von Beamten, dies sei kontraproduktiv, weil der Kahlschlag es den Angreifern zu Pferde nur leichter mache.

Vier Jahrhunderte später scheinen die Strukturen aus gestampfter Erde die einzigen dauerhaften Merkmale in dieser fließenden Landschaft zu sein. Ich fuhr an Abhängen vorbei, die abgebrochen und in Schluchten gestürzt waren, und an Ackerterrassen, die den Eindruck erweckten, als würden sie sich morgen auflösen – aber die Meldetürme schienen noch immer einsatzbereit zu sein. Über den terrassierten Hügeln aufragend, waren sie mit ihrer quadratischen Form kilometerweit sichtbar. Neben der Straße stand ein Turm, der mit einem einzigen Zeichen verziert war: 土. Das in weißer Farbe aufgemalte Wort war sechs Meter hoch, und es bedeutet »Erde«. Kurz darauf sah ich ein anderes: 水, »Wasser«. Wenn die Meldetürme eine Botschaft aussandten, dann verstand ich sie nicht, und deshalb ließ ich den Jeep stehen. Ich musterte den Horizont und erkannte, dass vier aufeinanderfolgende Türme Inschriften trugen, die gemeinsam einen Satz bildeten, der sich, über Flüsse und Täler und abgebrochene Berghänge hinweg, über anderthalb Kilometer erstreckte:

SCHÜTZT DAS WASSER, BEFESTIGT DIE ERDE

Die Reihe der beschrifteten Türme endete bei einer gewaltigen Ming-Festung auf einem Berggipfel. Auf einer Nebenstraße gelangte ich zu der Festung, von wo aus sich eine überwältigende Aussicht bot. Sie reichte über sechs Täler hinweg, und die meisten Abhänge waren übersät mit Tausenden von Löchern, die man gegraben hatte, um Bäume zu pflanzen. Die einzelne Grube maß gut einen halben Quadratmeter und war einige Zentimeter tief, und je nach Hangneigung war sie entweder viereckig oder halbmondförmig. Die Gruben waren leer, und sie setzten sich fort, so weit das Auge reichte – ein Meer von Löchern, die auf Setzlinge warteten. Auf die Mauern der Ming-Festung hatte man eine weitere Botschaft gemalt:

NUTZT DIE CHANCE DER WELTBANK WEISE
HELFT, DASS DAS BERGLAND DER ARMUT
ENTKOMMT

Dazu geschaffen, die Barbaren fernzuhalten, diente die Große Mauer jetzt dazu, die Weltbank willkommen zu heißen. Ich wandte mich an die örtliche Verwaltung und fragte, ob mir jemand das Projekt erläutern könnte. Ein Beamter – der Leiter des Finanzamts des Bezirks Youyu – fand sich bereit, meiner Bitte zu entsprechen. Er erklärte mir, die örtliche Verwaltung habe in den beiden vorangegangenen Jahren von der Weltbank Darlehen von annähernd drei Millionen Dollar erhalten. Es war eines von zahlreichen Projekten, das die Organisation auf dem Lössplateau förderte. Mit Darlehen der Weltbank war im Laufe der Jahre der Bau von Minidämmen zum Festhalten des Wassers finanziert worden, und mit ihrer Baumpflanzaktion war es in vielen Gebieten gelungen, die Erosion zu verringern. Hier in Youyu wollte man Kiefern pflanzen – insgesamt würde das Projekt des Bezirks sich über eine Fläche von 700 Quadratkilometern erstrecken. Der Beamte begleitete mich in ein Dorf, wo die Erosionsbekämpfung bereits Früchte trug. Der kommunistische Parteisekretär des Ortes sagte mir, fast jede Familie könne sich jetzt einen Traktor leisten; ein Dorfbewohner, den wir trafen, hatte gerade einen motorisierten Karren erworben, um Handel zu treiben. In der Nähe hatte man auf Bergkuppen eigens zwei Beobachtungsstationen errichtet, die einen klaren Überblick über das Projekt gewährten.

Wir wurden in einem schwarzen VW Santana zu den einzelnen Orten chauffiert. Nachdem ich wochenlang selbst gefahren war, kam es mir sonderbar vor, passiv in einem Auto zu sitzen, aber die Routine einer offiziellen Tour war mir von meiner Arbeit als Journalist her vertraut. In den Provinzen waren die Wagen der Verwaltung durchweg schwarz mit stark getönten Scheiben, und es gab immer einen Fahrer. In reicheren Provinzen fuhr man einen Audi; ärmere Regionen hatten Santanas und Jettas. Bei jedem Halt wurden einem Tee und statistische Zahlen serviert. Hier im Bezirk Youyu war die Verwaltung stolz auf ihr Weltbank-Projekt, und in meinem Notizbuch häuften sich die Zahlen. Man hatte vor, rings um die Ming-Festung 1400 Hektar mit Bäumen zu bepflanzen. Bislang war es dem Bezirk Youyu gelungen, die Erosion auf 28 Prozent der Zielregion einzudämmen, und am Ende wollte man 53 Prozent der Fläche erfassen. Im Umgang mit Zahlen leistet der chinesische Staat seit jeher Erstaunliches. Schon zu Zeiten des Kaiserreiches produzierte die Bürokratie Statistiken am laufenden Band – in der Ming-Zeit wurden Mauerbauprojekte manchmal bis auf den Zoll genau gemessen und dokumentiert. Seit Beginn der Reformjahre hat diese uralte Tradition dazu beigetragen, China zu einem idealen Kunden für die Weltbank zu machen. Der Staat ist in der Lage, Arbeitskräfte zu mobilisieren, er ist in der Lage, statistische Zahlen zu liefern, und er ist in der Lage, Darlehen zurückzuzahlen.

Im Übrigen verstehen sie sich aufs Tafeln, und so endete auch meine Tour. Wir speisten in einem Separee eines örtlichen Restaurants, wo man uns einen Gang nach dem anderen auftischte: Schwein, Huhn, Fisch, Nudeln nach Art von Shanxi. Mein Geleit bestand aus einem halben Dutzend Beamten, und sie tranken *baijiu*, einen klaren Hirseschnaps. Einer nach dem anderen erhoben sie ihre Gläser.

»Es tut mir leid, aber ich muss es heute beim Tee belassen«, sagte ich. »Da ich heute Nachmittag Auto fahre, kann ich leider nicht *baijiu* trinken.«

»Wie wär's mit Bier?«

Genau das war auch Gegenstand einer Fangfrage in der Führerscheinprüfung:

212. Vor Fahrtantritt darf man

    a) ein wenig Alkohol trinken.
    b) keinen Alkohol trinken.
    c) Bier, aber keine andere Art Alkohol trinken.

»Ich darf auch kein Bier trinken«, sagte ich. »Wenn ich fahre, darf ich überhaupt keinen Alkohol trinken.«

»Ein klein wenig dürfen Sie sicherlich trinken!«

»Tut mir leid, aber das darf ich nicht.«

»Bestimmt dürfen Sie das – bloß ein Gläschen oder zwei!«

Die Beamten waren nicht annähernd so hartnäckig wie andere, die ich auf meiner Reise traf. Was den Gruppenzwang zum Trinken trotz Autofahrens angeht, waren Hochzeiten die schlimmsten Anlässe, dicht gefolgt von Beerdigungen. Auch das gehörte zu den Herausforderungen dieser Reise – wenn ich tagsüber an einem Festessen welcher Art auch immer teilnahm, musste ich höflich, aber entschieden nein sagen können, denn wenn ich auch nur einen Drink akzeptierte, waren die Dämme gebrochen. In Amerika braucht man nur zu sagen: »Ich fahre« – damit ist das Thema erledigt. Doch in China lädt eine solche Erklärung nur zu allerlei Argumenten ein, die teilweise schwer zu widerlegen sind. Auf meiner Reise war die erste Begründung fürs Trinken gewöhnlich die vollendete Tatsache. »Das müssen Sie jetzt trinken«, sagten die Leute und hielten mir ein volles Glas entgegen. »Es ist bereits eingeschenkt. Das können Sie nicht ablehnen.« Die zweite Begründung lautete, dass ich eine weite Fahrt hinter mir hätte und müde sein musste. Die dritte Begründung war, dass ich nach dem Essen ganz langsam fahren könne. Auch wies man mich darauf hin, dass die Amerikaner die rechte Straßenseite benutzen und das Fahren in China folglich keine Anstrengung von mir fordere; auf ein paar Gläschen käme es da nicht an. Auf jeden Fall – Begründung Nr. 5 – sei das Glas bereits eingeschenkt. Gelegentlich bekam ich zu hören, der Anblick eines Ausländers am Lenkrad werde die Polizisten dermaßen schockieren, dass sie gar nicht auf die Idee kämen, mich wegen Trunkenheit am Steuer zu verhaften. Einmal fragte mich der Gastgeber eines Festessens: »Wann haben Sie Autofahren gelernt?«

»Vor rund zwanzig Jahren.«

»Sehen Sie? Hier fahren die meisten erst seit ein oder zwei Jahren. Bei so viel Erfahrung können Sie natürlich was trinken!«

Sein Argument hatte etwas für sich: Ich konnte mir nicht vorstellen, wie viel ich würde trinken müssen, um auf die Idee zu kommen, in der Auffahrt zu einer Autobahn zurückzusetzen. Doch in Youyu zeigten die Beamten sich von ihrer besten Seite, und ich konnte die Einladung zu *baijiu* und Bier zurückweisen. Nach dem Bankett dankte ich für die Tour und fuhr aus der Stadt. Nach drei Kilometern machte ich kehrt, umging das Stadtzentrum und fuhr zurück zu der Reihe der Meldetürme. Ich wollte sehen, ob die Dorfbewohner dasselbe sagten, wenn ich statt in einem Santana mit Chauffeur in einem City Special kam. In der Nähe der Ming-Festung sah ich oben an einem Berghang eine Gruppe von Leuten mit Schaufeln arbeiten, und ich fuhr auf einem Feldweg dorthin.

Zehn Männer und Frauen waren dabei, halbmondförmige Löcher in den Löss zu graben. Alle trugen ausgesonderte Armeejacken, und sie versammelten sich um meinen Jeep. Sie wohnten in einem nahegelegenen Dorf namens Dingjia; es bestand wie die meisten Siedlungen in dieser Gegend aus

Höhlenwohnungen. Als ich sagte, ich sei Journalist, traten sie näher heran.

»So was machen sie, seit ich klein war«, sagte ein Mann. »Früher war es nicht die Weltbank, aber es gab andere Kampagnen. Sehen Sie all diese Löcher? Sie sind leer. Die Leute graben diese Löcher seit zwei oder drei Generationen, und noch immer sieht man hier keinen Baum. Und warum nicht? Weil unsere Arbeit unentgeltlich ist, aber für die Bäume müssten sie Geld ausgeben. Es kostet sie nichts, uns graben zu lassen. Sie machen es, damit, wenn die Oberen vorbeikommen, sie die Löcher sehen und denken, dass hier Bäume gepflanzt werden. Aber das Geld dafür stecken die örtlichen Beamten in die eigene Tasche.«

Er war erst 28 Jahre alt, aber die anderen schienen ihn als ihren Sprecher zu achten. Auf dem Lande trifft man gelegentlich Stänkerer, die ihre Wut über die Korruptheit der Beamten nicht für sich behalten können. Doch dieser Mann äußerte sich ruhig. Er überlegte sich genau, was er sagte, und es lag eine gewisse Trauer in seinem Blick. Er trug eine besonders große Militärjacke – ein weiteres Mitglied der großen Armee in ausrangierten Kleidern im ländlichen China. Ich fragte, wie viel sie für das Graben bekämen.

»Wir kriegen täglich fünf Schüsseln Fertignudeln«, sagte er.

Ich glaubte meinen Ohren nicht zu trauen, und so bat ich ihn, es zu wiederholen. »Fünf Schüsseln«, sagte er. »Wenn Sie dableiben, werden Sie sehen, wie sie es austeilen.«

»Warum macht ihr die Arbeit?«

»Weil wir sonst keine staatliche Unterstützung kriegen«, sagte er. »Wir hatten eine Dürre, und dieses Jahr war es zu trocken für Mais. Wir haben ihn gar nicht erst ausgesät. Alles, was wir diesen Herbst haben, sind Kartoffeln. Zur Unterstützung gibt der Staat uns Mais, aber nur, wenn wir dafür graben.« Er fuhr fort: »Die meisten in unserem Dorf sind gegen das Projekt, weil wir drei Viertel unseres Landes verloren haben. An Stellen wie dieser würden wir gern Tiere weiden, aber die Regierung sagt, sie müssten es schützen. Schützen, schützen, schützen – was anderes kriegen wir nicht zu hören, einen Haufen Parolen.« Die anderen murmelten zustimmend. »Sie kennen den Spruch: Die Berge sind hoch, und der Kaiser ist weit weg«, sagte der junge Bauer. »Die Führer des Landes sitzen an hoher Stelle und haben keine Ahnung, was wirklich los ist. Und die Leute wissen nicht, was die Führer des Landes wirklich sagen. Das größte Problem sind die örtlichen Führer – die Bezirksbeamten sind diejenigen, die alles einstecken.« Er deutete auf die Ming-Festung mit ihrem Weltbank-Slogan. »Wir sehen die Weltbank-Beamten in ihren Wagen, wenn sie zur Inspektion kommen, aber wir können nicht mit ihnen sprechen. Die Führer auf Bezirksebene erlauben es uns nicht. Eigentlich weiß ich nicht einmal, was ›Weltbank‹ bedeutet. Ich weiß nur, dass es was mit Investitionen zu tun hat. Sie kommen in ihren Autos herbei, und wir haben versucht, sie zum Anhalten zu bewegen, aber sie halten nicht an. Sie erzählen uns nur Parolen: Schützt das Land, verwandelt das Land in Wald.«

Die von ihm benutzte Redewendung – *shan gao huangdi yuan*, die Berge sind hoch, der Kaiser ist weit weg – ist im ländlichen China verbreitet. Die Leute glauben immer, dass die Probleme lokaler Natur sind und dass höherrangige Führer ehrlich und anständig sind. Selten trifft man jemanden, der sich zynisch über das System im Ganzen äußert. Und sie begreifen nicht, dass an der ungünstigen Geographie nichts zu ändern ist. Für ein Dorf wie Dingjia sind die Berge hoch und die Fabriken weit weg – gegen die Wirtschaft an der Küste kommen sie einfach nicht an, und selbst wenn die Baumpflanzkampagne noch so gut durchgeführt würde, hätte das für einen Ort wie diesen nur begrenzte Wirkung. Der Mann sagte mir, Dingjia habe, als er klein war, 200 Einwohner gehabt; jetzt seien nur noch achtzig übrig. Das hatte ich auf allen Stationen meiner Reise gehört – in jedem Dorf ging die Bevölkerung zurück. »Ich sollte ebenfalls fortgehen und mir Arbeit suchen«, sagte der Bauer. »Aber ich habe ein kleines Kind, und meine Eltern leben beide noch im Dorf. Wahrscheinlich werde ich irgendwann gehen, aber lieber würde ich noch ein Weilchen bleiben können.«

Ich erzählte ihm, man habe mich zu anderen Dörfern begleitet, wo die Leute das Weltbank-Projekt lobten.

»Es mag ja Orte geben, wo sie das Geld kriegen und Bäume pflanzen und die Lage sich bessert«, sagte er. »Aber hier nicht. Schauen Sie sich diesen Abhang an – hier wird nichts Brauchbares mehr wachsen, weil sie den Oberboden zum größten Teil abgetragen haben. Sie haben ihn in die Nähe der Straße gebracht, damit sie dort etwas anpflanzen können und damit es gut aussieht. Es ist nur Schau.«

Während wir uns unterhielten, drang das Geknatter eines Zweitaktmotors aus dem Tal zu uns herauf. Es wurde lauter, und dann erschien auf der Straße ein kleiner blauer Traktor. Wie er sich keuchend den steilen Hang heraufquälte, wirkte er wie die Karikatur eines Fahrzeugs. Als er röchelnd zum Stehen kam, erblickte ich auf der Ladefläche Tüten mit Fertignudeln. Wortlos teilte der Fahrer an jeden Arbeiter fünf Tüten aus. Die Chinesen essen Fertignudeln oft trocken, als Imbiss, und die Arbeiter rissen ihre Tüten auf. Der Markenname lautete »Islamische Rindernudeln«.

»Seid ihr Muslime?«, fragte ich.

»Nein«, sagte der junge Bauer lachend. »Aber das ist die billigste Sorte – ohne Schweinefleisch. Die Tüte kostet 5 Cent.«

Er machte eine Tüte auf und reichte sie mir. Das war noch schlimmer als das eingeschenkte Glas – das Letzte, was ich hier wollte, war, Halal-Fertignudeln zu essen, die ein Fünftel des Tagelohns eines Arbeiters darstellten. Nach einigem höflichen Hin und Her konnte ich ihn bewegen, sie zu behalten, und ich tat noch ein Päckchen Oreos-Kekse aus meinem Vorrat im Jeep hinzu. Ein Weltbank-Vertreter, den ich hinterher ansprach, bestand darauf, dass die Bauern im Irrtum seien, und er wies darauf hin, dass von den Projekten der Bank auf dem Lössplateau schon mehr als eine Million Menschen profitiert hätten. Aber das war nur eine weitere statistische Zahl: Das Einzige, was für mich feststand, war, dass die Menschen, mit denen ich gesprochen hatte, nicht zu den Millionen Nutznießern gehörten. Und ich hatte schon immer meine Zweifel an Entwicklungsprojekten, die von der Hauptstadt aus organisiert wurden, ohne hinreichende Kontakte mit den Menschen vor Ort. Die Berge sind hoch, die NGOs sind weit weg – das kommt dabei heraus, wenn man Leute für Islamische Rindernudeln Löcher graben lässt. Und es ist auch keine gute Idee, Ruinen der MingDynastie mit Parolen der Weltbank zu bemalen. Aber die Große Mauer hat schon zahllose Invasionen überstanden, und sie wird bestimmt immer noch dort oben auf der baumlosen Kammlinie stehen, wenn diese jüngste Welle von Barbaren verschwunden sein wird.

* * *

Während der folgenden 150 Kilometer folgte ich der Grenze zwischen Shanxi und der Inneren Mongolei. Der Ming-Wall bildete nach wie vor die Grenze, und die Befestigungen waren noch immer beeindruckend, aber diese Regionen waren arm, und die Straßen wurden rasch schlechter. In dem Dorf Shirenwan sah ich einen Bauern hinter einem Kamel, das er vor einen Pflug gespannt hatte. Es war ein deprimierender Anblick: Das Tier wollte einfach nicht mehr weiter, der Bauer brüllte, und der Boden hatte die harte gelbe Farbe von Lehmziegeln. Eine Stunde später hielt ich für zwei junge Frauen, die per Anhalter unterwegs waren. Sie wollten unbedingt zusammen auf dem Rücksitz Platz nehmen, und wenn ich sie etwas fragte, antworteten sie so leise, dass es wie ein Flüstern klang. Nach zehn Minuten erklärten sie mir, ich sei der erste Ausländer, den sie je gesehen hatten.

Die Anhalter häuften sich jetzt, und es wurde für mich

zur Routine, Leute mitzunehmen. Es gab nur wenig Autoverkehr, aber nicht selten sah man jemanden neben der Straße stehen und die chinesische Trampergeste machen: der Arm ausgestreckt, die Handfläche nach unten, fuhr die Hand auf und ab, als tätschelte sie einen unsichtbaren Hund. Das war für mich neu, denn die Fußgänger in Peking winken nicht, um sich von jemandem mitnehmen zu lassen, und in Hebei hatte ich keine Anhalter gesehen. In der Führerscheinprüfung bekommt man keine Orientierungshilfe in Bezug auf Mitfahrer, abgesehen von einer einzigen Frage:

356. Wenn Sie jemanden mitnehmen und feststellen, dass er etwas in Ihrem Wagen zurückgelassen hat, sollten Sie

a) es für sich behalten.
b) es dem Betreffenden oder seiner Arbeitsstelle so rasch wie möglich zurückgeben.
c) ihn anrufen und ihm anbieten, es gegen eine Belohnung zurückzugeben.

Einen Bauern, der mitgenommen werden wollte, sah ich kaum. Die Einheimischen reisen gewöhnlich nicht viel, abgesehen von kurzen Fahrten zu Marktflecken, und dazu benutzen sie die öffentlichen Verkehrsmittel. Die meisten, die ich mitnahm, waren Frauen, die fast ebenso fehl am Platz wirkten wie ich. In der Regel gehörten sie zu einem bestimmten Typus: Kleinstadtgrazien, Mädchen, die ihr Dorf verlassen hatten und auf dem Wege waren, jemand anders zu werden. Sie waren gut gekleidet, oft mit Rock und hohen Absätzen, und die Haare in krassen Rottönen gefärbt. Sie waren stark geschminkt und rochen nach billigem Parfüm. Sie saßen steif da, ohne dass der Rücken die Lehne berührte, so als sei die Fahrt im City Special ein formelles Ereignis. Selten stellten sie Blickkontakt her. Sie waren ausnahmslos höflich, und sie beantworteten alle meine Fragen, aber sie scheuten sich, das Gespräch zu eröffnen. Einmal nahm ich drei junge Leute mit, zwei Frauen und einen Mann, und wir plauderten eine halbe Stunde lang, ohne dass sie mir eine einzige Frage stellten. Oft vergingen zehn Minuten, bevor ein Mitfahrer fragte, woher ich käme. Das war eigenartig, denn in einem Gespräch mit Chinesen ist das für gewöhnlich der erste Punkt – die Leute wollten immer meine Nationalität in Erfahrung bringen. Anders war die Situation jedoch, wenn der Ausländer auf dem Fahrersitz saß. Die Leute wollten höflich sein, und sie wussten nicht recht, wie sie mit mir umgehen sollten. Mehrere fragten mich, ob ich Chinese sei, was mir in anderen Teilen des Landes noch nie vorgekommen war. Einige Mitfahrer vermuteten, ich sei Uigure, Angehöriger einer turksprachigen muslimischen Minderheit im Westen Chinas; andere meinten, ich sei ein Hui, ein muslimischer Chinese. Eine Frau sagte schließlich, nachdem sie über fünfzehn Kilometer hinweg mit angesehen hatte, wie ich mich mit den tiefen Spurrillen in der Straße abkämpfte: »Sind Sie Mongole?«

Durchweg handelte es sich um Wanderarbeiter auf Besuch in der Heimat. Sie arbeiteten in Fabriken, in Restaurants, in Friseursalons, und sie sagten nicht viel über diese Jobs. Anfangs verstand ich nicht, warum es so viele Frauen waren, denn tatsächlich sind die chinesischen Wanderarbeiter in der Mehrzahl Männer. Aber dies war keine Hauptreisezeit – die meisten Wanderarbeiter in China fahren nur einmal im Jahr heim, zum Frühlingsfest, und das gilt erst recht für diejenigen, die weiter weg Arbeit gefunden haben. Die Leute, deren Bekanntschaft ich machte, arbeiteten im Allgemeinen näher an ihrem Zuhause, in Provinzstädten oder größeren Gemeinden. Ihnen waren Kurzreisen in die Heimat möglich, und Frauen nahmen die Mühe eher auf sich, weil sie sich um Eltern und Großeltern kümmerten. Wenn ich sie nach ihren Paketen fragte, sagten sie stets: »Geschenke.«

Der City Special weckte ihr Interesse – sie konnten sich nicht vorstellen, warum jemand, der allein reist, ein so großes Fahrzeug braucht. Zuweilen gestand mir eine Frau den schüchternen Wunsch, selbst Autofahren zu lernen. In der Nähe eines Ortes namens Klippenrand-Tempel nahm ich eine hübsche junge Frau mit, die gerade ihre Eltern besucht hatte. Sie trug ein rotes Seidenkleid, hatte sich die Lippen in einer passenden Farbe geschminkt und füllte den Jeep mit einer Wolke übersüßen Parfüms. Nachdem ich so viele Anhalterinnen mitgenommen hatte, assoziierte ich diesen Duft automatisch mit den Steppen: Eau de Innere Mongolei.

Die junge Frau arbeitete in einem Restaurant in einer kleinen Stadt mit dem Namen Klarwasserfluss. Weiter als in die Provinzhauptstadt Baotou war sie noch nicht gekommen, aber sie träumte davon, sich ein eigenes Auto zu kaufen. »Wenn Ihnen die ganze Welt offenstünde«, fragte ich sie, »wohin würden Sie dann gehen?« Die Frau lächelte bei dem Gedanken und sagte: »Peking.« Als ich sie nach ihrer Heimatstadt fragte, schüttelte sie den Kopf. »Die meisten Leute im Dorf züchten Schafe«, meinte sie. »Für guten Mais und Kartoffeln und Hirse ist es zu trocken, aber sie versuchen es trotzdem. Was bleibt ihnen sonst übrig?«

Sie hatte recht: Welche Optionen hatten die Leute? Entweder sie rangen mit dem Land, oder sie gingen fort, und in diesem Teil des Landes konnte man sich kaum vorstellen, warum ein junger Mensch bleiben sollte. Nur die Karten in meinem Autoatlas spiegelten noch immer den Optimismus von einst wider: Meine Route berührte Orte mit Namen wie Gelber-Drachen-Quelle, Drei-Gabeln-Fluss und Brunnen der Yang. Doch die Landschaft war heruntergekommen, und die Namen waren nur noch über die Steppen verstreute Witze. Im Tal der weißen Orchidee blühte nur der Staub; das Dorf der Quellen wirkte knochentrocken. Ein Ort namens »Besiegt die Hu« mochte die Schlacht gewonnen haben, aber den Krieg hatte er verloren.

In diesen Gegenden gab es oft mehr Mauer als Straße – meine Karten waren durchzogen von den symbolischen Zinnenmustern, doch die roten Kapillaren wurden mit jedem Kilometer seltener.

Manchmal verschwanden sie gänzlich. Meine Atlanten wurden immer unzuverlässiger, bis sie mich schließlich zwei- bis dreimal am Tag in die Irre führten. Ich landete in Sackgassen, in Ausschwemmungen, auf Grasbahnen, die im Nichts endeten. In der Inneren Mongolei geriet ich, verlockt durch einen idyllisch klingenden Ortsnamen wie Schnittlauchdorf, an ein Bachbett. Im Buch sah es vielversprechend aus – eine dünne rote Linie parallel zur Ming-Mauer –, aber nach einigen Kilometern verwandelte sich die Sandbahn in das Geröll eines trockengefallenen Flusses. Ich versuchte dem Flussbett zu folgen, das sich kreuz und quer durch den Talgrund zog, und dann wusste ich auf einmal nicht mehr weiter. Die Spuren, die andere Wildnisfahrer hinterlassen hatten, gingen in alle möglichen Richtungen, und die vertraute Gestalt der Großen Mauer war nicht mehr zu sehen. Als ich in einem Dorf aus Höhlenwohnungen anhielt, um nach dem Weg zu fragen, gafften die Leute mich bloß an, weil ihr Dialekt so weit vom Mandarin entfernt war, dass sie mich nicht verstanden. Der Tag ging zur Neige, ich war erschöpft, und ich hatte Angst, dass jede Minute ein Reifen platzen könnte. Als ich schließlich, über das Geröll holpernd, um eine Ecke bog, erblickte ich eine Anhalterin.

Sie kam mir vor wie eine Fata Morgana: Stöckelschuhe, kurzer Rock, helle Strumpfhosen. Der City Special muss genauso auf sie gewirkt haben, denn sie begann, den unsichtbaren Hund zu tätscheln, und winkte wie verrückt, damit ich anhielt. Ich kurbelte das Fenster herunter.

»Wohin fahren Sie?«, fragte sie.

»Ich möchte nach Nordfestung und dann zum Dorf der Quellen«, antwortete ich. »Bin ich hier richtig?« Der Name Dorf der Quellen war eine weitere traurige Ironie in diesem öden

Tal, aber die Frau sagte, ich sei noch auf dem richtigen Weg.
»Ich will nach Nordfestung«, sagte sie. »Nehmen Sie mich mit?«

»Natürlich.« Sie setzte einen Fuß in den Jeep, duckte den
Kopf und blickte mich zum ersten Mal genau an. Sie erstarrte
und sagte schließlich: »Wo kommen Sie her?«

»Peking.«

»Sind Sie allein?«

»Ja.«

»Warum sind Sie hier?«, fragte sie.

»*Wanr*«, sagte ich. Im Chinesischen ist die Wendung so ge-
läufig, dass sie einem automatisch entschlüpft: zum Vergnügen.
Das an einem Bachbett in der Inneren Mongolei zu sagen
ist wahrscheinlich verkehrt. Die Frau zog ihren Fuß aus dem
Wagen zurück.

»Ich warte wohl besser«, sagte sie. Und so ließ ich sie auf
dem Geröll zurück – die einzige Anhalterin, die je den City
Special ablehnte.

* * *

In China ist es nicht sonderlich schlimm, sich zu verirren,
weil auch sonst niemand weiß, wo er sich genau befindet.
Im Sommer 1996, als ich zum ersten Mal als Friedenskorps-
Freiwilliger* ins Land kam, wurde ich mir schlagartig meiner
Unwissenheit bewusst. Sprache, Bräuche, Geschichte – das
alles musste ich lernen, und die Aufgabe schien unlösbar zu
sein. Aus meiner Sicht hatten alle anderen einen Vorsprung von
3000 Jahren, und ich hielt es für aussichtslos, das aufzuholen.

Heute kann ich sagen, dass ich eigentlich ständig dazu-
lernte. China ist so ein Land, in dem man dauernd etwas Neu-

* Das Friedenskorps, 1961 von Präsident Kennedy geschaffen, leistete eine
Art Entwicklungshilfe; Freiwillige dienten zwei Jahre im Ausland, u.a. um
das Ansehen der USA zu heben. – A.d.Ü.

es entdeckt und Tag für Tag Offenbarungen erlebt. Zu den wichtigsten Entdeckungen gehört, dass die Chinesen selbst diesen Eindruck teilen. Das Land verändert sich zu schnell, als dass man es sich leisten könnte, allzu sehr auf sein bisheriges Wissen zu bauen, und immer wieder gibt es neue Situationen, auf die man sich einen Reim machen muss. Wie schafft es ein Bauer, seinen Hof zu verlassen und eine Fabrikarbeit zu finden? Wer bringt den Leuten bei, wie man ein Geschäft aufmacht? Wo lernen sie, wie man Autos baut, und wie kriegen sie heraus, wie man sie fährt? Wer zeigt den Kleinstadtgrazien, wie man sich kleidet und wie man sich schminkt? Es passte schon, dass sie als Anhalterinnen in einem City Special saßen, der von einem Amerikaner mit einem chinesischen Autoatlas gefahren wurde. Wir alle waren in gewisser Weise am falschen Ort; es gab niemanden, der das China von heute vollkommen verstanden hätte.

Das Lernen erfolgt größtenteils informell, auch wenn es eine Unmenge privater Lehrgänge gibt. Viele junge Chinesen belegen Kurse für Englisch, Schreibmaschinenschreiben, Computerbedienung, Buchhaltung; in Fabrikstädten zahlen sie manchmal für Spezialkurse, in denen sie lernen, sich wie gebildete Stadtbewohner zu benehmen. Und es gibt Fahrschulen – das ist eine der staatlich regulierten Ausbildungen. Wer in China Auto fahren lernen will, muss einen zertifizierten Kurs mit insgesamt 58 Übungsstunden belegen, den er aus eigener Tasche bezahlt. In China kann man nicht mit seinem Vater auf einem Parkplatz das Autofahren üben. Es gibt ohnehin noch nicht viele Parkplätze, und die meisten Väter haben keinen Führerschein.

Einen Monat lang beobachtete ich einen Fahrkurs in Lishui, einer kleinen Stadt im Südosten Chinas. Sie befindet sich im Industriegürtel, wo der Wirtschaftsboom viele neue Autofahrer hervorbringt. Die Institution nennt sich Fahrschule Öffentliche Sicherheit, und ich nahm dort an einem Kurs teil, der von Trainer Tang geleitet wurde. In China werden alle Fahrlehrer mit *Jiaolian*, Trainer, angeredet. So spricht man auch einen Sporttrainer oder einen militärischen Ausbilder an; das Wort erinnert an ein Trainingsregime. Und entsprechend verstehen die Chinesen auch das Autofahren – als eine körperliche Anstrengung.

Der Kurs begann mit der konkreten Erläuterung des Autos. Am ersten Tag machte Trainer Tang die Motorhaube eines roten VW Santana auf, um den sich sechs Fahrschüler drängten. Er erklärte den Motor, den Kühler, den Keilriemen. Dann gingen sie um den Wagen, und er öffnete den Kofferraum. Er zeigte ihnen, wie man den Tankdeckel aufmacht. Danach war die Fahrertür dran. »Machen Sie sie so auf«, sagte er, und dann übten alle, die Tür zu öffnen und zu schließen. Daraufhin erläuterte Trainer Tang das Armaturenbrett sowie das Kupplungs-, das Brems- und das Gaspedal. Nach einer Stunde durften sich die Schüler endlich in das Fahrzeug setzen. Alle nahmen der Reihe nach auf dem Fahrersitz Platz, wo sie übten, vom ersten bis in den fünften Gang zu schalten. Der Motor war aus, aber sie traten aufs Kupplungspedal und verschoben den Schalthebel. Das fand ich bedenklich, und schließlich musste ich etwas sagen. »Ist das nicht schlecht für den Wagen?«

»Nein«, meinte Trainer Tang, »es ist in Ordnung.«

»Ich glaube, es könnte schaden, wenn der Motor aus ist«, sagte ich.

»Es ist völlig in Ordnung«, sagte Trainer Tang. »Wir machen das dauernd.« In China werden Lehrer von jeher fraglos respektiert, und da Trainer Tang mir freundlicherweise gestattet hatte, seinen Unterricht zu beobachten, beschloss ich, den Mund zu halten – aber es war nicht immer einfach. Als Nächstes lernten sie, die Kupplung zu bedienen. Mit angezogener Handbremse wurde der Motor angelassen, der erste Gang eingelegt und dann die Kupplung losgelassen und gleichzeitig Vollgas gegeben. Der Motor heulte auf, weil er gegen die Bremse anarbeiten musste, und der Wagen ging in die Knie. Die Schüler nahmen der Reihe nach auf dem Fahrersitz Platz und jagten die Maschine hoch, ohne vom Fleck zu kommen. Am Ende des Tages hätte man auf der Motorhaube des Santana Spiegeleier braten können, und jedes Mal, wenn einer Vollgas gab, bekam ich feuchte Hände. Ich hörte förmlich die mahnende Stimme meines Vaters – er ist ein guter Amateurmechaniker, und kaum etwas bringt ihn so sehr auf wie der gedankenlose Missbrauch eines Autos.

Erst am zweiten Unterrichtstag durften die Schüler ein Fahrzeug bewegen. Sie hatten den Santana von Anfang an vorsichtig umkreist und unter die Motorhaube gespäht, die Türen betätigt und am Tankdeckel herumgefummelt. Es waren vier Männer und zwei Frauen, alle unter vierzig. Alle hatten für den Kurs über 300 Dollar bezahlt, und das ist eine Menge Geld in einer Stadt, wo der monatliche Mindestlohn rund 75 Dollar betrug. Nur einer kam aus einem Haushalt, in dem es schon ein Auto gab. Die anderen sagten, sie würden sich irgendwann wohl eines kaufen, und die Collegestudenten – sie waren zu viert in diesem Fahrkurs – sagten mir, ein Führerschein mache sich gut in einer Bewerbung. »So etwas sollte man können, wie schwimmen«, meinte ein junger Mann namens Wang Yanheng. Er war Collegestudent mit Hauptfach Informationstechnologie. »Künftig werden viele in China ein Auto haben«, sagte Wang. »Dann wird es wichtig sein, dass man Auto fahren kann.« Die einzige Fahrschülerin aus einer Familie, in der es schon ein Auto gab, war die neunzehnjährige Soziologiestudentin Liang Yanfang. Ihr Vater besaß eine Kunststofffabrik, und er hatte drei Autos. Auf meine Frage, welche Art Kunststoff dort produziert werde, fuhr die Frau mit dem Finger an der Dichtung des Santana-Fensters entlang. »Solche Dinge machen wir«, sagte sie.

An den ersten zehn Unterrichtstagen ging es um den »Parkbereich«; in dieser Zeit führte die Klasse exakt drei Fahrmanöver aus. Sie übten, mit einer Wende um 90 Grad in einen

Stellplatz einzubiegen, dann vorwärts herauszufahren und schließlich das Ganze in umgekehrter Reihenfolge zu wiederholen. Diese drei Manöver übten sie jeden Tag immer wieder, insgesamt sechs Stunden lang. Trainer Tang war streng, wie jeder gute chinesische Lehrer. »Was tun Sie da?«, rief er, als ein Schüler beim Rückwärtseinparken einen Pfosten streifte. »Sie haben heute wohl Ihr Gehirn vergessen!« – »Halten Sie den Schalthebel nicht so lose!«, brüllte er einen anderen an. »Wenn Sie das tun, wird Ihr Vater Sie verfluchen!« Zuweilen klopfte er einem Schüler auf die Hand. Sobald jemand den Kopf umdrehte, rief er: »Gucken Sie nicht hinter sich!« Das war streng verboten. Beim Rückwärtsfahren sollte man sich nur auf die Spiegel verlassen; den toten Winkel gab es nicht, jedenfalls nicht für Trainer Tang. Keiner schnallte sich an. Und im Parkbereich der Fahrschule Öffentliche Sicherheit konnte ich nicht beobachten, dass irgendjemand je den Blinker setzte.

Die nächste Stufe war das »Übungsgelände«. Hier übten die Schüler auf einer Hindernisbahn mit engen Kurven, und sie lernten, bis auf weniger als 25 Zentimeter an einen auf den Boden gemalten Strich heranzufahren. Die schwierigste Aufgabe stellte eine sogenannte Ein-Bohlen-Brücke dar. Die Schüler mussten mit den Rädern erst der linken, dann der rechten Seite auf einer Betonbohle entlangfahren, die etwas breiter war als die Reifen. Rutschte ein Rad ab, hatten sie die Prüfung nicht bestanden. Mit dieser Übung verbrachten die Schüler die längste Zeit. Ich fragte den Trainer, warum sie so wichtig war.

»Weil sie sehr schwierig ist«, erklärte er.

Das ist die Philosophie, die den chinesischen Fahrkursen zugrunde liegt: Wenn etwas schwierig ist, muss es nützlich sein. Die Einzelheiten dieser schwierigen Übung weichen jedoch von Ort zu Ort, von Trainer zu Trainer voneinander ab. Die Inhalte des Fahrkurses sind, abgesehen von den geforderten 58 Stunden, nicht einheitlich festgelegt. Die eine Schule stellt die Ein-Bohlen-Brücke heraus, die andere verlegt sich auf ein anderes Hindernis. Darin gleichen die Trainer den Meistern der alten Kampfkünste – jeder hat sein eigenes Regime. Doch während man früher ein Bergkloster aufsuchte und tausendmal am Tag gegen einen Baum boxte, besucht der Schüler heute die Fahrschule Öffentliche Sicherheit und verbringt zwei Wochen mit dem Versuch, einen Santana auf einer Ein-Bohlen-Brücke zu parken.

Die Kurse in Lishui endeten mit anderthalb Wochen auf der Straße, und ich begleitete eine Gruppe an ihrem letzten Tag vor der Prüfung. Die Schüler fuhren – mit dem Trainer auf dem Beifahrersitz – einen Santana auf einer zweispurigen Landstraße und führten dabei bestimmte Manöver aus. Sie schalteten vom ersten bis in den fünften Gang, dann wieder hinunter in den ersten, und sie hielten in einem Abstand von weniger als 25 Zentimeter vor einem Schild. Sie machten eine Kehrtwendung und bremsten vor einer Ampelattrappe. Der Parcours war drei Kilometer lang, und er hatte sich in den zehn Übungstagen nicht geändert; es gab keine Kreuzungen und sehr wenig Verkehr. Die Schüler waren angewiesen worden, vor dem Anfahren und vor dem Abbiegen zu hupen, und sie hupten, wann immer ihnen etwas auf der Straße begegnete – sei es ein Auto, ein Traktor oder ein Eselskarren. Sie hupten bei jedem Fußgänger. Manchmal überholten sie einen anderen Wagen der Fahrschule, und dann hupten sie beide fröhlich, wie wenn sich zwei alte Kumpel treffen. Mittags ging es zum Essen in ein nahegelegenes Restaurant, wo alle Bier tranken, der Trainer eingeschlossen. Am Vortag, erzählten sie mir, seien sie so betrunken gewesen, dass sie den Nachmittagsunterricht ausfallen ließen.

Später kehrten die Schüler zum Verkehrsübungsgelände zurück, um weiterzuüben, und einer von ihnen bat mich, auf dem Weg dorthin meinen Mietwagen fahren zu dürfen. Mein Urteilsvermögen muss sehr eingeschränkt gewesen sein, als ich beschloss, einmal zu sehen, was er in einem Monat gelernt hatte. Sobald er die offene Strecke erreicht hatte, überkam ihn die Zwangsvorstellung, andere Fahrzeuge überholen zu müssen, aber er hatte keine Ahnung, wie man das anstellte. Zweimal musste ich ihn anbrüllen, damit er nicht vor unübersichtlichen Kurven nach links ausschwenkte. Einmal griff ich ins Lenkrad, um ihn daran zu hindern, in ein anderes Auto hineinzufahren, das uns links überholte. Er schaute nie in den Rückspiegel oder die Seitenspiegel; er hatte keine Vorstellung davon, dass es einen toten Winkel gibt. Bei allem, was sich bewegte, hupte er. Dass er niemals den Blinker setzte, war das Geringste unserer Probleme. Um ein Haar wäre er in einen abgestellten Traktor hineingefahren, und fast wäre er gegen eine Betonmauer gerast. Als er es endlich bis zum Übungsgelände geschafft hatte, wäre ich am liebsten auf die Knie gesunken, um die Ein-Bohlen-Brücke zu küssen.

Von Ausländern in Peking hörte ich oft: »Ich fasse es nicht, dass Sie in diesem Land Auto fahren.« Worauf ich erwiderte: »Ich fasse es nicht, dass Sie in Taxis und Busse steigen, die von Absolventen chinesischer Fahrschulen gelenkt werden.« Draußen auf der Straße waren alle verloren – *une génération perdue* –, aber man fühlte sich doch ein bisschen besser, wenn man derjenige war, der am Steuer saß.

* * *

Im Nordwesten der Provinz Shanxi verlief die Große Mauer streckenweise am Gelben Fluss, und rund 150 Kilometer weit folgte ich dem hohen Lössufer. Hier fuhr es sich angenehm, weil die örtlichen Straßen kurz zuvor durch das staatliche Infrastrukturprogramm verbessert worden waren. Auf Propagandaschildern wurde die Baumaßnahme gefeiert: »Eine ordentliche Straße bringt Wohlstand und vertreibt die Armut«; »Die Straße schützen bringt Wohlstand, die Straße zerstören bringt

Schande«. Im ländlichen China war der Verkehr noch so spärlich, dass es private Werbung auf Anschlagtafeln noch nicht gab, mit der Folge, dass der Autofahrer nicht ständig mit Bildern von essbaren, trinkbaren oder käuflichen Dinge bombardiert wurde. Dafür gab es Regierungsparolen, deren Sprache ganz eigene Qualitäten besaß: Sie war einfach, aber kraftvoll, direkt, aber merkwürdig unbestimmt. »Menschen umarmen Soldaten« – ein Schild wie dieses an einer leeren Straße ließ meine Phantasie schweifen. Im ländlichen Shanxi fuhr ich an einer Werbetafel vorbei, auf der lediglich stand: »Selbstvertrauen, Kampf, Beharrlichkeit, rückhaltlose Hingabe«. Sonst keine weiteren Einzelheiten – und was konnte man am Ende mehr verlangen? In der Inneren Mongolei war die Werbung eines örtlichen Kraftwerks so voller Wortspiele, dass ich anhalten musste, um sie zu entziffern: »Alle brauchen Elektrizität; nutzt die Elektrizität gut; Elektrizität ist gut zu gebrauchen.« (Meine verzögerte Reaktion: »Ja!«) Oft kam ich an Werbetafeln vorbei, die der Geburtenplanung gewidmet waren und deren Schlagworte von der Tautologie (»Töchter zählen auch als Nachkommen«) über ungebetenen Rat (»Spät heiraten und spät Kinder bekommen«) bis zur offenkundigen Lüge reichten (»Einen Sohn oder eine Tochter zu haben ist genau dasselbe«). Je weiter ich nach Westen kam, desto größer wurden die Botschaften, bis auf den kahlen Hängen schließlich Parolen prangten, als seien die Wörter aufgebläht worden, um die leeren Steppen zu füllen. »Alle arbeiten, um die grünen Berge grüner zu machen« – das zog sich in zwölf Meter hohen Zeichen über einen Berghang der Inneren Mongolei, der weder grün noch von arbeitenden Menschen bevölkert war. Quer über ein besonders trostloses Stück Ödland hatte man die Steine mit einem Gedicht bemalt:

Pflanzt Gras und Bäume hier in den Bergen,
Baut eine blühende Landwirtschaft auf,

Baut Häuser, züchtet Schafe,
Schafft ein schönes Land von Bergen und Flüssen.

Oberhalb des Gelben Flusses wurden die Bauern auf Schildern davor gewarnt, ihre Ernte auf der Straße zu dreschen. Eine Zeit lang überlegte ich mir, ob diese örtliche Kampagne gewirkt haben mochte, denn seit der Ankunft im Westen von Shanxi hatte der City Special keinen Kornhaufen mehr durchfahren. Aber dann kam ich nach Sigou, einem Dorf hoch über dem östlichen Ufer, wo ich von den Einheimischen erfuhr, dass sie wegen der Dürre in diesem Jahr überhaupt kein Getreide geerntet hatten. Sie lebten von Kartoffeln und staatlichen Getreidelieferungen. Während ich mit einem Bauern in seiner Höhlenwohnung sprach, kam der Dorfvorsteher mit einem Bündel von Unterstützungsanträgen vorbei; der Titel der Anträge lautete »Die zwei Mängel und das eine Ohne«. Der Dorfvorsteher erläuterte die Wendung: Den Menschen in Sigou mangelte es an Geld und Nahrung, und sie waren ohne die Fähigkeit, sich selbst zu erhalten. Von all den Parolen, die ich gesehen hatte, war diese von brutalster Ehrlichkeit, und sie markierte ein düsteres Ende des Ackerlandes in Nordzentralchina – gleichsam ein letzter Atemzug des Lössplateaus.

Jenseits des Flusses lagen die Ordoswüste und der Anfang von Westchina. Einst war dies eine der problematischsten Regionen für das Reich, und von keinem anderen Teil der Steppen ging ein so starker Anstoß zum Bau der Großen Mauer aus. Die Ordos ist ausgedehnt – in etwa so groß wie Bayern und Hessen zusammen – und wird umrahmt von der großen Nordschleife des Gelben Flusses. Innerhalb dieser Schleife weicht das Lössplateau Sandwüste und Buschland, und in alter Zeit reichte das Wasser nie für die traditionelle chinesische Landwirtschaft aus. Doch den Nomaden genügten die kargen Ressourcen, und für sie war die Ordos eine ideale Basis: weit genug von chinesischen Siedlungen entfernt, um sich ihrer Kontrolle zu entziehen, aber nah genug für Raubzüge. Einige Dynastien, wie etwa die Tang, konnten in der Wüste Garnisonen unterhalten, aber die Ming wurden zu schwach, um in dieser Region zu kämpfen.

Stattdessen errichteten sie die Große Mauer quer durch das südliche Grenzland der Ordos, in der heutigen Provinz Shaanxi. Vom Gelben Fluss aus in Richtung Westen fahrend, suchte ich nach Spuren von Befestigungen, die auf meiner Karte markiert waren. Die Seiten waren plötzlich leer geworden: Es gab wenige Dörfer und fast keine Straßen. Im Atlas wurde die weiße Fläche hier und da von kurzlebigen Wasserläufen unterbrochen – namenlosen blauen Strichen, die aus dem Nichts kamen, zwanzig Kilometer an der Oberfläche flossen und dann wieder im Sand versickerten. Die Landschaft draußen war ohne besondere Merkmale. Ich fuhr durch eine Stadt namens Göttlicher Baum und von dort weiter nach Yulin, was »Ulmenhain« bedeutet – wieder ein hoffnungsvoller Name in dieser öden Gegend.

Nördlich der Stadt war der Sand im Begriff, die Große Mauer unter sich zu begraben. Eine gewaltige Ming-Festung namens Zhenbeitai hob sich deutlich gegen den Horizont ab, und von dort aus verlief die Mauer nach Südwesten in die Wüste. Sie bestand aus gestampfter Erde, ein etwas dunklerer Ton als der Sand, der sich an ihrem Fuß anhäufte. Hier und dort war das Bauwerk schon ganz unter einer Düne verschwunden. Im Osten, wo ich meine Reise begonnen hatte, hatte die Mauer vielfach die Beständigkeit der Landschaft von Hebei akzentuiert. Die Berge waren dort aus solidem Gestein, und die Bauten aus Ziegeln und Stein schienen auf den hohen Kammlinien sicher zu sein. Nach Westen hin wurde die Geographie Chinas mit jedem Kilometer unstabiler, bis sich aus der Sicht eines Fahrers der Eindruck einstellte, als bräche das Land selbst zusammen. Ich war von den felsigen Gipfeln in die trockenen Steppen und weiter zu den zerbröckelnden Hügeln des Lössplateaus gefahren, und jetzt war ich endlich bei den Wanderdünen der Wüste angekommen. Die Große Mauer war noch da, aber sie sprach nicht mehr von Beständigkeit. Die Ordos kroch nach Süden, und selbst die beeindruckendsten Ming-Festungen waren nichts anderes als Linien im Sand.

Jenseits der Mauer war man bemüht, etwas gegen die Verödung der Landschaft zu tun. Dieser Kampf wird überall im Norden Chinas geführt, denn fast ein Fünftel der chinesischen Landmasse ist Wüste, und die Wüstenfläche nimmt Jahr für Jahr um annähernd 6000 Quadratkilometer zu. Nach Angaben der Vereinten Nationen leben 400 Millionen Chinesen in Gebieten, denen die Wüstenbildung droht. Der Staat unternimmt einiges für eine nachhaltigere Entwicklung im Norden; die Maßnahmen reichen von örtlichen Baumpflanzungen bis zu größeren Bewässerungsprojekten. Das ehrgeizigste Projekt ist die Umleitung des Jangtse. In der Erkenntnis, dass der Süden über reichlich Wasser verfügt, will man mit einem Aufwand von zehn Milliarden Dollar einen Teil dieser Reserven nach Norden umleiten. Unklar bleibt nur, wie wirksam diese Lösung sein wird, und es könnte sich am Ende als unsinnig erweisen, Wasser in den Norden zu bringen, während die Mehrheit der jungen Leute in den Süden strebt.

Die Ordoswüste ist eine der nördlichen Regionen, in denen sich Bauern gar nicht erst hätten ansiedeln sollen. In alten Zeiten lebten hier nur Nomaden, doch von Armut und Krieg getrieben, begannen chinesische Pioniere im 19. Jahrhundert, nach Norden zu ziehen. Nach der Revolution von 1949 förderten die Kommunisten die massenhafte Ansiedlung jenseits der Großen Mauer, in der Hoffnung, dass eine Landwirtschaft chinesischen Stils in der Wüste nördlich von Yulin gedeihen werde. Sie unterstützten regelmäßige Kampagnen für die Anpflanzung von Bäumen, die Aussaat von Gras und sogar den Reisanbau; die wenigen vorhandenen Wasserläufe und Seen wurden für Bewässerungszwecke angezapft. Die Ureinwohner, überwiegend mongolische Hirten, wehrten sich unermüdlich gegen diese Projekte und erklärten, dass sie nicht funktionieren würden, aber die Politiker schlugen die auf Erfahrung basierenden Warnungen in den Wind. Während der hitzigen Kulturrevolution der sechziger und siebziger Jahre wurde eine Gemeinde namens Wushenqi landesweit als Musterkommune gefeiert. Andere Wüstenregionen wurden angewiesen, ihrem Beispiel zu folgen, Bewässerungskanäle anzulegen und Getreide anzubauen. Doch in den achtziger Jahren wurden die verheerenden Folgen der Bemühungen von Wushenqi offenbar: Die gewachsene Bevölkerung und der Anbau standortfremder Feldfrüchte hatten kostbare Wasservorräte vernichtet.

In den letzten Jahren hatte die örtliche Verwaltung sich etwas Neues einfallen lassen. Statt Reis oder Getreide wurden Weidenbäume angebaut, deren Blätter an die Schafe verfüttert wurden. Das nannten sie »die Wiese im Himmel« – das Schaffutter wurde von den Weidenzweigen abgepflückt, und obendrein sollten die Bäume die Ausbreitung der Wüste aufhalten. Das hat einigermaßen funktioniert: Die landwirtschaftlich genutzte Fläche blieb konstant bei 10 Prozent der Gesamtfläche der Gemeinde, und die Bauern konnten ihre Herden vergrößern. Ich besuchte eine mongolische Familie, die 200 Schafe hielt. »Jetzt ist alles besser«, erklärte das Familienoberhaupt. »Nahrung und Kleidung zu beschaffen ist leichter geworden.« Er sprach ein holpriges Mandarin und erzählte mir, er sei in einem traditionellen mongolischen *ger*, einer Jurte, aufgewachsen. Jetzt wohnte er in einem Backsteinhaus, an dessen Wänden zwei Poster prangten, eines von einem Ferrari Mondial, ein anderes mit einer Harley Davidson. Außerdem gab es dort eine Karte von China, zwei Porträts von Dschingis Khan und einen Mao Zedong gewidmeten Schrein. Auf den Schrein angesprochen, sagte der Mann: »Mao war ein Befreier, ein großer Führer und ein guter Mensch.« Er setzte hinzu, dass alle echten Mongolen Porträts von Dschingis Kahn besitzen. An einer anderen Wand hing eine gerahmte staatliche Belobigung dafür, dass der Mann am 20. März 1997 seine Steuern bezahlt hatte. Ähnliche Belobigungen sah ich in vielen Bauernhäusern, zum Beispiel dafür, dass die Leute ihr Haus sauber hielten.

In Wushenqi hatte es allerdings den Anschein, dass die Anpflanzung von Weiden nur kurzfristig von Vorteil sein würde. Eine in China geborene Geographin namens Jiang Hong, die eine Untersuchung in der Region leitete, sagte mir, der Grundwasserspiegel sei gesunken. Die Wüste könne eine zusätzliche landwirtschaftliche Nutzung nicht tragen, nicht einmal die Weidenbäume. Jiang Hong hatte allerdings auch bemerkt, dass die Ortsansässigen das Pflanzprojekt nach wie vor unterstützten, obwohl sie über das schwindende Grundwasser im Bilde waren. Das war ein Unterschied zu früher, als sie sich gegen plumpe staatliche Kampagnen stets gewehrt hatten. Damals war es um abstrakte und kollektive Projekte gegangen, etwa in der Art, dass Mao erklärte, China müsse Großbritannien oder die Vereinigten Staaten in der Produktivität übertreffen, und dafür war ein Hirte an einem Ort wie Wushenqi nicht bereit, seine Umwelt zu zerstören. Doch seit Deng Xiaoping war die Motivation des Einzelnen zur Haupttriebkraft der Wirtschaft geworden, und die Belohnungen waren auf einmal greifbar. Und dank der neuen Mobilität hatten viele Menschen einen flüchtigen Eindruck von einem besseren Leben bekommen.

»Sie sehen heute mehr von der Außenwelt«, sagte Jiang Hong. »Sie können in die Großstädte fahren, und sie sehen manches im Fernsehen. Sie wünschen sich mehr von den materiellen Vorteilen, die sie sehen.« In einem gewissen Sinne waren die Leute weltläufiger geworden, aber dieser Kontakt mit der Außenwelt verwirrte sie auch. Nicht mehr die begrenzten Möglichkeiten in Wushenqi, sondern die unbegrenzte Fülle der in der Großstadt verfügbaren Dinge bildete den Bezugsrahmen. Durch ihre erweiterte Erfahrung kam den Leuten das Gespür für ihre unmittelbare Umgebung abhanden.

Durch die jahrzehntelange politische Unsicherheit hatte sich die Weltsicht der Menschen verzerrt. »Bei dem rasenden

Tempo der Veränderungen kann die Wahrnehmung der Umwelt nicht mehr Schritt halten«, sagte Jiang Hong. »In der Geschichte Chinas seit 1949 hat sich so oft die Richtung der Politik geändert. Als es in den achtziger Jahren zu den Reformen kam, begriffen die Menschen das als eine Gelegenheit, und eine Gelegenheit muss man beim Schopf packen, weil sie nicht ewig währt. Die Menschen haben eher die kurzfristige Entwicklung im Blick.«

Die wirtschaftlichen Rahmenbedingungen sind für diese Generation so instabil geworden wie die Sanddünen der Ordoswüste. Alles hat sich verändert: die Regeln, die Geschäftspraktiken, die Herausforderungen des Alltags. Dauernd standen sie vor neuen Situationen, und es war schwer, sich zurechtzufinden. Am erfolgreichsten waren oft diejenigen, die, ohne zu überlegen, rasch reagierten. Nachhaltigkeit war ein Luxus, an den zu denken sich nur wenige erlauben konnten, besonders dort, wo die jungen Leute ohnehin fortgingen. Langfristige Pläne zu machen war sinnlos; man war darauf aus, heute Gewinn zu machen, bevor einen die nächste Welle an Veränderungen überrollte.

* * *

Von Wushenqi aus querte ich wieder die Große Mauer und fuhr südwärts zurück nach Yulin. Ich war mir nicht sicher, wie lange ich meine Reise noch fortsetzen wollte; die Nächte wurden kalt, und ich spürte eine gewisse Erschöpfung. Ich hatte von vornherein eine zweiteilige Reise geplant, um das Land im Herbst und im Frühling zu erleben. In Yulin gedachte ich, eine Ruhepause einzulegen, einige Nächte in einem Bett zu schlafen, gut zu essen und dann zu entscheiden, wie weit ich noch der Mauer folgen wollte. Doch am Ende traf die örtliche Verwaltung die Entscheidung für mich.

Yulin war seit Wochen wieder die erste Stadt, die ich sah. Mit hunderttausend Einwohnern war sie für chinesische Verhältnisse klein, und die Stadt hatte eine angenehme, verschlafene Atmosphäre. Die Altstadt mit ihren engen Gassen war noch immer von einer Stadtmauer umgeben; der Autoboom war hier noch nicht angekommen. Ich bezog das beste Hotel, duschte mich und legte mich zu einem Nickerchen hin, aber da klingelte schon das Telefon. Es war die Rezeptionistin, die mir sagte, in der Halle warte jemand, der mich sprechen wolle.

»Er ist von der Verwaltung«, sagte sie.

Von allen Arten, geweckt zu werden, war das die schlimmste. Ich zog mich an und ging hinunter. Der Mann war in den Dreißigern, trug einen dunklen Anzug, und sein angespanntes schmales Lächeln verhieß nur eines: Scherereien.

»Ich habe gehört, dass Sie Journalist sind«, sagte er.

Er verlangte meinen Pass, die Aufenthaltsgenehmigung und die Akkreditierung als Journalist. Ich reichte ihm die Papiere. Er prüfte sie schweigend und machte sich Notizen auf einem Block. Schließlich blickte er auf. »Ihnen ist bekannt, dass ein Journalist nach chinesischem Gesetz einen Antrag stellen muss, bevor er über einen Ort berichtet«, sagte er. »Gegen dieses Gesetz haben Sie verstoßen.«

»Ich bin nur hier, um die Große Mauer zu besichtigen«, erklärte ich. »Dazu brauche ich keine behördliche Genehmigung. Ich habe nicht vor, hier in Yulin jemanden zu interviewen.«

»Das spielt leider keine Rolle. Sie müssen trotzdem einen Antrag stellen.«

Ich bat um Entschuldigung und versicherte ihm, dass ich künftig vorher einen Antrag stellen würde. »Wenn Sie wünschen, reise ich morgen ab«, sagte ich.

Das Lächeln des Mannes wurde noch angespannter. »Ich fürchte, Sie müssen sofort abreisen«, beharrte er.

»Kann ich vorher etwas essen?«

»Tut mir leid«, sagte er, »aber Sie müssen unverzüglich abreisen.«

Er wartete in der Halle, während ich packte, und dann folgte er mir bis zum City Special. Er wurde von einem Polizisten begleitet, damit ich auch wirklich die Stadt verließ. Von Yulin fuhr ich südwärts in das sechs Autostunden entfernte Yan'an. Die Stadt war eine Wiege der kommunistischen Revolution; dort hatten Mao und sein Gefolge ab Mitte der 1930er Jahre zehn Jahre lang ihre Basis gehabt. Yan'an hatte sich zu einer Touristenattraktion entwickelt, und ich hoffte, dort unauffällig ein Hotel beziehen zu können. Doch die Polizei kreuzte schon auf, bevor ich mit dem Auspacken fertig war. Sie wussten schon, woher ich gekommen war und welchen Wagen ich fuhr; vermutlich hatte man schon die ganze Provinz informiert. Als die Polizisten von Yan'an mich zur Weiterfahrt aufforderten, beschloss ich, die Große Mauer bis zum Frühling aufzugeben.

Ich nahm die Autobahn zurück nach Peking. Eine neue, mautpflichtige Autobahn quer durch die Provinz Shanxi war gerade fertiggestellt worden, und nachdem ich wochenlang nur Landstraßen gesehen hatte, kam mir die Fahrt wie ein Flug vor. Die Fahrbahn war einwandfrei, es gab kaum Verkehr, und ich rauschte kilometerweit an abgeernteten Maisfeldern vorbei. Ich gab den City Special bei Hauptstadt-Autos mit genau einem Achtel einer Tankfüllung zurück, ohne neue Beulen und mit einem Rücksitz voller leerer Colaflaschen. Im Büro saß Herr Wang unter dem Plakat mit der Leistungsbewertung und rauchte eine Zigarette:

Bewertung der Kundenzufriedenheit: 90 %
Leistungsbewertung: 97 %
Bewertung der gebührenden Ausdrucksweise: 98 %
Bewertung der Diensteinstellung: 99 %

Er prüfte meinen Mietvertrag, hakte Punkte ab und übertrug sie in einen Computer. Als er zur Fahrleistung kam, legte er seine Zigarette ab.

»Das ist aber weit!«, meinte er. »Wo sind Sie gewesen?«

Ich hätte behaupten können, ich sei nur innerhalb der Stadtgrenzen von Peking gefahren, aber es wäre eine schamlose Lüge gewesen: der City Special hatte über 3500 Kilometer zusammengefahren. Zunächst versuchte ich es mit der vagen Angabe, ich sei in den Westen gefahren.

»Wohin genau?«, fragte er.

»Hebei, Shanxi«, erklärte ich.

»Ist das alles?«

»Ach ja, auch Shaanxi«, sagte ich. »Und Innere Mongolei. Aber nicht zu weit in der Inneren Mongolei. Hauptsächlich längs der Grenze von Shanxi.«

»Wow!«, rief Herr Wang aus. »Sind Sie allein gefahren?«

»Ja.«

»Ist Ihnen bekannt, dass Sie Peking nicht verlassen dürfen?«

»Ich dachte, es sei in Ordnung, solange ich vorsichtig bin.«

»Sind Sie auf befestigten Straßen geblieben?«

»Überwiegend ja.«

»Sie dürfen die gepflasterten Straßen nicht verlassen«, sagte Herr Wang.

»Ich weiß«, entgegnete ich. »Aber in der Inneren Mongolei gibt es streckenweise keine gepflasterten Straßen. Ich bin wirklich langsam gefahren.«

Herr Wang schien fast so erregt zu sein wie jedes Mal, wenn ich einen beschädigten Wagen zurückbrachte. »Das ist phantastisch!«, erklärte er strahlend. »Bis in die Innere Mongolei!« Er rief die anderen Mitarbeiter herbei und zeigte ihnen die gefahrenen Kilometer. Alle lachten und steckten sich zur Feier des Tages eine Zigarette an. Ich nahm meine Kaution in Empfang und ging zur Tür. Als ich hinaustrat, sprachen sie noch immer darüber: »Bis in die Innere Mongolei!«

II

Nach dieser ersten langen Fahrt machte ich mir keine Gedanken mehr darüber, wohin ich mit den Wagen von Hauptstadt-Autos fuhr. Meistens mietete ich einen Jetta oder Santana, und ich machte Wochenendausflüge in den ganzen Norden – zu den Östlichen Qing-Gräbern, zu der alten kaiserlichen Sommerfrische in Chengde. Einige Male nahm ich die neue Autobahn zur Küste. In knapp zwei Stunden war ich im Seebad Beidaihe, und der Verkehr war spärlich. In China kauften sich vor allem Stadtbewohner ein Auto, aber sie unternahmen nach wie vor nur selten längere Reisen, wegen der hohen Mautgebühren und ihrer eigenen Unerfahrenheit. Die Autobahnen waren leer, und sie waren schön: vier Spuren, breite Seitenstreifen, perfekte Einfügung in die Landschaft.

Man konnte stundenlang fahren, ohne einen Polizisten zu erblicken. Es war merkwürdig, denn in anderen Lebensbereichen sieht man wirklich viel Polizei, und als Journalist war ich etliche Male festgenommen worden. Und wie jeder Amerikaner aus dem Mittleren Westen hielt ich, wenn ich an eine freie Strecke kam, automatisch Ausschau nach der Polizei. Aber China hatte noch keine funktionierende Autobahnpolizei, und die wenigen Polizisten, die ich sah, waren unterwegs zu einem anderen Ziel. Stets war das Blaulicht eingeschaltet, wahrscheinlich weil sie es in amerikanischen Filmen gesehen hatten, aber weder fuhren sie Streife noch hatten sie es eilig. Meistens waren sie sogar die langsamsten Fahrzeuge auf der Autobahn. Anfangs war es ein eigenartiges Gefühl, an einem Polizisten mit Blaulicht vorbeizurauschen, aber nach einiger Zeit ignorierte ich sie, genau wie alle anderen. Die Einzigen, die sich in Acht nehmen mussten, waren Lastwagenfahrer. Manchmal stellten sich die Polizisten bei Mauthäuschen auf, wo sie Fahrer, die ihre Lkws überladen hatten, mit Geldstrafen belegten. Personenwagen hingegen blieben unbehelligt – es war das goldene Zeitalter des Autobahnfahrens in China.

Das einzige Problem waren die anderen Autofahrer, aber selbst in dem Chaos des chinesischen Verkehrs gab es eine gewisse Vorhersagbarkeit. Bestimmte Automodelle wurden im Allgemeinen von bestimmten Charaktertypen gefahren, und so lernte ich auf der Straße, mich entsprechend vorzusehen. Die höchsten Risiken traten gehäuft an beiden Enden des Spektrums auf. Wer am Steuer eines Mercedes oder einer Oberklassenlimousine von Buick saß, war wahrscheinlich ein Geschäftsmann im ersten Überschwang des Erfolgs; diese Leute fuhren rücksichtslos. Und ich war auf der Hut vor den billigsten Wagen, den abgenutzten Xialis und Chang'ans, deren Fahrer nichts zu verlieren hatten. Auf dem Lande waren schwarze Santanas mit stark getönten Scheiben problematisch. Dabei handelte es sich um Dienstwagen von Beamten oder Politikern, gewöhnlich aus Orten, in denen die örtliche Verwaltung entweder zu arm oder zu ungeschickt im Unterschlagen war, um sich einen Audi zu leisten. Schwarze Santanas kurvten herum wie Kleinstadtrüpel: Sie hupten andauernd, überholten rechts und schnitten andere. In einer Großstadt wie Peking kauften korrupte Funktionäre schwarze Audis A6 und A8, und auch diese Fahrzeuge musste man meiden, besonders wenn man mit dem Fahrrad unterwegs war. Kleinwagen wie der Alto City Baby waren aus einem anderen Grund beängstigend. Gewöhnlich waren sie der erste Wagen von Angehörigen der unteren Mittelschicht, bei denen Unerfahrenheit mit extremer Unsicherheit zusammenkam.

Für den City Special gab es kein Stereotyp. Ebendas war das Problem für American Motors, eine Marke, die nie ihre Marktnische in der neuen Ökonomie fand. Und sie waren nur das letzte Beispiel in einer langen Reihe verpasster Gelegenheiten für amerikanische Autohersteller in China. Als in den Anfängen des 20. Jahrhunderts die ersten Autos auftauchten, war der Handel mit Ausländern ein kompliziertes und heikles Thema. So war es schon in alten Zeiten gewesen: Zur Zeit der Großen Mauer hatten die Nomaden aus dem Norden nur wenige Produkte zu bieten; später kämpften die Chinesen mit dem umgekehrten Problem, als sie plötzlich die technische Überlegenheit der Europäer, Amerikaner und Japaner bemerkten. Nach dem Trauma des Opiumkriegs waren manche Chinesen gegen alles Fremde voreingenommen, und das Automobil galt etlichen als Teufelszeug der Imperialisten.

Doch allmählich wandelten sich die Einstellungen, als immer mehr Chinesen erkannten, wie positiv sich bessere Verkehrswege auswirken. Die Straßenbauprogramme des amerikanischen Roten Kreuzes in den zwanziger Jahren waren ungeheuer erfolgreich, und Intellektuelle neigten mehr zu amerikanischen Produkten als zu solchen der Briten, deren Image durch den Opiumhandel gelitten hatte. Sun Yat-sen, der Gründer der Republik China, schrieb 1924 einen Brief an Henry Ford, lobte dessen Unternehmen und lud ihn nach Asien ein. »Ich glaube, Sie können in China eine ähnliche Leistung in sehr viel größerem und bedeutenderem Maßstab vollbringen«, schrieb Sun. Ford Motors antwortete mit einem Formschreiben – offenbar war Suns Brief nie zu Henry gelangt. Ungeachtet dieser Abfuhr und trotz der Tatsache, dass in China Linksverkehr herrschte, erlangte Ford rasch eine marktbeherrschende Stellung. Anfang der dreißiger Jahre gab es zwei Dutzend Ford-Händler in China, und das Unternehmen erwog, in Shanghai ein Montagewerk zu errichten.

Der Einmarsch der Japaner machte diesen Plänen ein Ende, aber der Krieg bot neue Chancen. Die Jeeps und Lastwagen, die die US-Army Anfang 1940 zur Unterstützung der Republik nach Südwestchina schickte, waren allzu oft in Verkehrsunfälle verwickelt. Die Fahrzeuge waren für Rechtsverkehr ausgelegt, und die amerikanischen Fahrer hatten Schwierigkeiten, sich auf den Linksverkehr umzustellen. General Albert C. Wedemeyer von der US-Army schlug eine einfache Lösung vor: Ganz China sollte sich auf Rechtsverkehr umstellen. Chiang Kai-shek, der schon immer stark von amerikanischer Unterstützung abhängig gewesen war, stimmte zu. Die Umstellung fand schließlich am 31. Januar 1945 statt, als die Japaner bereits kapituliert hatten.

Die amerikanischen Autohersteller waren damals offenbar gut positioniert für China, aber die kommunistische Revolution warf alles über den Haufen. Mao war mit den Sowjets verbündet, und die Amerikaner verhängten nach dem Beginn des Koreakriegs ein Handelsembargo. In der kommunistischen Planwirtschaft waren private Verbraucher ohnehin nicht vorgesehen. Für Limousinen gab es praktisch keinen Markt; China produzierte nur Lastwagen und Busse. Als Deng an die Macht kam, stand die Autoindustrie vor derselben grundlegenden Herausforderung, die die Reformjahre prägte: Wie lernen die Leute, etwas vollkommen Neues zu tun? Aus Sicht der Regierung war es wichtig, von ausländischen Autoherstellern zu lernen, aber niemand war bereit, Außenstehenden die Gewinne und die Kontrolle über die Industrie zu überlassen. Daher lud Deng ausländische Hersteller ein, unter strengen Bedingungen Werke in China zu errichten. Um in China Autos zu produzieren, musste ein ausländisches Unternehmen einen staatlichen Partner finden, und der ausländische Kapitalanteil war auf 50 Prozent beschränkt.

Die American Motors Company packte die Gelegenheit beim Schopf. Im Januar 1979, kaum eine Woche nach der offiziellen Anerkennung der Regierung der Volksrepublik durch Präsident Carter, entsandte AMC bereits eine Delegation, um ein Abkommen auszuhandeln. In den folgenden zehn Jahren lernten sie, ihre Vorreiterrolle zu bereuen. Während andere Firmen wie Toyota sich von China fernhielten und den rechten Augenblick abwarteten, preschte AMC vor und kam nicht voran. Die Struktur der Partnerschaft war schwierig: zwei Unternehmensleitungen, jede mit ihrer eigenen Kultur, ihren eigenen Zielen und Wertvorstellungen. Das Experiment von AMC war dermaßen verrufen, dass es den Journalisten Jim Mann zu einem Buch mit dem Titel *Beijing Jeep* anregte. Es ist eine Geschichte der sich endlos wiederholenden Missverständnisse. Die Kapitel tragen solche Überschriften wie »Kein Vorwärtskommen«, »Eine sehr lange Abschleppfahrt« und »Beschwerden noch und noch«. Sogar das Register vermittelt ein Gefühl von verhaltener Frustration – es beginnt mit »Abwesenheit von der Arbeit« und endet bei »Xenophobie«, ein alphabetisches Zeugnis der kulturellen Differenzen in den achtziger Jahren:

Beatrice Companies, Inc., 236–238
Bechtel Corporation, 65, 105, 299
Beds in Chinese offices, 127
Beijing Automotive Industrial Corporation (BAIC),
91, 254, 263

Nach dem Erscheinen von Manns Buch wurde der Beijing Jeep zu einem Symbol für die Probleme der Partnerschaft mit ausländischen Firmen in den ersten Reformjahren. Damals lernten die Chinesen noch, wie man ein Unternehmen führt, und erst Anfang der neunziger Jahre kam die Wirtschaft richtig in Schwung. American Motors kam nicht wieder auf die Beine; ihre Erfahrung war ein klassisches Beispiel dafür, zur falschen Zeit am richtigen Ort zu sein. Und der Jeep Cherokee wurde zu einer ihrer schlimmsten Fehlkalkulationen. Sie fingen 1985 mit der Produktion von chinesischen Cherokees an, viel zu früh für eine Geländelimousine; die meisten Kunden waren noch Firmen oder staatliche Stellen, die Limousinen bevorzugten. Als endlich private Verbraucher in Erscheinung traten, versuchte AMC sich auf neue städtische Kaufinteressenten einzustellen, indem sie den Allradantrieb aufgaben. Die Türen wurden mit einer flotten Linie bemalt, ein paar lila Verzierungen kamen hinzu, und man hängte einen städtisch klingenden Namen dran: City Special. Dadurch wurde der Wagen zwar billiger, aber zugleich ging seine universale Verwendbarkeit und Ununterscheidbarkeit zurück. Kurz darauf bildete sich in China eine Klasse von betuchten Leuten heraus, die gern mal ins Freie fuhren, aber in ihren Augen war der Cherokee bereits veraltet und nutzlos. Großstadtabenteurer protzten lieber mit einem Toyota Land Cruiser oder einem Mitsubishi Pajero. Ich fuhr nur deshalb einen City Special, weil ich keine andere Wahl hatte – das war alles, was ich auf dem Hof von Hauptstadt-Autos finden konnte.

Im Unterschied zu AMC überstanden andere ausländische Firmen die schweren Jahre in China, und einige begannen Ende der neunziger Jahre, anständige Profite einzufahren. Die strengen Vorschriften für die Branche beschränkten den Wettbewerb und erlaubten es, die Preise künstlich hochzuhalten. Die chinesischen Verbraucher hinkten mehrere Generationen hinter denen anderer Länder her, so dass die Autohersteller ihnen veraltete Technik aus Übersee vorsetzen konnten. Volkswagen verlagerte die Ausrüstung eines stillgelegten Werkes in Westmoreland (Pennsylvania), in dem zuvor der VW Fox produziert worden war, in den Nordwesten Chinas. Der dort produzierte Jetta übertraf schließlich den Santana und wurde zum meistverkauften Pkw des Landes. Die Gewinnspannen waren enorm: In den Jahren 2001 und 2002 machten Volkswagen und General Motors in China mit jedem verkauften Wagen größere Profite als in allen anderen Ländern. Ein in China verkaufter Buick Regal generierte einen doppelt so hohen Profit wie in Amerika. Michael Dunne, ein auf den chinesischen Automarkt spezialisierter Analyst, sagte mir, er habe in dieser Zeit einen Manager von General Motors nach den Gewinnen in China gefragt. »Wir verdienen mehr Geld als Gott«, erwiderte der GM-Manager.

Doch das ganze System war reif für den Wandel. Falls es einem chinesischen Unternehmen gelang, die ausländische Technologie zu nutzen, ohne sich mit einer Partnerschaft zu belasten, konnte es eine effizientere Managementstruktur schaffen. Außerdem steckten im unteren Marktsegment enorme Chancen, weil die teuren Joint-Venture-Produkte die sich entwickelnde Mittelschicht überhaupt nicht angesprochen hatten. Ende der neunziger Jahre beschloss die Verwaltung von Wuhu, einer Stadt in der ostchinesischen Provinz Anhui, eine eigene Autofirma zu gründen. Sie engagierten einen Ingenieur mit Namen Yin Tongyao, der zuvor ein Star bei Volkswagen gewesen war. Yin hatte sich bei der Verlagerung der Produktionsanlagen des VW Fox von Westmoreland nach Nordostchina ausgezeichnet.

In seiner neuen Stellung in Wuhu setzte Yin diese internationale Erfahrung sogleich um. Er fuhr zunächst nach England, wo er Anlagen einer veralteten Motorenfabrik von Ford kaufte. Dann reiste er nach Spanien, wo er von einer strauchelnden Volkswagen-Tochter, die bisher einen Wagen namens Toledo gebaut hatte, Konstruktionspläne erwarb. Der Toledo beruhte auf derselben Plattform – Grundrahmen plus Komponenten – wie der Jetta. Heimlich schaffte Yin die britische Ford-Motorenfabrik nach Wuhu, nahm die spanischen Konstruktionspläne und errichtete eine Montagestraße. Da neue Autohersteller aufgrund strikter nationaler Regelungen nicht auf den Markt durften, sprachen die Verantwortlichen in Wuhu einfach von einer Fabrik für »Kraftfahrzeugteile«. Die Fabrik produzierte ihren ersten Motor im Mai 1999. Sieben Monate später baute sie ein Auto. Es hatte einen von Ford konstruierten Motor, eine Karosserie, die über die spanischen Baupläne von Volkswagen stammte, und zahlreiche authentische Jetta-Bestandteile. Die Leute in Wuhu hatten einfach chinesische Zulieferer ausfindig gemacht, die vermeintlich exklusiv für Volkswagen tätig waren, und dann Nebenabkommen mit ihnen geschlossen. Volkswagen war wütend, und auch Leute in der Zentralregierung waren außer sich.

Aber alle kannten das Grundprinzip der Reformjahre: Es ist einfacher, um Vergebung zu bitten als um Genehmigung. Über ein Jahr lang verhandelte die Führung von Wuhu mit der Zentralregierung, und 2001 erhielten sie endlich die Genehmigung, ihre Autos landesweit zu verkaufen. (Dem Vernehmen nach zahlten sie eine Entschädigung an Volkswagen, das daraufhin auf eine Klage verzichtete.) Sie nannten ihr Unternehmen Qirui, zwei chinesische Zeichen, die beide eine Nebenbedeutung von Glück haben. Es klingt ein bisschen wie »cheery« (zu Deutsch »munter« – A.d.Ü.), aber der englische Name lautete Chery. Die Verantwortlichen von Chery sagten, dem Namen fehle ein »e«, weil das Unternehmen immer einen Schritt von der Selbstzufriedenheit entfernt sein werde, die sich mit dem Glück einstellt. Binnen kürzester Zeit begann das Unternehmen den Markt umzukrempeln, denn es produzierte billige Autos, die zu einem Rückgang der Preise in der ganzen Industrie beitrugen. Schon bald verkündete Chery sein eigentliches Ziel: die erste chinesische Autofirma zu werden, die in die Vereinigten Staaten exportiert.

* * *

Seit ich begonnen hatte, durch China zu fahren, war ich begierig darauf, zu erfahren, woher die Autos kamen, und so fuhr ich eines Tages nach Wuhu und begleitete einige Ingenieure auf eine Chery-Testfahrt. Sie arbeiteten an zwei Prototypen, dem T-11 und dem B-14; eine richtige Modellbezeichnung besaßen sie noch nicht. Die Fahrzeuge waren streng geheim – man hatte die Seiten mit Plastikfolien verhüllt, um Industriefotografen, die auf heimliche Aufnahmen hofften, einen Strich durch die Rechnung zu machen. Der B-14 war ein Crossover-Fahrzeug, und der T-11 war ein kleiner Geländewagen, der eine auffällige Ähnlichkeit mit dem Toyota RAV4 hatte. Das war zu Cherys Spezialität geworden: Das Unternehmen war dafür berüchtigt, Autos zu produzieren, die den Marktführern verdächtig ähnlich waren. Der T-11 war nicht für amerikanische Käufer gedacht – die Qualität von Chery entsprach noch nicht amerikanischen Maßstäben –, aber das Fahrzeug sollte einen Schritt in diese Richtung darstellen. Man zielte auf die neue chinesische Mittelschicht, die Leute mit Outdoor-Interessen, die es noch nicht gegeben hatte, als AMC den City Special entwickelte.

Man hatte sich als Berater einen amerikanischen Ingenieur namens John Dinkel geholt, dessen Spezialität Testfahrten waren. »Wie gut ein Auto ist, merkt man, wenn man es hart rannimmt«, erklärte er am Steuer eines T-11 aus Cherys Hauptwerk. Ich saß als Dolmetscher auf dem Beifahrersitz; drei junge chinesische Ingenieure saßen auf dem Rücksitz. Keiner von ihnen war angeschnallt.

Vor dem Werk stand ein großer Autotransporter, der neue Chery-Limousinen lud. Dinkel fuhr daran vorbei, und als er eine offene Strecke erreicht hatte, nahm er eine Reihe von Tests vor: beschleunigen, bremsen, wenden. »Ein Rad hat keine Bodenhaftung«, sagte er, während er eine enge Kurve fuhr. »Das Rad dreht durch. Dafür braucht man ein Sperrdifferenzial.« Er beschleunigte auf 140 Stundenkilometer, während er durch das Industriegelände kurvte, in dem Chery angesiedelt war, und flüchtige Blicke auf die Fabrikwelt huschten vorbei: ein Treckergespann voller Ziegelsteine, das Tor einer neuen Fabrik für Klimaanlagen, eine Reihe von Behelfsunterkünften für Bauarbeiter. Am Straßenrand stand ein Junge und pinkelte ins Gras; als wir vorbeirasten, schaute er uns nach. Dinkel bremste plötzlich, und ein Bus hupte. Ich wandte mich an die drei Ingenieure im Fond.

»Was ist, wenn die Polizei uns sieht?«, fragte ich. »Er hat keinen chinesischen Führerschein.«

»Hier gibt es keine Polizei«, antwortete ein Ingenieur. »Und selbst wenn, würden sie verstehen, was wir machen.«

Die drei Ingenieure waren Anfang zwanzig, trugen blaue Firmen-Overalls und passten genau auf, weil sie sich von dem amerikanischen Testfahrer ein paar Tipps erhofften. Dinkel begann mit weiteren Tests, indem er rasch schaltete und dann bremste oder schnell die Spur wechselte. Die drei Ingenieure klammerten sich an die Haltegriffe. Wir zischten an einem Lastwagen mit Baumaterial vorbei, und schließlich bat mich einer der Chery-Angestellten, eine Bitte weiterzugeben: »Könnten wir vielleicht irgendwo hinfahren, wo es keine anderen Autos gibt?«

Er schlug vor, nach Norden zu fahren, wo ein neues Industriegebiet von Wuhu im Entstehen war. Die Baukolonnen waren noch bei der Arbeit, und Dinkel wich dem an der Straße gelagerten Material aus; er steuerte zwischen Ziegelhaufen hindurch und umfuhr einen Bulldozer. Ein großes Baufahrzeug schwenkte quer über unsere Spur nach links, ohne den Blinker zu setzen. »Den würde man in Amerika als Idioten bezeichnen«, murmelte Dinkel, eine Bemerkung, die ich nicht übersetzte. Er fuhr an halbfertigen Wohnblocks vorbei, deren Gerüste wie Skelette in den nebligen Morgen ragten. Er sagte: »Sagen Sie ihnen, dass das Schaltgetriebe vom zweiten in den dritten und vom vierten in den fünften Gang ziemlich hakt.«

Dinkel war sechzig, und er wohnte im kalifornischen Orange County. Ich fragte ihn, wo er ursprünglich herstammte, und er sagte: Long Island. Er war geistig rege, gutgelaunt und von kleiner Statur – er wog nur 63 Kilo. Er erzählte mir, als Student an der Universität von Michigan in Dearborn sei er in den späten sechziger Jahren der Einzige im Abgaslabor gewesen, der in den Fahrersitz eines Mazda Cosmo passte. Eigentlich hatte er gar nicht Ingenieur werden wollen. Auf meine Frage, warum er dann diesen Weg eingeschlagen habe, antwortete er: »Ich hatte keinen sonderlich intelligenten Berufsberater.«

Dinkel hatte 1962 die Highschool absolviert, als der Wettlauf um die Eroberung des Weltraums in vollem Gange war und die amerikanische Industrie in voller Blüte stand. Man glaubte damals, dass jeder, der gute Noten in Mathe hatte, automatisch Ingenieur werden sollte. Er hatte kurz bei Chrysler gearbeitet und war dann zum Journalismus übergewechselt. Zwanzig Jahre war er bei *Road & Track*, darunter zwei Jahre als Chefredakteur. »Ich habe dreißig Jahre lang Autos getestet«, sagte er. »Ich habe praktisch jeden Wagen gefahren, der jemals auf der Straße war.« Er sagte mir, die leeren Straßen von Wuhu erinnerten ihn an die alten Zeiten in Kalifornien, als sie noch in den Bohnenfeldern des Orange County Autos testen konnten.

Wuhu liegt am Ufer des Jangtse, rund fünf Autostunden von Shanghai entfernt, und es ist eine der neuen Pionierstädte des Wirtschaftsbooms im Süden. Als wir hindurchfuhren, steckte das Industriegebiet noch in seinen Anfängen: Die Straßen hatten Bordsteine, Gehsteige und sogar Straßenschilder, aber nur wenige Menschen waren unterwegs. Die meisten Fabriken waren noch halbfertige Hüllen, die hinter hohen Mauern und beeindruckenden Toren auf die Installation der Maschinen warteten. Ich fühlte mich merkwürdig an die Dörfer erinnert, durch die ich in Nordchina gefahren war. In Orten wie »Erschlagt die Hu« und »Schlachtet die Hu ab« war alles von wuchtigen Befestigungen umgeben, aber die meisten Bewohner waren schon fortgegangen. Hier in der Entwicklungszone war es ähnlich: große Mauern und Tore, viele Bauten, wenige Menschen. Würde man aus einem Dorf des Nordens direkt in einen angehenden Fabrikbezirk versetzt, würde man sich fragen: Wo sind sie alle? Aber das ist das Wesen eines Landes im Übergang: Immer wird etwas aufgegeben, während etwas anderes immer im Aufbau ist. Die Leute sind ständig unterwegs – mit dem Zug, mit dem Bus, mit dem Schiff. Sie stehen an Landstraßen, tätscheln unsichtbare Hunde und warten auf eine Mitfahrgelegenheit nach Süden. In einem halben Jahr würde dieser Fabrikbezirk von Wuhu fertig sein, und dann würden die jungen Leute in Scharen herbeiströmen.

Im T-11 kamen wir an einen Verkehrskreisel, der sich noch im Bau befand. Für John Dinkel ähnelte er sehr einer Schleuderplatte. Er beschleunigte auf 65 Stundenkilometer, und wir flogen an einem Haufen Erde, einem halben Dutzend Zementsäcke und einem Stapel Bambus vorbei, der irgendwann zum Einrüsten eines weiteren Bauprojekts dienen würde. Dinkel behielt den Lenkeinschlag bei, die Reifen quietschten, und wir drehten uns wieder und wieder im Kreis. Das Baumaterial huschte vorbei: Erde, Zement, Bambus; Erde, Zement, Bambus. Im Fond des T-11 wurden die drei chinesischen Ingenieure gegen die Außenseite des Wagens geschleudert. Sie waren noch immer nicht angeschnallt.

Der eine in der Mitte hieß Qi Haibo. Er war 22 Jahre alt, und er hätte in den Fahrersitz eines Mazda Cosmo gepasst – zusammen mit einem Sack Lebensmittel. Er war unmittelbar hinter der Großen Mauer in der Inneren Mongolei aufgewachsen, in der Ordoswüste; er stammte aus der Region, in der die Regierung versuchte, Weidenbäume zu pflanzen, um die örtlichen Hirten zu unterstützen. Qi Haibo war Chinese, und er erzählte mir, sein Großvater sei aus der Provinz Shaanxi in die Ordos gezogen. (»Wahrscheinlich wegen Hungersnot oder Krieg.«) In der Wüste hatte der Großvater sein Leben als Bauer mit dem Anbau von Weizen, Sonnenblumen und Mais gefristet. Qis Vater hatte nur fünf Jahre lang die Schule besucht; seine Mutter hatte schon nach der ersten Klasse aufgegeben. In den achtziger Jahren hatte die Familie versucht, Wassermelonen anzubauen, aber über die bloße Subsistenzwirtschaft waren sie nicht hinausgekommen. Qi erinnerte sich noch an den Tag, als sie zum ersten Mal Strom bekamen. Aber seine Eltern hatten ihn angespornt, fleißig zu lernen, und an der heimatlichen Schule wurde er so zum besten Schüler. Ihm war seit jeher klar gewesen, dass er irgendwann in den Süden gehen würde, über die Große Mauer, und er hatte nicht vor zurückzugehen.

Nach der Oberschule bestand er die Aufnahmeprüfung der Technischen Universität Wuhan, einer angesehenen Lehranstalt in der Provinz Hubei. Für Technik hatte er sich nie sonderlich interessiert, aber wie John Dinkel wurde er in einer Zeit erwachsen, in der sein Land sich in einer entscheidenden Phase befand. »Ich wollte auf eine gute Universität«, erklärte Qi, »und ich hörte, dass man heute die besten Berufsaussichten in den Fächern Computer und Elektronik hat. Deshalb wählte ich, nachdem ich die Aufnahmeprüfung bestanden hatte, diese Fächer.« Auf der Universität wurde er einem technischen Institut zugewiesen, das sich hauptsächlich mit Transportfahrzeugen befasste, weil das der am schnellsten wachsende Markt in China ist. Vor dem Studienabschluss besuchte er eine Jobmesse und traf dort auf Anwerber von Chery. »Sie boten mir einen Job an, und Leute von der Uni sagten, es sei ein neues Unternehmen, das sich rasch entwickelt. Daher unterschrieb ich tags darauf einen Vertrag. Ich dachte mir, dass ein junger Mensch dort eine Menge lernen kann.«

Für die Verhältnisse bei Chery war Qi nicht besonders jung – das Durchschnittsalter der Beschäftigten lag bei 24. Qi arbeitete sechs Tage pro Woche für ein Monatsgehalt von unter 200 Dollar und wohnte in einem betrieblichen Wohnheim. Auf seinem Zimmer waren noch drei andere Ingenieure; das Badezimmer teilten sie sich mit Dutzenden anderer Mitbewohner auf demselben Gang. Qi hätte lieber einen Raum für sich gehabt, aber die Bedingungen im Wohnheim waren erheblich besser als alles, was er in der Ordoswüste gekannt hatte. Er erhoffte sich eine langfristige Zukunft bei Chery. »Mir gefällt außerdem, dass es kein Joint Venture ist«, sagte er. »Es ist Chinas eigene Autofirma.«

Nach der Testfahrt fragte ich Qi Haibo, was er von John Dinkel gelernt habe. Qi antwortete, der T-11 habe ein kleines Problem mit der Länge der Antriebswelle, weshalb das äußere Rad in engen Kurven durchdrehe. Das Heck des B-14 schlingerte ein bisschen bei hohen Geschwindigkeiten. Was Qi besonders bewunderte, waren Dinkels Fähigkeiten am Lenkrad. Der Ingenieur, zu dessen Aufgaben die Qualitätskontrolle und das Testfahren gehörten, hatte seinen Führerschein erst einen Monat zuvor gemacht.

* * *

Beim Autofahren in China fühlte ich mich oft alt. Ein Großteil der Energie des Landes kommt von den Jüngsten, den frisch Zugewanderten und den jungen Hochschulabsolventen, und neue Unternehmen wie Chery krempeln ständig die wirtschaftliche Landschaft um. Auf der Straße sind die meisten in den Dreißigern und Vierzigern, und wer beträchtlich älter ist, stößt auf rechtliche Beschränkungen. Ein Lkw- oder Busfahrer muss in China laut Gesetz unter fünfzig sein. Wer älter als siebzig ist, darf keinen Personenwagen führen. Wahrscheinlich wird man solche Gesetze irgendwann ändern, aber im Augenblick sind sie ohnehin irrelevant, weil nur die Jungen die Nervenkraft haben, die man für den Verkehr in China braucht. Und sobald man losfährt, scheint die Zeit sich zu beschleunigen. Erst als ich meinen Führerschein hatte, begriff ich, wie schnell neue Straßen gebaut werden, und mir fiel die Flut neuer Automodelle auf. Zu der Hektik auf der offenen Strecke trägt bei, dass man ständig das Gefühl hat, dass einem die Massen auf den Fersen sind.

An der Firma Hauptstadt-Autos in Peking gefiel mir, dass es dort ganz im Gegenteil sehr bedächtig zugeht. Sie war noch in staatlicher Hand, ein Relikt der alten kommunistischen Wirtschaft, und ihre Unternehmenskultur trennten Welten von einer Firma wie Chery. Die meisten Mitarbeiter von Hauptstadt-Autos waren Männer im mittleren Alter, die herumsaßen, Zigaretten rauchten und Zeitung lasen. Obwohl sie zu den Ersten in einem vielversprechenden Markt gehörten, hatten sie praktisch nichts getan, um daraus Profit zu schlagen. Als schließlich Avis und andere Anbieter Niederlassungen in Peking eröffneten, reagierte Hauptstadt-Autos nicht auf die neue Konkurrenz. Weder modernisierten sie ihre Flotte, noch vereinfachten sie die Formalitäten. Sie schafften nicht den Jeep Cherokee ab, den niemand außer mir mietete und der schmollend auf dem Hof stand wie ein Rennpferd außer Dienst, dessen Leistung zu schlecht ist, um es für Zuchtzwecke zu verwenden. Hauptstadt-Autos änderte nichts an der Praxis, den Wagen mit derselben Tankfüllung wie bei der Übernahme zurückzugeben, und sie taten nichts, um auch nur die elementarsten Richtlinien der Autovermietung einzuhalten. Die Bewertung der gebührenden Ausdrucksweise blieb konstant bei 98 Prozent. Und trotzdem ging ich immer wieder zu ihnen – ich konnte mir nicht vorstellen, in Peking woanders ein Auto zu mieten.

Sechs Monate nach meiner ersten Fahrt durch den Norden war ich wieder bei Hauptstadt-Autos und hinterlegte eine Kaution für den City Special. Der Mechaniker zeigte mir den Reservereifen, notierte sich die Tankanzeige und besichtigte den Wagen von außen. Es gab keine neuen Beulen; der Kilometerzähler hatte sich kaum verändert, seit ich den Jeep im Herbst zuvor zurückgebracht hatte. Im Büro zeichnete Herr Wang lächelnd die Papiere ab und wünschte mir Glück. Er fragte nicht, wohin ich fahren wollte. Der Mann war so ausnehmend liebenswürdig und höflich, dass es wie eine Art Diskretion wirkte – was ihn betraf, war es meine Privatsache, was ich mit einem Fahrzeug von Hauptstadt-Autos zu tun gedachte.

Diesmal hatte ich vor, die ganze Strecke bis an den Rand der tibetischen Hochebene zu fahren. Die letzten Ausläufer der Großen Mauer befinden sich in der Hochwüste der Provinz Gansu, entlang der alten Seidenstraße, und ich hoffte, in einem Monat dorthin zu gelangen. Ich hatte die Fahrt für Ende April geplant, wenn das Wetter im Allgemeinen gut ist, und bestückte den City Special mit Cola, Gatorade, Oreo-Keksen und Dove-Schokoriegeln. In Peking nahm ich einen ausländischen Anhalter mit: Mike Goettig, einen Freund aus meiner Zeit beim Friedenscorps, der per Anhalter in die Hauptstadt der Inneren Mongolei wollte. Ich dachte mir, bis dahin würden wir allenfalls einen Tag benötigen und danach würde ich wieder die Route vom letzten Jahr aufnehmen und der Großen Mauer folgen.

Am Morgen des Abfahrtstages fegte ein Sturm aus Sibirien herüber, und kalter Regen ergoss sich über die Hauptstadt. In der Innenstadt kam der Verkehr nur im Schritttempo vorwärts; um aus der Stadt herauszukommen, brauchten wir fast eine Stunde. Ich fuhr Richtung Nordwesten auf der Fernstraße 110, einer abgenutzten zweispurigen Straße, die bald überholt sein würde, weil eine neue Autobahn im Bau war. Bulldozer und Betonmischer standen verlassen neben der Straße – wenn chinesische Bautrupps nicht mehr arbeiten, weiß man, dass schlechtes Wetter ist. Momentan regnete es, aber was uns bevorstand, war deutlich zu erkennen – die Vorhersage war eisig dem entgegenkommenden Verkehr zu entnehmen. Es waren überwiegend große Laster der Marke »Befreiung«, die mit Fracht aus der Inneren Mongolei in Richtung Süden rollten, und die Kisten und Steigen auf der Ladefläche waren mit Eis bedeckt. Die Laster hatten in der Steppe mit Seitenwind zu kämpfen gehabt, und ihre gefrorene Ladung neigte sich nach rechts, wie Schiffe in rauer See.

In der Provinz Hebei tauchten nach und nach Werbebotschaften für »Seltsame Steine« – *Qi Shi* – auf. Die Landschaft war öde, niedrige steinige Anhöhen, wo der Ackerbau schwierig war, und Farbe brachten nur die roten Banner hinein, die man neben der Straße aufgepflanzt hatte. Auf jedem Schild wurden diese »Seltsamen Steine« in großen Zeichen angekündigt, und die Banner waren vom Wind zerfleddert. Es war kälter geworden, und inzwischen prasselten Graupel und Schnee gegen die Windschutzscheibe. Wir waren an einem halben Dutzend Schilder vorbeigefahren, bevor einer von uns das Wort ergriff.

»Was hat das zu bedeuten?«, fragte Goettig endlich.

»Keine Ahnung«, sagte ich. »Ich bin diese Straße noch nicht gefahren.«

Die Banner standen vor billig gebauten Läden aus Zement und weißen Kacheln. »Seltsame Steine« ist der chinesische Ausdruck für einen Stein, dessen Form an etwas anderes erinnert. Das ist eine Obsession an landschaftlich reizvollen Orten im ganzen Land. In den Gelben Bergen etwa findet man natürliche Formationen mit Namen wie Unsterblicher Schachspieler oder Nashorn beim Betrachten des Mondes. Sammler kaufen kleinere Steine: Manchmal hat man diese behauen, um ihnen eine bestimmte Form zu verleihen, oder sie enthalten ein mineralisches Muster, das eine merkwürdig vertraute Form aufweist. Ich hatte diese spezielle Obsession nie verstanden, und die plötzliche Fülle Seltsamer Steine in diesem vergessenen Winkel von Hebei war mir ein Rätsel. Wer kaufte dieses ganze Zeug? Endlich, nach rund zwanzig Bannern, machte ich halt.

Im Laden fiel mir als Erstes die sonderbare Einrichtung auf. Die Beleuchtung war schlecht, und an allen Wänden standen Schautische, so dass für den Besucher nur ein schmaler Zugang blieb. Daneben stand lächelnd ein Ladenbesitzer. Ich quetschte mich, Goettig hinter mir, an den Tischen entlang, als ich ein ungeheures Getöse vernahm.

Ich drehte mich um. Goettig stand starr da; über den Betonboden lagen grüne Scherben verstreut. »Was ist passiert?«, fragte ich.

»Er hat es hinuntergestoßen!«, erklärte der Ladenbesitzer. Er packte den Saum von Goettigs Jacke. »Ihre Jacke hat es gestreift.«

Goettig und ich starrten auf die verstreuten Scherben. Schließlich fragte ich: »Was ist es?«

»Jade«, antwortete der Mann. »Es ist ein Schiff aus Jade.«

Jetzt erkannte ich einzelne Teile: ein Winkel von einem zerschmetterten Segel, ein Strang vom zerbrochenen Takelwerk. Es war jene Art von Modellschiff, wie sie sich chinesische Geschäftsleute als Glücksbringer in ihr Büro stellen. Das Material machte den Eindruck von billiger künstlicher Jade, die in Fabriken hergestellt wird, und es war vollkommen zersprungen, in über fünfzig Teile.

»Machen Sie sich deshalb keine Gedanken«, sagte der Ladenbesitzer strahlend. »Schauen Sie sich nur weiter um. Vielleicht finden Sie etwas anderes, was Sie kaufen möchten.«

Wir standen mitten in dem Raum, umringt von Tischen wie Tiere in einem Stall. Goettig zitterte die Hand. »Hast du es wirklich umgestoßen?«, fragte ich.

»Ich weiß es nicht«, sagte er. »Ich habe nichts gemerkt, aber ich bin mir nicht sicher. Es fiel hinter mir runter.«

Noch nie hatte ich einen chinesischen Ladenbesitzer gesehen, der so gelassen reagiert, wenn Waren zerbrochen waren. Jetzt tauchte aus einem Nebenraum ein zweiter Mann mit einem Besen auf. Er kehrte das Schiffswrack säuberlich zu einem Haufen zusammen, ließ ihn aber auf dem Boden liegen. Schweigend tauchten andere Männer auf, und schließlich standen drei weitere in der Nähe der Tür. Ich hatte früher schon von Antiquitätenläden gehört, in denen die Besitzer eine Vase zerbrachen und dann einen Kunden beschuldigten, und nun fragte ich mich, ob diese Methode als Masche am Straßenrand bis hierher vorgedrungen war. Es war einleuchtend: So viele Autofahrer in China sind Neulinge mit Geld wie Heu.

»Was machen wir jetzt?«, fragte Goettig.

»Keine Ahnung«, erwiderte ich. »Vielleicht sollten wir irgendwas kaufen.«

Ein paar Seltsame Steine sahen nach Essbarem aus. Das ist seit jeher ein beliebtes künstlerisches Motiv in China, und ich erkannte einige alte Klassiker: einen steinharten Kohlkopf, einen steinigen Streifen Schinken. Andere Steine waren poliert worden, um ein wunderbares mineralisches Muster zu zeigen, aber in meiner Aufgeregtheit kamen mir fast alle Formen gleich vor. Ich wählte einen kleineren Stein aus und fragte nach dem Preis.

»Zweitausend Yuan«, sagte der Ladenbesitzer. Er sah, wie ich zurückschreckte – das waren ungefähr 250 Dollar. »Aber wir können es preiswerter machen«, fügte er rasch hinzu.

»Weißt du«, meinte Goettig, »es gibt hier sonst nichts, was zerbrechen würde, wenn es hinfiele.«

Er hatte recht – alles war »seltsam« in einem ganz soliden Sinne. Und wieso war da überhaupt ein Jade-Schiff gewesen? Für den Notfall setzte ich darauf, dass Goettigs Größe die Männer von Übergriffen abhalten würde. Er maß 1,85 Meter und war kräftig gebaut, hatte kurzgeschnittenes Haar und eine ausgeprägte germanische Nase, die auf Chinesen Eindruck machte. Dabei kannte ich niemanden, der sanftmütiger gewesen wäre als er, und so schlurften wir kleinmütig in Richtung Tür. Die Männer standen dort noch immer.

»Tut mir leid«, sagte ich, »aber wir möchten doch nichts kaufen.«

»*Zenme ban?*«, sagte der Ladenbesitzer leise. Er lächelte nicht mehr und deutete auf die Scherben auf dem Fußboden. »Was gedenken Sie diesbezüglich zu tun?«

Mit gedämpfter Stimme beriet ich mich mit Goettig, und wir beschlossen, zunächst fünfzig Yuan anzubieten. Goettig holte den Geldschein aus der Börse – er entsprach etwa sechs Dollar. Er reichte ihn dem Ladenbesitzer, der ihn wortlos entgegennahm. Auf dem Weg zum Wagen rechnete ich damit, dass jemand mir seine Hand auf die Schulter legen würde. Ich startete den City Special, ließ die Räder durchdrehen und rauschte mit dröhnendem Motor zurück auf die Fernstraße 110. Ich zitterte noch, als wir die Stadt Zhangjiakou erreichten. Wir hielten vor einem Truckstop, um etwas zu essen; ich schlürfte

Tee, um meine Nerven zu beruhigen. Als die Kellnerin erfuhr, dass wir Amerikaner sind, wurde sie ganz aufgeregt.

»Unsere Chefin war in Amerika«, rief sie. »Ich hole sie!«

Die Chefin war eine Fünfzigerin mit pechschwarz gefärbten Haaren. Sie kam an unseren Tisch und präsentierte schwungvoll eine Visitenkarte, die auf der einen Seite in Chinesisch, auf der anderen in Englisch war:

United Sources of America, Inc.

Jin Fang Liu
Deputy Director of Operations
China

In Goldprägung zeigte sie eine Kopie des Siegels des Präsidenten der Vereinigten Staaten. Es sah dem Original recht ähnlich, ausgenommen der Adler: Die Zhangjiakou-Rasse hatte plumpe Schwingen, einen dicken Hals und runde Beine wie Trommelstöcke. Ich hatte Zweifel an der Flugfähigkeit dieses Vogels, selbst wenn er den Schild und die Pfeile fallen gelassen hätte. Am Rand der Karte stand in kleinen Lettern:

President Gerald R. Ford
Honorary Chairman

»Was ist dies für eine Firma?«, fragte ich.

»Wir sind im Restaurantgeschäft hier in Zhangjiakou«, erklärte Frau Jin. Ihre Tochter betreibe ein weiteres Restaurant in Roanoke, Virginia. Ich deutete auf den Namen am Rand der Karte. »Wissen Sie, wer das ist?«

»Fu Te«, sagte Frau Jin stolz. »Er war Präsident der Vereinigten Staaten!«

»Was hat er mit Ihrem Unternehmen zu tun?«

»Es ist bloß eine Ehrenstellung«, antwortete Frau Jin, und

die Geste ihrer Hand bedeutete so viel wie: Sie brauchen Herrn Fu Te nichts von unserem kleinen Truckstop in Zhangjiakou zu sagen! Sie gewährte uns einen Preisnachlass und lud uns ein, jederzeit wiederzukommen. Einige Stunden später, kurz vor der Grenze zur Inneren Mongolei, fuhr ich rechts ran und blieb dabei im Schnee stecken. Es dauerte eine Weile, bis wir einen Bauern gefunden hatten, der uns mit seinem Traktor herausziehen konnte, und inzwischen schien es mir zweifelhaft, ob ich es jemals wieder zurück zur Großen Mauer schaffen würde. Es schneite heftiger, und die Dinge wurden seltsamer. Am Abend bezogen wir in der Kleinstadt Jining ein Hotel namens »Ulanqab«, in dessen Lobby sich eine Kegelbahn befand. Wir meldeten uns bei der Rezeption an, umgeben vom Getöse der Kugeln und Kegel.

Am nächsten Morgen brachen wir früh auf, entschlossen, es bis Hohhot zu schaffen. An der Einfahrt zur Fernstraße 110 hatte die örtliche Verwaltung eine Tafel mit austauschbaren Zahlen errichtet, ähnlich der Anzeigetafel im Bostoner Baseballstadion Fenway Park:

Bis zu diesem Monat
gab es auf diesem Straßenabschnitt
65 Unfälle und 31 Todesfälle

Es schneite nicht mehr, aber es war ungeheuer kalt. Von Jining bis Hohhot gab es nichts als leere Steppe mit niedrigen schneebedeckten Anhöhen, die sich unter dem heulenden Nordwind duckten. Wir kamen an Lastwagen der Marke »Befreiung« vorbei, die auf der Straße liegengeblieben waren; ihre Kraftstoffleitungen waren zugefroren, wahrscheinlich weil sie Wasser im Tank hatten. Nach 25 Kilometern erreichten wir eine Anhöhe und erblickten eine Kette von Hunderten von Fahrzeugen, die sich bis an den Horizont erstreckte – Jeeps, Jettas, Santanas, Lastwagen. Keiner rührte sich, und alle hupten, ein Hornkonzert, in den Wind hinausgeschmettert. Ich hätte niemals gedacht, dass es in einer so menschenleeren Gegend zu einem Verkehrsstau kommen kann.

Wir parkten den City Special und gingen zu Fuß bis zu der Stelle, wo es zum Stillstand gekommen war. Einige Fahrer erklärten uns, was passiert war. Das Ganze war ausgegangen von einigen Lastern, deren Kraftstoffleitungen zugefroren waren. Die Laster blieben stehen, und dann begannen andere, sie auf der zweispurigen Straße zu überholen. Dabei trafen sie gelegentlich auf einen entgegenkommenden Wagen, dessen Fahrer nicht bereit war, ihnen Platz zu machen. So standen sie einander gegenüber und hupten wütend, während weitere Fahrzeuge sich hinter ihnen stauten, bis es schließlich nicht mehr möglich war, sich in irgendeine Richtung zu bewegen. Potenzielle Ausweichrouten auf dem Seitenstreifen waren rasch verstopft von Fahrern, die sich an den anderen vorbeischleichen wollten. Einige Fahrer mit Jeep Cherokees hatten sich ihren Hinterradantrieb zunutze gemacht und sich ins Gelände gewagt, aber die meisten blieben nach fünfzig Metern stecken. Männer in Slippern glitten im Schnee aus bei dem Versuch, ihren City Special mit bloßen Händen freizuschaufeln. Der Wind war so kalt, dass es nur schon beim Herumstehen wehtat. Lastwagenfahrer waren derweil unter ihre Sattelschlepper gekrochen und hatten Warnfackeln angezündet, die sie gegen die zugefrorenen Leitungen hielten. Das Bild entbehrte nicht einer gewissen Schönheit: die kahle schneebedeckte Steppe, die endlose Reihe schwarzer Santanas, die orangefarbenen Feuer, die unter den blauen Lastern der Marke »Befreiung« tanzten.

»Du solltest hingehen und ein Foto von diesen Truckern machen«, sagte Goettig.

»Du solltest ein Foto machen«, entgegnete ich. »Ich denke nicht daran, mich in die Nähe dieser Kerle zu begeben.«

Endlich hatten wir hier auf der nicht gekennzeichneten mongolischen Ebene jene schemenhafte Grenze überquert, die das Seltsame vom Dämlichen trennt. Da von Polizei oder Verkehrskontrolle nichts zu sehen war, schauten Goettig und ich uns die Fackeln eine Weile an und machten dann kehrt. Diesmal kamen uns die Sinomaps zu Hilfe – beim Durchblättern des Atlas fand ich eine Nebenstraße zurück nach Hohhot. Kaum waren wir da, feierte der City Special den glücklichen Moment mit einer Panne. Er sprang nicht mehr an, und schließlich rief ich Herrn Wang bei Hauptstadt-Autos an. »Kein Problem!«, meinte er. »Wir kommen und holen Sie ab.«

»Hm, ich glaube, das geht nicht«, sagte ich.

»Wo sind Sie?«, fragte er.

»In Hohhot.«

»Wo?«

»In Hohhot, der Hauptstadt der Inneren Mongolei.«

»Wow!«, rief er aus, und ich konnte seiner Stimme entnehmen, dass er lächelte. »Die ganze Strecke bis Hohhot! Nicht schlecht!«

Wie immer hatte Herr Wang sofort eine Lösung parat. Er riet mir, einen Mechaniker zu suchen, alles Nötige zu veranlassen und die Quittung aufzubewahren. Goettig wollte in Hohhot noch einen Zug erreichen, aber es blieb ihm genügend Zeit, um mir zu helfen. Wir schoben zusammen den City Special an und fuhren mit ihm zu einer Werkstatt, wo der Anlasser für etwas mehr als hundert Dollar ausgetauscht wurde. Während der Mechaniker sich an der Maschine zu schaffen machte, rauchte er ununterbrochen State-555-Zigaretten, aber das kam uns nach der Fernstraße 110 so harmlos vor wie eine Wunderkerze am Nationalfeiertag.

* * *

Als der City Special wieder fahrtüchtig war und das Wetter sich besserte, fand ich endlich die Mauern wieder. Es gab hier eine Menge Mauern, und von allen Orten, die ich bisher besucht hatte, war es die Innere Mongolei, die den singulären Charakter des Ausdrucks Große Mauer am stärksten Lügen strafte. Auf meiner ersten Reise war ich der Ming-Mauer entlang der südlichen Grenze gefolgt, und jetzt fuhr ich gut 300 Kilometer nach Norden zu einer anderen Schutzwehr. Sie war über 800 Jahre alt, ging zurück auf die von den Dschurdschen gegründete Jin-Dynastie, und das Ding war so verwittert, dass es fast eins geworden war mit der Steppe: eine lange grasbewachsene Unebenheit, neun Meter breit und einen Meter hoch, die sich pfeilgerade bis zum Horizont erstreckte. Ohne einen Einheimischen, der auf dem Beifahrersitz saß und mir den Weg durch ein Stück Grasland wies, hätte ich sie nicht gefunden. Erst als er mich anhalten ließ und wir ausgestiegen waren, merkte ich, dass ich direkt auf dem Überrest der alten Mauer geparkt hatte. »Das ist kein Problem«, sagte der Mann. »Sie wollen nur nicht, dass man längere Strecken auf ihr fährt.« Nochmals 150 Kilometer weiter westlich machte ich außerhalb der Stadt Baotou vor einer Schutzwehr halt, die auf die Zeit der Streitenden Reiche zurückging, die im Jahr 221 v. Chr. zu Ende gegangen war. Es war die älteste Mauer, die ich je gesehen habe, und nach über 22 Jahrhunderten war das Bauwerk immer noch beeindruckend, mannshoch und über Kilometer hinweg erkennbar.

In dieser öden Landschaft wirkten die Schutzwehren donquichottesk, Markierungen untergegangener Reiche, die sich in die Steppen hinein aufgelöst hatten. Selbst moderne Bauten machten hier einen provisorischen Eindruck, besonders im Norden, wo die Hütten der Schafhirten ihre Rückseite dem Nordwesten zukehrten, wegen des unablässig wehenden Windes. Es waren niedrige Bauten, die sich hinter gewölbten Lehmwänden duckten, deren Form den aus der Wüste Gobi heranwehenden Sand abweisen sollte. Außer Hirten leben in dieser Region kaum Menschen, und es gibt fast keine Läden. An einem Nachmittag fuhr ich 150 Kilometer, und der einzige Hinweis auf irgendeinen Handelsverkehr war eine bucklige Hütte, vor der ein einsames Schild hing, das ein innermongolisches Sonderangebot verhieß: »Autoreparatur/Medizinische Klinik«.

Die größte Stadt der Inneren Mongolei ist Baotou, und mitten in der leeren Steppe plötzlich auf einen so großen Ort zu stoßen hat etwas Surreales. Die Einwohnerzahl von mehr als einer Million wächst rasch, hauptsächlich deshalb, weil durch die Entwickelt-den-Westen-Kampagne der Zentralregierung frisches Geld ins Land strömt. Die Partei ist bemüht, ein Gegengewicht zu der wirtschaftlich wachsenden Küstenregion zu schaffen, aber die meisten Investitionen hier waren ein Fehlschlag, weil diese Regionen einfach nicht die erforderlichen Ressourcen und die Nähe zum Außenhandel haben. Dennoch fließt Geld in bestimmte Städte, und als ich durch Baotou fuhr, befand sich der Ort inmitten eines künstlichen Booms. Überall neue Straßen im Bau und Umleitungen, und alles war von Autos verstopft; ein solches Gehupe hatte ich noch nirgendwo erlebt. In der Hoffnung, mit dem gewachsenen Verkehr auf dieselbe Weise fertig zu werden wie Vogelscheuchen mit Vögeln, hatte die Verwaltung in der ganzen Stadt Glasfaserstatuen von Polizisten aufgestellt, und zwar an großen Kreuzungen und Verkehrskreiseln, wo sie in Habachtstellung auf Sockeln standen – Beamtenfiguren in voller Uniform, einschließlich Krawatte, Schirmmütze und weißer Handschuhe; selbst Erkennungsmarken mit Nummer hatte man nicht vergessen. In Baotou sah ich keinen einzigen echten Polizisten.

Von dort aus fuhr ich in Richtung Süden, überquerte den Gelben Fluss und drang abermals in die Ordoswüste ein. Das Land wurde flach und öd, mit der ausgewaschenen Farbe eines wasserlosen Bachbetts, und in regelmäßigen Abständen tauchte eine Polizistenstatue am Straßenrand auf. Diese Figuren hatten etwas Gespenstisches: Sie waren vom Wind umtost und mit Staub bedeckt, und die sie umgebende Wüste unterstrich ihre Sinnlosigkeit. Doch sie wahrten ihre stramme Haltung, die Arme in Habachtstellung, mit der Erhabenheit einer Osymandias-Statue* – Terrakottacops. Nach einstündiger Fahrt stieß ich auf die Folgen des spektakulärsten Mauthäuschen-Unfalls, der mir in China jemals unter die Augen kam. Ein Lkw-Fahrer hatte sich offenbar mit hoher Geschwindigkeit genähert, und auch der Winkel muss perfekt gewesen sein, so dass sein Fahrzeug sich seitlich in dem Mauthäuschen verkeilte. Das Ganze erinnerte mich an die chinesischen Jade-Schnitzereien, in denen ein Drache sich in einem Ei zusammenrollt, so dass man sich fragt: Wie haben sie das bloß hingekriegt?

Nachdem ich bis dahin überwiegend kleineren Straßen gefolgt war, wählte ich nun die Fernstraße 210, die zum Mausoleum von Dschingis Khan führt. Es gehört zu den Rätseln einer Reise durch die Innere Mongolei, dass praktisch keine Hinweise auf das größte Reich zu finden sind, das jemals über die Steppen herrschte. Mauern gibt es überall, aber sie wurden zur Abwehr der Nomaden erbaut – die Mongolen selbst haben so gut wie nichts hinterlassen. Große Baumeister waren sie nie, und ihre Anfänge waren mehr als bescheiden. Als Dschingis Khan Mitte des 12. Jahrhunderts geboren wurde, war die mongolische Gesellschaft analphabetisch, nomadisch und in ihrer Struktur streng auf Sippen- und Stammeszugehörigkeiten gegründet. Der große Führer gelangte durch die Überwindung dieser Schwächen an die Macht; er einte die Stämme, und er schuf Systeme. Sein Heer war in Zehnertrupps gegliedert, und die Offiziere erteilten Befehle in gebundenen Reimen und Liedern, die sich die ungebildeten Soldaten leicht merken konnten. Die Mongolen hatten keine Armee, keine Kolonnen, keine Verteidigungsanlagen. Es gab keine Nachschubkolonne. Sie kämpften ausnahmslos zu Pferde; im Durchschnitt besaß jeder Soldat fünf Pferde. Wenn sie vorrückten, breiteten sie

* Shelley beschrieb in einem Gedicht die zerfallenen Reste eines Denkmals in der Wüste, das einst den ägyptischen König Osymandias darstellte. – A.d.Ü.

sich über die Steppe aus, damit die Tiere weiden konnten, und unterwegs melkten sie ihre Stuten. Sie rückten zumeist schnell vor – innerhalb von 25 Jahren eroberten die Mongolen mehr Länder und Völker als die Römer in vier Jahrhunderten.

In *Genghis Khan and the Making of the Modern World* beschreibt der Historiker Jack Weatherford die Strategien der Mongolen und ihre Wirkung auf andere Kulturen. Er findet einige überraschende Eigenschaften – trotz ihres furchterregenden Rufes waren sie beim Anblick von Blut ziemlich zimperlich. Sie verschmähten den Kampf Mann gegen Mann; ihre bevorzugten Waffen waren Pfeil und Bogen. Im Kampf hielten sie lieber Distanz zum Feind, und sie entwickelten eine solche Geschicklichkeit im Belagerungskrieg, dass Stadtmauern für sie kein Hindernis mehr waren. Eine andere starke Seite der Mongolen war die Diplomatie. Dschingis Khan verbot Folter und Plünderung, weil sie seiner Meinung nach kontraproduktiv waren, und er schuf das Konzept der diplomatischen Immunität. Den eroberten Ländern gewährte er Religionsfreiheit. Sein Genie beruhte vor allem auf der Rekrutierung: Er war bereit, jeden zu nehmen, der etwas konnte. Strategien des Belagerungskrieges übernahm er von den Chinesen; Kenntnisse der Astronomie kamen von den Persern; ein neues mongolisches Alphabet wurde in Anlehnung an die Schrift der Uiguren geschaffen. Deutsche Bergleute kamen, um in China zu arbeiten; chinesische Ärzte gingen nach Persien. Zum Hof von Dschingis Khan gehörten Buddhisten, Taoisten, Muslime und nestorianische Christen. Als er im Jahr 1227 starb, war sein Reich doppelt so groß wie das irgendeines anderen geschichtlichen Herrschers. Sein Enkel Kublai Khan rief im Jahr 1279 die Yuan-Dynastie aus und vollendete wenige Jahre später die mongolische Eroberung Chinas. Die Yuan waren die erste nicht von Han-Chinesen gebildete Dynastie, die über ganz China herrschte, ein Territorium, das von Nordvietnam bis Sibirien reichte.

Allerdings war sie von sehr kurzer Dauer. Der Aufstieg der Mongolen hatte vornehmlich auf der Vision des Dschingis Khan beruht, und einen derart genialen Führer brachten sie nicht mehr hervor. Innerhalb eines Jahrhunderts wurden die Yuan von den chinesischen Gründern der Ming-Dynastie gestürzt, die die Mongolen in den Norden zurückdrängten. Als sie fort waren, blieb kaum etwas von ihnen zurück. Im Unterschied zu anderen Reichen verbreiteten die Mongolen keine vorherrschende Religion, keine Schrift und kein politisches System. Sie schufen keine technischen Neuerungen, und eine ihrer wenigen Spezialitäten im Bauwesen stellten Brücken dar, weil sie immer in Bewegung waren. Die Bereitschaft, sich zu verändern, war ihre dauerhafteste Hinterlassenschaft – neue Formen des Handels und des kulturellen Austauschs überdauerten das kurze Reich.

Die Mongolen schrieben wenig, und so wissen wir kaum etwas darüber, wie sie sich selbst sahen. Die meisten zeitgenössischen Darstellungen stammen von denen, die sie besiegten – ein seltener Fall, in dem die Geschichte vornehmlich von den Unterworfenen geschrieben wurde. Nach dem Zusammenbruch des mongolischen Reiches wurden dessen Nachfahren hartnäckig von den Ming verfolgt, die sich mit wiederkehrenden Attacken nomadischer Angreifer auseinandersetzen mussten. Wir haben Schilderungen dieser Zusammenstöße von einigen chinesischen Offizieren, unter ihnen ein Mann namens Yin Geng, der in einer mit Grenzfragen befassten Abteilung des Verteidigungsministeriums diente. Der amerikanische Historiker David Spindler hat die Worte von Yin Geng übersetzt, die so anschaulich und detailliert wirken, als stünde er noch auf der Großen Mauer. Wie die meisten Chinesen in der Mitte des 16. Jahrhunderts bezeichnet Yin Geng die Bewohner des Nordens schlicht als »Barbaren«. »Die barbarischen Frauen sind von draller Gestalt«, schreibt er. »Weil sie Fleisch und Käse essen und Felle tragen, ist ihr Fleisch zart und weiß. Sie treiben gern

Unzucht, und es ist ihnen gleich, ob bei Tag oder bei Nacht und ob jemand zuschaut.« Ähnliche Neigungen, so Yin Geng, haben die mongolischen Männer. (»Die jungen Barbaren entführen gern Frauen, schaffen sie zu Pferde fort und kopulieren mit ihnen.«) Die Mongolen riechen ihm zufolge *shan* – »wie Hammel« –, und sie besitzen andere animalische Eigenschaften. (»Jede Barbarenfamilie braut Alkohol, und sie alle trinken gern; die Barbaren saufen wie Vieh und holen nicht einmal zwischendurch Luft.«) Damit der Leser nicht den Eindruck bekommt, die Mongolen seien nur an Sex und Alkohol interessiert, schildert Yin Geng andere Formen des Zeitvertreibs. (»Die Barbaren lieben es, zum Spaß Kleinkinder aufzuspießen.«)

Als Yin Geng all dies schrieb, waren die Mongolen nicht mehr wie unter Dschingis Khan geeint, aber hervorragende Angreifer waren sie noch immer. Sie bewegten sich zu Pferde, gewöhnlich in kleinen Gruppen, und sie kamen gern bei Nacht. Sie folgten den Kammlinien, weil sie Hinterhalte fürchteten. Sie verständigten sich durch Rauchzeichen. Sie entwickelten eine nomadische Version des Mikrokredits: So konnte ein armer Mongole sich bei einem reicheren ein Pferd borgen, sich an einem Raubzug beteiligen und dem Besitzer einen Teil der Beute überlassen. Zumeist hielten die Mongolen sich nicht lange auf chinesischem Territorium auf. Sie durchdrangen die Verteidigungslinien, rafften Beute zusammen und zogen sich so schnell wie möglich wieder zurück. (Die Große Mauer hat in der Nähe Pekings und anderen Regionen Zinnen und Schießscharten für Bogenschützen auf beiden Seiten, weil die Soldaten bisweilen Mongolen angriffen, die nach einem erfolgreichen Beutezug nach Norden zurückeilten.) In China raubten die Mongolen bevorzugt Vieh, Hausrat und sogar Menschen. Sie nahmen die chinesischen Männer und Frauen mit in die Steppe und zwangen sie, Familien zu bilden. Die Männer und zuweilen auch die Frauen machten sie zu Spionen – eine Chinesin oder einen Chinesen konnte man in den Süden schicken, wo sie oder er militärische Informationen beschaffen sollten, während die jeweiligen Angehörigen als Geiseln in der Mongolei zurückbehalten wurden.

Manche der Gefangenen passten sich so gut an das Leben im Norden an, dass sie offenbar gern dort blieben. Man begegnet hier einem Pragmatismus, der auch heute noch zu erkennen ist – Chinesen, die ihre Heimat verlassen haben, lernen, das Beste aus ihrer neuen Umgebung zu machen, ob sie nun in den Reformjahren in den Süden gegangen sind oder während der Ming-Dynastie in den Norden. Einer der von David Spindler übersetzten Texte aus dem frühen 16. Jahrhundert schildert eine Begegnung zwischen einer Schar Nomaden und einigen Soldaten, die die Große Mauer bewachten. Die Nomaden werden von einem Chinesen begleitet, der aus einer Stadt in der Provinz Ningxia stammt und keinen Hehl aus dem Wunsch seiner Gruppe macht, Informationen zu sammeln:

Eines Morgens näherte sich ein Trupp von fünf Mongolen einem Meldeturm und sprach die dort Wache haltenden Soldaten an: »Ich wurde vom Führer der Mongolen hierhergeschickt, um den Grund all der Bewegungen von Ochsen und Karren auf eurer Seite der Mauer herauszufinden.« Darauf der Soldat: »Der Generalgouverneur lässt von Tausenden von Männern Getreide herbeischaffen, um für einen Angriff auf euch Mongolen in der Biegung des Gelben Flusses gerüstet zu sein.« Der Mongole: »Von uns sind viele in dieser Gegend – ihr solltet uns besser nicht angreifen. Ich bin eigentlich [ein Chinese] aus Weizhou, und ich bin gekommen, um mit dir einen Bogen zu tauschen, als Zeichen meiner Aufrichtigkeit.« Der Soldat erwiderte: »Wenn du aus Weizhou bist, warum ergibst du dich nicht einfach und kommst heim?« Darauf der andere: »In Weizhou ist es schlecht, und hier draußen auf den Grasländern ist es gut. Warum sollte ich zurückkommen?« Er reichte dem Soldaten seinen Bogen, der Soldat gab ihm aber keinen. Da raste der »Mongole« auf seinem Pferd davon.

Offiziere wie Yin Geng schilderten, woran man diese verräterischen Chinesen erkannte. Sie hatten meist kurze Haare wie die Mongolen, und oft hatten sie sichtbare Narben. Sie rochen *shan*, wie Hammel. Nach dem Herrschaftsjahr des Kaisers befragt, kannten sie manchmal nicht die richtige Antwort, weil sie das Zeitgefühl verloren hatten. Oft bezeichneten sie China als *Nan chao*, die »Südliche Dynastie«. Bei einem Gefecht nahmen chinesische Soldaten einen Mann namens Puning gefangen, einen von den Mongolen entführten Chinesen. Ein Offizier beschrieb ihn so: »Puning hatte so lange unter den Barbaren gelebt und Fleisch und Käse gegessen, dass er eine gedrungene Gestalt angenommen hatten und das Gesicht eines Löwen besaß.« Der Offizier fuhr fort: »Er war dick, seine Haare waren kurz, und er watschelte wie eine Ente.« Im alten China war Rasse im Wesentlichen kulturbestimmt, und wer lange unter den Barbaren lebte, konnte sein »Chinesentum« verlieren.

Bei den Mongolen beruhte die politische Legitimität letztlich auf der Abstammung. Die Führung konnten nur die direkten Erben von Dschingis Khan ausüben, und wer nicht zu dieser Linie gehörte, hatte es schwer, sein Ansehen zu verbessern. Außenseiter bemühten sich häufig, Güter und Titel von den Chinesen zu erlangen, und David Spindler hat einige Fälle untersucht, in denen diese Strategie zu einem Angriff über die Große Mauer hinweg führte. Altan Khan zum Beispiel entwickelte sich in den Jahren nach 1540 zu einem tüchtigen Führer der Mongolen, der schließlich die Stadt Hohhot gründete. Er sah sich jedoch durch seine Abstammung eingeschränkt – er war der zweite Sohn eines dritten Sohns. In der Hoffnung, Reichtum und Ansehen bei der mongolischen Führungsgruppe zu gewinnen, wandte er sich im Jahr 1550 nach Süden und führte Zehntausende von Mongolen in einen

Überraschungsangriff nordöstlich von Peking. Die Ming-Befestigungen bestanden damals überwiegend aus grob aufgeschichteten Steinmauern, die die Mongolen leicht überwanden. Zwei Wochen lang plünderten sie, und sie töteten Tausende von Chinesen oder nahmen sie gefangen. Von da an benutzten die Ming in großem Maßstab Mörtel, um die Befestigungen rings um die Hauptstadt zu verbessern.

Der älteste Sohn von Altan Khan, genannt der Kaiserliche Prinz, verlegte sich auf eine andere Strategie, um die Mängel seiner Abstammung zu beheben. Er heiratete Dutzende von Frauen aus bedeutenden mongolischen Familien in der Hoffnung, feste Bündnisse zu schmieden. Aber er geriet in finanzielle Schwierigkeiten, die er auf die denkbar einfachste Weise löste: Er schickte die Frauen zurück. Ohne Geld und begleitet von ihren Angehörigen, suchten die Exfrauen chinesische Mauergarnisonen auf und forderten Geschenke von den Chinesen. Nachdem einer dieser Appelle zurückgewiesen worden war, bildeten einige Mongolen im Jahr 1576 einen Stoßtrupp und drangen in einem entlegenen Teil des Verteidigungssystems durch eine Lücke nach China ein. Die Ming hatten in der zerklüfteten Region eine stärkere Mauer nicht für notwendig gehalten, die Mongolen kamen durch und töteten 29 Chinesen. Darauf reagierten die Ming mit einem weiteren umfangreichen Mauerbauprogramm, und diesmal benutzten sie Ziegelsteine, mit denen man selbst im steilsten Gelände Anlagen errichten konnte.

Heute klammern sich die Ziegelmauern außerhalb von Peking noch immer an die nackten Felsen, und Touristen fragen sich oft: War es wirklich nötig, in einer Gegend wie dieser Verteidigungsanlagen zu bauen? Die Mongolen waren jedoch tatsächlich in der Lage, auch in einer solchen Gegend anzugreifen, und mitunter spielte die Stellung eines Führers im Familienstammbaum von Dschingis Khan eine ausschlaggebende Rolle. Ein niedriger genealogischer Status konnte eine Kette von Ereignissen in Gang setzen, die nach Süden ausgriffen und in Gewalt gegen die Ming mündeten. David Spindler spricht im Zusammenhang mit dem Vorfall von 1576 vom »Einfall der betrogenen mongolischen Frauen« – ein gescheiterter Harem, der schließlich den Anstoß zu der atemberaubenden Großen Mauer von Peking gab.

* * *

Der Parkplatz am Mausoleum von Dschingis Khan war voll von schwarzen Santanas mit getönten Scheiben. Bei einem solchen Anblick wurde mir immer bange ums Herz – es war, als sähe ich einen Schwarm Krähen, die sich in einem stillen Wald niederlassen. Im ländlichen China sind schwarze Santanas stets Dienstwagen von Funktionären, und wenn sie massenhaft bei einem Touristenziel aufkreuzen, heißt das gewöhnlich, dass ein Vergnügungsausflug in vollem Gange ist. Ich traf am frühen Nachmittag bei dem Mausoleum ein, aber etliche der Funktionäre waren von ihrem Mittagsbankett betrunken. Sie stolperten aus den Santanas und torkelten brüllend und lachend auf dem Parkplatz umher. Ich ging hinter drei Chinesen her, die die Stufen zum Eingang emporwankten und mit dem Wärter zu streiten begannen. Er war Mongole und verlangte von ihnen den normalen Eintrittspreis von 35 Yuan pro Person. Das waren weniger als fünf Dollar.

»Was hältste davon«, lallte einer der Funktionäre. »Du kriegst von mir einen Hunderter für drei.«

»Drei Tickets kosten einhundertfünf«, sagte der Mongole.

»Sonderpreis«, sagte der Funktionär. »Gib mir 'n Sonderpreis. Einhundert.«

»Das dürfen wir nicht. Es kostet fünfunddreißig pro Person. Einhundertfünf.«

»Was hältste davon«, sagte der Funktionär. »Ich geb dir einhundert.«

»Einhundertfünf.«

»Einhundert.«

Beide Männer sprachen sehr langsam, und sie setzten diese hirnlose Konversation über mehrere Minuten fort. Der Eintrittspreis zu staatlich betriebenen Touristenorten ist in China nicht verhandelbar, und ich begriff nicht, warum der Wärter so geduldig blieb, bis ich merkte, dass er ebenfalls betrunken war. Er fiel gegen seinen Tisch, das Kartenhäuschen stank nach Hirseschnaps. Hinter dem Tor gab es drei Gebäude in Gestalt einer wuchtigen Jurte, des traditionellen mongolischen Zelts, deren Dächer mit Ziegeln in gebranntem Orange und Tiefblau verziert waren. Überall sah ich betrunkene Funktionäre: Sie torkelten die Flure entlang, sie stolperten Treppen hinunter, sie saßen, den Kopf in die Hände gestützt, mit roten Gesichtern im Schatten. Sie standen schwankend vor Ausstellungsstücken und versuchten, Beschriftungen zur Geschichte von Dschingis Khan und der Yuan-Dynastie zu lesen.

Die Beschriftungen gaben auf Chinesisch, Mongolisch und Englisch Auskunft. Wie in vielen chinesischen Museen gab es subtile Bedeutungsabweichungen zwischen den Sprachen. Auf einem Schild hieß es auf Englisch:

Dschingis Khan wird von der Welt als großer Stratege und Staatsmann betrachtet.

Die chinesische Version lautete:

In der Geschichte des chinesischen Volkes war Dschingis Khan ein großer Stratege und Staatsmann.

In China redet man über Dschingis Khan oft so, als sei er Chinese, zumindest im kulturellen Sinne, weil er eine Dynastie gründete, die über China herrschte. Und aus chinesischer Sicht war die Mongolei ein natürlicher Bestandteil des Reiches; sie wurde von der Qing-Dynastie bis zu deren Sturz im Jahr 1912 regiert. Im 20. Jahrhundert wurde die eigentliche Mongolei zu einem sowjetischen Satelliten und dann zu einem unabhängigen Staat, aber die Innere Mongolei blieb unter chinesischer Herrschaft. Mao Zedong förderte die Ansiedlung von Han-Chinesen in der Region, und heute setzt sich die Bevölkerung zu über 80 Prozent aus Chinesen zusammen.

Ebenso geschickt haben die Chinesen sich der Geschichte bemächtigt. Im Mausoleum von Dschingis Khan gibt es keine Leiche; die wahre Grabstätte des großen Führers ist unbekannt, soll sich aber nach Annahme von Historikern in der unabhängigen Mongolei befinden. Die Chinesen errichteten das Mausoleum Mitte der fünfziger Jahre als Zeichen ihrer Macht in der Inneren Mongolei. Die Ausstellungsstücke gaben der mongolischen Geschichte einen chinesischen Dreh:

Kublai Khan, einer der Enkel von Dschingis Khan, gründete die Yuan-Dynastie, die ein geeinter multinationaler Staat mit ausgedehntem Territorium war. Er setzte die Traditionen der zentralen Ebenen Chinas fort. Er förderte die Entwicklung von Landwirtschaft, Handwerk und Textilindustrien durch Verbesserung der Produktionsmittel sowie von Wissenschaft und Technik. Handel und Schifffahrt waren hoch entwickelt, was die kulturelle Kommunikation mit westlichen Ländern förderte.

Im zentralen Raum des Mausoleums sieht man eine Reihe von Särgen, angeblich mit den Überresten von Dschingis Khan und seinen engsten Verwandten. Außerhalb des Raums sprach mich eine mongolische Fremdenführerin an und fragte mich auf Chinesisch, woher ich sei. Auf meine Antwort erwiderte sie mit wehmütigem Lächeln: »Das Große Amerika. Es ist, wie Dschingis Khan einmal war.«

Ich wusste nicht recht, was ich dazu sagen sollte. Unter

den Scharen von Funktionären wirkte sie so deplatziert wie viele meiner Anhalterinnen – rotgefärbte Haare, silberne Ohrringe, enge Jeans. Sie war 24 Jahre alt, mit den hohen Wangenknochen und den langen schmalen Augen des Steppenvolkes. Ich dachte noch über das Große Amerika nach, als sie erneut das Wort ergriff.

»Dies ist in Wirklichkeit nicht das Grab von Dschingis Khan«, erklärte sie. »Ich arbeite hier, aber Sie sollten wissen, dass dies hier Schwindel ist. Diese Särge sind leer, und keiner weiß, wo sein wirkliches Grab ist. Der Tradition entsprechend gab es jedenfalls bestimmte zeremonielle Gegenstände, die seine Seele enthielten.«

Sie erwähnte die Namen der Gegenstände, aber die Wörter waren mir nicht bekannt, und so bat ich sie, sie in meinem Notizbuch aufzuschreiben. Einen Moment lang starrte sie hilflos auf Stift und Papier. »Tut mir leid«, sagte sie schließlich. »Zum Schreiben bin ich zu betrunken.«

Sie gewährte mir eine improvisierte Führung durch die Ausstellung und wies dabei auf Fehler und Übertreibungen hin. Sie erklärte, Dschingis Khan sei auf dem Gebiet der heute unabhängigen Mongolei geboren – dieses Detail war ihr wichtig. Die Innere Mongolei war nach ihrer Meinung durch die chinesische Landwirtschaft in der Region zu einer ökologischen Katastrophe geworden. »Deshalb haben Sie in Peking jedes Frühjahr Staubstürme«, sagte sie. »Aber wir sind sowieso eine gefallene Rasse. Einst waren wir groß, aber heute sind wir nichts. Wir haben kein vereinigtes Land, sondern zum einen die Mongolei, dann die Innere Mongolei und schließlich die Burjäten in Russland. Und doch waren wir einmal die größte Rasse der Welt. Wir sind anders als die Chinesen; das sind zwei ganz verschiedene Rassen. Mongolen lieben die Freiheit, aber das ist den Chinesen egal. Ist Ihnen aufgefallen, dass die Mongolen viel trinken?«

Ich sagte, ja, das sei mir aufgefallen.

»Das hat psychologische Gründe«, erklärte sie. »Es ist schlecht für die Seele, so tief zu fallen. Und weil die Mongolen daran nichts ändern können, trinken wir.«

Wir traten hinaus in den gleißenden Sonnenschein. Jenseits der Mauern, die das Mausoleum umgeben, sah ich flaches dürres Buschland, und der Wind spielte mit den Haaren um ihr Gesicht. »Natürlich haben die Mongolen einst viele Menschen getötet«, fuhr sie fort. »Aber sie hatten auch große Fortschritte in Kultur und Religion. Es ist wie bei Hitler – die Leute könnten sagen, er war schlecht, aber zumindest war er fähig, ein Land zu führen. Das können Sie nicht bestreiten.«

»War Hitler Ihrer Meinung nach gut oder schlecht?«, fragte ich.

»Darauf kommt es nicht an«, antwortete sie. »Das zu entscheiden ist mir nicht wichtig. Wichtig ist, dass sein Name in die Geschichte eingegangen ist. Egal, ob Sie ihn einen Faschisten nennen oder wie auch immer, er hat es geschafft, seinen Namen zu hinterlassen. Das trifft auch auf Dschingis Khan zu. Die ganze Welt kannte ihn und kennt ihn noch immer. Osama bin Laden ist auch so einer. Als er Amerika angriff, hat es mich für ihn und die Afghanen gefreut. Nichts gegen Amerika, aber die Taliban waren eine kleine Volksrasse, und sie wollten beachtet werden. Heute kennt jeder Osama bin Laden. Sein Name ist in die Geschichte eingegangen, und das respektiere ich.«

Sie schwankte unsicher im Wind und fragte, ob wir uns hinsetzen könnten. Wir fanden eine Bank neben dem Museumseingang, und sie setzte sich und schloss die Augen vor dem Sonnenschein. »Ich spreche gern mit Ausländern«, sagte sie. »Manchmal ist es leichter, mit jemandem zu sprechen, den ich nicht kenne. Und heute ist es leichter, weil ich getrunken habe. Normalerweise bin ich nicht so betrunken, und normalerweise rede ich nicht so frei. Aber es gibt vieles in China, was mir nicht gefällt. Sie gehen in dieses Museum und hören, Dschingis Khan sei ein chinesischer Held gewesen. Aber das ist Unsinn.

Er hat gegen die Chinesen gekämpft. Dieses ganze Museum ist Quatsch.«

Immer wieder kamen andere Museumsmitarbeiter und Gruppen betrunkener Funktionäre vorbei, und alle grinsten, als sie uns beide zusammen sahen. Das schien der Frau nichts auszumachen. »Als ich als Fremdenführerin anfing, beschwerten sich die Leute«, meinte sie. »Weil ich über die Mongolen sprach – den Mongolenführer, die mongolischen Siege, das mongolische Reich. Ich hätte stattdessen sagen sollen, dass alles chinesisch gewesen sei. Ich wurde von den Vorgesetzten getadelt, und jetzt muss ich sagen, dass es chinesisch ist, aber daran glaube ich nicht. Trotzdem erzähle ich die Geschichten nicht so wie andere Fremdenführer. Die Leute sagen mir, es sei anders. Wie, weiß ich nicht genau, aber irgendwie ist es anders.«

»Vielleicht ist es anders, weil Sie sagen, das Museum sei Quatsch«, sagte ich, worauf sie lachte.

»Es ist anders, weil ich anders bin als andere Leute«, erklärte sie. »Ich rede mit Ausländern, und das sollen Frauen nicht. Mein Freund mag es nicht.«

Sie war auf der Bank näher an mich herangerückt, und ich spürte jetzt, wie ihr Bein meinen Oberschenkel berührte. Sie roch aus dem Mund – es war der ekelhaft süßliche Geruch von *baijiu*.

»Eigentlich mag ich meinen Freund nicht besonders«, sagte sie.

Es schien mir an der Zeit, das Thema zu wechseln, aber mir fiel nichts ein. Sie sah mein Gesicht prüfend an, schaute mir in die Augen, und schließlich fragte sie: »Sind Sie ein Spion?«

»Nein«, entgegnete ich, »ich bin Schriftsteller. Ich sagte Ihnen schon, dass ich Artikel und Bücher schreibe.«

Sie wurde eindringlicher. »Wenn Sie ein Spion sind, können Sie es mir ruhig sagen. Ich verspreche Ihnen, es nicht weiterzusagen«, sagte sie mit gedämpfter Stimme.

»Ehrlich, ich bin keiner.«

»Na hören Sie mal!« Ihr Ton war dringend. »Sie sind hier allein, Sie sprechen Chinesisch, Sie sind in der Inneren Mongolei, Sie sind im eigenen Wagen gekommen. Natürlich sind Sie ein Spion! Können Sie mir nicht die Wahrheit sagen?«

»Ich sage Ihnen die Wahrheit«, beharrte ich. »Ich bin kein Spion. Überhaupt, warum sollte ein Spion das Mausoleum von Dschingis Khan besuchen?«

Nachdem sie darüber nachgedacht hatte, machte sie einen geknickten Eindruck. »Ich wollte immer schon einen Spion kennenlernen«, sagte sie leise. »Ich wünschte, Sie wären wirklich einer.«

Der Rausch der Frau schien nachzulassen, und sie bat mich, ihren Namen und ihre Telefonnummer in meinem Notizbuch eintragen zu dürfen, für den Fall, dass ich einmal wiederkäme. Sie schrieb sorgfältig, auf Chinesisch und auf Mongolisch, und zeichnete ein kleines Bild. Es war die Sonne – kindliche Strahlen um einen Feuerball.

* * *

Ich fuhr fast 500 Kilometer auf kleinen Straßen durch die südlichen Randgebiete der Ordos. Der Autokarte zufolge war die Große Mauer meist nicht weit entfernt, aber von der Straße aus war sie selten zu sehen. Manchmal verging eine ganze Stunde, ohne dass mir ein anderer Wagen begegnete; wenn ich das Radio anmachte, hörte ich nur Mongolisch. Hin und wieder nahm der Wind zu, und dann fegte ein kleiner Sandsturm über den Asphalt und trieb den Sand in Wellen vor sich her, als wäre er flüssig. Kurz vor der Grenze zur Provinz Shaanxi erblickte ich zwei Anhalter, die den unsichtbaren Hund tätschelten. Einer von ihnen war ein alter Mann, und als ich rechts ranfuhr, rief er: »Wie viel bis Jingbian?«

Ich antwortete, ich führe sowieso in die Richtung. Jingbian

ist eine kleine Stadt in der Nähe der Großen Mauer; der Name bedeutet »Befriedet die Grenze«.

»Kein Geld?«, fragte der Mann verwundert. Woher ich sei, wollte er wissen, und ich sagte: Peking. Er schien etwas schwerhörig zu sein; sobald er etwas sagte, beugte er sich vor und sprach überlaut. »Dürfen wir diese Säcke mitnehmen?«, schrie er.

»Natürlich«, sagte ich. »Was ist denn drin?«

»Salz! Es ist vom Hof meiner Tochter!«

Ich öffnete die Heckklappe des City Special und half dem Mann, die Säcke hineinzuheben – jeder wog um die 25 Kilo. Das war das einzige wichtige Nahrungsmittel, das mir noch fehlte; jetzt war der Jeep vollständig bestückt mit Cola, Gatorade, Oreos, Dove-Riegeln und Ordossalz. Der alte Mann hatte vor, das Salz in Jingbian zu verkaufen. Kaum saß er im Wagen, brüllte er eine weitere Frage heraus. »Kennen Sie Han Heliu?«

»Wen?«

»Han Heliu! Kennen Sie Han Heliu?«

»Nein«, entgegnete ich verwirrt. »Wer ist Han Heliu?«

»Er ist aus unserem Dorf!«, rief der alte Mann. »Er ist zur Arbeit nach Peking gegangen! Ich habe mich gefragt, ob Sie ihn vielleicht getroffen haben!«

Ich sagte, ich würde nach ihm Ausschau halten. Der alte Mann trug eine verwaschene Mütze und grobe blaue Baumwollsachen. Er hatte fast keine Zähne mehr; an seinem Kinn hing ein dünner Bart. Seine Reisegefährtin war die hübscheste Frau, die ich bisher im ganzen Norden gesehen hatte. Sie war zwanzig Jahre alt, ihre Haare waren hellrot gefärbt, auf den Lippen trug sie ein helles Pink, und zwischen den Augenbrauen hatte sie sich einen winzigen Schönheitsfleck tätowieren lassen. Sie trug eine rote in der Taille eng geschnittene Seidenjacke, die über die ganze Vorderseite mit Goldblumen bestickt war. Sie war zierlich und hatte einen Vogelnamen – Wang Yan, was »Schwalbe« bedeutet. In dieser rauen Landschaft wirkte sie vollkommen deplatziert, wie ein exotischer Vogel, der vom Kurs fortgeweht worden und dann im City Special gelandet war. Sie hockte steif auf dem Beifahrersitz, ohne die Lehne mit dem Rücken zu berühren.

»Er ist mein Großvater«, sagte sie. »Wir wohnen zusammen in Jingbian.«

Auf dem Rücksitz beugte sich der alte Mann nach vorn. »Wollen Sie wirklich nichts von uns verlangen?«, rief er. »Normalerweise kostet es fünf Yuan nach Jingbian! Mehr können wir nicht zahlen!«

Wir fuhren südwärts an Reihen von Weiden vorbei, die man in den sandigen Boden gesetzt hatte. Wang Yan war schüchtern; sie starrte vor sich hin, die Augen auf die Straße geheftet, und antwortete auf meine Fragen mit leiser Stimme. Sie hatte gerade ihre Eltern auf dem Bauernhof besucht; vor einigen Jahren war sie nach Jingbian gezogen, in die nächstgelegene Stadt, und kürzlich war ihr Großvater zu ihr in die Kleinstadt gezogen. »Alle jungen Leute gehen aus unserem Dorf fort«, erklärte sie. »Keiner will mehr dort bleiben. Ich habe nicht vor, dorthin zurückzukehren.« In Jingbian arbeitete sie in einem Schönheitssalon. Unter den Wanderarbeiterinnen ohne Schulbildung wurden die Jobs klar nach dem Aussehen verteilt. Eine hübsche Frau findet eher Arbeit in einem Frisiersalon oder als Hostess in einem Restaurant; weniger hübsche Mädchen enden als Kellnerinnen oder Fabrikarbeiterinnen. Gutaussehende Frauen finden leichter Jobs, die sich aber auch als Fallgruben entpuppen können. Die meisten Schönheitssalons bieten das Grundlegende – Haarstyling, Make-up, Haarewaschen und einfache Massagen –, es gibt aber auch Läden, die als Fassade für Prostitution dienen. Mir kam der Gedanke, dass Wang Yans Eltern den Großvater vermutlich geschickt hatten, bei ihr zu wohnen, um sie vor Schwierigkeiten zu bewahren.

Zwanzig Minuten später beugte sich der alte Mann abermals vor. »Sind Sie Chinese?«, rief er.

»Nein, ich bin Amerikaner.«

»Ich dachte mir schon, dass Sie kein Chinese sind!«, sagte er mit einem breiten Lächeln. »Sie sind der erste Ausländer, dem ich begegne!«

In Jingbian ließ ich die beiden vor dem Schönheitssalon aussteigen. Er nannte sich Jian Hua – »Baue China auf« –, und wir trugen die Salzsäcke hinein. Vier junge Männer und Frauen arbeiteten dort, und sie begrüßten Wang Yan freundlich. Die Männer sahen mit ihren langen Haaren und den Lederjacken voller Reißverschlüsse aus wie Kleinstadt-Hipster. Es war noch zu früh für Kundschaft, und so legten sie eine Madonna-Disc in den Video-Player. Eine Wand war mit einem durchgehenden Spiegel bedeckt, und die Angestellten schoben die Frisierstühle zur Seite und übten Tanzbewegungen. Sie waren auf ihre Spiegelbilder konzentriert und wiederholten die Schritte immer wieder, um es gut hinzukriegen. Am anderen Ende des Ladens beugte Wang Yan sich vor zu einem Spiegel und brachte nach der Fahrt ihre Haare und das Make-up wieder in Ordnung. Der Großvater stand allein in der Nähe der Tür. Nach dem Betreten des Ladens war er verstummt, und jetzt schaute er den jungen Leuten mit ausdruckslosem Gesicht aufmerksam zu. In einem Raum voller Spiegel war er der Einzige, der sich nicht selber anstarrte.

* * *

Je länger ich in Nordchina unterwegs war, desto dringlicher stellte sich mir die Frage, was aus all den Dörfern werden sollte. Die Zukunft der Städte war leicht vorherzusagen, zumindest was das Wachstum betraf – ihre Entwicklung war bereits durch Gleise aus Zement und Stahl vorgezeichnet. Doch auf dem Land konnte man sich nicht vorstellen, wer hier in einer Generation noch leben würde. Oft sah ich, wenn ich in einem Dorf haltmachte, nur die ganz Alten, die Arbeitsunfähigen und die ganz Jungen, weil die, die weggezogen waren, ihre Kinder zurückgelassen hatten und von den Großeltern aufziehen ließen. Die Arbeiter fühlten sich in den Städten noch nicht heimisch, aber das würde sich zwangsläufig ändern. Wahrscheinlich würden sie irgendwann eine Möglichkeit finden, ihre Familie nachzuholen und in der Nähe des Arbeitsplatzes mit ihr zusammenzuleben. Für viele der Dörfer im Norden war dies womöglich die letzte Generation, in der noch eine nennenswerte Zahl von Kindern auf dem Land aufwuchs.

Eine Stunde westlich von Jingbian machte ich halt, um die Große Mauer in der Nähe des Dorfes Ansi zu besichtigen. Diese Gegend hatte im Verteidigungssystem der Ming eine bedeutende Rolle gespielt, und ich hatte mir sagen lassen, dass es bei Ansi besonders beeindruckende Ruinen gab. Der Name bedeutet »Friedenstempel«, und als ich dort anhielt, sah ich nur einen einzigen Erwachsenen. Er war behindert, stützte sich auf grob gefertigte Holzkrücken und beaufsichtigte eine Schar Kinder. Dieses Bild breitet sich im ländlichen China immer mehr aus: kleine Kinder, die um jemanden herumhüpfen, der kaum gehen kann.

Der alte Mann sagte mir, bis zur Mauer sei es nicht weit, aber aus seiner Wegbeschreibung wurde ich nicht schlau. Schließlich deutete er auf den ältesten Jungen. »Nehmen Sie ihn einfach mit«, meinte der Mann. »Er kennt den Weg.«

Im Handumdrehen saß der Junge im Wagen. Bevor er die Tür zumachen konnte, drängten vier weitere Kinder herein. Sie schlugen die Tür vor einem neunjährigen Mädchen mit Zöpfen zu, das verlassen und mit böser Miene im Staub stand. Ich blickte den alten Mann an und erwartete, dass er die Kinder zurückriefe, aber er sagte nichts. Er schaute leicht verstört drein, wie man es bei Leuten antrifft, die Krieg, Revolution und Hungersnot durchlebt haben und nun an ihrem Lebensabend kleine Kinder großziehen sollen.

»Nun gut«, sagte ich. »Wenn ihr alle mitfahrt, dann fährt sie auch mit.«

Seufzend machte einer der Jungen die Tür auf, und das Mädchen kletterte herein. Wir fuhren auf einem holprigen Feldweg nach Westen, und immer wieder musste ich beschleunigen, um mich durch eine Anhäufung von Treibsand zu wühlen. Ich hörte die Kinder miteinander tuscheln, und da wurde mir klar, dass ich dem alten Mann praktisch nichts über mich gesagt hatte. Sie wussten nicht, woher ich kam und was ich machte; ich hatte nur nach dem Weg zu den Ruinen gefragt. Ich hielt an und wandte mich den Kindern zu.

»Ich bin von Peking hierhergefahren«, sagte ich. »Dort wohne ich. Aber ich bin Amerikaner. Ich besuche die Gegenden, wo die Große Mauer steht, und darum bin ich hier.«

Die Kinder hörten aufmerksam zu. Auf dem Beifahrersitz saßen ein Junge und ein Mädchen, hinten saßen noch drei Jungen. Der Älteste war zwölf, und auf seinem Schoß saß ein zweijähriges Mädchen. Alle sechs waren vollkommen ernst, besonders die Kleine, die mit ihrem rundlichen Gesicht ein wenig besorgt dreinblickte. Mir fiel ein, dass dies eine Gelegenheit war, um Schokolade zu essen. Ich nahm drei Schokoriegel, brach sie durch und teilte sie an die Kinder aus. Danach fuhren wir weiter zur Großen Mauer. Ich kam mir vor wie der Rattenfänger von Hameln – soweit ich wusste, stellten diese Kinder die ganze Zukunft von Friedenstempel dar.

Wir befanden uns hier in der südlichen Ordoswüste auf einer Höhe von fast 1500 Metern, und Sandhügel hatten sich bis an den Ortsrand vorgeschoben. Die Große Mauer, sechs Meter hoch und aus gestampfter Erde bestehend, verlief durch die Dünen. »Man könnte ein Jahr lang an ihr entlangwandern und wäre immer noch nicht in Peking!«, verkündete einer der Jungen, als er aus dem Jeep sprang. Die Kinder kraxelten eine Düne hoch, ich ihnen nach, und dabei rutschte der Sand großflächig unter unseren Füßen weg. Die Mauer führte zu einem quadratischen ebenfalls aus gestampfter Erde errichteten Kastell mit Mauertürmen an allen Ecken und einem wuchtigen

Meldeturm in der Mitte. Am Fuß des pyramidenförmigen Turms befand sich eine winzige Öffnung, die an den Eingang zu einem Pharaonengrab erinnerte. Die Jungen schlüpften einer nach dem anderen hinein.

Ich folgte ihnen und kroch auf allen vieren vorwärts. Der Tunnel machte eine Biegung nach links, und die bleichen Wände versanken in Dunkelheit. Ich tastete mich vorwärts, krabbelte durch den Staub, und dann erblickte ich einen Lichtfleck. Über ihm tat sich ein Schacht auf, ein enger fünfzehn Meter hochragender Kamin. Zu Ming-Zeiten hatten die Soldaten hier wohl eine Leiter benutzt, aber die Jungs stützten sich einfach mit den Füßen auf der gegenüberliegenden Wand ab und schoben sich nach oben. Sand kam herunter, und ich bedeckte meine Augen. »Ihr solltet da nicht raufklettern!«, rief ich. »Es ist zu gefährlich!«

»Alles in Ordnung!«, rief einer. »Das haben wir schon öfter gemacht!«

Ich zog mich durch den Tunnel zurück und gesellte mich zu dem Mädchen, das zurückgeblieben war und die Kleine hielt. Als ich herauskam, waren die Jungs schon oben und stießen Freudenschreie aus. Als sie wieder unten waren, bemerkte ich, dass einer von ihnen einen verdreckten Gipsverband am Arm trug. Er habe sich den Knochen in der Schule gebrochen, sagte er, beim Bockspringen. Der Jüngste, der sieben war, hatte einen schlimmen Bluterguss am Kopf, von einem anderen Missgeschick. Wenn dies wirklich die letzte Generation von Landkindern war, dann machten zumindest diese Jungs das Beste daraus. Drei von ihnen waren Brüder, Doppelgänger mit Bürstenhaarschnitt. Kinder wie diese bekam ich in Peking nicht zu Gesicht – in der Hauptstadt gibt es fast nur Einzelkinder, die von Geburt an umhegt und verwöhnt werden.

Als ich nach Friedenstempel zurückkehrte, wartete der alte Mann auf Krücken geduldig. Ich erfuhr, dass er der Großvater der drei Brüder war. In dieser Region, meinte er, sei die Politik der Geburtenplanung nicht streng durchgesetzt worden. »Die Leute zahlen eben ein Bußgeld und haben mehr Kinder«, erklärte er mit einem Lächeln. Noch immer machte er sich keinerlei Gedanken darüber, wer ich war oder was ich tat. In den Dörfern des Nordens traf man selten auf misstrauische Menschen, und es war für sie normal, mich zu einem Tee oder zu einer Mahlzeit einzuladen. Ich machte mir keine Illusionen über die Härte des Lebens auf dem Lande, und die Arbeit im Friedenskorps hatte mich gelehrt, die Armut nicht zu romantisieren. Dennoch hatte die Fahrt durch die sterbenden Dörfer etwas Quälendes. Dies waren letzte Eindrücke – das Ende der kleinen Städte und der Kindheit auf dem Lande, vielleicht sogar das Ende der Familien mit Geschwistern. Auch die ländlichen Traditionen der Ehrlichkeit und des Vertrauens würden den Wechsel zum städtischen Leben nicht überstehen. Es gibt nicht viele Weltgegenden, wo ein Fremder fraglos willkommen ist und man ihm seine Kinder anvertraut, und es machte mich traurig, Friedenstempel zu verlassen.

* * *

Eine Woche fuhr ich an der Großen Mauer entlang, bis ans andere Ende der Ordoswüste, wo die irdenen Grenzbefestigungen nach Nordwesten abschwenkten, in die Tengger-Wüste hinein. Die Tengger ist bekannt für ihren besonders feinen Sand, der den Dünen mit ihren geschwungenen Gipfeln eine anmutige Gestalt verleiht, die an die Arabesken der Sahara erinnert. Dies ist schlicht und einfach Wüste: Im Herzen der Tengger leben nicht einmal Nomaden. Abends schlug ich mein Zelt in den Dünen auf. Es gibt keine bessere Schlafunterlage als Sand, zumindest in einer ruhigen Nacht, und ich hatte Glück mit dem Frühlingswetter. Der Himmel war klar, und die Dünen schimmerten hell im Mondlicht.

Wann immer ich an einer Stadt vorbeikam, machte ich halt,

um etwas zu essen und mir die Haare waschen zu lassen. Es waren merkwürdige, vergessene Orte, so abgelegen, dass nur vereinzelte Überbleibsel des chinesischen Wirtschaftsbooms hier ankamen. Hier sah ich erstmals Motorräder, an deren hinterem Schmutzfänger Computer-CDs befestigt waren, weil diese sich gut als Katzenauge eignen. In einem Ort namens Xingwuying kletterten die Einheimischen auf die Große Mauer, wenn sie mit dem Handy telefonieren wollten. Xingwuying bedeutet »Florierendes Militärlager«, weil die Ming hier gewaltige Befestigungen errichtet hatten; jetzt war das Dorf arm und abgeschieden, doch die Mauern nutzte man noch immer. Die Leute standen auf den Befestigungsmauern, die Telefone ans Ohr gepresst, Wachposten des digitalen Zeitalters. Was bedeutet es, wenn die Große Mauer zum Handyzubehör wird? Oder wenn der größte Nutzen von Computer-CDs darin besteht, dass sie Licht reflektieren? In diesen Gegenden war alles miteinander verwickelt; zwischen Fortschritt und Improvisation gab es keinen Unterschied.

In der Stadt Yanchi ließ ich mir die Haare waschen, und anschließend machte ich einen Bummel auf der Hauptstraße. Auch dies war ein langweiliger, vergessener Ort, zehn Kilometer innerhalb der Mauer gelegen; der Name bedeutet »Salztümpel«. Ich schlenderte dahin, als langsam ein Motorradfahrer vorüberfuhr, plötzlich gegen den Bordstein stieß und kopfüber in den Staub flog. Leute eilten herbei, und anfangs regte der Mann sich nicht. »Er ist betrunken«, sagte jemand. Gaffend standen die Leute da, bis der Motorradfahrer sich endlich auf die Seite wälzte; er war so betrunken, dass er nicht sprechen konnte. Nachdem ihm jemand auf die Beine geholfen hatte, strebte der Betrunkene seinem Motorrad zu. »Du solltest nicht fahren«, meinte der Helfer sanft und hielt ihn zurück. Doch der Motorradfahrer wollte sich nicht aufhalten lassen, und bald hatten sich dreißig Leute um ihn versammelt.

In China ist das Verhalten von Menschenmengen nicht

vorhersehbar, besonders an so entlegenen Orten wie Yanchi. Die Leute haben nicht viel zu tun, und so zieht schon ein unbedeutender Vorfall auf der Straße die Aufmerksamkeit auf sich. Die Mehrheit der Schaulustigen bleibt passiv, zumindest anfangs – sie wollen einfach sehen, was passiert. Doch dann tauchen mehr Leute auf, und je größer die Menge wird, desto eher entwickelt sie ihre eigene Dynamik. Sie kann zum Beispiel eine Meinungsverschiedenheit so anheizen, dass es zu Handgreiflichkeiten kommt, oder sich plötzlich gegen einen Einzelnen wenden. Wie es letztlich ausgeht, ist nicht leicht vorherzusehen, weil es weitgehend davon abhängt, ob sich unter der Menge eine dominante Persönlichkeit hervortut. Es kommt vor, dass ein Einzelner durch forsches Auftreten den ganzen weiteren Verlauf eines Ereignisses bestimmt und die Menge zum Handeln bewegt.

In Yanchi hätte nur ein entschlossener Mensch vortreten und den Motorradfahrer wegen seiner Trunkenheit tadeln oder ihn scharf davor warnen müssen, einen Unfall zu verursachen, und vermutlich wäre die Menge ihm gefolgt. Doch die stärkste Kraft war in diesem speziellen Fall der Wunsch des Betrunkenen, sein Motorrad zu besteigen. Mit allen Fasern seines Wesens strebte er der Maschine zu. Er war stumm, und er konnte sich ohne Hilfe nicht auf den Beinen halten, aber wütend versuchte er sich an allen vorbeizudrängen, die ihn zurückhielten. Nach einer Weile schien er durch bloße Willenskraft den Respekt der Menge gewonnen zu haben, und die Umstehenden gaben jeden Widerstand auf. Einige begannen ihm sogar zu helfen. Einer half dem Betrunkenen auf das Motorrad, ein anderer betätigte den Anlasser. Ein Dritter schob ihn an. Wackelig rollte der Motorradfahrer davon, und plötzlich machte er eine Kehrtwendung, zum Entsetzen der Zuschauer, aber irgendwie gelang es ihm, das Gleichgewicht zu halten, und er verschwand in die Nacht. Die Menge wartete eine halbe Minute, aufmerksam lauschend, mit gespannten Mienen. Aber das war's – man hörte nichts. Schließlich löste sich die Menge auf und wandte sich munter plaudernd anderen Zerstreuungen in Yanchi zu.

Die Wüste hat die Eigenart, die Dinge deutlicher hervortreten zu lassen: Bilder heben sich von diesem verschwommenen Hintergrund klarer ab. Einmal war ich auf einer trostlosen Strecke durch die Sanddünen längs der Grenze zwischen der Inneren Mongolei und der Provinz Ningxia unterwegs, als ich eine einsame Gestalt erblickte, die neben der Straße marschierte. Ich hielt an und rief: »Wo wollen Sie hin?«

»Wo wollen Sie hin?«, erwiderte der Mann.

Beide Fragen waren hypothetisch, denn auf den nächsten sechzig Kilometern gab es keine Abzweigung von dieser Straße. Ich fragte, ob er mitfahren wolle, und der Mann zuckte die Achseln und stieg ein. Er war 25 Jahre alt und hatte einen dünnen geschwungenen Schnurrbart, der ihm über die Oberlippe wuchs, als hätte ein Kalligraph geschludert. Er war ordentlich gekleidet, mit einem blauen Button-Down-Hemd, und er sagte, er wohne in Yinchuan, der Hauptstadt der Provinz. Ich fragte, ob er unterwegs Probleme gehabt habe.

»Nein«, entgegnete er. »Ich komme jeden Monat hierhin, einfach um zu laufen. Diese Straße wird dreimal am Tag vom Bus bedient. Neun Uhr dreißig, zwölf Uhr dreißig und vierzehn Uhr dreißig. Der erste setzt mich ab, und dann laufe ich eine Weile. Gewöhnlich nehme ich einen von den beiden anderen zurück nach Yinchuan.«

Er hatte eine merkwürdige, ruckartige Sprechweise, so als sammle er erst die Wörter, um sie auf einen Stoß loszuwerden und so den uns umgebenden Raum auszufüllen. Er wollte mir nicht seinen vollständigen Namen nennen; er sagte nur, sein Familienname sei Zhen. Ausführlich ging er dagegen auf meine Frage ein, warum er in die Tengger-Wüste kam.

»Ich war beim Militär«, sagte Zhen. »Ich war in den neunziger Jahren Soldat und in Shaanxi stationiert, in den Qinling-Bergen. Wir waren täglich in der Wüste, und das fehlt mir jetzt manchmal. Ich weiß nicht genau, wie ich es ausdrücken soll, aber es war eine sehr glückliche Zeit. Es war natürlich schwer, aber es war eine Sache von Ehre und Stolz. Und es hatte nichts mit mir zu tun – alles drehte sich um die Kompanie. Die Gruppe war wichtiger als der Einzelne. Das war es, was mir besonders daran gefiel. Wir kannten uns und konnten uns aufeinander verlassen, und am Ende ist einem das eigene Ich nicht mehr so wichtig. Deshalb komme ich jeden Monat hierher. Es ist sehr leer in der Wüste, und es erinnert mich daran, wie ich mich früher gefühlt habe.«

Zhen sagte mir unumwunden, dass er die Vereinigten Staaten nicht mochte – speziell kreidete er den Amerikanern an, dass die NATO 1999 die chinesische Botschaft in Belgrad bombardiert hatte. Nach Beendigung seines Wehrdienstes hatte der Staat ihm eine Stelle in einer Getreidefirma in Yinchuan zugewiesen. Er war ledig, und er hatte nicht vor zu heiraten.

»Es ist auch eine Geldfrage«, erklärte er. »Wenn man nicht viel Geld hat, ist das Heiraten ein Problem. Der Hauptgrund ist aber, dass ich meine, die Leute sollten mehr zusammenhalten, und wenn man verheiratet ist, leidet der Zusammenhalt darunter. Ich habe gute Freunde, und wir treffen uns, um zu essen und zu trinken und uns zu unterhalten. Es ist ein bisschen so wie damals beim Militär. Wenn man erst verheiratet ist, geht das nicht mehr. Man verbringt seine ganze Zeit mit der Familie. Mit dem Zusammengehörigkeitsgefühl ist es dann vorbei, und dazu möchte ich es nicht kommen lassen.«

Ich fragte ihn, ob er außer dem einsamen Marsch durch die Tengger-Wüste noch andere Hobbys habe.

»Auto fahren gefällt mir sehr«, sagte er. »Das ist meine liebste Beschäftigung. Ich kann es gar nicht abwarten, bis ich meinen Führerschein habe.«

Er war mit der Fahrschule fast fertig und hoffte, irgendwann Taxifahrer zu werden. Gern würde er sich einen eigenen Wagen kaufen, aber in der Zwischenzeit übte er mit Freunden bei jeder sich bietenden Gelegenheit. Er wollte wissen, wann ich fahren gelernt hätte, und war erstaunt, dass ich wie viele Amerikaner mit sechzehn angefangen hatte. In China ist das Mindestalter achtzehn, aber das eigentliche Problem sind die Finanzen. Wenn die Leute sich die Fahrschule leisten können und überlegen, sich einen Wagen zu kaufen, sind sie oft schon über dreißig.

»Fährt sich dieser Jeep sehr viel anders als ein Santana?«, fragte er.

»Nein«, antwortete ich. »Er hat fünf Gänge, das ist im Grunde das Gleiche. Es ist einfach. Wer einen Santana fahren kann, kann auch einen Jeep fahren.«

»Ich habe noch nie einen Jeep gefahren«, sagte er. »Das würde ich wirklich gern mal machen.« Er verstummte für eine Weile und schaute in die vorbeihuschende Wüste hinaus. Irgendwo links von uns war die Große Mauer zwischen den Dünen verschwunden. Zhen fragte: »Würden Sie mich ein Stückchen fahren lassen?«

Ich fuhr an den Straßenrand, stieg aus und ging vorn um den City Special herum. Zhen rutschte hinüber und nahm hinter dem Lenkrad Platz. Er deutete auf die Pedale. »Das ist das Gas, stimmt's?«, sagte er. »Und das ist die Bremse und dort die Kupplung?« Warum ich ihn fahren ließ, war mir schleierhaft – vielleicht hing es mit den langen Tagen in der Wüste zusammen, mit den leeren Straßen und der unwirklich wirkenden Landschaft. Ich schnallte mich an. Es war das erste Mal, dass ich auf dem Beifahrersitz des City Special saß.

Er ließ den Motor an, ließ ihn einige Sekunden im Leerlauf laufen und fuhr los. Er beugte sich vor, starrte angestrengt hinaus und umspannte das Lenkrad so krampfhaft, dass die Knöchel weiß wurden. Sobald ein entgegenkommendes Fahrzeug nahte, bremste er kräftig ab. Das geschah fünfmal in einer halben Stunde. Ansonsten war die Straße leer und verlief schnurgerade mitten durch die Wüste. Als er sich etwas an das

Fahren gewöhnt hatte, beschleunigte Zhen auf 65 Stundenkilometer, und ein seliger Ausdruck trat in sein Gesicht. Es gab zwar keine Abzweigungen, aber er probierte die Blinker aus, nur um zu sehen, wie sie funktionierten. Rechts, links, rechts, links. Er schaltete die Lichter ein. Er fummelte an den Scheibenwischern herum. Er drücke auf die Hupe, zweimal, und der Schall wurde von der leeren Straße verschluckt.

* * *

Nachdem ich Zhen an einem Truckstop abgesetzt hatte, blieb ich auf der Weiterfahrt, dem Autoatlas folgend, irgendwann im Sand stecken. Auf der Karte war die Große Mauer noch deutlich markiert, durch eine saubere Linie von Zinnen, die sich westwärts durch die Wüste zog. Aber Straßen gab es in dieser Gegend kaum. Ich probierte es mit einer ungenannten, nördlich der Ruinen verlaufenden Kapillare, deren Asphaltdecke immer wieder unter Sandverwehungen verschwand. Hin und wieder musste ich beschleunigen, um über ein solches Hindernis hinwegzuschlittern, aber schließlich blieb der City Special in einer großen Sanddüne stecken; die Räder hatten sich bis an die Achse hineingewühlt. Vergeblich versuchte ich ihn auszugraben, und ich wollte schon Luft aus den Reifen lassen, um mehr Bodenhaftung zu bekommen, als ein Mann in einem Jeep mit Allradantrieb auftauchte und mich herauszog. Da ein Weiterkommen auf dieser Straße aussichtslos war, fuhr ich zurück.

Der Tag war schon fortgeschritten, als ich auf eine unbeschilderte Kreuzung stieß, und da ich niemanden nach dem Weg fragen konnte, verließ ich mich auf den Kompass und fuhr einfach in Richtung Süden. Nach rund fünfzig Kilometern fand ich neben der Straße eine Gedenktafel, an deren Sockel sich Sand aufgetürmt hatte. Die Inschrift war aber noch deutlich erkennbar:

August 1991
Alle Arbeiter der Fabrik werden Dich nicht vergessen

Sonst stand nichts auf diesem sonderbaren Denkmal. Was für eine Fabrik? Welche Arbeiter? Wer wurde nicht vergessen? Einige Kilometer weiter bog ich in einen Feldweg ein, fuhr noch ein Stückchen und schlug dann mein Zelt in den Dünen auf. Ich genoss ein Ordos-Abendbrot – Oreo-Kekse, Dove-Schokoriegel und Gatorade. Es war windstill, und ich schlief bei offenem Zelt, mit Blick auf die Milchstraße.

Mittlerweile war ich es gewohnt, beim Einschlafen nicht zu wissen, wo ich mich befand. Das konnte ich auch noch am Morgen herausbekommen, und ich hatte genügend Wasser dabei für den Fall, dass der City Special nicht mehr lief. Meistens hatte ich guten Handyempfang; das System wird vom Staat betrieben, der mit erstaunlicher Gründlichkeit für ein dichtes Netz von Sendemasten gesorgt hatte. Auch die Kraftstoffversorgung liegt in staatlicher Hand, und so findet man selbst in abgelegenen Gegenden immer eine Tankstelle. Mein Tank war stets hinreichend gefüllt, und die Preiskontrolle sorgte für billiges Benzin zu einem in ganz China einheitlichen Preis; im Frühjahr 2002 zahlte ich umgerechnet 32 US-Cent je Liter. Selbstbedienungstankstellen gibt es nicht. Auf meinen Fahrten durch den Westen Chinas habe ich von der Inneren Mongolei bis zum tibetischen Hochland an die 5000 Kilometer zurückgelegt, aber kaum ein Mann hat den Tankdeckel des City Special in die Hand genommen. Das Betanken war Frauenarbeit, zumindest im Westen, wo junge Mädchen, die erst kürzlich ihr Heimatdorf verlassen hatten, an den Tankstellen tätig waren. Diese Wanderarbeiterinnen, in der Regel noch keine zwanzig, sahen in ihren nagelneuen Uniformen mit gepflegter Frisur und Make-up fesch aus – Dorfgrazien, die gerade den ersten Schritt auf dem Weg zum Erfolg gingen.

Die Mädchen an den Tankstellen waren aufmerksam, höflich und freundlich, aber wenn man sie nach dem Weg fragte, konnten sie einem nicht helfen. Das war ein generelles Problem – wie viel Zeit habe ich mit der Suche nach Leuten verbracht, die mir verlässlich Auskunft geben konnten! Manchmal war ihr Dialekt kaum zu verstehen, aber das eigentliche Problem bestand darin, dass die meisten Chinesen reiseunerfahren waren und noch weniger selbst Auto fuhren. Nicht einmal über die Straßen ihrer näheren Umgebung wussten sie Bescheid, und es war schrecklich, wenn sie zu erklären versuchten, wie man irgendwohin gelangt. Am besten formulierte man seine Frage so, dass sie mit Ja oder Nein zu beantworten war: »Geht es hier nach Zhongwei?« Das Schlimmste, was ein Autofahrer tun konnte, war, in Gegenwart der Leute eine Autokarte zu entfalten. Es war, als würde man einem Kind ein Puzzle geben: Die anfängliche Verwirrung wich der Faszination, während sie die Karte bald so, bald andersherum hielten und mit dem Finger über das Blatt fuhren. Das gehörte zu den ersten Dingen, die ich unterwegs lernte: Wenn man nach dem Weg fragt, darf der Autoatlas nicht zu sehen sein.

Dass Landbewohner nichts mit Karten anfangen konnten, war kein Wunder, aber auch gebildeten Chinesen erging es so. Selbst Berufsfahrer mit jahrelanger Erfahrung konnten völlig verwirrt vor einem schlichten Atlas stehen; Landkarten sind einfach kein Bestandteil der modernen Kultur. Dabei können die Chinesen, was die Kartographie betrifft, auf eine beeindruckende Geschichte zurückblicken. Die ersten bislang bekannten Karten gehen auf das 2. Jahrhundert v. Chr. zurück; sie sind auf Seide gedruckt und wurden aus Gräbern in der Provinz Hunan geborgen. Sie entstanden zur gleichen Zeit wie die Karten der alten Griechen und Römer, und sie sind handwerklich recht fortgeschritten. Angefertigt für Militär und Regierung, stellen sie die Landschaft abstrakt dar, aus der Vogelperspektive. Entfernungen sind sehr gut getroffen. Schlüsselmerkmale sind durch einheitliche Symbole dargestellt, und man sieht, dass Flüsse stromabwärts breiter werden – nicht unwichtig für Armeeführer, die ihre Truppen übersetzen müssen. Im 3. Jahrhundert n. Chr. erläuterte ein Beamter namens Pei Hsiu etliche Prinzipien der Landvermessung und der Kartenanfertigung, und die Chinesen hatten eine gute fachliche Grundlage für die Kartographie.

So gut diese frühen chinesischen Karten auch gezeichnet waren, dienten sie in ihrer grundlegenden Ausrichtung doch begrenzten praktischen und nicht wissenschaftlichen Zwecken. Im alten Griechenland entwickelte sich die Kartographie dagegen aus der Astronomie, denn ihre Prinzipien leiteten sich aus der Beobachtung der Sterne her. So kam man im Abendland auf das Konzept der Längen- und Breitengrade, das in der altchinesischen Kartographie fehlt. Zudem gerieten selbst die von Pei Hsiu dargelegten Richtlinien im Laufe der Jahrhunderte in Vergessenheit, und in der Folge wurden die Karten weniger analytisch und stärker deskriptiv. Statt Symbole zu nutzen, stützte man sich auf wörtliche Beschreibungen. Die Landschaften wurden verzerrt dargestellt, um so die Dinge, die man für wichtig hielt, hervorzuheben. So sieht man auf Karten der Großen Mauer aus der Ming-Zeit gewaltige Türme, die auf übertrieben steilen Gipfeln thronen, während die Umgebung weder detail- noch maßstabsgetreu dargestellt ist. Diese Zeichnungen sind ein Rückschritt gegenüber dem, was die Chinesen schon sechzehn Jahrhunderte zuvor erreicht hatten.

Für diese Entwicklung der Kartographie gibt es allerlei Gründe, und der wichtigste Faktor war, dass der Staat kein Interesse an Welterkundung und Handel hatte. Die Kaiser Chinas unterstützten nur selten Expeditionen, und die Beamten hatten seit jeher nur Geringschätzung für die Händlerschaft übrig. Die größten Fortschritte der europäischen und arabischen Kartographie hingen aber gerade mit dem Handel zusammen. Dank der Einführung des Kompasses – ursprünglich eine chinesische Erfindung – konnten Kaufleute im 13. Jahrhundert sehr genaue Karten des Mittelmeerraums schaffen. 200 Jahre später kartierten die Portugiesen, die für den Handel südliche Routen erschließen wollten, die Küste Afrikas mit bemerkenswerter Genauigkeit. An diesem Projekt waren sowohl der Staat als auch private Kaufleute beteiligt: Die portugiesischen Könige koordinierten die Vermessungsarbeiten der Händler, bis man eine Zeichnung der afrikanischen Küstenlinie geschaffen hatte.

Es fehlt an entsprechenden Durchbrüchen in der chinesischen Kartographie, die aus ganz anderen Motiven entstand. Im alten China dienten Karten den Bedürfnissen des Militärs, das wenig Interesse an detaillierten Darstellungen des Binnenlandes und der Küstenlinie hatte. Kriege wurden am ehesten im Norden und Westen geführt, in den Regionen der Großen Mauer mit ihrer unermesslichen Weite, in denen es oft an besonderen Merkmalen fehlt. Für eine Armee kommt es in einer solchen Landschaft mehr auf bestimmte Punkte als auf deren Umgebung an, und entsprechend rücken auf chinesischen Karten wichtige Gebirgspässe oder Festungen in den Vordergrund. Eine Karte beschreibt ja nicht nur eine Region, sondern auch die Interessen der Kartenmacher selbst. In demselben Jahrhundert, in dem die Portugiesen sich um Zugang zum Goldhandel Ostafrikas bemühten, schützte sich die Ming-Dynastie vor den Nomaden aus dem Norden, und es ist nicht verwunderlich, dass sich aus diesen grundverschiedenen Zielen grundverschiedene Weltbilder ergaben.

In China entstanden Karten vornehmlich für Zwecke des Staates und des Militärs, und es gibt keine Tradition ihrer privaten Nutzung. Im chinesischen Schulwesen spielen Atlanten kaum eine Rolle; schlägt man ein Geographie-Schulbuch auf, sieht man fast nur Text. Man fordert die Schüler vielleicht auf, über ihre Umwelt zu schreiben, aber Zeichnungen verlangt man nicht. Das Kartenlesen gehört – wie viele praktische Fertigkeiten der neuen Wirtschaft – noch nicht zum Lehrplan, und selbst nach jahrelangem Schulbesuch wissen die Schüler nicht, wie man einen Atlas benutzt. Vielfach kommen sie mit dem Problem zum ersten Mal in Berührung, wenn sie mit dem Autofahren anfangen. Aber auch wer an detaillierten Karten interessiert ist, wird sie kaum auftreiben können, weil die Regierung vor kartographischen Darstellungen zurückscheut. Das Kartographieren bringt man immer noch mit militärischen Interessen in Verbindung, besonders im fernen Westen Chinas: von Regionen wie Tibet und Xinjiang gibt es keine brauchbaren Atlanten. Topographische Karten von China sind Geheimsache und auf dem Markt unerhältlich. Auf meinen Reisen habe ich auf ein Navigationsgerät schon deshalb verzichtet, weil es ohne brauchbare Karten praktisch wertlos gewesen wäre, vor allem aber, weil ein solches Gerät mich in den Verdacht gebracht hätte, dass ich mich als Ausländer im fernen Westen als Landvermesser betätige.

Und so verließ ich mich auf die Sinomaps, die noch immer das Beste sind, was auf dem Markt ist. Das Staatsunternehmen wurde 1954 gegründet, bald nach der Machtübernahme der Kommunisten, und jahrzehntelang verfolgte Sinomaps das traditionelle Ziel, der Regierung und dem Militär zu dienen. Die Firma hat ihren Sitz in der Pekinger Innenstadt, in der Nähe des Tiananmen-Platzes, und einmal habe ich dort vorbeigeschaut. Man fühlte sich in eine *danwei*, eine Arbeitseinheit aus der alten Zeit, zurückversetzt: schwach beleuchtete Korridore, große Sitzungsräume, viele Leute, die ohne erkennbares Ziel umherlaufen. Sie hatten zu dem Zeitpunkt 480 Angestellte, was anscheinend ausreichend war, weil ich während meiner Besprechung mit dem stellvertretenden Chefredakteur Mitarbeiter im Korridor Tischtennis spielen sah. Sein Name war Xu Gencai. Er empfing mich freundlich, und eine Mitarbeiterin servierte uns Tee. Wir saßen nebeneinander, die Teetassen zwischen uns, wie Mao und Nixon. Draußen im Korridor verpassten wir offensichtlich ein tolles Spiel – ich hörte das Klackern des Balles, hin und wieder unterbrochen durch gedämpfte Jubelrufe.

Xu erklärte, das Tempo des Wandels in China sei die größte Herausforderung für Sinomaps. Die Stadtpläne von Peking mussten sie wegen der Neubauten alle drei Monate aktualisieren, und der Autoboom schuf einen neuartigen privaten Markt, den es bisher nicht gegeben hatte. In den neunziger Jahren hatte Sinomaps nur fünf einfache Straßenkarten herausgebracht, jetzt waren es über zwanzig. Ihr angestrebter Markt verlagerte sich fort von Regierung und Militär, aber noch immer hatten sie eine eigenartige Vorstellung vom privaten Verbraucher. »Wir bringen viele Karten von Dingen heraus, die die Leute wegen der wirtschaftlichen Entwicklung brauchen«, sagte Xu. Er meinte das wörtlich – der Verlag bemühte sich, die Dinge, die von Chinesen gekauft werden, kartographisch darzustellen. »Wir veröffentlichen eine Restaurantkarte, die alle Orte zeigt, wo man in Peking speisen kann«, erläuterte Xu. »Und wir machen eine spezielle Touristenkarte, die nicht nur die berühmten Museen zeigt, sondern auch bekannte Pekinger Orte wie die Barstraße und die Seidenstraße.«

Ich wies darauf hin, dass die alte Seidenstraße, ein beliebter Markt für Bekleidung, kürzlich dem Erdboden gleichgemacht und an einen anderen Ort verlegt worden war.

»Verstehen Sie, was ich meine?«, sagte Xu. »Das müssen wir jetzt auch ändern!«

Stolz zeigte er andere Spezialkarten vor. Die »Xiaodian-Wuyu-Karte für wunderbares Shopping« zeigte Einkaufszentren und Geschäfte. Die »Schulkarte von Peking« führte jede Bildungseinrichtung in der Hauptstadt auf. Die »Chinesische Stadtimmobilienkarte«, für Investoren gedacht, listete ungefähre Wohnungspreise von Städten im ganzen Land auf. Wenn man etwas suchte, das rasch veralten würde, war die »Chinesische Stadtimmobilienkarte« ein heißer Kandidat. Außerdem gab es eine »Medizinische Karte von Peking«, der Traum eines Hypochonders, mit den Adressen von Hunderten von Krankenhäusern, Kliniken und Apotheken. Ich hatte den Eindruck, dass

Sinomaps nach den langen Jahren im Dienst von Regierung und Militär noch nicht recht begriffen hatte, was es hieß, ein allgemein nutzbares Hilfsmittel für den privaten Gebrauch bereitzustellen. Man meinte offenbar, dass die Menschen Anleitung nötig haben und dass es nicht reicht, ihnen den bestmöglichen Atlas von Peking in die Hand zu geben und es ihnen zu überlassen, ob sie nach einem Restaurant, einer Apotheke oder einem sechs Monate alten Immobilienpreis suchen wollen. Am Ende unseres Gesprächs, nachdem wir eine Stunde nebeneinandergesessen hatten, erhoben wir uns gleichzeitig und schüttelten uns die Hände, wie um das Ende unseres diplomatischen Gipfels zu markieren. Xu wünschte mir Glück auf meinen Reisen und lud mich ein, ihn jederzeit wieder zu besuchen. Im Korridor zischte immer noch der Tischtennisball hin und her, als ich ging.

* * *

Aus der Tengger-Wüste fuhr ich westwärts in die Provinz Gansu. Die Straße trug keine Bezeichnung, sie war wohl zu klein, um als nationale Fernstraße in Frage zu kommen, aber man hatte sie vor kurzem im Rahmen des staatlichen Infrastrukturprogramms asphaltiert. Lastwagenfahrer nutzten die Route bereits, und Anschlagtafeln säumten den Weg: »Die Verkehrspolizei wünscht Ihnen eine sichere Fahrt«, »Das neue Gesicht der Seidenstraße: Die Verkehrspolizei gewährt Sicherheit«. Noch aber war von den Gesetzeshütern nichts zu sehen, und es war nur eine andere Version der Strategie mit den Terrakottapolizisten – Polizeiarbeit durch Andeutung. Außerhalb des Dorfes Hongshui stand ein Pannen-Lkw am Straßenrand. Neben dem Fahrzeug standen drei Männer, die mit ungewohnter Dringlichkeit den unsichtbaren Hund tätschelten. Personen- und Lastwagen rauschten vorbei, genau wie in der Frage aus der Führerscheinprüfung:

344. Wenn Sie einen Unfall sehen und die Leute Hilfe
brauchen, sollten Sie

a) weiterfahren.

b) anhalten, im Rahmen Ihrer Möglichkeiten helfen
und die Polizei verständigen.

c) anhalten, prüfen, ob die Leute Ihnen eine Belohnung anbieten, und dann helfen.

Ich hielt an, und die Lkw-Fahrer sagten mir, ihre Ölpumpe sei
ausgefallen. Es war ein großer Laster der Marke »Befreiung«,
und das Modell nannte sich Ju Neng Wang: »Allmächtiger König«. Sie hatten schon anderthalb Stunden dagestanden und
den Hund getätschelt. Sie fragten, ob ich wohl einen von ihnen
bis Anyuan mitnehmen könnte, der nächsten Stadt mit Bahnhof. Ich erklärte mich bereit. Sie packten die alte Ölpumpe in
einen Leinensack und luden sie in den Kofferraum meines
Jeeps.

Der Mann, den ich mitnahm, hieß Li Changjie, und er
stammte aus dem Süden, aus einem Dorf in der Provinz Jiangsu. Seine Frau besorgte noch den Bauernhof, aber er war fortgegangen, um Geschäfte zu machen. Er war klein, mager und
hellwach – er hatte den hungrigen Blick, den man oft bei
ehemaligen Bauern sieht, die es in der neuen Wirtschaft zu etwas gebracht haben. Als Fuhrunternehmer hatte Li 1993 angefangen, mit einem gebrauchten Fahrzeug, das er mit Darlehen
von Verwandten gekauft hatte; mit der Zeit hatte er seine Aus-
stattung stetig verbessert. Letztes Jahr hatte er den Allmächtigen König für 32000 Dollar erworben. Das ist in China eine
Riesensumme, und Li war wütend wegen der Ölpumpe.

»Ich habe überall nachgefragt, aber in dieser ganzen Provinz hat sie keiner auf Lager«, erklärte er. »Um eine neue zu
bekommen, muss ich die ganze Strecke zurück nach Xuzhou
fahren. Es gibt keine Möglichkeit, zuverlässig und schnell eine

hierherschicken zu lassen, und deshalb muss ich selbst fahren. Mit dem Zug nach Xuzhou sind es zwei Tage und zurück noch mal zwei. Wissen Sie, worüber Sie als Schriftsteller schreiben sollten? Über die Lkws der Marke ›Befreiung‹ und wie schwer es ist, Ersatzteile für sie zu kriegen. Es ist lachhaft. Worüber Sie noch schreiben sollten, ist die schlechte Qualität chinesischer Produkte. Alles, was hier produziert wird, geht kaputt.«

Ich unterhielt mich immer gern mit chinesischen Lkw-Fahrern – sie sind die Unternehmer schlechthin im Land. Im Allgemeinen sind sie Eigentümer ihrer Fahrzeuge, oft in Partnerschaft; gewöhnlich fahren sie zu zweit, so dass einer fahren kann, während der andere schläft. Von allen Berufsfahrern in China sind sie die erfahrensten. Die Taxifahrer sind zu aggressiv, weil sie ohnehin wenig verdienen können, da der zäh fließende Stadtverkehr sie aufhält, und wenn sie ein paar Dellen ins Auto fahren, interessiert das keinen. Am schlimmsten sind die Fahrer der Überlandbusse. Die Busse gehören ihnen nicht, und ihr Lohn besteht in einem Anteil an den verkauften Fahrkarten. Sie haben daher einen Anreiz, Geschwindigkeitsbeschränkungen zu missachten, zumal die Verkehrskontrolle nur aus Schildern und Statuen von Polizisten besteht. Wenn ich von einem schlimmen Unfall lese, ist in der Regel ein Überlandbus beteiligt.

Die Lkw-Fahrer haben mich dagegen selten nervös gemacht. Meistens haben sie zu viel geladen, als dass sie schnell fahren könnten, und sie gehen keine Risiken ein, weil die Fahrzeuge ihnen gehören. Sie fahren gewöhnlich bestimmte Routen, wo ihnen die Straßen bekannt sind, und sie sind so klug, sich auf schlechtes Wetter einzustellen. Doch meistens ist es interessant, sich mit ihnen zu unterhalten. Einmal habe ich eine Nacht in einer Raststätte in der Provinz Shandong an der Ostküste verbracht und dabei die Fahrer nach ihrer Fracht befragt. Zwei Männer hatten eine volle Ladung Bambusbesen an Bord; sie hatten gerade eine Lieferung Nichteisenmetall abgeladen. Zwei andere hatten Farbfernseher abgeladen und verarbeiteten Weizen mitgenommen. Wieder andere hatten chemische Werkstoffe gegen Heizkörper oder Tennisschuhe gegen Lichtmaschinen getauscht. Sie waren die Alchemisten der neuen Wirtschaft, standen im Mittelpunkt des geheimnisvollen Austauschprozesses, der sich überall im chinesischen Straßennetz vollzieht. Ein anderer Laster hatte gerade computerisierte Mah-Jongg-Spiele abgeladen und Schulbücher für die Grundschule mitgenommen; jemand anders hatte in der einen Richtung Lederslipper und auf der Rückfahrt recycelten Kunststoff befördert.

Auf derselben Fahrt fuhr ich auf einer Schnellstraße hinter einem Laster her, dem in der Nähe der Stadt Tianjin die Ladeklappe in der Heckwand aufgegangen war. Er beförderte Altpapier, das zum Recyceln importiert worden war, und nun flatterten Hunderte von Drucksachen wie sterbende Vögel herunter und verteilten sich über die ganze Straße. Ich hielt an und hob eine auf – es war ein vierzehnseitiger Hypothekenantrag eines Finanzdienstleisters namens Woolwich aus Dartford in der englischen Grafschaft Kent. Ich setzte mich später mit der Firma in Verbindung; dort hatte man nicht die leiseste Ahnung, wie ihre Hypothekenformulare auf die Autostraße bei Tianjin geraten waren. Aber das gilt für fast jedes Produkt, das man in den hochentwickelten Ländern kaufen kann: Es hat wahrscheinlich einige Zeit auf einer chinesischen Straße verbracht, und irgendwann könnte es zur Wiederaufbereitung dorthin zurückkehren.

In der Provinz Gansu hatte der Allmächtige König des Fuhrunternehmers Li beim Transport seine schon erwähnte Panne, als er Rohbaumwolle beförderte. Normalerweise fuhr Li die Route von Xinjiang nach Jiangsu, eine Strecke von über 3000 Kilometern. Im Nordwesten folgte er der Route der alten Seidenstraße, die durch den Hexi-Korridor von Gansu und die Oasenstädte im Inneren von Xinjiang verläuft. In Richtung

Osten hatte er gewöhnlich Baumwolle geladen, die er in einer Fabrikstadt ablud, um Fertigkleidung aufzuladen – das war seine spezielle Alchemie. »Das sind billige Sachen«, erklärte er. »Solche, die in arme Länder in Zentralasien exportiert werden.« Er verdiente über 6000 Dollar im Jahr, in China ein glänzendes Einkommen, und zu dem Zeitpunkt fuhr er mit zwei weiteren Fahrern, von denen einer Lehrling war. Die beiden würden die nächsten vier Tage in dem Laster sitzen und auf Lis Rückkehr warten. Diebstahl ist, abgesehen von Geldbußen, die größte Sorge der Trucker. »Die Leute springen auf die Ladefläche und stehlen alles, was sie finden, manchmal sogar während der Fahrt«, sagte er. »Am schlimmsten ist es in der Provinz Henan. Wenn man einen Dieb erwischt und die Polizei ruft, kommt sie gar nicht erst. Durch Henan fahre ich äußerst ungern.«

Am Bahnhof Anyuan setzte ich Li mit seiner Ölpumpe ab, aus der Öl ausgelaufen war, das den ganzen Boden des City Special verschmutzt hatte. Er entschuldigte sich vielmals. Ich rief Herrn Wang bei Hauptstadt-Autos an, und er meinte nur: »*Mei Wenti!* Kein Problem!« Dann setzte ich meine Fahrt in den Hexi-Korridor fort. Dieser schmale Streifen von Gansu wird von unwirtlichem Gelände eingerahmt: Wüste im Osten und Gebirge im Westen. Der Kern des Korridors ist jedoch dank der Schneeschmelze im westlichen Gebirge hinreichend fruchtbar für Besiedlung, und in alter Zeit war er ein natürlicher Handelsweg. Die Karawanen, die hier hindurchzogen, brachten Güter, die zum Teil bis in den Nahen Osten und nach Europa gelangten. Im 19. Jahrhundert prägten westliche Geographen und Historiker für die hier verlaufenden Handelsrouten den Namen Seidenstraße. Tatsächlich handelt es sich um Dutzende verflochtener Routen, die zahlreiche Zielorte miteinander verbanden, und es wurden natürlich auch andere Produkte befördert, aber der Begriff setzte sich fest. Ähnlich verhält es sich mit der Großen Mauer: Es ist eine die Phantasie ansprechende ausländische Vereinfachung, gleichsam ein Markenzeichen der

Geschichte. Und so wie die Große Mauer zu Changcheng wurde, kehrte der ausländische Begriff Seidenstraße nach China zurück und ist heute jedem Chinesen bekannt: *Sichou zhi lu*.

In Gansu kommen diese beiden Ideen längs der Fernstraße 312 zusammen. Die moderne Straße verläuft durch den Kern des Korridors, und auf der Fahrt nach Nordwesten konnte ich rechts in der Ferne stellenweise die Ming-Mauer sehen. Es waren mannshohe Schutzwehren aus gestampfter Erde, die sich lückenlos über viele Kilometer erstreckten. Hier und da fügte sich ein Dorf in die Befestigungsanlagen. An einer Stelle bog ich von der Straße ab und folgte einem Feldweg, der nach einigen Kilometer an dem Dorf Xiakou endete. Es lag unmittelbar vor der Mauer, die von den Ortsansässigen weidlich genutzt wurde. Schafpferche säumten ein Stück weit die Befestigungen, und die Tiere scharrten auf dem Überrest aus der Ming-Zeit. Am Dorfrand hatten die Bewohner von Häusern ohne Wasseranschluss ihr Plumpsklo direkt in den Schutzwall gegraben. So viel zu der glorreichen Vorstellung von der Großen Mauer: In Xiakou roch die Realität nach Scheiße.

In alter Zeit war dieser Ort ein militärischer Vorposten gewesen, und das Verwaltungsgebiet heißt immer noch »Alte Soldatenstadt«. Er diente einst dem Schutz der hier entlangziehenden Karawanen. »Als ich klein war, kamen hier noch Kamelzüge durch«, erzählte mir ein alter Mann. »Ich kann mich an sie erinnern. Sie zogen nach Xinjiang.« Sein Gefährte nickte. »Ein Händler hatte zehn oder mehr Kamele, alle schwer bepackt«, ergänzte der andere. »Es waren Chinesen und auch Uiguren, aber überwiegend Chinesen. Nach der Befreiung wurden die Kamele seltener. Von da an benutzten sie Lastwagen.«

Ein halbes Dutzend Männer saß rauchend im Sonnenschein am Fuß eines alten zweistöckigen Pavillons, der einmal schön gewesen sein muss: Jeder Stock hatte ein viereckiges Dach mit bemaltem Gesims. Das obere trug in kalligraphischen Zeichen die Botschaft: »Beherrsche mit Macht den Himmel und die Erde«. Der Pavillon markierte die Kreuzung im Zentrum des Ortes, wo die Kamelzüge vorbeikamen. Heute ist der Pavillon bei schönem Wetter ein Treffpunkt der alten Leute, aber er ist verfallen. Die Farbe ist rissig, und das Holzdach ist stellenweise morsch; den Unterbau haben die Leute ausgeschlachtet und Ziegel herausgebrochen, um sie zum Bauen zu verwenden. Einst, sagten die alten Männer, zierten zwei schwere eiserne Löwen den Eingang, aber sie wurden während Mao Zedongs Kampagne zur Steigerung der Industrieproduktion als Schrott eingeschmolzen. Die ehernen Glocken wurden während der Kulturrevolution eingeschmolzen. »Sobald der Wind blies, ertönten die Glocken«, erinnerte sich ein Mann. »Es waren acht. Sie hingen an den Ecken, vier im ersten und vier im zweiten Stock.«

Sie sprachen von anderen verschwundenen Bauwerken, erinnerten sich an die Namen und Standorte in der Umgebung von Xiakou. Es handelte sich überwiegend um Tempel aus der Zeit, als die Religion noch Gemeingut war, aber während der Kampagne der Kulturrevolution gegen den Aberglauben waren sie abgerissen worden. »Wer Kinder wollte, ging zum Tempel der Fruchtbarkeitsgöttin«, berichtete ein Mann. »Alte Leute gingen zum Tempel der Drei höchsten Manifestationen des Dao. Zum Tempel des Gottes der Literatur gingen Studierende, bevor sie die kaiserlichen Prüfungen ablegten. Bauern gingen, wenn sie Regen wünschten, zum Tempel des Drachenkönigs.«

Inzwischen existierten diese Orte nur noch als Namen in der Erinnerung. Selbst die Kreuzung vor dem verfallenen Turm war bedeutungslos geworden, weil die moderne Seidenstraße von Xiakou weg verlegt worden war. Die neue Fernstraße 312 war drei Kilometer weiter westlich gebaut worden, und das war der Todesstoß für den Ort, weil Reisende hier nicht mehr haltmachten. Die Einwohnerzahl war auf 400 geschrumpft, weniger als die Hälfte der Zahl am Beginn der Reformzeit. Alle sagten, die jungen Leute gingen gleich nach Abschluss der

Hauptschule fort. Diese schien das letzte gut erhaltene Gebäude am Ort zu sein, und als ich nach einer Bleibe für die Nacht fragte, verwies man mich umgehend an die Schule.

Zum Zelten war es zu kalt und windig geworden, und es war schon zu spät, um vor Eintritt der Dunkelheit die nächste Stadt zu erreichen. In der Schule von Xiakou wurde ich von den Lehrern freundlich willkommen geheißen. Sie sagten, hin und wieder übernachte ein Besucher bei ihnen, nachdem er die Ruinen der Großen Mauer besichtigt habe. Sie stellten ein Feldbett auf, und ich schlief im Klassenzimmer der vierten Klasse. Es war, wie bei Dorfschulen in China üblich, sauber, aber spärlich dekoriert, und die schmucklose Umgebung entsprach ganz einer Unterkunft für Reisende. Ich war bloß ein Durchreisender, und das galt auch für die Schüler, die fast alle irgendwann auf der neuen Seidenstraße davonfahren würden. An den Wänden hingen Zitate von Karl Marx, dem Revolutionsgeneral Zhu De und dem ehemaligen Premierminister Zhou Enlai – inspirierende Worte für Kinder, die eines Tages zu den Fabrikstädten des Südens aufbrechen würden:

Ein Mann mit Kenntnissen verwandelt sich
in drei Köpfe und sechs Arme

Menschen und Maschinen gleichen sich:
Wenn sie in Bewegung bleiben, rosten sie nicht

Lerne fleißig, damit China aufsteigen kann

* * *

In diesem Teil von Gansu verzeichnete der Atlas etliche militärische Ortsnamen wie Drachenkopf-Festung, Alte Soldateneinfriedung, Reiche Festung. Westlich von Xiakou hatte man die Orte nach Pferden benannt: Hufeisentempel, Großes-Pferde-Lager, Militärpferd-Lager Nummer Eins, Militärpferd-Lager Nummer Zwei, Militärpferd-Lager Nummer Drei. Alle lagen in unmittelbarer Nähe der Großen Mauer auf dem Anstieg zur tibetischen Hochebene, und ich beschloss, dorthin einen Abstecher zu machen.

Xiakou war trocken und staubig wie die meisten Orte am östlichen Rand des Hexi-Korridors. Das war die Wüstenseite, doch die Landschaft änderte sich, je weiter ich nach Westen kam. Mein Ausgangspunkt befand sich auf einer Höhe von 2100 Metern in einem nahezu kahlen Buschland, und innerhalb einer Stunde erreichte ich eine üppig bewachsene Ebene, die fast 3200 Meter hoch war. Dieser Gegend kam die Schneeschmelze zugute; in der Ferne sah ich die schneebedeckten Gipfel des Himalaja. Und auf einen Schlag wich die Eintönigkeit der Wüste einer strahlenden Farbigkeit, dem harten Blau des Frühlingshimmels und dem saftigen Grün des Graslands. Tiere grasten auf zaunlosen Weiden, und neben den Äckern eilten Bäche dahin. Es war Weideland – so weit und einladend wie die Hochebenen von Montana.

Bei Militärpferd-Lager Nummer Eins trieben Cowboys Hunderte von Tieren in einen Pferch. Die Pferde waren gedrungen, hatten tief angesetzte Schultern und kraftvolle Beine; ihre Hufe donnerten, während sie vor den Männern dahinstürmten. Die Cowboys trugen chinesische Militäruniformen: Mützen mit kurzer Krempe, Tarnanzüge und hohe Militärstiefel. Als ich aus dem City Special stieg, ritt ein Mann herbei, sprang elegant ab und stellte sich mit einem militärischen Titel vor: Gruppenführer Wang Jiayi.

»Man bezeichnet diese Rasse als Shandan-Pferd«, erklärte er auf meine Frage. »Sie sind nicht groß oder schnell, aber ausdauernd. Sie sind gute Zugpferde.«

Shandan heißt eine Stadt in der Nähe, und Gruppenführer Wang sagte, schon unter der Han-Dynastie vor über 2000 Jahren hätten die Einheimischen begonnen, Pferde für das chinesische Militär zu züchten. Hauptgegner des Reiches waren damals die Xiongnu, ein Nomadenvolk, das die Chinesen seit Generationen terrorisierte. Ein Minister der Han-Dynastie beschrieb die Xiongnu im 2. vorchristlichen Jahrhundert so: »Sie kommen wie ein Wirbelsturm und verschwinden wie ein Blitz. Ihre Lebensweise ist bestimmt von der Jagd mit Pfeil und Bogen, dem Weiden ihrer Tiere und dem Umherziehen ohne feste Siedlung, was ihre Kontrolle erschwert.« Effektiv konnten die Chinesen diesen Feind nur zu Pferde bekämpfen, und so schuf das Reich in diesem Teil des Hexi-Korridors Zuchtstätten. Damals nannten sie diese Region das Kaiserliche Pferdelager, eine Tradition, die die Jahrhunderte überdauert hat. Die Kommunisten benannten die Lager um und teilten jedem eine Nummer zu, aber das Shandan-Pferd züchteten sie weiterhin, und im schroffen Gelände des Westens behielt das Tier seine Nützlichkeit. In Xinjiang werden die fernen Landesgrenzen Chinas noch immer zu Pferde überwacht. Von Einheimischen hörte ich, dass China in den achtziger Jahren, als es die Taliban in ihrem Krieg gegen die Sowjetunion unterstützte, Shandan-Pferde in großer Zahl nach Afghanistan geschickt habe.

Doch selbst ein so entlegener Ort wie dieser war nicht immun gegen die Veränderungen der Reformära. Der Name Militärpferd-Lager Nummer Eins wurde beibehalten, und sie versorgten immer noch über 2000 Tiere. Gruppenführer Wang erklärte mir jedoch, man sei dabei, die Zucht zu privatisieren. »Formell gehören wir nicht mehr zur Armee«, sagte er. »Seit einigen Jahren fordert das Militär keine Pferde mehr bei uns an; bis auf weiteres sind sie ausreichend versorgt. Wir verkaufen jetzt an andere Unternehmen, vornehmlich im Bereich Tourismus. Und einige unserer Chefs sagen, dass auch wir uns dem Tourismus zuwenden werden.«

Das schien die wahrscheinlichste Zukunft für Militärpferd-Lager Nummer Eins zu sein – eines Tages würde es zu einer Ferienranch für die Großstadtbewohner Chinas werden. Vorläufig war der Ort noch vom Militär geprägt; alle trugen Uniform, und nichts deutete auf ein Zivilleben hin. Als ich bei der Verwaltung haltmachte, wurde der Direktor äußerst nervös und verlangte meinen Pass und die Akkreditierung als Journalist zu sehen. Aber dann wusste er offenbar nichts mit mir anzufangen und ließ mich in meinem Jeep davonfahren. Auf meinem Weg nach Westen hatte ich in den letzten Wochen schon gemerkt, dass die örtlichen Behörden zunehmend auf Ausländer achtgaben. An einem Mauthäuschen hatte mich ein Polizist angehalten und gründlich den Wagen durchsucht; er öffnete sogar die Motorhaube und notierte sich die Seriennummer. Über den Grund seiner Sorge verlor er kein Wort, aber mir war bekannt, dass es Militäreinrichtungen in der Gegend gab. Auch ethnische Spannungen mochten mitspielen, denn in Gansu ist die tibetische Minderheit recht stark vertreten.

Das Beste war es wohl, wenn ich weiterfuhr, und nach der Besichtigung von Militärpferd-Lager Nummer Eins beschloss ich, den Bezirk zu verlassen, weil man möglicherweise schon die Polizei alarmiert hatte. Ich fuhr nach Norden, und es war fast Mitternacht, als ich endlich einen kleinen Ort namens Gaotai erreichte. Die Siedlung lag an der Fernstraße 312 und bestand aus einigen Autoreparaturwerkstätten, billigen Restaurants und Schlafgelegenheiten für Lkw-Fahrer. In einer billigen Unterkunft fand ich ein Bett für zwei Dollar pro Nacht. Sie hatten keine polizeilichen Anmeldeformulare, und ich brauchte nur den Preis zu entrichten. In dem Zimmer standen vier Betten, das Fenster ging zur Straße hinaus, und an der Wand hing ein Poster von einer holländischen Windmühle.

Zwei Fahrer aus Sichuan hatten bereits zwei der übrigen Betten belegt. Sie kamen aus Neijiang, einer Stadt, die ich von meiner Zeit im Friedenskorps her kannte, und sie beförderten mit ihrem Laster der Marke »Befreiung« eine Ladung Kinderkleidung, die nach Kasachstan exportiert werden sollte. Sie hatten wegen Reparaturen an ihrem Fahrzeug haltgemacht – noch ein Allmächtiger König, der in der Provinz Gansu gedemütigt worden war. Als ich erschien, wurden die beiden munter.

»Sind Sie wegen der anderen Ausländerin hier?«, fragte einer.

»Was für eine andere Ausländerin?«

»Die Russin.«

»Ich kenne keine Russen«, sagte ich, »ich bin Amerikaner.«

»Ach, ich dachte, Sie kennen sie. Sie arbeitet oben.«

»Was macht sie oben?«

Sein Gefährte sagte lachend: »Sie ist Prostituierte!«

O Gott, dachte ich. Wenn es etwas Deprimierenderes gab als ein Vierbettzimmer in einer Unterkunft für Lkw-Fahrer, dann war es das Wissen, dass oben eine Russin anschaffte.

»Wollen Sie zu ihr?«, fragte der Mann.

»Nein«, antwortete ich. »Ich bin müde. Ich bin gerade fünf Stunden ohne Unterbrechung gefahren.«

»Kommen Sie schon, auf geht's! Sie ist auch Ausländerin. Ihr könnt euch unterhalten!«

Sie hatte sicher etwas zu erzählen, wahrscheinlich eine grauenerregende postsowjetische Version von Schwester Carrie, die in Wladiwostok begann und im Hexi-Korridor endete. Aber ich konnte mich nicht dazu aufraffen, mir diese Geschichte anzuhören oder die Frau anzugaffen, und schließlich gaben die Männer aus Sichuan es auf. Manchmal wünscht man sich von einem Zwei-Dollar-Bett nichts anderes als ein bisschen Schlaf.

* * *

In der Provinz Gansu ging mir die Gatorade aus. Meinen letzten Dove-Schokoriegel hatte ich in Ningxia aufgegessen, und mein Cola-Vorrat war längst weg. In diesen Kleinstädten waren solche ausländischen Produkte nicht zu kriegen. Ich füllte meine Limovorräte mit süßlicher Feichang-Cola auf, deren Werbeslogan – »Chinas eigene Cola!« – Prahlerei und Warnung zugleich war. Wochenlang war ich auf einer Wolke von Zucker und Koffein nach Westen gerollt, aber hier im Hexi-Korridor brachte mich die Erschöpfung auf die Erde zurück. Morgens war nichts mit mir los, und abends hielt ich nur mühsam die Augen offen. Ich war verdreckt, selbst die gründlichste Haarwäsche half nichts mehr. Der Anlasser des City Special war ausgetauscht worden, das Wageninnere war voller Sand, und auf dem Bodenbelag war von der Ölpumpe des Allmächtigen Königs ein riesiger Fleck. Den Anhaltern konnte ich keinen Vorwurf daraus machen, dass sie sich nicht anlehnen wollten – der Wagen verwandelte sich erkennbar in ein Wrack.

Die Große Mauer war noch da, wenn ich rechts aus dem Fenster schaute, und sie wirkte noch immer atemberaubend. Je weiter ich fuhr, desto mehr beeindruckten mich die Bauten, durch ihre Schönheit ebenso wie durch ihre Beständigkeit. Sie hatten etwas auffallend Chamäleonhaftes – die Mauern folgten stets den Linien der Landschaft, und sie nahmen sogar die Farbe der Erde an, durch Alterung und durch Verwendung örtlicher Baumaterialien. In Hebei hatten sich die Bauten den steilen und zerklüfteten Bergen angeschmiegt, und auf einer Kammlinie konnte man zuweilen kaum zwischen dem natürlichen Felsgestein und Ziegeln der Ming-Zeit unterscheiden. Auf dem Lössplateau, wo die Berge steil in terrassierte Schluchten abfielen, wirkten die Festungen der Großen Mauer so kantig wie die zerbrochene Landschaft. Am Rande der Ordoswüste machten die Wehranlagen den Eindruck von aufgeschichtetem Sand. Hier im Hexi-Korridor machte sich die Ming-Mauer fahl im Sonnenschein breit wie eine Schlange im Frühling. War anfangs bei ihrem Bau die Umwelt geschädigt worden, so hatten die Jahrhunderte diese Kante abgestumpft, und inzwischen wirkte sie fast natürlich. Es war verwunderlich, dass man einmal geglaubt hatte, die Große Mauer sei vom Weltraum aus zu erkennen – nie hatte ich ein anderes menschengemachtes Objekt gesehen, das sich so subtil in seine natürliche Umgebung einfügte. An manchen Stellen konnte man oben auf dem Ding stehen, ohne es zu merken.

Auch die Bedeutung der Großen Mauer und ihre Deutungen wandeln sich chamäleonhaft im Laufe der Zeit und je nach Standpunkt. Anfang des 20. Jahrhunderts feierte der Revolutionär und Nationalist Sun Yat-sen sie als größte technische Leistung der chinesischen Geschichte; Mao bezeichnete sie als Vorläufer der modernen Landesverteidigung. Lu Xun, der große Schriftsteller der zwanziger und dreißiger Jahre des vorigen Jahrhunderts, sah in der Mauer alles verkörpert, was an der chinesischen Kultur schlecht war. Für ihn war sie »ein Wunder und ein Fluch« zugleich: »Ich habe mich immer von der Großen Mauer von allen Seiten eingeengt gefühlt, dieser Mauer aus alten Ziegeln, die fortwährend verstärkt wird. Das Alte und das Neue tun sich zu unser aller Unfreiheit zusammen.« Die Japaner, die im Zweiten Weltkrieg den Norden besetzten, fotografierten ihre Soldaten neben der Mauer, um ihren territorialen Anspruch zu beglaubigen. Jorge Luis Borges hat ebenso wie Franz Kafka eine Geschichte über die Große Mauer geschrieben. Während sie für ausländische Autoren gewöhnlich Fremdenhass verkörpert, sehen Chinesen in ihr einen Beweis kultureller Größe. Die chinesische Romanautorin Han Suyin nannte sie sogar ein Symbol der multiethnischen Einheit – »mehr einem Fluss als einer Schranke ähnelnd«. Die Bedeutung der Großen Mauer ist so fließend, dass sie praktisch alles bedeuten kann, sogar Zusammenarbeit zwischen Chinesen und Mongolen.

In der wissenschaftlichen Welt sind sich die Historiker nahezu einig, dass das Bauwerk als Schutzwehr versagt hat. Der amerikanische Historiker Arthur Waldron, der sich mit bestimmten Phasen des Baus der Mauer befasst hat, kommt zu dem Schluss, dass sie »schon bei ihrer Errichtung militärisch sinnlos« war. Seine Untersuchung beschränkte sich allerdings auf spezielle Bauphasen und Abschnitte der Mauer, und andere akademische Gelehrte haben sich der Geschichte nicht gründlich angenommen. Die bedeutsamsten Untersuchungen zur Großen Mauer werden heute von Laien außerhalb der akademischen Welt betrieben. Sie sind von ganz unterschiedlicher Herkunft und reichen von Dorfhistorikern wie dem Alten Chen bis zu Ausländern mit Hochschuldiplomen, aber generell haben sie bestimmte Merkmale gemeinsam. Es sind in der Regel Männer, und oft sind sie sportlich. Diese Eigenschaft trifft man in der chinesischen Intelligenz seit jeher selten an, aber sie ist unerlässlich für jeden, der die Mauerregionen erkunden will. Die Große Mauer zieht außerdem Besessene an. Unabhängige Forscher müssen zähe Wanderer sein, und sie müssen über hinreichende Mittel verfügen, um ihre Untersuchung selbst zu finanzieren. Insofern ist die Mauer das ideale historische Thema für die neue Wirtschaft. Vom Staat ignoriert und von der akademischen Welt vernachlässigt, ist der Forschungsbereich der Großen Mauer völlig von der Initiative einzelner Privatpersonen abhängig: Geschichte als freier Markt.

Fast alle von ihnen finden schließlich ihren Weg nach Peking. Dong Yaohui, Angestellter eines Stromversorgungsunternehmens, gab 1984 seine Stelle auf und wanderte mit zwei Begleitern in sechzehn Monaten unentwegt quer durch China an der Mauer entlang. Nachdem er ein Buch über das Erlebnis geschrieben hatte, zog er in die Hauptstadt und belegte Kurse in klassischem Chinesisch. Er war an der Gründung der Chinesischen Gesellschaft für die Große Mauer beteiligt, die heute zwei Zeitschriften herausgibt und sich für die Erhaltung des Bauwerks einsetzt. Ein anderer selbsternannter Experte ist Cheng Dalin, der zunächst an einer Sportakademie studiert hatte. Nach dem Abschluss wurde er Fotograf und von seiner Nachrichtenagentur oft an die Mauer geschickt, weil er kräftig genug war, um das Bauwerk zu erklimmen. Auf eigene Kosten studierte er die Geschichte der Ming und brachte insgesamt acht Bücher heraus, in denen seine Untersuchungen durch

Fotos ergänzt werden. William Lindesay, ein britischer Geologe und Marathonläufer, ging 1986 aus einer Laune heraus nach China, um an den Mauern entlang zu laufen und zu wandern, und die ganze Strecke von Gansu bis ans Meer bewältigte er in neun Monaten. Er ließ sich in Peking nieder, schrieb vier Bücher zum Thema Mauer und gründete die Organisation »Internationale Freunde der Großen Mauer«, die sich um die Bewahrung des Bauwerks bemüht.

An der Universität Peking, der berühmtesten Lehranstalt Chinas, wirkt der führende Mauerforscher, ein Polizist namens Hong Feng. Als Kind hatte Hong ebenfalls eine Sportschule besucht – er war Kurzstreckenläufer und Weitspringer –, aber die Lektüre historischer Werke hatte ihm schon immer Spaß gemacht. Nachdem er die Zulassung zum Hochschulstudium knapp verfehlte, wurde er Polizist und schließlich der Polizeieinheit an der Universität Peking zugeteilt. In seiner Freizeit erforscht er in der Bibliothek die Texte aus der Ming-Zeit, und er wandert zu entlegenen Mauerabschnitten. Auf einer Website für Mauerenthusiasten veröffentlicht er Artikel, und er hat einige bemerkenswerte Entdeckungen gemacht. (Hong fand zum Beispiel Ming-Texte, aus denen hervorgeht, wie Fengshui-Ideen den Mauerbau außerhalb von Peking beeinflussten.) Bei unserem Treffen berichtete Hong, dass er trotz seiner Tätigkeit an der Universität Peking noch nie mit einem Professor über seine Untersuchungen gesprochen habe. »Die Wissenschaftler an den Instituten für Archäologie und Geschichte interessieren sich einfach nicht für die Große Mauer«, sagte er.

Der gründlichste Forscher von allen ist ein Amerikaner, David Spindler. Er ist wie die anderen sportlich – in Dartmouth war er in der Rudermannschaft und gehörte zum Skilanglauf-Team. 1990 ging er an die Universität Peking, um den Magistergrad in Geschichte zu erwerben; die auf Chinesisch verfasste Magisterarbeit behandelte einen Philosophen der westlichen Han-Dynastie. Anschließend beschloss Spindler, keine akademische Laufbahn einzuschlagen; er besuchte die Harvard Law School und wurde Consultant mit Sitz in China. In seiner Freizeit wanderte er jahrelang die Große Mauer entlang, und bald nachdem er seinen Job aufgab, beschloss er, sich ganz der Forschung zu widmen. Er hat ehrgeizige Ziele: Er will jeden Abschnitt der Ming-Mauer in der Region Peking erwandern und alles lesen, was während dieser Dynastie über die Verteidigungsanlagen veröffentlicht wurde. Seine Forschung finanziert er ganz aus eigenen Mitteln, durch Vorträge und Führungen an der Mauer.

Abweichend von anderen ausländischen Wissenschaftlern hat Spindler Beweise dafür gefunden, dass die Große Mauer der Ming tatsächlich als Verteidigungsbauwerk funktioniert hat. Ein entsprechender Vorfall ereignete sich 1555, als bei Shuitou, einem Dorf nordwestlich von Peking, Tausende von Mongolen angriffen. Die Ming hatten die Mauern bei Shuitou kurz zuvor verstärkt, und diese hielten stand; die Angreifer wurden zurückgeschlagen. In den Folgejahren gab es viele weitere Beispiele einer erfolgreichen Verteidigung. In einem Bericht aus dem späten 16. Jahrhundert schildert ein chinesischer Offizier, was auf einen Sieg folgte:

An dem Tag, an dem wir die abgeschlagenen Köpfe der Barbaren auf Pfähle steckten, schnitt ein Soldat namens Zhan Yu ein Stück Barbarenfleisch ab, ging zu seinen Kameraden und sagte: »Jeder, der uns angreift, verdient dieses Schicksal.« Ein anderer Soldat namens Zhao Pian schnitt zwei Stücke Fleisch aus dem Nacken eines toten Angreifers, verzehrte sie roh und sagte zu seinen Kameraden: »Ich hasse alle, die unsere Zivilisten drangsalieren und uns Soldaten Ärger bereiten, und ich werde ihr Fleisch essen!« Als ihr Befehlshaber war ich erfreut, so tapfere und ergebene Soldaten zu haben …

Weltweit gibt es niemanden, der die Große Mauer der Ming so gründlich kennt wie Spindler, und einmal fragte ich ihn, was die Bauwerke über China aussagen. »Diese Frage stellt man mir immer bei meinen Vorträgen«, erklärte er. »Was sagt es über China, dass China diese Mauern errichtet hat? Darauf antworte ich grundsätzlich: Nichts. Das finden die Leute sehr enttäuschend. Aber es ist bloß eine Bekundung dessen, was China getan hat. So haben sie sich eben verteidigt.«

Spindler lehnt es ab, die Große Mauer zu einem Symbol zu machen. Sie wird dann zu einer bequemen Metapher, mit deren Deutung die Leute sich lieber befassen als mit der Forschung. Er hält es für unangemessen, mit Hilfe eines so speziellen Bauwerks etwas so Komplexes wie die chinesische Kultur zu erklären. »Aus meiner Sicht war dies eine Grenze, die oft angegriffen wurde«, sagte er. »Sie brauchten irgendein Grenzverteidigungssystem. Und es wurde kombiniert mit Diplomatie, mit Handel, mit Einfällen ins Territorium der Mongolen.«

Für die Ming waren Mauern nur ein Element einer komplexen, mehrgleisigen Strategie, aber heute macht man leicht den Fehler, die Befestigungen aus dem Zusammenhang zu reißen. Sie sind immer noch beeindruckend, und der Tourist kann einfach auf ihnen entlangspazieren, aber um sie wirklich zu verstehen, müsste er sich die Mühe machen, in den Ming-Archiven zu forschen, die weit mehr Einzelheiten über andere Aspekte der Außenpolitik enthalten.

»Die Leute fragen sich, ob sich die Mauer gelohnt hat«, fuhr Spindler fort. »Aber so hat man damals wohl nicht gedacht. Sie werden keinen Nationalstaat finden, der sagt: ›Wir werden dieses Terrain aufgeben‹ oder ›Wir werden soundso viele Bürger und Soldaten opfern‹. Solche Überlegungen hat man damals nicht angestellt. Ein Reich wird immer bemüht sein, sich zu schützen.«

* * *

Ich folgte den Ming-Mauern in nordwestlicher Richtung bis Jiayuguan, der Festung am Ende des Hexi-Korridors, und fuhr dann nach Dunhuang. Die Stadt ist berühmt für die Kunst ihrer buddhistischen Höhlentempel und die mächtigen Sanddünen ganz in der Nähe. Ich fuhr jedoch weiter – nach so langer Zeit auf der Straße konnte ich den Aufenthalt an einem Touristenort nicht ertragen. Ich war auf dem Weg zu einem Ort namens Subei, als ich an einem Kontrollpunkt von der Polizei angehalten wurde. Man hatte die Sperre an einer gottverlassenen Kreuzung errichtet, unweit der Grenze zur Provinz Qinghai.

»Führerschein«, sagte ein Beamter streng, und dann schaute er in den Wagen. »Wow! Woher kommen Sie?«

»Peking«, antwortete ich.

»Sie sind nicht aus Peking!«

»Ich bin Amerikaner, aber ich wohne in Peking.«

»Schaut euch das an!«, rief er grinsend den anderen Beamten zu. »Dieser Kerl ist Ausländer!«

Zu dritt drängten sie sich um den City Special. Sie schienen kaum aus dem Kindesalter heraus zu sein – spindeldürre Kerle um die zwanzig in viel zu großen Uniformen. Der Erste prüfte mein Dokument und rief aus: »Das sieht ja genau wie ein chinesischer Führerschein aus!«

»Es ist ein chinesischer Führerschein«, bestätigte ich. »Ich dürfte hier nicht fahren, wenn ich nur einen amerikanischen Führerschein hätte.«

»Haben Sie Ihren amerikanischen Führerschein bei sich?«

Ich reichte ihn heraus, und die Polizisten betrachteten ihn reihum – zweifellos das erste Mal, dass ein Führerschein des Staates Missouri in der Provinz Gansu inspiziert wurde. »Warum sind Sie hier?«, wollte ein Beamter wissen.

»Ich fahre einfach herum. Tourismus.«

»Wie haben Sie Chinesisch gelernt?«

»Ich lebe hier seit Jahren.«

»Sie müssen ein Spion sein!«, sagte er. Die anderen griffen

lachend den Refrain auf. »Er ist ein Spion! Er fährt herum, er kann Chinesisch – er muss ein Spion sein! Ein Spion! Ein Spion!«

Der Polizist schüttelte sich vor Lachen und gab mir beide Führerscheine zurück. Ich brauchte eine Weile, um die Sprache wiederzufinden. »Kann ich jetzt weiterfahren?«, fragte ich.

»Selbstverständlich!«

Ich fuhr los und konnte im Rückspiegel beobachten, wie die drei sich gegenseitig Klapse versetzten. Sie knufften sich und riefen lachend: »Ein Spion! Ein Spion!«

* * *

Ich brauchte über eine Stunde bis Subei. Unterwegs sah ich nur weiße Hirtenzelte, in denen mongolische und kasachische Nomaden hausten, und der Ort selbst bestand aus einer Reihe niedriger Gebäude, die sich quer durch ein trockenes Tal zog. Ich hielt an einer öffentlichen Toilette; als ich herauskam, wurde ich von einem Mann erwartet. Er sagte nur: »Ausweis.«

Er war klein und dunkelhäutig und trug einen schütteren Schnurrbart – Mongole, vermutete ich. Seine Forderung war für mich überraschend, und als ich zögerte, zückte er eine Dienstmarke: Öffentliche Sicherheit. Er inspizierte meinen Pass und steckte ihn ein. »Dieser Bezirk ist für Ausländer gesperrt«, erklärte er.

»Entschuldigung, das wusste ich nicht«, erwiderte ich. »Das hat mir niemand gesagt.«

»Ob Ihnen jemand was sagt, spielt keine Rolle. Er ist gesperrt.«

»Ich bin bloß auf einer Reise«, sagte ich. »Ich fahre gern auf der Stelle weiter. Ich möchte kein Problem verursachen.«

»Sie haben schon ein Problem verursacht«, entgegnete er. »Wir müssen jetzt aufs Revier gehen.«

Ich stellte den City Special neben der Straße ab. Ich hatte

das dumpfe Gefühl, dass man den Wagen beschlagnahmen würde – das war anderen Ausländern, die unerlaubt in Sperrgebiete gefahren waren, schon passiert. Aber es lässt sich nie vorhersagen, wie eine Festnahme in China ausgeht; es hängt ganz von dem Ort und den Leuten ab, mit denen man es zu tun hat.

Auf dem Revier wartete eine Beamtin, und sie ließen mich hinter einem Schreibtisch Platz nehmen. Der Polizist erwähnte, dass sie kürzlich einen anderen Ausländer festgenommen hätten. »Er kam mit einem Bus an«, meinte er.

»Was ist mit ihm passiert?«, fragte ich.

»Er wurde dem Gesetz entsprechend bestraft.«

»Wie wurde er bestraft?«, fragte ich.

Der Mann ignorierte die Frage. Die beiden wühlten in Aktenschränken und holten Papiere hervor; sie gingen zügig vor, als sei dies eine vertraute Routine. Ich beschloss, es mit einer letzten Bitte um Nachsicht zu probieren. »An dem Abzweig standen Polizisten«, sagte ich. »Sie haben meine sämtlichen Dokumente geprüft. Sie haben mir nicht gesagt, dass Subei gesperrt ist, und sie sagten, ich dürfe hierherfahren.«

»Klar haben sie das gesagt!«, erwiderte der mongolische Polizist. »Diese Kerle haben von Tuten und Blasen keine Ahnung. Das sind bloß Verkehrspolizisten! Taugenichtse!«

Dagegen war kaum etwas zu sagen. Jetzt begann die Vernehmung. Der Mann stellte Fragen, die Frau schrieb. Von wo sind Sie heute gekommen? Ist dies Ihr korrekter Pass? Ihre Wohnsitzbescheinigung? Ist dies Ihre korrekte Adresse in Peking? Seit wann wohnen Sie dort? Welchen Bildungsgrad haben Sie? Haben Sie eine Quittung über die Anmietung des Wagens? Wie viel haben Sie gezahlt? Wo befindet sich die Vermietung? Wo haben Sie sich letzte Nacht aufgehalten? Wie viel hat es gekostet? Haben Sie sich angemeldet? Wie lautet der Name Ihrer Arbeitseinheit? Ist er so richtig geschrieben? Haben Sie einen Doktortitel?

Aus irgendeinem Grund kamen sie immer wieder auf meinen Bildungsgrad zurück. Für mich war es rätselhaft – gab es einen Zusammenhang zwischen meinem Abschluss und der Tatsache, dass ich mich in eine gesperrte Stadt am Rande der tibetischen Hochebene verirrt hatte? Schließlich dämmerte mir, dass sie nur Formulare ausfüllten. Es gab Dutzende von auszufüllenden Leerstellen, und viele überschnitten sich; manche Fragen beantwortete ich dreimal. Die Fragen waren so spezifisch und detailliert, dass sie eine wirkliche Vernehmung praktisch vereitelten. Die beiden Beamten schienen überhaupt nicht misstrauisch zu sein, und sie stellten keine offenen Fragen, zum Beispiel, wo ich hinfahren wollte oder was ich so weit von fort zu Hause machte. Sie warfen nicht einmal einen Blick auf den City Special. Es war reiner Papierkram, und als sie fertig waren, lehnten sie sich erleichtert zurück.

»Sie haben gegen unser Ausländerrecht verstoßen«, verkündete die Frau. Sie holte ein Regelbuch hervor und deutete auf Artikel 46. »Wir müssen Sie bestrafen.«

»Worin besteht die Strafe?«

»Sie werden mit einem Bußgeld belegt«, sagte der Polizist, und plötzlich lächelten beide. Es war ein gewisses chinesisches Lächeln, hinter dem sich Verlegenheit verbirgt, und auch ich musste lächeln.

»Von Rechts wegen können wir Sie mit einem Bußgeld von fünfhundert belegen«, erklärte sie. »Weil es aber das erste Mal bei Ihnen ist, belassen wir es bei einhundert.«

Das entsprach zwölf Dollar. »Danke«, sagte ich und legte das Geld auf den Tisch. Beim Anblick der Banknote wurden sie nervös, und keiner wollte sie anrühren. »Ich muss unseren Vorgesetzten fragen«, sagte die Frau und verließ den Raum. Nach ein paar Minuten kam sie zurück: »Wir dürfen kein Bargeld annehmen.«

»Warum nicht?«

»Wegen der Korruption. Bei Bargeld gibt es keinen Beleg über den Betrag. Sie müssen es überweisen.«

In regelmäßigen Abständen veranstaltet die Kommunistische Partei Kampagnen zur Korruptionsbekämpfung, die aber stets kaum etwas ausrichten. Doch in diesem vergessenen Winkel von Gansu nahmen die Polizisten sie ernst. Die Frau begleitete mich nach draußen, und wir gingen über die Straße zur Landwirtschaftsbank von China. Da jedoch Sonntag war, musste sie einen Angestellten kontaktieren, der eigens für uns aufmachte. Ich füllte ein Formular mit der Adresse des Polizeireviers aus, trug den Namen der Frau ein und übergab den Geldschein. Der Angestellte sagte: »Bis Dienstag wird es da sein.« Er machte einen zufriedenen Eindruck – bis das Geld die Frau erreichte, die direkt neben mir stand, würde es nur zwei Tage dauern. Auch sie war zufrieden; auf der Straße schüttelte sie mir die Hand und wünschte mir eine gute Fahrt. Ich ließ den City Special an, machte kehrt und fuhr zu dem Kontrollpunkt zurück. Die Polizisten in ihren schlabbrigen Uniformen standen noch immer untätig herum und riefen fröhlich, als ich vorbeifuhr.

* * *

Rund 60 Kilometer folgte ich einer kleinen Straße, die in die Wüste Gobi hineinführte. Die entsprechende Seite in meinem Autoatlas war so leer wie keine bisher: Nur zwölf Ortsnamen verteilten sich über das ganze Blatt. Einer lautete Yumenguan, Jadetor. Es handelte sich um ein von der Han-Dynastie errichtetes militärisches Bauwerk, und dort endete die Asphaltierung.

Ein holpriger Feldweg führte weiter in die Wüste hinein; er war nicht mehr auf der Karte verzeichnet. Der City Special rumpelte über kleine Erhebungen aus Sand und Fels hinweg. Nach sechzehn Kilometern endete der Weg bei den Ruinen von Hecangcheng, einem vor über 2000 Jahren erbauten befestigten Kornspeicher, der den hier stationierten Han-Soldaten diente. In diesem Teil der Wüste am Westrand des Reiches hatten die Chinesen anstelle der Mauer Festungen errichtet.

Das Land ist so flach und öde, dass ich die nächste Festung in der Ferne sehen konnte, fünf Kilometer weiter. Ich hatte das Ende der Linie erreicht – der Strom der durchgehenden Mauern war vereinzelten Festungen gewichen, letzte Tropfen sozusagen, nachdem der Hahn zugedreht worden war.

Sonst war niemand in Hecangcheng. Die Regierung hatte vor, eine Asphaltstraße hierher zu bauen, aber noch hatte man nicht damit begonnen, und der Ort war noch immer schwer zu erreichen. Der alte Kornspeicher war ein über 60 Meter langer Koloss mit drei Meter dicken Mauern, die schroff aus dem Buschland emporragten. Es gab Stützpfeiler aus gestampfter Erde, und durch klaffende Löcher konnte man den Himmel sehen; hier und da sah man in den Lehmwänden die zum Bau verwendeten Strohmatten. Dieser Teil von Gansu ist so trocken, dass das Stroh wie frisch wirkte, obwohl es tatsächlich über 2000 Jahre alt war. In den Jahren 1900 und 1907 hat der große ungarisch-britische Entdecker und Archäologe Aurel Stein neben allen übrigen Festungen der Region auch diesen Kornspeicher untersucht. Er unternahm zwei solcher Expeditionen, bei denen er monatelang mit Kamelkarawanen in der Wüste unterwegs war. Auf der zweiten Reise fand er tatsächlich seine eigenen Spuren wieder, denn er stieß irgendwann auf zweierlei Fußabdrücke, die eines Mannes und daneben die eines Hundes, und ihm wurde klar, dass es seine eigenen waren – sieben Jahre zuvor war er hier mit seinem treuen Hund Dash gelaufen. Er schrieb: »Auf diesem permanent trockenen Boden, der weder Treibsand noch Erosion kennt, hat die Zeit anscheinend ihre ganze Zerstörungskraft verloren.«

Im Schatten der Festung schlug ich mein Zelt auf. In der Ferne floss ein Bach, gesäumt von Marschland, wie ein schmales grünes Band, das straff über diese ausgedörrte Landschaft gespannt war. Der Himmel war rastlos – flüchtige Wolken, die sich über ein blaues Kuppelgewölbe verteilten. Um Mitternacht rüttelte mich der böige Wind wach. Er brauste durch die Gobi und heulte in den Ruinen, und ich lag da und lauschte demselben Lied, das die Soldaten in den Zeiten der Han wachgerüttelt hatte.

* * *

Nach Hecangcheng machte ich mich auf die Heimfahrt. Von Gansu aus führt die Fernstraße 215 nach Süden, und ich folgte ihr bis zur Grenze der Provinz Qinghai. Die Grenze bildet ein Pass in einer Höhe von 3600 Metern, und danach befand ich mich auf der tibetischen Hochebene. Keine Festungen mehr, keine Meldetürme mehr, keine Große Mauer mehr – das alles hatte ich hinter mir gelassen.

Die Straße, ein zweispuriger Neubau, führte durch hochgelegene Wüstenlandschaften aus Fels und Erde, und die Monotonie wurde hin und wieder unterbrochen durch ein Schild: »Vorsicht! An diesem Abhang schläft man leicht ein!« An einer Stelle sah ich eine kleine Limousine über der Straße hängen. Sie war bis zur Unkenntlichkeit zertrümmert – die Vorderseite war völlig zerknautscht, und die Überreste einer Tür hingen in Streifen aus Stahl herab. Über die Rückseite waren die Worte gemalt: »Vier Menschen starben.« Das Ganze hing fünf Meter über dem Boden an spindeldürren Pfählen, wie eine schauerliche Version von Eis am Stiel.

An der nächsten Biegung wies ein Schild darauf hin, dass hier 53 Menschen gestorben waren. Eine große Tafel stellte die Höchstgeschwindigkeit wie eine Wahlmöglichkeit auf einer Speisekarte dar:

40 km/h sind am sichersten
80 km/h sind gefährlich
100 km/h führen ins Krankenhaus

Unterwegs traf ich auf zwei Lkw-Fahrer, die mit ihren Allmächtigen Königen wegen einer Panne liegengeblieben waren. Sie warteten auf die Rückkehr ihrer Partner, und beide lehnten die von mir angebotene Mitfahrgelegenheit ab. Einer stand schon seit zwei Tagen da. Er fragte, ob ich etwas Essbares oder Wasser hätte, und ich gab ihm zwei Flaschen und die letzten Oreo-Kekse aus meinem Vorrat. Ansonsten war die Straße leer. Im Westen erhoben sich schneebedeckte Gipfel auf über 5400 Meter.

Auf den nächsten 240 Kilometern sah ich fast keine Anzeichen menschlicher Besiedlung. Es gab weder Tankstellen noch Läden; die Gegend war so öde, dass niemand sich die Mühe gemacht hatte, Propaganda in die Berge zu meißeln. Die erste Stadt, durch die ich kam, war vor kurzem abgerissen worden. Es war wohl eine Militäreinrichtung gewesen; die Gebäude waren in säuberlichen Reihen angeordnet, und irgendwann müssen dort einige hundert Menschen gelebt haben. Jetzt aber war das Ganze verlassen – nur noch Wände ohne Dach ragten aus der Hochebene, einsam wie die letzten Spuren eines untergegangenen Reiches. Nicht weit davon entfernt zweigten von der Fernstraße menschenleere unbefestigte Straßen ab, eine nach Osten, die andere nach Westen. Ein Wegweiser zeigte die militärisch klingenden Namen der Zielorte an. Links ging es nach »Baut auf«, rechts nach »Vereinigt euch«. Ich holte tief Luft und fuhr geradeaus weiter.

BUCH II

DAS DORF

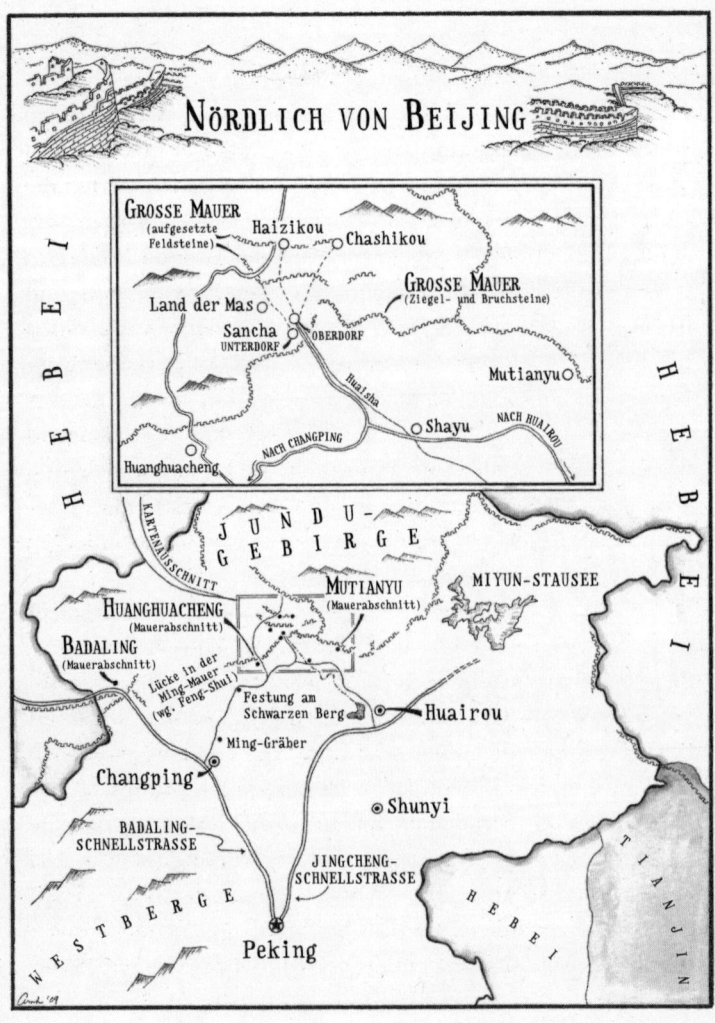

Nördlich von Beijing

GROSSE MAUER
(aufgesetzte
Feldsteine)

Haizikou
Chashikou

GROSSE MAUER
(Ziegel- und Bruchsteine)

Land der Mas

Sancha
UNTERDORF
OBERDORF

Huai sha

Mutianyu

NACH CHANGPING

Shayu

NACH HUAIROU

Huanghuacheng

JUNDU-
GEBIRGE

MIYUN-STAUSEE

KARTENAUSSCHNITT

MUTIANYU
(Mauerabschnitt)

HUANGHUACHENG
(Mauerabschnitt)

BADALING
(Mauerabschnitt)

Lücke in der
Ming-Mauer
(wg. Feng-Shui)

Festung am
Schwarzen Berg

Huairou

• Ming-Gräber

Changping

◎ Shunyi

BADALING-
SCHNELLSTRASSE

JINGCHENG-
SCHNELLSTRASSE

H E B E I

H E B E I

H
E
B
E
I

T
I
A
N
J
I
N

W E S T B E R G E

H E B E I

Peking

Andi '09

I

In dem Jahr, in dem ich meinen Führerschein erhielt, begann ich mich nach einer Zweitwohnung auf dem Lande nördlich von Peking umzusehen. Leerstehende Häuser waren nicht schwer zu finden – manchmal stieß ich auf ganze Dörfer, die verlassen worden waren. Sie lagen über die erste Kette des Jundu-Gebirges verstreut, im Schatten der Großen Mauer, wo die Landwirtschaft seit jeher einen schweren Stand hatte und der Abwanderungsdrang fast unwiderstehlich war. Zuweilen hatte ich den Eindruck, dass die Leute das Dorf Hals über Kopf verlassen hatten. Da lagen umgekippte Mühlsteine, der verdreckte Fußboden war von Müll übersät, dumpf schweigend wie Grabsteine standen die Häuser da. Die Lehmwände hatten schon zu bröseln begonnen – der Zerfall dieser Orte war weiter fortgeschritten als bei den Befestigungsanlagen der Ming. Bei jedem verlassenen Dorf dachte ich: zu spät.

Ich hoffte, ein Dorf zu finden, in dem noch Landwirtschaft betrieben wurde, wo das Leben der Menschen vom Rhythmus des Ackerbaus bestimmt war. Mir schwebte eine Art Schreibkammer vor, ein Ort, an dem ich Zuflucht vor der Großstadt finden und in Ruhe arbeiten konnte. Eine Zeit lang suchte ich an der Grenze zur Provinz Hebei, am anderen Ende des Miyun-Stausees, wo die Straßen noch nicht asphaltiert waren und die meisten Fahrzeuge Traktoren mit Zweitaktmotor waren. Mal war ich mit dem Auto, mal zu Fuß unterwegs, das Zelt und den Schlafsack geschultert. Mit Hilfe der Sinomaps-Karten fand ich die Straßen, die sich an dem Zinnensymbol der Großen Mauer entlangzogen.

Im Frühjahr 2002 machte ich einen Ausflug in Begleitung von Mimi Kuo-Deemer, einer amerikanischen Freundin, die ebenfalls nach einem Haus auf dem Lande suchte. Wir passierten Huairou, eine Kleinstadt am Nordrand der Pekinger Ebene, und kamen in die Ausläufer des Jundu-Gebirges. Auf einer Landstraße lasen wir einen Anhalter auf. Der alte Mann trug eine ausrangierte Militärjacke und war auf dem Heimweg vom Markt. Als wir ihn nach dem schönsten Mauerabschnitt in der Gegend fragten, überlegte er nicht lange.

»Die Tianhua-Höhle«, sagte er. »Die müssen Sie unbedingt sehen.«

Die Region war benannt nach einer Kluft in den Kalkfelsen. Die Einheimischen hatten sie in ein Heiligtum verwandelt – zwei Buddhastatuen standen dort, davor ein Haufen abgebrannter Räucherstäbchen und eine Schale mit verfaulenden Fruchtopfern. Oberhalb der Höhle führte ein Abschnitt der Großen Mauer zu einem wuchtigen Turm, der auf der Kammlinie des höchsten Gipfels emporragte. Dies war die erste Kette der Berge nördlich von Peking, die sich mehr als 900 Meter über die Ebene erhob, und vom Turm bot sich eine phantastische Aussicht: auf der einen Seite die nebelverhangenen Felder, auf der anderen die blaugrauen Gipfel. Was unsere Blicke jedoch fesselte, war eine winzige Ansammlung von Häusern im Nordwesten, hoch an einem Hang gelegen, in völliger Abgeschiedenheit, denn meilenweit gab es keine anderen Siedlungen.

Wir stiegen von der Mauer herab, setzten uns in den Wagen und fanden das Dorf am Ende eines unbefestigten Weges. Es hieß Sancha, und binnen einer Stunde hatten uns Einheimische zwei leerstehende Häuser gezeigt; für eines davon unterzeichneten wir noch vor Ablauf des Monats den Mietvertrag.

Das Haus verfügte über drei Räume und ein holzbefeuertes Ofenbett (*kang*), und die Lehmwände waren mit alten Ausgaben der Volkszeitung tapeziert. Zum Plumpsklo war es nicht weit. Wir hatten Strom und Telefonanschluss; das Wasser kam direkt von einer Quelle in den Bergen. Die Monatsmiete betrug 360 Yuan – für jeden von uns zwanzig Dollar. Von dem Vorplatz aus, der früher zum Dreschen diente, konnte ich die Große Mauer sehen. Die Ziegelmauer stieg vom Talboden auf, schlängelte sich über die aneinandergereihten Gipfel und verschwand hinter dem westlichen Horizont – bis zur Lössebene, der Ordoswüste und dem Hexi-Korridor. Früher hatte ich beim Anblick der Großen Mauer immer ans Reisen denken müssen. Aber als ich sie von Sancha aus sah, sagte ich mir: Hier bleibe ich.

* * *

Sancha war immer ein kleines Dorf gewesen, und in den letzten Jahren war es sogar noch kleiner geworden. Von den Einwohnern, in den siebziger Jahren noch rund 300, waren weniger als 150 übriggeblieben. Die meisten lebten im Unterdorf, aber es gab noch eine Ansammlung von Häusern oben in den Hügeln, am Ende einer gewundenen Schotterstraße, wo wir schließlich unser Haus fanden. Der amtliche Name dieser oberen Siedlung lautete Frühlingstal, aber die Einheimischen nannten sie Sancha – sie machten keinen Unterschied zwischen den beiden Teilen. Und der ganze Ort war seit Jahrzehnten am Schrumpfen. Der buddhistische Tempel war während der Kulturrevolution ebenso zerstört worden wie die kleineren über die Hügel verstreuten Schreine, und keiner hatte sich die Mühe gemacht, sie wiederaufzubauen. Die Schule hatte man Anfang der neunziger Jahre geschlossen. Keiner der Dorfbewohner besaß ein Auto und niemand ein Handy. Es gab kein Restaurant und keinen Laden – nichts, wo man Geld ausgeben konnte. Drei- bis viermal in der Woche kam der Pritschenwagen eines fahrenden Händlers aus dem Tal heraufgetuckert, beladen mit Reis, Nudeln, Fleisch und einfachem Hausrat. Im Herbst kreuzten andere Lastwagen auf, um den Dörflern die Ernte abzukaufen. Beim Oberdorf mussten alle Fahrzeuge auf einem

Platz am Ende der Straße haltmachen; dort ging es nicht mehr weiter. Dieser Fleck Erde repräsentierte den ganzen örtlichen Handel – eine Parkplatz-Wirtschaft.

Das Jahreseinkommen der Dorfbewohner betrug im Schnitt 250 Dollar. Es stammte fast ausschließlich aus dem Obstanbau: Walnüsse, Esskastanien und Mandeln, die hoch in den Bergen wuchsen. Sie wurden größtenteils verkauft, alles andere, was die Leute anbauten, diente der Eigenversorgung. Sie hielten Hühner und Schweine, und sie bauten Mais, Sojabohnen und Gemüse an. Für Reis war es viel zu trocken; selbst Weizen wuchs hier kaum. Hin und wieder fing ein Dorfbewohner, wenn er Glück hatte, in den Hügeln einen Dachs oder einen Fasan. Es gab auch verwilderte Schweine mit großen Hauern und verfilztem Borstenfell.

Peking war nicht zu weit weg, nur ein paar Stunden mit dem Wagen, aber damals war es noch ungewöhnlich, dass Stadtbewohner aufs Land fuhren. Der Autoboom war schon im Gange – im Jahr 2001 stellte Peking über 300000 neue Führerscheine aus, 50 Prozent mehr als im Vorjahr. Aber lange Vergnügungsfahrten machten die Leute kaum. Dann und wann fand ein unternehmenslustiger Fahrer nach Sancha, und manchmal erschien eine Gruppe richtiger Wanderer, um auf die nicht restaurierte Große Mauer zu klettern. Doch an den meisten Wochenenden waren Mimi und ich die einzigen Auswärtigen im Dorf. Die Ortsansässigen wussten nicht, was sie von uns halten sollten: Ihnen war bekannt, dass ich Schriftsteller war und seit Jahren in China lebte und dass Mimi eine chinesisch-amerikanische Fotografin war, aber dass junge Stadtbewohner ihre Zeit unter ländlichen Bedingungen verbrachten, war etwas Neues. Des Öfteren kamen Nachbarn vorbei, um sich mehr Einblick zu verschaffen, und wie es in China auf dem Lande üblich ist, machten sie sich nicht die Mühe, vor dem Eintreten anzuklopfen. Sie inspizierten unseren Vorplatz, spähten in die Fenster hinein und fummelten an unseren Habseligkeiten he-

174

rum. Mitunter sah ich, wenn ich zum Parkplatz ging, zwei oder drei Dorfbewohner um den Mietwagen herumstehen, mit dem ich aus der Stadt gekommen war. Sie starrten ihn mit einer Art gutmütiger Intensität an: die Gesichter gefasst, die Hände auf dem Rücken gefaltet, die Köpfe gesenkt wie zum Gebet – Huldigung an einen Jetta.

Einmal war ich allein ins Dorf gefahren, und während ich an meinem Schreibtisch saß und schrieb, hatte ich das Gefühl, beobachtet zu werden. Ich drehte mich um und hätte beinahe aufgeschrien – ein Mann stand mitten im Zimmer. Es war einer der Nachbarn, ein weißhaariger Mann in den Sechzigern; in seinen Leinenschuhen war er geräuschlos eingetreten. Er lächelte sanft, mit dem leeren Gesichtsausdruck eines Fernsehzuschauers – er blinzelte nicht einmal, als ich mich umdrehte. Das ist es, was einen mit dem Starren der Chinesen versöhnt: Wenn man sie dabei ertappt, dass sie einen beobachtet haben, schauen sie nicht verlegen zur Seite, und eine derart unverhohlene Neugier musste man irgendwie anerkennen. Einige Sekunden lang sagte keiner von uns ein Wort.

»Hallo«, sagte ich endlich.

»Hallo«, sagte er.

»Haben Sie schon gegessen?«, fragte ich. Das war eine traditionelle Form der Begrüßung, die oft unbeantwortet blieb.

»Haben Sie schon gegessen?«, entgegnete er. »Wie spät ist es in ihrem Land?«

»Dort ist es Nacht«, antwortete ich. »Der Zeitunterschied beträgt zwölf Stunden.«

Er strahlte – für viele Dorfbewohner sind die Zeitzonen faszinierend. Wieder trat eine längere Pause ein, und dann deutete er auf das andere Zimmer. »Sie haben ein *kang*«, sagte er.

»Das stimmt.«

»Sie haben einen Schreibtisch«, sagte er. Ich stand auf und zeigte ihm das Haus. Er gab dazu beifällige Bemerkungen ab.

(»Sie haben eine Küche. Sie haben einen Ofen. Sie haben einen Tisch.«) Tatsächlich hatten Mimi und ich seit unserem Einzug kaum etwas verändert. Die Vorbewohner, ein junges Paar, waren vor kurzem zum Arbeiten in die Stadt gezogen, und ihr Wandschmuck hing noch unberührt da. Sie müssen Fans des Kostümstücks »Princess Pearl« gewesen sein, denn an der Wand hing ein Poster, das die Starlets der Fernsehsendung in ihren Seiden- und Brokatgewändern aus der Zeit der Qing-Dynastie zeigte. An einer anderen Wand hing ein Foto von Zwillingsknaben, ein Schmuck, den man auf dem Lande häufig sieht, besonders bei Jungvermählten. Zwillinge gelten als eine Art Lotteriegewinn – für die meisten ist das der einzige legale Weg zu zwei Söhnen. Ganz so viel Glück hatten die Vorbewohner meines Hauses nicht gehabt, aber sie hatten einen gesunden Jungen bekommen, und mehr konnte man nicht verlangen. Nicht einmal das Poster zeigte echte Zwillinge. Bei genauem Hinschauen bemerkte ich, dass es ein und dasselbe Baby war, in doppelter Ausführung: Das Foto war einfach seitenverkehrt dupliziert worden. Darauf fiel mein erster Blick, wenn ich morgens aufwachte: ein namenloses Baby, per Photoshop verdoppelt und zurückgelassen von einem weiteren jungen Paar, das aus dem Dorf fortgegangen war.

Ich hängte das Poster nicht ab, weil wir, Mimi und ich, beschlossen hatten, zumindest anfangs nichts im Haus zu verändern. Der Boden bestand aus nacktem Zement, die Decke hatte Löcher. Das Hockklosett im Hof bestand aus einem Spalt zwischen zwei Schieferplatten. Nachts wurde ich oft von Ratten in den Wänden geweckt. Besonders aktiv waren sie bei Vollmond; in diesen Nächten hörte ich sie Walnüsse in Geheimverstecke in der Decke wälzen. Aber Mimi und ich wollten nicht als die reichen Ausländer auftreten, und deshalb ließen wir alles, wie es war. Das war unser Plan – uns unauffällig zu verhalten. Umso überraschter waren wir, als erstmals ein Polizeiauto auf den Dorfparkplatz rollte.

Ihm entstiegen zwei uniformierte Beamte vom nächstgelegenen Revier in Shayu, einem größeren Dorf im Tal, zehn Kilometer von hier. Polizisten kommen in einen so abgelegenen Ort wie Sancha nur, wenn es ein Problem gibt, und diese beiden wussten genau, wohin sie wollten – sie kamen direkt zu unserem Haus. Sie wollten unsere Pässe sehen, notierten unsere Pekinger Adressen, und dann überbrachte einer von ihnen die schlechte Nachricht.

»Sie dürfen hier nicht über Nacht bleiben«, sagte der Beamte. »Tagsüber dürfen Sie gern hierherkommen, aber über Nacht müssen Sie zurück nach Peking.«

»Warum dürfen wir hier nicht über Nacht bleiben?«, fragte Mimi.

»Wegen Ihrer Sicherheit.«

»Aber hier ist es ganz sicher, sicherer als in Peking.«

»Es könnte etwas passieren«, entgegnete der Mann. »Und wenn etwas passiert, macht man uns dafür verantwortlich.«

Die Beamten waren freundlich, aber unerbittlich, und so verließen wir am Abend das Dorf. Als wir das nächste Mal draußen waren, passierte dasselbe. Der Mann, mit dem wir den Mietvertrag gemacht hatten, ein Dorfbewohner namens Wei Ziqi, erklärte uns schließlich den Grund. Sobald wir in Sancha eintrafen, rief einer der Nachbarn die Polizei an.

»Wissen Sie noch, wie Sie das erste Mal hier waren?«, fragte Wei Ziqi. »Sie sahen sich zwei Häuser an, dieses und ein anderes, das einem anderen Mann gehört. Er ist es, der die Polizei ruft.«

»Warum macht er das?«

»Weil Sie nicht bei ihm gemietet haben«, antwortete Wei Ziqi. »Deshalb ist er verärgert.«

Die meisten Menschen in unserem Teil des Dorfes waren miteinander verwandt, und der Denunziant trug denselben Familiennamen wie Wei Ziqi: Sie hatten denselben Ururgroßvater. Aber sie standen einander nicht nahe, und auf unsere

Frage, wie der Mann sei, antwortete Wei Ziqi umgehend. »Ich gebe Ihnen ein Beispiel«, sagte er. »Bestimmte Bäume in den Bergen dürfen nicht für Brennholz gefällt werden. Das gilt auch für abgestorbene Bäume, eine unsinnige Vorschrift. Daher scheren sich die Leute nicht um das Verbot, und manchmal erstattet dieser Mann deshalb Anzeige bei der Polizei. So einer ist das. Er macht gern Scherereien.«

Es war das erste Mal, dass man mir die Charakterskizze eines Mannes vortrug, in der es um Brennholz ging, aber wer kennt nicht so jemanden? Auf jeden Fall hatten schon unsere ersten Eindrücke uns misstrauisch gemacht. Er war Ende vierzig, und er hatte ein nettes Gesicht, aber sein Blick war irritierend. Es lag darin etwas Berechnendes – er hatte nichts von der unverstellten Neugier der anderen Dorfbewohner. Meistens war er allein, wenngleich ich ihn zuweilen grob mit seiner Frau sprechen hörte. Sie wirkte gehetzt und fahrig; wenn ich ihr im Dorf begegnete, lächelte sie verlegen, und weil sie so schnell vor sich hin stammelte, verstand ich sie nicht. Andere Dorfbewohner erzählten mir, sie sei geisteskrank, und manche glaubten, sie sei von einem bösen Geist besessen. Eines Abends, als ich allein im Hause war, vernahm ich ein Geräusch, und ich ging hinaus, um nach dem Rechten zu sehen. Am Rande des Vorplatzes hörte ich im Schatten etwas rascheln, und im Lichtschein der Taschenlampe erblickte ich dann die Frau. Sie murmelte etwas Ungereimtes und hastete in die Dunkelheit davon. So hatte bisher niemand reagiert – wenn die Leute kamen, um zu glotzen, dann glotzten sie eben. In dieser Nacht lag ich lange wach und lauschte auf den Wind in den Bäumen, aber die Frau habe ich nie wieder in der Nähe meines Hauses gesehen.

Wir hätten, was möglicherweise die einfachste Lösung gewesen wäre, das Haus ihres Mannes mieten können. Es war schrecklich, hatte einen Lehmboden und rauchgeschwärzte Wände; die Miete war niedrig, und wir hätten das Geld zahlen und das Haus leerstehen lassen können. Aber es wäre ein

schlechter Präzedenzfall gewesen und hätte nur weitere Quere-
len mit dem Nachbarn nach sich gezogen. Mimi und ich nannten ihn unter uns den Stänkerer: Er stiftete Unruhe im Dorf. In
diesem Fall hatte er die Polizei unten im Tal hineingezogen, und
wir unternahmen im Laufe des folgenden Jahres alles Erdenkliche, um deren Vertrauen zu gewinnen. Wir schauten häufig auf
dem Revier vorbei, und immer wieder brachten wir Geschenke
mit – Mondkuchen beim Mittherbstfest, Obst und Zigaretten
beim Frühlingsfest. Mimis Eltern, die in Peking leben, fuhren
hinaus und luden den Polizeichef und andere Beamte zu kost-
spieligen Essen ein. Ein befreundeter Anwalt, mit dem ich
sprach, gab mir einen Artikel aus einer Pekinger Zeitung, in
dem es darum ging, wie Ausländer auf dem Lande wohnen
können – sie müssen sich nur bei den Behörden anmelden. Ich
gab die Geschichte einem der Polizeibeamten, und schließlich
trafen wir eine Vereinbarung: Vor jedem Besuch würden wir
ihnen rechtzeitig Bescheid geben, und sie würden uns in Ruhe
lassen. Mehr war am Ende nicht nötig – eine Zusicherung, dass
wir uns an die Regeln hielten. Chinesische Polizisten können
brutal sein, aber in der Regel sind sie so pragmatisch wie jeder
andere im Land. Meist sind sie vor allem darauf bedacht, von
jeglicher Verantwortung entbunden zu werden. Der Stänkerer
rief noch monatelang bei ihnen an, bis sie ihm schließlich
sagten, mit dem Quatsch aufzuhören.

Anfangs stammte alles, was ich über das Dorf erfuhr, von
Wei Ziqi. Er kümmerte sich um die Miete für unser Haus,
obwohl es ihm nicht gehörte; der Besitzer war sein Neffe, der
junge Mann, der mit seiner Frau in die Stadt gezogen war. Wei
Ziqi war einer der wenigen seiner Generation, die in Sancha
geblieben waren – sonst waren fast alle, die in den Zwanzigern
und Dreißigern waren, gegangen. Sie alle waren in ländlicher
Armut aufgewachsen, aber als sie erwachsen waren, erkannten
sie, wie sich die Städte durch die Reformen veränderten, und
da fiel es zumeist nicht schwer, sich für den Weggang zu ent-

scheiden. Wei Ziqi erzählte mir, in der Kindheit sei er so arm gewesen, dass er oft Ulmenrinde aß – die Dörfler vermischten sie mit Mais und machten Nudeln daraus.

Wei Ziqi war 1987 nach dem Abschluss der zehnten Klasse der Mehrheit seiner Klassenkameraden gefolgt und hatte Sancha verlassen. Er fand eine Stelle in einer Fabrik am Rande von Peking, wo er am Fließband Kondensatoren für Fernsehgeräte fertigte. Nach einem Jahr wechselte er zu einer anderen Fabrik, die Pappkartons produzierte. Doch die Fabrikarbeit gefiel ihm nicht, und er sah in den Jobs keine Zukunft. »Es war tagaus, tagein dasselbe«, sagte er mir einmal. »In einer Fabrik stehst du immer an derselben Stelle am Band, und es ändert sich nichts.« Wei Ziqi besaß eine natürliche Intelligenz, aber mit der Schulbildung haperte es, und für einen Mann vom Lande mit einer solchen Vorgeschichte gibt es nur wenige Möglichkeiten. Als Frau hätte er wahrscheinlich bessere Chancen gehabt – intelligente Frauen mit geringer Bildung werden in China oft Buchhalterin oder Sekretärin, und von diesen Stellungen aus können sie in der Fabrikwelt aufsteigen. Für ungebildete Männer gibt es jedoch weniger Alternativen zum Fließband; meistens arbeiten sie auf dem Bau oder werden Sicherheitsleute. Schließlich fand Wei Ziqi eine Stelle als Wachmann bei einer anderen Fabrik, doch nach einigen Jahren kam er zu dem Schluss, dass diese Arbeit zu nichts führte.

Vermutlich stand ihm auch seine äußerliche Erscheinung im Weg. In der chinesischen Arbeitswelt spielt das Aussehen eine große Rolle, besonders bei Stellen mit geringen Bildungsanforderungen. Häufig wird in Stellenausschreibungen von den Bewerbern eine bestimmte Mindestgröße verlangt. Sicherheitswachleute in guten Firmen müssen mindestens 1,72 Meter groß sein. Wei Ziqi misst aber gerade einmal 1,68 Meter, und er hat die derbe Gesichtsfarbe eines Bauern. Er ist breitbrüstig und hat kurze, kräftige Beine; seine Hände sind narbig von der Feldarbeit. Er sieht aus wie jemand, der nach Sancha gehört, und dorthin kehrte er schließlich zurück. Nach neun Jahren in der Stadt kam er 1996 wieder ins Dorf zurück, wo er Anrechte auf Ackerland erwarb, das andere Wanderarbeiter zurückgelassen hatten. Er kümmerte sich um rund 200 Walnuss- und Kastanienbäume, und seine Mandelhaine lagen verstreut zwischen den hohen Gipfeln. Er wohnte zusammen mit Frau und Sohn und kümmerte sich außerdem um seinen ältesten Bruder, der geistig behindert war. Ihr Einkommen war bescheiden – weniger als 2000 Dollar im Jahr für vier Personen. Dass Mimi und ich kamen, warf für ihn nichts ab, weil unsere Miete an den Neffen in der Stadt ging.

Von Wei Ziqis Altersgenossen waren fast alle fort. Die Dorfschule, die er einst besucht hatte, war geschlossen worden, und von seinen elf ehemaligen Klassenkameraden wohnten nur noch drei im Dorf. Seine kräftigen Geschwister – zwei ältere Brüder und zwei ältere Schwestern – waren alle fort. Sein Weg war ungewöhnlich, aber er wollte darin keinen Rückzug sehen; für ihn war das Dorf nicht dem Untergang geweiht. Er war überzeugt, dass es sich eines Tages als ein Vorteil erweisen würde, zurückgeblieben zu sein, und er träumte davon, einmal etwas anderes zu tun als Landwirtschaft. Jedes Mal, wenn er Verwandte besuchte, die in die nächstgelegene Stadt, Huairou, gezogen waren, hielt er Ausschau nach Geschäftsideen. Solche Möglichkeiten findet man in Huairou allenthalben; etliche der dort tätigen Unternehmer stammen ursprünglich vom Lande. Auf den Straßen werden Flugblätter verteilt, die für Direktvermarktung werben, und die Gebäude sind zugepflastert mit Werbung für Schulungskurse, für Produkte, die im Tür-zu-Tür-Verkauf vertrieben werden, und für betrügerische Pläne, wie man schnell reich wird. Sogar das Fernsehen bietet Ideen feil. Immer wenn Wei Ziqi sich in Huairou aufhielt, wohnte er bei Verwandten, die Kabelfernsehen hatten, und am liebsten schaute er den zentralen chinesischen Fernsehkanal Nummer 7. Manche Sendungen richten sich an Zuschauer, die aus der

Landwirtschaft ins Geschäftsleben wechseln wollen, und stellen oft erfolgreiche Unternehmer bäuerlicher Herkunft vor. Eines Abends in Huairou sah Wei Ziqi auf dem Kanal 7 zufällig eine Sendung über Blutegel. Der Moderator interviewte Bauern in der Provinz Hebei, die Blutegel züchteten, um sie an Hersteller traditioneller chinesischer Heilmittel gegen Taubheit und Lähmung zu verkaufen. Angeblich verdienten einige dieser Blutegel-Unternehmer an die 3000 Dollar im Jahr, und nach Ende der Sendung rief Wei Ziqi bei dem Sender an, um nähere Informationen zu erhalten.

Die Sache mit den Blutegeln wurde 2002 zu seinem ersten Versuch als Unternehmer. Er besuchte drei erfolgreiche Blutegelfarmer in der Region Huairou und besorgte sich von seinem Neffen und einem Nachbarn Geld für die Investitionen. Zusammen brachten die drei Männer 555 Dollar auf. Mit einem Teil der Summe baute Wei Ziqi neben seinem Haus ein Becken aus Beton. Dann reiste er in den Bezirk Tangxian. So weit war er bisher noch nie von zu Hause fortgewesen: vier Stunden mit dem Bus. Dort gibt es eine große Blutegelfarm, die Wei Ziqi besichtigte. Zum Preis von 250 Dollar erwarb er dort 2000 junge Egel, die er für die lange Busfahrt nach Hause in zwei wassergefüllte Fässer packte.

Wann immer ich in jenem Monat im Dorf weilte, war Wei Ziqi mit der Pflege der Egel beschäftigt. Er machte sich an dem Becken zu schaffen, er rührte das Wasser um, er inspizierte die winzigen Geschöpfe. Sie waren so klein, dass man sich an die Schnörkel in einer chinesischen Kalligraphie erinnert fühlte, und anfangs schwärmten sie an der Wasseroberfläche umher. Täglich fütterte Wei Ziqi sie mit frischem Blut von Hühnern, Schafen und Schweinen. Er wolle sie an eine Arzneimittelfabrik im Bezirk Anguo verkaufen, sagte er mir. Aber nach zwei Wochen begannen die Schnörkel in Wei Ziqis Becken abzunehmen. Woran es lag, wusste er nicht: Vielleicht war es zu kalt, vielleicht war das Becken zu tief. Doch kurz darauf waren sämtliche Egel eingegangen, das investierte Geld war weg, und das war das Ende von Wei Ziqis Karriere als Blutegelfarmer.

Auf die Egel folgte Amway. Die Firma wurde in China immer populärer, selbst in kleineren Städten, und in Huairou hatte man Wei Ziqi ein paar Flugblätter in die Hand gedrückt. Für eine Weile erwog er es ernsthaft, kam dann aber zu dem Schluss, dass das Dorf für die Direktvermarktung zu klein sei. Kurzzeitig interessierte er sich für ein chinesisches Unternehmen namens Worldnet. Er zeigte mir ein Flugblatt, das er in der Stadt mitgenommen hatte, und fragte mich nach meiner Meinung. Ich sagte ihm die Wahrheit: Die Sache roch nach dem klassischen Schneeballsystem.

Immer häufiger kam er jedoch auf den Tourismus zu sprechen. Ihm war bekannt, dass die Pekinger Autobesitzer nicht oft aufs Land fuhren, aber hin und wieder doch die touristisch interessanten Abschnitte der Großen Mauer wie Badaling und Mutianyu besuchten. Wei Ziqi war überzeugt, dass sie, von dort ausschwärmend, die Gegend erkunden und schließlich auch einen so abgelegenen Ort wie Sancha entdecken würden. Das Dorf musste seiner Meinung nach so etwas wie eine Identität entwickeln, und in seiner Freizeit machte er sich dazu Notizen in einem Schulheft, das er sein *xiaoxi* – »Informationen« – nannte. Die Informationen umfassten wichtige Angaben wie Höhe über dem Meer, Höchst- und Tiefsttemperaturen und Landmarken wie den Drachenhauptberg und die Adlerschnabelklippe. Wei Ziqi zeichnete einfache Karten von der Großen Mauer und den Wanderwegen der Umgebung. Besonders auf dem Land habe ich kaum jemanden getroffen, der so fleißig seine Umgebung erfasste; das einzige weitere Beispiel eines Kartenmachers war der alte Chen, der in der Nähe der Grenze zu Shanxi die Große Mauer erforschte. Wei Ziqi ging es freilich nicht um Geschichte, sondern ums Geschäft. Er füllte eine ganze Seite mit möglichen Namen für ein Gästehaus:

1. Freizeitpark auf dem Lande
2. Bergfriede und Glücksdorf
3. Bauernhofparadies Sancha
4. Bauernhof-Villa zum lieblichen Brunnen
5. Tolle Natur-Gebirgshof-Villa
6. Pflanzengarten Sancha
7. Tolles Natur-Bauernhof-Freizeitparadies Sancha
8. Natürlich-ökologische Freizeithof-Villa
9. Natürlich-ökologisches Pflanzenparadies
10. Natürlich-ökologisches Dorf

Der Liste folgte ein grober Entwurf eines Geschäftsplans:

> Wenn jede Familie ein wenig Geld investiert, können wir die Touristen auf unseren Höfen empfangen, und wenn die großen Bauträger in unser Projekt investieren, können wir unser Dorf in ein Paradies verwandeln, das den Touristen die Möglichkeit bietet, Sehenswürdigkeiten zu besuchen, die unverbaute Landschaft zu genießen, auf die Große Mauer zu steigen, sich an bäuerlichen Familienmahlzeiten zu erfreuen und wildwachsende Früchte und Pflanzen der Bergwelt zu pflücken.

Es war jedoch unwahrscheinlich, dass Wei Ziqi in Sancha Geschäftspartner finden würde. Niemand war so motiviert wie er; die meisten Leute mit etwas Ehrgeiz waren längst fortgezogen. Er stand mit seinem Streben allein, und ich merkte ihm an, wie begeistert er war, als Mimi und ich anfingen, von der Großstadt aus das Dorf zu besuchen. Er schätzte es, dass wir uns mit Schreiben und Fotografie befassten, und er erkundigte sich so eingehend nach der Außenwelt wie sonst niemand im Dorf. Selbst ein einfaches Thema wie die Zeitzonen in Amerika wurde interessanter, als Wei Ziqi es zur Sprache brachte. Einmal kam er mit seinen bohrenden Fragen immer wieder auf die Zeit in Amerika zurück, und schließlich erklärte ich ihm, dass man, wenn man von Peking direkt nach Los Angeles fliegt, früher ankommt, als man abgeflogen ist, wegen der Datumsgrenze. Eine Minute lang blieb er vollkommen still. Er zeichnete ein paar senkrechte Striche auf ein Blatt Papier und eine andere Bahn, die sie kreuzte, und nachdem er die Skizze intensiv betrachtet hatte, hellte sich sein Gesicht plötzlich auf. Danach konnte ich des Öfteren beobachten, wie er anderen Dorfbewohnern die Sache mit dem Flug von Peking nach L.A. erklärte – die Leute nickten bloß mit verstörtem Blick.

Wei Ziqi war überdies der gebildetste Mensch in Sancha. 1998, nach der Rückkehr ins Dorf, hatte er einen Fernlehrgang in Jura belegt, und er besaß eine Sammlung von über dreißig Büchern, überwiegend juristische Ratgeber für die Reformära: Wirtschaftsrecht, Völkerrecht, Ein Überblick über die chinesische Verfassung, Zusammenstellung von Gesetzen und Verordnungen in allgemeiner Verwendung. Es waren neue Bücher, aber sie waren Ausdruck einer alten Tradition im ländlichen China. Schon im 17. Jahrhundert fanden sich gedruckte Bücher in den Dörfern, und lese- und schreibkundige Bauern besaßen vielfach Ratgeber für das Aufsetzen einfacher rechtlicher Vereinbarungen. Als Mimi und ich das Haus mieteten, zog Wei Ziqi ein Buch mit dem Titel *Moderne Wirtschaftsverträge* zu Rate. Es war ein billiges Taschenbuch, dessen Umschlag die EU-Flagge vor dem Hintergrund der Skyline von Hongkong zeigte. Mit Hilfe dieses Ratgebers verfasste Wei Ziqi handschriftlich einen Vertrag mit elf formgerechten Paragraphen: »Partei A überlässt Partei B private Räume, gelegen im Shuiquan-Tal des Dorfes Sancha in der Gemeinde Bohai im Bezirk Huairou (zu den Räumen gehört eine Küche).« Der Vertrag hielt fest, dass unsere Vereinbarung »auf dem Grundsatz des beiderseitigen Vorteils beruht«. Paragraph 6 legte fest, dass wir das Haus nicht benutzen durften, um »verbotene entzündliche Objekte oder Sprengstoffe zu lagern«.

185

Kaum jemand im Dorf war so viel gereist wie Wei Ziqi. Es war schwer, überhaupt irgendwo hinzukommen; es gab keine Busverbindung nach Sancha, und zum Radfahren sind die Gebirgsstraßen zu steil. Musste jemand aus dem Dorf in die Stadt, wanderte er fünf Kilometer hinunter nach Dongtai, wo es eine Kleinbus-Haltestelle gab. Von dort waren es 45 Minuten nach Huairou und dann nochmals eine Stunde bis Peking. Manche Dorfbewohner waren aber noch nie in der Hauptstadt gewesen. Einige Frauen hatten noch gebundene Füße – sie gehörten zu jener unglücklichen letzten Generation, der in der Kindheit die Füße gebrochen worden waren. Einmal besuchten Mimi und ich eine der Frauen mit gebundenen Füßen. Sie war 82 Jahre alt, und sie lag auf ihrem *kang* und hatte die Schuhe ausgezogen. Sie trug dünne Nylonsocken, und man sah ihre deformierten Füße, deren Zehen fest gegen die Sohle gepresst waren, wie zornige kleine Fäuste. Sie sagte, sie habe es in acht Jahrzehnten nicht bis Peking geschafft. Auf meine Frage, ob sie gern hinführe, nickte sie.

»Aber ich kann nicht«, sagte sie. »Wissen Sie, warum? Weil ich autokrank werde!«

Kürzlich hatte sie Tabletten gegen Reisekrankheit genommen und es bis Huairou geschafft, um Verwandte zu besuchen.

Das war ihr erster Ausflug zu einem Ort von nennenswerter Größe, und ich fragte sie, wie es ihr gefallen habe. »Nicht schlecht«, meinte die Frau und beließ es dabei. Aufgewachsen war sie in einem Dorf jenseits eines der Gebirgspässe, einen langen Tagesmarsch von Sancha entfernt. Auf meine Frage, wie Sancha damals gewesen sei, antwortete sie rundheraus: »Hier gibt es nichts Interessantes. Wenn man hier in den Bergen am Grunde einer tiefen Schlucht lebt – was kann da schon passieren?« Das einzige Thema, das die Frau interessierte, waren ihre Kinder und deren Fehler. Sie waren von Sancha in die Stadt gezogen, und sie kamen selten zurück; so sind die jungen Leute heutzutage! Sie sind alle so egoistisch! Niemand kümmert sich um die alten Leute! Diese Beschwerden schienen die Frau glücklich zu machen: Während sie – ausgestreckt auf dem *kang*, ihre verformten Füße schonend – über die Gedankenlosigkeit der Jugend lästerte, zog Frieden in ihre Gesichtszüge ein.

Bisweilen legten die Leute in Sancha nach wie vor längere Strecken zu Fuß oder auf dem Eselsrücken zurück, besonders in Richtung Norden. Der Name des Dorfes bedeutet »Drei Gabeln«, weil die Siedlung sich am Schnittpunkt von drei Tälern befindet, die nach Norden hin ausfächern. Durch jedes Tal führt ein Fußpfad zu einem Hochpass: einer zu dem Dorf Chashikou, der andere nach Haizikou, der dritte zur Straße nach Huanghua Zhen. All diese Pfade queren einen alten Abschnitt der Mauer, der aus aufgesetzten Feldsteinen und nicht aus Ziegelsteinen und Mörtel besteht; die Entstehungszeit ist unbekannt – Dokumente aus der späten Ming-Zeit sprechen einfach von *lao changcheng*, »der alten Großen Mauer«. Einige Kilometer nördlich der befestigten Pässe, in den Tälern von Haizikou und Chashikou, gibt es eine weitere steinerne Barriere. Dieser Abschnitt nördlich von Peking war schwer befestigt – der Abstand zwischen den drei parallelen Zügen der Großen Mauer beträgt nur acht Kilometer. Sancha liegt mittendrin, mit einer Großen Mauer im Süden und zweien im Norden.

Wei Ziqi hatte Verwandte in Chashikou, hinter der zweiten Barriere, und manchmal brach er morgens auf und wanderte über den Pass. Wenn er viel zu befördern hatte, sattelte er einen Esel. Wenn ich mein tägliches Schreibpensum erledigt hatte, machte ich nachmittags lange Wanderungen auf diesen Routen. Es waren steinige Pfade, die sich durch die Obstgärten schlängelten, vorbei an den Ruinen längst aufgegebener abgelegener Siedlungen. An dem Weg nach Haizikou lag ein Ort, der über zehn Jahre zuvor von den Bewohnern aufgegeben worden war, und die Steinfundamente ihrer Häuser waren schon von jungen Walnussbäumen überwachsen. Schleifsteine lagen im Unkraut neben dem Pfad – letzte Reste der Mühsal, die einst dieses Gelände geprägt hatte.

An dem Weg, der zum Pass Huanghua Zhen führte, wohnte noch ein Mann. Von allen Pfaden wird er am wenigsten begangen, und wenn das Buschwerk in den Sommermonaten hochwucherte, war es mitunter schwierig, den Pass zu finden. Bis in die neunziger Jahre gab es in diesem Tal zwei kleine Häusergruppen, benannt nach den Familien, die dort lebten: Die eine hieß Land der Mas, die andere Land der Lis. Als ich nach Sancha zog, war das Land der Lis völlig verlassen – ein halbes Dutzend leerstehender Häuser, deren Papierfenster zerrissen im Wind flatterten. In der anderen Enklave war jedoch ein älterer Mann namens Ma Yufa zurückgeblieben. Die Verwaltung hatte ihm ein Zimmer in einem Altenheim unten im Tal angeboten, aber dort wollte Ma nicht hin. Trotz seines Alters betrieb er noch immer etwas Landwirtschaft. Den Beamten hatte er gesagt, wenn er einmal zum Arbeiten zu alt werden sollte, würde er sich einfach auf sein *kang* legen und auf den Tod warten.

Eines Morgens wanderte ich den Pfad hinauf und sah Ma Yufa seinen Esel tränken. Es war Februar, und der Mann hatte sich gegen die Kälte gewappnet; er trug eine wattierte Armeehose, eine vielfach geflickte Armeejacke und alte, wiederholt genähte Leinenschuhe. Die zerrissenen Armeeklamotten verliehen ihm das Aussehen eines Deserteurs – eines jener Soldaten, die sich jahrzehntelang im Dschungel versteckten, nicht ahnend, dass der Krieg längst vorbei war. Aber sein Gesicht war auffallend schön, verwittert wie ein Brett aus heimischem Walnussholz, und er hatte dichte schwarze Augenbrauen. Als er mir sagte, er sei in den Siebzigern, fragte ich ihn nach seinem Geburtsjahr.

»Sha shei zhidao?«, sagte er schnaubend. »Wer weiß das?«

Er lud mich auf eine Tasse Tee in sein Haus ein, und wir gingen zwischen den Ruinen des Landes der Mas hindurch.

Er deutete auf zwei unkrautüberwucherte Steinfundamente. »Diese Leute hießen Ma, und die dort drüben hießen Zhao«, sagte er. »Vor zehn Jahren sind sie fortgegangen.« Wir stapften an einem anderen verfallenen Haus vorbei. »Die Leute dort hießen ebenfalls Ma. Das war mein Onkel.« Das Haus des Bruders von Ma Yufa stand noch, obwohl der Bewohner nach Huairou gezogen war. Neben dem Eingang lehnte ein handgeschnitzter Sarg. »Wenn er stirbt, wird er darin begraben«, erklärte Ma Yufa.

Ma Yufa wohnte in einem Haus mit Lehmwänden, das zwei Zimmer aufwies, und er hatte weder Telefon noch Kühlschrank. Er erzählte mir, dass er täglich zu jeder Mahlzeit Maisbrei und Mehlpfannkuchen isst. »Fleisch braucht man, wenn man jung ist, aber nicht, wenn man alt ist«, sagte er. Über den Pass sind es über sechs Kilometer Bergwanderung bis Haizikou, dem nächsten Ort mit einem Laden, und der Mann und sein Esel hatten den Weg zum letzten Mal im Dezember gemacht, vor zwei Monaten. Erst im April wollte er wieder hin. Er brauchte nicht viel: Ein paarmal im Jahr kaufte er Mais und Mehl, und im Herbst verkaufte er seine Walnüsse. Von diesen kurzen Reisen abgesehen, hatte er mit niemandem Kontakt. Sein Jahreseinkommen lag unter 200 Dollar. Theoretisch war er ein Einwohner Pekings – die Verwaltungsgrenzen der Hauptstadt reichen wie die vieler chinesischer Städte bis weit ins Umland. Bevor ich Ma Yufa kennenlernte, hatte ich keine Vorstellung davon, wie einsam ein Mensch in einer Stadt von dreizehn Millionen Einwohnern sein kann.

Wir saßen auf seinem *kang*, schlürften Tee, und er erzählte von der Vergangenheit. Er erinnerte sich an den Sieg der Kommunisten 1949, aber in seinem Leben hätte sich dadurch nicht viel geändert, sagte er. »Wir waren so arm, dass es keine Rolle spielte.« Er war keinen einzigen Tag zur Schule gegangen und konnte nicht lesen. Er hatte nicht geheiratet. »Einen, der an einem Ort wie diesem lebt, will keine haben«, erklärte er. Er besaß ein Radio und einen Fernseher mit einer billigen Satellitenschüssel, aber Nachrichten hatte er offenbar nicht geschaut. Als ich ihn fragte, wer der oberste Funktionär in China sei, musste er überlegen.

»Hu Yaobang ist der Führer des Landes«, antwortete er schließlich. Tatsächlich hatte Hu Yaobang China nie geführt, wenngleich er 1981 zum Vorsitzenden der Kommunistischen Partei Chinas aufgestiegen war. 1987 fiel er einer Säuberung zum Opfer, und sein Tod zwei Jahre später löste den Beginn der Studentenproteste auf dem Tiananmen-Platz aus. Diese Ereignisse mochten die Welt erschüttert haben, aber im Land der Mas waren sie bedeutungslos.

Über eines wusste Ma Yufa allerdings genau Bescheid: die Zeit. Den Raum schmückten drei Kalender, darunter zwei Abreißkalender, die genau das korrekte Datum anzeigten. Die verbrauchten Tage warf er nicht fort; die kleinen Papierquadrate sammelte er säuberlich in einem Topf. Er hatte einen Wecker mit einem laut tickenden Sekundenzeiger. Je länger ich auf dem *kang* saß, desto mehr irritierte mich das Ticken der Uhr, bis ich ihm schließlich für den Tee dankte und mich entschuldigte. Die Berge draußen waren stumm, und ich fühlte mich erleichtert, als ich die Weite des Himmels erblickte.

* * *

Zu Hause sah ich von meinem Schreibtisch aus über das Tal hinweg die Große Mauer, wie sie die Berge im Westen emporklomm. Dies war mein Refugium, das ich aufsuchte, wann immer ich der Stadt entkommen und ein bisschen schreiben wollte. Ich mochte den Klang des Dorfes, das so still war, dass man den Eindruck hatte, jedes Geräusch klar und deutlich zu hören. Das Laub des großen Walnussbaums vor meinem Haus raschelte im Wind, und gelegentlich schrie ein Esel. Dreimal am Tag, morgens, mittags und am frühen Abend, meldeten sich krächzend die Propagandalautsprecher des Dorfes. Sie verbreiteten örtliche Bekanntmachungen, Nachrichten aus dem Bezirk und nationale Ereignisse, bunt vermischt, und die Worte der Partei wurden durch die Echos des tiefen Tals verzerrt. Sobald der Wagen eines fahrenden Händlers auftauchte, hörte ich, wie die Dorfbewohner sich plappernd um den provisorischen Marktstand am Ende der Straße versammelten. Davon abgesehen, waren kaum Stimmen zu vernehmen, und selten hörte ich den Lärm spielender Kinder.

Im oberen Teil des Dorfes gab es nur ein Kind. Mein Haus war umgeben von fünfzehn Gebäuden, aber fast alle Familien mit kleinen Kindern waren fortgezogen. Wei Ziqi und seine Frau Cao Chunmei waren die Einzigen, die noch ein kleines Kind hatten, einen Jungen namens Wei Jia. Einen so kleinen Fünfjährigen hatte ich noch nicht gesehen – er wog 13,5 Kilo, und seine Mutter machte sich Sorgen um seine Gesundheit, weil er beim Essen sehr wählerisch war. Aber er war drahtig und stark, wie ich es bei Stadtkindern in China selten beobachtet hatte. Wei Jia war, seit er vier war, unbeaufsichtigt im Dorf umhergestromert, und er fand sich auf den Bergpfaden zurecht. Sein Gleichgewichtssinn war bemerkenswert, und er konnte endlos umhertollen; er war nicht kleinzukriegen. Er weinte fast nie. Es war, als hätte man die Zähigkeit und Geschicklichkeit eines Neunjährigen in den Körper eines Dreijährigen gepresst, und ich konnte nie der Versuchung widerstehen, ihm nachzujagen und ihn in die Luft zu werfen. Er nannte mich *mogui*, »Ungeheuer«, bis seine Eltern ihn ermahnten, mich mit dem respektvollen Ausdruck anzureden, der sich für einen Erwachsenen gehört. So kam ich zu dem Namen Mogui Shushu: Onkel Ungeheuer.

Wei Jia kam mich oft besuchen, und wenn ich am Schreiben war, sagte ich ihm, er solle leise spielen und Onkel Ungeheuer in Ruhe lassen. Als das einzige Kind im Dorf war er es gewohnt, sich selbst zu beschäftigen, und es kam vor, dass ich eine Stunde lang arbeitete und vergaß, dass er noch da war. Richtige Spielsachen hatte er nicht, und so bastelte er sich welche aus Dingen, die zufällig herumlagen, sei es ein rostiger Rechen oder ein zerbrochener Teller. Einmal war er einen ganzen Vormittag auf meinem Vorplatz mit einem alten Karren und einer leeren Bierflasche zugange und tat so, als sei er ein fahrender Händler, der mit seinem Wagen unterwegs ist. Wenn Mimi und ich Freunde mit ins Dorf brachten, schenkten sie Wei Jia zuweilen Spielsachen. »Das ist Verschwendung«, sagte sein Vater einmal. »Er wird sie nur kaputtmachen.« Und das stimmte. An richtiges Spielzeug nicht gewöhnt, zerstörte Wei Jia es regelmäßig, indem er zum Beispiel darauf herumtrat oder ein bewegliches Teil so lange verdrehte, bis es abbrach. Wenn es kaputt war, blieb er ungerührt. Ein Spielzeug war für ihn ein kurzlebiges Konsumgut. Hatte man das Glück, eines zu bekommen, sollte man es so rasch wie möglich genießen.

Das Gesicht des Jungen bildete ein vollkommenes Oval. Er hatte kurzgeschnittene schwarze Haare und lange schmale Augen, die strahlten, wenn er lachte. Seine Ohren waren wunderschön – das ist oft der reizendste Zug an kleinen Chinesen, die mit ihren abstehenden Ohren den Eindruck erwecken, ständig verdutzt zu sein. Wei Jias Eltern sahen beide nicht besonders gut aus, aber der Junge war hübsch. Manchmal lobte ich ihn, wenn ich Mimi ärgern wollte.

»Wei Jia sieht so gut aus«, sagte ich dann.

»Er ist hässlich«, gab seine Mutter umgehend zurück.

»Er ist so intelligent.«

»Er ist dumm«, sagte sie, »kein bisschen intelligent.«

»Lass den Quatsch«, meinte Mimi dann auf Englisch, aber ich machte weiter: »Was für ein artiges Kind.«

»Er ist ein unartiger Junge.«

Auf dem Land meiden Eltern seit jeher Schmeichelei, und die Antworten der Mutter kamen reflexhaft. Sie wollte das Kind nicht verwöhnen, aber daneben spielte der chinesische

Aberglaube eine Rolle, dass Stolz Unglück nach sich zieht. Das einzige Lob, das ich die Eltern ihrem Sohn gegenüber je aussprechen hörte, war das Adjektiv *laoshi*. Laut Wörterbuch bedeutet es »anständig«, aber das Wort ist schwer zu übersetzen. Es kann auch »gehorsam« bedeuten und dass man jenen Sinn für das Schickliche hat, der für die Landbewohner typisch ist. »Wei Jia ist *laoshi*«, pflegten seine Eltern zu sagen, und darin klang ein Hauch von Stolz an.

Ab Herbst 2002 sollte der Junge in die Vorschule gehen. Die Einrichtung befand sich dreißig Kilometer entfernt in dem Dorf, in dem seine Mutter aufgewachsen war, und er würde nur an den Wochenenden daheim sein. Im ländlichen China ist es wegen der unzureichenden Verkehrsverbindungen üblich, die Kinder ins Internat zu geben. Am Nachmittag vor Wei Jias Aufnahme ins Internat fuhren Mimi und ich hinaus nach Sancha, und so konnten wir ihn am nächsten Tag hinbringen. Als wir am Abend bei der Familie zu Gast waren, fragte ich ihn: »Bist du aufgeregt?«

Wei Jia aß Reis, und er blickte nicht von seiner Schüssel auf.

»Gib Onkel Ungeheuer eine Antwort«, sagte seine Mutter streng. Normalerweise war der Junge gesprächig und plapperte so schnell, dass niemand ihn verstand. Aber jetzt schaute er nur stumm in seine Schüssel. Mir kam in den Sinn, dass ich noch nie gesehen hatte, wie er das Dorf verließ.

»Ist schon in Ordnung«, sagte ich. »Er braucht nicht zu antworten.«

Wir beendeten das Abendbrot. Die Eltern legten Wei Jias neue Schulkleidung zurecht und packten seinen Rucksack. Er ging schweigend zu Bett. Den ganzen Abend hatte er kein einziges Wort über den Schulanfang gesagt.

* * *

Der Junge gehörte zur sechsten Generation der Familie Wei, soweit sie nachweislich in Sancha gelebt hatte. Im Oberdorf tragen fast alle männlichen Bewohner diesen Nachnamen, und die Weis sind alle irgendwie miteinander verwandt. Die Frauen haben alle möglichen Namen – Cao, Li, Zhao, Han, Yuan –, und die meisten stammten aus anderen Dörfern des Pekinger Umlandes. Im ländlichen China ist dies das herkömmliche Muster: Die Männer erben das Land ihrer Familie, und die Frauen heiraten von außen ein.

Über die Anfänge des Dorfes ist nichts Genaues bekannt. Früher waren die meisten Bewohner Analphabeten, und historische Dokumente sind in Sancha kaum vorhanden. Die älteste bekannte Erwähnung befindet sich 300 Meter oberhalb des Dorfes; dort lehnt eine gravierte Steintafel an einem Abschnitt der Großen Mauer. Von den drei Zügen der Mauer bei Sancha ist dies der beeindruckendste, und es ist der einzige örtliche Abschnitt, der aus Ziegel- und Bruchsteinen errichtet war. Ursprünglich enthielten viele Abschnitte von Befestigungen aus Ziegelsteinen solche Schrifttafeln, doch die meisten wurden geplündert oder zerbrochen. Heute weiß man nur noch von weniger als zwanzig, die im Pekinger Umland an der Mauer existieren. Die Tafel von Sancha hat sich dank ihrer Abgelegenheit erhalten – um dorthin zu gelangen, muss man vom Dorf aus über zwei Stunden stramm wandern. Die Inschrift besagt, dass eine Mannschaft von 2400 Soldaten im Jahr 1615 einen Abschnitt der Mauer errichtete, der 58 *zhang* und fünf *cun* lang ist. Daran sieht man, wie genau die Beamten der Ming-Zeit waren: Die Maßeinheit *cun* ist kleiner als ein Zoll. Dieser 1615 errichtete Abschnitt maß insgesamt 194,4 Meter, und die Arbeit nahm volle drei Monate in Anspruch. Die Soldaten kamen aus der östlichen Provinz Shandong.

Einige Dorfbewohner glauben, Nachkommen dieser Soldaten zu sein. Andere erzählen eine andere Geschichte: Während der frühen Qing-Dynastie kam es zu einem gescheiterten

Mordanschlag auf einen Kaiser, und eine Bande gesuchter Männer floh in die Berge. Sie ließen sich an einer Gabelung in drei Tälern nieder und gründeten damit das Dorf, aus dem schließlich Sancha wurde. Noch eine andere Geschichte dreht sich um eine Kaiserin namens Yan Ji. Die Kaiserin wünschte die Landschaft zu besichtigen und ließ sich in einer Sänfte von der Verbotenen Stadt aus nach Norden tragen. In den Bergen angekommen, war sie über die Reise dermaßen erfreut, dass sie das Land ihren Trägern schenkte. Ihr zu Ehren nahmen die Leute denselben Familiennamen an, und bis heute leben im Unterdorf viele Yans.

All diese Geschichten klingen verdächtig vertraut – sie haben eine Menge mit den historischen Soaps gemein, die sich die Dorbewohner so gern im Fernsehen anschauen. Kennzeichen solcher Sendungen sind kaiserliche Höfe und komplizierte Handlungsabläufe, und heutzutage erfahren viele chinesische Landbewohner auf diese Weise etwas über die Geschichte. Es liegt nahe, dass die Leute in Sancha solche Geschichten auf ihr eigenes Dorf übertragen, wenngleich ich bezweifle, dass der Ort wirklich von gescheiterten Attentätern oder von Sänftenträgern gegründet wurde. Ebenso unwahrscheinlich ist, dass die Erbauer der Großen Mauer Sancha gründeten. Während der Ming-Dynastie kehrten die Soldaten nach Abschluss der Bauarbeiten normalerweise wieder in ihre Heimat zurück.

Wei Ziqi hat über die Ursprünge seiner Familie eine andere Theorie, und sie klingt plausibler. Er hat gehört, seine Vorfahren seien im späten 19. Jahrhundert hierhergekommen, auf der Flucht vor einer Hungersnot auf dem Lössplateau in der Provinz Shanxi. Er hat jedoch keine Ahnung, ob das stimmt, und er hat nie den *jiapu* der Wei gesehen, die traditionelle Ahnentafel, wie sie chinesische Familie besitzen. Manche dieser Dokumente sind Hunderte von Jahren alt, und viele Menschen versteckten sie während der Kulturrevolution, deren politische Kampagnen es auf solche Überreste der feudalen Vergangenheit abgesehen hatten. In Sancha hat der Wei-*jiapu* diese Wirren überstanden, aber in den Reformjahren erlitt er ein anderes Schicksal: Das Dokument fiel dem Stänkerer in die Hände.

»Er lässt es niemanden sehen«, sagte Wei Ziqi. »Wir wissen nicht einmal, wo er es aufbewahrt. Er hat es irgendwo versteckt.«

Ich fragte, was der Mann mit der Ahnentafel vorhabe.

»Nichts«, antwortete Wei Ziqi. »Er hat gar nichts davon. Er will nur andere daran hindern, sie zu sehen.«

Die Geschichte von Wei Ziqis Familie beschränkt sich auf ein halbes Dutzend zerfledderte Grundstücksverträge, die seine Vorfahren unterzeichnet haben. Aber keines dieser Dokumente ist noch rechtlich bindend, und für ihn sind sie bloße Kuriositäten. Er spricht kaum über seine Vorfahren oder seine Eltern, und wie andere Dorfbewohner interessiert er sich nicht besonders für Geschichte. Als er jung war, zeigte niemand in Sancha das geringste Interesse für die Ruinen der Ming-Dynastie. Die Einheimischen nannten sie auch nicht Große Mauer – damals bezeichneten sie sie als *bianqiang*, »Grenzmauern«, und das war auch der gebräuchliche Ausdruck in der Ming-Zeit. Wei Ziqi spielte mit anderen Kindern in den Überresten der Brennöfen, in denen die Ziegel für die Mauer gebrannt worden waren. Ab und zu fanden Kinder unbeschädigte Ziegel oder andere Relikte, aber als das Dorf erweitert wurde, bauten die Leute ihre Häuser über den Brennöfen. In den siebziger Jahren rissen Bewohner von Sancha ein massives befestigtes Tor ab, das an der Hauptstraße zum Dorf stand. Die riesigen Steinblöcke nutzten sie für die Fundamente von Häusern und zum Straßenbau. Heute wird die Zerstörung von manchen Dörflern bedauert, weil das Tor möglicherweise Touristen angelockt hätte.

Heute ist es für sie wie für jeden im städtischen China *Changcheng*, die Große Mauer, und gelegentlich wandern sie hinauf und streifen durch die Ruinen. Wenn sie etwas Interessantes finden, nehmen sie es mit nach Hause, und im Laufe der Jahre hat Wei Ziqi zwei Signalkanonen gesammelt. Es sind einfache, in Stein gemeißelte Röhren, die an einem Ende offen sind, ungefähr so groß wie ein großer Blumentopf. Am unteren Ende ist ein Loch für eine Lunte eingekerbt. In alter Zeit stopften die Soldaten Schießpulver hinein und zündeten die Lunte an, um mit dem Knall Nachrichten zu übermitteln. Als ich in das Dorf zog, schien Wei Ziqi den 400 Jahre alten Dingen, die er auf einem verstaubten Regal bewahrte, kein sonderliches Interesse entgegenzubringen. Einmal fragte er mich beiläufig, ob ich gern eine Kanone mit nach Amerika nehmen würde. Für ihn gab es keinen Grund, die Geschichte um ihrer selbst willen zu erforschen – sein Instinkt sagte ihm immer, nach vorn zu schauen. Er schätzte das Jurastudium, weil es praktisch war, und das galt auch für sein Schulheft, die »Informationen«. Er zeichnete Karten von der Großen Mauer, weil er annahm, dass man am Tourismus Geld verdienen kann.

Nur einmal im Jahr gedenkt das Dorf der Vergangenheit, während des alljährlichen Qingming-Fests, an dem man die Gräber pflegt. Der Name bedeutet »Tag der klaren Helligkeit«, und das Fest wird in ganz China in der ersten Aprilwoche begangen. In der südwestlichen Provinz Sichuan, wo ich zwei Jahre lebte, ist Qingming ein Familienfest – ganze Clans wandern zu den Gräbern ihrer Ahnen, wo sie Opfergaben verbrennen und ausgiebige, lärmende Picknicks genießen. In Sancha nehmen jedoch nur die Männer daran teil. Vor Tagesanbruch brechen sie mit geschulterten Schaufeln auf und stapfen den steilen Hang hinter dem Dorf hinauf. Oben wird das Land flach und geht in einen Streifen Maisfelder über, hinter dem der Friedhof von Sancha liegt. Die Gräber bestehen aus schlichten, namenlosen Erdhügeln, die knapp einen Meter hoch sind. Sie sind in säuberlichen Reihen angeordnet, und jede Reihe steht für eine Generation. Es gibt vier Reihen – an diesem Berghang sind Weis aus hundert Jahren bestattet.

Im ersten Jahr, als ich wegen des Qingming-Festes nach Sancha kam, standen die Mandelbäume in voller Blüte, die weiß über die Hügel fegte wie ein Schneesturm im Frühling. Um halb sieben waren alle Männer da: Wei Ziqi, der Stänkerer, der Mann der Parteisekretärin, die Vettern, die unten im Tal wohnten. Mimi war mitgekommen; weil sie eine Außenstehende war, galt die übliche Frauenregel nicht für sie. Es waren keine Kinder da – Wei Jia war für die Teilnahme zu klein. Einige waren von außerhalb gekommen, darunter ein alter Mann namens Wei Minghe, der vor Jahren nach Huairou gezogen war. Er schaufelte Erde auf das Grab seiner Eltern und schüttete dann eine Flasche Hirseschnaps vor dem Grabhügel aus. »Der Hügel stellt ein Haus dar«, erklärte er. »Hier ist es Brauch, vor Sonnenaufgang zu kommen. Wenn man Erde auf das Grab schüttet, bevor die Sonne aufgeht, bedeutet das, dass sie im Jenseits ein Haus mit Ziegeldach bekommen. Wenn man es nicht rechtzeitig schafft, bekommen sie ein Grasdach.«

Jeder Mann pflegte das Grab seiner engsten Verwandten: Eltern, Großeltern, Onkel. Manchmal legten sie spezielle Geschenke ab, zum Beispiel kleine Flaschen Alkohol oder Päckchen mit den Zigaretten, die die Verstorbenen gern geraucht hatten. Dann gingen sie zu den ferneren Generationen über, zupften sorgfältig das Unkraut aus und schaufelten Erde auf die Hügel, und je weiter sie in der Zeit zurückgingen, desto unsicherer waren sie, wer da jeweils begraben lag. Wei Ziqi glaubte, ein Grab gehöre seinem Urgroßvater, aber er war sich nicht sicher – es hätte auch ein anderer Onkel sein können. Bei den letzten Reihen gingen alle gemeinsam ans Werk: Jeder packte bei jedem Grab mit an, und niemand wusste, wer wo begraben lag. Der letzte Erdhügel war der einzige in seiner Reihe. Ich fragte Wei Ziqi, wem dieser gehöre.

»*Lao Zu*«, sagte er, »dem Urahn.« Es gab keinen anderen Namen für den ersten Bewohner, dessen Einzelheiten mit dem *jiapu* verlorengegangen waren.

198

Am Nachmittag fuhren wir, Mimi und ich, Wei Minghe nach Hause. Heutzutage, sagte der alte Mann, komme er nur noch selten nach Sancha; abgesehen von dem gelegentlichen Feiertag gebe es keinen sonderlichen Anlass zurückzukehren. Er wohnte in einem Vorort von Huairou, wo man längs der Straße nach Peking eine Reihe von Backsteinhäusern errichtet hatte. Wenn Bauern in die Stadt ziehen, landen sie oft in solchen Vierteln: Dutzende identischer Gebäude, billig gebaut und schlecht geplant, aufgereiht mit der Phantasie einer Fabrikanlage. Ich erinnerte mich aber, was Wei Minghe über das Schaufeln von Erde vor Tagesanbruch gesagt hatte – Ziegeldächer oder Grasdächer. Die Ahnen sind abstrakt, doch die Auswahlmöglichkeiten von heute sind konkret, und der alte Mann hatte seine Wahl getroffen. Über Huairou sagte er unter anderem, er habe jetzt endlich eine gute Heizung bekommen.

* * *

Am ersten Schultag trug Wei Jia eine neue Khakihose und ein rotes T-Shirt. Die Kleider wirkten steif und fremd an ihm – den ganzen Sommer über hatte der Junge in nichts als einem schmutzigen Unterhemd und einer Unterhose in der Nähe des Dorfes gespielt. Für die Schule hatte ich ihm einen Mickymaus-Rucksack geschenkt, und seine Mutter hatte in eine der Taschen einen neuen Griffelkasten gesteckt. Darin befand sich ein einzelner Bleistift, frisch angespitzt.

Der Junge war noch immer nicht sehr gesprächig, und schweigend ging er zur Straße hinunter. Mimi hatte sich für das Wochenende den Santana ihrer Eltern ausgeliehen, und wir alle stiegen hinein. Ich saß vorn mit Wei Jia auf dem Schoß; seine Eltern nahmen auf der Rückbank Platz. Zwischen ihnen saß der Idiot.

Einmal hatte ich Cao Chunmei nach dem richtigen Namen des Idioten gefragt, aber sie kannte ihn nicht. Er ist Wei

Ziqis ältester Bruder, geboren im Jahr 1948 – ein Jahr vor der Machtübernahme der Kommunisten, als in ganz Nordchina noch der Bürgerkrieg tobte. Es waren schwere Zeiten, und die Behinderung des Idioten war vermutlich der Armut zuzuschreiben. Höchstwahrscheinlich lag es an Jodmangel: Wenn eine Schwangere nicht genügend Jod bekommt, läuft sie Gefahr, ein geistig behindertes Kind zur Welt zu bringen. Heute sorgt der Staat dafür, dass überall auf dem Lande Jodsalz zur Verfügung steht, und solche Geburtsfehler sind selten geworden. Es gibt aber immer noch eine ältere Generation von Behinderten, eine Erinnerung an die noch nicht lange zurückliegende Armut Chinas. Auf meiner Fahrt durch China begegnete ich ihnen oft. In vielen Dörfern leben ein oder zwei geistig Behinderte, die von den Einheimischen gewöhnlich *shazi* genannt werden: »Idiot«.

In Sancha wohnt der Idiot bei den Weis, die für seine Bekleidung und Ernährung sorgen. Sie übertragen ihm einfache Aufgaben: Er fegt den Fußboden, knackt Walnüsse und sammelt an den Bergpfaden Anmachholz. An der Ernte kann er sich jedoch nicht beteiligen, und er kann nicht für sich selbst kochen. Er ist taubstumm. Wenn er etwas mitteilen möchte, verzieht er sein Gesicht so leidenschaftlich, dass man meint, er habe genau in diesem Moment seine Sprachfähigkeit verloren und müsse sich erst jetzt mit ihrem Verlust herumplagen. In Wirklichkeit hat er aber nie gesprochen. Die Dorfbewohner ignorieren sein verzerrtes Gesicht und sprechen ihn nicht mit einem der üblichen Ausdrücke für einen Erwachsenen an: »Onkel«, »großer Bruder« oder »kleiner Bruder«. Für sie ist er einfach *shazi*, der Idiot, und er wird zwar gut versorgt, aber nicht wie ein erwachsener Mensch behandelt. Wei Jia war der Einzige im Dorf, der sich für ihn interessierte – er war zu jung, um zu verstehen, dass sein Onkel behindert war; manchmal spielte er mit dem Idioten, und dann strahlte das Gesicht des Mannes vor Freude. Mimi und ich sprachen oft mit ihm, lenkten durch Blickkontakt seine Aufmerksamkeit auf uns, aber die Dorfbewohner beeilten sich, uns darüber aufzuklären, dass es sinnlos sei. »Er versteht nichts von dem, was Sie sagen«, bekam ich immer wieder von Wei Ziqi zu hören.

Am ersten Schultag nahm ich verwundert zur Kenntnis, dass der Idiot mitfuhr, und ich fragte Wei Ziqi, ob etwas nicht stimme. »Es ist nichts«, sagte er. »Wir müssen nur auf der Verwaltung ein kleines Problem erledigen.«

Wir fuhren aus dem Dorf, und Wei Jia beugte sich vor und stützte sich mit beiden Händen aufs Armaturenbrett. Der Junge war besessen von Autos – er bekam kaum welche zu Gesicht. Selbst in einem zu fahren war ein seltenes Vergnügen, und kein passives: Bei jeder Straßenbiegung beugte sich der Junge zur Windschutzscheibe vor, um zu sehen, was hinter der Kurve kam. Auf Anhöhen rutschte er nach vorn, wenn wir hielten, lehnte er sich zurück. Er hätte besser hinten gesessen; mir war klar, dass es falsch war, ein Kind auf dem Schoß zu halten. Aber Kindersitze sind auf dem Lande unüblich, und es hätte Wei Jia das Herz gebrochen, auf den Rücksitz verbannt zu werden. Also drückte ich ihn fest an mich, Mimi fuhr vorsichtig, und wir sechs fuhren ins Tal des Flusses Huaisha hinunter.

Die Walnussernte hatte begonnen, und die Bauern waren unterwegs zu ihren Feldern. Wir fuhren an Dutzenden von Männern vorbei, die dünne, vollkommen gerade, drei Meter lange Stangen bei sich trugen. Manche waren mit dem Rad unterwegs und balancierten die auf den Lenker gestützte Stange wie ein Ritter beim Turnier seine Lanze. Mit den Stangen schlugen sie die Nüsse von den Bäumen herunter. Die Straße war voller weggeworfener Schalen, die unter unseren Rädern knirschten – auch eine Form des Dreschens durch Überfahren.

Im Tal sahen wir ganze Horden von Kindern in neuen Kleidern zu Fuß die Straße entlangmarschieren. »Schau, sie haben auch Rucksäcke«, sagte Cao Chunmei zu Wei Jia. »Sie gehen zur Schule wie du.«

Wir fuhren an einem Bauern vorbei, der auf dem Rücken einen Kunststoffbehälter mit Insektizid trug. »Auch er geht mit seinem Rucksack zur Schule«, sagte ich.

»Das ist kein Rucksack«, widersprach Wei Jia rasch. Es waren seine ersten Worte, seit wir das Dorf verlassen hatten; seine Arme ruhten steif auf dem Armaturenbrett. Von dem Insektizid wehte kurz ein Hauch herein und füllte mit seinem schweren, süßen Geruch den Wagen, dann war es vorbei.

* * *

Als wir uns der Gemeinde Bohai näherten, bat Wei Ziqi Mimi, bei der Verwaltung anzuhalten. Sie bog gerade in die Einfahrt ein, als er sich endlich dazu äußerte, warum der Idiot mitgekommen war.

»Für seine Pflege steht uns rechtlich eine monatliche staatliche Unterstützung zu«, sagte Wei Ziqi. »Ich habe die Parteisekretärin in Sancha danach gefragt, aber sie hat uns nicht geholfen. Also müssen wir uns persönlich hierherbegeben. Ich werde sie auffordern, die Unterstützung jetzt zu zahlen. Wenn sie es nicht tun, lasse ich ihnen den Idioten da, bis sie zahlungswillig sind. Sie sind dafür verantwortlich.«

»Wollen Sie ihn tatsächlich in der Verwaltung zurücklassen?«, fragte Mimi.

»Ja«, sagte Wei Ziqi. »Nur so wird man beachtet.«

Mimi fragte, wie hoch die Unterstützung sei.

»Mindestens fünfzig Yuan«, antwortete Wei Ziqi. Das entspricht etwa sechs Dollar.

Bevor wir reagieren konnten, hatte Wei Ziqi seinem Bruder schon aus dem Wagen geholfen. Er führte ihn über den Vorplatz, den eine wuchtige Skulptur zierte. Sie bestand aus einer schimmernden Stahlkugel, die von einer gebogenen Rute umgeben war – leicht abstrakte Formen, wie man sie in China oft als Kunst im öffentlichen Raum antrifft. Alle Gemeinden rings um Sancha haben Skulpturen in einem solchen Stil aufgestellt, begleitet von Parolen, die Vorstellungen von Modernität und Wohlstand heraufbeschwören sollen. Die Parole der Gemeinde Bohai lautet »Der Stern des Jahrhunderts«. Wei Ziqi führte seinen Bruder an der gewundenen Skulptur vorbei und trat mit ihm durch die offene Eingangstür in das Verwaltungsgebäude. Das Gesicht des Idioten war ausdruckslos – er hatte, seit er ins Auto gestiegen war, keinen Laut von sich gegeben.

Wei Jias Hände ruhten ungeduldig auf dem Armaturenbrett, während wir warteten. Fünf Minuten später erschien der Vater des Jungen wieder. Er war allein. Wir fuhren weiter.

* * *

Die Feldfrüchte änderten sich, je tiefer wir in die Pekinger Ebene kamen. Hier wurde mehr Mais und Weizen angebaut, und die Ernte hatte früher begonnen; die Nussbäume waren schon abgeerntet. Die Dörfer an der Straße wurden größer, und es gab richtigen Verkehr: Busse, Pkws und Minivans. Und es gab Läden. Auf einmal tauchten überall Schriftzeichen auf – in diesen größeren Dörfern warb der Staat auf den Ziegelmauern für Familienplanung. »Töchter sind auch Nachkommen«, lautete eine Parole, »Geburtenplanung nützt dem Land« eine andere. Meistens fand ich diese Parolen beklemmend, aber hier wirkten sie fast beruhigend. In Sancha hatte man sich nicht die Mühe gemacht, welche zu malen – der deutlichste Hinweis darauf, dass das Dorf im Sterben lag.

Tatsächlich hätten junge Leute, die in Sancha geblieben wären, sich nicht mit einem Kind begnügen müssen. Wenn das erste Kind ein Mädchen ist, darf ein Paar noch ein Kind bekommen, aber nach zweien ist Schluss. Sancha wird dieses Recht zugestanden, weil es so abgelegen ist und wegen des traditionellen Wunsches nach einem Jungen, der auf dem Hof helfen kann. Aber schon fünfzehn Kilometer weiter in der

Pekinger Ebene gelten andere Regeln: grundsätzlich nur noch ein Kind pro Familie, gleich welchen Geschlechts.

Die praktische Umsetzung der Geburtenkontrolle ist stark auf die jeweiligen geographischen und ethnischen Verhältnisse zugeschnitten, was eine riesige Bürokratie erforderlich macht. Auf der Fahrt durch den Norden sah ich in der Provinz Gansu einmal einen nagelneuen Iveco-Lkw mit der seitlichen Aufschrift »Geburtenplanung-Dienstfahrzeug«. Er war ausgestattet mit Blaulicht, Propagandalautsprechern und einem Dieselgenerator; durch die geöffnete Hintertür sah man ein Waschbecken und zwei Krankenhausbetten. Der Fahrer sagte mir, sie führen in ländliche Gebiete, wo sie Operationen vornähmen. Auf meine Frage nach den häufigsten Eingriffen schrieb er, ohne mit der Wimper zu zucken, zwei Wörter in mein Notizbuch: »Abtreibung« und »Tubenligatur«. In jener Region macht man die Größe der Familie weitgehend von der Ethnie abhängig; Han-Chinesen dürfen nur ein Kind haben, mongolische Stadtbewohner zwei und Mongolen auf dem Lande drei.

In Sancha dürfen die Leute zwei Kinder haben, wenn das erste ein Mädchen ist, und es gibt noch andere Ausnahmen. Die Weis zum Beispiel dürften, weil sie für den Idioten sorgen, ein weiteres Kind bekommen, aber Wei Ziqi glaubte, dass es zu kostspielig wäre, zwei Kinder aufzuziehen. Diese Meinung teilen viele aufstrebende Chinesen, besonders in den Städten, wo der Staat es geschafft hat, die Leute zu überzeugen, dass sie mit nur einem Kind besser dran sind. Städter beschweren sich kaum über die Regeln, und sie verachten häufig die Menschen auf dem Land, die gern mehr Kinder hätten. Eine unbeabsichtigte Folge der Politik ist freilich, dass die Zahlen der Knaben- und Mädchengeburten deutlich auseinandergehen. Genaue Statistiken sind schwer zu bekommen, weil die Leute auf dem Land ihre Kinder oft nicht anmelden, doch nach der verlässlichsten Quelle kommen 117 Knaben- auf 100 Mädchengeburten. Sogar die Regierung hat das Problem erkannt: Die staatliche Kommission für Bevölkerung und Familienplanung berichtete, dass es im Jahr 2020 dreißig Millionen mehr Männer als Frauen geben wird. Das ist das Jahr, in dem Wei Jia 23 wird.

In China dürfen Ärzte Schwangeren nicht das Geschlecht ihres Kindes verraten, aber Bestechung ist üblich. Einmal begleitete ich die Weis zu einem Arzttermin in Huairou, und in dem Krankenhauszimmer befand sich ein Ultraschallgerät. An ihm befand sich ein großes Schild auf Englisch und Chinesisch. Im Englischen hatte man alles zusammengeschrieben, aber der Sinn war klar:

Boyorgirl
Letitbe

* * *

Wir parkten am Hintereingang der Xingying-Grundschule. Eine Lehrerin begrüßte uns und führte uns hinein; Wei Jias Gesicht war ausdruckslos. Er trat in das Klassenzimmer, blieb neben der Tafel stehen und verkündete unüberhörbar: »Hier ist es nicht gut!«

Die Eltern des Jungen versuchten ihn zu packen, aber er wand sich los und rannte aus der Tür. Er weinte jetzt und eilte zum Auto zurück. »Ich geh nach Hause!«, brüllte er. »Ich will nach Hause! Ich will hier nicht sein!«

Seine Mutter eilte ihm nach, während wir anderen im Klassenzimmer warteten. Ich musste zugeben, dass Wei Jia nicht ganz unrecht hatte – solche Zustände hatte ich noch in keiner Schule der Pekinger Region gesehen. In der Decke klaffte ein Loch, und das Klassenzimmer war verdreckt; vor den Fenstern waren Eisenstäbe. Die Tafel war angeschlagen und verschrammt. Der einzige Schmuck an den Wänden bestand in einem halben Dutzend Tieren aus Styropor. Sie waren so lieblos gemacht, dass die Figuren fast nicht zu erkennen waren:

ein krummer Elefant, ein verrenkter Affe und eine plumpe Maus.

Die anderen Kinder waren schon gekommen, saßen still hinter winzigen Tischen und spielten mit Lego-ähnlichen Bauklötzchen. Es waren zusammen zwanzig, darunter nur drei Mädchen. Eine Fünfjährige war auffallend hübsch, mit Zöpfen, eine andere trug kurzgeschnittene Haare wie ein Junge. Das dritte Mädchen war zu klein für ihr Alter, hatte riesige schwarze Augen, und die Lehrerin sagte uns gleich, sie sei ein *ruozhi*. Das ist ein anderes Wort für behindert: Wörtlich bedeutet es »schwacher Verstand«. Das Mädchen blickte auf, als die Lehrerin das sagte – offensichtlich war sie daran gewöhnt, dass Leute in ihrer Gegenwart dieses Wort aussprachen.

Wei Jia stand draußen im Staub neben dem Auto. Er weinte jetzt noch mehr und wehrte sich gegen jeden Versuch, ihn in das Klassenzimmer zurückzubringen. Erst sprach seine Mutter mit ihm, dann sein Vater. Sonst war Wei Ziqi streng mit seinem Sohn, aber für diese Angst schien er Verständnis zu haben. »Alle gehen zur Schule«, sagte er sanft. »Ich bin zur Schule gegangen, und deine Mutter auch. Tante Mimi ist zur Schule gegangen, und Onkel Ungeheuer ebenfalls.«

Dass Onkel Ungeheuer gebildet war, besänftigte den Jungen nicht im Geringsten. Auf dem Schulhof begann das tägliche Aufziehen der Flagge: Lautsprecher knisterten, die Nationalhymne erklang, und die Kinder, die allesamt die roten Halstücher der Jungen Pioniere trugen, marschierten heraus. Wei Jias Gesicht war von Panik zerfurcht; noch nie hatte er so viele Kinder auf einem Haufen gesehen. Aber mittlerweile war er still – er klammerte sich einfach ans Auto, wenn jemand ihn fortzuziehen versuchte.

Erst nach einer Dreiviertelstunde hatte der Junge sich beruhigt. Schließlich trug ihn sein Vater ins Klassenzimmer; seine Mutter setzte ihn hinter einen Tisch. Andere Kinder drehten sich um und starrten ihn an – das als *ruozhi* bezeichnete Mädchen drehte sich mit leuchtenden Augen auf ihrem Stuhl um. Wei Jia atmete schwer, Tränen rannen ihm über die Wangen. Zehn Minuten später rannte er erneut zur Tür, aber diesmal wurde er abgefangen. Wieder schrie er, ein letzter heftiger Ausbruch, und dann beruhigte er sich, erschöpft. Furchen der Resignation traten auf seine Stirn, ähnlich den Runzeln eines alten Mannes.

Wir gingen möglichst leise hinaus. Als ich Wei Ziqi nach der Toilette fragte, empfahl er mir, auf dem Weg nach draußen den Zaun des Schulhofs zu benutzen. Ich hörte Kinderstimmen, schwatzend, lachend, Lektionen aufsagend, während ich in das Unkraut pinkelte. Auf der Heimfahrt kam mir das Auto ohne den Jungen und den Idioten leer vor.

* * *

An jenem Tag entwich der Idiot zweimal aus dem Verwaltungsgebäude. Beim ersten Mal fingen die Beamten ihn gleich außerhalb der Eingangstür ein. Beim zweiten Mal schaffte er es bis in die Gemeinde Bohai, und erst nach einiger Zeit spürten sie ihn auf.

Die Beamten riefen Wei Ziqi an und forderten ihn auf, seinen Bruder abzuholen; Wei Ziqi forderte die Unterstützung. Keiner wollte nachgeben, bis die Beamten, als es schon spät geworden war, den Idioten in ein Auto setzten und in die Berge fuhren. Drei Kilometer vor Sancha setzten sie ihn ab. Noch nie war der Idiot allein so weit von zu Hause fort gewesen, aber er fand heim – vermutlich sagte ihm ein Instinkt, dass er den Berg hinaufgehen musste.

Das alles erfuhr ich später von Wei Ziqi. Sein Bruder, sagte er, sei erschöpft und verängstigt gewesen, aber ansonsten war er in Ordnung; man hatte ihn in der Verwaltung nicht schlecht behandelt. Wei Ziqi war mit diesem Verlauf sichtlich zufrieden – er hatte den Beamten gezeigt, dass er es ernst meinte. Sie hatten sich schließlich bereit erklärt, seine Forderung an die Bezirksverwaltung, die nächsthöhere Instanz, weiterzureichen. Wei Ziqi glaubte, er habe gute Aussichten, die Unterstützung zu bekommen. Aus seiner Sicht war dies die beste Vorgehensweise gewesen. Beamte neigen oft dazu, sich ihrer Verantwortung zu entziehen, und manchmal muss man grob werden, damit sie sich rühren.

Ich hatte Gewissensbisse wegen des Vorfalls, obwohl ich nicht wusste, was ich anders hätte machen sollen. Und ich hatte nicht recht kapiert, was da genau vor sich ging. So erging es mir oft in China; ich kam mir in diesem Land begriffsstutzig vor. Diese Dummheit hatte mitunter ihre guten Seiten, besonders für mich als Schriftsteller. Mit den Jahren hatte ich gelernt, geduldig zu sein, und ich war vermutlich aufgeschlossener, als ich es in Amerika je gewesen war. Aber meine Reaktionen waren unter Umständen zu langsam, und gelegentlich war ich ganz einfach nicht mehr Herr der Lage. Das Leben in China ist jedenfalls kompliziert, und oft gibt es keine gute Lösung, egal, wie schnell man reagiert. Dafür haben die Leute einen geläufigen Ausdruck: *Mei banfa*, sagen sie häufig. Da kann man nichts machen.

Die Herausforderung, in China zu leben, hatte mir immer gefallen, und die Einsamkeit des Ausländers sagte mir zu. Die Dorfbewohner akzeptierten das – sie begriffen, dass ich anders als sie und oft für mich allein war, und sie nahmen mir das nicht übel. Ihre Neugier galt nur ganz allgemeinen Dingen: Oft fragten sie mich, wie viel Uhr es gerade in Amerika war, und stets waren sie daran interessiert, wie viel etwas gekostet hatte. Genauestens fragten sie nach, was ich esse und was ich nicht esse. Aber nie erkundigten sie sich nach meiner Schrift-stellerei oder meinem persönlichen Leben – einer der Gründe, warum ich mich in Sancha so wohl fühlte. Oft sprachen sie von Mimi als von meiner *laopo*, meiner Frau, und ich ließ sie in dieser Meinung. Tatsächlich waren wir kurz miteinander liiert gewesen, bevor wir das Haus auf dem Lande fanden, aber wir mieteten es als Freunde. Mit der Zeit hatte jeder von uns andere Beziehungen, aber das Haus teilten wir uns weiterhin; manchmal brachten wir neue Partner mit nach Sancha. Die Einwohner störte das überhaupt nicht – das lag an der Distanz zwischen ihrer und unserer Welt.

Eine Woche nach dem Vorfall mit dem Idioten fuhr ich für einige Tage nach Sancha. Es war, als hätte der Mann auf mich gewartet: Er stand am Ende der Straße und begrüßte mich mit einem breiten Grinsen, während er auf mein geparktes Auto deutete. Nie hatte ich ihn so angeregt gesehen; ständig grunzte er etwas und gestikulierte in Richtung des Fahrzeugs. Ich begriff, dass er die Geschichte unserer Fahrt ins Tal erzählte. »Ich weiß«, sagte ich. »Ich erinnere mich.« Ich wollte mich entschuldigen; ich wünschte, ich hätte ihm begreiflich machen können, dass ich die Situation nicht verstanden hatte, bis es zu spät war – *mei banfa*. Aber es gab keine Möglichkeit, ihm mein Bedauern kundzutun, und der Idiot hörte nicht auf, wild weiterzugestikulieren. Er schien sich wahnsinnig zu freuen, mich wiederzutreffen.

* * *

Seine ersten Ferien hatte Wei Jia im Oktober, wegen des Nationalfeiertags. Alle Schulen waren eine Woche geschlossen, und der Junge kehrte ins Dorf zurück. Seine Lehrerin berichtete, er habe sich noch nicht an das Klassenzimmer gewöhnt; wie sie sagte, »blickte er wild drein«. Wei Jia hatte schon immer einen Hang zum Raufen, und so machten seine Eltern sich zunächst keine Gedanken, als sie ein Muster von Prellungen auf seinem Rücken entdeckten.

Im Dorf war gerade die Maisernte zu Ende gegangen, und Wei Ziqi hatte 270 Kilo eingebracht. Er stapelte den Mais neben ihrem Haus, und Wei Jia brachte einen ganzen Vormittag damit zu, auf den hellgelben Haufen zu klettern und hinunterzurutschen. Danach bemerkte seine Mutter weitere Prellungen an den Beinen des Jungen – entzündete blaurote Flecken, die über seine Haut verteilt waren. Wei Jia sagte, er fühle sich gut, aber sein Gesicht war blass. Mimi und ich waren mit dem Auto ihrer Eltern ins Dorf hinausgefahren, und jetzt bot ich an, Wei Ziqi und den Jungen ins Krankenhaus nach Huairou zu bringen.

Es war der Nachmittag des Nationalfeiertags, man beging den 53. Jahrestag der Gründung des kommunistischen China. Bis hinunter nach Huairou war kein Verkehr auf den Straßen, und wir parkten vor dem Zentralkrankenhaus der Stadt. Drinnen füllte eine Krankenschwester eine Überweisung aus und schickte uns wegen einer Probe zur Blutabteilung. Der Raum hatte die Anmutung einer Flüsterkneipe (aus der Prohibitionszeit in den USA. – A. d. Ü.): Der Patient schob seinen Arm durch ein Loch in der Wand, und dahinter wartete eine unsichtbare Laborantin mit einer Nadel. Wei Jia wollte anfangs nicht, aber sein Vater sagte streng: »Sei *laoshi*!« Der Junge verzog das Gesicht, weinte aber nicht. Hinterher gab die Schwester uns einen Computerausdruck und sagte, der Wert der *xuexiaoban* sei niedrig. Ich kannte den Fachterminus nicht und hatte mein Wörterbuch nicht dabei, aber dem Gesichtsausdruck der Frau konnte ich entnehmen, dass es ernst war.

»Er hat nur siebzehntausend«, sagte sie. »Eigentlich sollten es über hundertfünfzigtausend sein.« Sie empfahl uns, zu weiteren Untersuchungen direkt ins Kinderkrankenhaus in Peking zu fahren.

Wei Jia war in einem Krankenhaus der Hauptstadt zur Welt gekommen, und jetzt kehrte er zum ersten Mal wieder in die Stadt zurück. Gewöhnlich war der Junge vom Autofahren begeistert und fragte nach allem, was er an der Straße sah, aber an diesem Tag war er still. Schon beim Betreten des Kinderkrankenhauses wusste ich, dass es ein Fehler war, hierherzukommen. Kinder kreischten, Eltern beschwerten sich unentwegt, das Personal machte einen gehetzten Eindruck.

Wei Ziqi wirkte überfordert und blieb wie angewurzelt im Eingang stehen. Jemand stieß ihn von hinten an und fluchte unterdrückt (»Aus dem Weg!«), während er weitereilte. Wei Ziqi trug eine Armeehose und eine militärgrüne Weste des Amtes für Öffentliche Sicherheit, ein Tarnanzug, der hier in der Stadt tatsächlich zu funktionieren schien. Leute rempelten ihn an, stießen mit den Ellbogen und schoben ihn beiseite. Als er Mitarbeiter des Krankenhauses um Hilfe bat, wurde er einfach fortgescheucht. Er hätte ebenso gut unsichtbar sein können – so ergeht es einem, wenn man in bäuerlicher Kleidung in die Stadt kommt.

Schließlich nahm ich Wei Jia auf den Arm und ging zu einem Informationsstand. Die Bedienstete nahm sofort Haltung an und beantwortete alle meine Fragen; es war eben ein himmelweiter Unterschied, ob ein Ausländer oder ein Bauer vor ihr stand. Die Frau sagte mir, wohin wir uns wegen der Blutuntersuchung zu wenden hatten. Wir zahlten eine Gebühr von einigen Dollar und reihten uns unter den wartenden Patienten ein. An der Wand der Blutabteilung hing ein Schild:

Mit Ihrer Kooperation und unserer Erfahrung
werden wir uns um Ihren Schatz kümmern

In der Warteschlange befanden sich schon über zwanzig Schätze. Jeder war von mindestens zwei Erwachsenen begleitet; einige Kinder waren von beiden Eltern und der Vollzahl der beiderseitigen Großeltern umringt. In den Großstädten Chinas besitzen kleine Kinder eine irre Anziehungskraft – je kleiner das Kind, desto enger umschweben es die Erwachsenen wie massive Planeten, die in einer Umlaufbahn um eine dichte kleine Sonne gefangen sind. Disziplinierend wirkt diese Nähe allerdings nicht – das Wartezimmer war von Rufen und Schreien erfüllt. Die kleinen Schätze liefen einander durch das ganze Zimmer nach, unabhängig von ihrem Platz in der

Schlange; vorn schrien sie Zeter und Mordio, wenn sie an der Reihe waren, gepikst zu werden. Wir waren noch keine fünf Minuten da, als ein Schatz mitten auf den Fußboden kotzte. Ein anderes Mädchen machte sich von den sie umkreisenden Erwachsenen los und schlüpfte in den Untersuchungsbereich, wo es sich an einem Gestell mit Röhrchen zu schaffen machte. »Lass das!«, rief eine Schwester und klopfte dem Mädchen auf die Finger.

Wei Jia war von allen Kindern im Zimmer bei weitem am schlechtesten angezogen. Er trug ein verschmutztes grünes Sweatshirt, und in seinen Leinenschuhen waren vorn Löcher; an seinem Hals klebte Erde. Aber er war ruhig – dafür war ich dankbar. Als er endlich an der Reihe war, verzog sich sein Gesicht, und sein Vater sagte wieder »Sei laoshi!« – und schon war die Blutprobe vorbei.

Erst hinterher wurde mir klar, dass nur ein Narr an einem Feiertag das Kinderkrankenhaus aufsucht. Der diensthabende Arzt dachte nur daran, so schnell wie möglich fortzukommen – er warf einen kurzen Blick auf Wei Jias Testergebnisse, kritzelte eine Verordnung auf ein Stück Papier und sagte uns, der Junge brauche Ruhe. Wir holten die Medizin: ein Fläschchen mit Vitamin-C-Pillen. Auf dem Heimweg beschloss ich, die neue Badaling-Schnellstraße zu nehmen, und Vater und Sohn wurden munter. »Dies ist eine Schnellstraße«, erklärte Wei Ziqi dem Jungen. »Schau, wie breit sie ist; das ist, damit man hier schneller fahren kann.« Der Junge schlief ein, aber sein Vater weckte ihn mitten im Jundu-Gebirge, damit er seinen ersten Tunnel sehen konnte. Als wir Sancha erreichten, war es dunkel, doch Cao Chunmei und Mimi warteten am Ende der Straße, mit Taschenlampen in der Hand. Mimi erzählte mir, die Mutter habe sich, seit wir losgefahren waren, unablässig über *baixue-bing*, die »weiße Blutkörperchenkrankheit«, Gedanken gemacht. Wei Ziqi beruhigte sie, indem er die Worte des Doktors wiederholte, und sie brachten den Jungen zu Bett. Ich aber fand in

212

dieser Nacht keinen Schlaf. Meine Gedanken kreisten ständig um dasselbe – »weiße Blutkrankheit« ist der chinesische Ausdruck für Leukämie.

* * *

Meine Kindheit war mehr als üblich mit medizinischen Problemen belastet gewesen. Als Junge hatte ich wegen Asthma und Lungenentzündung im Krankenhaus gelegen, und ich war verletzungsanfällig – eines von den Kindern, deren Eltern ständig Anrufe kriegen wegen gebrochener Knochen und schlimmer Verletzungen. Zum Teil lag es an meiner Größe: Ich war immer eines der kleinsten Kinder in meiner Klasse. 1974, als ich fünf war, wog ich nur sechzehn Kilo – nicht viel mehr als Wei Jia. Meine Kindergärtnerin empfahl, mich noch ein Jahr im Kindergarten zu lassen, um mir Zeit zum Wachsen zu geben.

Wei Ziqi und ich sind fast gleich alt: Ich wurde zwei Wochen vor ihm geboren, im Juni 1969. Einmal sprachen wir über unsere Schulerfahrungen und verglichen die Jahre, in denen wir in die und die Klasse gekommen waren, und nach einer Weile blickte er mich scharf an und fragte: »Sind Sie sitzengeblieben?«

Ich war, solange ich amerikanische Schulen besuchte, immer ein Jahr älter als meine Klassenkameraden gewesen, aber danach hatte mich nie jemand gefragt. Meine Eltern hatten 1974 entschieden, mich »zurückzuhalten«, und sie betonten immer, ich sei nicht zu dumm, sondern zu klein gewesen. In der Sprache der chinesischen Bauern gibt es den entsprechenden Euphemismus nicht.

»Ja«, sagte ich zu Wei Ziqi, »im Kindergarten.«

»Ich dachte mir, dass Sie einmal sitzengeblieben sein müssen«, erwiderte er grinsend und fügte hinzu, auch er sei sitzengeblieben und habe die fünfte Klasse wiederholt, hauptsächlich, weil auch er zu klein gewesen war.

Als ich ins Jugendalter kam, hatte sich mein gesundheitlicher Zustand gebessert, aber die Angst vor dem Krankenhaus wurde ich nie los. Wei Jia nach Peking zu bringen war eine Art Folter für mich gewesen, weil es mich an meine Kindheitserlebnisse erinnerte. Am Morgen nach seinem Bluttest fuhr ich zurück nach Peking und konnte endlich *xuexiaoban* im Wörterbuch nachschlagen. Der Ausdruck bedeutet »Plättchen«. Darauf suchte ich im Internet nach Kinderkrankheiten mit Hämatomen und niedriger Plättchenzahl. Dabei stieß ich immer wieder auf Leukämie. In Panik geraten, schickte ich E-Mails mit den Ergebnissen von Wei Jias Bluttests an drei befreundete Ärzte in den Vereinigten Staaten. Die Nachrichten gingen hinaus, als es bei mir tiefe Nacht war, und am frühen Morgen waren von allen schon die Antworten da, eine aus San Francisco, eine aus Missouri und eine aus New Jersey. Übereinstimmend hielten sie Leukämie für unwahrscheinlich, empfahlen aber eine Biopsie. Unabhängig voneinander vermuteten alle drei ein Leiden, das sich ITP nennt: idiopathische thrombozytopenische Purpura. Die Ursachen von ITP kennt man nicht; oft werden davon Kinder befallen. Gewöhnlich erledigt sich das Problem binnen zwei Monaten von selbst, wenn der Patient sich ausruht und gut isst. Selten ist die Krankheit chronisch, aber bei Wei Jia war die Zahl der Blutplättchen so gefährlich niedrig, dass ein Risiko von Hirnblutungen bestand. »Ich würde ihm Steroide oder Immunglobulin geben«, schrieb ein Arzt. Meine Freundin Eileen Kavanagh, die dabei war, ihr Medizinstudium in New Jersey abzuschließen, antwortete: »Am meisten gibt mir zu denken, dass sie ihn nicht im Krankenhaus behalten haben, um die Sache gründlich zu untersuchen.«

Ich rief in Sancha an, Cao Chunmei war am Apparat. »Es geht ihm gut«, sagte sie. »Er hatte gerade Nasenbluten, aber es war nicht schlimm.«

»Er darf nichts Anstrengendes tun«, sagte ich. »Lassen Sie ihn nicht draußen spielen oder herumtollen. Sorgen Sie dafür, dass er im Bett bleibt, während wir zu klären versuchen, was man machen kann. Es ist wirklich ernst – er muss unbedingt Bettruhe wahren.«

Ich rief Mimi an und sprach mit ihr die Möglichkeiten durch. Es gab im Dorf keine Transportmittel außer Motorrädern. Mimi hatte den Wagen ihrer Eltern, aber wir hatten keine Ahnung, wohin mit dem Jungen – das Kinderkrankenhaus kam nicht mehr in Frage. Während wir sprachen, klingelte mein Handy.

»Das Nasenbluten hört nicht mehr auf«, sagte Cao Chunmei und übergab den Apparat ihrem Mann. »Solange er liegt, ist alles in Ordnung«, sagte Wei Ziqi. »Aber wenn er sich aufsetzt, fängt es wieder an zu bluten.«

»Er gehört ins Krankenhaus«, sagte ich. »Der Arzt hat sich geirrt. Sorgen Sie dafür, dass er liegenbleibt – ich komme so rasch wie möglich.«

Ich lief zu Mimis Wohnung, um die Autoschlüssel zu holen; sie erkundigte sich schon bei verschiedenen Leuten nach einem anderen Krankenhaus. Ich fuhr los mit dem Santana, Richtung Norden, und verfluchte den Pekinger Verkehr. Wenn ich Glück hatte, würde ich in nicht ganz zwei Stunden dort sein.

* * *

Cao Chunmei war auf der Sancha gegenüberliegenden Seite der Großen Mauer aufgewachsen. Ihr Heimatdorf liegt unten im Tal, wo die Bedingungen besser sind, und ihre Eltern waren nicht so arm wie die von Wei Ziqi. Aber man lebte bescheiden in ihrer Kindheit; für Schulbedarf bezahlte sie mit Eiern, Geld benutzte man damals kaum. An jedem Wochenende marschierte sie mit Bruder und Schwester die acht Kilometer zum Haus ihrer Großmutter. Ihre Route führte über den Hochpass bei Jiankou, einen der steilsten und spektakulärsten Abschnitte der Großen Mauer. Die beeindruckenden gemauerten Festungsanlagen wurden Anfang des 17. Jahrhunderts, gegen

Ende der Ming-Dynastie vollendet, aber für die junge Cao Chunmei hatte diese ganze Geschichte keine Bedeutung. Aus ihrer Sicht grenzte die Große Mauer nur die beiden Welten ihrer Kindheit voneinander ab. Sie war die Schranke zwischen Schule und Familie, zwischen Werktagen und Wochenenden, und diese Schwelle aus zerbröckelnden Ziegeln überquerte sie unzählige Male.

Nach Abschluss der achten Klasse ging Cao Chunmei von der Schule ab und begann, in einer nahegelegenen Kleider-fabrik zu arbeiten, in der schon ihre ältere Schwester eine Stelle hatte. Produziert wurde dort militärische Bekleidung: Hemden und Jacken in üblicher Ausführung, wie sie die Bauern trugen. Am Fließband machte Cao Chunmei zunächst Kragen, später Manschetten, und schließlich landete sie beim Knopfannähen. Sie wohnte daheim bei ihren Eltern. Mit dem Rad brauchte sie nur eine halbe Stunde, und weil es ihren Eltern recht gut ging, durfte sie ihren Lohn behalten. In der Rückerinnerung gehörten jene Jahre zu den glücklichsten ihres Lebens.

Am Fließband arbeitete Cao Chunmei mit einer jungen Frau aus Sancha zusammen, die sie eines Tages fragte, ob sie einen Freund habe, was Cao Chunmei bejahte. Aber das schien die andere zu überhören. »Du solltest meinen Onkel kennen-lernen«, sagte sie; der Onkel sei nur wenig älter als sie selbst und er sei Junggeselle.

»Ich beschloss, darauf einzugehen«, erinnerte sich Cao Chunmei Jahre später. Ich fand, mein damaliger Freund war zu jung. Außerdem lagen unsere beiden Dörfer dicht beieinander. Ich kann es nicht begründen, aber ich wollte nicht jemanden aus einem Ort heiraten, der so nah an meinem Heimatort liegt.«

Die Kollegin war, wie sich herausstellte, die Tochter des Stänkerers. Der Mann und Wei Ziqi sind entfernt miteinander verwandt – sie haben einen gemeinsamen Ururgroßvater –, und die Tochter arrangierte ein Treffen zwischen Cao Chunmei und Wei Ziqi. Auf dem Land wird schnell und schonungslos über potenzielle Partner geurteilt, und nicht zwangsläufig mildert der Zeitablauf diese Urteile und umgibt sie mit dem Schleier der Nostalgie. Cao Chunmei erinnerte sich noch genau an ihre ersten Eindrücke bei dem über zehn Jahre zurückliegenden Treffen. »Ich fand ihn sehr klein und sehr schwarz«, sagte sie. »Seine Haut war so dunkel! Aber wenn er sprach, fand ich ihn lustig. Er hatte viel Humor. Er redete nicht so wie die meisten; er war interessanter, und was er sagte, war vielleicht nicht schicklich. Ich fand ihn lustig.«

Acht Monate später, am Neujahrstag 1993, wurden sie getraut. Die Hochzeit wurde in einem Restaurant in der Kleinstadt Miaocheng gefeiert. Das lag jetzt fast fünfzehn Jahre zurück, und Cao Chunmei wusste nicht mehr den Namen des Restaurants, die Gerichte, die serviert wurden, oder die Gästeliste – Details, die sich einer amerikanischen Frau für alle Ewigkeit eingeprägt hätten. Dagegen war Cao Chunmei über die finanzielle Seite noch bestens im Bilde. Das Bankett kostete 690 Yuan – rund 85 Dollar. Geschenkt wurde, wie in China üblich, Bargeld, und das größte Geschenk eines einzelnen Gastes waren zwölf Dollar. Der Reinerlös der Hochzeit betrug 160 Dollar. Bei ihrem Bericht über das Ereignis rasselte Cao Chunmei diese Zahlen wie eine Buchhalterin herunter.

Zwei Jahre lebte das junge Paar in Huairou, wo Cao Chunmei als Köchin arbeitete. Sie fühlte sich in der Stadt jedoch nie wohl. »Zu viele Menschen«, sagte sie mir einmal. »Das macht mich nervös. Wenn man im Dorf irgendwo hinwill, schafft man es leichter. Und es ist still und friedlich. Nach der Arbeit kann man sich in Ruhe entspannen oder einen Spaziergang machen.«

Wei Ziqi urteilte ähnlich über das Leben in der Stadt, und als Cao Chunmei schwanger war, zogen sie wieder hinter die Große Mauer nach Sancha. Sie wohnten bei den Eltern von Wei Ziqi, deren Haus noch Lehmböden und Wände aus Lehm mit Hirsestroh hatte. Es waren weit schlechtere Bedingungen, als Cao Chunmei sie gewohnt war, aber das störte sie nicht sonderlich. Ihr gefiel die dörfliche Stille, und anfangs war sie froh, in einem Ort zu leben, der zwar arm, aber friedlich zu sein schien.

Doch mit der Zeit änderte sich ihre Meinung über Sancha. 1997 brachte sie Wei Jia zur Welt, und dann starben beide Schwiegereltern innerhalb eines Jahres. Cao Chunmei freundete sich mit anderen Frauen des Dorfes an, die überwiegend wie sie von außerhalb eingeheiratet hatten, und man erzählte ihr so mancherlei. Anfangs mochte sie diesen Geschichten kaum glauben – es waren Sachen, die man sich hinter vorgehaltener Hand erzählt. So erfuhr sie von einer Frau, die über Jahrzehnte ein Verhältnis mit einem Verwandten ihres Mannes hatte. Sie hatten sogar ein Kind zusammen, wenngleich alle so taten, als sei der Junge von ihrem Mann. Eine andere Frau hatte drei Kinder von drei verschiedenen Männern. Das hatte sie durch Umzug fertiggebracht, oft die beste Methode, sich der Geburtenplanung zu entziehen. Hin und wieder fand die Frau aus Sancha Arbeit in einer anderen Stadt, wo sie stets einen neuen Partner fand und ein Kind bekam. Ihr rechtmäßiger Ehemann blieb im Dorf, wo er ein fortdauerndes Verhältnis zu der Frau eines Nachbarn unterhielt. Auch das war ein offenes Geheimnis: Wenn der Nachbar zur Arbeit auf die Felder ging, schlich der andere Mann sich in sein Haus.

»Solche Dinge gibt es in Sancha zuhauf«, sagte mir Cao Chunmei einmal, als wir uns schon lange kannten. Es gebe etliche Affären im Dorf, sagte sie, und man munkelte sogar von Inzest. »Es muss mit der Umgebung zusammenhängen«, erklärte sie. »Wegen der Ablegenheit dieses Dorfes wurden solche Dinge hier eher akzeptiert. In dem Dorf, aus dem ich stamme, passiert so etwas seltener. Dort leben aber auch über zweihundert Familien, und hier sind es so wenige.«

»Als ich hier neu war«, fuhr sie fort, »schien alles in Ordnung zu sein, und ich dachte, es ist ein normales Dorf. Aber als ein Jahr vorbei war, erfuhr ich allmählich von all den Affären und dem Unrecht, das die Leute begingen. Wei Ziqi hat darüber nie mit mir gesprochen. Weil er mit vielen hier verwandt ist, kann er nicht offen darüber reden.« Manche Affären arteten in Gewalttätigkeit aus, deren Opfer regelmäßig die Frau ist. »Es kommt vor, dass der Mann seine Frau schlägt«, sagte sie, »aber die beiden beteiligten Männer schlagen sich nie.«

In den ersten zehn Jahren in Sancha besuchte Cao Chunmei nie die Große Mauer oberhalb des Dorfes. Für sie sind die Ruinen ausschließlich ein Teil ihrer Kindheit, als sie regelmäßig zum Haus ihrer Großmutter wanderte. In ihrer neuen Heimat findet sie den Zweistundenmarsch sinnlos. Sie ist eine stämmige Frau mit einem runden Gesicht, und sie hat weiße Haare, die sich schon in ihrer Jugendzeit zu verfärben begannen. Jetzt färbt sie sie schwarz, aber die bleichen Haarwurzeln sieht man trotzdem. Ihr linkes Auge ist blau, das rechte ist braun. Sie hat ein lebhaftes, sanftes Lächeln, und am wohlsten scheint sie sich zu fühlen, wenn sie mit Wei Jia zusammen ist, aber man spürt deutlich eine gewisse Traurigkeit hinter ihren ungleichen Augen. Sie hat erlebt, wie sich die Friedlichkeit des Dorfes gleich einer Fata Morgana in nichts auflöste, und sie weiß, dass es nicht einfach ist, das letzte Kind in einem Dorf aufzuziehen.

* * *

Ich parkte den Wagen am Ende der Sackgasse. Im Haus der Weis lag der Junge auf dem *kang*. Sein Gesicht war blass, und rings um die Nase war das Blut festgetrocknet. Er sagte nichts, als ich seine Stirn befühlte.

»Es ist eine große Mühe für Sie, hier herauszukommen«, bemerkte Cao Chunmei.

»Kein Problem«, meinte ich. Seine Stirn war heiß – er fieberte. Er blickte verängstigt drein, sagte aber noch immer kein Wort.

»Möchten Sie etwas essen?«, fragte Cao Chunmei höflich.

»Ich habe schon gegessen«, sagte ich. »Ich glaube, wir sollten jetzt losfahren.«

Sie hatten beschlossen, dass Cao Chunmei bei dem Jungen bleiben sollte, bis er sich an das Krankenhaus gewöhnt hatte. Sie hatte Wäsche zum Wechseln und eine Rolle Toilettenpapier in den Mickymaus-Rucksack gepackt. Wei Ziqi trug seinen Sohn den Berg hinunter und setzte sich mit ihm auf die Rückbank des Wagens. Der Kopf des Jungen ruhte auf dem Schoß seines Vaters.

Vom Dorf führt die Straße in steilen Serpentinen bergab, und ich fuhr langsam, um Erschütterungen des Wagens zu vermeiden. Zehn Minuten später machte ich halt, weil Wei Jia sagte, ihm sei übel. Er gab würgende Geräusche von sich, und zwei Blutspuren rannen aus seiner Nase. Wei Ziqi tupfte sie mit Toilettenpapier ab; im Sonnenschein wirkte der Junge noch blasser. Nach einer Minute fuhren wir weiter.

Der Herbst ist die beste Jahreszeit in Nordchina, und es war ein schöner Tag, der Himmel klar und strahlend. Die Bauern ernteten jetzt die letzte Feldfrucht des Jahres, die Sojabohnen, und Männer mit kurzstieligen Sensen standen gebeugt auf den Feldern, die Köpfe gesenkt wie bußfertige Mönche. Die ganze Straße entlang waren die Leute dabei, die Stengel auszudreschen. Wir hatten fast eine Stunde an rauer Bergfahrt vor uns, bis wir die Badaling-Schnellstraße erreichten, und ich versuchte die Ruhe zu bewahren, indem ich mich auf die Details der Landschaft konzentrierte. Wir stiegen aus dem Huaisha-Tal empor, querten den untertunnelten Pass und fuhren dann zum Neun-Furten-Fluss hinunter. Die Farben des Wasserwegs fesselten meinen Blick – die orangefarben gestrichenen Geländer der Brücke, die dunklen Tümpel stehenden Wassers, die weißrindigen Pappeln längs der Ufer. Bei der Festung am Schwarzen Berg mussten wir erneut halten; diesmal erbrach sich der Junge. Seine Nase blutete ständig.

Sein Vater riss frisches Papier ab und stopfte es in die Nase, um die Blutung zu unterbinden.

Erneut ging es bergauf, die Straße wand sich steil durch Walnussplantagen, und dann erreichten wir den letzten Pass dieser Fahrt. Von hier aus ging es nur noch bergab in das Tal, wo die Ming-Kaiser begraben sind. Ihre Gräber sind über die Ebene verstreut, jeweils nach Süden ausgerichtet, und die Dächer mit ihren goldenen Ziegeln schimmerten hell in der Oktobersonne. Wir kamen am Grab von Kaiser Xuande vorbei, dem fünften Ming-Herrscher. Er soll der Legende zufolge mit seinem Bogen drei Mongolen getötet haben. Danach passierten wir das Grab seines Großvaters, Kaiser Yongle, des großen Herrschers, der im Jahr 1421 die Hauptstadt in Peking begründete. Wir hatten das Grab gerade hinter uns, als Wei Ziqi mich abermals bat anzuhalten.

Wei Jia murmelte, er müsse zur Toilette. Sein Vater zog ihm die Hose herunter, und er schied einen widerlichen Durchfall aus. Er war jetzt kreidebleich, und seine Augen waren ausdruckslos. In knapp zehn Minuten würden wir auf der Schnellstraße sein.

»Ich glaube, wir sollten weiterfahren«, sagte ich.

»Geben Sie ihm eine Minute«, entgegnete Wei Ziqi.

Ich hatte in einem Graben gehalten, neben dem sich ein Apfelgarten befand, der vor kurzem abgeerntet worden war. Auf der Straße brauste ein stetiger Strom von Reisebussen vorbei, die unterwegs zu den Ming-Gräbern waren. Ich fragte mich, ob einer der Touristen wohl einen Blick auf die Szene warf: den geparkten Wagen mit seinen blinkenden Warnlichtern, den Vater im Graben, der seinen Sohn wiegte. Den abgeernteten Obstgarten, säuberlich leergepflückt, die nackten Äste im hellen Herbstlicht.

* * *

Mimi hatte für Wei Jia einen Platz in der Kinderstation des Gesundheitszentrums Nr. 3 der Universität Peking besorgt, wo die Blutspezialisten gut sein sollten. Wir meldeten den Jungen an, und als er im Bett lag, schien er wieder ein bisschen Farbe zu bekommen. Aber nun war er so verängstigt, dass er sich gegen alle wehrte, die einen weißen Kittel trugen; eine Schwester, die ihm Blut abnehmen wollte, biss er, nach einer anderen schlug er. Sein Vater und ich hielten ihn fest, während sie ihm die Probe abnahmen. Danach beruhigte er sich, und eine Schwester sagte, sie würden ihn genau beobachten, um zu sehen, ob sich seine Plättchenzahl verbesserte. Sie fragte, wer in der Nacht bei dem Jungen bleiben würde.

»Ich«, antwortete Wei Ziqi.

»Das geht nicht!«, sagte die Frau scharf. »Nachts dürfen nur Genossinnen im Krankenhaus bleiben.«

»Seine Mutter kommt morgen«, erklärte Wei Ziqi. »Kann ich nicht eine Nacht bei ihm bleiben?«

»Völlig ausgeschlossen! Nur Genossinnen sind erlaubt!«

»Hören Sie, sie wohnen zwei Stunden von hier«, sagte Mimi. »Es tut mir leid, aber der einzige Verwandte, den er hier hat, ist sein Vater.«

»Der Vater kann hier nicht bleiben! Nur Genossinnen! Sie können bleiben, wenn Sie wollen, aber nicht der Vater!«

Die Schwester war eine stämmige Frau in den Fünfzigern, und sie hatte sich unverrückbar vor Wei Jias Bett postiert. Ständig wiederholte sie diese Wendung – nur Genossinnen! Je öfter sie es sagte, desto merkwürdiger klang es; diese alten kommunistischen Begriffe benutzte kaum noch jemand. Der Junge fing wieder an zu schreien, und sein Gesicht war von Panik erfüllt. »Ich will hier nicht allein bleiben!«, brüllte er. »Ich will hier nicht allein bleiben!«

»Keine Angst, du wirst hier nicht allein bleiben«, beruhigte ihn Mimi, und ich wandte mich an die Schwester: »Können wir draußen darüber sprechen?«

Ich wollte nicht zornig werden, weil chinesische Kranken-häuser in dem Ruf stehen, Menschen vom Lande schlecht zu behandeln. So ruhig, wie es mir möglich war, erläuterte ich die Situation, und Mimi flehte die Schwester an, eine Ausnahme zu machen. Aber sie war unerbittlich – in chinesischen Bürokra-tien stößt man oft auf Leute, die sich so verhalten, besonders Menschen im mittleren Alter. Sie waren während der chaoti-schen Jahre der Kulturrevolution zur Schule gegangen, und viele haben ihr ganzes Erwachsenenleben in dem System der Arbeitseinheiten des kommunistischen China verbracht. Die Reformjahre waren spurlos an ihnen vorübergegangen, und es fehlt ihnen an der Flexibilität und dem Pragmatismus, den man bei jüngeren Chinesen jetzt so häufig antrifft. Die Schwester im Krankenhaus gab nicht einen Millimeter nach, und so be-schloss ich, ins Dorf zurückzufahren und Cao Chunmei zu holen.

»Dann passen Sie auf, dass Sie bis zehn zurück sind!«, sagte die Schwester. »Wenn sie nach zehn kommt, lassen wir sie nicht mehr rein. Nachts schließen wir die Tür ab. So sind die Vor-schriften!«

Ich rief Cao Chunmei an und bat sie, einen Motorradfahrer aufzutreiben, der sie ins Tal bringen würde; so könnten wir Zeit gewinnen. Doch nach einer halben Stunde rief sie zurück: Nur ein Nachbar hatte ein Motorrad, und er war zum Fahren schon zu betrunken. Es war dunkel, als ich die Sackgasse von Sancha erreichte. Die Frau wartete mit einer Tasche, die sie fürs Krankenhaus gepackt hatte. Sie enthielt mehrere Flaschen Quellwasser; die meisten Dorfbewohner glauben, das Wasser von Sancha sei gesünder als alles, was man in der Stadt kaufen kann.

»Es ist eine große Mühe für Sie«, sagte sie und stieg eilig ins Auto.

»Kein Problem«, meinte ich. »Haben Sie alles, was Sie brau-chen?«

»Alles in Ordnung«, sagte sie. »Haben Sie schon gegessen?«

»Ich habe bereits gegessen«, sagte ich. Tatsächlich hatte ich seit dem Morgen nichts zu mir genommen, aber der Austausch von Höflichkeiten hatte etwas Beruhigendes. Im ländlichen China kann man sich, so stressig die Situation auch sein mag, immer darauf verlassen, dass die Leute sich bestimmter Floskeln bedienen, und die Worte von Cao Chunmei wirkten beruhigend auf mich. Auf der schnellen Fahrt durch die Berge glitt die Landschaft schemenhaft an mir vorbei, zum vierten Mal seit Tagesanbruch: das Huaisha-Tal, der Neun-Furten-Fluss, die Festung am Schwarzen Berg. Die Dächer der Ming-Gräber schimmerten geisterhaft in der Dunkelheit. Die Schnellstraße war leer; das Krankenhaus erreichten wir eine halbe Stunde vor Toresschluss. Wei Jia schlief bereits fest, und der Junge rührte sich nicht, als ich seinen Eltern gute Nacht wünschte.

* * *

Für den Rest der Woche hatte Wei Jia überwiegend Fieber. Am fünften Tag stieg es auf 40 Grad, und seine Plättchenzahl sank unter 15000. Wenn sie noch weiter sank, bestand das ernste Risiko einer Gehirnblutung.

Mimi und ich besuchten ihn täglich, und jeden Abend schrieb ich den befreundeten Ärzten in den Vereinigten Staaten. Ein Kind mit ITP, schrieben sie zurück, wird oft durch eine Kombination von Ruhe und guter Ernährung stabilisiert, und wir waren uns der Diagnose noch nicht sicher. In den Staaten würde ein Patient in seinem Zustand eine Bluttransfusion bekommen, aber die chinesischen Ärzte hatten das noch nicht empfohlen. Und ich hatte den Eltern geraten, solche Maßnahmen kämen nur als letzter Ausweg in Frage. Die Blutversorgung in China ist nicht ungefährlich; Spender sind rar, und das System stützt sich hauptsächlich auf Leute, die sich eine Spende bezahlen lassen. Zum Zeitpunkt von Wei Jias Erkrankung

224

waren nach Einschätzung von Fachleuten eine Million Chinesen mit HIV infiziert. Besonders schlimm war die Epidemie in der Provinz Henan südlich von Peking, wegen unhygienischer Spendebedingungen. Auch die Großstädte hatten Probleme – ich kannte eine chinesisch-amerikanische Journalistin, die kurz zuvor eine Pekinger Blutspendezentrale besucht hatte und der man sogleich einen gefälschten Spenderausweis angeboten hatte, damit sie ihr Blut verkaufen konnte. Selbst besser geführte Kliniken beschränkten ihre Blutuntersuchung gewöhnlich auf Antikörpertests, die billiger und weniger verlässlich sind als die molekulare Diagnostik, die man in entwickelten Ländern benutzt.

Am siebten Tag bekam Wei Jia Gaumenbluten. Am Vormittag unterzogen ihn die Ärzte einem Knochenmarktest wegen des Verdachts auf Leukämie, und endlich kamen sie zu dem Schluss, dass er eine Transfusion benötigte. Wei Ziqi rief mich an und bat mich, ihm rund tausend Dollar zu leihen. Es gibt in China keine staatliche Krankenversicherung, und Städter verlassen sich darauf, dass ihre Arbeitseinheit die Kosten trägt. Die meisten Bauern sind vollkommen auf sich gestellt, einer der Gründe, warum sie ihre Ersparnisse zusammenhalten, denn im Notfall müssen sie die Behandlungskosten bar bezahlen. Darum werden sie in Krankenhäusern oft geringschätzig behandelt. Aus Angst, auf einer unbezahlten Rechnung sitzen zu bleiben, verlangen die Ärzte in der Regel Vorkasse. Im Jahr 2009 ergriff die Zentralregierung erste Schritte zur Schaffung einer Krankenversicherung für alle Bürger, aber der Umfang des Versicherungsschutzes ist noch unklar.

Als Wei Jia krank wurde, konnte eine Familie vom Land sich nur privat versichern. Im Unterschied zu den meisten Bauern hatten die Weis für ihren Sohn eine Krankenversicherung abgeschlossen. Sie war ihnen angeboten worden, als er in die Vorschule kam, und die Weis waren so klug, darauf einzugehen; damit waren seine Behandlungskosten zum größten Teil gedeckt. Das Krankenhaus wollte aber nicht auf die Erstattung warten, sondern verlangte sofortige Barzahlung. In dieser Lage leiht man sich gewöhnlich Geld bei Verwandten zusammen, aber das konnte Tage in Anspruch nehmen.

Mimi traf Vorbereitungen für eine Dienstreise nach Europa, und so ging ich allein ins Krankenhaus. Wei Jia schlief unruhig; seine Mutter sagte mir, die Ärzte hätten ihm eine Beruhigungsspritze gegeben. Er blutete noch immer aus dem Gaumen, und getrocknetes Blut klebte um seinen Mund.

Begleitet von Wei Ziqi, stellte ich mich der diensthabenden Ärztin vor. Sie hieß Dr. Zhao und saß in einem Büro, das sie mit einem anderen Arzt und drei Schwestern teilte. Ich fragte, ob die Transfusion bedenklich sei.

»Wer ist das?«, fragte sie Wei Ziqi in scharfem Ton. »Warum ist er hier? Warum stellt er Fragen?«

»Er ist Schriftsteller«, antwortete Wei Ziqi stolz.

»Ich bin, wie ich soeben erklärte, ein Freund der Familie«, sagte ich rasch. »Ich war derjenige, der den Jungen ins Krankenhaus brachte. Ich wollte nur fragen, was wir tun sollten.«

»Das geht ihn nichts an!« meinte Dr. Zhao zu Wei Ziqi. »Sie sind der Vater, und Sie tragen die Verantwortung. Er hat damit nichts zu tun.«

»Ich kümmere mich um das Kind«, sagte ich. »Seit er erkrankt ist, habe ich ihnen zu helfen versucht. Ich möchte nur, dass wir die richtige Entscheidung treffen.«

»Die Entscheidung wurde bereits getroffen!« Damit kehrte sie mir den Rücken zu. Ich stand eine Weile stumm da. Ich war es gewohnt, dass die Leute mehr Geduld mit mir haben; sie neigen dazu, einem Ausländer, der ihre Sprache spricht, so etwas wie übertriebenen Respekt entgegenzubringen. Diese Ehrerbietung erleichtert einem das Leben, und wie jeder Ausländer, der längere Zeit im Lande lebt, lernte ich, sie zu meinem Vorteil zu nutzen. Ich machte mir aber keine Illusionen darüber, was wirklich dahintersteckte. Es war Unsicherheit – viele

Chinesen, besonders gebildete Menschen, schämen sich im Grunde ein wenig für den Eindruck, den ihr Land auf einen Außenstehenden machen könnte. Dr. Zhao sah in mir nicht einen Menschen, der sich um ein krankes Kind sorgte; in ihren Augen war ich bloß ein Ausländer, der ihre Kompetenz anzweifelte.

Und sie war sichtlich darüber verärgert, dass Wei Ziqi meinem Urteilsvermögen vertraute. Gemeinsam förderten wir die schlimmsten Instinkte der Städterin zu Tage, an beiden Enden des Spektrums: Auf den Bauern reagierte sie mit Überheblichkeit, auf den Ausländer mit Unsicherheit. Ich wandte mich an die anderen Frauen im Zimmer: »Mit wem kann ich darüber reden?« Sie ignorierten mich. Ich wiederholte die Frage – Schweigen. Eine Schwester machte flüsternd eine komische Bemerkung, und die anderen lachten. Ich merkte, dass ich rot wurde, und in dem Moment war es mit meiner Geduld vorbei. Während das Kind nebenan litt, würde ich mir ihr Gelächter nicht anhören.

»Es ist ganz einfach«, sagte ich. »Ich zahle für die Behandlung. Bevor ich das Geld herausrücke, muss ich wissen, warum er jetzt die Transfusion braucht. Wenn Sie nicht mit mir reden wollen, zahle ich nicht.«

Mit zornigem Blick wandte Dr. Zhao sich mir zu. »Er braucht Immunglobulin«, sagte sie. »Wenn er es nicht bekommt, besteht die Gefahr, dass er einen Hirnschaden davonträgt. Im Mund blutet er schon. Wir wissen, was wir zu tun haben, und Sie verstehen überhaupt nichts davon.«

»Ich versuche es zu verstehen, so gut ich kann«, erklärte ich. »Es wäre nett, wenn Sie langsam sprechen würden. Ich frage nur, weil ich mir Sorgen um den Jungen mache.«

»Dann erlauben Sie uns, ihm die Transfusion zu geben!«

»Ich habe mit anderen Ärzten gesprochen, und nach deren Meinung ist eine Transfusion unter Umständen nicht nötig«, entgegnete ich. »Sie sagten, dass sie in der Regel erst die Ergebnisse der Biopsie abwarten.«

»Wie lange mag das dauern?«, fragte die Frau laut. »Das wissen selbst wir nicht. Möglicherweise eine Woche. So lange können wir nicht warten!«

»Warum ist er nicht darauf untersucht worden, ob ein Virus das Fieber hervorruft?«

»Wir wissen, dass seine Plättchenzahl niedrig ist! Das ist unsere Hauptsorge!«

»Haben Sie ihn auf Hepatitis untersucht?«

»Er hat keine Hepatitis!«

»Haben Sie ihn darauf untersucht? Mir wurde gesagt, das sei eine Möglichkeit.«

»Wir brauchen keine Untersuchung! Wegen Hepatitis machen wir uns keine Sorgen!«

»Besteht, wenn Sie ihm Gammaglobulin geben, ein Risiko, dass mit dem Blut eine Krankheit übertragen wird?«

»Selbstverständlich gibt es ein Risiko!«, fauchte Dr. Zhao. »Es könnte HIV oder Hepatitis oder sonst was sein!«

»Wird das Blut nicht untersucht?«

»Eine hundertprozentige Untersuchung ist nicht möglich.«

»Ich glaube wohl, dass sie möglich ist«, beharrte ich.

»Glauben Sie mir, sie ist nicht möglich!«

Ich fand es widerlich, von einer Ärztin einen solchen Unfug zu hören, aber ich versuchte es auf einem anderen Weg: »Wissen Sie, woher das Blut kommt?«

»Woher soll ich das wissen?« Die Frau schlug mittlerweile einen solchen Ton an, dass es uns, Wei Ziqi und mir, ratsam erschien, das Zimmer zu verlassen. Draußen sagte ich ihm, meine größte Sorge sei das Spenderblut, und er nickte stumm. Auf dem Handy rief ich eine Amerikanerin an, die bei einer Arzneimittelfirma in Peking arbeitete. In ihrer Firma, sagte sie, würden bei der Blutuntersuchung internationale Prüfkriterien beachtet; sie werde schauen, ob sich ein Verkauf von Gammaglobulin einrichten lasse. Kurz darauf rief sie zurück.

»Es kann Ihnen geliefert werden«, sagte sie. »Pro Einheit

kostet es 378 Dollar. Ich denke, eine Einheit reicht für einen Fünfjährigen, wenn er nicht zu groß ist.«

»Er ist sehr klein«, erklärte ich.

»Das klingt gut«, meinte sie. »Sie werden es liefern, aber Sie müssen das Krankenhaus überzeugen, dass es dort akzeptiert wird.«

Rechtlich war es nicht zulässig, dass diese Firma Blut verkaufte, aber so funktionieren viele Dinge in China. Ich holte tief Luft und begab mich wieder in das Ärztezimmer. »Falls ich sauberes Blut besorge, können wir das dann benutzen?«, fragte ich.

»Garantiert sauberes Blut gibt es in Peking nicht«, entgegnete die Frau.

»Gibt es doch«, sagte ich und nannte ihr den Namen der Firma. »Sie haben sauberes Blut.«

»Nein, haben sie nicht«, beharrte sie. »Es ist nicht möglich, Blut auf all diese Dinge zu untersuchen.«

»Ich bin sicher, dass sie es auf HIV und Hepatitis untersuchen können«, fuhr ich fort.

»Es ist unmöglich«, sagte die Frau. »Es gibt dafür keinen Test.«

»Schon gut«, sagte ich. »Das ist im Moment nicht so wichtig. Was ich wissen möchte: Falls ich das Blut von dort kriege und es hierhergeliefert wird, werden Sie es dann dem Kind geben?«

»Das geht nicht! Sie werden Ihnen kein Blut verkaufen!«

»Ich habe schon mit ihnen gesprochen«, sagte ich. »Sie sind bereit, es zu verkaufen.«

»Wir werden es nicht akzeptieren«, betonte sie. »Es verstößt gegen die Richtlinien des Krankenhauses. Was ist das überhaupt für eine Frage? Wie kommen Sie überhaupt darauf, so etwas zu machen? Was bilden Sie sich eigentlich ein?«

»Sie wollen mir nicht sagen, woher Ihr Blut kommt, und Sie wollen mir nicht sagen, ob es unbedenklich ist«, erklärte ich.

»Deshalb versuche ich, eine Quelle zu finden, die unbedenklich ist. Nur aus diesem Grund frage ich.«

»Es gibt in Peking kein unbedenkliches Blut«, sagte sie. »Sie müssen schon das nehmen, was wir haben. Es gibt ein Risiko, aber größer ist das Risiko, wenn er das Gammaglobulin nicht bekommt. Das müssen Sie jetzt selbst entscheiden!«

Bebend vor Wut verließ ich das Zimmer. Ich rief die Amerikanerin an und erklärte ihr die Lage. Sie meinte, wir könnten noch etwas machen. »Ich kenne einige chinesische Ärzte, die an Ihrem Krankenhaus gearbeitet haben«, sagte sie. »Ich werde mich bei ihnen nach dem dortigen Blutvorrat erkundigen. Sie wissen bestimmt, woher das Blut kommt, und dann können wir schauen, ob die Blutspendezentrale verlässlich ist oder nicht. Ich rufe Sie wieder an.«

Ich begab mich in Wei Jias Krankenzimmer und wartete zusammen mit den Eltern. Während der ganzen letzten Woche hatten sie die Ruhe bewahrt: keine Tränen, keine Panik, keine lauten Worte. Das Leben auf dem Lande hatte sie abgehärtet, und es hatte sie gelehrt, was *mei banfa* bedeutet: Da kann man nichts machen. Während meiner Auseinandersetzungen mit der Ärztin hatte Wei Ziqi sich still im Hintergrund gehalten. Er machte deutlich, dass er sich meinem Urteil anschloss; er hatte großes Vertrauen in meine Freunde, die ihm unbekannten amerikanischen Mediziner, und die Unsicherheit der gebildeten Chinesen war ihm fremd. Für ihn war es einfach logisch: Er verstand nichts von diesen Dingen, er hatte keine Möglichkeit, sich Informationen zu beschaffen, und so vertraute er, was die Gesundheit seines Sohnes betraf, dem Ausländer. Ich reagierte anders: Auch ich kannte mich überhaupt nicht aus, aber der Ernst der Lage weckte in mir den Wunsch, sie unter Kontrolle zu bringen. Im Grunde konnte ich auch nicht mehr tun als Informationen einholen, in der Hoffnung, die richtige Entscheidung zu treffen, und jetzt musste ich auf einen Anruf warten.

Wei Jia teilte sich das Krankenzimmer mit zwei anderen

Jungen. Der eine war zwölf und litt an Herzmuskelentzündung, der andere war acht und hatte Nierenprobleme. Die Wände des Zimmers waren hellrosa gestrichen, und der einzige Schmuck war eine Mickymaus-Uhr. Vor einer Wand war eine Wäscheleine gespannt, die von den Müttern benutzt wurde, die die Nächte bei ihren Söhnen verbrachten.

Der Achtjährige kam aus der Provinz Jilin im Nordosten, und seine Eltern hatten ihn zur Behandlung nach Peking gebracht. Dies war sein zweiter längerer Krankenhausaufenthalt, und seit Juni war er mit massiven Hormongaben behandelt worden. Er hatte in drei Monaten um 50 Prozent zugenommen. Alles an ihm wirkte geschwollen: Sein Bauch war aufgetrieben, die Beine sahen wie Würste und das Gesicht wie ein Mondkuchen aus. Er aß unaufhörlich, und seine Mutter sprach unaufhörlich von seinem Essen. Die Chinesen reden gern übers Essen, und es gibt namentlich nichts Besseres, als über Essen und Kinder zu reden. Die Mütter hatten sich in der letzten Woche miteinander angefreundet – die meisten Chinesen sind von Natur aus so gesellig, dass sie, wenn man sie zusammenbringt, endlos miteinander reden, selbst wenn die Situation noch so stressig ist. Ich saß da und lauschte, das Telefon in der Hand.

»Er hat nicht zugenommen, bis er die Hormone bekam«, sagte die Mutter des Jungen. »Jetzt isst er dauernd, aber er will kein Obst.«

»Auch Wei Jia isst kein Obst«, meinte Cao Chunmei. Sie saß auf dem Bett neben ihrem schlafenden Sohn.

»Obst, Eier, Milch – nichts von dem, was gut für ihn ist, rührt er an«, fuhr die Mutter des Nierenkranken fort.

»Bei Wei Jia ist es genauso.«

»Er sollte auch Hormone bekommen«, sagte die Frau. »Er ist zu klein.«

Der Zwölfjährige trug Kopfhörer und lauschte einem CD-Player. Er wirkte schlaksig wie ein Heranwachsender, und er hatte die vergangene Woche in diesem Zimmer zugebracht, umgeben von den Eltern und ihrem Dauergespräch. Er hatte seine Musik laut aufgedreht. Auch seine Großmutter war da, eine 68-Jährige vom Land aus der Provinz Hebei. Von den Erwachsenen war sie die redseligste, und jetzt bot sie Cao Chunmei ihren Rat an.

»Vor allem müssen Sie dafür sorgen, dass der Junge gesund ist«, begann die alte Frau. »Wenn einer gesund ist, kann er immer arbeiten und seinen Lebensunterhalt verdienen. Das Zweitwichtigste ist die Bildung. Als ich jung war, hatte ich keinen Unterricht, und ich kann bis heute nicht lesen! Ich weiß noch, als ich klein war, hat eine Tante zu meinem Vater gesagt: ›Warum solltest du Geld für ihre Bildung ausgeben? Irgendwann wird sie sowieso in eine andere Familie einheiraten Du würdest also für die Bildung von jemand zahlen, der zu einer anderen Familie gehört. Warum solltest du das tun?‹ Also haben sie mich nicht zur Schule geschickt. Deshalb sage ich, dass Bildung so wichtig ist.«

»Ich habe Hunger«, sagte der dicke Junge.

Wei Ziqi lachte. »Er hat schon wieder Hunger!«

»Er hat dauernd Hunger«, fügte Cao Chunmei bewundernd hinzu. »Darum ist er so dick.«

»Du hast gerade gegessen!«, erklärte die Mutter des dicken Jungen.

»Ich habe Hunger! Ich habe Hunger!« Die Stimme des Jungen wurde lauter, so als würde er gleich losheulen. Er weinte dauernd – er hatte die quengelige Art eines Stadtkindes, das weiß, wie es bekommt, was es will. Die Mutter öffnete ein Schränkchen neben dem Bett und holte ein Tablett hervor, auf dem halb aufgegessenes Schweinefleisch mit Reis stand. Begierig machte er sich darüber her. Wei Jia schlief noch. Mein Handy klingelte.

»Ich habe ziemlich gute Nachrichten für Sie«, ließ mich die Amerikanerin wissen. Unser Krankenhaus benutzte dieselbe

Blutbank wie ihre Firma, mit dem einzigen Unterschied, dass das Krankenhaus nicht so gründlich untersuchte. »Ich habe mit den Ärzten hier gesprochen«, sagte sie. »Sie hatten noch keine HIV-positive Spende. Diese Blutbank war bislang unbedenklich.«

Ich dankte ihr und legte auf. Spontan rief ich meinen Freund Ted Scott an, der als Arzt in San Francisco lebte, und eine fröhliche Stimme verkündete: »Hi! Hier ist Ted, tut mir leid, dass ich im Moment nicht rangehen kann ...« Ich hatte keine Ahnung, wie spät es war; nachher sagte er mir, er habe gerade Spätdienst in der Notaufnahme gehabt. Ich starrte auf mein Handy und überlegte, wen ich noch anrufen konnte. Ich wollte hören, dass wir alles Erdenkliche getan hatten und dass alles gut ausgehen würde. Aber es gab sonst niemanden: *mei banfa*. Schließlich blickte ich auf zu Wei Ziqi.

»Ich denke, es ist okay«, sagte ich.

Wir gingen hinunter zur Kassenabteilung des Krankenhauses. Die Angestellten saßen hinter Glas wie Bankkassierer, und überall war Bargeld: gebündelt in Schubfächern, über Tische verstreut, rotierend in Zählmaschinen. Die chinesische Banknote mit dem größten Nennwert lautet auf nur hundert Yuan, rund zwölf Dollar, und bei einem größeren Kauf braucht man einen riesigen Stapel Geldscheine. Ich hatte 8000 Yuan mitgebracht, ein Bündel, das so dick war wie ein Roman im Manuskript. Ich zog das Geld aus der Tasche und reichte es einem Angestellten, der es wortlos in eine Maschine warf.

Wieder auf der Station, überreichte ich der Schwester die Quittung, und die Ärzte begannen mit den Vorbereitungen für die Transfusion. Ich merkte, dass das Personal mich nicht dabeihaben wollte, und so verabschiedete ich mich von Wei Ziqi und Cao Chunmei mit den Worten, ich würde morgen wiederkommen. Wei Jia war aufgewacht, er sah blass aus, aber er lächelte mir zu. Ich versprach, wenn es ihm wieder besser ginge, würde ich mit ihm in den Zoo gehen. Ich fuhr mit dem Taxi nach Hause, duschte und aß allein zu Abend. Später wich die Benommenheit, und während ich in meiner leeren Wohnung saß, kam ich mir plötzlich so hilflos vor, dass es mir fast den Atem nahm.

* * *

Nach der Transfusion ging Wei Jias Fieber zurück. Innerhalb von zwei Tagen war seine Plättchenzahl wieder auf dem Normalstand, auf dem sie sich für den Rest der Woche stabilisierte. Der Knochenmarktest ergab keine Leukämie. Die Ärzte kamen zu dem Schluss, dass der Junge tatsächlich an ITP litt. Die schlimmste Gefahr war überstanden.

Am Ende der Woche kamen Verwandte zu Besuch, vier Männer: Wei Jias Großvater mütterlicherseits, sein Großonkel, ein anderer Onkel und ein entfernter Verwandter namens Li Ziwen. Alle bis auf einen waren direkt vom Land gekommen, und sie trugen bäuerliche Kleidung in Militärgrün und Dunkelblau. Der Großonkel, 71 Jahre alt, sagte mir, er sei fast dreißig Jahre nicht mehr in Peking gewesen. Li Ziwen war der einzige Städter – er war in Haizikou aufgewachsen, von Sancha aus jenseits des Passes, und hatte als junger Mann beim Militär gedient. Nach zehn Dienstjahren hatte er eine vom Staat zugewiesene Stelle in der Hauptstadt angenommen, und inzwischen war er zu einem subalternen Funktionär in Peking avanciert. Er trug schwarze Lederslipper mit dem Playboy-Logo und einen Pullover mit dem Schriftzug »Wolsey« auf der Brust. Die Magerkeit der Landbewohner war ihm abhanden gekommen – über dem Gürtel wölbte sich ein sanfter Beamtenbauch.

Die Männer traten in das Krankenzimmer und scharten sich um das Bett. Wei Jia saß im Schneidersitz da; er hatte sich ein Bilderbuch angeschaut. Cao Jifu, der Großvater, legte seine Hand auf den Rücken des Jungen und sprach leise mit ihm. Die plötzliche Aufmerksamkeit macht Wei Jia verlegen, und er senkte den Kopf. Die Bettwäsche, seit über einer Woche nicht gewechselt, war von all den Blutproben mit rotbraunen Flecken übersät.

Nach einigen Minuten erwähnte jemand das Mittagessen. Li Ziwen, der Städter, langte in seine Tasche und holte ein Bündel Scheine hervor, nur Hunderter. Er ließ das Geld auf das Bett fallen.

»Nehmt das für das Kind«, sagte er.

Wei Ziqi wollte das Geld zurückgeben, aber Li weigerte sich. Eine Minute währte die sanfte Auseinandersetzung der beiden Männer, dann nickte Wei Ziqi dankend. Danach trat der Onkel vor und legte ein weiteres Bündel Scheine auf das Bett, gefolgt vom Großvater. Als Letzter kam der Großonkel. Er war ärmer als die anderen, und in seinem Bündel steckten einige Zehner und Zwanziger. Das Geld lag in vier hellen Haufen auf dem blutbefleckten Laken. Es trat eine betretene Stille ein, bis Cao Chunmei das Geld unter dem Kopfkissen des Jungen verschwinden ließ. Wieder erwähnte jemand das Mittagessen.

Cao Chunmei blieb bei Wei Jia, während die Männer in ein Restaurant auf der anderen Straßenseite gingen. Dort gingen wir in ein Separee, wo dem Großvater nach einer weiteren kurzen Auseinandersetzung der Ehrenplatz gegenüber der Tür zugestanden wurde. Wei Ziqi studierte geschlagene fünf Minuten die Speisekarte, bevor er bestellte. Als die Kellnerin eine Flasche 68-prozentigen Hirseschnaps brachte, prüfte er den Verschluss. »Können Sie garantieren, dass diese Flasche keine Fälschung ist?«, fragte er.

Die Kellnerin schien überrascht zu sein. »Ich bin mir ziemlich sicher«, antwortete sie. »Ich denke aber, dass ich es nicht mit Sicherheit sagen kann.«

Li Ziwen nahm die Flasche und fuhr mit dem Finger über den Deckel. »Ich weiß nicht«, sagte er. »Heutzutage gibt es eine Menge nachgemachten *baijiu*. Das gefälschte Zeug ist gesundheitsschädlich.«

Das echte Zeug auch, dachte ich bei mir. Wei Ziqi ließ diese Flasche und auch die nächste zurückgehen. Schließlich kam die Kellnerin mit Erguotou der Marke »Roter Stern« wieder. »Dafür können wir garantieren«, sagte sie.

Wei Ziqi schenkte den Erguotou in Schnapsgläser ein. Jetzt kam das Essen, ein Gericht nach dem anderen, und jeder Gang entfachte eine neue Runde von Kommentaren. Bei einem gut organisierten chinesischen Bankett gibt es keine Gesprächspausen: Solange man etwas zu essen hat, hat man etwas, worüber man sich unterhalten kann.

»Das Schweinefleisch mit Fischgeschmack ist besser als das, das wir neulich hatten«, meinte Wei Ziqi. »Aber das Rindfleisch auf dem Bratteller ist hier nicht besonders.«

»Es ist ein bisschen salzig.«

»Diese Bohnen sind in Ordnung, aber nur gerade so.«

Die Kellnerin brachte ein Gericht mit getrocknetem Rindfleisch. Wei Ziqi kostete es und sagte: »Das schmeckt nicht so, wie es sollte.«

Die Männer kosteten das Rindfleisch der Reihe nach und beschwerten sich.

»Nein, es ist nicht gut.«

»Es ist, glaube ich, zu alt.«

»Wenn man das isst, wird einem übel.«

Wei Ziqi rief die Kellnerin herbei. »Dieses Gericht ist schlecht«, monierte er. »Nehmen Sie es wieder mit.«

Die Frau trug das Gericht ab. Als sie das nächste Mal kam, beschwerte sich Wei Ziqi, dass man versäumt hatte, den Entenkopf in unsere Suppe zu tun. »Das sollte für Sie eine Selbstverständlichkeit sein«, sagte er streng. Hier im Restaurant, wo er die Flaschen prüfte, das Essen beurteilte und schnelle Entscheidungen traf, schien er ein ganz anderer zu sein als der Mann, der beim Streit über die Bluttransfusion seines Sohnes im Hintergrund gestanden hatte. Dabei war es nur bäuerliche Logik: Mit Plättchen und Biopsien kannte er sich nicht aus, aber Essen war sein Fachgebiet, und so war er hier der Experte. Und vielleicht wünschte er auch, dass die anderen sahen, dass er Herr der Lage war.

Die Männer tranken pausenlos, und der Großvater war der Erste, dessen Gesicht von dem Alkohol rot anlief. Er erhob sich und brachte einen feierlichen Toast auf mich aus, wobei er meinen chinesischen Namen benutzte: »Ho Wei, wir alle wissen zu schätzen, was Sie für Wei Jia getan haben.«

Alle erhoben ihr Glas und leerten es. »Ho Wei hat in Amerika viele Freunde, die Ärzte sind«, sagte Wei Ziqi. »Auch sie haben uns sehr geholfen.«

Jemand fragte nach der Plättchenzahl des Jungen, und Wei Ziqi sagte, sie habe sich seit der Transfusion verbessert. Er schilderte unsere Fahrt nach Peking, während der Wei Jia geblutet hatte und wir auf den Gebirgsstraßen wiederholt anhalten mussten. Als er fertig war, setzten die anderen das Gespräch über die Gesundheit des Jungen fort, und er wandte sich an mich. »Wissen Sie«, sagte er leise, »auf der Fahrt hatte ich Angst.«

Ich erwiderte, dass es mir nicht anders ergangen war.

Inzwischen hatten alle gerötete Gesichter, und die Toasts kamen in rascher Folge. Li Ziwen, der Städter, erhob sein Glas, zum Großvater gewandt. »Dies ist das zweite Mal, dass wir zusammen trinken«, meinte der Großvater.

Li Ziwen lachte. »Das erste Mal war nach Wei Jias Geburt«, sagte er. »Damals war ich beim Militär, und sie gaben mir zwei Tage Urlaub.«

»Damals haben wir eine Menge getrunken!«, ergänzte der Großvater. Er hob sein Glas, Li Ziwen tat es ihm gleich, und gemeinsam tranken sie zum Gedenken an die Geburt des Jungen.

II

Der Winter ist die stillste Jahreszeit in Sancha. Die Felder sind abgeerntet, in den Obstgärten gibt es außer gelegentlichem Beschneiden und Veredeln fast nichts zu tun. Die Männer sammeln Brennholz und verfolgen hin und wieder Wildspuren in die Berge, wo sie Fallen stellen in der Hoffnung, einen Dachs oder ein verwildertes Schwein zu fangen. Meistens bleiben sie aber im Hause. Wegen der Trockenheit schneit es selten, doch die Temperatur ist gewöhnlich unter dem Gefrierpunkt. Zu Hause ist der *kang* die einzige Wärmequelle. Das tägliche Leben spielt sich weitgehend auf diesen breiten Ziegelbetten ab, und wenn man um neun Uhr morgens in ein Haus tritt, kuscheln die Leute sich sehr wahrscheinlich noch unter die Bettdecke. Sie essen wenig – im Winter gibt es nicht drei, sondern nur zwei Mahlzeiten am Tag. Nachts schlafen sie neun bis zehn Stunden, und oft dösen sie am Nachmittag ein. Die Vormittage sind still. An einem kalten Tag ist es im Dorf so still, als befänden sich die Bewohner im Winterschlaf.

Als Wei Jia im November 2002 aus dem Krankenhaus zurück war, blieb er der Vorschule fern. Zwei Monate ging er kaum aus dem Haus, und seine Eltern verabreichten ihm die von den Ärzten verschriebenen Steroide. Es gab eine kurze Zeit, in der er leicht ins Quengeln und Weinen verfiel, ein Verhalten, das seinem Zimmergenossen im Krankenhaus, dem pummeligen Stadtkind, abgeschaut hatte. Sobald Wei Jia zu weinen begann, wurde er von seinen Eltern schonungslos verspottet. »Du siehst aus wie ein Affe«, meinte sein Vater dann und lachte über die Tränen des Jungen. »Weine, Affe, weine!« Seine Mutter machte sich ebenfalls über ihn lustig, und bald gab der Junge diese Gewohnheit auf. Im Laufe des Winters nahm er vier Kilo zu. Sein Vater brachte ihm bei, einfache chinesische Zeichen zu schreiben, und gemeinsam hörten sie sich Bänder in englischer Sprache an.

Im Winter fuhr ich besonders gern aufs Land. Ohne das sommerliche Gestrüpp sind die Pfade leicht zu erkennen, und des Öfteren wanderte ich stundenlang an der Großen Mauer entlang. Die Berge waren friedlich, und unter den Dorfbewohnern herrschte eine schläfrige Aufgeschlossenheit; oft trafen sich die Bauern bei diesem oder jenem, um *baijiu* zu trinken und Karten zu spielen. An einem dieser Winterabende waren Wei Ziqi und ich bei seinem Neffen Wei Quanyou zum Essen eingeladen, und die Männer begannen über Autos zu reden. Wei Ziqi hoffte, irgendwann einen Führerschein zu bekommen – ein Plan, über den er häufig sprach.

»Ho Wei ist ein guter Autofahrer«, sagte Wei Ziqi.

»Ich bin durchschnittlich«, sagte ich.

»Nein, das stimmt nicht. Wie lange fahren Sie schon?«

»Seit ich sechzehn bin. Viele Amerikaner fangen mit sechzehn an.«

»Fast zwanzig Jahre!«

»Nicht ganz.«

»Du hättest erleben sollen, wie er fuhr, als Wei Jia krank war«, sagte Wei Ziqi, und dann erzählte er die Geschichte unserer Fahrt nach Peking. Wei Quanyou lauschte aufmerksam, obwohl er die Erzählung bestimmt schon gehört hatte. Das ganze Dorf kannte sie; hier ist es üblich, Nachbarn bei gesundheitlichen Problemen zu helfen. Wenn jemand aus Sancha ins Krankenhaus muss, schauen andere Dorfbewohner in seinem Haus vorbei und lassen eine Geldspende da – in einem Land ohne bäuerliche Krankenversicherung schützen sich die Leute auf diese Weise gegenseitig vor den Behandlungskosten. Ist der Patient genesen, veranstaltet die dankbare Familie stets ein großes Bankett. Durch Wei Jias Krankheit waren Mimi und ich zum ersten Mal richtig ins Dorfleben verwickelt – was wir getan hatten, war für die Einheimischen anerkennenswert, und seitdem begrüßten sie uns freundlicher als zuvor. Die Erfahrungen des letzten Jahres trugen auf meiner Seite dazu bei, dass ich anders über Sancha dachte. Hatte ich das Dorf anfangs als einen Fluchtpunkt begriffen, einen Ort, wo ich in Frieden wandern und schreiben konnte, so fuhr ich jetzt aus anderen Gründen dorthin. Es war der Ort in China, an dem ich mich stärker als an jedem anderen zu Hause fühlte.

Wei Quanyou hatte mich an jenem Abend zum Essen eingeladen, um seine Dankbarkeit zum Ausdruck zu bringen. Er war sehr klein, nicht größer als eins fünfzig, und er hatte das freundlichste Lächeln von allen Dorfbewohnern. Er sprach nicht viel – bei Essenseinladungen schien er immer den Erzählungen anderer zu lauschen. Er wohnte in einem schlichten Haus, dessen Wände mit alten Zeitungen tapeziert waren, und den einzigen Schmuck bildete eine billige Karte von China aus Papier. Einzelne Städte waren mit der Hand von 1 bis 34 nummeriert. Die Nummerierung begann mit Peking und endete mit Macau; dazwischen kamen Städte wie Shanghai, Tianjin, Xi'an, Lhasa und Urumqi vor – die ganze Bandbreite des Landes.

»Sind das die Städte, in denen Sie schon gewesen sind?«, fragte ich, nachdem das Essen begonnen hatte.

»Natürlich nicht!«, sagte Wei Quanyou. »Weiter als bis Peking bin ich noch nicht gekommen.«

»Warum haben Sie dann die Nummern hingeschrieben?«

»Diese Städte werden im Wetterbericht des zentralen chinesischen Fernsehens erwähnt«, antwortete er. Erläuternd setzte er hinzu, dass sie allabendlich in der gleichen Reihenfolge genannt werden, zuerst Peking, dann Shanghai und dann der ganze Rest, zum Schluss Macau. Wei Quanyou hatte sich die Reihenfolge gemerkt und auf seiner Karte eingetragen.

Im ersten Augenblick war ich verwirrt. »Gibt es einen besonderen Grund dafür?«

»Nein, keinen.« Er lachte, so als wollte er sagen: Was soll man sonst im Januar in Sancha machen?

Für Wei Ziqi war das jedoch das erste Jahr, in dem sich die winterlichen Gewohnheiten zu ändern begannen. Ein halbes Jahr zuvor, im Sommer 2002, hatte die Regierung die unbefestigte Straße zum Oberdorf asphaltiert, und seitdem fanden immer mehr Autofahrer den Weg zu dem verlassenen Ort oben auf dem Berg. Der Autoboom der Hauptstadt kam in Schwung – allein in jenem Jahr kauften sich Pekinger Bürger über 250000 neue Fahrzeuge, eine beispiellose Zunahme in der Geschichte der Stadt. Die Zahl der Autofahrer, die die Umgebung erkundeten, wuchs, und im Sommer hatten Wei Ziqi und Cao Chunmei damit begonnen, ihnen einfache Gerichte in ihrem Haus anzubieten. Sie verlangten zweieinhalb Dollar pro Person und machten ein gutes Geschäft.

Im Winter beschloss Wei Ziqi, sich zu erweitern und ein richtiges Restaurant mit Gästehaus zu schaffen. Während der Rest des Dorfes Winterschlaf hielt, war er fleißig: Er pflasterte den Vorplatz seines Hauses, und er baute eine neue Küche. Oft fuhr er nach Huairou, um Zement und sonstigen Bedarf zu kaufen. Er hatte nun ein Handy bei sich, das er in Huairou benutzen konnte; im Dorf gab es noch immer keinen Empfang. Früher hatte er, egal, wohin er fuhr, immer dasselbe getragen, aber jetzt mied er mit Bedacht bäuerliche Kleidung, wenn er in die Stadt fuhr; diese Lehre hatte er aus unseren Besuchen im Krankenhaus gezogen. Er kaufte sich zivile Kleidung und Stadtschuhe: schwarze Lederslipper, die vier Dollar kosteten. Der Markenname war »Yidali« – »Italien« –, und er bewahrte die Schachtel deutlich sichtbar in seinem Haus auf. Im Dorf trug er weiterhin unauffällige Turnschuhe, wie jedermann, aber wenn es an der Zeit war, nach Huairou zu fahren, zog er sich rasch die Italiener an.

Huairou liegt auf halber Strecke zwischen Sancha und Peking, und es ist sowohl in geographischer als auch in sozialer Hinsicht die Mitte zwischen beiden. Der Eindruck, den der Ort macht, ist schwer zu beschreiben: nicht ganz Stadt, nicht ganz Dorf. Vor fünfzehn Jahren ähnelte es eher einem Dorf. Als China 1995 Gastgeber der 4. Weltfrauenkonferenz der Vereinten Nationen war, wollte die Regierung verhindern, dass Hillary Clinton und 5000 weitere politisch orientierte Ausländerinnen über die Hauptstadt hereinbrechen, und verfrachtete sie nach Huairou, in eine Art Verbannung. Die meisten Gebäude waren damals von dem Typus, der in der Hauptstadt schon überholt war: plumpe, blockartige Bauten mit drei bis vier Geschossen, weiß gefliest und mit blauem Glas. Die Straßen waren breit, Autos gab es kaum. Huairou war eine Stadt der Verbannten – kein guter Grund, von Peking aus dorthin zu fahren.

Doch für Leute, die aus der entgegengesetzten Richtung kommen, wurde daraus im Laufe der Jahre etwas ganz anderes. Huairou liegt am Nordrand der Pekinger Ebene, von hier gehen verschiedene Straßen aus, die ins Gebirge führen, und für Leute, die ihre Dörfer verlassen, ist die Stadt ein natürlicher erster Anlaufpunkt. Peking ist vielen zu groß und zu verwirrend, aber Hurairou ist für jemanden, der vom Land kommt, überschaubar. In den zehn Jahren seit der Frauenkonferenz ist die Stadt rapide gewachsen, und heute zählt die Innenstadt fast hunderttausend Einwohner. Weder Stadt noch Dorf, ist sie im Grunde beides: eine Stadt von Dorfbewohnern. Nur wenige Bewohner sind länger als eine Generation aus der Landwirtschaft heraus, und die örtliche Geschäftswelt ist stark auf Kundschaft aus dem Umland angewiesen.

Wie so viele neue Städte in China mutet Huairou wie ein Übungsgelände an. Es ist eine Stadt der Gaffer und Faulenzer; viele Leute wirken wie verloren. Sie starren siebengeschossige Häuser an, sie gaffen in Schaufenster hinein, sie marschieren ahnungslos auf die Straße – hier lernen die Autofahrer, umsichtig zu sein. An sonnigen Tagen drängen sich Massen am ehemaligen Schauplatz der Frauenkonferenz vor einem Kentucky-Fried-Chicken-Restaurant auf der einen und einem McDonald's-Restaurant auf der anderen Seite. In diesen Fastfood-Restaurants ist es immer voll, ebenso wie im einzigen Kaufhaus der Stadt, das sich Da Shijie – Die Große Welt – nennt, eine Reminiszenz an das gleichnamige Vergnügungsetablissement des alten Shanghai. Die Große Welt ist fünf Stockwerke hoch und hat praktisch alles im Angebot, was ein Käufer in Huairou sich wünschen kann: Haushaltsgeräte, Bekleidung, Spielsachen, Bücher. Die Bauern gehen hin, um Rolltreppe zu fahren. Sie stehen gesammelt vor dem fahrenden Ding und warten den richtigen Moment ab, um den Sprung zu wagen; wenn sie es geschafft haben, klammern sie sich an das Gummigeländer wie ein Turner an die Reckstange. Am Ende der Treppe hüpfen sie in die Sicherheit. Häufig bleiben sie nach dem Abgang stehen, so als warteten sie auf die Benotung durch eine Jury. Im Kaufhaus kommt es oft zu harmlosen Rempeleien: Leute stoßen zusammen, weil es am Ende einer Rolltreppe einen Stau gibt, sie ackern sich durch dichtgedrängte Gänge oder treten anderen, die neugierig das zentrale Atrium bestaunen, auf die Fersen. Der Plan, nach dem die Große Welt dekoriert ist, ist einfach, was das Thema angeht, und kompliziert in der Ausführung. Das Thema ist: Dinge, die glänzen, und Dinge, die Lärm machen. Es gibt Spiegel, gläserne Geländer und Säulen aus poliertem Stahl; es gibt piepsende Lichter und plärrende Lautsprecher; es gibt hier mehr reflektierende Oberflächen als auf einer Diskokugel. Man kann sich kaum einen Ort vorstellen, der sich stärker von einem stillen Bergdorf unterscheidet, und die Leute vom Land lieben die Große Welt – sie taumeln die Rolltreppen hinauf und blinzeln fröhlich in die grellen Lichter hinein. Das ist der Kniff von Huairou: Es ist eine Stadt des Wandels, wo die Menschen sich so schnell verändern wie ein Bauer mit einem Paar italienischer Slipper.

Wei Ziqi hatte Verwandte in der Stadt, einen älteren Bruder und diverse Cousins aus Sancha, und sie zeigten ihm die Läden, wo er sich mit den nötigen Dingen für seine Renovierungsarbeiten eindecken konnte.

In den ersten Monaten des Jahres 2003 fand er Geschäftsleute, denen er vertrauen konnte. Es waren für ihn neuartige Beziehungen – im Dorf waren ausschließlich aufs Wirtschaftliche beschränkte Beziehungen selten. Stadtbewohner bezeichnen solche Beziehungen als *guanxi*, »Verbindungen«, und ein Geschäftsmann lernt la *guanxi*. Das bedeutet wörtlich »ziehen, zerren, schleppen«, eine sehr passende Bezeichnung, denn für *guanxi* muss man etwas tun. Wei Ziqi lud Partner ins Restaurant ein, er trank mit ihnen *baijiu*, er teilte Zigaretten aus. Er begann selbst zu rauchen. Bis dahin hatte er die Finger davon gelassen, weil er es für ungesund und Geldverschwendung hielt. Doch für einen Chinesen im Geschäftsleben ist die gemeinsame Zigarette ein wichtiger Bestandteil der Pflege von *guanxi*, und immer wenn Wei Ziqi in Huairou war, kaufte er eine Stange der Marke »Rote Pflaumenblüte«.

Nach der Pflasterung des Vorplatzes und dem Bau der neuen Küche nahm Wei Ziqi am Ende des Winters einen Fischteich in Angriff. Das alte Egelbecken stand noch da, Relikt seines ersten Versuchs als Geschäftsmann, aber der neue Teich war viermal so groß. Er wollte ihn mit Regenbogenforellen besetzen. Um für sich zu werben, trieb er eine total zerbeulte Lkw-Kühlerhaube auf, strich sie blau an, setzte in großen roten Zeichen den Namen seines Restaurants darauf und brachte das Schild an einer Felswand am Ende der Straße nach Sancha an. In einer Druckerei in Huairou ließ er sich Visitenkarten machen. Er hatte allerlei großartig klingende Namen für sein Restaurant in Erwägung gezogen – Bauernhofparadies Sancha, Bauernhof-Villa zum lieblichen Brunnen, Tolles Natur-Bauernhof-Freizeitparadies Sancha. Am Ende entschied er sich für etwas Schlichteres: »Ein Außenposten an der Großen Mauer«. Schon als er anfing, nach städtischer Manier *guanxi* zu pflegen, hatte er instinktiv erkannt, dass altmodische ländliche Schlichtheit sein bestes Verkaufsargument war. Die Visitenkarte zählte die bescheidenen Aktivitäten auf, die den Besucher von Sancha erfreuen konnten:

Berge besteigen, die Große Mauer besteigen,
Wildblumen bewundern, Quellwasser trinken,
Gerichte aus dem Holzofen essen,
auf einem beheizten *kang* schlafen,
von den fünf Getreidearten kosten,
aus der Beobachtung des Einfachen und
des Schlichten lernen,
zur einfachen Natur von früher zurückkehren

* * *

Das Ländliche weckt bei den Großstädtern nostalgische Gefühle, auch in China. Die Städte haben sich besinnungslos in die Moderne gestürzt, die alten Stadtviertel und Wahrzeichen wurden dem Erdboden gleichgemacht. Man hat kaum Zeit, an früher zu denken, und die Geschichte gilt entweder als etwas Nebensächliches, beispielsweise die alten Dynastien und die Große Mauer, oder sie wird als sehr quälend empfunden, zum Beispiel die Kampagnen der Kulturrevolution. Mit dem Abstand zum Landleben kommen die Menschen besser zurecht. Sie haben es hinter sich gelassen – die meisten Stadtbewohner haben bäuerliche Vorfahren, aber sie müssen nicht täglich daran denken. Wenn Mittelschichtangehörige wohlhabender werden, sich Autos kaufen und genügend Geld für Reisen haben, wird ihnen bewusst, wie angenehm es ist, hin und wieder aufs Land zurückzukehren. Für den Städter ist das ein Aspekt der Vergangenheit, den er selbst bestimmen kann: Er fährt hin, verbringt eine Nacht auf dem Land und kehrt dann wieder in die moderne Welt zurück.

Doch in Wirklichkeit gibt es keinen Teil Chinas, der dermaßen von der Geschichte heimgesucht wurde, zumindest was die Politik angeht. In Sancha sprechen die Menschen selten über die Vergangenheit, doch ihre Beziehung zum Ackerland ist noch immer so grundlegend gestört, wie es seit über hundert Jahren der Fall war. Einige Dorfbewohner wie Wei Ziqi besitzen noch einzelne Dokumente, in denen diese Geschichte sich verfolgen lässt. Zur Ahnentafel der Familie hat er keinen Zugang mehr, aber er verfügt über einige zerfledderte Grundstücksverträge, die von Generation zu Generation weitergegeben wurden. Während der Kulturrevolution versteckte Wei Ziqis Vater diese Papiere in der Zimmerdecke seines Hauses. Wei Ziqi selbst ist nicht so vorsichtig – er faltet sie zusammen, wickelt sie in ein schmutziges rotes Tuch und verstaut sie in einer Schublade.

Das älteste Dokument reicht zurück in die Zeit der Qing-Dynastie, in das 13. Jahr der Herrschaft des Kaisers Guangxu. Das war 1887, und in dem handschriftlichen Vertrag geht es um die Verpachtung eines Stücks Land an einen Mann namens Yu Manjiang. Geld fließt dabei nicht – die vereinbarte jährliche Zahlung beläuft sich auf nur ein *dou* Getreide, was etwa zehn Litern entspricht. Yu Manjiang hatte anscheinend kein Glück mit dem Ackerbau, denn aus dem nächsten Vertrag geht hervor, dass er sein Land »wegen Geldmangels« verpfändete. Diese Vereinbarung stammt aus dem Jahr 1906, und in ihr taucht zum ersten Mal ein Wei-Vorfahr in einem Rechtsdokument auf: Wei Yongliang, der Urgroßvater von Wei Ziqi. Er erklärt sich bereit, 150 *diao* für die Nutzung des Landes zu zahlen. Vier Jahre später kauft er es schließlich ganz, für einen Betrag von 356 *diao*.

Ein *diao* ist eine Schnur mit 1000 Kupfermünzen, alle mit einem quadratischen Loch in der Mitte, und es sind winzige Beträge, die in den Verträgen der Familie Wei dokumentiert sind. Zuweilen wird Land verpachtet oder verpfändet, eine damals übliche Praxis. Im kaiserlichen China pflegten Großgrundbesitzer ganze Dörfer zu beherrschen, und in Sancha hieß die reichste Familie Yan. Ärmere Bewohner pachteten Land von den Yans, und selbst eine Familie, die in der Lage war, Land zu kaufen, konnte sich oft nur mühsam ernähren. In einigen Verträgen der Weis geht es darum, wie Äcker unter den Geschwistern aufgeteilt werden; in einem Dokument wird festgelegt, dass zwei Söhne beim Tod ihres Vaters die Kosten der Bestattung unter sich aufteilen. All diese Verträge sind von Außenstehenden oft auf mangelhafte Weise aufgesetzt, und die sie unterzeichnenden Bauern sind erkennbar schreibunkundig.

Die Qing-Dynastie brach 1912 zusammen und machte der Republik China Platz, doch auf dem Land änderte sich wenig. In den Kriegsjahrzehnten der dreißiger und vierziger Jahre herrschten im Norden besonders schlimme Zustände, was sich auch in den Verträgen der Weis niederschlug. Die am schlechtesten aufgesetzte Vereinbarung stammt aus dem Jahr 1946 und ist von Wei Mingyue, dem Vater des Stänkerers, unterzeichnet. Wegen finanzieller Schwierigkeiten erklärt er sich bereit, ein Stück Land an einen Cousin zu verpfänden, und als Gegenleistung erhält er 60 Liter Mais. Im Vertrag heißt es: »Nächstes Jahr, wenn die Frühjahrskörner kommen, zahle den Preis zurück, und das Land wird zurückgegeben.« Der Cousin, der das Land übernimmt, ist Wei Youtan, der Großvater von Wei Ziqi. Im Dorf haben Spannungen zwischen Nachbarn oft tiefe Wurzeln, doch viele Details sind im Nebel der nicht schriftlich dokumentierten Vergangenheit untergegangen. Wei Ziqi kann das klassische Chinesisch der Verträge nicht lesen, und er wusste nichts von dem verpfändeten Land, bis ich es ihm sagte. Als ich nach den Beziehungen zu dem Stänkerer fragte, bemerkte er nur: »Es ist kompliziert.« Jedenfalls spiegeln sich in den alten Verträgen unterschiedliche Grade von Armut. Wei Ziqis Großvater hatte genügend Getreide, um Land von dem Großvater des Stänkerers zu übernehmen, aber es reichte nicht aus, um eine gesunde Familie zu ernähren. Zwei Jahre nach dem erwähnten Vertrag von 1946 wurde der Idiot geboren, Opfer einer Behinderung, die in Gegenden mit unzulänglicher Ernährung endemisch war.

Damals hatten die Kommunisten schon die Macht in Nordchina erobert. Sie errichteten ihre Basis in der Provinz Shaanxi, in den schroffen Bergen des Lössplateaus, und ihre Anhängerschaft bestand im Wesentlichen aus armen Bauern. Eines der Hauptziele von Mao Zedong war, den Landbesitz auf diejenigen zu übertragen, die das Land tatsächlich bearbeiten, und damit das System der Herrschaft der Grundbesitzer zu beenden. Nachdem die Kommunisten die Macht im Land errungen hatten, setzten sie diese Reform mit bemerkenswerter Geschwindigkeit durch. Dabei kam ihnen zugute, dass sie vor Gewalt nicht zurückscheuten: In den vierziger und fünfziger Jahren wurden Tausende von Grundbesitzern kaltblütig ermordet. Die Felder wurden den Pachtbauern übergeben, und fünfzig Millionen weitere, überwiegend arme Familien erhielten plötzlich einen Besitztitel. Die meisten hatten nie einen rechtmäßigen Besitz welcher Form auch immer gekannt, und viele konnten nicht einmal ihren Namen schreiben.

In den Verträgen der Familie Wei scheint dieser historische Wendepunkt in einem Dokument vom September 1949 auf, einen Monat vor der offiziellen Gründung der Volksrepublik. Der Vertrag ist schön illustriert: Die Grenzen sind mit dicken roten Kornähren geschmückt, und am unteren Rand des Dokuments sieht man Zeichnungen von Bauern, die unter einer gesunden Sonne säen und ernten. Den Kopf ziert ein ernstes Porträt von Mao Zedong. Im Text wird fünf Mitgliedern der Familie Wei das Recht auf sieben Parzellen Land zugesprochen. Die Parzellen werden aufgeführt, und ihre Fläche ist winzig: 809 Quadratmeter, 485 Quadratmeter, 202 Quadratmeter, 202 Quadratmeter, 81 Quadratmeter, 81 Quadratmeter und 101 Quadratmeter. Zusammen ist das gerade einmal ein Fünftel Hektar für eine Großfamilie, aber es ist mehr, als die Weis jemals besessen hatten. Eine Parzelle gehörte zuvor dem Vater des

Stänkerers – offenbar hatte er das verpfändete Land nicht auslösen können –, aber wer der frühere Besitzer der anderen Felder war, wird nicht erwähnt. Wei Ziqi sagte mir, sie hätten einst den Mitgliedern der Familie Yan gehört, den örtlichen Großgrundbesitzern, aber was aus ihnen geworden war, wusste er nicht. »Sie wurden bekämpft«, sagte er unbestimmt und beließ es dabei. Sein Vater hatte kaum über die Vergangenheit gesprochen.

Die kommunistische Landreform hatte einen durchschlagenden Effekt. Zu Eigentümern geworden, strengten die Bauern sich mehr an. Ab 1950 stieg die Produktivität in der Landwirtschaft und damit der Lebensstandard. Diese Verbesserungen waren jedoch von kurzer Dauer, weil Mao die Revolution um jeden Preis vertiefen wollte. In der zweiten Hälfte der fünfziger Jahre ordnete er eine abermalige Reorganisation in der Landwirtschaft an: Jetzt sollten die Dörfer zu Dorfkommunen werden. Die Bauern verloren ihre neuen Eigentumstitel und das Recht auf individuellen Gewinn. Alles wurde vergemeinschaftet, die Felder, die Arbeit und die Ernte, mit verheerenden Folgen. Während des »Großen Sprungs nach vorn« in den Jahren 1958 bis 1961 sollten die Bauern zur industriellen Entwicklung beitragen; die Kommunen hatten bestimmte Quoten in der Stahlerzeugung zu erfüllen. Das führte dazu, dass Landwirtschaftsmaschinen und Haushaltsgeräte eingeschmolzen wurden, und vielfach wurden die Felder nicht mehr bestellt. Eine Hungersnot fegte über das ländliche China hinweg, Zigmillionen verhungerten buchstäblich.

Auch über diese Zeit hat Wei Ziqis Vater nie gesprochen. Wie die meisten Menschen auf dem Land wollte er sich nicht mit traurigen Erinnerungen aufhalten. Die Sammlung von Verträgen der Familie endete praktisch mit der Zeit der Kommunen. In den Dokumenten findet sich nichts über den Beginn der Kollektivierung, aber auch nichts über das Jahr 1961, als der Große Sprung nach vorn endlich aufgegeben wurde. Das

System der Kommunen blieb jedoch in Kraft, und falls es Verträge mit den Weis gegeben haben sollte, so wurden sie jedenfalls nicht aufbewahrt. Erhalten hat sich nur eine undatierte Arbeitskarte, höchstwahrscheinlich aus den späten sechziger Jahren. Aus der Karte geht hervor, wie viele Arbeitstage »die Frau von Wei Mingyuan« im Juli für die Kommune geleistet hat. Die Frau wird nicht einmal mit Namen genannt – solche Einzelheiten sind in einer von Männern beherrschten Welt der Gruppenarbeit bedeutungslos. Auch das System der Kommunen hat nie richtig funktioniert; ohne die Möglichkeit eines persönlichen Gewinns besaßen die Bauern keine Motivation, und noch in den siebziger Jahren war die Armut auf dem Land endemisch. Das waren die Jahre der Kindheit von Wei Ziqi, in denen er oft Nudeln aus Ulmenrinde aß.

1978 kam Deng Xiaoping an die Macht, und er wollte zusammen mit anderen Reformern eine gewisse Form von individuellem Grundeigentum einführen. Das war jedoch ein äußerst heikles Thema. Im kommunistischen China war die Privatisierung von Grund und Boden speziell auf dem Lande gleichbedeutend mit dem Eingeständnis, dass die Revolution gescheitert war. Deshalb entwickelte man ein sogenanntes Verantwortungssystem, in dem einzelne bäuerliche Haushalte Land von der Dorfkommune pachteten und dafür eine jährliche Gebühr entweder in bar oder in Erntequoten zahlten; einen eventuellen Überschuss durften sie behalten. Das Ganze war eine Variation des vorkommunistischen Pachtsystems, nur mit dem Unterschied, dass an die Stelle des Großgrundbesitzers der Staat getreten war.

Es war die zweitbeste Lösung nächst dem Privateigentum. Die Bauern hatten wieder eine individuelle Motivation, und ihr durchschnittliches Nettoeinkommen stieg von 1979 bis 1984 um 11 Prozent. Damit schnitten sie besser ab als die Stadtbewohner, deren Durchschnittseinkommen nur um 8,7 Prozent stieg. Doch aufs Ganze gesehen hatte China eine gespaltene

Wirtschaft – für städtische Regionen galten andere Regeln als für ländliche. Ab Mitte der achtziger Jahre wurde die städtische Entwicklung politisch begünstigt, um so eine Exportwirtschaft aufzubauen. Die Infrastruktur der Städte wurde verbessert, und an Orten wie Shenzhen wurden Sonderwirtschaftszonen geschaffen. Am wichtigsten war jedoch die Änderung der Gesetze zur Nutzung städtischen Bodens in den neunziger Jahren. Theoretisch war der gesamte Grund und Boden der Städte noch Staatseigentum; Privatpersonen durften jedoch Wohnungen bauen und verkaufen. Der Boden gehörte ihnen nicht, sondern nur das darauf errichtete Gebäude oder die Wohnung; diese konnten sie verkaufen, vermieten oder hypothekarisch belasten. Diese Änderung wirkte sich umgehend aus – sie beschleunigte die Entstehung der neuen Mittelschicht. Heute ist das Wertvollste, was jemand in einer chinesischen Stadt besitzt, in der Regel seine Wohnung.

Das alles gilt nicht für Landbewohner. Sie können ihr Ackerland weder kaufen noch verkaufen, noch können sie es hypothekarisch belasten. Sie können ihr Haus nicht als Sicherheit für einen Kredit einbringen. Sie können ihr Land, das noch immer der Dorfgemeinschaft gehört, allenfalls langfristig verpachten. Auch hat ein Bauer keine Verhandlungsmacht, wenn ein Bauträger aufkreuzt – er kann sich als Einzelner weder gegen einen Landverkauf wehren, noch kann er um einen besseren Preis verhandeln. Städte und Gemeinden sind ermächtigt, Land im städtischen Außenbereich »im öffentlichen Interesse« zu erwerben, aber was das genau bedeutet, wurde nie geklärt, mit der Folge, dass Städte sich nach Belieben ausdehnen. Städte zahlen für Ackerland bestimmte, künstlich niedrig gehaltene Preise. Solche Geschäfte werden von der Dorfverwaltung abgewickelt, die gehalten ist, den einzelnen Bauern für den Verlust seines Landes zu entschädigen, aber oft versickern die entsprechenden Mittel in den dunklen Kanälen der Korruption. Seit den neunziger Jahren hat diese Form von

Landraub mit der rapiden Ausdehnung der städtischen Gebiete um sich gegriffen – nach einer Schätzung haben zwischen 1990 und 2002 etwa 66 Millionen Bauern ihr Land verloren. Das ländliche System ist zu einer ausgesprochen ungerechten Kombination zwischen dem alten und dem neuen, dem kommunistischen und dem kapitalistischen System geworden. Gewinne werden privatisiert, das Risiko wird sozialisiert: Während örtliche Funktionäre von den Landverkäufen profitieren, haben die Dorfbewohner die Folgen zu tragen. Die Landreform hat ein halbes Jahrhundert nach der Revolution das genaue Gegenteil dessen erreicht, was ursprünglich beabsichtigt war.

Im Laufe der Zeit hat die Regierung einiges getan, um die Situation auf dem Lande zu verbessern. Straßenbauprogramme wurden finanziert, und die Erntequoten sowie die Besteuerung der Landwirtschaft wurden abgeschafft. Aber an dem Bodenrecht hat sich nichts geändert, und das stellt, wenn man die Zahl der Betroffenen hinzunimmt, ein elementares Problem dar. Einer staatlichen Erhebung zufolge umfasste die bäuerliche Bevölkerung im Jahr 2005 noch immer über 800 Millionen Menschen, und der durchschnittliche bäuerliche Haushalt bestand aus 4,55 Personen, die eine Fläche von weniger als 0,4 Hektar bewirtschafteten. Diese nach westlichen Maßstäben winzige Parzelle reicht aus, um eine chinesische Familie zu ernähren und noch einen Überschuss zu erzielen, der am Markt verkauft wird. Angesichts der starken Abwanderung sollten die Flächen durch eine Flurbereinigung zusammengeführt werden, aber dem steht die Neigung der Abwanderer entgegen, weiterhin an ihren alten bäuerlichen Rechten festzuhalten.

Sie haben keine Alternative – sie können ja nicht verkaufen. Sie überlassen ihre Parzellen gewöhnlich Verwandten oder Nachbarn, die dieses Land nicht mit demselben Elan bewirtschaften, wie wenn sie selbst Eigentümer wären. Als ich nach Sancha zog, gehörte mein Haus noch dem jungen Paar, das nun in Huairou wohnte. Sie konnten das Haus nicht verkaufen; das

Beste, was wir machen konnten, war ein langfristiger Pachtvertrag, der aber keine rechtliche Gültigkeit besaß. Es lief auf *guanxi* hinaus – solange ich ein gutes Verhältnis zu den Weis hatte, konnte ich mich auf den Vertrag verlassen, aber vor Gericht hätte er keinen Bestand gehabt. Das erschien mir aus meiner Sicht ungerecht, aber noch nachteiliger war es für das Dorf. Ich hatte kein sonderliches Interesse, etwas zur Verbesserung des Anwesens zu tun, und dem jungen Paar entging das Kapital, das es durch einen Verkauf hätte erzielen können.

In einem Ort wie Sancha liegt die eigentliche Macht bei den Mitgliedern der Kommunistischen Partei. Als ich ins Dorf kam, waren es siebzehn, und sie trafen alle wichtigen Entscheidungen. Sie regelten Landstreitigkeiten, entschieden über öffentliche Mittel und wählten den Parteisekretär, die höchste Autorität am Ort. Sie entschieden über die Mitgliedschaft: Ohne ihre Zustimmung konnte niemand beitreten. Sie hielten Versammlungen zu allen möglichen Themen ab; als Mimi und ich uns in Sancha niedergelassen hatten, versammelten sich die örtlichen Parteimitglieder, um über unsere Anwesenheit zu diskutieren. Ich erfuhr davon später, als man mir berichtete, sie seien sich in der Frage, ob wir bleiben durften, nicht einig gewesen. Ich wusste, wer vor allem dagegen war – zu den Parteimitgliedern gehörte auch der Stänkerer.

Den größten Einfluss besaß jedoch die Parteisekretärin, eine gewisse Liu Xiuying. Sie ist eine der wenigen Frauen, die im Dorf selbst aufgewachsen sind, und sie blieb schließlich da, statt nach auswärts zu heiraten. In den siebziger Jahren ging sie nach dem Abschluss der Mittelschule fort, um sich weiterzubilden, damals eine seltene Chance, und wurde schließlich »Barfußärztin«. Während der Kulturrevolution war das ländliche Gesundheitswesen weitgehend auf solche Leute angewiesen, die an Orten wirkten, die für eine regelmäßige ärztliche Versorgung zu arm und zu abgelegen waren. Liu Xiuying wurde zurück nach Sancha beordert, wo sie heiratete und nebenbei auf dem Hof arbeitete. 1998 wurde sie zur Parteisekretärin gewählt und drei Jahre später im Amt bestätigt. Im ganzen Bezirk gibt es keine sechs Parteisekretärinnen, und sie ist die einzige in den 23 Dörfern, die zur Großgemeinde Bohai gehören.

An und für sich ist der Status, den Liu Xiuying besitzt, höchst ungewöhnlich, aber er ist nicht ganz so überraschend, wenn man ihr persönlich begegnet. Sie ist kräftig gebaut, mit starken, schwieligen Händen, und sie bewegt sich mit einem Selbstvertrauen, das sich in ihrer körperlichen Erscheinung manifestiert. Eine solche Ausstrahlung trifft man bei Chinesinnen selten an – in der Stadt wäre sie unvorstellbar. Dort nennt man junge Frauen *xiaojie*, »Fräulein«, und die meisten *xiaojie* kultivieren heutzutage eine gewisse äußerliche Hilflosigkeit. Sie stapfen auf ihren Stöckelschuhen unsicher einher und rudern dabei mit den Armen, und ihre Kleidung ist unpraktisch. Alles ist darauf angelegt, Aufmerksamkeit auf sich zu ziehen, und im ganzen Tierreich gibt es kein eindrucksvolleres Bild als eine *xiaojie*, die rennt, um ein Taxi zu erwischen. Es ist, als sähe man einen Pfau beim Balztanz: Federschmuck allenthalben, eine atemberaubende Verschwendung von Licht und Farbe, so viel Bewegung und dabei so wenig erkennbarer Zweck.

Doch die Parteisekretärin von Sancha gehört zu einer ganz anderen Welt. Wenn sie sich in Bewegung setzt, werden Dinge erledigt, und zwar ohne dass lange gefackelt würde. Sie verrichtet dieselbe Landarbeit wie die Männer, und zusammen mit ihnen bessert sie die Dorfstraßen aus. Und wenn sie in den Pausen *baijiu* trinken und Karten spielen, ist sie mit dabei. Sie ist Ende vierzig und trägt kurzgeschnittene schwarze Haare; ihr hübsches Gesicht endet abrupt in einem kantigen Kinn. Sie ist nicht groß, aber sie trägt ihren Kopf hoch. Sie hat eine grobe, dröhnende Stimme – wenn sie telefonierte, konnte ich es jedes Mal von meinem Haus aus hören. Wann immer ich ins Dorf kam, grüßte sie mich freundlich und offen: »Hallo, mal wieder im Land?« Mir war aber bekannt, dass sie meine

Anwesenheit zwiespältig aufgenommen hatte, jedenfalls war das ihre Haltung in der Parteiversammlung über Ausländer in Sancha. Sie war gerissener als der Stänkerer, der seine Karten sofort auf den Tisch gelegt hatte: Er wollte uns weghaben; daher konnte er nichts mehr sagen, als man uns schließlich zu bleiben erlaubte. Die Parteisekretärin mied dagegen eine klare Stellungnahme; sie wollte erst abwarten, wie sich die Dinge entwickeln. Als wir, Mimi und ich, ein Jahr im Dorf waren, spendeten wir dem Dorf als Geste des guten Willens Zement im Wert von hundert Dollar, verbunden mit dem Hinweis, er könne bei notwendigen Ausbesserungsarbeiten an der neuen Straße nach Sancha verwendet werden. Die Parteisekretärin nahm das Geschenk entgegen und legte damit einen perfekten Gehweg zu ihrem Haus an, so dass sie fortan mit dem Motorrad direkt bis an die Haustür fahren konnte.

Wei Ziqis Verhältnis zu der Frau – seine *guanxi* auf Dorfebene – war höchst unsicher. Ihr Mann war ein Wei: Er hatte denselben Ururgroßvater wie Wei Ziqi und der Stänkerer. Wei Ziqi achtete die Tüchtigkeit der Frau, und sie konnte, wie er mir sagte, besonders gut mit höheren Funktionären umgehen. Die meisten Dorfbewohner schätzten diese Eigenschaft: Sie glaubten, die Parteisekretärin habe entscheidend daran mitgewirkt, dass der Staat die Mittel für die neue asphaltierte Straße bereitstellte. Ich spürte jedoch eine gewisse Vorsicht bei Wei Ziqi, und mit der Zeit wurde mir klar, dass es die Zurückhaltung eines potenziellen Rivalen war. Die beiden waren fraglos die fähigsten Leute im Dorf.

Wei Ziqi war kein Parteimitglied. Als ich ihn kennenlernte, sagte er mir, er habe kein Interesse an solchen Dingen, und er war sehr viel jünger als die tonangebenden Leute im Dorf, die überwiegend in den mittleren Jahren oder älter waren. Nach der Krankheit seines Sohnes suchte Wei Ziqi einen Wahrsager in Huairou auf, der ihm aus der Hand las und ihm dringend riet, die Politik um jeden Preis zu meiden. Doch in einem so kleinen Dorf wie Sancha ist eine unpolitische Haltung riskant, besonders für jemanden, der ein neues Geschäft beginnt. Örtliche Parteifunktionäre können einem Unternehmer unzählige Steine in den Weg legen, besonders wenn er sich Hoffnung auf einen Bankkredit macht. Bauern brauchen, weil sie ihr Land nicht als Sicherheit einbringen können, für einen Darlehensantrag Unterstützung aus dem Dorf.

Wei Ziqi hatte die Parteisekretärin nie direkt herausgefordert bis zu dem Tag, an dem er den Idioten bei der Kreisverwaltung in Huairou zurückgelassen hatte. Die Unterstützung fiel in die Zuständigkeit der Frau, und sie hatte sich über Wei Ziqis wiederholte Bitten um Hilfe in der Angelegenheit hinweggesetzt. Indem er sich direkt an die Kreisverwaltung wandte, hatte er ihre Zuständigkeit umgangen und sie bei höheren Stellen bloßgestellt. Im Jahr 2003 begann die Unterstützung zu fließen: allmonatlich sechs Dollar. Zum Frühlingsfest übermittelte die Verwaltung einen Krug Speiseöl, einen 22-Kilo-Sack Mehl und einen großen Sack Reis als Zeichen der Hilfe für den behinderten Mann und seine Familie.

Nachdem wir den Idioten ins Tal gebracht hatten, glaubte ich zunächst, es ginge Wei Ziqi nur um das Geld. Im Laufe der Zeit begriff ich, dass er zugleich eine politische Aussage gemacht hatte: Er hatte bewiesen, dass er auch ohne die Unterstützung örtlicher Funktionäre etwas durchsetzen konnte. Als ich ihn fragte, wie die Parteisekretärin reagiert habe, sagte er, sie sei wütend gewesen, aber sie habe nichts machen können, weil Wei Ziqi das Gesetz auf seiner Seite hatte. Und es schien, als sei er über den Zorn der Frau erfreut. »Viele Leute im Dorf waren schon in ähnlichen Situationen«, sagte er. »Aber ich bin vorangegangen und habe etwas unternommen. Andere hätten nicht den Mumm gehabt, das zu tun. Sie war nicht glücklich, aber jetzt weiß sie, wozu ich fähig bin.«

* * *

Es gab viele Dinge im Dorf, auf die Wei Ziqi keinen Einfluss hatte, und es stimmte auch, dass er seine potenzielle Kundschaft nicht kannte. Er hatte kaum Kontakt zu der städtischen Mittelschicht in Peking; all seine Pläne waren im Grunde Spekulation. Doch zeitlich hätte er es nicht besser treffen können. Wie sich zeigte, erweiterte er sein aufblühendes Geschäft im Frühling des Jahres 2003, das sich als das Jahr des Autos entpuppte – die einschneidendste Etappe im chinesischen Autoboom.

Der Boom kam von allen Seiten, so als sei jeder Faktor zeitlich präzise auf alle anderen abgestimmt worden: Infrastrukturprojekte, Produktionsstrategien, Verbraucherentscheidungen und sogar geheimnisvolle Viren. 2003 begann eine großangelegte, auf zwei Jahre berechnete Straßenbaukampagne auf dem Lande, in deren Verlauf 190000 Kilometer ländlicher Straßen befestigt wurden. Die Volksrepublik baute in diesen zwei Jahren mehr Landstraßen aus Asphalt und Beton als in den vergangenen fünfzig Jahren. Gleichzeitig änderten sich die Konsumgewohnheiten der Städter, zum Teil aus unerwarteten Gründen. Im Frühjahr 2003 wurde das ganze Land von einer Panik wegen des SARS-Virus erfasst, und die Bewohner größerer Städte mieden wochenlang Menschenansammlungen und öffentliche Verkehrsmittel. U-Bahnen und Busse waren leer, Taxis wurden verdächtig. Am Ende stellte sich heraus, dass das Ansteckungsrisiko stark übertrieben worden war, aber die Einstellung der Mittelschicht wurde nachhaltig davon geprägt. Die Leute bekamen einen neuerlichen Anstoß, Auto fahren zu lernen – im Jahr 2003 erwarben fast eine halbe Million Pekinger ihren Führerschein, im Schnitt über 1300 Leute jeden Tag.

Gleichzeitig kam es zu Veränderungen am Automarkt. Bis 2003 hatten Toyota, Nissan und Hyundai ihre Produktion in China aufgenommen, und das Auftreten dieser asiatischen Unternehmen machte sich umgehend bemerkbar. Die chinesischen Autohersteller waren inzwischen zu respekteinflößenden

Konkurrenten geworden. Im Juni 2003 stellte Chery, die Firma, bei der ich an einer Testfahrt teilgenommen hatte, einen neuen Kleinwagen vor, den sie QQ nannte. Er war noch kleiner als ein Mini Cooper – der QQ war kürzer als 3,60 Meter und hatte einen 0,8-Liter-Motor. Er glich fast aufs Haar dem Chevy Spark, einem Fahrzeug, das General Motors im Laufe des Jahres in China vorstellen wollte. Die Fahrzeuge waren einander so ähnlich, dass man sogar die Türen austauschen konnte. In China ist es üblich, ausländische Produkte zu kopieren, aber dies war ein neuer Dreh: Chery hatte es geschafft, etwas zu produzieren, das exakt dem Spark glich, noch bevor das Original auf dem Markt war. Man munkelte, Chery sei irgendwie an die Blaupausen gekommen, vermutlich durch Industriespionage, aber dafür fanden sich keine Beweise. (Ein von GM angestrengtes Gerichtsverfahren wurde schließlich außergerichtlich beigelegt.) Letztlich zählte nur der Preis. Der neue QQ kostete rund 6000 Dollar, ein Viertel weniger als der GM-Wagen, und da fiel den meisten Verbrauchern die Wahl nicht schwer. Chery verdoppelte seine Absatzzahlen gegenüber 2002. Zusammen mit anderen kleinen Herstellern revolutionierten sie den Markt, und die Autobauer mussten ihre Preise senken. Ab April 2003 sank der durchschnittliche Abgabepreis an die Händler über einen Zeitraum von zwölf Monaten um 8,8 Prozent. Im Jahr 2003 stieg der Pkw-Absatz in China sprunghaft um 80 Prozent. Allein in Peking wurden 339 344 neue Autos zugelassen.

Unweigerlich fanden manche dieser Neuwagen den Weg zum Ende der nach Sancha führenden Straße. An den Wochenenden wimmelte es in Sancha oft von Besuchern, und Investoren aus der Stadt wurden darauf aufmerksam. Ein Pekinger Geschäftsmann pflasterte den unteren Bereich des alten Fußpfades nach Huanghua Zhen, und er eröffnete ein Restaurant mit Gästehaus in der Nähe des Stausees von Sancha. Es war das erste richtige Restaurant im Dorf: Es gab ein Dutzend Tische, einen Grill im Freien und einen großen, mit Regenbogenforellen besetzten Teich. Die Umgebung war atemberaubend – hohe Felswände, das friedliche Gewässer des Stausees –, und die Pekinger waren hingerissen; man konnte förmlich sehen, wie der Stress aus ihren Gesichtern wich, sobald sie das Dorf betraten. Wären sie an dem Stausee vorbei noch eine halbe Stunde weitergelaufen, hätten sie das Haus von Ma Yufa erreicht, dem Einsiedler von Sancha, der noch immer allein mit seiner tickenden Uhr lebte. Doch es gab Gerüchte, dass Investoren auch diesen Bereich bebauen wollten. Jahrelang hatte das Dorf, isoliert von Peking, im Sterben gelegen, doch nun hatte das Stadtleben begonnen, seine Fühler bis in die Hochtäler auszustrecken.

Wei Ziqi und Cao Chunmei hatten den ganzen Sommer über viel zu tun. Das neue Restaurant im Unterdorf wirkte sich kaum auf sie aus, weil es immer nostalgische Städter gab, die sich ein traditionelles ländliches Mahl wünschten, serviert in einem echten Bauernhaus. Das sagten sie jedenfalls – sie hätten vermutlich anders gedacht, wenn man ihnen eine Schüssel Nudeln aus Ulmenrinde vorgesetzt hätte. Tatsächlich aßen sie meistens Regenbogenforellen, die ursprünglich aus einer Schweizer Zucht stammten. Die großen Fischfarmen unten im Tal hatten in den letzten Jahren die ausländische Sorte eingeführt, und sie wurde zum üblichen Mahl der Wochenendbesucher; praktisch jedes Restaurant, das von einer ländlichen Familie eröffnet wurde, pries auf einem großen Schild »Regenbogenforellen« an. Die neue chinesische Küche ist voll von solchen Transplantaten und Erfindungen. In Peking verkehrt die Oberschicht gern in Restaurants, die »authentische« Gerichte aus verschiedenen Teilen des Landes servieren: Es gibt Yunnan-Restaurants, Hakka-Restaurants und Guizhou-Restaurants. Würde man diese Gerichte den Bewohnern der vermeintlichen Herkunftsregionen vorsetzen, gäbe es erstaunte Gesichter. Die Sichuan-Restaurants der Hauptstadt servieren Gerichte, die ich in den zwei Jahren, die ich in Sichuan lebte, nie zu essen bekam. Aber das ist verständlich in einem Land, in dem der

Lebensstandard so rasch gestiegen ist: Der Markt verlangt nach neuen Traditionen, auch solchen ländlicher Einfachheit. Als Kind hatte Wei Ziqi nie eine Regenbogenforelle gesehen, und der Fisch ist dort so heimisch wie eine Kuckucksuhr.

Lastwagen brachten die lebenden Forellen in die Berge, wo sie an kleine Unternehmer wie Wei Ziqi ausgeliefert wurden. Zur Haltung der Fische hatte er einen eigenen, mit Zement ausgekleideten Teich gebaut, der mit Quellwasser gespeist wurde, und die Forellen gediehen unendlich viel besser als vormals die Blutegel. Gewöhnlich grillte er die Fische und bot sie für einen Preis von rund vier Dollar an. In der neuen Küche machte Cao Chunmei sich an einem schweren Wok zu schaffen und bereitete die Gerichte zu: Rührei mit Tomaten, gebratenes Schwein und Peperoni, Weizenpfannkuchen. Sie war eine ausgezeichnete Köchin, und die Gäste kamen oft wieder.

Im Jahr 2003 verdiente die Familie mit der Landwirtschaft und dem neuen Geschäft über 3800 Dollar. Damit war das Einkommen gegenüber dem Vorjahr um 50 Prozent gestiegen, und es sah ganz danach aus, als könne das Geschäft nur besser werden; im Hochsommer hatten sie bereits Stammgäste. Aber Cao Chunmei machte einen erschöpften Eindruck, und Wei Ziqi wirkte besorgt. Anfangs steckte er sich sporadisch eine »Rote Pflaumenblüte« an, wenn er einen neuen Geschäftspartner traf oder einen Gast begrüßte, aber inzwischen rauchte er Kette, um den Stress abzubauen. Abends blieb er oft lange auf und trank *baijiu*. Manchmal schien es, als würde die ganze Spannung, die die Stadtleute auf ihren Wochenendausflügen ablegten, direkt das Herz des Mannes angreifen. »Zu viel Druck«, sagte er oft, wenn ich ihn fragte, was los ist. »Es macht mich die ganze Zeit nervös.«

Er sollte froh sein, sagte ich ihm; jahrelang hatte er davon geträumt, sich selbständig zu machen, und jetzt hatte sein Geschäft einen guten Start erwischt. Aber er machte sich unentwegt Sorgen um das Geld. Er hatte sich innerhalb der Familie

Geld geborgt, von seinen Verwandten den Gegenwert von über 1600 Dollar und dazu noch 1000 von Cao Chunmeis älterer Schwester. Ich hatte mich bereit erklärt, mehrere Jahresmieten im Voraus zu zahlen, als langfristige Sicherheit auf mein Haus, aber das war eigentlich nicht sein Geld; es entsprach, da das Haus seinem Neffen gehörte, einem weiteren Darlehen seiner Verwandtschaft: an die 2500 Dollar. Er hatte schon das ganze Geld für die Renovierungen ausgegeben und schickte sich an, einen Bankkredit zu beantragen, um für nächstes Jahr ein Gästehaus zu bauen.

In China sind Kredite an Privatpersonen nicht üblich, und es ist den Leuten unangenehm, Schulden zu machen. Kreditkarten sind noch ungebräuchlich, und Bankkredite bekommen nur wenige. Die meisten der neuen Autobesitzer des Jahres 2003 zahlten bar; nur jeder Fünfte nahm ein Darlehen in Anspruch. Die meisten Chinesen sparen jahrelang vor einer größeren Anschaffung, und wenn sie Kapital aufbringen müssen, sind sie auf die Verwandtschaft angewiesen. Das führt zu einer weiteren Art von *guanxi*, und Wei Ziqi jonglierte mit ihnen allen: den politischen Verhältnissen im Dorf, dem neuen Wirtschaftsgebiet Huairou und den Verwicklungen von Verwandtschaftsdarlehen. Ein Jahr zuvor, als das Leben seines Sohnes in Gefahr gewesen war, war mir Wei Ziqi vollkommen gelassen erschienen. Aber auf jene Erfahrung war er vorbereitet gewesen: In Sancha, wo alle in Armut aufgewachsen waren, weiß man, was es heißt, mit Krankheit und Tod zu ringen. Mit dem Erfolg tut man sich schwerer – als Unternehmer betrat Wei Ziqi unbekanntes Terrain.

* * *

Wei Jia wurde in jenem Sommer sechs. Zu seinem Geburtstag bereiteten seine Eltern ihm eine spezielle Mahlzeit aus Fertignudeln, gekrönt von einem Spiegelei. Die Nudeln waren ein seltener Leckerbissen, weil der Junge praktisch nie abgepackte Nahrungsmittel gegessen hatte. In regelmäßigen Abständen brachten seine Eltern ihn zu Nachuntersuchungen nach Peking, und alle Blutwerte waren wieder normal. Er war gewachsen, und im Ansatz zeigte sich schon, dass er die breite Brust seines Vaters bekam. Hin und wieder musste er Aufgaben rund ums Haus übernehmen, zum Beispiel den Vorplatz kehren. Etwa um diese Zeit lernte er, wie alle anderen den Idioten zu ignorieren. Als kleiner Junge hatte Wei Jia gelegentlich mit dem behinderten Mann gespielt und seine Aufmerksamkeit durch Grimassen und Gebärden auf sich gezogen, aber bald hatte er erkannt, dass bei ihm etwas nicht stimmte. Und jetzt war der Idiot schließlich allein – nachdem das letzte Kind im Dorf größer geworden war, gab es niemanden mehr, der ihn als normal betrachtete.

Am Ende des Sommers bereiteten seine Eltern ihn auf die Schule vor. Die Vorschule hatte er fast gänzlich versäumt, und im Grunde hatte das ganze Vorschuljahr nichts gebracht, weil die Bedingungen so unangenehm waren. Dieses Jahr würde Wei Jia die erste Klasse in Shayu besuchen, einem rund zehn Kilometer entfernten Dorf, wo er zusammen mit anderen Kindern im Schülerwohnheim wohnen würde. In den letzten Sommerwochen brachten die Eltern ihm bei, allein zu schlafen. Wie in bäuerlichen Familien üblich, verbrachten sie die Nacht zusammen auf dem *kang*, aber nun musste Wei Jia in einem Nebenraum in einem eigenen Bett schlafen. In den ersten Nächten jammerte er und schlief schlecht, aber am Ende des Monats hatte er sich daran gewöhnt.

In der Woche vor Wei Jias Schulanfang mietete ich einen Jetta und fuhr ins Dorf. Ich bot an, Wei Jia und Cao Chunmei zur Einschreibung ins Tal hinunterzufahren, und sie meinte, das Ganze werde am Sonntag oder Montag stattfinden. »Sie haben es noch nicht bekanntgegeben«, erklärte sie unter Anspielung auf die täglichen Propagandameldungen in Sancha.

»Gibt es sonst keine Erstklässler im Dorf?«, fragte ich.

»Nein«, antwortete sie, »er ist der Einzige.«

»Sind Sie sicher, dass sie es bekanntgeben, wenn es nur um ein Kind geht?«

»Ja«, sagte sie.

Ich dachte, dass man es auch durch einen Anruf klären könnte, aber so sind sie auf dem Lande: Sie warten darauf, dass sie informiert werden. Tatsächlich knackte es am Freitag Punkt zwölf in den Lautsprechern. Eine schrille Frauenstimme, die über das ganze Tal ertönte, sich an den Felswänden brach und von den hohen Gipfeln zurückgeworfen wurde, gab allen Betroffenen bekannt:

ACHTUNG!
Alle Erstklässler müssen sich am Sonntagmorgen um 8 Uhr bei der Grundschule in Shayu melden!

ACHTUNG!
Alle Erstklässler müssen sich am Sonntagmorgen um 8 Uhr bei der Grundschule in Shayu melden!

ACHTUNG!
Alle Erstklässler müssen …

Am Sonntagmorgen meldeten sich alle Erstklässler des Dorfes pflichtgemäß, und sie alle saßen auf dem Schoß von Cao Chunmei auf dem Beifahrersitz des Jetta. Wei Ziqi blieb in Sancha, weil er am Nachmittag Gäste erwartete. Wei Jia, der am Vorabend gebadet hatte, suchte sich selbst saubere Kleider aus: eine blaue Hose und ein dazu passendes Hemd mit einer gezeichneten Katze, die auf Englisch sagte: »Ready-Witted«, zu Deutsch »schlagfertig«. Er hatte noch den Mickymaus-Rucksack vom Vorjahr.

»Weißt du noch, wie es letztes Jahr war?«, fragte Cao Chunmei.

»Ja«, meinte Wei Jia.

»Wirst du wieder weinen?«

»Nein.«

»Dieses Jahr darfst du nicht weinen«, schärfte sie ihm ein. »Du bist jetzt Erstklässler. Wenn du weinst, kleb ich dir eine.«

Wei Jia grinste – damit hatte sie ihm seit Tagen in den Ohren gelegen. Als wir ins Tal kamen, beugte er sich vor. Es war wieder Walnusszeit, und wir fuhren an Dutzenden von Männern vorbei, die mit langen Stangen bewaffnet waren. Es war ein schöner Morgen, klar und warm, und die Sonne stieg gerade über der Kammlinie im Osten empor. Auf dem ganzen Weg sahen wir Kinder in sauberen Kleidern und mit neuen Rucksäcken, die nach Shayu gingen. Zuerst hielten wir beim Schülerwohnheim, wo Wei Jia sich anmeldete. Ihm wurde Zimmer Nr. 4, Bett Nr. 2 zugeteilt. Insgesamt acht Kojen: grobe Eisengestelle mit dünnen Matratzen auf Holzbrettern. Die Fenster waren vergittert. Beim Anblick dieser militärisch anmutenden Unterkunft wurde mir bang ums Herz, aber den Jungen schien das nicht zu beeindrucken. Es gefiel ihm, dass man ihm einen eisernen Spind zugewiesen hatte, den er abschließen konnte.

Seine Klassenkameraden hatten wir noch nicht gesehen, weil die Kinder sich für die Einschreibung auf dem Schulhof versammelten. Wir drei gingen in die Richtung, und als wir an das Schultor kamen, blieb Cao Chunmei stehen. »Also, wenn du jetzt viele Kinder siehst, wirst du nicht überrascht sein, oder?«

»Nein«, sagte Wei Jia.

»Es ist nicht wie letztes Jahr, oder?«

»Nein.«

Auf dem Schulhof ließ eine Lehrerin namens Yang die Erstklässler in zwei Reihen antreten: eine für Jungs, eine für Mädchen. Die Kinder waren still und lauschten aufmerksam den Anweisungen der Lehrerin. Langsam ging sie die Reihe entlang und begrüßte jedes Kind persönlich, und schließlich kam sie zu Wei Jia. »Guten Morgen, wie heißt du?«, fragte Lehrerin Yang.

»Wei Jia«, antwortete er, und dann fügte er auf Englisch hinzu: »Good morning teacher!«

»Das ist sehr gut!«, sagte sie auf Chinesisch. »Wer hat dir das beigebracht?«

»Mein Onkel Ungeheuer«, erwiderte er.

»Wer?«

»Mein Onkel Ungeheuer!« Das sagte der Junge mit einem so ernsten Gesicht, dass Lehrerin Yang lachen musste. Und an diesem Punkt verließen wir ihn, in der Reihe auf dem Schulhof stehend, das kleinste Kind unter all den Erstklässlern.

* * *

In den ersten sechs Schulwochen zeichnete sich Wei Jia aus durch ein frühes Interesse an Englisch, ein ruhiges Betragen und eine totale Weigerung stillzusitzen. Im chinesischen Klassenzimmer ist die Gruppe Grundlage aller Bestrebungen, und jedes Kind kennt seinen Platz in dieser Organisation. Es gibt Pflichten, die den Kindern förmlich übertragen werden: einer ist für die Hausaufgaben zuständig und sammelt die Aufgaben ein, ein anderer ist für Höflichkeit zuständig und meldet schlechtes Betragen, und ein Dritter, der für die Klasse zuständig ist, hilft der Lehrerin, die Mitschüler zu organisieren. In den Schlafräumen gibt es für jedes Zimmer einen Zimmeraufseher und einen stellvertretenden Zimmeraufseher, die darauf achten, dass täglich geputzt wird. Die gegenseitige Disziplinierung spielt eine wichtige Rolle: Kinder, die sich schlecht benehmen, werden vor die Klasse beordert, und die Mitschüler unterstützen die Lehrerin bei der Tadelung des Schuldigen. Das alles schien Wei Jia anfangs nicht aus der Ruhe zu bringen. Da er die Vorschule versäumt hatte, wusste er nicht, wie es in der Schule zugeht; er redete, wenn er nicht an der Reihe war, und er spielte mit den Stiften auf seinem Tisch. Er verschlampte Schularbeiten und vergaß Hausaufgaben. Während der Stunden wanderte er im Klassenzimmer umher. Eines Morgens versammelte sich die ganze Schülerschaft draußen, um einer Ansprache des Schulleiters zu lauschen, und wie üblich hatten die Kinder die Anweisung erhalten, strammzustehen, mit durchgedrückten Knien, gerecktem Kopf und gerade herabhängenden Armen. Alle gehorchten, nur einer nicht: Wei Jia, der sich, weil die Ansprache ihn langweilte, hinkniete und mit Kieselsteinen im Sand spielte.

Diese und eine Unzahl anderer Verstöße wurden beim ersten Elternsprechtag zur Sprache gebracht, in Anwesenheit all der anderen Eltern. In dieser Versammlung werden die Leistungen der einzelnen Schüler besprochen. Die guten Schüler werden gelobt, die schlechten kritisiert, und die lauschenden Eltern werden mehr oder minder auf dieselbe Weise sozialisiert wie ihre Kinder: durch die Macht der Gruppe. Es gibt keinen größeren Gesichtsverlust, als vor versammelter Mannschaft hören zu müssen, dass das eigene Kind in der Schule schlecht abschneidet. Und die Schlechten erfahren stets die größte Aufmerksamkeit. Beim ersten Elternsprechtag in Shayu rückten bestimmte Kinder in den Mittelpunkt der allgemeinen Diskussion. Zhang Yan schikanierte andere Kinder. Wang Wei riss Witze. Li Xiaomei war eine Bettnässerin, jedenfalls im Schülerwohnheim. (»Das macht sie zu Hause nicht!«, sagte die Mutter des Mädchens auf einem der vielen folgenden Sprechtage, bei denen auf dem armen Kind herumgeritten wurde.) Und Wei Jia – er war der Zappelphilipp, derjenige, der im Klassenzimmer umherwandert, das Kind, das in Gegenwart des Schulleiters mit Kieselsteinen spielte. Der Vater des Jungen musste sich all diese Verstöße in quälender Ausführlichkeit anhören, bevor er nach Sancha zurückfuhr.

An jenem Abend war ich bei der Familie zu Gast. Wei Ziqi schwieg während der Mahlzeit, aß schnell und mied jeden

Blickkontakt. Er hatte ein hitziges Temperament, und bevor er loslegte, war er gewöhnlich still – wie die drückende Schwüle vor einem Sturm. Niemand kannte dieses Verhaltensmuster besser als Wei Jia, aber jetzt gab er sich die größte Mühe, Ahnungslosigkeit vorzutäuschen. Nach dem Essen setzte er sich auf den *kang* und schaute sich ein Bilderbuch an. Sein Vater starrte ihn gute fünf Minuten lang an, und ich konnte sehen, dass der Junge ihn aus dem Augenwinkel beobachtete. Schließlich sagte Wei Ziqi etwas.

»Was machst du eigentlich?«

»Ich lese ein Buch«, antwortete Wei Jia.

»Wo sind deine Hausaufgaben?«

»In meinem Rucksack.«

»Hol sie raus, auf der Stelle.«

Sechsjährige Jungen sind nicht von Natur aus für die strengen Ansprüche einer Internatsschule geschaffen, und Wei Jia war besonders unordentlich. Oft holte ich ihn am Freitagnachmittag auf meiner Fahrt ins Dorf ab, und regelmäßig ermahnte ich ihn, die Bücher, die er brauchen würde, mitzunehmen. Aber an jedem Freitagabend daheim in Sancha war es ein völliges Rätsel, was er aus dem Inneren des Mickymaus-Rucksacks hervorkramen würde. Wei Jia öffnete den Rucksack wie ein Zauberer: Alles konnte herauskommen, und das Kunststück bestand darin, dass auch der Junge selbst keine Ahnung hatte. An diesem Abend holte er vier Schulbücher hervor, ein paar Stifte und ein Dutzend zerknüllter Blätter. Sein Vater schnappte sich eines der Blätter.

»Was ist das? Das ist deine Hausaufgabe! Wie willst du deine Hausaufgabe machen, wenn es so zerfleddert ist wie dieses?«

Wei Jia starrte auf den *kang* hinunter.

»Wo ist dein Mathebuch?«

Der Junge schaute hoffnungsvoll in den Mickymaus-Rucksack, aber er war leer – weitere Zauberkünste würde es heute nicht mehr geben.

»Wo ist dein Mathebuch?«

»Ich hab es vergessen«, sagte Wei Jia leise.

»Wie willst du deine Hausaufgabe machen, wenn du das Buch nicht hast?« Wei Ziqis Stimme wurde scharf. »Weißt du, was Lehrerin Yang heute gesagt hat? Sie sagte, dass du ständig deine Hausaufgaben vergisst. Und dass du in der Stunde nicht aufpasst! Was soll aus dir werden, wenn du nicht gut lernst?«

Der Junge schielte zu dem Bilderbuch hinüber, aber sein Vater schnappte es ihm weg. »Und sie sagte, dass du bei der Ansprache des Schulleiters nicht aufgepasst hast! Alle anderen Kinder standen, aber du musstest dich hinknien. Was ist los mit dir? Schau mich an!«

Doch das Kind weigerte sich, ihm in die Augen zu schauen. Der Junge schwieg trotzig, bis Wei Ziqi hinüberlangte und ihm eine schallende Ohrfeige verpasste; da brach der Junge plötzlich in Tränen aus. »Du musst auf Lehrerin Yang hören!«, brüllte Wei Ziqi. »Sie sagt, du läufst in der Klasse herum, wenn dir danach ist. Das darfst du nicht! Und sie sagt, dass du dein Abendessen im Wohnheim nicht aufisst.«

Cao Chunmei meldete sich: »Weißt du, was passiert, wenn du nicht ordentlich isst? Du wirst wieder krank. Willst du noch mal ins Krankenhaus?«

Plötzlich packte Wei Ziqi den Jungen und zog ihm die Hose bis zu den Knien herunter, so dass man die nackten Beine sah. »Was ist, wenn du wieder diese blauen Flecken kriegst?«, schrie er. »Was sollen wir tun, wenn das passiert?«

Cao Chunmei eilte hinzu und untersuchte den Jungen. »Du musst ordentlich essen, sonst wirst du krank! Du willst doch nicht wieder krank werden!«

Die Stimmen der Eltern wurden schrill, beinahe panisch. Doch auf einmal hatte die Art, wie sie ihn abtasteten, etwas Zärtliches. Gemeinsam untersuchten sie die Beine des Kindes auf blaue Flecken. Es war, als wären all die unausgesprochenen

Ängste aus der Krise des letzten Jahres wieder zurück, und eng kuschelten sie sich auf dem *kang* aneinander. Der Junge weinte – er warf seinen Kopf in den Nacken und wimmerte.

* * *

Bei Cao Chunmei saßen die Ängste tiefer als bei ihrem Mann. Wei Ziqi hatte eine im Grunde pragmatische Lebenseinstellung, und es waren konkrete Gefahren, die seine Aufmerksamkeit in Anspruch nahmen: die drückende Last der Kredite, die Politik im Dorf und die Gesundheit und die Bildung seines Sohnes. Er bekam die Belastungen seines neuen Geschäfts zu spüren, aber er glaubte daran, dass man mit Fleiß zu etwas kommt. Und er beobachtete aufmerksam seine Gäste – er schnappte bei den Städtern den einen oder anderen Tipp auf. Er kleidete sich ordentlich, wann immer er nach Huairou fuhr, aber daheim trug er nach wie vor bäuerliche Kleidung. Er hatte erkannt, dass die Gäste das erwarteten: Niemand fährt aufs Land, um einen Bauern zu sehen, der einen Stadtbewohner nachäfft. Wei Ziqi konnte bald recht geschickt beide Rollen spielen und sich auf die jeweiligen Anforderungen von Sancha und Huairou einstellen.

Cao Chunmei fiel der Kontakt mit der Außenwelt dagegen sehr viel schwerer. Sie arbeitete in der Küche und hing im Grunde in Sancha fest. Da sie für das Geldauftreiben und den Einkauf nicht zuständig war, hatte sie keine Gelegenheit, auf eigene Faust nach Huairou oder Peking zu fahren. Die Städter kamen vielmehr zu ihr, und manche dieser Begegnungen waren für sie beschämend. Einmal kam eine Pekingerin, neugierig, wie die Leute auf dem Lande kochen, zu ihr in die Küche und rief erstaunt aus: »Sie haben ja ganz schwarze Hände!« Sie meinte es nicht böse, aber Cao Chunmei fühlte sich elend. Von da an schrubbte sie häufig ihre Hände, wenn Gäste da waren. Auch legte sie mehr Wert auf ihr Äußeres; sie kaufte sich ein

neues, mit Pailletten besetztes Seidenkleid, das sie an Wochenenden öfter einmal anzog.

Bei ihr waren die Veränderungen anderer Art als bei Wei
Ziqi. Wenn er sich auf seine Umgebung einstellte, geschah
das eher aus kühler Berechnung und nicht aus Schamgefühl,
denn es half ihm im Geschäft, wenn er neue Sachen trug und
Zigaretten rauchte. Eigentlich fühlte er sich ganz wohl dabei,
dass er vom Lande war – damit warb er schließlich für sein
Restaurant. Cao Chunmei dagegen hatte sich in Sancha nie
ganz daheim gefühlt, und jetzt wurde ihr bewusst, dass auch
ein geschäftlicher Erfolg ihre Welt nicht über das Dorf hinaus
erweitern würde.

Seit Jahren hatte sie sich um eine sinnvollere Beziehung
zur Außenwelt bemüht. Junge Menschen in Sancha empfanden
wie sie; es war schwer, an einem Ort zu leben, den Nachbarn und
Freunde verlassen hatten. Mitte der neunziger Jahre erreichte
das Dorf einen Tiefpunkt: Die Einwohnerzahl sank rasch, und
die Leute, die noch dablieben, hatten häufig nichts Besseres zu
tun, als sich über andere Dorfbewohner das Maul zu zerreißen.
Aber dann änderte sich etwas – ein paar Leute begannen mit
den Atem- und Freiübungen, die man unter dem Namen Falun
Gong kennt. Falun Gong wurde seinerzeit als etwas Neues
und zugleich Altvertrautes empfunden. Initiator der Bewegung
war ein Zeitgenosse, ein Mann aus dem Nordosten namens Li
Hongzhi, und er griff zurück auf die vertrauten Traditionen des
Taoismus, des Buddhismus und des Taiji. Falun Gong war nicht
leicht zu definieren – in gewisser Hinsicht ähnelte es einer
Religion oder einer Philosophie, zugleich war es aber auch ein
einfaches System von Gymnastikübungen. Das alles zusammen
erlangte eine gewaltige Popularität, vor allem in den wirtschaftlich benachteiligten Gegenden Nordchinas. Den Anhängern in
Sancha gefiel es, dass ihr Leben eine andere Struktur bekam,
und bald schlossen sich andere an. Ende der neunziger Jahre
konnte man meinen, es sei fast das ganze Dorf, das sich all-

morgendlich auf dem Parkplatz am Ende der Sackgasse versammelte. Cao Chunmei und Wei Ziqi reihten sich unter den Getreuen ein, und einige Jahre später dachte Cao gern an die damalige Zeit zurück. »Es hat unserer Gesundheit gutgetan«, sagte sie. »Wei Ziqi hat damals weder getrunken noch geraucht, weil Falun Gong sagt, das sollte man nicht tun. Auch war er nicht so zornig. Die Leute im Dorf waren sichtlich zufrieden; wir alle verbrachten die Morgenstunden gemeinsam.«

Die Wirkungen von Falun Gong kamen bei den einfachen Menschen gut an, aber die mangelnde Klarheit, worum es sich da eigentlich handelte, war eine politische Belastung. Die Kommunistische Partei Chinas lässt offiziell nur fünf Religionen zu: Buddhismus, Taoismus, Islam, Katholizismus und Protestantismus. Alle Bekenntnisse werden von staatlichen Stellen überwacht, und eine eigenständige Führung wird nicht geduldet; die chinesischen Katholiken dürfen zum Beispiel nicht den Papst anerkennen. So gesehen stellte Li Hongzhi ein Problem dar, erst recht nach seiner Auswanderung in die Vereinigten Staaten. Und je populärer Falun Gong wurde, desto größer wurde die Zahl seiner Anhänger, aber auch die seiner Kritiker. Chinesische Journalisten griffen die Praxis in den Printmedien mit der Behauptung an, es sei nichts als Aberglaube. Ein kritischer Artikel veranlasste im April 1999 über zehntausend Gläubige, sich mitten in Peking zu versammeln. Friedlich umringten sie den Sitz der Zentralregierung in der Hoffnung, so etwas wie Anerkennung zu erhalten. Man nahm in der Tat Notiz von ihnen, war dies doch die größte Protestkundgebung in der Hauptstadt seit den Studentendemonstrationen auf dem Platz des Himmlischen Friedens im Jahr 1989. Monate später wurde die Falun-Gong-Bewegung von der Partei verboten, und die Organisatoren des Protests wurden bald darauf zur Umerziehung in Arbeitslager geschickt.

Aus Sancha hatte niemand an dem Pekinger Protest teilgenommen, aber das Dorf bekam rasch zu spüren, dass man

nun hart gegen die Bewegung durchgriff. Örtliche Parteimitglieder, von denen manche begeistert an den Übungen
teilgenommen hatten, hielten Versammlungen ab, in denen
Falun Gong kritisiert wurde, und die morgendlichen Rituale
auf dem leeren Parkplatz wurden abrupt beendet. Die Fähigkeit, solche landesweiten Kampagnen zu organisieren, ist eine
Stärke der Kommunistischen Partei. Die Partei mag zwar, was
kreative Ideen angeht, bankrott sein, aber ihre Organisation
funktioniert immer noch unglaublich gut. Und die Partei weiß,
wie wichtig in einem überwiegend ländlichen Staat die Macht
auf lokaler Ebene ist. Ein in Peking ausgegebener Befehl
erreicht ohne Verzug die letzte Siedlung, und es gibt praktisch
keinen Landbewohner, der sich dem Einfluss der Dorfpolitik
entziehen kann. Als ich Ma Yufa, den Einsiedler von Sancha,
besuchte, hatte er keine Ahnung, wer der Führer von China ist,
aber meine Frage nach der Parteisekretärin des Dorfes konnte
er umgehend beantworten. Er kannte ihren Namen und den
Namen ihres Ehemanns; er erklärte mir genau, in welcher
Weise der Mann mit der Familie Wei verwandt war. Das ist
die Machtstruktur, auf die es in den chinesischen Dörfern
ankommt, und sie richtete sich ab Frühjahr 1999 gegen Falun
Gong.

In ganz China ging man mitunter brutal gegen die Anhänger der Bewegung vor. Rund hundert Gläubige wurden
getötet, meistens bei allzu gewaltsamen Bekehrungsversuchen
der örtlichen Polizei. Außerdem schickte man Tausende in Arbeitslager. Aber ursprünglich hatten sich Zigmillionen an den
Übungen beteiligt, und sie beschlossen überwiegend, einfach
nicht mehr teilzunehmen. In Sancha kannte ich nur einen, der
seinen neuen Glauben nicht aufgeben wollte, aber nachdem er
eine Woche im Gefängnis von Huairou verbracht hatte, überlegte er es sich anders. Auch im Hinblick auf Religion können
die Chinesen pragmatisch sein – sie mögen vielleicht den
Wunsch nach einem Glauben haben, aber wenn die Regierung

einmal ernsthaften Druck ausübt, wird kaum einer an einem offiziell verurteilten Glauben festhalten. Und oft genug steckt hinter dem religiösen Impuls vor allem ein Bedürfnis nach Gemeinschaft. Der rapide Wandel hat bei vielen Chinesen ein Gefühl der Leere hinterlassen; sie glauben nicht mehr an die kommunistische Ideologie von früher, und die Gesellschaft hat sich durch Migration und Urbanisierung tiefgreifend verändert. Das neue Streben nach Wohlstand erscheint manchem als inhaltslos und erschöpfend; viele Menschen sehnen sich nach einer sinnvolleren Beziehung zu anderen. Manche wenden sich der Religion zu, nicht unbedingt weil sie ein persönliches Verhältnis zu Gott ersehnen, sondern weil sie mit Nachbarn und Freunden etwas teilen möchten. Auch deshalb war das Vorgehen gegen Falun Gong weitgehend erfolgreich; nachdem die Gemeinschaft zerstört war, sahen die meisten keinen Grund mehr, an diese spezielle Religion zu glauben. Ein halbes Jahrhundert Kommunismus hatte sie Geduld gelehrt; sie wussten, dass irgendwann etwas anderes aufkommen würde.

Im Jahr 2003, als das Geschäft der Familie Wei zu florieren begann, waren fast vier Jahre verstrichen, seit Cao Chunmei die Falun-Gong-Übungen aufgegeben hatte. In dieser Zeit war sie offen geblieben für neue Ideen, besonders seit durch das Geschäft mehr Gäste nach Sancha kamen. An einem Wochenende war eine Gruppe Touristen aus Peking zu Gast, und sie unterhielten sich über den Buddhismus. Es waren Angehörige der Mittelschicht, jener Schlag von Stadtbewohnern, die die Bauern gern mit Verachtung behandeln. Bei dieser Gruppe bemerkte Cao Chunmei jedoch einen Unterschied. Sie behandelten sie mit Respekt, und die Art, wie sie miteinander sprachen, gefiel ihr. »In ihrem Gespräch bezogen sie sich oft auf den Buddha«, erzählte sie mir später. »Sie sprachen über alle möglichen Situationen, und es ging ihnen darum, wie man jeweils reagieren soll. Sobald etwas Kompliziertes auftauchte, konnten sie sich auf den Buddha beziehen. Das fand ich gut.

Sie hatten bestimmte Vorstellungen darüber, wie der Mensch sein Leben führen sollte.«

Schüchtern, wie sie war, fasste Cao Chunmei sich ein Herz und sprach eine Frau aus dieser Gruppe an. »Ich fragte sie, wie sich der Buddhismus auf ihr Leben ausgewirkt habe«, erinnerte sich Cao Chunmei. »Ich fragte sie, ob er ihr geholfen habe, bestimmte Probleme zu lösen. Sie sagte, das sei nicht der einzige Grund, warum sie an den Buddhismus glaubte – es sei nicht wegen eines bestimmten Bedürfnisses, das sie hatte. Probleme löste er nicht im Handumdrehen. Aber er half ihr in vielen Situationen zu der Einsicht, wie sie recht handeln kann, und das war wichtiger.«

Cao Chunmei wusste genau, wovon die Frau sprach – oft spürte sie in sich ein Verlangen, das tiefer ging als die profanen Kleinigkeiten des Alltags. Zum ersten Mal fühlte sie sich mit ihren Gästen aus der Stadt verbunden, und einige Wochen danach kam die Frau aus Peking wieder nach Sancha. Diesmal hatte sie zwei Bücher dabei: *Das Buch vom Karma der dritten Generation* und *Das Buch von Ksitigarbha und Bodhisattva*. Cao Chunmei studierte die Texte und bemerkte, dass sie ihr halfen, ruhiger zu werden. Einige Zeit darauf errichtete sie im großen Zimmer der Familie einen Schrein. Sie stellte einen Tisch an die Wand, bedeckte ihn mit gelber Seide und stellte zwei große Plastikstatuen auf, eine von Guanyin, der Göttin der Barmherzigkeit, die andere von Caishen, dem Gott des Reichtums. Morgens verbrannte sie Weihrauch vor den Statuen, und sie brachte Opfer dar, stets in ungerader Zahl: drei Orangen, fünf Äpfel, drei Gläser *baijiu*. In Südchina trifft man häufig auf solche Schreine, besonders bei Geschäftsleuten, aber in Pekinger Wohnungen waren sie selten. Als ich die Statuen zum ersten Mal bemerkte, fragte ich Cao Chunmei, wer sie aufgestellt habe.

»Ich«, sagte sie stolz. »Sie sind aus einem Laden in Huairou.«

Darauf fragte ich – ich war schon zu lange in China, und die Frage kam beinahe automatisch –, wie viel die Statuen gekostet hätten. Cao Chunmei wies mich in freundlichem Ton zurecht.

»Wir sagen nicht, dass wir so etwas ›gekauft‹ haben«, erklärte sie. »Wir sagen, dass wir die Statuen hierher ›eingeladen‹ haben. Ich habe sie hierher eingeladen, weil ich glaube, dass sie unserem Haus helfen werden.«

* * *

In Sancha wurde 2004 zum Jahr des Aufbaus. Die moderne Zeitrechnung in China funktioniert so: Während der traditionelle Kalender weiterhin dem Tierkreis folgt – vom Affen über den Hahn bis zum Hund –, steht für die meisten der Entwicklungsstand im Vordergrund. Das Jahr des Pferdes – 2002 – ist in Sancha denkwürdig, weil damals die Straße asphaltiert wurde. Das Jahr des Schafes war das Jahr des Neuen Autos. Das Jahr des Affen war das Jahr des Aufbaus. Und im Unterschied zu den uralten Zeichen des Tierkreises war das moderne Defilee von der Straße über das Auto bis zum Aufbau ohne Geheimnis. Die neue Straße gestattete neuen Autos, neue Menschen nach Sancha zu bringen, und diese brachten neues Geld, mit dem man Bauten errichten konnte. Und es gab neue Geräusche – das ganze Jahr hindurch ertönte im Dorf das Pochen von Hämmern und das Dröhnen von Bohrern und Sägen.

Wie bei vielen ökonomischen Veränderungen in Sancha ging auch bei dieser Arbeit Wei Ziqi voran. Zuerst renovierte er das Innere seines Hauses. Dann baute er ein kleines Gästehaus. Er hatte es selbst entworfen, ein niedriges Haus aus Beton mit sechs Zimmern, und er leitete die gesamten Bauarbeiten. Als Arbeiter stellte er Nachbarn an, für einen Tagelohn von drei Dollar, der gängige Tarif bei öffentlichen oder privaten Bauprojekten in Sancha. Auf dem Dorf ist es üblich, dass die Einheimischen ihre Arbeitskraft zur Verfügung stellen, und deshalb war das staatliche Programm für den Ausbau der ländlichen

Straßen in den Jahren 2003/04 so wichtig. Es verbesserte die Verkehrsbedingungen auf dem Land, aber außerdem verschaffte es unterbeschäftigten Bauern eine Verdienstmöglichkeit.

In der Region um Sancha gab der Staat sogar eine moderne Version der Großen Mauer in Auftrag. Beamte der Bezirksverwaltung hatten bemerkt, dass mit dem Autoboom in Peking immer mehr Leute in die Dörfer des Nordens kamen, zu deren größten Attraktionen das Relikt aus der Ming-Zeit gehörte. Sie erkannten, dass sich hier eine Gelegenheit für eine geschickte Markenwerbung bot, und verfügten, dass alle Siedlungen ihre Straßen mit Bauten zu schmücken hätten, die der Krone der Großen Mauer ähneln. Diese Pseudo-Mauern wurden aus rotem Backstein erbaut, mit Zement verputzt und grau gestrichen. Auf die Zinnen dieser Mauern wurden Fugen gemalt, die Mauerwerk aus dem 17. Jahrhundert vortäuschen sollten. Die Barrieren waren rund 75 Zentimeter hoch, und wäre ein Mongole in einer mondlosen Nacht mit hohem Tempo südwärts gestürmt, hätte er sich möglicherweise den Zeh an der neuen Großen Mauer angestoßen. Dieses Bauwerk verfolgte jedoch einen anderen Zweck – es diente dem Automobil. An vielen Stellen verliefen die neuen Mauern beiderseits der Straße und vermittelten dem Autofahrer den Eindruck, er fahre auf der Großen Mauer. Damit wurde endlich ein Traum aus den zwanziger Jahren wahr, als die Zeitung *Shenbao* angeregt hatte, die Große Mauer in eine Straße umzuwandeln, was »den Handel erleichtern würde«.

Auf jeden Fall war es ein wirksames Mittel, den Bauern zu einem Verdienst zu verhelfen. Alle am Bau der Mauern Beteiligten erhielten den üblichen Tagelohn von drei Dollar. Die Bewohner von Sancha waren froh über die Arbeit. Sie bauten die neue Große Mauer, sie arbeiteten an Wei Ziqis Haus und Gästehaus, und sie besserten die asphaltierte Straße aus. Die Löhne addierten sich, und bald sah man andere Dorfbewohner Verbesserungen an ihren Häusern vornehmen. Der leere Platz am Ende der Sackgasse wurde zu einem Baustofflager – wann immer ich ins Dorf hinausfuhr, parkte ich zwischen Haufen von Sand und Ziegelsteinen. Eine Weile trauerte ich der entschwundenen Stille nach. Es schien Ewigkeiten her seit meinem ersten Jahr im Dorf, als die Straße noch unbefestigt war und ich, an meinem Schreibtisch sitzend, nichts anderes hörte als den Wind in den Walnussbäumen. Das war 2001 gewesen, das letzte Jahr der Ruhe.

Aber ich hatte lange genug in China gelebt, um mich damit abzufinden, dass nichts bleibt, wie es ist, und schließlich tat ich, was jedermann tat: Ich baute um. Mimi und ich waren immer der Ansicht gewesen, dass unser Haus nicht vom örtlichen Normalmaß abweichen sollte, doch 2004 änderte sich dieses Normalmaß. Wir heuerten einen Trupp einheimischer Arbeiter an, die dieselben Innenrenovierungen vornahmen, die in Wei Ziqis Haus durchgeführt worden waren. Er hatte die umfangsreichsten Verbesserungen im Dorf vorgenommen: neue Decken mit Putz, Linoleumböden mit Holzmaserung, saubere weiße Wände mit Anstrich statt mit alten Ausgaben der *Volkszeitung*. Kaum hatte die Parteisekretärin das Ergebnis gesehen, vergab sie einen entsprechenden Auftrag für ihr eigenes Haus, um nicht hinter Wei Ziqi zurückzufallen. Im Laufe der Zeit zogen die meisten Einheimischen nach, und die Arbeitstrupps wanderten durchs ganze Dorf, von Haus zu Haus. So wie sie zuvor die neue Große Mauer gebaut hatten, Zinne für Zinne, so verliehen sie nun jedem Haus dieselben Zeichen der Modernität: Putzdecken, Linoleumböden, gestrichene Wände.

Das war auch das Jahr, in dem Wei Ziqi der Kommunistischen Partei beitrat und einen Führerschein erwarb. Von einem Parteibeitritt war bisher nie die Rede gewesen, und der Wahrsager in Huairou hatte Wei Ziqi ausdrücklich davor gewarnt, sich in politische Dinge verwickeln zu lassen. In China ist selbst die einfache Mitgliedschaft eine komplizierte Sache, anders als in den Vereinigten Staaten, wo die Parteien jeden aufnehmen. Die Kommunisten verlangen einen förmlichen Antrag, gefolgt von Versammlungen und Befragungen. Die örtlichen Mitglieder dürfen jeden, den sie für ungeeignet halten, ablehnen. Und eine Mitgliedschaft ist die Ausnahme: Nur siebzig Millionen Chinesen, rund 5 Prozent der Bevölkerung, besitzen das Parteibuch der Kommunisten.

Im Jahr 2004 gehörten siebzehn Einwohner von Sancha der Partei an. Die meisten waren über fünfzig, und keiner war unter dreißig. Dass ein motivierter junger Mensch sich um Aufnahme bewarb, kam kaum vor – die meisten, auf die diese Beschreibung zutraf, hatten dem Dorf gänzlich den Rücken gekehrt. Folglich war die örtliche Führung von Sancha konservativ, und einige Mitglieder hatten selbst die einfachsten Elemente der neuen Ökonomie nur zögerlich akzeptiert. Manche konnten kaum lesen. Es gab nur drei Frauen, und jede war über die Familie mit der Organisation verbunden: Die Mutter der Parteisekretärin war als erste Frau im Dorf der Partei beigetreten, noch bevor die Revolution vollendet war, und sie hatte ihre Tochter ermuntert, sich politisch zu betätigen. Das dritte weibliche Parteimitglied war mit einem örtlichen Funktionär verheiratet. Keines der Parteimitglieder in Sancha war in nennenswertem Umfang geschäftlich tätig. Als Wei Ziqi sich bewarb, stellte er etwas vollkommen anderes dar: Er war das jüngste angehende Mitglied im Dorf, und er war der Erste, der als Unternehmer erfolgreich war.

Über seine Motive äußerte er sich nicht näher. In China redet man nicht über solche Dinge; man kann jahrelang mit jemandem befreundet sein, ohne dass je darüber gesprochen wurde, was er in der Partei macht. Wei Ziqis Bewerbung zog sich über ein halbes Jahr hin, und in dieser Zeit wurde er wiederholt in Dorfversammlungen einer Beurteilung unterzogen. Hin und wieder äußerte er Selbstkritik – das ist in China so üblich. Ich fragte ihn, was er in solchen Situationen sage.

»Ich sage, dass ich mich nicht genügend für körperliche Arbeit begeistere«, antwortete er.

»Was heißt das?«

»Wenn es im Dorf etwas zu tun gibt und alle sich daran be-teiligen sollen, dann fällt die Teilnahme mir bisweilen schwer. Das ist meine Art von Selbstkritik.«

Wenn ich ihn fragte, warum er sich beworben habe, be-kam ich immer dasselbe zur Antwort. »Ich möchte dem Land helfen«, sagte er. »Und ich möchte dem Dorf helfen. So macht man es am besten.« Und dabei ließ er es bewenden; dass er sich persönliche Vorteile erhoffte, erwähnte er nicht. Mir war jedoch klar, dass er bestrebt war, seine *guanxi* im Dorf zu fes-tigen, denn durch seinen gestiegenen Status war er angreifbar geworden. 2004 erzielte er das höchste Einkommen in San-cha, aber er verfolgte ehrgeizige geschäftliche Ziele; bei der Landwirtschaftsbank von China nahm er einen Kredit von fast 3000 Dollar auf. Sein Kreditantrag musste wie alle ländlichen Darlehen an einzelne Bauern vom Dorf genehmigt werden, und ich vermute, dass Wei Ziqis bevorstehender Parteibeitritt ihm geholfen haben könnte. Am Ende gab es kaum Wider-stand gegen seinen Aufnahmeantrag, und nur drei Mitglieder sprachen sich dagegen aus. Anführer dieser kleinen Clique war der Stänkerer, doch Wei Ziqi errang mühelos die erforderliche Mehrheit. Am 1. Juli 2004, dem 83. Jahrestag der Gründung der Kommunistischen Partei Chinas, wurde Wei Ziqi offiziell Mitglied.

Weitere fünf Monate dauerte es, bis er den Führerschein hatte. Erst nach der Ernte und dem Ende der herbstlichen Tou-ristensaison begann er einen Fahrkurs in Shunyi, einer Klein-stadt unweit Huairou. Der Unterricht war kostspielig – an die 500 US-Dollar –, und was dort den Schülern eingebleut wurde, war ebenso rätselhaft wie die Aufnahmebedingungen der Kom-munistischen Partei. Die Fahrschüler aus Shunyi sollten zum Beispiel immer im zweiten Gang anfahren; in diesem Punkt war der Fahrlehrer unerbittlich. Als ich Wei Ziqi nach dem Grund fragte, erklärte er:»Im zweiten Gang ist es schwerer. Der Lehrer sagt, wir könnten besser mit der Kupplung umgehen, wenn wir im zweiten anfahren.«

Kurz nachdem er seinen Führerschein hatte, mietete ich mir einen Jetta und fuhr ins Dorf hinaus. Ich war ungefähr eine Stunde da, als Wei Ziqi vorbeikam und mich bat, den Wagen woanders hinzustellen, weil jemand auf dem Parkplatz Zement mischen wollte. Wegen des aktuellen Baubooms war dort immer etwas los, und mir kam es fast so vor, als müsste ich bei jedem Besuch meinen Wagen versetzen. Ich hätte nie gedacht, dass Parken in Sancha einmal zu einem Problem würde.

An jenem Morgen saß ich an meinem Tisch und schrieb, und Wei Ziqi bot mir an, den Jetta für mich umzusetzen. Ich hatte ihn schon ein paarmal fahren lassen, aber nur unter strenger Beobachtung, denn obwohl er 58 Stunden lang geübt hatte, wie man mit einem Lastwagen im zweiten Gang anfährt, war er noch nicht fähig, allein zu fahren. Da ich die Sache aber für unbedenklich hielt – der Wagen musste um einen oder zwei Meter versetzt werden –, gab ich ihm die Schlüssel und wandte mich wieder der Arbeit zu.

Nach einer halben Stunde war Wei Ziqi wieder da. Eine Zeit lang stand er schweigend in der Tür. Schließlich fragte ich ihn, ob alles in Ordnung sei.

»Es gibt ein Problem mit dem Wagen«, sagte er leise. Er lächelte, aber es war ein angespanntes chinesisches Verlegenheitsgrinsen. Jedes Mal, wenn ich diesen Gesichtsausdruck sah, beschleunigte sich mein Puls.

»Was für ein Problem?«, fragte ich.

»Am besten schauen Sie es sich selber an.«

Auf dem Parkplatz hatten sich einige Dorfbewohner um den Wagen versammelt – auch sie grinsten. Die vordere Stoßstange war ganz ab. Sie lag auf der Straße, so dass der Kühlergrill des Jetta aufklaffte wie der Mund eines Kindes, das drei Zähne verloren hat und nicht aufhören kann zu lächeln. Warum blickten alle so verdammt fröhlich drein?

»Ich habe die Kühlerhaube vergessen«, sagte Wei Ziqi.

»Das verstehe ich nicht.«

»Ich bin nicht daran gewöhnt, einen Wagen mit Kühlerhaube zu fahren«, erklärte er. »In der Fahrschule haben wir nur Lkws der Marke ›Befreiung‹ gefahren. Die sind vorne platt.«

Ich hatte parallel zu der an den Parkplatz grenzenden Pseudo-Mauer geparkt. Wei Ziqi hatte beim Zurücksetzen stark links eingeschlagen, ohne zu bedenken, dass das Vorderteil in die Gegenrichtung ausschwenkt, zur Mauer hin. Als die Dorfbewohner im Jahr darauf die winzige Große Mauer gebaut hatten, fand ich sie lächerlich, aber jetzt erkannte ich, dass sie unter dem Aspekt der Verteidigung genau einem Zweck diente – die Zinnen hatten exakt die Höhe, um einem VW Jetta die Stoßstange abzureißen. Ich kniete hin und nahm sie in Augenschein – sie war rettungslos verbogen.

»Was wird wohl die Autovermietung dazu sagen?«, fragte mich Wei Ziqi.

»Keine Ahnung«, meinte ich. »So was ist mir noch nicht passiert.«

Ich war nach wie vor Kunde von Herrn Wang bei Hauptstadt-Autos. Bestimmt hatte ich seine Geduld schon öfter auf die Probe gestellt, allerdings noch nicht herausgefunden, wie weit sie geht. Ich hatte praktisch gegen jede Regel der Firma verstoßen: Mit Jettas war ich auf Feldwegen, mit Jeeps durch trockengefallene Bachbetten gefahren; mit Santanas hatte ich unaussprechliche Dinge angestellt. Ich hatte Wagen mit eingedellten Türen und beschädigten Reifen zurückgebracht, und in der Inneren Mongolei hatte ich einen Anlasser erledigt. Nachdem ich mich vertraglich verpflichtet hatte, mit dem Fahrzeug strikt innerhalb der Stadtgrenzen von Peking zu bleiben, war ich bis ins tibetische Hochland gefahren. Bei jedem neuen Verstoß hatte Herr Wang lächelnd gesagt: *Mei wenti* – Kein Problem! »Sie sind ein alter Kunde«, meinte er stets wohlgelaunt, und sein Stolz auf unsere *guanxi* war so rührend, dass ich ein schlechtes Gewissen bekam. Einen schlimmeren Kunden konnte ich mir nicht vorstellen.

Nun musste ich einen Wagen ohne vordere Stoßstange zurückgeben. Wei Ziqi bot mir wiederholt an, den Schaden zu bezahlen, aber ich sagte ihm, er solle sich keine Gedanken machen; ich hätte ihn gar nicht erst fahren lassen sollen. Zwei Tage lang stand der Wagen auf dem Dorfplatz, ohne Stoßstange, während ich mich für die Rückfahrt in die Stadt wappnete. Als ich schließlich aufbrach, machte Wei Ziqi die Stoßstange mit altem Draht locker am Wagen fest. Auf der Schnellstraße fuhr ich langsam, in der Hoffnung, dass das Ding nicht fortflog. Als Herr Wang den Wagen sah, machte er große Augen.

»Oje!«, rief er. »Wie haben Sie das denn angestellt?«

»Das war ich nicht«, sagte ich. »Ich habe jemand anders fahren lassen. Ich hätte das nicht tun sollen, tut mir leid.« Dann setzte ich erklärend hinzu, dass Wei Ziqi keine Erfahrung mit Autos hatte, die eine Kühlerhaube haben, was Herrn Wang sichtlich verwirrte. Je länger ich bei dem Thema verweilte, desto ausdrucksloser wurde sein Gesicht. Ich begriff, dass Herrn Wang wahrscheinlich der Kopf geplatzt wäre, wenn ich alle einschlägigen Einzelheiten aufgeführt hätte: die Lastwagen der Marke »Befreiung«, die Regelungen der Fahrschule in Shunyi über das Anfahren im zweiten Gang und die Jetta-hohe Große Mauer im Dorf Sancha. Ich brach die Geschichte schließlich ab und bot Herrn Wang an, für den Schaden aufzukommen.

»*Mei wenti!*«, sagte Herr Wang lächelnd. »Kein Problem! Wir sind versichert! Sie müssen nur einen Unfallbericht schreiben. Haben Sie Ihren Stempel dabei?«

Gemeint war der offizielle, auf eine Firma eingetragene Stempel. Ich war offiziell eingetragen auf das Pekinger Büro der Zeitschrift *The New Yorker*, obwohl dieser Betrieb aus nichts anderem bestand als mir und einem Haufen Papierkram. Ich brauchte den Stempel fast nie, und ich erklärte Herrn Wang, ich hätte ihn zu Hause.

»*Mei wenti!*«, meinte er. »Bringen Sie ihn einfach das nächste Mal mit.« Er machte eine Schublade auf und holte einen Stapel Papiere heraus. Bis auf einen roten Stempel waren sie alle leer. Herr Wang blätterte den Stapel durch, zog ein Blatt heraus und legte es mir vor. Der Stempel besagte: »U.S.-China Tractor Association.«

»Was ist das?«, fragte ich.

»Das spielt keine Rolle«, sagte er. »Die hatten einen Unfall, aber weil sie ihren Stempel nicht dabei hatten, haben sie den von jemand anders benutzt. Als Ersatz dafür haben sie mir dieses Blatt gebracht. Auf deren Blatt können Sie jetzt Ihren Bericht schreiben, und nächstes Mal bringen Sie ein Blatt Papier mit Ihrem Stempel mit, so dass der Nächste es benutzen kann. Verstehen Sie?«

Ich verstand es nicht – er musste mir diese Art der Regelung dreimal erklären. Allmählich dämmerte mir, dass die kaputte Stoßstange, an der ich nicht schuld war und Wei Ziqi in einem gewissen Sinne auch nicht, weil er nicht mit der Kühlerhaube gerechnet hatte, nun der U.S.-China Tractor Association in die Schuhe geschoben würde. »Sie sollten aber nicht sagen, dass es auf dem Land passiert ist«, belehrte mich Herr Wang. »Das ist zu kompliziert. Sagen Sie einfach, Sie hätten auf unserem Parkplatz einen Unfall gehabt.«

Ich befolgte seinen Rat – der Bericht enthielt nichts über die Fahrt aufs Land und die Lastwagen der Marke »Befreiung« und die nachgemachte Große Mauer. Stattdessen hieß es, ich hätte, im Auftrag der U.S.-China Tractor Association fahrend, auf dem Parkplatz von Hauptstadt-Autos die Stoßstange des Jetta beschädigt. Quer über den Stempel der Traktorenfirma unterschrieb ich mit meinem chinesischen Namen. Herr Wang strahlte und zündete sich eine neue Zigarette an, und damit verabschiedete ich mich von ihm. Hinter ihm hing das Schild der Firma an der Wand:

Bewertung der Kundenzufriedenheit: 90%
Leistungsbewertung: 97%
Bewertung der gebührenden Ausdrucksweise: 98%
Bewertung der Diensteinstellung: 99%

* * *

Nach vier Jahren war Sancha mir so vertraut wie kaum ein
anderer Ort, den ich als Erwachsener kennengelernt hatte. Die
letzten zehn Jahre hatte ich großenteils mit Reisen zugebracht;
es war ein Nomadenleben, und es hatte mir überwiegend Spaß
gemacht, aber in Sancha lernte ich etwas anderes kennen. Ich
hatte meine Routinen – ich wusste, was ich von jeder Jahreszeit,
von jedem Tag zu erwarten hatte. Die Propagandalautsprecher
weckten mich in aller Frühe, und danach saß ich den Vormittag
über am Schreibtisch; am Abend aß ich bei den Weis. Bei hei-
ßem Wetter ging ich in den Stausee in der Nähe des Einsiedler-
hauses baden, und im Winter machte ich lange Wanderungen
über die Pässe. Ich lernte die Wanderpfade gut kennen, und ich
besuchte zu Fuß die benachbarten Orte Huanghua, Haizikou,
Chashikou, Sihai und Guojiawan. Es waren verschlafene kleine
Dörfer, aber sie hatten alle angefangen, sich zu verändern.
Selbst der stillste Ort hatte ein neues Restaurant oder Gästehaus. Und mir fiel auf, dass es mit jedem Jahr schwerer wurde,
den Wanderwegen zu folgen, die früher oft von Bauern und
Hausierern mit ihren Eseln benutzt worden waren. Jetzt waren
die meisten dieser Ort mit Bus und Pkw erreichbar. Noch einmal zehn Jahre, und viele der Fußpfade würden verschwunden
sein.

Je länger ich in Sancha weilte, desto mehr schätzte ich den
Rhythmus auf dem Land, die Art, wie sich das Leben durch den
Zyklus der Jahreszeiten bewegte. Die Gesamtentwicklung des
ländlichen China ist heute rückläufig; das habe ich auf meiner
Fahrt durch den Norden mitbekommen. In den aussterbenden

Dörfern sah ich, wie das örtliche Leben verschwindet, aber in Sancha beobachtete ich etwas anderes. Der Fortschritt war eingezogen, in jedem Jahr gab es eine neue bedeutende Veränderung, und immer hatte man das Gefühl, dass die Zeit davoneilt. Doch die Regelmäßigkeit der Jahreszeiten half mir, nicht die Orientierung zu verlieren. Zu bestimmten Zeiten war ich besonders gern in Sancha. Ich mochte die Aprilwochen, wenn die Mandelbäume blühten, und ich mochte den Trubel der Erntezeit im September. Ich mochte die ruhigen, gleichförmigen Tage des Winters. Gern fuhr ich hinaus zum Frühlingsfest, wenn die Dorfbewohner weit über Mitternacht hinaus aufblieben und von ihren Vorplätzen aus Feuerwerkskörper anzündeten. Ich lernte, die dörfliche Zeit bewusst wahrzunehmen, und ich achtete darauf, an bestimmten Feiertagen und in bestimmten Jahreszeiten dort zu sein.

Im April 2005, am Morgen des Qing-Ming-Festes, standen Wei Ziqi und ich um halb sechs auf und stiegen den Berg hinter seinem Haus hinauf. Er hatte Korb und Schaufel dabei und trug die übliche Tarnkluft der Bauern. Drunten im Tal hatte gerade die Mandelblüte begonnen, und die Knospen leuchteten wie Sterne im morgendlichen Halbdunkel. Je höher wir stiegen und je kühler es wurde, desto mehr ließ der Glanz der Knospen nach, und als wir den Friedhof erreichten, waren sie ganz verschwunden.

In jenem Jahr kamen nur sieben Dorfbewohner, die Gräber zu pflegen. Die Männer häuften gleichmäßig Erde auf die Grabhügel und plauderten über den darunter Begrabenen.

»Das ist das Grab meines Großvaters.«

»Das ist nicht das Grab deines Großvaters.«

»Ich denke doch.«

»*Xiashuo!* Unfug! Das ist das Grab des älteren Bruders deines Vaters.«

Selten erwähnten sie Namen; die dort lagen, waren nichts anderes als Verwandte. Auch sonst wurden keine Einzelheiten genannt, keine Erinnerungen, die sich an diese Grabhügel hefteten. Als hinter den Bergen im Osten die Sonne aufging, bemerkte ich einen Flecken mit verbrannter Erde; hier musste jemand vor einigen Tagen ein Opfer dargebracht haben. Um diese Jahreszeit wurde über die Propagandalautsprecher regelmäßig bekanntgegeben, dass der Staat solche Brandopfer verboten habe, aber darüber setzten sich die Dorfbewohner hinweg.

Ein Grab war schon vor unserer Ankunft geschmückt worden. Hoch war die frische Erde aufgetürmt, davor standen drei weiße Papierkränze, alle versehen mit dem Zeichen *dian* 奠: »Opfer für die Toten«. An einer Pappel in der Nähe hingen Dutzende weißer Wimpel. Auf dem Grabhügel stand eine Kerze, geschmückt mit den Worten: »Ewig jung«. Solche aufwändigen Zeichen des Gedenkens sieht man selten auf den Gräbern von Sancha, ein Hinweis, dass der Todesfall noch nicht lange zurücklag. Ich fragte Wei Ziqi, wer dort begraben sei.

»Wei Minghe«, antwortete er. »Er wohnte in einem Vorort von Huairou. Alljährlich an Qing Ming kam er heim. Sie haben ihn vor einigen Jahren einmal mitgenommen.«

Ich erinnerte mich an den freundlichen alten Mann, der *baijiu* über dem Grab seiner Eltern ausgeschüttet hatte. Er erzählte mir damals, er habe in seiner neuen Stadtwohnung endlich eine gute Heizung bekommen. Ich fragte Wei Ziqi, wann der alte Mann verstorben sei.

»Letztes Jahr, den Monat weiß ich nicht mehr.«

Ein anderer Mann meldete sich zu Wort: »Dies ist das erste Mal, dass wir sein Grab pflegen.«

»Letztes Jahr schüttete er Erde auf die Gräber anderer Leute«, meinte ein anderer. »Dieses Jahr schütten wir Erde auf seines.«

Ich nahm eine Schaufel und tat etwas auf den Haufen. Wei Ziqi zündete ein Bündel Totengeld an, das rasch von den Flammen verschlungen wurde. Anschließend zündete jemand eine Zigarette »Rote Pflaumenblüte« an und steckte sie in Wei

Minghes Grab. Die Zigarette stand aufrecht wie ein Räucherstäbchen. Die Männer traten zurück und blickten auf den Grabhügel.

»›Rote Pflaumenblüte‹ hat er gar nicht geraucht.«

»Stimmt, die waren zu teuer. Früher rauchte er ›Schwarze Chrysantheme‹.«

»Die kriegt man gar nicht mehr. In den achtziger Jahren wurden sie viel geraucht.«

Das war das erste Detail, das jemand mit dem Toten verband, und eine Weile stand die Gruppe schweigend da. Schließlich meldete sich Wei Ziqi. »*Hao*«, sagte er. »Gehen wir.«

Bevor wir den Friedhof verließen, drehte einer der Männer sich um. »Die Zigarette dort ist wohl in Ordnung, oder?«

»Kein Problem.«

Eine zarte Rauchfahne stieg zum Himmel auf. Gemeinsam stiegen wir den Serpentinenweg ins Tal hinab, wo uns in den Obstgärten die Mandelknospen grüßten. Als wir im Dorf ankamen, wurde über die Propagandalautsprecher das alljährliche Verbot von Brandopfern an den Gräbern bekanntgegeben. Es war 6.30 Uhr; die Männer setzten ihre Körbe und Schaufeln ab und kehrten zur Arbeit auf den Feldern zurück. In den Bergen gab es während der beiden folgenden Monate eine Menge Frühjahrsarbeit.

* * *

In jenem Jahr hatte ich Wei Jia versprochen, ihn nach Beendigung des Schuljahres und zu Beginn der Sommerferien zu einem Trip in die Stadt mitzunehmen. Als der Tag gekommen war und ich Wei Jia im Dorf abholte, trug er eine kurze Hose und ein T-Shirt. Er hatte nichts bei sich – weder Reisetasche noch Rucksack. Er hatte weder Wäsche zum Wechseln noch eine Zahnbürste und nicht einen *jiao* (Cent) bei sich. Seine Mutter war in der Küche und bereitete ein Essen für Gäste zu; ich fragte sie, ob der Junge für seinen Ausflug etwas brauche.

»Nein«, sagte sie. »Er ist ja nur drei Tage weg.«

Amerikanische Eltern packen einen Minivan voll, selbst wenn ihr Kind nur fünf Häuserblocks weiter zu Besuch fährt – das handhabt man auf dem Lande in China anders. Ich fragte Cao Chunmei, ob es etwas gibt, was der Junge nicht essen darf.

»Keine kalten Getränke bitte«, antwortete sie. »Und kein Eis. Er wird darum bitten, aber geben Sie ihm keins.«

In China glaubt man von alters her, dass Kaltes dem Menschen nicht gut bekommt.

»Darf er denn sehen, wie ich Eis esse?«, fragte ich.

»Natürlich«, sagte Cao Chunmei lächelnd.

In Peking angekommen, zeigte ich dem Jungen meine Wohnung. Die vielen Bücher beeindruckten ihn.

»Haben Sie die alle geschrieben?«, wollte der Junge wissen.

Es standen über hundert Bücher in den Regalen. »Nein«, erklärte ich. »Die haben andere geschrieben.«

»Alle?«

»Alle.«

»Und die hier?« Er zeigte auf einen Stapel Zeitschriften auf einem Tisch. »Haben Sie die geschrieben?«

»Nein.«

Wei Jia wirkte leicht enttäuscht, wie immer bei diesem Thema. Im Dorf kam er oft bei mir vorbei, und wenn ich gerade ein Buch las, fragte er immer: »Haben Sie das geschrieben?« Wiederholt hatte ich ihm erklärt, dass ich bisher nur ein Buch geschrieben hatte und gerade am zweiten arbeitete, aber das hatte er nie richtig kapiert. Wieso dauerte das so lange? Und was hatte es für einen Sinn, Schriftsteller zu sein, wenn man dann nicht mal seine eigenen Bücher liest?

Einen so unkomplizierten Gast wie den Jungen hatte ich noch nie. Er beklagte sich nicht, und dass ein Kind nichts bei sich hat, hat auch den Vorteil, dass es nichts verlieren kann. Alles an der Stadt beeindruckte ihn, auch das Nachteilige: Eine vollgestopfte U-Bahn war für ihn ein Abenteuer, und selbst in einem Stau zu stehen machte ihm Spaß, weil er sich dann die Autos anschauen konnte. Nach einer Bootsfahrt auf einem kleinen See unweit meiner Wohnung am Houhai-See fragte er, ob der Ozean größer sei. Taxifahren fand er absolute Spitze. Für ihn war das ein Wunder des städtischen Lebens: Man brauchte nur zu winken, und sofort hielt praktisch jedes rote Auto an. Am zweiten Tag merkte ich, dass ich auf ihn aufpassen musste, damit er nicht selber Taxis herbeirief. Wenn wir einen Häuserblock von meiner Wohnung entfernt zu Fuß unterwegs waren, ging sein kleiner Arm in die Höhe, und ich musste dem armen Fahrer erklären, dass wir kein Taxi brauchten. Den Leuten war nicht klar, was wir zusammen machten. Der eine oder andere Taxifahrer erkundigte sich vorsichtig nach unserer Beziehung, worauf der Junge sachlich erwiderte, ich sei sein Onkel. Wir fuhren nach Shijingshan, in den Vergnügungspark außerhalb von Peking, wo wir den Tag zusammen mit zwei Freundinnen verbrachten, Frances und Alice. Frances ist Chinesin, verheiratet mit einem guten Freund von mir, und Alice ist die Tochter eines anderen amerikanischen Freundes. Das Kind spricht Chinesisch und ist ungefähr in Wei Jias Alter; sie ist blond und hat eine helle, porzellanfarbene Haut. Den ganzen Nachmittag zogen wir die Blicke auf uns – eine solche Mischlingsfamilie hatte noch keiner gesehen. Wahrscheinlich dachten die Leute, dass so etwas passiert, wenn eine Chinesin und ein Amerikaner Kinder haben: Da kommt dann schon mal eines raus, das richtig weiß ist, und manchmal einer, der ganz wie ein Bauernkind aussieht.

Die einzige Enttäuschung war die Pizza. »Pizza« war zufällig eines der ersten Wörter, die Wei Jia im Englischunterricht kennenlernte. Sein Schulbuch für Erstklässler enthielt eine Lektion, in der Kinder mit einem Affen namens Mocky Pizza essen gehen. Warum Pizza? Warum ein Affe? Warum der Name Mocky? Aber darüber machte sich Wei Jia keine Gedanken, und das ganze Jahr über hatte er davon gesprochen, einmal Pizza zu probieren. In Peking trafen wir uns mit Mimi bei Pizza Hut, und der Wunsch des Jungen ging endlich in Erfüllung – und da entdeckte er ein anderes neues Wort: Käse. So ein Zeug isst man in China auf dem Lande nicht; der Junge verzog das Gesicht und spuckte ihn aus. Er kratzte ihn von der Pizza und aß die Kruste. Im Laufe der Jahre wurden die Besuche in Peking zu unserem sommerlichen Ritual, und wir fuhren endlos Taxi und besuchten immer wieder den Vergnügungspark. Aber Pizza aßen wir nie wieder – das war für Wei Jia Affenfraß.

* * *

Die Anfänge von Wei Jias Bildungskarriere hatten unter einem ungünstigen Stern gestanden. Durch Krankheit versäumte er fast das ganze Vorschuljahr, und im Jahr darauf wurde der erste Elternsprechtag für ihn zu einem Inquisitionsgericht. Die anderen Kinder, die dort zur Zielscheibe der Kritik wurden, hatten weiterhin ihre Mühe: Li Xiaomei, die Bettnässerin, blieb nach der ersten Klasse sitzen, und der Raufbold Zhang Yan scheiterte ein Jahr darauf und musste die zweite Klasse wiederholen. Wei Jia dagegen wurde nicht nur versetzt, sondern schnitt weit besser ab. Nie wieder wurde sein Vater auf einem Elternsprechtag beschämt, und am Ende der fünften Klasse hatte der Junge die beste Mathezensur von allen. In praktisch allen Fächern gehörte er zu den Besten.

Das Zeugnis, das er alle halbe Jahre nach Hause brachte, hatte einen aus zwanzig Punkten bestehenden Vorspann mit »Verhaltensregeln für die Grundschule«. Regel Nr. 1 lautete: »Interessiere dich für nationale Ereignisse, achte die Nationalflagge, achte das Hoheitszeichen, lerne die Nationalhymne zu singen …« Regel Nr. 2: »Pflege die Ehre der Gruppe und sei ein verantwortliches Mitglied der Gruppe.« In Nr. 3 ging es um die gute Haltung. Erst unter Nr. 5 wurde kurz auf schulische Dinge eingegangen, und unter Nr. 6 wurden die Schüler angewiesen,

»fleißig Augengymnastik zu machen«. Nr. 10 erinnerte an die Mahnung des Polonius: »Wenn du etwas borgst, gib es zurück, und wenn du etwas beschädigst, biete Schadenersatz an.« Die Schüler wurden angehalten, ihre Nägel zu schneiden und regelmäßig zu baden. Spucken war verboten. Nicht mit Feuer spielen. Nicht auf Straßen oder Bahnschienen spielen. Halte dich von Kais und Hafenanlagen fern. Vermeide Stromschläge. Ertrinke nicht. Respektiere die Älteren. Mache im Bus einer Schwangeren Platz. Trage bei zum Erhalt der Kulturgüter. Ehre die Früchte körperlicher Arbeit. Halte dich von »feudalen und abergläubischen Aktivitäten« fern. Lärme nicht. Keine gefährlichen Spiele. Nur ein Punkt der ganzen Liste hatte mit der Schule zu tun. Das Wort *bu* – »tue nicht« – kam 28-mal vor.

Das Zeugnis, über dreißig Seiten lang, enthielt Bewertungen der Schulleistungen, der körperlichen Fitness und des Betragens. Eine Seite befasste sich mit der »seelischen Gesundheit«. (In der zweiten Klasse hieß es über Wei Jia, er sei optimistisch, beherrscht und »fähig, sich an die Umgebung anzupassen«.) Die meisten Noten wurden von der Lehrerin erteilt, aber Bewertungen wurden auch von Eltern und Mitschülern abgegeben. Wei Jia wurde jedoch auch aufgefordert, sich selbst zu bewerten. Auf einer Seite wurden unfertige Gesichter von Kindern gezeigt, die je nach der Beurteilung ihrer eigenen Leistung den Mund verziehen – lächelnd, neutral oder stirnrunzelnd. Ende der zweiten Klasse hatte Wei Jia heraus, wie man damit umgeht: Er erteilte sich neutrale Smileys für »führt ein ordentliches Leben und gibt auf sich acht« und für »ist fähig, übliche Hilfsmittel zu benutzen«. Der Punkt »beteiligt sich an gemeinnütziger Arbeit« bekam einen strikt neutralen Mund zugeordnet. Und zu Nr. 5 – »hält die Früchte körperlicher Arbeit in Ehren« – zeichnete er eine unübersehbare Missbilligung.

Alle halbe Jahre wurden die Körpermaße genommen und mit landesweiten Durchschnittsgrößen verglichen: Größe, Gewicht, Brustumfang, Sehvermögen, Gehör und Lungenkapazität (1400 Millimeter in der vierten Klasse). Wenn Wei Jia mit dem Zeugnis nach Hause kam, maß sein Vater gelegentlich nach. Jedes Mal war der Junge in allen körperlichen Dingen unterdurchschnittlich. (Ein Viertklässler hätte dem Zeugnis zufolge eine Lungenkapazität von 2123 Millimetern haben sollen.)

Dieses Zeugnis wäre wahrhaft erschreckend gewesen ohne den letzten Abschnitt, in dem die Lehrerin ihre persönliche Beurteilung abgab. In der zweiten Klasse schrieb Lehrerin Liu:

Alle mögen dich. Du hast eine rasche Auffassungsgabe, und die Lehrerin und die anderen Schüler bewundern dich. Aber nur Klugheit in Verbindung mit Fleiß bringt dich weiter und wird dir noch bessere Noten eintragen. Warte nicht, bis du gedrängt wirst. Du musst von dir aus fleißig lernen, nur zu!

Was einen mit dem chinesischen Schulwesen versöhnt, ist die Tatsache, dass die Leute sich aufrichtig bemühen und zutiefst vom Wert des Lernens überzeugt sind. Die meisten Lehrer sind trotz ihrer geringen Bezahlung engagiert, und die Eltern sind bemüht, das Kind zu unterstützen, egal, wie weit sie selbst es gebracht haben. Nur drei Schüler aus Sancha hatten es jemals bis zur Hochschule geschafft, und die Eltern von Wei Jia waren über die zehnte Klasse der Volksschule nicht hinausgekommen. Sie erkannten jedoch, dass ihr Sohn in einer sich rasch verändernden Gesellschaft eine Chance haben könnte, und sie drängten ihn, fleißig zu lernen. Dieses Denken ist in ganz China verbreitet; auch wenn viele konfuzianische Tempel längst verschwunden sein mögen, hält man doch an der traditionellen Wertschätzung der Bildung fest. Auch die Ärmsten glauben an Bücher, und mir sind kaum jemals Eltern begegnet, die nicht eine höhere Bildung für ihr Kind erstrebten. Das ist anders als in den Vereinigten Staaten, wo Leute mit geringer Bildung Schwierigkeiten haben, ihre Kinder zu ermutigen, und Teile der Gesellschaft der formalen Bildung faktisch eine Absage erteilen.

Doch wenn die Stärke der chinesischen Schulerziehung in guten Absichten besteht, so liegt ihre Schwäche in den Details. Ich war verblüfft, was Wei Jia alles lernen musste: Es war der unglaublichste Wust von zusammenhanglosen Fakten und Erkenntnissen ohne System, der je einem Kind mit einer Lungenkapazität von 1400 Millimetern eingebimst wurde. Ein überraschend großer Teil davon kam aus dem Ausland. Eines seiner Schulbücher hieß *Olympia-Lesebuch für Grundschüler* – Thema waren die Olympischen Spiele, die 2008 in Peking stattfinden sollten. Hier auf dem Lande, im Schatten der Großen Mauer, betrachteten Kinder Bilder von nackten Griechen beim Ringkampf und lernten etwas über einen Franzosen namens Gu Bai Dan, der 1896 die Olympischen Spiele wieder in Europa eingeführt hatte. Ein anderes Buch trug den Titel *Umweltfreundliche und nachhaltige Entwicklung*, zweifellos das Produkt einer wohlmeinenden ausländischen nichtstaatlichen Organisation (NGO), deren Theorie der »5 Rs« – Reduce, Reevaluate, Reuse, Recycle, Rescue wildlife –in der Übersetzung total unverständlich war. Für die fünfte Klasse gab es ein ganzes Schulbuch über die Benutzung von Microsoft FrontPage XP. Einmal, als ich freitags Wei Jia von der Schule abholte, erzählte er mir, sie hätten sich gerade mit Google befasst. »Es wurde gegründet von einem Bruder und einer Schwester«, sagte er. »Sie gründeten gemeinsam die Firma und wurden reich.« So wurde den Chinesen auf dem Lande die Geschichte von Google aufgetischt, und wenn es auch nicht ganz stimmte, so unterstützte es doch die Familienwerte. An jenem Wochenende hörte ich Wei Jia die Eingangsverse des *Tao Te King* aufsagen:

Dao ke dao, fei chang dao,
Ming ke ming, fei chang ming …

Der Weg, der zeigbar, ist nicht der beständige Weg,
der Name, der nennbar, ist nicht der beständige Name ...

Seit dem 19. Jahrhundert bemühen sich chinesische Erzieher um ein Gleichgewicht zwischen dem Alten und dem Neuen, dem Einheimischen und dem Fremden, und in Schulen wie der von Wei Jia wird der Kampf noch immer ausgetragen. Man hat Wege gefunden, neuen Lernstoff einzubeziehen, aber die grundlegenden Lernstrategien und Klassenstrukturen wurden noch nicht reformiert. Alles dreht sich nach wie vor um Auswendiglernen und Wiederholen, die alten Grundsteine der chinesischen Erziehung. Diese Tradition beruht zum Teil auf der schwierigen Schrift, die nur erlernt werden kann, wenn die Kinder wieder und wieder einzelne Zeichen abschreiben. In Wei Jias Schule übten die Kinder fleißig ihre Kalligraphie, und dieselbe Lernstrategie wandten sie auf andere Fächer an. Das klappte wunderbar in Mathe, und ihre Lehrbücher sind weit fortschrittlicher als entsprechende Bücher an amerikanischen Schulen.

In anderen Fächern ließ man dagegen Analyse oder Kreativität völlig außer Acht. Als ich Wei Jia Verse aus dem *Tao Te King* aufsagen hörte, fragte ich ihn nach ihrer Bedeutung, und er hatte nicht die leiseste Idee. Im Schreibunterricht wurde er nicht ermutigt, Geschichten zu erzählen oder Meinungen zu formulieren; stattdessen schrieb er stehende Redensarten und Wendungen ab, die zur chinesischen literarischen Tradition gehören. An den Wochenenden saß er stundenlang auf dem *kang* und schrieb immer wieder dieselben Phrasen hin: »lang und dünn-dünn«, »dick und weich-weich«, »süß und seidig-seidig.« Als er endlich mit längeren Aufsätzen begann, lautete eine typische Aufgabe: »Schreib einen Aufsatz über deine Lampe«. (Eines Abends beobachtete ich, wie er sich mit diesem Thema abmühte. Er schrieb: »Meine Lampe ist sehr hell« – und danach starrte er eine halbe Stunde lang auf das leere Blatt.) In

Erdkunde zeichnete er nie eine Karte. Kaum jemals wurde ein Thema personalisiert oder in einen Kontext gestellt; die Welt zerfiel in Statistiken, Zahlen und Fakten. In der dritten Klasse kam Wei Jia an einem Wochenende heim und erzählte, sie hätten die riesige in Stein gehauene Buddhastatue in Leshan durchgenommen. Er kannte alle Einzelheiten: Leshan ist in Sichuan, die Statue ist genau 71 Meter hoch, vier Kinder können auf dem großen Zeh sitzen. Ich fragte Wei Jia, wo Sichuan liegt.

»Ist es in China?«, fragte er.

»Ja«, sagte ich. »Sichuan ist eine Provinz. Weißt du, was eine Provinz ist?«

Er hatte keine Ahnung. Ich fragte ihn, in welchem Land Lhasa liegt.

»In den Vereinigten Staaten.«

»Wo ist San Francisco?«

»In China.«

Sein Erdkundebuch enthielt wenige Karten, und es war immer dieselbe: eine grobe Zeichnung von China. Nichts über Provinzen oder Städte, kein Kapitel über andere Länder. Der Geschichtsunterricht zielte nur darauf ab, die Größe der Kommunistischen Partei zu beweisen, und die einstigen Revolutionäre wurden verherrlicht, als wären sie unsterblich. Als ich Wei Jia fragte, wer heute das Land führt, antwortete er: »Der Vorsitzende Mao.« In der zweiten Klasse trat er wie alle anderen den Jungen Pionieren bei. Die Klasse machte alles gemeinsam, und im Vordergrund stand stets ihre kollektive Identität. Untergruppen je nach Begabung gab es nicht; so etwas wie eine Lesegruppe oder eine Mathegruppe war unbekannt. Ein sehr guter Schüler lernte zu warten, ein schwacher Schüler musste mit der Schande fertig werden. Schlechte Leistungen wurden öffentlich bekanntgemacht, und wer sich danebenbenahm, musste sich vor der Klasse aufstellen und wurde von den anderen Kindern zusammen mit der Lehrerin auf seine Fehler hingewiesen. Die Zeugnisse enthielten immer eine negative Bemerkung von einem zufällig ausgewählten Mitschüler.

In der zweiten Klasse brachte Wei Jia ein Zeugnis heim, in dem ein Junge namens Zhao Kritik an ihm übte: »Wei Jia, ich hoffe, du kannst deine Handschrift verbessern.« Als ich Wei Jia fragte, wen er beurteilt habe, warf er den Kopf zurück und überlegte.

»*Wang le*«, sagte er schließlich. »Das hab ich vergessen.«

»Weißt du noch, was du geschrieben hast?«

»Das hab ich vergessen.«

»Weißt du noch, ob du sein Verhalten oder seine schulische Leistung kritisiert hast?«

»Ich weiß es nicht.«

Er wurde dermaßen mit negativen Bemerkungen überhäuft, dass sie von ihm abperlten wie Wasser von einer Ente. Nichts davon schien ihm etwas auszumachen, und wie jedes Kind in China lernte er, geschickt mit der Selbstkritik umzugehen. Er wusste die richtigen Worte zu wählen, den richtigen Ton zu treffen, die richtige Haltung einzunehmen: den Kopf gesenkt, die Stimme leise. Manche Vorgaben waren leicht zu erfüllen; die gängige Selbstkritik lautete, dass man nicht fleißig genug gelernt habe. In dem Abschnitt Selbstbewertung des Zeugnisses malte Wei Jia jedes Mal ein missbilligendes Gesicht neben dem Punkt körperliche Arbeit.

In der dritten Klasse ernannte die Lehrerin ihn zum Höflichkeitswächter. Die ganze Klasse bestand aus kleinen Funktionären in Ausbildung: Es gab außerdem einen Klassenwächter, einen Hausaufgabenwächter und einen Hygienewächter. Ich fragte Wei Jia, was er als Höflichkeitswächter zu tun habe.

»Wenn einer einen anderen schikaniert, eine Rauferei anfängt, andere beleidigt oder garstige Wörter sagt, ziehe ich ihm Punkte ab und melde es den Lehrern.«

»Wie viele Punkte?«

»Fünf oder zehn.«

»Was für garstige Wörter sind das?«

»Fick dich, fick deine Mutter, blöde Fotze«, sagte Wei Jia nüchtern. »Solche Sachen.«

»Was ist die höchste Punktzahl, die du auf einmal abgezogen hast?«

»Weiß nicht.«

»Wer kriegt die meisten Probleme?«

»Weiß nicht.«

Er wollte offensichtlich nicht über dieses Thema sprechen, aber ich probierte es noch einmal. »Ist es Wang Wei?«, fragte ich; über ihn hatte Wei Jia schon öfter gesprochen.

»Vielleicht. Weiß nicht.«

»Weißt du noch, wen du als Letzten bestraft hast?«

»Nein.«

Dafür, dass er der Beauftragte für Höflichkeit war, fielen seine Antworten sehr einsilbig aus, aber stand es mir überhaupt zu, darüber zu urteilen? Ich war einer der wenigen, die man nicht aufgefordert hatte, Wei Jia regelmäßig zu kritisieren. Am fremdesten kommt sich ein Ausländer jedenfalls vor, wenn er die ersten Erziehungsschritte in einer anderen Kultur miterlebt. An Orten wie der Grundschule Shayu werden wirklich die Fundamente gelegt. Im Klassenzimmer spiegelt sich, wie die Menschen sich auf der Straße verhalten, wie die Verwaltung des Dorfes funktioniert, ja sogar, wie die Kommunistische Partei ihre Macht strukturiert. Ich fand diese Erziehung oft deprimierend, aber ich musste zugeben, dass sie sehr zweckmäßig war. Wei Jia lernte zwar nicht unbedingt die Dinge, die ich schätzte, aber zweifellos wurde er auf die chinesische Gesellschaft vorbereitet.

Und die Schule machte ihm ja auch Spaß. Er fühlte sich wohl unter seinen Klassenkameraden, und er war ein hervorragender Schüler; fast nie hörte ich ihn klagen. Er mochte seinen kahlen Schlafraum – Gitter vor dem Fenster, acht Matratzen auf Eisengestellen, ein rostiger Heizkörper, der bis zum 15. November eiskalt blieb. (Wann geheizt wurde, richtete sich – wie traditionell in den öffentlichen Gebäuden und staatseigenen Wohnungen – streng nach dem Kalender.) Kinder können sich an alles anpassen, und selbst die schärfste Kollektivierung kann den Funken Individualität nicht auslöschen. Das Halstuch der Jungen Pionieren saß bei Wei Jia immer etwas schief, weil er es merkwürdig knotete, und die Kanten waren ausgefranst. Englisch war sein Lieblingsfach; es machte ihm sichtlich Spaß, dass er es früher gelernt hatte als die anderen und die Wörter besser aussprechen konnte. Er sagte, wenn er groß sei, wolle er entweder Berufsfahrer oder Computerfachmann werden.

Am Freitagnachmittag holte ich ihn oft von der Schule ab und nahm ihn mit heim nach Sancha. Im Oberdorf gab es überhaupt keinen Verkehr, und gewöhnlich saß er auf meinem Schoß und lenkte das Auto durch die engen Kurven. Am Montagmorgen lenkte er uns wieder bergab bis zur Straße. Einen Unterschied in seinem Verhalten bemerkte ich nicht; er kehrte genauso gern zur Schule zurück, wie er sie an jedem Wochenende verließ. Eines Freitags, als ich im Schlafraum vorbeischaute, um ihn mitzunehmen, fragte er, ob er mir etwas zeigen dürfe. Er blickte sich um, damit auch niemand zusah, und lüftete eine Ecke der Matratze. Dort lagen Schätze verborgen: eine Sammelkarte von der Comicfigur Ultraman und eine Spielzeugpistole aus kunstvoll gefaltetem Papier. Ein zerknittertes Foto zeigte Wei Jia in einem roten Kampfsportgewand, wie er in Habachtstellung beim Besuch eines japanischen Würdenträgers an der Großen Mauer seine Schule repräsentierte. Nachdem wir diese Schätze betrachtet hatten, erzählte Wei Jia mir ihre Geschichte, dann schaute er sich wieder um und deckte die Matratze darüber. Das war sein Geheimnis – es blieb allwöchentlich wohlbehalten in dem Schlafraum zurück, während er die lange gewundene Straße zum Dorf hinaufstieg.

III

Sein Geschäft hatte Wei Ziqi veranlasst, in die Partei einzutreten, und die Partei brachte ihm wiederum weitere Geschäfte
ein. Gelegentlich besuchten Funktionäre von außerhalb das
Restaurant, besonders wenn sie Grund hatten, einen abgelegenen Ort zu wählen. Eine Zeit lang kam regelmäßig eine
Gruppe korrupter Beamter aus Shunyi, um mit hohen Ein-
sätzen Mah-Jongg zu spielen. Sancha war für sie so abgelegen,
dass sie sich dem Glücksspiel widmen konnten, ohne Aufsehen
zu erregen, und sie wussten, dass Wei Ziqi politisch zuverlässig
war. Dann und wann musste Wei Jia den Gästen Bier bringen,
und ich fragte mich, ob er nicht eine ähnliche Entwicklung
nehmen werde wie ein Laufbursche in einem Mafiafilm, der
die Gespräche belauscht, den anderen auf die Schliche kommt
und insgeheim plant, selbst Parteisekretär zu werden. Doch die
Mah-Jongg-Spiele um hohe Einsätze hörten mit einem Schlag
auf, wahrscheinlich weil man der Korruption auf die Spur gekommen war, und die Funktionäre aus Shunyi kamen nicht
mehr nach Sancha.

Im Jahr 2005 lancierte die Regierung ein Entwicklungspro-
gramm unter der Parole »Ausbau der ländlichen Regionen«. Die
Führung des Landes war in andere Hände übergegangen – Hu
Jintao war 2002 anstelle von Jiang Zemin Generalsekretär der
Partei geworden. Jiang war dafür bekannt, dass er die Städte
begünstigte, doch Hu legte stärkeres Gewicht auf die ländliche
Entwicklung. Jeden Morgen posaunten die Lautsprecher in
Sancha Meldungen über Initiativen und Kampagnen hinaus,
und allmählich kamen die in Aussicht gestellten Gelder auch

auf der unteren Ebene an. Der Bezirk verwendete einen Teil der Mittel für die Förderung ländlicher Unternehmen, die sich um die Verpflegung der neuen Autotouristen kümmerten. Wei Ziqi machte sich das zunutze: Er bewarb sich um eine Beihilfe zur Umgestaltung seiner Küche und erhielt sie. Das war ein weiterer Vorteil der Parteimitgliedschaft: Er bekam öfter Wind davon, wie man von staatlichen Programmen profitieren kann.

Für den Umbau heuerte er drei Dorfbewohner an. Wenn man sich in Sancha Arbeiter holt, muss man sie auch beköstigen, und als ich einmal selbst bei der Arbeit mithalf, fragte mich ein Arbeiter, ob es etwas gibt, das ich nicht mag.

»Er isst keine Eier«, sagte Wei Ziqi, bevor ich antworten konnte. »Er ist keine Innereien oder sonstige Organe. Fleisch am Knochen mag er nicht. Bohnenpaste mag er nicht. Fisch und Gemüse, das mag er.«

Die Dorfbewohner sprachen oft über das Essen, und die Weis hatten im Laufe der Jahre meine Ernährungsgewohnheiten kennengelernt. Heute erörterten die Männer die Gerichte des Abends, bis das Gespräch sich abrupt den internationalen Ereignissen zuwandte.

»Japan ist doch eigentlich klein«, sagte einer der Männer. »Wenn man mal die Bevölkerung von Peking nimmt, wie oft würde sie in Japan hineinpassen?«

Keine Ahnung, erwiderte ich.

»Bestimmt nicht sehr oft«, fuhr er fort. »Japan ist so ein kleines Land, aber im Krieg haben sie einen großen Teil Chinas besetzt. Dabei ist es doch klein, verglichen mit der Mandschurei!«

»Die Japaner sind ursprünglich Chinesen«, meinte ein anderer Mann. Er, der größte von den dreien, sprach mit Entschiedenheit und stieß mit seinen Essstäbchen in die Luft, als wolle er sich Gehör verschaffen. »Kaiser Qin Shihuang schickte Soldaten über das Meer«, fuhr er fort. »Er suchte nach Wegen, das Leben zu verlängern. So entdeckten sie Japan, aber sie kamen nicht zurück, sondern ließen sich dort nieder. Insofern kann man sagen, dass die Japaner ursprünglich Chinesen sind.«

Ich wies darauf hin, dass es auf den nördlichen Inseln das Volk der Ainu gibt, die sich rassisch von den Japanern unterscheiden. »Manche Archäologen sehen in ihnen die Ureinwohner«, sagte ich. Der Mann hielt für einen Moment mit seinen Essstäbchen inne, als müsse er diese Information verarbeiten. Dann sagte er: »Qin Shihuang schickte Soldaten über das Meer. Er suchte nach Wegen, das Leben zu verlängern. So entdeckten sie Japan. Insofern kann man sagen, dass die Japaner ursprünglich Chinesen sind.«

Ich hatte begriffen und beschloss, die Ainu fallenzulassen. Der Mann fuchtelte erneut mit seinen Essstäbchen herum, um sich Gehör zu verschaffen. »Auch die Koreaner waren ursprünglich Chinesen«, fügte er hinzu.

»Korea war während der Qing-Dynastie ein Teil unseres Landes«, ergänzte ein anderer.

»Auch die Mongolei.«

»Auch Vietnam. Sie waren ebenfalls ursprünglich Chinesen.«

»Die Japaner hatten im Krieg auch Korea besetzt.«

»So ein kleines Land!«

Wenn die Männer von Sancha entspannt sind, nimmt ihr Gespräch zuweilen unerwartete Aufschwünge, wie ein Habicht, der reglos in der Luft schwebt, bis er eine unsichtbare Luftströmung erwischt. Gewöhnlich unterhalten sie sich über profane Dinge das Essen, das Wetter, die Preise –, aber das Thema kann jederzeit wechseln und in höchste Höhen emporschießen. Die Dorfbewohner überspannen Ozeane und Kontinente; sie schwingen sich von einer alten Dynastie zur nächsten. Gern reden sie über die einstige Größe Chinas, besonders im Gegensatz zu dem Staat von heute, und sie haben eine Vorliebe für weit ausholende Reden. Wenn es um andere Länder geht, neigen sie zu atemberaubenden Verallgemeinerungen. Mit kleinlichen

Bemerkungen geben sie sich nicht ab; sie sind neugierig auf die Welt, und gern stellen sie Verbindungen zwischen China und der Außenwelt her. Aber bei dem raschen Wortwechsel kann man sehr leicht den Überblick verlieren. Da hebt ein Mann mit einer Äußerung an, die es verdiente, dass man wenigstens eine halbe Minute bei ihr verweilte – »Die bedeutendste Periode der chinesischen Geschichte war ohne Zweifel die Tang-Dynastie« –, aber im nächsten Atemzug schildert er eine Fernsehsendung über Prostituierte in Afrika.

Mit dem Umbauteam landeten wir unversehens auf der koreanischen Halbinsel.

»Nordkorea ist immer noch ein sozialistisches Land«, sagte jemand.

»Sie sind seit fünfzig Jahren geteilt.«

»Nordkorea ist noch ärmer als China!«

Wei Ziqi wandte sich an mich: »Waren Sie schon in Nordkorea?«

Im Jahr 1999 hatte ich einige Zeit an der chinesischen Grenze zu Nordkorea verbracht, und so schilderte ich ein Erlebnis aus jener Zeit. Nordkorea litt damals unter einer Hungersnot, und Flüchtlinge waren über den Fluss geflohen. In der chinesischen Grenzstadt Tumen ging ich am Ufer entlang, als ich auf ein menschliches Wesen stieß, das ein Kind zu sein schien. Ich näherte mich ihm von hinten und nahm an, dass es zehn oder elf Jahre alt war; aber dann sah ich sein Gesicht. Es war alterslos: Er konnte dreißig sein, er konnte aber ebensogut fünfzig sein. Es war, als hätte man dem Körper eines Kindes den Kopf eines alten Mannes aufgesetzt. Ich blieb wie angewurzelt stehen, als ich begriff, dass der Mann ein Opfer der Hungersnot war.

Als ich mit meiner Erzählung am Ende war, brachen alle in Gelächter aus.

»Ich hab euch ja gesagt, dass Nordkorea noch ärmer ist als China!«

»Er war so klein wie ein Kind!«

»Er hatte den Kopf eines alten Mannes!«

»Stellt euch vor, so einer versucht zu arbeiten! Nicht einen Tag würde er durchstehen!«

Man konnte nie wissen, wohin eine Bemerkung führt, die man in ein dörfliches Gespräch einwirft. Die Männer tranken *baijiu*, und nach einer Weile holte Wei Ziqi den Johnnie Walker hervor, den ich vor Jahren auf dem Flughafen gekauft und ihm geschenkt hatte. Es waren zwei kleine Flaschen in einer Geschenkpackung mit einer durchsichtigen Plastikhülle. Wei Ziqi hatte ihn immer auf einem Ehrenplatz in der Vitrine aufbewahrt, aber jetzt zeigte er ihn den Männern am Tisch.

»Wie viel hat er gekostet?«, fragte er mich.

»Ich weiß es nicht mehr genau«, sagte ich.

»Waren es über zweihundert Yuan?«

»Wahrscheinlich über dreihundert.«

Der große Mann mit den Essstäbchen war beeindruckt. »So teuer! Dafür hätten Sie zehn Flaschen Erguotou gekriegt.«

Die Männer reichten den Johnnie Walker herum. Nachdem alle die Packung gebührend bewundert hatten, stellte Wei Ziqi sie in den Schrank zurück. Anfangs hatte ich wegen des Geschenks Gewissensbisse gehabt, weil ich wusste, dass er dazu neigte, zu viel zu trinken. Aber irgendwann begriff ich, dass er etwas so Wertvolles niemals aufmachen würde; es vorzuzeigen machte weit mehr Spaß.

Die Kommunistische Partei verteilte regelmäßig Geschenke an alle Mitglieder im Dorf, gewöhnlich aus Anlass eines Jahrestages oder einer Reihe von Versammlungen. Als neues Mitglied stellte Wei Ziqi die Parteigeschenke sichtbar zur Schau, weil sie im Dorf ein Statussymbol waren. Zum 1. August, dem Jahrestag der Gründung der Volksbefreiungsarmee, überreichte die Partei allen Mitgliedern in Sancha ein gerahmtes Bild eines vergoldeten Panzers. Am Neujahrstag verteilten sie einen Kalender, der bedeutende Infrastrukturprojekte feierte. In chinesischen

Ämtern sieht man häufig solche Bilder von Brücken, Schnellstraßen oder Autobahnkreuzen. Durch Retuschieren sind die
Motive derart »verschönert«, dass es einem in die Augen sticht –
eine Art Entwicklungsporno.

Die Fotos in Wei Ziqis Infrastrukturkalender waren mit
nummerierten Anmerkungen versehen, in denen die Pflichten
eines Parteimitglieds beschrieben wurden. Auf dem Blatt für
November stand:

> Die Pflicht eines Parteimitglieds (Nr. 7): Verbinde dich eng
> mit den Massen, vermittle den Massen die Positionen der
> Partei, berate dich mit den Massen, melde die Ideen und
> Forderungen der Massen umgehend der Partei, verteidige
> die Vorteile der Massen.

Das beeindruckendste Geschenk der Partei für die Mitglieder
in Sancha war der »computerisierte digitale Informationskalen-
der.« Er enthielt in einem Kunststoffrahmen digitale Anzeigen
der Temperatur, der Uhrzeit und des Datums, sowohl nach dem
westlichen Kalender als auch nach dem traditionellen Mondkalender, und das Ganze war umgeben von einem gerahmten
neunzig Zentimeter breiten Foto einer ungenannten ausländischen Großstadt, die schwer zu identifizieren war. Das Bild
zeigte eine gewöhnliche Ansammlung mittelgroßer Wolken-
kratzer, die durch Retusche künstlich aufgehübscht waren. Bei
den Eisenbahnbrücken im Vordergrund hatte der Bearbeiter
des Fotos einige Roststellen übersehen. Die Szene vermittel-
te den leicht heruntergekommenen und anonymen Eindruck
einer städtischen Agglomeration im Mittleren Westen der USA,
aber welche es war, konnte ich nicht erkennen.

Wei Ziqi gab dem Bild einen Ehrenplatz hinter dem Ess-
tisch, an dem oft Gäste saßen. Ganz in der Nähe befand sich Cao
Chunmeis buddhistischer Schrein. Als ich das Bild zum ersten
Mal sah, fragte ich Wei Ziqi, um welche Stadt es sich handelt.

»Ich weiß es nicht«, sagte er. »Es ist irgendeine ausländische Stadt.«

Ich dachte zunächst an Cleveland oder Detroit. Schließlich besuchte mich ein Freund aus den Staaten, und er erkannte, dass es Denver, Colorado, war: ein Pin-up in der chinesischen Welt des Entwicklungspornos.

Im Jahr 2005, in dem alle Parteimitglieder in Sancha das Wolkenkratzerbild erhielten, nahmen sie an einer Serie von Versammlungen unter dem Titel »Bewahrung der Fortschrittlichkeit« teil. Auch dies war ein lokales Echo auf den Wechsel an der Spitze des Landes. Wenn im kommunistischen China ein neuer Führer sein Amt antritt, startet er zur Festigung seiner Macht eine mit Parolen gespickte Kampagne von Lehrgängen. »Bewahrung der Fortschrittlichkeit« war der erste Versuch Hu Jintaos einer theoretischen Grundlegung seiner Herrschaft. Die Bedeutung dieser Phrase blieb typischerweise im Unklaren. Es sollte der Eindruck einer Basisbewegung erweckt werden, obwohl natürlich alle Direktiven und Studienmaterialien von ganz oben kamen. Offensichtlich machte die Partei sich Sorgen um ihre ländliche Basis; sie hatte bereits begonnen, die Mittel für die ländlichen Regionen aufzustocken. Ouyang Song, der für die Lehrgangskampagne verantwortliche Vizeminister, erklärte vor Journalisten, so viele Wanderarbeiter hätten die Dörfer verlassen, dass es inzwischen an jungen Parteikandidaten mangele.

In Sancha nahmen Wei Ziqi und die anderen pflichtgemäß an den Versammlungen teil, in denen sie die Parteisatzung und historische Reden von Mao und Deng studierten. All das wurde vorgelesen, ein geisttötendes Ritual – die Parteisatzung umfasst 17 000 Zeichen. Weil Wei Ziqi eines der jüngsten und gebildetsten Mitglieder war, wurde er oft mit der Aufgabe des Vorlesens betraut. Mitten in der Kampagne fuhr ich ins Dorf hinaus und traf ihn am Nachmittag an, wie er allein *baijiu* trank. Er wirkte bekümmert und hielt sich die geschwollene linke Wange. Ich fragte ihn, was passiert sei.

»Ich habe mir einen Zahn verletzt«, erklärte er.

»Wie ist es passiert?«

»Beim Öffnen einer Bierflasche«, sagte er. Im ländlichen China, wo man sich oft nicht die Mühe macht, einen Flaschenöffner zu benutzen, sind Zahnverletzungen eine verbreitete Nebenwirkung des Alkohols. Ich überlegte mir manchmal, ob das nicht Gegenstand der nächsten Kampagne sein könnte: Bewahrung der Fortschrittlichkeit, Ausbau der ländlichen Regionen, Hör auf, Flaschen mit deinen Zähnen zu öffnen.

Ich fragte Wei Ziqi, ob er zum Zahnarzt wolle, aber er schüttelte er den Kopf. Er mied generell jede Art von ärztlicher Behandlung, unabhängig von dem Missgeschick, das sich im Dorf zugetragen hatte. In einem Jahr hatte ihn ein Dachs gebissen. Nur mit einem Stock bewaffnet und mehr oder weniger aus Langeweile hatte er den Dachs in ein Loch getrieben, doch bevor er ihn totschlagen konnte, biss der ihm böse in den Finger. »Dachse übertragen keine Tollwut«, sagte er, als ich ihm vorschlug, einen Arzt in Huairou aufzusuchen. Meine Recherche im Internet ergab, dass seine Theorie falsch war, aber das war ihm egal. Er behandelte den Dachsbiss mit derselben Medizin wie den beschädigten Zahn: mehreren Gläsern Erguotou.

Wir saßen nach der Bierflaschenattacke am Tisch zusammen, derweil er seine *baijiu*-Therapie anwandte. Er sagte, der Zahnschmerz, der ihn den ganzen Morgen geplagt hatte, sei doppelt ärgerlich gewesen wegen der Parteikampagne. Die heutige Versammlung hatte fünf Stunden gedauert, und sie hatten das Stadium der Selbstkritik erreicht. Ich fragte, welche Schwäche er eingestanden habe.

»Arbeit. Ich habe gesagt, ich hätte nicht genug körperliche Arbeit beigesteuert, als das Dorf die Straße reparierte.«

»Was haben die anderen über Sie gesagt?«

»Dasselbe«, antwortete er. »Sie haben kritisiert, dass ich nicht bereit war, genügend zu arbeiten.«

»Was hat die Parteisekretärin als Selbstkritik vorgetragen?«

»Üble Laune«, sagte Wei Ziqi.

Alle Spannungen zwischen der Frau und Wei Ziqi waren einstweilen beigelegt worden. Er hatte sich seit dem Eintritt in die Partei wacker geschlagen – im Sommer hatte man ihn dazu ausersehen, an einer einwöchigen Schulung in der Parteischule des Bezirks Huairou teilzunehmen. In solchen Zentren werden die Funktionäre ausgebildet, und die Schulung war ein Zeichen, dass man Wei Ziqi dafür präparierte, möglicherweise eine politische Position zu übernehmen. In der Schule hatte er sich mit der Lokalpolitik befasst, und er kehrte mit einem Stapel parteioffizieller Bücher ins Dorf zurück. Eines trug den Titel *Anleitung für die Urbanisierung des ländlichen Raums*. Es enthielt die übliche Mischung von verführerischen Fotos, die überwiegend Straßenbaumaßnahmen aus der Umgebung von Huairou zeigten: breite Kreuzungen in der Innenstadt, die kürzlich fertiggestellte Straße nach Changping, die Schnellstraße, die bald die Verbindung mit Peking herstellen sollte. Das erste Kapitel trug den Titel »Verstärkte Urbanisierung ist die natürliche Option für Huairous wirtschaftliche und gesellschaftliche Entwicklung«. Darin hieß es: »Ein zweigeschossiges Haus, elektrisches Licht und Telefon zu haben – das waren die Wünsche der Menschen in den fünfziger Jahren, und sie waren Ausdruck ihrer Vorstellungen vom modernen Leben. Wenn wir diese Sehnsüchte heute prüfen, erscheinen sie oberflächlich und naiv.« Ein anderes Kapitel beschrieb die Herausforderungen der Partei in einer halbländlichen Region wie Huairou:

Angesichts uralter bäuerlicher Gewohnheiten aus der Feudalzeit gibt es eine ausgesprochene Tendenz zu kleinbäuerlichem Denken in der Lebensführung, den Bräuchen und dem kulturellen Niveau der Menschen. Alle ländlichen Traditionen sind den Menschen tief eingebrannt, und daraus erwächst ein Konflikt mit dem Wunsch nach Urbanisierung und Verbesserung ...

Es gehörte zu den Zielen der Partei, den Menschen in ländlichen Regionen die Außenwelt zu erschließen. Alljährlich genossen die Mitglieder in Sancha eine unentgeltliche Urlaubsreise, die sie im Jahr 2005 in das Seebad Beidaihe führte. Zum ersten Mal in seinem Leben sah Wei Ziqi das Meer, ein Erlebnis, über das er noch wochenlang sprach. Immer öfter hatte er in Huairou zu tun, in geschäftlichen wie in Parteiangelegenheiten. Sein Äußeres veränderte sich weiter: Er kaufte sich bessere Schuhe für die Stadt, neue Bluejeans und eine schwarze Jacke aus Kunstleder. Auch die Zigarettenmarke richtete sich nach der Umgebung: Im Dorf rauchte er »Rote Pflaumenblüte«, die weiße Packung wohlgemerkt, die nicht einmal 40 US-Cent kostete, in Huairou dagegen, wo man vermeiden musste, wie ein Bauer zu erscheinen, führte er die teureren roten oder gelben Packungen mit sich. Die teuren Zigaretten, die ein wohlhabender Gast bisweilen im Gästehaus zurückließ, hortete Wei Ziqi für wichtige geschäftliche Anlässe.

Für einen chinesischen Mann bringt nichts den Charakter von *guanxi* so gut zum Ausdruck wie Zigaretten. In einer Welt, in der vieles ungesagt bleibt, hat jede Geste mit einer Zigarette etwas zu bedeuten. Bei manchen Gelegenheiten bietet man eine an, bei anderen bekommt man eine angeboten, und durch dieses Geben und Nehmen entsteht eine gewisse Kommunikation. Und falls es nicht zu einem solchen Austausch kommt, zeigt man Grenzen auf. Ein Städter hat einem Bauern wenig zu sagen und wird dessen Zigaretten selbstverständlich nicht akzeptieren. Auch unter Geschäftsleuten kommt es vor, dass einer »nein, danke« sagt, um seine Überlegenheit zu demonstrieren, erst recht, wenn er eine bessere Sorte aus der Tasche zieht. In China gibt es über 400 Sorten, jede mit einer anderen Identität und Bedeutung. In der Umgebung von Peking rauchen Bauern »Rote Pflaumenblüte« in weißer Packung. »Roter Pagodenberg« ist bei einfachen Städtern beliebt. Mittelständische Unternehmer mögen »Zhongnanhai Leicht«. Geschäftsleute mit einem

Hang zum Fremdartigen führen stolz »State Express 555« bei sich. Neureiche schütten einem »Chunghwa« auf den Tisch, als wäre es Reis. Das seltenste aller Tiere heißt »Panda«. Das war die Lieblingssorte von Deng Xiaoping, und man kriegt sie nur schwer, weil ein bestimmtes Kontingent an den Staat geliefert wird; die einzelne Packung kostet über zwölf Dollar. Wer »Panda« bei sich hat, will wahrscheinlich nur angeben.

Die gesundheitlichen Folgen des Rauchens sind den meisten Männern egal. In Wenzhou, einer Stadt im Süden, machte ich die Bekanntschaft eines Geschäftsmannes in den Dreißigern, der das Rauchen als karrierefördernd bezeichnete. Als ich ihn fragte, wann er es aufgeben wolle, schaute er mich an, als hätte ich einen Vogel. »Nie im Leben!«, sagte er. »Dass es einem nicht guttut, weiß ich wohl, aber ich bin noch jung und merke es nicht. Und für's Geschäft ist es wichtig. Wenn Sie mit jemandem *guanxi* anknüpfen wollen, müssen Sie ihn zum Essen ausführen, und Sie müssen mit ihm rauchen und trinken.«

Einer ähnlichen Auffassung ist der chinesische Staat. Alle Tabakfirmen sind Staatseigentum, und die Branche erzielt beträchtliche Einnahmen. Außerdem beschäftigt sie über eine halbe Million Menschen. Aus Sicht des Staates ist Rauchen wichtig für die Stabilität, die wirtschaftliche und die gesellschaftliche. Manche Sorten werden sogar subventioniert (die billigste kostet nur 30 US-Cent pro Packung), damit die Bauern sie sich noch leisten können und nicht unzufrieden werden. Das Gesundheitsproblem gehört in eine andere Schublade. Im Jahr 2000 zeigte eine Untersuchung des chinesischen Zentrums für Seuchenbekämpfung und Prävention, dass die gesundheitlichen Kosten des Rauchens die Einnahmen übersteigen. Dies ist aber nicht das entscheidende Argument; wichtig ist nur, wer was bezahlt. Da es noch keine staatliche Krankenversicherung gibt, streicht der Staat die Gewinne aus den Zigaretten ein, kommt aber für den Schaden nicht auf. Jährlich sterben über eine Million Menschen an Erkrankungen infolge von Zigarettenkonsum, und man erwartet, dass die Zahl der Opfer sich bis 2025 verdoppelt. Jetzt, da die Regierung erwägt, eine allgemeine Krankenversicherung einzuführen, wird sich ihre Haltung zur Tabakindustrie möglicherweise ändern, aber bis dahin bleibt diese eine Einnahmequelle.

Wei Ziqi rauchte mehr als eine Packung pro Tag. Er wusste, dass es schädlich für ihn war, und mehrfach versuchte er es aufzugeben. Was ihn süchtig machte, war aber nicht so sehr das Nikotin, sondern der Status, den man durch bestimmte Zigaretten vermittelt. Er berichtete mir von einer kürzlichen Fahrt in die Stadt. »Ich war mit einigen Bekannten in Huairou essen«, sagte er. »Einige waren Staatsbeamte, andere waren Parteimitglieder aus anderen Dörfern. Ich hatte ein Päckchen ›Chunghwa‹ dabei, das mir ein Gast geschenkt hatte. Solche Zigaretten zu besitzen gab mir ein gutes Gefühl. Einer am Tisch hatte ›Roter Pagodenberg‹, ein anderer ›State Express 555‹. Aber der mit der teuersten Sorte war ich.«

»Es waren alles wichtige Leute«, fuhr er lächelnd fort. »Jeder konnte mir nützlich sein. Ich überlege mir, das Gästehaus mit einem Solarwarmwasserbereiter auszustatten. Es gibt ein staatliches Programm, das die Kosten für solche Sachen auf dem Lande übernimmt. Einer der Essensgäste ist dafür zuständig. Es könnte also sein, dass ich das Ding umsonst installiert kriege.«

* * *

In der Erntezeit kommen die alten Routinen immer wieder zur Geltung. Auf den Dörfern gibt es in dieser Zeit keine Parteiversammlungen, und Bauern wie Wei Ziqi verschieben ihre Fahrten nach Huairou; alles ist auf das Einbringen der Ernte ausgerichtet. Am wichtigsten ist das Abernten der Walnüsse, die so schnell reifen, dass die Bauern sich in Gruppen zu acht oder neun zusammentun und die Obstgärten der Reihe nach vornehmen. Nur bei dieser Frucht ist die Arbeit noch gemeinschaftlich organisiert: Der Gewinn verbleibt bei dem jeweiligen Eigentümer. Er beköstigt die Erntehelfer am Abend bei sich. Zwei Wochen arbeiten sie sich so unermüdlich durchs Dorf, bei Tag und Nacht, von Garten zu Garten, von Haus zu Haus.

Im September 2005 beteiligte ich mich für einen Tag als Erntehelfer bei Wei Ziqi. Es waren außerdem noch neun Leute da, die meisten enge Verwandte; sie hatten schon eine Woche lang zusammengearbeitet. Wir fingen um halb acht an, aber um neun war es schon heiß. Die Mittseptembersonne war noch stark, drang durch das Laub der Bäume und warf ein buntscheckiges Muster auf den Boden. Die Terrassenstufen, auf denen die Bäume wuchsen, waren von Steinmauern eingefasst und schon mit frisch abgefallenen Nüssen bedeckt.

Bei dieser Art von Arbeit hilft nur ein Werkzeug – eine dünne, drei Meter lange Stange aus Fliederholz, die an einem Ende zugespitzt ist. Bei kleineren Bäumen kann man damit die meisten Äste vom Boden aus erreichen. Die Ernte beginnt immer so: Die Helfer versammeln sich um einen Baum, die Blicke aufwärts gerichtet, und schlagen gegen die Äste, wie Kinder, die bei einem Fest mit dem Stock nach einer mit Süßigkeiten gefüllten bunten Piñata-Figur aus Papier oder Pappmaché schlagen. Wenn der Schlag sitzt, tut es einen lauten Knall, und drei bis vier Nüsse schlagen dumpf zu Boden. Auch Blätter werden getroffen – Teile des Astes, die, während sie herabflattern, das Sonnenlicht einfangen. Wenn alle emsig bei der Arbeit sind, ist es mit der Ruhe des umliegenden Waldes vorbei, aber wenn die Stangen durch die Luft sausen, die frischen Blätter durch die Luft schweben und die Nüsse schwer auf den Boden fallen, hat das Wechselspiel von Stille und Lärm, Licht und Schatten etwas Bezauberndes. Wenn alles vorbei ist, scheinen die Bäume aufzuseufzen, während die Äste, noch immer zitternd in Erinnerung an den Angriff, leise vor sich hin summen.

Bei größeren Bäumen – sie können bis zu fünfzehn Meter hoch werden – müssen die Erntearbeiter die Bäume hinauf. Für

Wei Ziqi kein Problem: Er klemmt seine Finger in Risse der Rinde und zieht sich hoch. Zwischen den Ästen bewegt er sich frei, ohne die Hände zu benötigen. Er trägt Militärturnschuhe mit weicher Sohle, die er bei seinen Fahrten nach Huairou im Schrank lässt, und er krallt seine Zehen um die Äste, um das Gleichgewicht zu halten. Auf dickeren Ästen arbeitet er sich Schritt für Schritt langsam vor, die Stange mit beiden Händen gepackt. Findet er hinter sich einen geeigneten Ast, lehnt er sich dagegen, aber oft verlässt er sich auf nichts als das Gleichgewicht. Weder Leiter noch Seile noch Sicherheitsgurt – keinerlei Sicherheitsausrüstung welcher Art auch immer. Hoch in den Bäumen bewegt er sich mühelos, und er hat den idealen Körperbau für diese Arbeit: kurze Gliedmaßen, ordentlich mit Muskeln bepackt, und die richtige Kombination aus Stärke und Gleichgewicht.

An diesem Erntetag beobachtete ich, wie Wei Ziqi in den ersten großen Baum hinaufkletterte und sich später wieder auf den Boden herabließ. Ich fragte ihn, ob er schon mal heruntergefallen sei. Er schüttelte den Kopf.

»Ist überhaupt schon mal jemand heruntergefallen?«

»So gut wie nie«, sagte er. »Vor ein paar Jahren ist einmal ein Nachbar heruntergefallen und hat sich die Schulter gebrochen.«

Wir machten beim nächsten Baum weiter, und wieder war Wei Ziqi im Handumdrehen oben. Mir wurde klar, dass er dort, wo ich ihn bisher so oft gesehen hatte – in den Pekinger Krankenhäusern, in den Geschäften von Huairou oder auf dem Fahrersitz eines Wagens, den er nicht kannte –, immer fremd, immer fehl am Platz gewesen war. Im Laufe der Jahre hatte ich seinen Wechsel von der Landwirtschaft zum Geschäft, vom Land zur Stadt miterlebt, aber bei der Arbeit in den Obstgärten hatte ich ihn selten gesehen. Hier in den Bäumen war er aber ganz bei sich zu Hause.

Die Ernte in Sancha ist ganz überwiegend Männersache. Es

gibt nur eine Frau, die in die Bäume klettert: die Parteisekretärin. Selbst für die anstrengendste Arbeit ist sie stark genug. Die Bauersfrauen verrichten leichtere Arbeit, wie Nüsse vom Boden aufsammeln und die geernteten Nüsse schälen. Abends kochen sie das Essen für die Arbeitskolonne. Die Arbeitsteilung hat die örtliche Kultur geprägt, die selbst gemessen an den üblichen Verhältnissen auf dem Lande extrem von Männern dominiert ist. Von der Anomalie einer Parteisekretärin einmal abgesehen, bestimmen die Männer überall, und örtliche Traditionen wie Grabpflege sind allein Männern vorbehalten. Im Südwesten, wo ich einmal gelebt habe, ist die Kluft zwischen den Geschlechtern nicht ganz so ausgeprägt. Die Hauptfeldfrucht ist dort allerdings Reis, der viel Arbeit, aber wenig Kraft erfordert, und Frauen verbringen in den Reisfeldern ebenso viel Zeit wie Männer.

Zu unserer aus zehn Leuten bestehenden Erntegruppe gehörten zwei Frauen. Sie blieben am Boden, so wie ich und Cao Chunmeis Vater, der zum Helfen aus der Stadt gekommen war. Jeder von uns hatte eine Ausrede, um nicht zu klettern, sei es das Geschlecht, das Alter oder die Fremdheit, und so sammelten wir die Nüsse auf, die von den hohen Ästen herabfielen. Sie rollten die steinigen Hänge hinunter, in Büsche und dichtes Gestrüpp. Bald juckte es mir an den Armen, mein Rücken tat mir weh, und meine Hände wurden schwarz von den Walnüssen. Die anderen plauschten, als sei dies ein geselliges Treffen, über das Essen und über Geld, und sie diskutierten über den Walnusspreis. Gewöhnlich verkaufen die Bauern an Aufkäufer, die im Herbst von Dorf zu Dorf fahren, und in den letzten Jahren waren die Preise die ganze Saison hindurch stabil geblieben. Doch jetzt änderten sich die Preise rasch, manchmal um zehn Prozent binnen eines Tages. Das liegt an den neuen Straßen: Die Aufkäufer kommen leichter auf die Dörfer, und da sich mehr Leute auf dieses Geschäft verlegen, mündet die Konkurrenz in Preiskämpfe. Man muss über den günstigsten Zeitpunkt zum Verkaufen entscheiden, und das war das allgemeine Thema, während wir im Unterholz hinter den Walnüssen her waren.

Wenn die Dorfbewohner nicht über das Essen oder die Preise oder den Preis des Essens sprachen, dann aßen sie. Zum Beispiel Walnüsse, die beim Herunterfallen angeschlagen waren – die futterten sie gleich auf, in erstaunlichen Mengen, und die Kaugeräusche begleiteten die Arbeit ebenso getreulich wie das Rascheln der Zweige. Cao Chunmeis Vater bot mir eine an, aber ich lehnte dankend ab. An einem heißen Tag mit schwerer Arbeit war eine frische Walnuss das Letzte, was ich mir wünschte.

»Ho Wei mag keine Walnüsse«, sagte er.

»Warum mag er keine Walnüsse?«

»Ausländer ernähren sich anders.«

Wei Ziqi, zwölf Meter hoch auf dem Baum, war nicht zu sehen, aber seine Stimme hörte man eine bekannte Litanei aufsagen: »Eier mag er auch nicht. Fleisch am Knochen isst er nicht. Bohnenpaste mag er nicht …«

Der sinnliche Eindruck der Walnüsse – die kühle, raue Textur und der frische Geruch an meinen Händen – beschwor Erinnerungen aus meiner Kindheit herauf. In meiner Heimatstadt in Missouri gab es viele Nussbäume, und die meisten Leute empfanden die Nüsse als störend: Sie verstopften die Rasenmäher, sie rollten auf die Straßen, und Kinder warfen sie gern auf Autos. In einem Jahr hörte meine Mutter von einem Geschäft im nahen Booneville, das Walnüsse en gros aufkaufte. Eine Woche lang bildeten meine Schwestern und ich ein kleines, aber entschlossenes Ernteteam, das bei den Leuten klingelte und um Erlaubnis bat, die Früchte in Müllsäcken zu sammeln. Die packten wir in den AMC Hornet der Familie und fuhren damit nach Booneville. Dort entleerte sie ein Mann in einen Schäl- und Mahlautomaten. Die schwarze Masse, die herauskam, war so verdichtet, dass sie in eine einzige Supermarkt-Einkaufstüte passte. Der Mann stellte sie auf eine Waage, schlug in einer Preisliste nach und schrieb einen Scheck über 1,70 Dollar aus. Monatelang stank der Hornet nach Walnüssen, und erst viele Jahre später begriff ich, warum meine Mutter lachen musste, als der Mann uns den Scheck überreichte.

Diese Geschichte erzählte ich Wei Ziqi in den Obstgärten von Sancha. Er fand es beeindruckend, dass Amerikaner Walnüsse auf der Straße verfaulen lassen. Er hob eine große Nuss auf und erklärte, sie bringe ihm einen *jiao*, das sind eineinviertel US-Cent. Der Nussmarkt war in jenem Jahr gut, und er wurde besser, denn die Händler hoben alle paar Tage ihre Preise an.

Als es dunkel geworden war, aßen wir alle bei den Weis zu Abend. Cao Chunmei hatte am Nachmittag gekocht: Kartoffeln und Tofu und Schweinefleisch, frisch gepflückte Bohnen und frittierte Maisplätzchen. Sie grillte Forellen aus dem eigenen Teich. Aber sie setzte sich nicht zu den Männern, um mit ihnen zu essen: In Sancha herrscht bei Tisch oft Geschlechtertrennung. Auch die beiden Frauen, die neben mir gearbeitet hatten, wurden an einen kleineren Tisch im Hinterzimmer verbannt.

Die Männer versammelten sich um den großen Tisch und diskutierten kurz, wem der Ehrenplatz zukäme. Cao Chunmeis Vater war schließlich bereit, ihn einzunehmen – er war mit 58 der älteste Erntearbeiter. Er erhielt den Platz am oberen Ende des Tisches, direkt unter der Skyline von Denver. Laut Digitalanzeige betrug die Temperatur 20 Grad Celsius.

Einer der Erntehelfer hieß Wei Congfa. Er ist ein Vetter von Wei Ziqi und ein bisschen schwerhörig. Er hatte das Foto von Denver noch nie gesehen, und jetzt betrachtete er es fragend. »Ist das die Temperatur in der Stadt dort?«, fragte er.

»Es ist die Temperatur in diesem Raum«, erklärte einer.

Aber das hörte Wei Congfa nicht. »Es ist die Temperatur von wo?«

»ES – IST – DIE – Temperatur – IN – DIESEM – RAUM!«

»Hier im Haus?«

»IN – DIESEM – RAUM!«

»Was hat dann die Stadt dort verloren?«

Ich saß neben Yan Kejun, einem Mann in den Dreißigern, der im Unterdorf von Sancha wohnte. Er war einer der hellsten Köpfe im Dorf, einer, der sich gern die Nachrichten anschaut, und er hatte immer Fragen bezüglich Amerika. Im vergangenen Monat hatten die Nachrichten über den Hurrikan Katrina ihn sehr beschäftigt. Einige Tage zuvor hatten wir nach einem anderen Ernteeinsatz beim Abendbrot über die Ereignisse in New Orleans gesprochen.

»Wissen Sie«, sagte er, »wenn so etwas in Amerika passiert, ist es wirklich von Bedeutung. Bei Ihrer niedrigen Bevölkerungszahl müssen Sie sich schon Gedanken über den Verlust von einigen hundert oder gar tausend Menschen machen.«

Er nahm einen Schluck *baijiu*. »Es mag vielleicht hässlich klingen«, sagte er, »aber in China würde der Verlust von hundert Millionen Menschen nichts ausmachen. Wahrscheinlich wäre er sogar gut für das Land.«

In anderen Ländern war man entsetzt gewesen, dass so etwas in den Vereinigten Staaten möglich war. Doch im ländlichen China konnte ein Mann sich das anschauen und denken: Wenn das hier passieren würde, wäre es vielleicht nicht verkehrt. Während ich noch über eine Antwort nachdachte, wechselte Yan das Thema, und das Gespräch entschwebte in andere Gefilde.

Unter der Skyline von Denver prosteten die Männer sich mit *baijiu* zu. Cao Chunmeis Vater war der Erste, dessen Gesicht rot anlief. Die Toasts folgten einander in immer kürzeren Abständen, und am Ende des Abends waren alle betrunken. Am nächsten Morgen um halb acht waren sie wieder in den Obstgärten. Ich fuhr zurück nach Peking, wo mir noch tagelang die Beine wehtaten von dem dauernden Hocken und der Jagd nach den Walnüssen. Das Schwarze kriegte ich eine Woche lang nicht von den Händen ab. An jenem heißen Tag im September

ernteten wir zu zehnt in elf Stunden Arbeit 1620 Kilo Walnüsse.
Sie brachten 400 US-Dollar ein.

* * *

In den Jahren, die ich in Sancha verbrachte, breiteten sich
verwilderte Schweine aus. Die Einheimischen nannten sie
»Wildschweine«, aber höchstwahrscheinlich handelte es sich
um Nachfahren entlaufener Haustiere. Wenn ein Schwein sich
sein Futter in freier Wildbahn suchen muss, ändert sich die
Gestalt: Die Schultern werden breiter, lange Borsten bedecken
den Körper, und aus den Winkeln des Mauls ragen lange Hauer
hervor. Früher wären solche Tiere rasch zur Strecke gebracht
worden, weil die Bauern sich öfter in den Bergen aufhielten.
Inzwischen waren aber so viele Menschen abgewandert, und
die Zurückgebliebenen hatten neue Aufgaben. Die Bauern
nutzten ihre freie Zeit, um am Bau zu arbeiten oder Geschäfte
zu machen, und ihre Aufmerksamkeit wandte sich immer mehr
den Städten zu; das Land um sie herum verwilderte. In Sancha
waren die höchstgelegenen Anbauterrassen aufgegeben worden, und dort vermehrten sich die verwilderten Schweine besonders stark. Manchmal wagten sie sich ins Tal hinunter und
verwüsteten die Maisfelder eines Bauern.

Im Winter stellten einige Dorfbewohner Fallen, und im
Februar fing Wei Ziqi ein Tier von 45 Kilo. Er hatte die Falle
in der Nähe des Haizikou-Passes – eine einfache, an einem
Baum befestigte Drahtschlinge – aufgestellt. Das Tier tappte
direkt hinein, und der Draht hielt. Die Sau zappelte noch
heftig, als Wei Ziqi und ein Nachbar die Falle überprüften. Sie
hieben von einem anderen Baum zwei Äste ab und erschlugen
das Tier. Tags darauf wanderte ich mit Wei Jia hinauf, um uns
den Schauplatz des Geschehens anzuschauen. Das Unterholz
war durch das Gezappel des gefangenen Tieres niedergedrückt
worden, und Spuren seines Blutes waren von dort oben bis

ins Dorf hinein zu verfolgen, wohin die Männer ihre Beute getragen hatten, über drei Kilometer weit.

Wochenlang aßen die Weis allabendlich Wildschwein. Das Fleisch war magerer als Schweinefleisch, dunkel und nahrhaft und von penetrantem Geruch. Streifen davon briet Cao Chunmei unter Rühren kurz an, zusammen mit Zwiebeln. Sie wies allerdings darauf hin, dass sie mit dem Töten oder Schlachten nichts zu tun habe. Das sei schlechtes Karma, sagte sie mir, und diese Dinge hatte sie Wei Ziqi überlassen. Sollten ihn karmische Sorgen geplagt haben, so überwand er sie jedenfalls heldenhaft. Beim Schlachten entdeckte er, dass die Sau trächtig war. Er nahm den Fötus heraus und legte ihn in ein Einmachglas mit Schnaps – ein winziges weißes Schweinchen, das umspült von der klaren Flüssigkeit wie ein Kinderspielzeug aus Plastik wirkte. Beim ersten Anblick war ich dermaßen schockiert, dass ich nicht meinen Blick davon wenden konnte. Schließlich fragte ich: »Warum haben Sie das getan?«

»Es ist ein Heilmittel«, sagte Wei Ziqi. Alkoholische Heiltränke unter Zusatz von Kräutern oder Reptilien sind in China beliebt; besonders populär sind Schlangen. Aber ein in Schnaps eingelegtes Säugetier hatte ich noch nicht gesehen, und wofür es gut sein sollte, konnte Wei Ziqi mir auch nicht erklären. »Es ist gut für das *qi*«, sagte er vage – *qi* bedeutet Energie. Mir fiel aber auf, dass er das Zeug nie anrührte und auch die anderen nichts davon wissen wollten. Es war das erste tierische Produkt, das selbst den Dorfbewohnern zu unheimlich war.

Das Einmachglas wurde in der großen Stube der Familie Wei zur Schau gestellt, die beim letzten Umbau vergrößert worden war. Seitdem hatten die Weis weitere Besitztümer angehäuft. Die Einrichtung war eine Sammlung von Widersprüchen: Unweit des eingelegten Schweinefötus stand der buddhistische Schrein, und die Skyline von Denver blickte auf einen Panzer der Volksbefreiungsarmee. Da standen zwei Flaschen Johnnie Walker neben zwei Signalkanonen aus der

Zeit der Ming-Dynastie, die Wei auf der Großen Mauer hatte mitgehen lassen. Ein Kalender war der Infrastruktur von Huairou gewidmet. Wenn wir uns zum Abendessen an den Tisch setzten, schaute ich mich gelegentlich um und dachte: Kann sich irgendjemand auf diese Welt einen Reim machen?

Die Veränderungen im Leben der Familie schienen vor allem Cao Chunmei zu belasten. Wohl hatten die Kredite und Investitionen auch Wei Ziqi anfangs Probleme bereitet, doch seit zwei Jahren hatte das Geschäft einen stetigen Aufschwung genommen. Er war stolz auf seinen gestiegenen Status, und schon die Art, wie er sich im Dorf bewegte, strahlte ein gewisses Selbstvertrauen aus. Einer Frau fällt eine solche Rolle in Sancha kaum jemals zu. Mehr Gäste, das hieß für Cao Chunmei nur mehr Arbeit. Wenn an Wochenenden viel zu tun war, kam sie kaum aus der Küche heraus, und wenn sie morgens aufwachte, wartete meistens das ungespülte Geschirr vom Vorabend auf sie. An dem neuen Einkommen fand sie wenig Freude, und mit Außenstehenden hatte sie nur flüchtig Kontakt. Das Wichtigste, was diese ihr vermittelt hatten, war die Religion, aber auch der Buddhismus bot ihr nur unsicheren Trost. Das Töten von Fischen und Tieren war ihr zuwider; früher hatte es ihr nichts ausgemacht, aber je mehr sie über den Buddhismus las, desto mehr missfiel ihr das Schlachten. Das erledigte Wei Ziqi, wenn er da war, aber manchmal war er geschäftlich in Huairou.

Bei ihren morgendlichen Opfern vor dem Schrein, erzählte mir Cao Chunmei, bete sie um Verzeihung. Sie war die Einzige in der Familie, die nicht einer parteiinspirierten Kritik unterzogen wurde, und im Unterschied zu den anderen konnte sie nicht zu der leichten Ausrede greifen, sie arbeite nicht fleißig genug. Ihre Selbstkritik war aufrichtig, und sie hatte wegen der Mahlzeiten, die sie servierte, ein unglaublich schlechtes Gewissen. »Wenn ich einen Fisch oder ein Huhn töten muss, bete ich für sie«, sagte sie. »Sie sind unschuldig. Sie hatten ein gutes Leben, aber ich habe sie getötet. Deshalb bete ich darum, dass ihre Seelen aus dem Fegefeuer erlöst werden. Wenn ich nicht für ihre Erlösung bete, fürchte ich, dass ihre Seelen wiederkommen und mich bestrafen.«

Auch wegen anderer Geister rings um das Haus machte sie sich Sorgen. Das sind uralte ländliche Überlieferungen, älter als das aktuelle Wiederaufleben des Buddhismus, älter als die kurzlebige Faszination von Falun Gong, älter sogar als die kommunistische Revolution. Die Dorfbewohner sprechen von Schlangengeistern, Fuchsgeistern, Kaninchengeistern und Wieselgeistern. Jedes dieser Tiere kann ein Haus bewohnen und ihm Gutes oder Böses tun. Manche Menschen haben Einblick in diese Geisterwelt, und die Dorfbewohner nennen sie *Mingbairen*: Hellseher. Früher lebte ein berühmter Hellseher in Sancha, und viele Menschen kamen von weit her, um ihn aufzusuchen. Er packte einen eintretenden Besucher am Handgelenk, fühlte seinen Puls und sagte ihm dann vieles über die ihn heimsuchenden Tiergeister. Der Hellseher lebte damals in der Nähe des Hauses, in dem der Stänkerer in seiner Kindheit wohnte, und bei den Ritualen des berühmten Mannes pflegte der Junge Tee einzuschenken. Mit der Kulturrevolution, in der die Kommunisten scharf gegen die Religion vorgingen, hatte das alles jedoch ein Ende. Schließlich starb der Hellseher, und das Dorf hatte keinen Seher mehr.

In den Reformjahren kam es indes zu einem allmählichen Wiederaufleben der Religion und einiger Traditionen. Das Vorgehen gegen Falun Gong war eine Abweichung von der allgemeinen Praxis und hatte seinen Grund darin, dass die Organisation von der Regierung als eine politische Bedrohung betrachtet wurde. Ansonsten ließen die Kommunisten die Menschen in Bezug auf ihre religiöse Überzeugung unbehelligt, und um die Jahrtausendwende kehrte ein lebendigeres religiöses Klima ein. Still und heimlich tauchten die Hellseher wieder auf, auch in Sancha. Manche trauten dem Stänkerer solche Fähigkeiten zu – diese hätten in seiner Kindheit von dem damaligen

Seher auf ihn abgefärbt –, und so wandte sich der eine oder andere schon einmal mit der Bitte um Auskunft an ihn. Cao Chunmei machte jedoch einen Bogen um ihn. Sie wusste von einem Hellseher in Huairou, und im Frühjahr 2006 suchte sie ihn auf. Er sagte ihr, ein Fuchsgeist treibe sein Wesen in ihrem Haus, und riet ihr, einen Schrein zu errichten. Und so kam es zu noch einem Räucherstäbchenhalter in der großen Stube, zusätzlich zu den beiden buddhistischen Statuen, dem Wildschweinfötus, dem Johnnie Walker, dem Infrastrukturkalender, den Kanonen aus der Ming-Dynastie und dem Foto von Denver.

Ein Fuchsgeist kann einer Familie Unglück bringen, und es stimmte, dass Cao Chunmei und Wei Ziqi sich jetzt häufiger stritten. Für das Geschäft waren sie gemeinsam verantwortlich, aber es war keine Partnerschaft: Die wichtigsten Entscheidungen traf zweifellos der Mann, der auch den größten Nutzen davon hatte. Und je mehr ihn die Partei- und Geschäftsdinge in Anspruch nahmen, desto weniger interessierte ihn seine Familie. Wenn keine Gäste da waren, blieb er manchmal tagelang bei Freunden in Huairou; zuweilen kam er stockbetrunken in der Nacht nach Hause. Cao Chunmei fand es am einfachsten, die Probleme zu ignorieren. »Ich komm mit ihm nicht klar«, sagte sie oft. »Ich weiß nicht, was er macht. Das geht mich nichts an.«

Oft gab sie sich distanziert, ja sogar entsagungsvoll. Äußerlich mochte man das für Buddhismus nehmen – sie zog sich von der Welt zurück –, aber unter der äußeren Gelassenheit gab es eine Tiefenströmung der Frustration. Und mehr als nur einen Anflug von passiver Aggression. Wenn Wei Jia ungezogen war, kehrte sie ihre Machtlosigkeit hervor. »Auf mich hört er nicht«, sagte sie oft. »Ich kann bei ihm nichts ausrichten.« Als ich sie nach der Politik im Dorf fragte, winkte sie ab. »Davon habe ich keinen Schimmer«, erklärte sie. »Das ist nicht meine Angelegenheit.« Einmal, als ich mit Wei Jia einige seiner Aufgaben wiederholte, fragte ich Cao Chunmei, wer Präsident von China sei. »Jiang Zemin?«, sagte sie und benannte genau den, der seit

Jahren nicht mehr im Amt war. »Ich kenn mich mit dem Kram nicht aus.« Das mochte schon stimmen – die Landbewohner haben eine ausgeprägte Fähigkeit, nationale Angelegenheiten an sich abperlen zu lassen. Tatsache war jedoch, dass die Lautsprecher in Sancha seit 2002 dreimal am Tag den Namen Hu Jintao hinausgeplärrt hatten. Nach meinem Eindruck gab sie ihrer Haltung zum Leben Ausdruck, versuchte sie sich von Dingen zu distanzieren, auf die sie keinen Einfluss hatte. Sie flüchtete sich in die Religion. Während das ganze Dorf von Materialismus und modernem Fortschritt besessen war, wandten sich Menschen wie Cao Chunmei in die Gegenrichtung, zu älteren überlieferten Glaubensanschauungen.

Solche Reaktionen sind jedoch nie die ganze Geschichte, und etwas in Cao Chunmei sehnte sich nach mehr Aktivität. So wenig ihr die neuen Betätigungen ihres Mannes auch gefielen, beneidete sie ihn doch um seine Freiheit und seinen Status als Unternehmer. Irgendwann kam ihr eine Idee, was sie selbst machen könnte. Sie war eine ausgezeichnete Köchin, und sie bereitete eine Art Maisnudeln zu, von denen sie glaubte, dass die städische Mittelschicht daran Gefallen finden könnte. Sie bezeichnete sie als »organisch« – dieses Wort hörte man in Peking immer öfter, wo westliche Ernährungsvorstellungen schon in Spitzenrestaurants Einzug gehalten hatten. Cao Chunmei stellte einige Kostproben her, fuhr damit in die Stadt und bot sie in Restaurants als organische Maisnudeln zum Verkauf an. Doch ihre ganze Authentizität nützte ihr nichts, weil es ihr an den Mitteln fehlte, mit denen die Männer ihre Geschäfte förderten – die Päckchen »Chunghwa«-Zigaretten und die gemeinsam geleerten Schnäpse. Als sich niemand fand, der regelmäßig mit den Nudeln beliefert werden wollte, gab sie die Geschäftsidee auf.

Ab und zu versuchte sie, ihre äußere Erscheinung zu ändern. Sie färbte sich die Haare und kaufte sich neue Kleider, und sie hielt Diät. Innerhalb eines Monats nahm sie neun Kilo ab, unterstützt von einem Zusatzstoff, den sie sich in Huairou besorgt hatte. Um abzunehmen, benutzen viele Chinesinnen solche Medikamente, die im Wesentlichen aus Amphetaminen bestehen. Cao Chunmei nahm sie in einem Monat, in dem besonders viel zu tun war, und jedes Mal, wenn ich zu ihr in die Küche kam, machte sie einen benommenen Eindruck. Später nahm sie genau so schnell wieder zu, wie sie abgenommen hatte.

Der Lebensstandard der Familie war rasch gestiegen, aber er wirkte sich ungünstig auf sie aus, denn sie wurden sichtlich ungesünder, je mehr sie verdienten. Am stärksten veränderte sich Wei Jia. 2005 war für das Dorf das Jahr des Kabelfernsehens. Hatten die Dorfbewohner bisher nur sieben Sender empfangen, so waren es nun über fünfzig, und das Ganze kostete weniger als zwanzig Dollar im Jahr. Die Weis kauften sich einen neuen 29-Zoll-Fernseher, der ständig lief. An den Wochenenden saß der Junge, sobald er mit den Hausaufgaben fertig war, auf dem *kang* und schaute sich Zeichentrickfilme an. In den Ferien tat er kaum etwas anderes. Die Gäste aus der Stadt nahmen bei ihren Ausflügen aufs Land gern abgepackte Snacks mit, und wenn sie heim nach Peking fuhren, ließen sie die Reste oft bei den Weis zurück. Bald bestand Wei Jias Ernährung zum großen Teil aus Junkfood. Wenn ihn die Lust anwandelte, griff er zu dem Vorrat von Chips und Fertignudeln; bei den Mahlzeiten hatte er keinen Appetit. »Er mag alles, was abgepackt ist«, beklagte seine Mutter. »Das nimmt er lieber als das, was ich koche. Ich kann ihn nicht dazu bewegen, etwa anderes zu essen.«

Disziplin beim Essen war den Menschen unbekannt. Bis vor kurzem waren sie so arm gewesen, dass sie alles aßen, was immer sich bot, und Eltern mussten vor allem dafür sorgen, dass ihr Kind so viel wie möglich zu essen bekam. Fünfzehn Jahre zuvor wäre es unvorstellbar gewesen, dass eine Mutter ihrem Sohn absichtlich etwas vorenthielt, aber das alles hatte sich so schnell geändert, dass die Menschen sich nicht umstellen konnten. Ich versuchte den Weis klarzumachen, dass dies in Amerika ein verbreitetes Problem ist und dass gewissenhafte Eltern darauf achten, den Fernsehkonsum ihrer Kinder und den Verzehr von Snacks zu beschränken. Gerade angesichts der früheren gesundheitlichen Probleme des Jungen war es besonders wichtig, seine Ernährung zu überwachen. Aber die alte Denkweise saß zu tief: Es war immer gut, wenn ein Kind aß, und wenn man schon einen neuen Fernseher hatte, sollte man ihn auch benutzen.

In den Ferien konnte ich die Veränderung des Jungen mit eigenen Augen verfolgen. In der Schule gab es keine Snacks, und das Essen der Schulkantine war nicht so dickmachend, aber zu Hause saß er vor dem Fernseher und aß Snacks. Bald hatte er einen Bauch, sein Gesicht rundete sich, und seine Beine wurden schwabbelig. Als er neun wurde, hatte er Übergewicht. Manchmal drängte ich ihn, auf dem leeren Parkplatz mit mir Fußball zu spielen, aber nach fünf Minuten war er außer Atem. Früher hatte er mich mit seiner unglaublichen Zähigkeit beeindruckt; als Siebenjähriger war er auf einer fünfstündigen Wanderung zur Großen Mauer ohne ein Wort der Klage mitgelaufen. Wenn ich ihn jetzt auf einen Spaziergang mitnehmen wollte, rang er nach Luft und musste lange Ruhepausen einlegen. Das Kind, das ich als drahtig und flink in Erinnerung hatte, war verweichlicht und domestiziert, es hatte sich in die entgegengesetzte Richtung entwickelt wie die verwilderten Schweine. »Er sieht jetzt nicht mehr wie ein Bauer aus«, meinte seine Mutter einmal, und sie sagte es mit Stolz: Aus ihrer Sicht war es etwas Gutes, dass Wei Jia begonnen hatte, einem Stadtkind zu ähneln.

Nur Wei Ziqi nahm nicht zu. Er leistete immer noch eine Menge körperlicher Arbeit, besonders im Frühling und im Herbst, aber er trank zu viel, und er rauchte ununterbrochen. Hin und wieder versuchte er es aufzugeben und griff zu den in China beliebten Wundermittelchen. Einmal kaufte er in Peking etwas mit dem englischen Namen »EXX Cig: The Cocktail Treatment«. Es war teuer, über 35 Dollar, und auf der Verpackung sah man ein amerikanisches Stoppschild und Bilder von fröhlichen Ausländern, die das Mittel angeblich benutzt hatten. Als Bestandteile wurden Vitamin C, das Coenzym Q10 und eine sogenannte »Bullenschwefelsäure« aufgeführt. Die Werbung versprach, dass »das Gefühl zu rauchen bewahrt« wird, und genau das trat auch ein: Vierzehn Tage später rauchte Wei Ziqi wieder seine »Rote Pflaumenblüte«.

Immer wieder tauchte er zu geheimnisvollen Besorgungen in Peking auf. Er erschien ohne Vorankündigung und fragte nicht vorher an, ob ich Zeit für ihn hätte. Wenn mein Telefon klingelte, teilte Wei Ziqi mir mit, er stehe an einer Kreuzung, die einen Häuserblock von meiner Wohnung entfernt war. Die Hauptstadt glich für ihn offenbar einem Dorf, nur dass sie größer war; er verstand nicht, dass Leute aus einem anderen Teil der Stadt nicht bei Freunden vorbeischauen, ohne sich rechtzeitig anzukündigen. Er zog es jedenfalls vor, nicht vorzeitig darüber zu sprechen, was er in der Stadt unternehmen wollte. Auch als er erfolgreich war und die Spielregeln der Geschäftsleute kannte, brüstete er sich nicht mit künftigen Projekten. In diesem Sinne blieb er ein Bauer: Er war vorsichtig in seinen Äußerungen.

Im Dezember 2005 rief er eines Morgens an und sagte, er warte an der Ecke der Jiaodaokou-Kreuzung. Dort traf ich ihn, und er trug seine Stadtkleidung: Jeans und einen nagelneuen schwarzen Parka. Er hatte seine besten Lederschuhe an, blitzblank poliert; seine Haare waren säuberlich gekämmt. Er hatte eine Tasche aus Kunstleder bei sich, wie chinesische Unternehmer sie immer in der Stadt mit sich herumschleppen. Was ihn von unzähligen anderen unterschied, war allein seine Wachsamkeit. Wann immer Wei Ziqi nach Peking kam, war er extrem wachsam, auch aus Angst, hereingelegt zu werden.

An diesem Tag war er gekommen, um dem Verein für die Große Mauer beizutreten. Er hatte es bislang nicht erwähnt, aber jetzt erklärte er mir, letztes Jahr habe ein Wanderer im Gästehaus übernachtet, bevor er sich zur Großen Mauer begab. »Er gehörte dem Verein an«, sagte Wei Ziqi. »Er lud mich zum Beitritt ein. Es kostet nicht viel.« Gespräche mit Gästen aus der Stadt machten oft einen großen Eindruck auf Wei Ziqi. Er lauschte ihnen aufmerksam, und er bewahrte ihre Visitenkarten in einer speziellen Schachtel in der großen Stube auf, unweit der Skyline von Denver. Jetzt hatte er sich den Namen des Mannes sorgfältig auf einem Zettel notiert, zusammen mit der Adresse des Vereins für die Große Mauer.

Ich ging mit ihm zum Sitz des Vereins, nicht weit von meiner Wohnung entfernt. Die Anmeldung war einfach: Wei Ziqi zahlte seine fünf Dollar Beitrag und überreichte der Sekretärin zwei Passfotos. Der einzige Haken tauchte bei dem Teil des Anmeldeformulars auf, der mit »Lebenslauf« betitelt war.

»Ist es in Ordnung, wenn ich das leer lasse?«, fragte Wei Ziqi.

Die Sekretärin erklärte, der Verein für die Große Mauer benötige von jedem Mitglied einen Lebenslauf. Wei Ziqi betrachtete das Formular eine Weile und schrieb schließlich:

1969–1976	Im Dorf geboren und aufgewachsen
1976–1988	Schule besucht
1989–1991	Als Sicherheitswachmann gearbeitet
1991–heute	Als Bauer im Dorf gearbeitet

Er war zu bescheiden, sein Geschäft zu erwähnen. Die Frau sah das Formular durch, ob alles ausgefüllt war. Bei dem Abschnitt »Politischer Status« hielt sie inne.

»Sie sind Parteimitglied, nicht?«, sagte sie.

»Ja«, antwortete Wei Ziqi schüchtern. »Ist das gut?«

»Natürlich ist es gut«, meinte die Frau lachend. »In der Schu-

le gehörte ich nur zum Kommunistischen Jugendverband!«
Sie klebte sein Foto in einen Ausweis, brachte einen roten
Stempelabdruck an, und das war's schon: Wei Ziqi war Mitglied
des Chinesischen Vereins für die Große Mauer.

Anschließend lud ich ihn zum Mittagessen in ein sichuanesi-
sches Restaurant ein. Mir fiel auf, dass er ein neues Geschenk
der Partei bei sich hatte: eine Nirosta-Thermosflasche mit dem
Prägeaufdruck: »Zum Gedenken an die Fortbildungsaktivität
der Parteimitglieder der Gemeinde Bohai«. Anlass war eine
zwanzigtägige Lehrveranstaltung, in der, wie er sagte, Reden
von Jiang Zemin und Hu Jintao durchgearbeitet worden waren.
Er berichtete mir von weiteren Neuigkeiten: Er hatte vor, einen
größeren Fischteich zu bauen, und er hoffte, einige Zimmer im
Gästehaus zu renovieren. Im Unterdorf hatte ein Investor aus
der Stadt ein weiteres Stück Land erworben, und es gab Pläne,
eine kleine Straße in die Berge zu bauen. Kurz vor Ende der
Mahlzeit sagte Wei Ziqi unerwartet: »Einige meinen, ich könnte
einmal Parteisekretär werden.«

Das hatte er noch nie erwähnt. Ich fragte ihn, wann es denn
so weit wäre.

»Nicht so bald«, sagte er. »Dann, wenn die derzeitige Parteisekretärin ausscheidet.«

»Wann wird das sein?«

»Das hängt von verschiedenen Dingen ab«, erklärte er. »Entscheidend ist, ob man ihr eine weitere Amtszeit zugesteht.« Er
schwieg einen Moment. »Nicht ich rede davon«, fuhr er fort.
»Ich sage nicht, dass ich Parteisekretär werde. Das sagen andere
Dorfbewohner.«

Ich fragte, ob es nach der aktuellen Serie von Versammlungen am Ende des Monats damit vorbei sei.

»Nein, es wird weitere Versammlungen geben.«

»Worüber?«

»Über unsere internen Angelegenheiten. Selbstkritik.«

»Wann fängt das an?«

»Nächsten Monat.«

Ich fragte ihn, ob er schon wüsste, was er an sich kritisieren würde.

»Ich weiß es nicht«, sagte er. »Ich habe mir noch keine Gedanken darüber gemacht.«

* * *

Im Laufe der Jahre lernte ich, dass alles, was Wei Ziqi macht, einem Zweck dient. Das ist eine Eigenschaft, die ich mit dem Land verbinde, wo die Leute mit allem, auch mit ihren Worten, zweckmäßig umgehen. In ihrer Freizeit mögen sie sich weitschweifig über ferne Länder und weit zurückliegende Ereignisse äußern, aber wenn es um ihre persönlichen Dinge geht, sind sie verschlossen. Und nicht selten haben sie bereits einen Plan gefasst. Bei Wei Ziqi kommt es vor, dass er monatelang überlegt und insgeheim Vorbereitungen trifft und dann auf einmal aktiv wird. Und wenn er sich ernsthaft etwas vorgenommen hatte, ließ er nicht davon ab. Ich war nicht überrascht, als er mich eines Tages im Dorf fragte, ob ich ihn und den Idioten hinunter ins Tal führe, zur Polizeistation in Shayu.

»Nehmen wir ihn anschließend wieder mit nach Hause?«, fragte ich.

»Ja«, sagte Wei Ziqi. »Er braucht nur einen Personalausweis, das ist der einzige Grund.«

Fast vier Jahre war es her, dass Mimi und ich den Idioten zuletzt ins Tal hinuntergefahren hatten. In dieser Zeit hatte sich das Leben des Mannes einschneidend verändert, wie alles andere im Dorf, und oft hatte ich mich gefragt, wie er diese Veränderungen deutete. Er hatte sein eigenes Zimmer am Ende des Gästehauses bekommen – sie konnten ihn absondern, weil die Familie mehr Geld und mehr Platz hatte. Früher hatte der Idiot an Winterabenden mit allen anderen zusammen auf dem *kang* gesessen; jetzt blieb er in seinem eigenen Zimmer. Wenn die Familie an Wochenenden Gäste hatte, zogen sie ihm öfter neue Kleider an, um einen besseren Eindruck zu machen. Eines Tages, als Wei Ziqi und Cao Chunmei aus geschäftlichen Gründen wegmussten, drehte der Idiot durch und lief die Dorfstraße hinunter. Früher war er nie allein gelassen worden, und die plötzliche Einsamkeit war ihm auf die Nerven gegangen. Sie fanden ihn an dem Wegweiser zur Tianhua-Höhle, einige Kilometer von Sancha entfernt. Abgesehen von dieser kurzen Flucht, hatte der Mann das Dorf seit unserem Abenteuer im Jahr 2002 nicht verlassen.

An diesem Tag traf ich ihn stumm wartend neben Wei Ziqi auf dem Parkplatz an. Ich machte die Hintertür meines gemieteten Jetta auf, und der Idiot stieg seelenruhig ein. Auf der Fahrt ins Tal drückte er sein Gesicht ans Fenster und betrachtete die Landschaft. Wei Ziqi erklärte, dass er noch immer keinen amtlichen Ausweis habe, und den brauche er, wenn die Familie weiterhin Unterstützung für ihn beziehen wollte. Seit dem ersten Zwischenfall hatte die Parteisekretärin dafür gesorgt, dass die Weis allmonatlich die Zahlungen erhielt. Jedes Jahr zum Frühlingsfest bekamen sie zusätzlich zwölf Dollar, einen Krug Speiseöl, einen Sack Nudeln und einen 11-Kilo-Sack Reis.

Auf dem Revier in Shayu geleitete eine junge Frau den Idioten zu einem Hocker vor einem weißen Hintergrund. Er setzte sich auf seine Hände wie ein nervöses Kind und klemmte die Füße hinter den Hocker. Er machte einen ängstlichen Eindruck, während die Frau mit einer Digitalkamera hantierte. Der Apparat blitzte und summte, und erst nach der Aufnahme entspannte er sich zu einem zahnlosen Grinsen.

In einem anderen Zimmer saß ein Polizist an einem amtlichen Vermerk für Wei Ziqi. »Er ist ein *longya*, oder?«, fragte er. Das Wort bedeutet »taubstumm«.

»Das stimmt.«

Der Beamte trug rasch etwas in ein Polizeiformular ein und

reichte das Blatt Wei Ziqi. »Geben Sie das der Parteisekretärin«, sagte er. »Sie wird es bei der Gemeinde einreichen. Es dauert ungefähr einen Monat, dann hat er seinen Ausweis.«

Auf der Rückfahrt blickte der Idiot aufmerksam hinaus, so als genieße er die Fahrt. Als ich das nächste Mal im Dorf auftauchte, begrüßte er mich freundlich und deutete auf den Jetta, der auf dem Parkplatz stand. Aber ich sah ihn nie wieder ein Auto besteigen. Nun, da er amtlich registriert war, brauchte er nirgendwo mehr hin. Diese beiden Fahrten, an denen ich teilgenommen hatte, waren die weitesten in seinem ganzen Leben.

Genau einen Monat danach bekam der Idiot einen 21-Zoll-Farbfernseher der Marke »Hisense«. Das war Bestandteil eines neuen staatlichen Programms für Behinderte, und jetzt begriff ich, wie wichtig es gewesen war, ihn an jenem Nachmittag anzumelden, obwohl Wei Ziqi von dem Fernseher nichts gesagt hatte. Die Familie besaß schon ein größeres Gerät, und so bekam ein Verwandter von Wei Ziqi den Fernseher vom Staat. Der Idiot sah ohnehin nie fern; er konnte die Sendungen nicht hören, und abends saß er allein in seinem Zimmer. Geld wollten die Weis für das Gerät nicht annehmen, aber ich war mir sicher, dass es sich durch das komplizierte Geflecht der dörflichen *guanxi* irgendwie und irgendwann einmal auszahlen würde. Auch das ist typisch für das Leben auf dem Land: keine überflüssigen Gesten.

In dem neuen Ausweis standen das Geburtsdatum und der Vorname des Idioten, und erst jetzt begriff ich, wer er wirklich war. Er war am 11. Dezember 1948 geboren, und sein Name war Wei Zonglou. Auf dem Ausweis sieht Wei Zonglou sehr alt und sehr ängstlich aus. Er sitzt nach vorn gebeugt, und seine Augen wirken geradezu traurig; wäre die Aufnahme nur einen Moment später entstanden, hätte sie sein sanftes Lächeln festgehalten. Das Zeichen »Zong« hatten auch alle drei Brüder des Mannes bekommen – es bezeichnet ihre Generation. Das Wort bedeutet »Ahn«.

2006 wurde in Sancha zum Jahr des Mülls. Fünf Jahre lang hatte alles auf diesen Punkt zugesteuert: Es gab neue Straßen, neue Autos und neue Bauten; die Dorfbewohner bekamen Kabelfernsehen und einen Mobilfunkmast. Aber der klarste Beweis ihres Wohlstands war der Abfall. Als ich nach Sancha kam, warfen die Leute ihren Müll einfach den Hang hinunter in das Bachbett, das während der längsten Zeit des Jahres kein Wasser führte. Viel Abfall gab es damals nicht; fast alles wurde wiederverwendet, und es gab kaum abgepackte Nahrung. Aber das alles änderte sich mit der Ausweitung des Geschäfts und des Tourismus. Fertignudel- und Keksverpackungen häuften sich, und bald war das Bachbett von Styropor und Plastik verstopft. In einem Jahr organisierte Mimi eine Säuberungsaktion, aber erst im Jahr 2006 führte die Bezirksverwaltung endlich eine regelmäßige Müllabfuhr ein. Im selben Jahr tauchten die ersten fliegenden Händler mit Pritschenwagen auf, die alles kauften, was wiederverwertbar war: Flaschen, Dosen, Zeitungen. Das wäre früher unvorstellbar gewesen – dass einer den ganzen Weg bis Sancha fährt, um Abfall zu kaufen!

Unvermeidlich hatten einige Städter begonnen, sich im Dorf niederzulassen. In Peking wurde es schick für Angehörige der Mittel- und Oberschicht, sich eine Zweitwohnung auf dem Land zu suchen, und manche Dörfer gingen ganz in die Hände von Auswärtigen über. Drunten im Tal, nicht weit von Sancha, wurde ein Teil eines Dorfes namens Tiekuangyu komplett von Städtern erworben. Innerhalb von Monaten war es mit dem Dorfleben vorbei: Die Einheimischen zogen aus, die Häuser wurden abgerissen, und neue Villen aus Beton und Glas erhoben sich über den Obstgärten. In Sancha beeilten sich die Dorfbewohner, langfristige Verträge für alle leerstehenden Häuser zu bekommen. Neubauten waren ihnen ohne staatliche Genehmigung nicht erlaubt, und bald waren alle verlassenen Häuser am Ort aufgekauft. Sogar der Stänkerer vereinbarte ein Geschäft mit einem Mann aus Peking. Nachdem sie sich geeinigt hatten, begann der Stänkerer mit einem ehrgeizigen Umbau seines Hauses. Als die Arbeit halb fertig war und neue Ziegelwände fünf Meter hoch aufragten, setzte er plötzlich den Preis herauf. Das alles war ohne rechtliche Grundlage, weil einzelne Dorfbewohner ihr Eigentum nicht verkaufen dürfen; jeder langfristige Mietvertrag beruht gänzlich auf gutem Willen und Vertrauen. Man schließt zwar üblicherweise Verträge ab, aber sie sind wertlos, und dem Pekinger blieb nichts anderes übrig, als den zusätzlichen Betrag zu zahlen oder aus der Vereinbarung auszusteigen. Er stieg aus, zur allseitigen Überraschung. Und in dem Moment erkannte der Stänkerer, dass er gänzlich mittellos war.

Das Baugerüst blieb danach unberührt stehen. Hätte er den Bau vollenden können, hätte er vielleicht einen anderen Mieter gefunden, aber wie alle auf dem Land konnte er kaum Kapital aufbringen. In der alten Zeit hätte er vielleicht Land verpfänden können – so hatte es sein Vater im Jahr 1946 gemacht, als er pleite war und seine Felder an Wei Ziqis Großvater übergeben hatte. Aber diese Möglichkeit stand dem Stänkerer nicht zur Verfügung, und er konnte sich nicht direkt an eine Bank wenden und um ein Darlehen bitten. Dazu brauchte er die Zustimmung des Dorfes, das seinen Antrag jedoch verwarf. Für die Ablehnung war die Parteisekretärin verantwortlich: Zwischen ihr und dem Stänkerer hatte es seit Jahren böses Blut gegeben. Beide waren Parteimitglieder und entfernt miteinander verschwägert, aber sie kamen nicht miteinander aus, und am Ende hatte der Mann keinen Anspruch auf ein Darlehen. Er musste mit seiner Frau in die Hütte mit dem Lehmboden ziehen, die er einst an Mimi und mich hatte vermieten wollen. Das Haus war so klein, dass die meisten Habseligkeiten draußen aufgestapelt werden mussten, bedeckt mit einer Plastikplane. Sie waren die einzigen Dorfbewohner, deren Lebensbedingungen sich seit dem Beginn des Autobooms verschlechtert hatten. Bei Dämmerung sah ich ihn oft um den verlassenen Bauplatz herumschleichen und vor sich hin brummeln. Jetzt grüßte er mich höflich; von seinem Hass spürte ich nichts mehr. Er hatte wichtigere Feinde, über die er nachdenken musste.

Es gab Gerüchte über die Parteisekretärin. Früher hatten sich die meisten Dorfbewohner respektvoll über sie geäußert; sie war fraglos eine tüchtige Frau, und besonders geschickt war sie darin, staatliche Mittel für Projekte zu beschaffen. Durch den plötzlichen Zustrom privater Investitionen war es aber offenbar zu einem Sinneswandel gekommen. Kurz zuvor hatten Pekinger Geschäftsleute drei größere Stücke Land gekauft, und sie hatten vor, Teile des Dorfgebiets für touristische Zwecke auszubauen. Zwei Projekte waren in unbewohnten Hochtälern geplant. Die Einzelheiten der Transaktionen waren bisher nicht bekanntgegeben worden: Man kannte weder den Preis noch die Investoren noch ihre Bebauungspläne für die Täler.

Solche mangelnde Transparenz ist in China die Regel, besonders auf dem Land. Falls die Parteisekretärin von diesen Geschäften profitiert hatte, war sie jedenfalls schlau genug, das Geld nicht vorzuzeigen. Ihr Haus war das schönste im Oberdorf, aber extravagant war es nicht, und an ihrer äußeren Erscheinung hatte sich nichts geändert. Jedes Mal, wenn ich sie traf, begrüßte sie mich mit derselben freundlichen Derbheit wie immer: »Hallo, mal wieder im Lande?« Einige Dorfbewohner verdächtigten sie jedoch, Geld auf einem Bankkonto in Huairou gebunkert zu haben, und ihr Sohn hatte sich kürzlich eine neue Wohnung in der Stadt gekauft. Bald begannen die Leute von etwas anderem zu sprechen: den bevorstehenden Wahlen im Dorf.

In den chinesischen Dörfern gibt es zwei politische Ämter, auf die es ankommt: das des Parteisekretärs und das des Dorfvorstehers. Der Dorfvorsteher wird direkt von allen Einwohnern in geheimer Abstimmung gewählt, und die Kandidaten müssen nicht Mitglied der Kommunistischen Partei sein. Parteisekretär – das ist die höchste Position – können jedoch nur

Mitglieder werden. Liu Xiuying hatte ihre politische Karriere in Sancha als Dorfvorsteherin begonnen. Diese Position hatte sie 1993 erlangt, und fünf Jahre später wurde sie zur Parteisekretärin gewählt. Seither hatte sie beide Ämter gleichzeitig bekleidet, eine Situation, die im ländlichen China zunehmend üblich geworden ist. Die Regierung fördert das, weil es dazu beiträgt, die Bürokratie zu straffen; es dient aber auch der Festigung der Macht.

In Sancha war die Autorität der Parteisekretärin nie ernsthaft in Frage gestellt worden. Doch bis zum Jahr 2006 hatte sich etwas geändert, und was den Unterschied ausmachte, war das Geld. Als ich 2001 nach Sancha kam, lag das Pro-Kopf-Einkommen bei 250 Dollar; innerhalb von fünf Jahren war es auf 800 gestiegen. Der Tagelohn eines Arbeiters, im Jahr 2003 noch drei Dollar, betrug jetzt sechs Dollar. Das Dorf hatte eine gute Straße bekommen, einen Mobilfunkmast und Kabelfernsehen – es hatte sogar Müll zu verkaufen. Das alles hätte als Erfolg der Parteisekretärin gelten können, denn unter ihrer Führung war das Dorf vorangekommen, aber mehr als alles andere zählte mittlerweile der Vergleichsmaßstab. Die Leute in Sancha verglichen ihre jetzige Lage nicht mit der Vergangenheit, sondern hatten begonnen, das Umfeld in den Blick zu nehmen. Sie sahen, dass Städter zuzogen, sie wussten, dass Grundstücksgeschäfte gemacht wurden, und auf einmal befürchteten sie, bei den Profiten zu kurz zu kommen.

Auf der Suche nach einer Alternative wandten sie sich naturgemäß dem erfolgreichsten Geschäftsmann am Ort zu. An den Abenden, wenn es dunkel geworden war, kam oft der Stänkerer in das Haus der Weis. Wenn ich da war, grüßte er mich mit einem angedeuteten Kopfnicken und nahm dann abseits des Tisches Platz. An unserem Gespräch beteiligte er sich nicht. Er saß nur da und wartete, dass ich ging – seine Ankunft war ein Wink, dass ich nach Hause gehen sollte. Als ich Wei Ziqi fragte, warum der Stänkerer nun öfter vorbeikam, tat er die Frage mit einem Achselzucken ab. »Es ist nichts Besonderes«, sagte Wei Ziqi und beließ es dabei.

Erst nach einer Weile kapierte ich, dass dies der Anfang einer politischen Kampagne im Dorf war. Das ging so einige Wochen lang. Dann rückte Wei Ziqi endlich mit der Sprache heraus. Anfang 2007 würde gewählt, sagte er, und einige Leute in Sancha wünschten, dass er als Parteisekretär kandidierte.

»Werden Sie es machen?«, fragte ich.

»Nein«, sagte er. »Es macht zu viele Umstände.« Aber sonderlich entschieden klang das nicht. Ich fragte, von wem er unterstützt werde, und er nannte den Namen des Stänkerers.

»Aber war er nicht anfangs gegen Ihre Aufnahme in die Partei?«

»Ja, das stimmt«, sagte Wei Ziqi.

»Und wieso will er jetzt, dass Sie Parteisekretär werden?«

»Das ist kompliziert.«

Ob er dem Mann denn traue, fragte ich. Wei Ziqi grinste.

»Er verfolgt seine eigenen Ziele«, meinte er. »Jeder verfolgt seine eigenen Ziele.«

Das Motiv des Stänkerers war so offenkundig wie die unvollendeten Mauern seines Hauses. Und genauso klar war es, warum Wei Ziqi als Kandidat in Frage kam. Er hatte in beiden Sphären Erfahrungen gesammelt, sowohl in der Partei als auch in Huairou, und kein anderer hatte so rasch an Status und Ansehen gewonnen. Im Jahr 2003 hatte das Familienunternehmen Wei umgerechnet 3500 US-Dollar verdient; 2006 waren es über 8000. Als ich ihn einmal nach dem geschäftlichen Einkommen fragte, schränkte er seinen Erfolg mit einer vielsagenden Bemerkung ein. »Es ist das höchste bekannte Einkommen in Sancha«, sagte er. »Möglicherweise gibt es andere mit mehr Geld, aber davon weiß man nichts. Was die Landwirtschaft und das Geschäft angeht, verdiene ich das meiste.«

Im Juni 2006, als die politische Kampagne im Dorf in Fahrt kam, machten die Parteimitglieder ihren alljährlichen

Vergnügungsausflug nach Chengde. Im Nordosten gelegen, hatte die Stadt den Mandschu-Herrschern während der Qing-Dynastie als Sommerfrische gedient. Hierher kamen die Kaiser, um zu jagen; der Hof sorgte dafür, dass sie in den Wildparks Rotwild und Schwarzwild antrafen. Jetzt sind die Parks für Touristen zugänglich, und man kann durch die Paläste und Tempel schweifen, die einst den Mandschus dienten. Die Gruppe aus Sancha besichtigte alle Sehenswürdigkeiten, und bei ihren abendlichen Banketten im Hotel tranken sie miteinander *baijiu*. Die Fotos, die Wei Ziqi mir hinterher zeigte, glichen denen von früheren Ausflügen. Auf jedem Bild stehen die Parteimitglieder aus Sancha in einer langen Reihe und starren in die Kamera. Sie tragen Freizeitbekleidung, aber niemand lächelt. Es ist schwer zu sagen, ob sie Urlauber sind, und auch ihr Verhältnis zueinander ist unklar: Sie könnten Arbeitskollegen, aber auch Nachbarn oder gar eine Großfamilie sein. An ihrer Haltung sticht jedoch eine eigentümliche Mischung von Intimität und Distanz ins Auge. Diese Leute sind nicht unbedingt enge Freunde, und sie sind möglicherweise nicht aus freien Stücken zusammen; es könnte sogar sein, dass sie sich nicht mögen. Aus den Fotos wird jedoch deutlich, dass sie viel Zeit miteinander verbringen.

* * *

Im August klingelte eines Morgens mein Telefon: Wei Ziqi stand an einer Kreuzung in der Nähe meiner Wohnung. Wie immer kam der Anruf überraschend, wenngleich ich diesmal ahnte, warum er nach Peking gekommen war. Seit einem halben Jahr überlegte er sich, ein Auto zu kaufen.

Niemand im Oberdorf besaß ein Auto. Motorräder waren in den letzten Jahren häufiger geworden, und einige Dorfbewohner hatten kleine Dreiradlaster, wie sie von Bauern gern benutzt werden. Ein Mann hatte sich eine gebrauchte Lada-Limousine gekauft, aber das zählte eigentlich nicht, wie Wei Ziqi sagte. Der alte russische Wagen war in so schlechtem Zustand, dass man ihn kaum fahren konnte, und der Besitzer schlug ihn gleich wieder los. Der Parkplatz am Ende der Straße wartete immer noch auf das erste Auto, das einem Dorfbewohner gehörte.

Seit dem Erwerb seines Führerscheins hatte Wei Ziqi Geld auf die Seite gelegt. Auch *guanxi* häufte er an – wenn er nach Huairou kam, fragte er Freunde, ob sie von guten Gebrauchtwagen wüssten. Zu einem echten Glückstreffer wurde jedoch der Aufenthalt eines Pekinger Gebrauchtwagenhändlers in seinem Gästehaus. Wei Ziqi bewahrte dessen Visitenkarte auf, und als er genug Geld zusammen hatte, rief er ihn an. Der Händler sagte ihm, er solle kurz nach Mittag auf den Pekinger Gebrauchtwagenmarkt kommen.

Wei Ziqi und ich nahmen ein Taxi. Als der Taxifahrer hörte, wohin wir wollten, wurde er munter. »Sie wollen ein Auto kaufen?«, sagte er. »Wie viel wollen Sie ausgeben?« Wei Ziqi meinte schüchtern, er hoffe unter 15 000 Yuan zu bleiben, was ungefähr 2000 Dollar entspricht.

»Sie sollten sich einen Xiali holen«, riet der Taxifahrer. »Die sparen Benzin und sind leicht zu reparieren. Wenn Sie sich einen alten holen, ist jetzt die Zeit günstig zum Kaufen. Viele von den alten Xialis sind nicht zugelassen und werden deshalb öfter von der Polizei überprüft. Die Leute haben Angst vor Scherereien und kaufen deshalb weniger Xialis. Darum ist der Preis im Moment günstig.«

Eine echt chinesische Marktschwankung: Die Polizeiprobleme gehen rauf, die Preise gehen runter. Der Xiali ist ein typischer Pekinger Wagen, und es existiert ein ausgeprägtes Stereotyp des Besitzers: einkommensschwach, Kettenraucher, Sprücheklopfer. Bis zum Jahr 2000 waren die meistverkauften Xialis Nachbauten eines koreanischen Wagens mit dem wenig verheißungsvollen Namen Daihatsu Charade. Es waren hässliche kastenförmige Wagen, aber sie waren haltbar. Unser Taxifahrer sagte, er habe vor drei Jahren einen unangemeldeten Xiali für 14000 Yuan gekauft. »Den habe ich ein Jahr als Taxi gefahren und dann für elftausend verkauft«, meinte er. »Ich habe nie ein Bußgeld gekriegt!« Während wir die Vierte Ringstraße entlangfuhren, zeigte er auf alte Xialis (»Das ist ein 98er!«). Von Citroën, sagte er, sollten wir auf jeden Fall die Finger lassen (»Vergeudet Benzin!«). Jilis und Suzukis waren besser (»Sparen Benzin!«). Auf Wei Ziqis Frage, ob ein Xiali sicherer sei als die kleinen »Kastenbrot«-Lieferwagen, die man auf dem Lande häufig sieht, antwortete er lachend: »Natürlich! Wenn Sie in einem Brotkasten mit sechzig Stundenkilometer einen Unfall haben, sind alle Insassen tot! Garantiert!«

Bis Wei Ziqis Bekannter eintraf, schauten wir uns auf dem Pekinger Gebrauchtwagenmarkt um. Er liegt am südlichen Stadtrand, wo sich zwischen billigen Plattenbauten verstaubte Höfe von Autohändlern breitmachen. Dies ist Pekings größte Gebrauchtwagenbörse; an jedem beliebigen Tag stehen hier nicht weniger als 20000 Fahrzeuge zum Verkauf. Es gibt ein paar Autohäuser, die hochwertige Modelle am Lager haben, aber die meisten Anbieter sind Privatpersonen, die für die Erlaubnis, ihre Autos auf dem staubigen Hof abzustellen, umgerechnet 25 US-Cent pro Stunde zahlen. Sie kritzeln improvisierte Anzeigen auf Pappstreifen: »2003er Modell, ein Besitzer. Alle Zulassungen in Ordnung.« Die Wagenpapiere sind ein wichtiges Verkaufsargument – das ist oft das Erste, was die Leute erwähnen, weil die Käufer sich Sorgen machen, ob sie bei der Inspektion durchkommen. Die Besitzer geben das Alter eines Wagens in Monaten an, wie bei Babys. »Dezember 1998«, sagte eine Frau mit einem roten Xiali zu Wei Ziqi. »Das ist eigentlich dasselbe wie 1999!« Für die Chinesen ist die bisherige Nutzung wichtiger als das Modell; deshalb interessieren sie sich für die Monate.

Es war ein heißer und staubiger Tag, als wir dort waren, und weil anscheinend niemand daran gedacht hatte, seinen

Wagen zu waschen, waren so gut wie alle Fahrzeuge verdreckt; obendrein schienen sie darum zu konkurrieren, welcher den scheußlichsten Sitzbezug hatte. Die Besitzer mussten sich in der Nähe ihrer Autos aufhalten, um Kaufinteressenten abzupassen, und sie vertrieben sich ihre Langeweile mit Kartenspiel oder chinesischem Schach. Manche Besitzer lümmelten sich schlafend auf dem Rücksitz. Fast niemand nannte offen einen Preis; wenn man sich erkundigte, kam prompt die Gegenfrage: »Wie viel wollen Sie ausgeben?«

Ein wichtiges Verkaufsargument war, dass ein Ersatzreifen und ein Wagenheber im Preis inbegriffen waren. Eine häufige Verkaufsmasche war auch *san xiang*: »Drei Abteile.« Die Besitzer riefen es stolz aus: »Drei Abteile! Drei Abteile!« Ich fragte Wei Ziqi, was das zu bedeuten habe. »Das bedeutet, dass der Wagen Vordertüren, Hintertüren und einen Kofferraum hat«, erklärte er.

»Aber das sieht man doch. Warum müssen sie es extra sagen?«

Endlich dämmerte mir, dass keiner der Marktteilnehmer die leiseste Ahnung hatte, was er da tat. Wie viele Menschen in China hatten Erfahrung mit dem Kauf oder Verkauf eines Wagens? Alle befanden sich im Blindflug, und Wei Ziqi gab sich die größte Mühe, mit dem Strom zu schwimmen. Er schaute sich einige Xialis an, traute sich aber nicht, nach dem Preis zu fragen. Als wir an einem Citroën vorbeikamen, heiterte sich sein Gesicht auf, und er sagte: »Vergeudet Benzin!« Er wirkte ungeheuer erleichtert, als sein Bekannter endlich kam.

Der Mann hieß Yuan Shaochun, und er trug ein weißes Achselhemd, khakifarbene Shorts, Lederslipper und schwarze bis zu den Knien reichende Socken. In einer Hand trug er eine Geldtasche aus Kunstleder, in der anderen ein schmutziges weißes Handtuch. Er keuchte in der hochsommerlichen Hitze – er hatte einen dicken Bauch und kurze krumme Beine, die jeden Augenblick einzuknicken drohten. Mit dem Handtuch wischte er sich den Schweiß vom Nacken. Kaum war der Mann da, zückte Wei Ziqi seine »Roten Pflaumenblüten« – rote Packung, nur für den Stadtgebrauch – und bot Herrn Yuan eine Zigarette an. Der Mann schüttelte verächtlich den Kopf, wischte sich den Nacken ab und holte eine Packung »Zhongnanhai Leicht« hervor. Er bot Wei Ziqi keine an. Als er mich dastehen sah, deutete er auf mich: »Wer ist der Ausländer?«

Herr Yuan wurde freundlicher, als er erfuhr, dass ich Bücher geschrieben hatte. Er sagte mir, er habe *guanxi* zu einem Verlag, und vielleicht sollten wir uns alle mal zusammensetzen und etwas ausknobeln. »Die können Ihre Bücher möglicherweise ins Chinesische übersetzen«, meinte er. Er kritzelte eine Nummer in mein Notizbuch und sagte, ich solle ihn anrufen, falls ich mal an einer Verbindung zur Ningxia People's Press interessiert sein sollte. Ningxia ist die muslimische Provinz im fernen Westen; vor Jahren war ich dort mit dem City Special im Sand steckengeblieben. Herr Yuan besaß außerdem einen Zigaretten- und *baijiu*-Laden am südöstlichen Stadtrand von Peking. Nebenbei hatte er seit zehn Jahren hin und wieder mit Autos gehandelt. Er fuhr einen Citroën (»Vergeudet Benzin!«). Im Fond des Wagens hatte er einen Louisville-Schläger aus Aluminium, Farbe rot, Modell FP29. Ich hatte noch keinen echten Softballschläger in Peking gesehen; der Griff war umwickelt und mit allem, was dazugehört. Ich fragte den Mann, ob er spielte. »Fang shen«, knurrte er. »Das ist zum eigenen Schutz.«

Im Augenblick hatte er nichts anzubieten. Er war gekommen, um Wei Ziqi zu helfen, ein Auto zu finden, und er führte uns auf dem Platz herum, fuchtelte mit seinem Schweißlappen und murrte über Wei Ziqis Anschaffungsetat. »Für fünfzehntausend werden Sie nichts finden«, erklärte er. »Wenn Sie etwas aus dem Jahr 2000 oder später wollen, müssen Sie wenigstens zwanzigtausend anlegen.« Hin und wieder blieb er stehen und kritisierte einen Wagen. »Der hatte bestimmt einen Unfall«, sagte er, nachdem er einen grünen Xiali untersucht hatte. »Das verschweigt der Besitzer.«

Wei Ziqi machte vor einer weißen Xiali-Limousine halt. Es handelte sich um ein stillgelegtes Taxi; das Taxischild war noch am Dach befestigt. Nach Pekinger Recht darf ein als Taxi genutztes Fahrzeug insgesamt nur sechs Jahre im Verkehr sein, aus Sicherheits- und Umweltschutzgründen; die Vorschrift ist aber auch ein Segen für die Autoindustrie.

Der Mann mit dem weißen Xiali sagte zu Wei Ziqi, der Wagen sei fünf Jahre als Taxi gefahren. »In Peking können Sie ihn noch ein weiteres Jahr fahren«, meinte er. »Danach können Sie ihn noch in den Vororten fahren.«

»Hatte dieser Wagen schon einen Unfall?«, fragte Wei Ziqi. Diese Frage hatte er bei Herrn Yuan aufgeschnappt.

»Es ist ein Taxi!«, erwiderte der Verkäufer. »Wenn Sie einen unfallfreien Wagen wollen, müssen Sie nicht nach Taxis schauen!« Er schüttelte den Kopf. »Die Xiali-Taxis sind fast alle rot«, sagte er. »Weiße gibt es so wenige, dass sie viel seltener geprüft werden. Die Polizei hält meistens die roten Xialis an, um die Papiere zu überprüfen. In einem Wagen wie diesem fallen Sie nicht auf.«

Herr Yuan riet dennoch von dem Unsichtbaren Xiali ab. Er hatte etwas anderes anzubieten. Ein Freund von ihm in der Vorstadt hatte sich auf Fahrzeuge von bankrotten Betrieben spezialisiert. Ein auf einen Betrieb angemeldetes Auto darf fünfzehn Jahre lang genutzt werden, egal, wie marode es ist. Das Kunststück ist, einen Wagen zu finden, der seinen Betrieb überdauert hat; zum Glück sind aber unzählige staatseigene Firmen in den Reformjahren bankrottgegangen. Im weiteren Verlauf der Woche machten wir uns auf die Suche nach dem Bankrotten Xiali.

* * *

Es war ein erstes Zeichen, dass es bald zu einem Handel kommen werde, als Herr Yuan sich bereitfand, von Wei Ziqi Zigaretten anzunehmen. Auf dem Gebrauchtwagenmarkt hatte er die »Rote Pflaumenblüte« nicht angerührt; jetzt nahm er sie gnädig entgegen. Das war auch als ziemlich sicherer Hinweis zu werten, dass er von einem Verkauf profitieren würde. Sein Laden – Das Prächtige Zigaretten- und Schnaps-Emporium – lag direkt gegenüber von dem Autohändler, der eine Reparaturwerkstatt betrieb. Wir befanden uns in Fangshan, 24 Kilometer südwestlich vom Stadtzentrum Pekings. Hier steht eine der größten Zementfabriken der Hauptstadt, und weißer Staub bedeckte alles ringsum, so fein und leicht wie der Schnee bei einem plötzlichen Kälteeinbruch.

Der Händler hatte den Wagen vor seiner Werkstatt geparkt. Der rote Xiali stammte vom Oktober 1998; die Nummernschilder waren rechtlich in Ordnung. Theoretisch gehörte das Fahrzeug noch dem Tourismusunternehmen Bejing Shanqili Guest Services Company, aber die Firma hatte Pleite gemacht und existierte nur noch in dem Papierkram, der säuberlich in das Handschuhfach passte. Der Wagen war ungewaschen. Er war wie alles andere mit Zementstaub bedeckt; der Händler wischte die Windschutzscheibe mit einem schmutzigen Lappen frei. Als Erstes zeigte er Wei Ziqi den Kofferraum: ein Reservereifen und ein Wagenheber, ohne Aufpreis! »Er ist unfallfrei«, erklärte der Händler. Aber eine Schramme zog sich über die Motorhaube, und der untere Teil der Karosserie war mit kleinen Dellen übersät, wie mit Pocken. Der Händler sagte, wir könnten eine Probefahrt machen, und er übergab die Schlüssel Wei Ziqi, der mich anschaute.

Ich wusste, dass er keine Erfahrung als Fahrer hatte. Das letzte Mal, als ich ihm erlaubt hatte, unbeaufsichtigt ein Fahrzeug zu bedienen, hatte er die Stoßstange meines gemieteten Jetta abgerissen, aber etwas an der heutigen Situation ließ mich zögern, die Schlüssel zu übernehmen. Es ging vor allem um *mianzi*, das Gesicht – dies war ein wichtiger Moment für Wei Ziqi, das erste Auto seines Lebens, der frischgebackene Geschäftsmann, der es mit etablierten Unternehmern zu tun hatte. Jeder in China lebende Ausländer weiß von der kulturellen Bedeutung von *mianzi* und von der Angst, es zu verlieren; es kommt aber vor, dass der Außenstehende dies überkompensiert. Tatsächlich war Wei Ziqi sich seiner Beschränkungen durchaus bewusst, wie jeder Chinese vom Land. Er war ein stolzer Mensch, aber er war nicht dumm, und jetzt wollte er, dass ich fahre. Ich aber deutete seinen Blick falsch und nahm die Schlüssel nicht.

Mit gespanntem Gesichtsausdruck nahm Wei Ziqi auf dem Fahrersitz Platz. Er fragte den Händler, welches der Rückwärtsgang war – kein gutes Zeichen –, und dann startete er die Zündung. Wir standen daneben und schauten zu. Er löste die Handbremse, legte den Gang ein, trat das Gaspedal durch und ließ das Kupplungspedal kommen. Er wollte den Wagen nicht abwürgen, aber er hatte keine Ahnung, dass er so schnell anziehen würde. Der Motor heulte auf, und die Räder drehten durch; der Wagen raste durch eine große Pfütze mit schmutzigem Wasser, so dass der zementfarbene Dreck in hohem Bogen über den Platz sprühte, und fuhr geradewegs auf einen Telefonmast zu. Wei Ziqi schaute überhaupt nicht, wohin er fuhr; den Blick auf den Boden geheftet, suchte er verzweifelt nach der Fußbremse. Im letzten Moment fand er sie – einen knappen Meter vor dem Mast kam der Wagen zum Stehen. Mein Herz hämmerte wie verrückt; mein *mianzi* muss kreidebleich gewesen sein. Als ich meine Stimme wiedergefunden hatte, sagte ich: »Okay, ich fahre.«

Auf der Probefahrt saß Wei Ziqi auf dem Beifahrersitz. Ich wusste nicht, wie ich dieses Fahrzeug bewerten oder was ich von ihm erwarten sollte – es war schließlich eine chinesische Version eines südkoreanischen Kleinwagens namens Charade. Das letzte Mal, dass ich mit dem Kauf eines Gebrauchtwagens zu tun gehabt hatte, war ich noch auf der Highschool in Missouri, und ich kaufte einen 1974er Dodge Dart für 700 Dollar. Der Xiali erinnerte mich in mancher Hinsicht an jenen Dart. Die Maschine hatte wenige PS, und die Bremsen waren weich. Die Karosserie sah verboten aus. Aber der Motor klang annehmbar – kein Klingeln, kein Klopfen. Es gab sogar einen Ersatzreifen und einen Wagenheber. Nachdem ich mit Wei Ziqi ein paar Kilometer gefahren war, sagte ich dasselbe, was mein Vater 1986 über den Dart gesagt hatte: »Ich glaube, er ist okay.«

Bei der Werkstatt bot er allen von der »Roten Pflaumenblüte« an. Durch die Zigaretten großmütig gestimmt, erklärte der Händler, die schweißfleckigen Sitzüberzüge aus Bambus gäbe er gratis dazu. »Normalerweise würde ich diesen Wagen für sechzehntausend Yuan verkaufen«, meinte der Mann. »Aber Sie bekommen ihn für fünfzehn, weil Sie ein Freund von Yuan sind.«

»Könnten Sie nicht noch ein bisschen runtergehen?«, fragte Wei Ziqi. »Sagen wir, zweihundert Yuan?«

Der Mann war einverstanden: 25 Dollar weniger. »Gibt es noch etwas, worauf Sie achten würden?«, sagte Wei Ziqi zu mir.

»Wie viel Kilometer hat er?«, fragte ich.

»Sie können nachschauen«, antwortete der Händler achselzuckend. Ich steckte meinen Kopf hinein: 14 255 Kilometer. Der Kilometerzähler hatte nur fünf Stellen, und man konnte nicht wissen, wie oft er schon den vollen Stand übersprungen hatte: Die gesamte Fahrleistung konnte 14 255 Kilometer sein, aber auch 114 255 oder 1 014 255 Kilometer. Es gab kein Heft mit den durchgeführten Reparaturen, keine Freigabe durch den prüfenden Mechaniker. Wir wussten nichts darüber, wie der Xiali genutzt worden war oder welche Rolle er beim Niedergang der Bejing Shanqili Guest Services Company gespielt hatte. Der Händler wollte nicht einmal einen Kaufvertrag ausstellen. »Ich habe keine gute Handschrift«, sagte er. »Herr Yuan soll ihn schreiben.«

Er gab Herrn Yuan ein vorgedrucktes Formular mit der Überschrift »Vertrag«. Herr Yuan begann die Leerstellen auszufüllen – Käufer, Verkäufer, Datum – und hielt dann inne. »Ich habe auch eine schlechte Handschrift«, sagte er. Schließlich füllte Wei Ziqi das ganze Ding aus. Der Händler überredete ihn, den Preis auszulassen. (»Es ist einfacher so.«) Der Mann weigerte sich außerdem, mit seinem Namen zu unterschreiben. »Das können Sie für mich eintragen«, beharrte er. »Ich habe wirklich eine schlechte Handschrift!« Wei Ziqi zögerte, aber am Ende trug er beide Unterschriften ein. Als das fertig war und das Geld den Besitzer gewechselt hatte, teilte der Händler Zigaretten der Marke »Roter Golddrachen« aus, um die Beendigung des Handels zu markieren.

Ich fuhr den Xiali zurück in die Stadt. Wir mussten die nächste Tankstelle an der Straße ansteuern, weil der Händler dafür gesorgt hatte, dass der Tank praktisch leer war, als er den Wagen aus der Hand gegeben hatte. Ich fragte Wei Ziqi, warum der Händler so unwillig gewesen war, den Vertrag zu unterschreiben.

»Ich weiß es nicht«, sagte Wei Ziqi. »Es kam mir etwas sonderbar vor.«

»Was werden Sie machen, wenn es ein Problem gibt?«

»Ich werde mit Herrn Yuan reden«, meinte er.

Ein anderer Freund half ihm, von Peking heim nach Sancha zu fahren. Am Spätnachmittag mietete ich einen Jetta und fuhr hinaus aufs Dorf. Als ich ankam, war Wei Ziqi auf dem Parkplatz des Dorfes dabei, den Xiali trocken zu wischen. Er hatte ihn unter dem einzigen schattigen Baum geparkt, und die pockennarbige Motorhaube war so sauber, dass sie geradezu glänzte. Auch Wei Ziqi strahlte – so glücklich hatte er seit langem nicht mehr ausgesehen. Als ich Cao Chunmei traf, fragte ich sie, was sie von dem Xiali halte. Mit einem Kopfschütteln sagte sie: »Was für ein schreckliches Auto!«

Cao Chunmei war von Anfang an gegen den Kauf gewesen. Sie brauchten kein Auto, behauptete sie, und es sei zu teuer; die Familie habe immer noch Schulden bei der Bank und bei Verwandten. Der wahre Grund für Cao Chunmeis Widerstand war jedoch, dass ein Auto Freiheit bedeutete. »Er tut ohnehin schon, was er will«, sagte sie mir. »Er fährt nach Huairou, er fährt, um mit seinen Freunden zu trinken. Wenn er ein Auto hat, wird ihm das noch leichter fallen.« Ähnlich reagierte sie auf die im Dorf umlaufenden Gerüchte, Wei Ziqi solle sich um den Posten des Parteisekretärs bewerben. »Ich will nicht, dass er Parteisekretär wird«, erklärte sie mir unverblümt. »Das wird eine Menge Scherereien mit sich bringen. Ich sehe, wie sehr die gegenwärtige Parteisekretärin beschäftigt ist. Wenn Wei Ziqi sich auch noch die Angelegenheiten des Dorfes auflädt, wird er keine Zeit mehr haben, sich um die Dinge hier im Haus zu kümmern.«

Trotz ihrer Abneigung gegen die Lokalpolitik hatte Cao Chunmei beschlossen, ebenfalls der Partei beizutreten. Ein überraschender Entschluss, denn wie vertrugen sich ihre buddhistischen Glaubensvorstellungen mit denen der Kommunisten, die die Religion schon immer verachteten? Dabei waren es weder philosophische noch gar politische Gründe, die Cao Chunmei zum Beitritt bewogen: Sie wollte bloß aus dem Haus und unter Leuten sein. »Jeden Sommer machen sie einen schönen Ausflug«, sagte sie. »Sie kriegen Geschenke und dergleichen. Es wird bestimmt interessant.« Cao Chunmei war durch den geschäftlichen Erfolg ganz einsam geworden; die tägliche Plackerei blieb weitgehend an ihr hängen, und selbst die Tröstung des Buddhismus erlebte sie ganz allein. Es war genau andersherum als bei Wei Ziqi, der mit jedem Schritt mehr Beziehungen, mehr Einfluss innerhalb des Dorfes, mehr Kontakt mit der Außenwelt gewann.

Mehr Respekt erwartete er auch von der Familie. Als Cao Chunmei erwähnte, dass sie der Partei beitreten wolle, sagte

Wei Ziqi kategorisch nein. »Das ist nicht nötig«, erklärte er ihr, und dabei beließ er es. Er hielt es nicht für notwendig, ihr seine Entscheidungen zu begründen, und seine Pläne behielt er für sich. Sooft ich Cao Chunmei nach den politischen Gerüchten im Dorf fragte, behauptete sie, nicht mehr zu wissen als ich. »Wei Ziqi erzählt mir nichts«, meinte sie. »Er macht, was er will. Ich habe keinen Einfluss auf ihn.« So reagierte sie auf alle Konflikte: *Wo bu guan*. Darauf habe ich keinen Einfluss. Ihren Traum, der Partei beizutreten, gab sie ebenso sang- und klanglos auf wie den Plan, ihr eigenes Geschäft zu starten.

* * *

Im weiteren Verlauf des Jahres, als er sich mit dem Wagen besser vertraut gemacht hatte, fuhr Wei Ziqi nach Huairou und beschaffte seinem Sohn einen neuen Namen. Wie praktisch alle Projekte erwähnte er auch dieses erst, als es abgeschlossen war. Als er Wei Jia an einem Freitagnachmittag von der Schule abholte, erklärte er ihm, von nun an heiße er Wei Xiaosong.

In China sind Namensänderungen nichts Ungewöhnliches, speziell bei Kindern oder jungen Erwachsenen. Wei Ziqi hatte auch seinen eigenen Namen geändert: Ursprünglich hieß er Wei Zongguo. Kindern, die während der Kulturrevolution geboren wurden, hatte man auf dem Lande nicht selten solche patriotischen Namen gegeben – »guo« bedeutet »Nation«. Wei Ziqi hatte die Änderung 1993 vorgenommen, als er in der Stadt lebte; schon damals trachtete er danach, etwas anderes zu werden als ein Bauer. Er hatte in einem Buch mit dem Titel *Der Name und das Leben* gelesen, dass man es, wenn man »ziqi« heißt, zu »etwas Höherem« bringen wird.

Es gibt aber auch ernstere Gründe, den Namen eines Kindes zu ändern. Eltern glauben, ein ungünstiger Name bringe Unglück, und wenn ein Kind chronisch krank ist, könne es von einem neuen Namen profitieren. Als ich einen Lehrauftrag in

Sichuan hatte, litt die Tochter eines Kollegen an Krebs, und nach jahrelanger Behandlung gaben die Eltern ihr schließlich einen neuen Namen. Von der örtlichen Behörde für Geburtenkontrolle erhielten sie damals die Genehmigung für ein weiteres Kind. Wenn das erste Kind eines Paares schwere gesundheitliche Probleme hat, machen die Behörden zuweilen eine Ausnahme. Die kranke Tochter war im schulpflichtigen Alter, alt genug, um genau zu begreifen, was es hieß, dass ihr Name geändert und die Mutter schwanger wurde. Im Laufe des Jahres starb das arme Mädchen, und ich fand es immer furchtbar, dass sie ihre letzten Monate mit einem ungewohnten Namen verbringen musste. Es kam mir schrecklich vor, die Welt als jemand anders zu verlassen.

Wei Jia hatte einen einfachen Vornamen: Das Zeichen *Jia* bedeutet »gut«. Es besteht aber aus vierzehn Strichen, in China eine Unglückszahl, und die Gesundheit des Jungen war immer fragil. Die Probleme mit dem Blut waren zwar verschwunden, aber er klagte oft über Magenschmerzen und fing sich leicht eine Erkältung ein. In den ersten Jahren schob ich es auf die Unterbringung in der Schule; die Bedingungen im Wohnheim waren schlecht, und er mochte das Kantinenessen nicht. Doch in der letzten Zeit gingen die größeren Gefahren von dem Junkfood und dem Bewegungsmangel aus. Was das Lernen betraf, waren die Eltern streng; an den Wochenenden achteten sie darauf, dass Wei Jia auf dem *kang* blieb und seine Hausaufgaben machte. Ihr Respekt vor der Bildung war bewundernswert, aber der Junge bekam keine Bewegung, und hinzu kamen traditionelle Vorstellungen über die Gesundheit, die kontraproduktiv wirkten. Angesichts der chronischen Erkältungen empfahl ich, Wei Jia Orangen zu geben, aber seine Mutter glaubte, im Winter solle man nicht allzu viel Obst essen – das sei nicht gut für das *qi*, erklärte sie. Wei Jia trank selten Wasser, wie die meisten Menschen in China. Unter Chinesen herrschen unzählige obskure Vorstellungen über die Tageszeiten, die ungünstig für die Aufnahme von Flüssigkeiten sind, mit dem Ergebnis, dass die meisten einfach nicht genug trinken. Einmal brachten Cao Chunmei und ich den Jungen zu einer Routineuntersuchung nach Huairou, aber der Arzt konnte den Urintest nicht durchführen – Wei Jia war so dehydriert, dass er Blut in seiner Probe hatte. Dennoch konnte ich die Eltern nicht dazu bewegen, dafür zu sorgen, dass er mehr trank, Gemüse und Obst aß und mehr Bewegung bekam. Dass der Vater auf die gesundheitlichen Probleme des Jungen mit der Änderung seines Namens reagierte, war typisch. Manchmal schien es mir, als wählten sie instinktiv das Schlimmste aus beiden Welten: aus der Moderne die schlimmsten Gewohnheiten und aus der chinesischen Tradition die schlimmsten Aberglauben.

Je länger ich in China lebte, desto mehr Sorgen bereiteten mir die Reaktionen der Menschen auf den rasanten Wandel. Es war keine Frage der Modernisierung, jedenfalls nicht im absoluten Sinne, denn gegen den Fortschritt als solchen hatte ich überhaupt nichts. Ich hatte Verständnis dafür, dass die Menschen unbedingt der Armut entrinnen wollten, und ich hatte großen Respekt vor ihrer Bereitschaft, zu arbeiten und sich anzupassen. Aber wenn es so schnell geht, hat das unvermeidlich seinen Preis. Oft waren die Probleme fast unmerklich und für einen Außenstehenden schwer zu erkennen. In westlichen Zeitungsberichten wurde gern das Dramatische und Politische hervorgekehrt, und um örtlich begrenzte Proteste, zu denen es auf dem Land häufig kommt, wurde viel Aufhebens gemacht. Doch nach meinen Beobachtungen litt das Land am stärksten unter seiner inneren Zerrissenheit. Viele Menschen waren auf der Suche. Sie sehnten sich nach einer religiösen oder philosophischen Wahrheit, und sie wünschten sich eine verlässliche Beziehung zu anderen. Es fiel ihnen schwer, ihre alten Erfahrungen auf die aktuellen Herausforderungen anzuwenden. Eltern und Kinder lebten in verschiedenen Welten, und es gab kaum eine Ehe, die nicht mit Schwierigkeiten rang; selten traf ich ein Paar, das miteinander glücklich zu sein schien. Für die meisten war es nahezu unmöglich, sich in einer Welt zurechtzufinden, die sich so rasant veränderte.

Wei Jias neuer Name war per Computer ausgesucht worden. Das hob Wei Ziqi ausdrücklich hervor. Er erzählte mir, die computergestützte Namensanalyse werde in den Städten zunehmend üblich. In Huairou habe sich ein Mann auf diesen Service spezialisiert, und er nehme dafür eine Gebühr von fünfzig Yuan, ungefähr sechs Dollar. Von Wei Ziqi wollte er nichts nehmen, weil sie gemeinsame Freunde und *guanxi* hatten. Er erstellte einen Ausdruck von einer Seite, mit einer ausführlichen Analyse des neuen Namens und seinen Zukunftsaussichten. Als Wei Xiaosong könne der Junge auf Glück und ein langes Leben, Wohlstand und Ehre hoffen. Seine Persönlichkeit werde beherrscht und großzügig sein. Die Maschine spuckte Charakterzüge aus, die sich wie Einträge auf einem Börsenticker aneinanderreihten: »Starke Zuneigungen. Maßvoll. Tugendhaft. Elegant.«

Auch das Geburtsdatum des Jungen wurde vom Computer untersucht, mit dem Ergebnis, dass Wasser dasjenige der fünf traditionellen Elemente sei, das ihm am meisten fehle. Um das festzustellen, brauchte ich keine Maschine – so gut wie jeder, den ich in China kannte, war dehydriert. Die Lösung des Computers bestand jedenfalls darin, den Jungen »Song« zu nennen; so heißt ein Fluss in der Nähe von Shanghai. »Xiao« bedeutet »klein«. Das war sein neuer Name: Kleiner Songfluss.

Cao Chunmei wollte mit der ganzen Angelegenheit nichts zu tun haben. »*Wo bu guan*«, sagte sie. »Darauf habe ich keinen Einfluss. Der Name gefällt mir nicht besonders, aber das ist nicht meine Sache. Es ist Wei Ziqis Sache.«

An dem Wochenende der Namensänderung aßen wir zusammen zu Abend. Es war Sonntagabend, und Wei Ziqi war mit einem anderen Parteigenossen zu einem geheimnisvollen Treffen ins Tal hinuntergefahren. Es hatte etwas mit den bevorstehenden Wahlen zu tun – sie trafen sich oft außerhalb des Dorfes, um keine Aufmerksamkeit zu erregen. Wei Jia war mit seinen Hausaufgaben fertig und las am Nachmittag ein Buch über Dinosaurier. Er war jetzt in der vierten Klasse, und er las gut; in der Schule war er nach wie vor ausgezeichnet. Aber sobald jemand den neuen Namen erwähnte, wurde er ganz still. Ich musste mehrmals danach fragen, bevor er antwortete.

»*Bu hao*«, sagte er schließlich. »Er ist nicht gut.«

Ich fragte ihn, wieso der Name nicht gut sei, und seine Antwort kam beinahe flüsternd.

»*Bu hao ting*«, sagte er. »Er klingt schlecht.«

Mehr sagte er nicht – er wollte nicht näher darauf eingehen. Zu Abend aßen wir Fisch mit Knödeln, und es war nicht zu übersehen, dass Cao Chunmei mit ihren Gedanken woanders war. Nach dem Essen tätigte sie einen Anruf. Sie versuchte wahrscheinlich, Wei Ziqi auf dem Handy zu erreichen, aber jemand anders nahm ab. Sie hörte eine Weile zu und fiel dem anderen dann ungeduldig ins Wort. »Er ist betrunken, nicht wahr?«, sagte sie. »Kommt er heute Nacht heim? Er muss morgen früh nach Huairou. Sag ihm, er soll mich anrufen!«

Fast eine Stunde saß sie grübelnd am Tisch. Wei Jia schien das gar nicht zu bemerken – er war in guter Stimmung, und nach dem Essen spielten wir Schach. Er hatte einen schlimmen Husten; seit einer Woche kämpfte er wieder mit einer Erkältung. Endlich klingelte das Telefon. Cao Chunmei ging ins Nebenzimmer, um den Anruf entgegenzunehmen, aber ich konnte hören, was sie sagte.

»Du musst heute Abend heimkommen«, sagte sie scharf. Sie erklärte ihm, am nächsten Morgen um sieben sei eine Versammlung im Dorf angesetzt. »Verstehst du? Du musst heute Abend heimkommen!«

Wenn Wei Jia etwas hörte, so ließ er sich nichts anmerken. Wir lasen noch in einigen seiner Bücher, und dann sagte ich ihm, ich käme am Morgen und würde ihn in die Schule fahren. Als ich hinausging, war Wei Ziqi zu meiner Überraschung schon zurückgekehrt. Er stand im Wohnzimmer gegen einen Tisch gelehnt; alle Lichter waren aus. Ich machte eine Lampe an und sah, dass der Mann so betrunken war, dass er sich kaum auf den Beinen halten konnte.

»Sind Sie in Ordnung?«, fragte ich. Aber er konnte auch nicht sprechen. Er ließ sich gegen den Tisch sinken, offenbar sah er verschwommen. Cao Chunmei war mir in das Zimmer gefolgt. Ich fragte sie, wie er heimgekommen sei.

»Jemand anders hat seinen Wagen gefahren«, antwortete sie.

»Wird er zurechtkommen?«

»Es ist in Ordnung«, sagte sie.

Am nächsten Morgen war es noch dunkel, als ich Wei Jia abholte. Seine Eltern schliefen auf dem *kang*, und der Junge machte sich im Esszimmer fertig für die Schule. Es sah wüst aus; der Inhalt einer Tüte Sonnenblumenkerne lag über den Boden verstreut. Ich fragte Wei Jia, was passiert war.

»Papa war betrunken«, sagte er sachlich. »Er versuchte sich Wasser einzuschenken und schüttete es daneben, und dann wurde er wütend und schmiss diese Kerne herum.«

Wei Jia hatte seine Schuluniform schon angezogen und packte jetzt seine Tasche.

»Ist er oft so?«, fragte ich.

»Ja«, antwortete er. Der Junge war noch mit seiner Schultasche beschäftigt. Er blickte nicht auf, und ich wechselte das Thema.

»Hast du dein rotes Halstuch?«

»Ja«, sagte er. Das Halstuch ist das Symbol der Jungen Pioniere, das alle Schulkinder tragen.

»Dann binde es um«, sagte ich.

Er band es sich um den Hals. Es war wie immer zerfetzt; an einer Seite war es tief eingerissen, und vorn hatte es Fettflecken. Gewöhnlich sind die Jungen Pioniere sauber geschrubbt, aber gelegentlich trifft man einen, der aussieht wie ein Frontsoldat. Drunten im Tal machten wir halt, um zu frühstücken. Wei Jia hatte einen quälenden Husten, aber seine Wantansuppe aß er begierig, während er sich in der Kälte des Restaurants über den Napf beugte.

* * *

Während des nächsten Monats schwebte der neue Name über Wei Jias Kopf. Sein Vater sagte ihm, er habe keine Wahl und die Änderung müsse jetzt vorgenommen werden; in anderthalb Jahren komme er auf die Mittelschule. Er werde als Wei Xiaosong angemeldet und es sei besser, wenn er sich jetzt schon daran gewöhnte. Er müsse nur einmal anfangen, den Namen zu benutzen, dann komme es ihm selbstverständlicher vor.

Der Junge nannte keinen Grund für seine Abneigung. Er erklärte nicht, warum er den alten Namen mochte oder was ihn an dem neuen störte; er bat nicht um eine dritte Option. Er wurde nicht wütend, und er weinte nicht bei seiner Mutter wie bei früheren Konflikten. Er sagte eigentlich gar nichts. Wenn das Thema zur Sprache kam, sagte er nur *bu hao*. Nicht gut. Leise murmelte er die Worte vor sich hin, in denen sich nach und nach eine seltsame Mischung von Macht und Ohnmacht äußerte. Sein Vater begriff nicht, was dahintersteckte, und gab es bald auf. Mich erinnerte es an Bartleby – »Ich möchte lieber nicht.« Ich erkannte in dieser schlichten Wendung aber auch die beiden Eltern. Seine Mutter wollte für Dinge, auf die sie keinen Einfluss hatte, nicht verantwortlich sein: *bu hao*. Sein Vater war entschlossen, seine Welt um jeden Preis zu verändern: *bu hao*. Was Wei Xiaosong betraf, so versprach der Computer ihm Glück und ein langes Leben, Wohlstand und Ehre, Beherrschung und Großzügigkeit; doch am Ende war alles *bu hao*. Der Junge wollte den Namen einfach nicht akzeptieren. Nach einigen Wochen kapitulierte sein Vater und erwähnte die Änderung nie wieder. Er war immer Wei Jia gewesen, das letzte Kind im

Oberdorf, das erste Kind, das im Haus eines Geschäftsmanns aufwuchs – und jetzt würde er für immer Wei Jia sein.

* * *

In jenem Winter bekam der Idiot von der Verwaltung nicht seine Zulage zum Frühlingsfest. Er erhielt seine üblichen Säcke Reis und den Krug Speiseöl, aber die zwölf Dollar fehlten. Der Betrag war zu gering, als dass die Weis sich mit einer Beschwerde aufgehalten hätten, und sie wussten genau, was das zu bedeuten hatte. Die Parteisekretärin ließ ihnen eine Botschaft zukommen: Noch hatte sie die Macht im Dorf, und sie war nicht glücklich über die Wahlgerüchte.

Inzwischen sprach alle Welt davon, und selbst Cao Chunmei konnte ihr Interesse nicht verbergen. »Die Leute reden unaufhörlich davon«, erzählte sie mir. »Sie wollen die Parteisekretärin und den stellvertretenden Parteisekretär nicht mehr im Amt haben. Viele wünschen sie zum Teufel – natürlich hinter ihrem Rücken. Früher waren sie mit der Parteisekretärin zufrieden, aber sie haben ihre Meinung geändert. Sie denkt heute anders. Jetzt denkt sie: Ich bin nun seit einiger Zeit im Amt, und dafür stehen mir gewisse Vorteile zu. Das ist Bürokratismus.«

Ich hörte bei den Leuten oft diese Wendung – *guanliao zhuyi*, »Bürokratismus«. »Das bedeutet, dass sie nicht mehr auf andere hört«, erklärte Cao Chunmei. Das Wort stammt aus der Kulturrevolution. Während der maoistischen Kampagnen auf dem Land wurden Angriffe auf örtliche Funktionäre mit diesem Begriff begründet. Damals drehte sich alles um die Politik, doch inzwischen benutzten die Einwohner von Sancha den Vorwurf in einem anderen Sinne – ihnen ging es um kapitalistische Schieberei. Sie murrten über Landverkäufe in der letzten Zeit, über deren Einzelheiten nichts bekannt war, deren Folgen sich nun aber zeigten. Zwischen den beiden Teilen des Dorfes wurde ein neues Restaurant gebaut, das zum größten

Gebäude am Ort werden würde. Und in den Hochtälern wurden zwei neue Straßen gebaut. Es gab keinen Anhaltspunkt für Korruption, aber für viele Dorfbewohner war die Heimlichkeit dieser Geschäfte Beweis genug. Dass plötzlich von außerhalb Geld ins Dorf strömte, nährte jedenfalls den Verdacht, dass der größte Teil der Gewinne aus dem Tourismus später aus dem Dorf abfließen würde.

Die Leute begannen zu reden, aber von einer Basisbewegung konnte noch keine Rede sein. Auf dem Land gehen politische Umwälzungen selten von einfachen Bürgern aus. Zwischenfälle werden von der Auslandspresse gern als Aufstand von unten dargestellt, aber das entspringt nur den Erwartungen der westlichen Journalisten und Leser. Tatsächlich haben ländliche Protestbewegungen ihren Ursprung eher in den Randbereichen der Machtsphäre. Vielfach geht es zunächst um innerparteiliche Auseinandersetzungen, sei es, dass ein Mitglied sich persönlich benachteiligt fühlt, sei es, dass ein untergeordneter Funktionär sich über irgendetwas ärgert. Solche Leute können einen erheblichen Wirbel machen – sie kennen die Regeln, und sie wissen, wie man Unruhe stiftet. Zudem besitzen sie eine gewisse Autorität, anders als der gewöhnliche Bauer, der vielleicht murrt, aber nichts unternimmt.

In Sancha gingen die Scherereien von dem Stänkerer aus. Viele Dorfbewohner misstrauten ihm, aber er hatte unbestreitbar Einfluss, in unterschiedlicher Form. Er hatte Verbindungen zur Vergangenheit – manche glaubten, er sei ein Hellseher –, und gleichzeitig war er Mitglied der Partei. Er wusste, wie Wahlen auf örtlicher Ebene ablaufen, und er erkannte die Tüchtigkeit von Wei Ziqi. Und er war geduldig: Zunächst stattete er den Weis des Öfteren Besuche ab und schwätzte mit ihnen, ohne die Kampagne zu erwähnen. Nach einer Reihe solcher zwangloser Gespräche rückte er mit der Sprache heraus. Begleitet von einem anderen Parteimitglied aus dem Unterdorf, schlug der Stänkerer Wei Ziqi vor, er solle kandidieren. »Sie meinten, ich sei tüchtiger als sie«, erzählte Wei Ziqi mir nach dem Treffen. »Sie sagten, ich könne reden, mich um Dinge außerhalb des Dorfes kümmern und selbständig denken. Es hat viel mit meiner Geschäftstätigkeit zu tun – sie sehen darin einen Ausdruck meiner Fähigkeiten.«

Von dem Lob unbeeindruckt, legte Wei Ziqi sich zunächst nicht fest – ein Verhalten, das von ihm erwartet wurde. Doch bald gingen die Männer dazu über, anhand einer Liste der Parteimitglieder abzuschätzen, wer welchen Kandidaten unterstützen würde. Insgesamt gab es jetzt 23 Mitglieder im Dorf, und die stärksten Bindungen waren die des Blutes. Sie waren paritätisch verteilt: Fünf Leute waren eng mit Wei Ziqi verwandt, fünf waren eng mit der Parteisekretärin verwandt. Von den übrigen Mitgliedern waren einige gute Freunde von Wei Ziqi, und von anderen war zu erwarten, dass sie ihre Haltung ändern würden; die Männer versuchten zu berechnen, wie viele zu seinem Lager gehören würden. Sie begannen, insgeheim direkte Gespräche mit den Leuten zu führen. In diesem Stadium hielt Wei Ziqi sich von allem fern. Er wollte sich die Freiheit bewahren, bei zu geringer Unterstützung seine Kandidatur zurückzuziehen. Der Stänkerer diente als seine rechte Hand, zog wochenlang diskret im Dorf umher und besorgte die Drecksarbeit gedämpfter Diskussionen und spätabendlicher Treffen.

Schon bald mobilisierte die Parteisekretärin ihre eigene rechte Hand. Eines Abends erschien der stellvertretende Parteisekretär im Haus der Weis, grüßte Wei Ziqi höflich und setzte sich zu einem Gespräch. Die beiden Männer hatten einander nie nahegestanden, aber dieser Besuch war keine Überraschung, und der stellvertretende Parteisekretär kam rasch zur Sache. »Eines Tages wirst du ein guter Kandidat sein, aber es ist besser, wenn du noch wartest«, sagte er. »Du bist jung, du bist erfolgreich – warte bis zum nächsten Mal. Habe Geduld.«

Wei Ziqi lächelte und sagte dem Mann, an seinen Worten sei durchaus etwas dran. Aber für eine Umkehr war es schon zu spät – der Stänkerer war mit seiner Stimmenwerbung durch, und er meinte, die Zahlen seien vielversprechend. Nach seinen Berechnungen konnte man sich darauf verlassen, dass zehn Parteimitglieder Wei Ziqi unterstützen würden und zehn zum Lager der Parteisekretärin gehörten. Damit blieben nur drei, die noch unentschieden waren.

* * *

Es ging in der Kampagne nicht um Streitfragen. Man sprach weder über bestimmte Pläne für das Dorf noch über notwendige Veränderungen; es gab weder ein Programm noch eine bestimmte Philosophie. Nur ein Narr hätte öffentliche Versprechungen gemacht. Man war bestrebt, alles möglichst im Vagen zu belassen, und beide Kandidaten vermieden es, direkt über die Wahl zu sprechen. Mehr als alles andere zählte die Familie; man brachte seine engen Verwandten in Stellung und versuchte, entfernte Cousins zu rekrutieren. Viel Kraft wurde darauf verwandt, die Motive zu analysieren und herauszubekommen, wer vermutlich wen unterstützen würde. Die Politik war auf ihren reinsten Kern destilliert: eine Übung in dörflichen *guanxi*.

Alles vollzog sich im Unsichtbaren, innerhalb der örtlichen Elite. Inzwischen hatte man den Eindruck, dass der Stänkerer allabendlich bei den Weis erschien, und oft kamen andere Besucher, Männer, die nur knapp grüßten und warteten, dass ich ging. Offen sprachen nur diejenigen, die nicht selbst beteiligt waren. Cao Chunmei und die anderen Frauen unterhielten sich dauernd über die Wahl; sie ergingen sich in Spekulationen über den Ausgang und die Strategien. Sie sagten, die Parteisekretärin sei nervös, und wann immer ich der Frau begegnete, bemerkte ich eine gewisse Anspannung in ihrem Gesicht. Aber noch immer begrüßte sie mich barsch: »Hallo, mal wieder im Land?«

In den letzten Phasen der Kampagne ging man zu festlichen

Einladungen über. Der Stänkerer gab ein Bankett in einem besseren Restaurant in Huairou, bei dem zehn Parteimitglieder erschienen. Diese Männer hatten alle versprochen, für Wei Ziqi zu stimmen, und das Essen sollte sie in ihrer Unterstützung bestärken. Als ich Wei Ziqi jedoch nach dem Bankett befragte, sagte er mir, niemand habe ein Wort über die Wahl verloren. Die Männer genossen das Essen, tranken ihren *baijiu*, rauchten ihre Zigaretten, und dann stellte der Stänkerer am Ende eine Frage: »Hat jemand seine Meinung geändert?« Einer nach dem anderen verneinten sie, und damit war das Bankett in Huairou beendet.

Drei Tage später lud die Parteisekretärin Wei Ziqi und die vier jüngsten Parteimitglieder in ein Restaurant drunten im Tal ein. Seit dem Beginn der Kampagne hatte es zwischen der Frau und Wei Ziqi kaum Kontakt gegeben, und nach dem Essen fragte ich, worüber sie geredet hätten.

»Nicht über die Wahl«, antwortete er.

»Worüber haben Sie dann gesprochen?«

»Ich weiß nicht, bloß ganz normale Dinge«, meinte er. »Ich erinnere mich nicht genau. Es war nicht sehr gemütlich.«

Wenn es ein letzter Versuch war, Wei Ziqi zum Rückzug zu bewegen, dann war es ein indirekter, wie alles andere an der Kampagne indirekt war. In den letzten Tagen kursierten Gerüchte, die Parteisekretärin habe einigen Stimmberechtigten Geld angeboten, aber niemand konnte das untermauern, und das Gerede kam überwiegend von Nichtmitgliedern. Am Ende mussten die politischen Gerüchte außerhalb des Dorfes Wirkung gezeigt haben, denn schließlich, drei Tage vor der Wahl, statteten Funktionäre aus der Gemeindeverwaltung dem Dorf einen Besuch ab.

* * *

Sie kamen zu zweit. Der höherrangige Funktionär war vom Gemeindekomitee der Kommunistischen Partei, und sein Begleiter diente unter ihm. In China haben die Gemeinden Autorität über die zu ihnen gehörenden Dörfer, und dass Funktionäre dieser Ebene sich in einem Dorf wie Sancha zeigen, kommt selten vor. Gewöhnlich fahren die Dorfbewohner zu Versammlungen in die Gemeinde, dem Machtgefälle entsprechend. Aber die aktuelle politische Kampagne war offenbar so wichtig, dass die Männer extra nach Sancha kamen und eine Versammlung aller Parteimitglieder einberiefen.

Zunächst hielt der leitende Funktionär eine Rede. Er sprach über die kommende Wahl und hob hervor, dass man sich korrekt an die Verfahrensordnung halten müsse. Die Parteimitglieder müssten sich unbedingt davor hüten, ihre Stimme zu verkaufen – diesen Punkt unterstrich er mehrfach. Seine weiteren Äußerungen verliefen sich im Vagen. Er ging weder auf die aktuellen Landverkäufe im Dorf ein, noch erwähnte er die mangelnde Klarheit in finanziellen Dingen; um alle spezifischen örtlichen Fragen machte er einen Bogen. Er schwafelte ganz allgemein von Entwicklung und lokalen Verbesserungen.

»Er hat lange gesprochen«, berichtete Wei Ziqi hinterher. »Die Grundtendenz war, wir sollten es bei der bisherigen Parteisekretärin belassen. Es ist schwer zu beschreiben, weil er eine Menge sagte und meistens im Allgemeinen blieb. Aber die Zielrichtung war eindeutig. Letztlich sagte er, unsere bisherige Führerin habe viel Gutes für uns erreicht. Dann fragte er nach den aktuellen Verbesserungen im Dorf. ›Ihr habt eine neue Straße, nicht wahr? Ihr habt Straßenlampen bekommen, nicht wahr?‹ Am Schluss sagte er dann: ›Ihr seht, dass diese Führerin tüchtig ist.‹«

Auf die heimliche Kampagne ging der Funktionär mit keinem Wort ein, und den Namen von Wei Ziqi erwähnte er kein einziges Mal. Anschließend rief er jedes einzelne Mitglied auf, sich offen über die Leistung der Parteisekretärin zu äußern. Die Leute standen der Reihe nach auf und folgten dem Wink des Funktionärs, die Parteisekretärin zu loben. Sie erwähnten die neue Straße, den Handymast, die Straßenlampen, die Müllabfuhr. Diejenigen, die überhaupt etwas Negatives sagten, konnte man an einer Hand abzählen. Am unverblümtesten äußerte sich der Stänkerer; er beanstandete die Landverkäufe und die Geheimniskrämerei um die Finanzen des Dorfes.

Schließlich wandte der Funktionär sich an Wei Ziqi. Der stand auf und sagte einen einzigen Satz. »*Gande bucuo*« – »Sie hat gute Arbeit geleistet.« Dann setzte er sich wieder.

* * *

Was dann folgte, war keine Überraschung mehr. Drei Tage später wurde abgestimmt, und der Name der Parteisekretärin stand auf fünfzehn Stimmzetteln. Wei Ziqi wurde zehnmal benannt. Das übliche Verfahren verlangte eine zweite Abstimmungsrunde, bei der die Auswahl auf die ersten fünf Namen begrenzt war, und Wei Ziqi landete auf Platz vier. Die meisten Stimmen entfielen auf die Parteisekretärin, und der stellvertretende Parteisekretär wurde Zweiter, was bedeutete, dass beide ihre Posten behielten. Den dritten Platz belegte das Mitglied des Dorf-Parteikomitees. Wei Ziqi ging leer aus, nicht einmal ein untergeordnetes Amt blieb für ihn übrig.

Er erfuhr, dass einer seiner vermeintlichen Anhänger, ein Bauer aus dem Unterdorf, der behauptet hatte, Wei Ziqi zu bewundern, tatsächlich ein Spitzel war. Der Bauer hatte so getan, als unterstütze er Wei Ziqi, hatte an allen gemeinsamen Essen und spätabendlichen Treffen teilgenommen; dabei hatte er in jeder Phase heimlich die Parteisekretärin informiert. So war sie immer über alles im Bilde und konnte Mitglieder, auf die es ankam, umstimmen. Wie sie das schaffte, vermochte niemand genau zu sagen. Wei Ziqi lehnte Spekulationen darüber ab – er hatte von der Politik die Nase voll.

Dass die ganze Sache aussichtslos war, hatte er in dem Moment begriffen, als der Funktionär aus der Gemeinde seine

Rede hielt. »*Mei banfa*«, sagte Wei Ziqi. »Es war nichts mehr zu machen.« Die Rede hatte seiner Meinung nach den Ausschlag gegeben; der Spitzel hatte nur eine untergeordnete Rolle gespielt. Wegen der Rede hatte Wei Ziqi so wenig gesagt, als er sich über die Leistung der Parteisekretärin äußern sollte. Das war sein letztes Kalkül in dieser Kampagne – nach all der Geheimhaltung und Planung sicherte er sich im letzten Moment nach allen Seiten ab.

* * *

Eine Zeit lang ergab Wei Ziqi sich dem Alkohol. Er behauptete, die Niederlage mache ihm nichts aus, und oft sagte er, dass er sich auf die Kampagne nur eingelassen habe, weil man ihn dafür gewonnen habe. Tatsächlich versetzte ihn die Niederlage in eine schwere Depression. Oft dachte er zurück an die Warnung des Wahrsagers, die Politik um jeden Preis zu meiden. Aber Wei Ziqi hatte nicht darauf gehört, und jetzt büßte er für seinen Hochmut. Er schwor sich, nie wieder die örtliche Autorität in Frage zu stellen. Er würde sich nur noch um das Amt bewerben, wenn die Parteisekretärin sich zurückziehen und ihn als ihren Nachfolger akzeptieren würde. »Wenn sie mich unterstützt, mache ich's«, meinte er. »Wenn nicht, habe ich keine Chance.«

Ihr Verhältnis war angespannt, doch Wei Ziqi glaubte, dass sie nicht nach Rache trachten würde. Er sagte, sie fürchte nach wie vor seine Fähigkeiten und erinnere sich, was passiert war, als Wei Ziqi den Idioten bei der Gemeindeverwaltung zurückgelassen hatte. Die Erinnerung an diese Aktion war seiner Meinung nach entscheidend für seine Sicherheit im Dorf. »Wenn sich jemand auf diese Weise an eine höhere Autorität wendet, bekommt sie ein Problem«, behauptete er. »Andere tun das nicht, weil sie von Politik und Recht nichts verstehen. Ich weiß Bescheid, weil ich das Recht studiert habe.«

Im Jahr 2007 startete die kommunistische Partei eine landesweite Kampagne unter der Parole »Entwickeln wir eine moderne Landwirtschaft«. Es ging um die Einführung neuer Techniken und Lenkungsstrategien auf dem Land; außerdem sollte den ländlichen Funktionären einmal ein Eindruck vom städtischen Leben vermittelt werden. In Sancha führte die alljährliche Vergnügungstour der Parteimitglieder in jenem Jahr nach Dalian, einer Großstadt an der Nordostküste, unweit der koreanischen Halbinsel. Für Wei Ziqi und fast alle anderen war es das erste Mal, dass sie mit einem Flugzeug flogen. Der Flug mit Air China verzögerte sich um fünf Stunden, und erst nach Mitternacht hob die Maschine endlich ab.

Eine halbe Woche lang tourten die Parteimitglieder aus Sancha durch die Stadt. Allabendlich aßen sie Meeresfrüchte, die örtliche Spezialität. Tagsüber besichtigten sie Sehenswürdigkeiten und Beispiele moderner Infrastruktur. Dalian ist eine der reichsten Städte in Nordchina und zugleich eine der am besten geplanten, mit Hochstraßen, die Staus zu vermeiden helfen. Die Leute aus Sancha befuhren diese Straßen, und sie besuchten das neue Gewerbegebiet. Pfizer, Toshiba und Mitsubishi hatten sich dort bereits niedergelassen, und Intel hatte vor kurzem bekanntgegeben, in Dalian eine Halbleiterfabrik errichten zu wollen.

Den tiefsten Eindruck hinterließ jedoch eine Varietévorstellung, in der thailändische Transvestiten auftraten. In den letzten Jahren waren die staatlichen Beschränkungen für Auslandsreisen gelockert worden, und Thailand war zu einem beliebten Reiseziel für Angehörige der Mittel- und Oberschicht geworden. Wenn chinesische Reisegruppen nach Bangkok kamen, stand mit Sicherheit der Besuch einer Transvestitenshow auf dem Programm. Diese Shows wurden schließlich so berühmt, dass Dalian beschloss, einige thailändische Transvestiten zu sich zu holen.

Von dem Ausflug zurück, sprach Wei Ziqi pausenlos über die Varietévorstellung. »Sie waren doch schon in Thailand«, fragte er. »Das mit den Transvestiten, die angeblich von klein auf dazu ausgebildet werden – stimmt das?«

»Das bezweifle ich«, sagte ich. »Ich glaube, dass sie damit als Erwachsene anfangen. So lange braucht man wohl nicht, um Transvestit zu werden.«

»Das dachte ich mir auch«, sagte Wei Ziqi. Er schien froh zu sein, dass ich seine Analyse bestätigte. »Die anderen Partei-mitglieder haben es alle geglaubt«, meinte er, »aber ich nicht.«

* * *

Im Jahr 2007 beschloss Cao Chunmei, den Führerschein zu erwerben. Nun, da sie ein Auto hatten, fand sie, dass es sinnvoll sei; sie würde unten im Tal Lebensmittel einkaufen können. Doch Wei Ziqi wollte nicht noch einmal Geld für Fahrunterricht ausgeben. »Das ist nicht nötig«, sagte er ihr. »Wir haben schon einen Führerschein.« Eine Zeit lang versuchte Cao Chunmei, ihn umzustimmen, aber er blieb stur, und schließlich gab sie die Idee auf.

Im Frühjahr setzten bei ihr Panikattacken ein. Immer wie-der bekam sie Herzrasen, und sie war voller Angst; manchmal war sie nahezu hilflos. Schließlich suchte sie einen Arzt auf, der die traditionelle chinesische Medizin praktizierte, und sie fuhr nach Huairou, um den Hellseher zu konsultieren. Der Mann fasste ihr rechtes Handgelenk, fühlte ihr den Puls und sagte ihr, dass neue Geister in das Haus eingedrungen seien. Sie müsse nun einen Schlangengeist, einen Kaninchengeist und einen Fuchsgeist beschwichtigen. Kaninchengeister sind besonders sprunghaft – oft verursachen sie Eheprobleme. Cao Chunmei betete fleißig vor ihren Schreinen, und sie tat alles, um das Schlachten von Fischen und Hühnern zu vermeiden, und im Sommer war sie wieder ruhiger geworden.

Wei Ziqi schien sich zu erholen, als die Gäste wiederkamen. Er schränkte das Trinken ein und konzentrierte sich erneut auf die Ausweitung seines Geschäfts; er renovierte den Patio und baute einen neuen Teich für die Schweizer Forellen. Zur Bestimmung des günstigsten Standorts für den Teich ließ er einen Hellseher aus dem Tal kommen. Wei Ziqi war nie religiös gewesen, und er ignorierte die Schreine seiner Frau im Wohnzimmer, aber er befolgte die Anweisungen des Hellsehers. Das war etwas, was er gelernt hatte – nie wieder würde er sich über die Warnung eines Wahrsagers hinwegsetzen.

Was Wei Jia betraf, so zog er seine eigenen Lehren aus der Politik. In der Schule ist die fünfte Klasse das erste Jahr, in dem chinesische Kinder sich um Führungspositionen in der Klasse bewerben, statt von der Lehrerin ernannt zu werden. Wei Jia war als Höflichkeitswächter erfolgreich gewesen; die anderen Kinder mochten ihn, und die Lehrer vertrauten ihm. Sie ermutigten ihn, sich um ein Amt zu bewerben, aber er lehnte rundheraus ab. »Es macht zu viel Ärger«, erklärte er mir. »Den Kram kann jemand anders machen.« Seine Lieblingsfächer waren Englisch und Computer. Er sprach eigentlich nie darüber, was er einmal werden wollte, aber er sagte, eines Tages werde er das Dorf verlassen und mitten in Peking wohnen, in der Nähe des Houhai-Sees.

Im Herbst starb die Mutter der Parteisekretärin. Es geschah am Ende der Erntezeit, und die Dorfbewohner versammelten sich im Haus der toten Frau, um ihr die letzte Ehre zu erweisen. Sie war eine wichtige Person gewesen: die erste Frau am Ort, die der Partei beigetreten war, und die Inspiration für den Aufstieg ihrer Tochter. Die Trauerfeier erstreckte sich über drei Tage. Am ersten Tag kam ich zufällig vorbei, während die Parteisekretärin am Trauern war. Sie trug weiße Trauerkleidung, und sie war vor dem Sarg auf die Knie gesunken. Sie hielt die Totenklage – ihre schrillen Klagelaute hallten von den Felswänden des Tales wider. Bisher hatte ich nur ihre Schroffheit erlebt, das Gefühl von Macht, das sie im Dorf verbreitete, und ich hatte ihr nie ganz getraut. Doch der Anblick der Trauer ließ mich etwas anderes empfinden, und mir wurde klar, dass etwas in mir erleichtert darüber war, dass Wei Ziqi die Wahl verloren hatte. Cao Chunmei hatte recht: Er hatte schon genug andere Dinge, um die er sich kümmern musste. Auf dem Land gibt es viele Möglichkeiten, gedemütigt zu werden, und ein Mann kann von Glück reden, wenn eine kurze Berührung mit der Politik sich als sein schlimmster Moment erweist.

Das neue Haus des Stänkerers blieb leer. Die unfertigen Ziegelwände dominierten weiterhin das Oberdorf, und Zementhaufen lagen verlassen auf dem Gehsteig. Er fand nie einen Käufer, und er unternahm keinen weiteren Putschversuch mehr. In anderer Hinsicht aber wuchs sein Status. Ein halbes Jahrhundert nachdem er dem örtlichen Hellseher Tee eingeschenkt hatte, schien er mehr von der Macht des alten Mannes an sich zu ziehen. Der Stänkerer gewann an Klarheit – er konnte das Unsichtbare sehen und das Unausgesprochene sagen. Er fühlte den Menschen den Puls, und er beschrieb seine Visionen, die Geister von Schlangen, Kaninchen und Füchsen, und bald kamen mehr Dorfbewohner und suchten Weisheit im Schatten des leeren Hauses.

BUCH III

DIE FABRIK

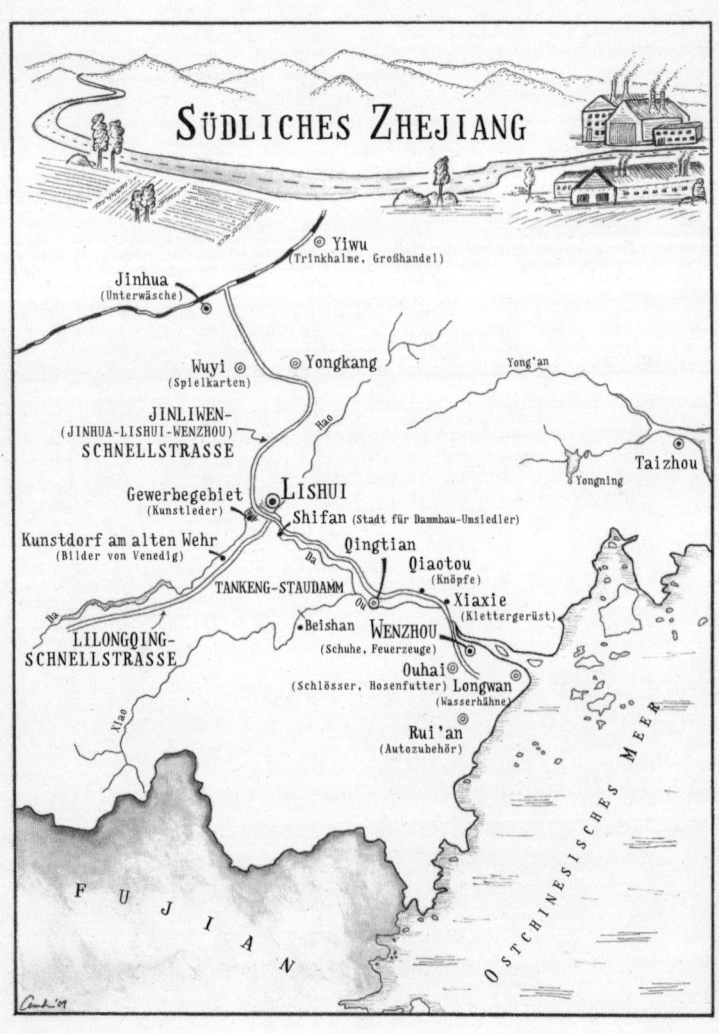

SÜDLICHES ZHEJIANG

○ Yiwu
(Trinkhalme, Großhandel)

Jinhua
(Unterwäsche)

Wuyi
(Spielkarten)   ○ Yongkang

Yong'an

JINLIWEN-
(JINHUA-LISHUI-WENZHOU)
SCHNELLSTRASSE

Gewerbegebiet
(Kunstleder)   LISHUI

Shifan (Stadt für Dammbau-Umsiedler)

Yongning   Taizhou

Kunstdorf am alten Wehr
(Bilder von Venedig)

Qingtian

Qiaotou
(Knöpfe)

TANKENG-STAUDAMM

Xiaxie
(Klettergerüst)

● Beishan

WENZHOU
(Schuhe, Feuerzeuge)

LILONGQING-
SCHNELLSTRASSE

Ouhai
(Schlösser, Hosenfutter)   Longwan
(Wasserhähne)

Rui'an
(Autozubehör)

F U J I A N

O S T C H I N E S I S C H E S   M E E R

I

In der Stadt Wenzhou vermieteten sie Autos mit leerem Tank. Als ich im Juli 2005 zum ersten Mal dort war und einen Volkswagen Santana mietete, war das meine Begrüßung: Ich zahlte meine Kaution, steckte den Schlüssel in die Zündung, und das Warnlicht der Tankanzeige blinkte auf. Der Tankinhalt reichte gerade bis zur nächsten Tankstelle. Früher machten mir, wenn ich bei Hauptstadt-Autos in Peking einen Wagen mietete, uneinheitliche Tankfüllungen zu schaffen. Die Leute bei der Firma »Blühende Autovermietung Wenzhou« hatten dieses Problem auf ihre eigene, unternehmerische Weise gelöst. Wenn ich den Santana mit rund vier Litern im Tank zurückgab, saugten sie den Sprit ab und verkauften ihn.

Bis dahin hatte ich im Süden noch kein Auto gemietet, und ich war auch noch nicht oft in chinesischen Städten gefahren. Meine Reisen im Norden hatten überwiegend aufs Land geführt, und dort hatte ich mich an die ländlichen Rhythmen gewöhnt: die eifrige Arbeit am Morgen während der Saatzeit im Frühling, das Dreschen auf der Straße im Herbst. Im Winter verbrachte ich stille Tage in Dörfern, aus denen die meisten jungen Leute schon weggegangen waren. Es war jedoch nie ein Geheimnis gewesen, wohin sie gingen oder wie sie dorthin kamen. Sie folgten den neuen Straßen in den Süden, und von Jahr zu Jahr gab es mehr Wanderarbeiter, mehr Möglichkeiten zu gehen. Im Jahr 2003 hatte die Regierung ein umfangreiches Straßenbauprogramm auf dem Land gestartet, und als dies abgeschlossen war, wandte sie sich den Städten zu, die sich durch den Autoboom veränderten: In den vier Jahren seit ich meinen Führerschein erworben hatte, hatte sich die Zahl der Pkws in China mehr als verdoppelt. Im Januar 2005 wurden Pläne bekannt, 50 000 Kilometer Schnellstraßen zu bauen. Dieses Netz sollte am Ende alle Städte mit mehr als 200 000 Einwohnern miteinander verbinden, von den Fabrikstädten an der Ostküste bis zur Grenze zu Kirgisistan im fernen Westen. China ist spät in die Phase des Schnelltransports eingetreten – die erste Schnellstraße des Landes wurde erst 1988 fertiggestellt –, aber bis 2020 soll das Fernstraßennetz länger sein als das der Vereinigten Staaten.

Bei der Bekanntgabe der Pläne wurden die USA ausdrücklich als Vorbild erwähnt. In einer Pressekonferenz in Peking bezog sich Verkehrsminister Zhang Chunxian bei der Beantwortung einer Frage auf eine Begegnung mit Condoleezza Rice. Sie war kurz zuvor in China gewesen und hatte einem Politiker anscheinend empfohlen, dem Beispiel Amerikas in den fünfziger Jahren zu folgen und mehr Straßen zu bauen. »Sie sagte, sie sei als Kind viel mit ihren Eltern durch Amerika gereist«, erklärte Zhang. »Dadurch habe sie ein Interesse an den Straßen des Landes entwickelt, und diese Reisen hätten dazu beigetragen, ihr Land zu lieben. Mit dem Bau von Schnellstraßen können wir die Autoindustrie fördern, aber das ist nicht alles. Was vor allem zählt, sind die Auswirkungen auf die Entwicklung des Landes und den Lebensstandard der Menschen.«

Eine der neuen Straßen im Südosten war die Jinliwen-Schnellstraße. Sie sollte in Wenzhou beginnen, nicht weit von der Küste entfernt, 230 Kilometer in nordwestlicher Richtung verlaufen und die Städte Lishui und Jinhua anschließen. Die Route verlief weitgehend parallel zur veralteten Fernstraße 330, und auf meiner ersten Fahrt mit dem Santana fuhr ich neben den kilometerlangen Baustellen auf der alten zweispurigen Straße. Manche Strecken der neuen Schnellstraße waren fast fertig; andere Abschnitte befanden sich noch in den ersten Phasen, und an den Ufern des Flusses Ou reihten sich die Betonpylone. Es wimmelte von Arbeitern – die Investition belief sich auf über 1,5 Milliarden Dollar, und es handelte sich um ein Vorrangprojekt, was in China bedeutet, dass rund um die Uhr gearbeitet wird. Von der alten Straße aus sah ich, wie die Arbeiter Stahlmatten herbeischleppten, Beton mischten und behände auf den Baugerüsten hin und her huschten. Manchmal kniete ein halbes Dutzend Männer in einer Reihe und glättete mit Handwerkzeugen ein Stück frisch verlegter Fahrbahn. Sie arbeiteten geduldig, bewegten sich Schritt für Schritt zurück, und ihr stetiger Fortschritt war der erste Verkehr auf der Jinliwen-Schnellstraße. Nachts konnte man den Schein der Schweißbrenner kilometerweit sehen, eine Vorahnung der Scheinwerfer, die bald diese Straße entlanghuschen würden.

Ich war in den Süden der Provinz Zhejiang gekommen, um nach einer Stadt zu suchen. Vor Jahren war ich auf meiner ersten langen Fahrt den Überresten der Großen Mauer durch sterbende Dörfer gefolgt, und ich hatte ein Zuhause in Sancha gefunden, weil ich eine Verbindung zur bäuerlichen Vergangenheit herstellen wollte. Hier in Zhejiang dachte ich jedoch an die Zukunft. Im Süden Chinas gibt es nichts, was die Landschaft so schnell verändert wie eine neue Schnellstraße: Ackerland verschwindet, Fabriken sprießen empor, und Unternehmer und Wanderarbeiter strömen in die Stadt. Ich war neugierig auf diesen ersten Ansturm; ich wollte wissen, wie das Leben für die ersten Fabrikbesitzer und Arbeiter ist. Zunächst aber musste ich eine Stadt finden, und die Jinliwen-Schnellstraße sollte mein Wegweiser sein. Die neue Schnellstraße sollte Ende 2005 fertig werden, und danach würden diese Orte einen Boom erleben.

Schon seit Generationen war an dieser Strecke gebaut worden. Sie verläuft durch eine schroffe Landschaft und folgt dem Ufer des Flusses Ou. Die meisten Hänge sind für den Landbau zu steil. Die Region war weitgehend unzugänglich, bis die erste Version der Fernstraße 330 im Jahr 1934 im Zuge der ersten Welle des Baus moderner Straßen fertiggestellt wurde. Auch damals hatte man sich am Beispiel der Vereinigten Staaten orientiert, und ein Großteil der ersten Projekte war von amerikanischen Ingenieuren geleitet worden. Diese verdichteten Schotterstraßen ließen in der Regel nur Geschwindigkeiten von bis zu fünfzig Stundenkilometern zu, und viele wurden während des Krieges beschädigt oder zerstört. Im südlichen Zhejiang wurde die Fernstraße 330 in den späten siebziger Jahren endlich asphaltiert, und erst 1987 wurde sie erheblich verbessert.

Schon in den Anfängen der Reformära hatte die neue Straße umgehende Auswirkungen. Sie verwandelte die Dörfer, die sie berührte, besonders in den an Wenzhou angrenzenden Regionen, die seit jeher Reisanbau und Fischzucht betrieben hatten. Mit dem Zugang zu der neuen Fernstraße 330 gaben sie die Landwirtschaft auf und produzierten schließlich die erstaunlichsten Dinge. In Xiaxie, einem Dorf fünfzehn Kilometer außerhalb von Wenzhou, fuhr ich kilometerweit an Spielplatzgeräten vorbei. Man sieht sie auf der ganzen Strecke massenhaft neben der Straße gestapelt: Schaukeln, Rutschbahnen aus rotem Kunststoff, blaue und gelbe Klettergerüste. Weit und breit war kein Kind zu sehen, und die meisten Gebäude waren Fabriken von industrieller Schlichtheit. Ich hielt an, um mit Einheimischen zu plaudern, und erfuhr von ihnen, dass die Herstellung von Spielplatzgeräten zur örtlichen Spezialität geworden war. Derzeit gibt es in Xiaxie 270 individuelle Hersteller, die alle ein und dasselbe in verschiedenen Varianten erzeugen. Die Binnennachfrage nach Spielplatzgeräten wird zur Hälfte von diesem einen Dorf gedeckt.

Nochmals fünfzehn Kilometer weiter auf der Fernstraße 330 liegt hinter einer Flussbiegung die Stadt Qiaotou, die eine Knopf-Statue errichtet hat, eine Silberscheibe von drei Metern Durchmesser, über der sich ein Flügelrad dreht, sobald sich ein Lüftchen regt. Qiaotou hatte nur 64 000 Einwohner, aber

380 Fabriken, die über 70 Prozent der Knöpfe für in China produzierte Bekleidung herstellten. Um diesen Status zu würdigen, errichtete man die Statue im Zentrum der Stadt, direkt vor einem neuen Gebäude, das sich »Stadt der Knöpfe« nannte. Stadt der Knöpfe hatte vier Geschosse, und der Markt im Erdgeschoss war ausschließlich dem charakteristischen Produkt Qiaotous gewidmet. Bekleidungshersteller kamen, um en gros einzukaufen, und die Verkäufer boten ihre Waren feil, geordnet nach Größe und Stil. Ehemalige Bauern verhökerten ihre Knöpfe aus Getreidesäcken, großen 12-Kilo-Säcken, auf denen noch »Reis« und »Mehl« stand und die jetzt nichts anderes enthielten als Knöpfe.

An dem Tag, an dem ich durch die Stadt fuhr, waren unter den Händlern viele Frauen mit kleinen Kindern. Sobald die Kinder, die auf dem Betonboden saßen, anfingen zu weinen, schüttete ihnen jemand eine Handvoll Knöpfe hin, mit denen sie spielen konnten. Wie viele Knöpfe sie täglich verschluckten, konnte ich nur erahnen, und mir kam die Idee, dass man diese Kinder mit ein bisschen Organisation täglich nach Xiaxie fahren könnte, um sie auf den Klettergerüsten spielen zu lassen. Aber es gab keine Gemeinsamkeiten oder weitergehende Verbindungen zwischen den Städten, und der Wechsel aus der einen in die andere war zumindest in wirtschaftlicher Hinsicht so total, als käme man in ein anderes Land. Schon der Dialekt war für Bewohner des jeweils anderen Ortes praktisch unverständlich.

Dieser Teil der Provinz Zhejiang ist berühmt für seine schwierigen Dialekte, und es gibt zahllose Städte, die nur ein Produkt herstellen. Weil die Menschen bloß über geringe Qualifikation verfügen, spezialisiert man sich auf einfache Erzeugnisse, die wenig Technik und Kapital erfordern. Wann immer die Fernstraße 330 mich in einen Ort von passabler Größe führte, hielt ich an und fragte den Erstbesten: »Was wird hier produziert?« Gewöhnlich konnte der Betreffende es mit einem

Satz beantworten; manchmal brauchte er auch gar nichts zu sagen. In der Stadt Wuyi griff ein Mann als Antwort in die Tasche und holte eine Handvoll Spielkarten hervor. Später erfuhr ich, dass dort jährlich eine Milliarde Kartenspiele hergestellt wird, die Hälfte des chinesischen Inlandsbedarfs. Yiwu, achtzig Kilometer weiter, produzierte ein Viertel der Plastiktrinkhalme der Welt. In Yongkang entstanden 95 Prozent aller chinesischen Waagen. Songxia, in einem anderen Teil der Provinz gelegen, erzeugte jedes Jahr 350 Millionen Schirme. Fenshui war spezialisiert auf Schreibstifte; Shangguan stellte Tischtennisschläger her. Datang produzierte ein Drittel der Socken auf der Erde. Vierzig Prozent aller Schlipse der Welt entstanden in einem Ort namens Shengzhou.

Zwischen den Fabrikstädten fuhr ich durch eine auffallend schöne Landschaft. Hier und da verengte sich der Fluss Ou, eingegrenzt durch hohe Klippen, und das Tal vertiefte sich zu einer Schlucht. Die Fernstraße 330, die dem Fluss stromauf folgt, führt ins Hochland, und mit jedem Kilometer werden die Berge beeindruckender. Anders als der Norden erhalten diese Gegenden reichlich Niederschlag, und es gedeiht eine üppige Vegetation. Nach einigen Tagen genoss ich die Gegensätze dieser Reise: die atemberaubende Landschaft und die seltsamen Produkte, die weiten Ausblicke auf Flüsse und Berge und dann auf einmal die Verengung auf eine Stadt, die winzige Dinge herstellte: Karten, Stifte, Trinkhalme.

Die Abende verbrachte ich gewöhnlich im »International Hotel«. Viele Fabrikstädte hatten ein Gästehaus dieses Namens, für die ausländischen Käufer und Manager, die hin und wieder durchreisen. In der Empfangshalle lagen Broschüren örtlicher Unternehmen aus, zuweilen auch Produktmuster. In der Stadt Yongkang, berühmt für Waagen und Elektrowerkzeuge, fand ich in meinem Zimmer ein Ding, das sich »Testgerät für menschliche Körperbestandteile« nannte. Es sah aus wie eine mit Elektroden bestückte Waage; Kabel verliefen in alle Richtungen, und obendrauf war ein Schild in englischer Sprache angebracht: »WARNUNG: Verboten für schwangere Frauen und den Mann mit einem Herzen, das sich allzu sehr aufregt.« Da verzichtete ich doch lieber auf die Benutzung des Geräts. Neben meinem Bett stand ein anderes örtliches Produkt, das sich »Lichtwellen-Gesundheitsraum« nannte. Es hatte die Größe eines hölzernen Wandschranks, und die Tür war dicht besetzt mit elektrischen Schaltern – mir erschien es wie ein Klohäuschen aus der Zukunft. Die Gebrauchsanweisung lautete auf Englisch:

Bitte benutzen Sie das Gerät nicht unter den folgenden Umständen.

1. Derjenige mit der blutenden Wunde und eitriger Entzündung.
2. Derjenige mit schwerer Augenentzündung (wenn nicht schwer, legen Sie bitte ein feuchtes Tuch und Wattebällchen auf die Augen).
3. Derjenige, der innerhalb von 4 Monaten schwer verbrannt ist.
4. Verboten für den älteren Mann, schwangere Frau, Baby.
5. Verboten für den mit schwer krank, gefährlicher Patient.
6. Manche Leute haben das Temperaturtabu, bitte benutzen Sie es unter der Leitung von Doktor.
7. Tun Sie keine Haustiere in Gerät.
8. Verboten für den betrunkenen Mann.

In der Stadt Lishui fand ich endlich, wonach ich gesucht hatte. Sie war 120 Kilometer von Wenzhou entfernt, und die Fernstraße 330 war dort in schlechtem Zustand. Die Fahrt von der Küste nahm in der Regel mindestens drei Stunden in Anspruch, und durch Unfälle kam es oft zu Verzögerungen; für Geschäftsleute war es zu abgelegen, jedenfalls bis zur Fertigstellung der neuen

Schnellstraße. Die Berge ringsum waren die höchsten, die ich bis dahin gesehen hatte, ihre grünen Gipfel ragten fast 300 Meter über die Stadt hinauf. Lishui lag am Zusammenfluss der Flüsse Ou und Hao, und anderthalb Kilometer vom Stadtzentrum entfernt wurde noch Landwirtschaft betrieben – in den Vororten sah ich überfall Obstgärten. Auf meine Frage, was Lishui produziere, antworteten die Leute lachend: »Mandarinen.« »Dies ist das Tibet von Zhejiang«, erklärte ein örtlicher Unternehmer im Ernst. Hier, im geschäftigen Südosten Chinas, nur wenige Autostunden von der Küste entfernt, war das ein Widerspruch in sich, so als hätte man den Ort das Alaska von New Jersey genannt. Aber ohne Zweifel war Lishui arm für die Verhältnisse von Zhejiang. Als ich zum ersten Mal dort war, hatte es unter allen Städten der Provinz das niedrigste Pro-Kopf-Einkommen, und die Industrie war so jung, dass Lishui sich noch auf ein örtliches Produkt einigen musste. Wirtschaftlich gesehen war es noch ein unbeschriebenes Blatt – ein Ort ohne Knöpfe, Spielkarten oder Klettergerüste.

Doch die Veränderungen hatten bereits eingesetzt. Südlich der Stadt, wo es bald eine Ausfahrt der neuen Schnellstraße geben sollte, baute die Verwaltung das Gewerbegebiet Lishui. Bis vor kurzem war dies eine rein landwirtschaftliche Region gewesen, so zeitlos wie jedes Bauernland in China – ein stiller Ort, wo die Bauern dem Kreislauf der Jahreszeiten und Monate, des Säens und Erntens folgten. Doch jetzt wurden die Felder durch ein wachsendes Gewerbegebiet verdrängt, und die Verwaltung hoffte, Investoren von der Küste zu gewinnen. Nach Fertigstellung der neuen Straße würde die Fahrzeit von Wenzhou statt drei Stunden nur noch etwas mehr als sechzig Minuten betragen. Diese Art von Zeit würde in Zukunft für Lishui zählen: die Stunden und Minuten des Terminkalenders eines Geschäftsmannes.

* * *

Auf meiner nächsten Reise nach Lishui drei Monate später bemerkte ich einen Mann in neuen Kleidern, der neben einer halbfertigen Fabrik im Gewerbegebiet stand. Sein Äußeres fiel mir auf: steife schwarze Jeans, schwarzer Pullover, Lederschuhe mit dünnen Sohlen und eckiger Spitze. Dieser Schuhe wegen war klar, dass er aus Wenzhou kam: Die Stadt ist berühmt für ihre Schuhfabriken, und nicht selten tragen die örtlichen Bosse die für den Export bestimmte Mode. In jenem Jahr sah man überall in Wenzhou einen Slipper europäischen Stils mit flacher Spitze, und beim Anblick der Schuhe wusste ich sofort, dass der Mann nicht aus Lishui stammte.

Es war außerdem ungewöhnlich, im Gewerbegebiet jemanden anzutreffen, der so reinlich gekleidet war. Die Straßen waren noch nicht asphaltiert, und die meisten Gebäude waren eingerüstet; nur in ganz wenigen Fabriken hatte die Produktion begonnen. Draußen sah man praktisch nur Bauarbeiter in schmutzigen Militäruniformen, die Holzhämmer und Sägen bei sich hatten. Die Kleidung dieses Mannes war dagegen makellos, und er trug nichts als eine schwarze Geldtasche aus Kunstleder. Sein weißer Buick Sail war in der Nähe geparkt. Er wirkte nervös und rauchte Kette – Zigaretten der Sorte »State Express 555«. Doch als ich ihn fragte, warum er im Gewerbegebiet war, antwortete er freundlich.

»Ich warte auf meinen Partner«, sagte er. »Wir machen hier eine Fabrik auf.«

Er stellte sich mit dem Namen Gao Xiaomeng vor; er war 33 Jahre alt. Sein Partner war sein Onkel, ein Mann namens Wang Aiguo, der ebenfalls von der Küste war. Boss Gao erklärte, sie seien in der Herstellung von »Bekleidungszubehör« tätig, ohne näher auf das Produkt einzugehen. An diesem Nachmittag wollten sie sich mit der Planung beziehungsweise Einrichtung ihrer neuen Fabrik befassen, aber Boss Wang hatte sich verspätet. Er steckte auf der Fernstraße 330 fest – nichts Besonderes auf der schmalen Straße, die nach Unfällen manchmal stun-

denlang verstopft war. Bis zur Fertigstellung der neuen Schnellstraße und der Freigabe der vier Spuren würde es unmöglich
sein, die Dauer einer Fahrt von Wenzhou vorherzusagen.

Alle fünf Minuten schaute Boss Gao auf sein Handy. Alle
fünfzehn Minuten steckte er sich eine neue Zigarette an. Wir
standen plaudernd im Schatten der halbfertigen Fabrik; wir
tauschten unsere Visitenkarten aus und sprachen über das
Wetter in Lishui. Als Boss Wang endlich auftauchte, stellte
Boss Gao mich als einen Freund vor. Im Gewerbegebiet machte
man leicht Bekanntschaften. Alle waren fremd hier, und keiner
wusste, was ihn hier erwartete. Alles war ganz offen – die meisten Bauten waren leere Hüllen, und die halbfertigen Straßen
waren gesäumt von leeren Werbetafeln, die noch auf Geldgeber
warteten. Die silbrigen Flächen reflektierten den Himmel und
warben nur für den Sonnenschein des späten Oktobers.

* * *

Um 14.30 Uhr – Boss Wang war endlich eingetroffen – begannen die Männer mit der Planung der Fabrik. Sie wurden
begleitet von einem Bauunternehmer und dessen Mitarbeiter,
beide aus Lishui. Es gab keinen Architekten, keinen Bauzeich-
ner; niemand hatte einen Zollstock oder eine Lotschnur dabei.
Die einzigen Geräte, die sie bei sich trugen, waren Wegwerf-
feuerzeuge, und Boss Gao teilte als Erstes eine Runde Zigaretten aus, Sorte »State Express 555«. Als alle rauchten, kramte
er in seiner Tasche nach einem zerknitterten Stück Papier. Er
strich es auf einem billigen Klapptisch glatt und fing an zu
zeichnen.

Abgesehen von dem Tisch, war der Raum leer: weiße Wände, nackte Fußböden, unverputzte Pfeiler. Von der Decke hingen nackte Glühbirnen herab wie unreife Früchte. Die Klemp-
nerarbeiten waren abgeschlossen, aber es gab noch kein Wasser;
die Eingangstür hatte kein Schloss. Auf dem leeren Blatt skiz-

zierte Boss Gao die Umrisse des Raums in Gestalt eines Recht-
ecks, dann setzte er in der südöstlichen Ecke zwei Striche
hinzu – dort sollten Mauern hin, die eines Tages einen Maschinenraum umfassen würden. Boss Gao wandte sich an den Bauunternehmer. Sie sprachen Mandarin, denn in Zhejiang sind
die örtlichen Dialekte so schwer verständlich, dass Geschäftsleute aus verschiedenen Städten zur Hochsprache greifen.

»Wie breit ist eine Tür normalerweise?«, fragte Boss Gao.

»Anderthalb Meter.«

»Ich brauche sie breiter. Können Sie sie zweieinhalb Meter
breit machen?«

»Das haut nicht hin. Wenn Sie Normtüren nehmen wollen,
müssen wir anderthalb Meter machen.«

Boss Gao wandte sich wieder dem Papier zu und warf mit
raschen Strichen vier weitere Räume hin: ein Chemielabor, ein
Lager, zwei weitere Räume für Maschinen. Boss Wang beugte
sich über die Zeichnung und sagte zu seinem Neffen: »Diesen
Raum hier brauchen wir nicht.«

Willst du nicht zwei zusätzlich für die Maschinen?«

»Einer reicht. Darin bringen wir sie alle unter.«

Boss Wang griff zum Stift, strich eine Linie durch, und
schon war der geplante Raum verschwunden. Der ältere Mann
war sparsamer und wusste, dass jede weitere Mauer die Kosten
in die Höhe trieb. Er war seit zwanzig Jahren im Geschäft, und
viele der besten Gelegenheiten waren ihm entgangen, aber
sein Neffe war noch vom Ungestüm der Jugend erfüllt. Boss
Gao hatte mit seinem vorherigen Unternehmen einigen Erfolg
gehabt, und entsprechend kleidete er sich mit unaufdring-
licher Coolness. Er war stolz auf seinen Buick Sail – als wir uns
kennenlernten, musste er mir unbedingt unter die Nase reiben,
dass er einen amerikanischen Wagen fuhr. Tatsächlich basiert
der Sail auf der Plattform des Opel Corsa, weshalb er letztlich ein von Opel entworfener Wagen ist, der unter dem Markenzeichen einer mit Schwierigkeiten kämpfenden amerika-

nischen Autofirma von chinesischen Arbeitern gebaut wird. Aber solcher Kleinkram interessierte Boss Gao nicht, der es, eigentlich bäuerlicher Herkunft, weit gebracht hatte. Sein Vater war Reisbauer und Dorfschullehrer gewesen, und Boss Gao war der Erste in der Familie, der im Wirtschaftsleben Erfolg hatte.

Um 14.57 Uhr waren die Bosse mit der Planung des Erdgeschosses fertig. Sie begaben sich in den ersten Stock, wo Boss Gao abermals nach seinem Zigarettenvorrat griff und einige austeilte. Er drehte das Blatt Papier um.

»Das ist zu klein für ein Büro.«

»Versetzen Sie die Wand hierher. Dann reicht der Platz.«

»Können Sie hier eine Mauer hinsetzen?«

»Dann wird es zu dunkel.«

»Dieser Raum ist sowieso nicht für Arbeiter gedacht.«

»*Bu dui!* Das geht so nicht.«

Die beiden Bosse berieten sich, und dann strich der Onkel noch eine Wand aus. Innerhalb von 23 Minuten entwarfen sie ein Büro, einen Korridor und drei Wohnbereiche für leitende Angestellte der Fabrik. Sie stiegen ins Obergeschoss hinauf. Zwei Badezimmer, eine Küche, neun Schlafräume für Arbeiter: vierzehn Minuten. Alles in allem hatten sie den Innenausbau einer Fabrik, die sich auf drei Geschossen über 2000 Quadratmeter erstreckte, in einer Stunde und vier Minuten durchgeplant. Boss Gao übergab dem Bauunternehmer aus Lishui den Zettel. Der Mann fragte, bis wann sie den Kostenvoranschlag brauchten.

»Ginge es heute Nachmittag?«, sagte Boss Gao.

Der Bauunternehmer schaute auf seine Uhr. Es war 15.48 Uhr.

»So schnell schaffe ich es nicht!«

»Gut, dann also morgen früh!«

Sie begaben sich nach draußen, um die Frage der Baumaterialien zu klären. Der Bauunternehmer zeigte ihnen zwei Sorten Schlackenbetonblöcke, eine für 18,6, die andere für 19,8 US-

Cent. Boss Wang wählte die billigere. Als es um den Wandputz ging, sagte er: »Wir wollen bloß nicht die Art, die gleich auf die Kleider abfärbt, wenn man nur daran entlangstreift.« Der Bauunternehmer fragte, ob sie einen detaillierten Kostenvoranschlag brauchten, mit einzeln aufgeführten Posten, aber für so etwas hatte Boss Wang keine Zeit. »Nennen Sie uns einfach den Gesamtpreis«, sagte er. Als Letztes besprachen sie die Türen. Fünfzehn insgesamt würden sie brauchen, und gerade dieser Punkt beschäftigte Boss Wang aus irgendeinem Grund.

»Kaufen Sie nicht diese billigen zu fünf Dollar das Stück; die sehen furchtbar aus«, meinte er streng. »Wir möchten die Türen zu zehn Dollar. Und versuchen Sie ja nicht, sich durch billigen Materialeinkauf zu bereichern. Auf die Weise werden Sie nichts verdienen. Wenn ich Ihnen raten darf – machen Sie gute Arbeit, dann nehmen wir Sie auch wieder. So bringen wir es in Wenzhou zu etwas. Wenn Sie gut arbeiten, kriegen Sie weitere Aufträge. Verstehen Sie?«

* * *

Die Leute aus Wenzhou sind in ganz China für ihre Geschäftstüchtigkeit bekannt. Millionen von Menschen haben den Wechsel vom Land in die Stadt, vom Ackerbau zur Industrie vollzogen, und in diesem Land sind die Einwohner des südlichen Zhejiang die archetypischen Bauern-Unternehmer. In den 1980er Jahren machte China erste zögernde Schritte in die Privatwirtschaft, und damals reagierten die Menschen in Wenzhou so schnell, dass die Regierung das »Wenzhou-Modell« der ländlichen Entwicklung als Vorbild anpries. Die Geschäftsstrategie hätte nicht einfacher sein können: geringe Investitionen, minderwertige Produkte, niedrige Gewinnspannen. Gering war auch der Bildungsstand – noch heute, nach zwanzig Jahren eines beispiellosen Aufschwungs, haben fast 80 Prozent aller Unternehmer von Wenzhou weniger als neun Jahre Schule absolviert. Aber irgendwie schaffen sie es trotzdem, und in manchen Branchen ist die Stadt führend. Rund ein Viertel aller Schuhe, die heute in China verkauft werden, stammt aus Wenzhou. Die Stadt produziert etwa 70 Prozent aller Feuerzeuge der Welt. Die Wirtschaft von Wenzhou ist zu über 90 Prozent in privater Hand – Staatsbetriebe haben, anders als in anderen Teilen des Landes, in der örtlichen Entwicklung kaum eine Rolle gespielt.

Die Unternehmer von Wenzhou haben sich langsam über den ganzen Süden ausgebreitet. Oft folgen sie neuen Straßen, und genau das wollte man unter anderem mit dem Bau der Jinliwen-Schnellstraße erreichen: Sie sollte Fabrikerzeugnisse an die Küste bringen, sie sollte aber auch die Möglichkeit schaffen, dass mehr Unternehmer aus Wenzhou sich auf dem Lande umschauen. So war es auch entlang anderer Routen wie der Fernstraße 330 schon in der Vergangenheit gewesen. Geschäftsleute aus Wenzhou kamen in ein Dorf, gründeten neue Fabriken, und dann griffen Einheimische die Idee auf. So hatten etliche der Städte mit nur einem Produkt angefangen, und das hatte nicht wenig zum Aufschwung der Provinz Zhejiang beigetragen. In den siebziger Jahren noch relativ arm, hat Zhejiang unter allen Provinzen heute das höchste Pro-Kopf-Einkommen der Stadt- und Landbewohner.

Die Leute von Wenzhou reden gern über das Geheimnis ihres Erfolgs. Die Chinesen haben generell ein ausgeprägtes Gespür für die regionalen Unterschiede, und mit Äußerungen über die Mängel eines anderen Landesteils halten sie nicht hinter dem Berg. Die Pekinger machen sich lustig über das niedrige Niveau der Einwohner von Henan; in Shenzhen spricht man verächtlich über die Wanderarbeiter aus Hunan und Sichuan; über Frauen aus Shanghai weiß so mancher Übles zu berichten. Wenzhou neigt dagegen auffällig zur Selbstbetrachtung. Der Buchladen auf dem Flughafen hat eine ganze Abteilung mit Büchern über das Geschäftsleben von Wenzhou: *Die gesammel-*

ten Geheimnisse über den Reichtum der Wenzhouer, Die gefürchteten Wenzhouer, Der Code von Wenzhou, Eigentlich versteht man die Wenzhouer nicht. Diese Bücher finden Anklang bei Besuchern, aber auch die Einheimischen lesen gern etwas über sich selbst. Einmal traf ich Boss Gao bei der Lektüre eines Buches mit dem Titel *Die Juden des Ostens: Die kommerziellen Geschichten von fünfzig Wenzhouer Geschäftsleuten.* Er fragte mich, ob ich Juden in Amerika kenne, was ich bejahte.

»Sind sie geschäftlich erfolgreich?«, fragte Boss Gao.

Ich sagte, sie machten zum Teil Geschäfte, zum Teil auch andere Dinge.

»Hier steht, die Juden in Europa seien berühmt als Geschäftsleute«, sagte er.

»Historisch ist wohl was Wahres dran«, meinte ich. »Das heißt aber nicht, dass alle Juden heute Geschäfte machen.«

»In diesem Buch steht, die Juden seien die Wenzhouer Europas«, sagte Boss Gao.

Ich brauchte einige Zeit, um zu verstehen, was damit gemeint war. Aber schließlich begriff ich, was mich in Gesprächen über die Entwicklung von Wenzhou erwartete. Oft fragten mich Unternehmer: »Woran liegt es Ihrer Meinung nach, dass wir Wenzhouer im Geschäft so erfolgreich sind?« Es freute sie, wenn ich antwortete: »An der Umwelt.« Das stimmte mit den Aussagen von Wenzhouer Büchern überein, in denen generell die Theorie vertreten wird, der Mensch werde von seiner Umwelt determiniert. Es gibt wenig Ackerland in der Region, und die Verkehrsverbindungen ins Landesinnere waren zu kaiserlichen Zeiten sehr schlecht, wegen der zerklüfteten Landschaft. Angesichts der geringen Möglichkeiten wandten sich die Einwohner von Wenzhou dem Meer zu, und als im 17. Jahrhundert die Ming-Dynastie endete, besaßen sie bereits eine starke Kultur des Handels. Außerdem entwickelten sie eine Tradition der Migration, und Auswanderer aus Wenzhou fassten in Hafenstädten der ganzen Welt Fuß. Diese Netzwerke überstanden die Isolation der Mao-Zeit ebenso wie der Geschäftsinstinkt von Wenzhou. Als die Kommunisten ihnen dann erlaubten, die Bauernhöfe zu verlassen und Fabriken aufzumachen, begann der Aufschwung der heimischen Wirtschaft.

An der Umwelttheorie ist etwas dran, aber eine gewisse Rolle spielt auch das subjektive Element. Die Leute im südlichen Zhejiang glauben an ihren Geschäftssinn, und sie sind stolz auf ihre Fähigkeit, die Margen zu senken und Handelsbeziehungen aufzubauen. Sie glauben an sich selbst, und sie glauben an das Geschäft – es ist keine Schande, ein kaltblütiger Unternehmer zu sein. Eine lokale Wochenzeitung mit dem Titel *Vermögen* brachte vor einigen Jahren eine Sonderbeilage zum Valentinstag, in der örtliche Millionäre befragt wurden. Die Zeitung fragte die Männer, wo sie gern zu einem romantischen Valentinstag-Dinner einkehren würden, und sie listete die Geschenke auf, die sie für ihre Frauen und Freundinnen kauften. Eine Frage galt »dem bewegendsten Ereignis Ihres Lebens«. Die häufigsten Antworten waren »Als ich mein Geschäft eröffnete« und »Als ich geschieden wurde«. Eine andere Frage lautete: »Wenn Sie zwischen Ihrem Geschäft und Ihrer Familie wählen müssten, wofür würden Sie sich entscheiden?« 60 Prozent der Befragten entschieden sich für das Geschäft, 20 Prozent für die Familie. Die restlichen 20 Prozent konnten sich nicht entscheiden.

* * *

Auf meiner dritten Fahrt nach Zhejiang lernte ich, wie man einen Mietwagen mit leerem Tank zurückgibt. Die ersten Male verrechnete ich mich und gab den Santana mit reichlich Benzin zurück, was den Mann, der die Blühende Autovermietung Wenzhou betrieb, sichtlich erfreute. Der Trick bestand darin, nie ganz vollzutanken, sondern immer nur für fünf oder zehn Dollar zu tanken und es am Ende der Fahrt so einzurichten, dass das Warnlicht der Tankanzeige kurz vor Erreichen der

Autovermietung aufleuchtete. Solange ich meine dreißig Dollar pro Tag zahlte, konnte ich mit einem Wagen aus Wenzhou machen, was ich wollte. Es gab keine Beschränkung der Fahrtziele, und auf Schäden wurde der Wagen nie geprüft; ob er Beulen oder Kratzer hatte, interessierte sie nicht die Bohne. In diesem Teil Chinas war es hoffnungslos – die Mietwagen waren immer schon mit Unfallspuren übersät.

In keiner Gegend des Landes, die ich besucht habe, war das Autofahren so gefährlich wie hier. Das lag zum Teil an der Infrastruktur, die oft von schludriger Qualität war. Wenzhou kam nie in den Genuss einer zentralen Planung, die andere wichtige Städte wie Shenzhen und Shanghai geformt hat, und hier in Zhejiang mussten die örtlichen Verwaltungen gewöhnlich selber sehen, wie sie zurechtkamen. Die Straßen waren unterdimensioniert und in schlechtem Zustand; die Verkehrsüberwachung war eine Katastrophe. Verschlimmert wurde die Lage durch den Geschäftsinstinkt der Wenzhouer, weil die Leute immer in Eile waren und riskant fuhren.

Nichts war grauenhafter als eine Fahrt durch die küstennahen Vororte der Stadt – das habe ich mich nur einmal getraut. Vor fünfzehn Jahren bestand diese Region nur aus Bauernland, aber die Entwicklung ging so schnell, dass die alten Dorfgrenzen verschwunden sind. Jetzt erkennt man die Übergänge nur noch an der Werbung am Straßenrand, die die örtlichen Produkte anpreist. Am Flughafen vorbei in Richtung Süden fuhr ich ein ganzes Stück, wo praktisch jede Werbetafel Scharniere anpries; dann folgte eine Strecke mit Werbung für elektrische Stecker und Zwischenstecker; kurz darauf kamen Plastik-Lichtschalter, anschließend fluoreszierende Glühbirnen. Überall kam ich an Lagerhallen und Fabrikgebäuden vorbei, aber die Straße selbst hatte nach wie vor ländliche Dimensionen: zwei Spuren, keine Bankette, üble Schlaglöcher. Regelmäßig kam es durch kleine Unfälle zu Staus, und die Fahrer drückten auf die Hupe, während ihre Blicke auf der Werbung für Scharniere oder Lichtschalter ruhten. In einem Ort namens Longwan kam ich zu den Wasserhähnen – in dieser Gegend gab es an die 700 Fabriken, die Wasserauslässe herstellten. Danach folgten Autoachsen, dann Stanzpressen.

Endlich erreichte ich den Bezirk Rui'an, der nach Auskunft der örtlichen Verwaltung genau 1208 Hersteller von Motorteilen, Bremsen und Lenksystemen beherbergte. In allen an der Straße gelegenen Geschäften gab es Fahrzeugteile: in einem Schaufenster Dutzende von Rädern, im nächsten Reihen von Bremsbelägen, und dann ein ganzer Block von Geschäften, die nichts anderes als Zündanlagen anboten. Mitten in der Stadt kam ich an eine Stelle, an der sich kurz zuvor ein tödlicher Unfall ereignet hatte. Eine junge Frau war mit dem Motorroller offenbar sehr schnell gefahren, als sie auf einen Wagen auffuhr. Das größere Fahrzeug war stark verbeult, der Motorroller nur noch ein Haufen Schrott. Der Verkehr kam nur schrittweise voran, und mir blieb nichts anderes übrig, als direkt neben der Unfallstelle vorbeizufahren. Inzwischen hatten sich Schaulustige eingefunden, die aufgeregt gestikulierten und plapperten. Die Frau hatte keinen Helm getragen und war kopfüber zu Boden gestürzt: die Beine nach hinten gebogen, die Arme ausgebreitet, das Gesicht gegen den Boden gepresst. Im Vorbeifahren sah ich, dass das Gehirn der Frau sich auf die Straße ergossen hatte. Es war später Nachmittag, das Licht war grell; das Blut bildete einen hellen Kreis um die wirren Haare. Niemand hatte sich die Mühe gemacht, die Tote zuzudecken.

Einen Häuserblock weiter lichtete sich die Zahl der Fußgänger, und der Verkehr floss wieder normal. Motorroller schwirrten vorbei, Autos rangelten um die beste Position, Hupen ertönten. Auf den Reklametafeln wurden weitere Autoteile angepriesen: Radkappen, Pedale, Zündkerzen. Scheibenwischer und Windschutzscheiben, Sitze und Lenkräder. Reifen, Reifen, Reifen. Ich suchte für die Nacht das »International Hotel« von Rui'an auf, dessen Parkplatz voller Audis und Buicks und VWs

stand. Käufer und Verkäufer, Geschäftsleute und Funktionäre – und draußen auf den abendlich belebten Straßen, wo die
Neon-Ladenschilder angingen, konnte man leicht vergessen,
dass es eine Fahrerin weniger in der Stadt gab.

* * *

Als ich im Januar 2006 wieder die Fabrik in Lishui besuchte,
waren die Bosse dabei, die Maschinen zu testen. Seit meinem
letzten Besuch waren erst drei Monate vergangen, aber der
Bau hatte sich mächtig verändert. Der Bauunternehmer hatte
seine Arbeit beendet; die Trennwände waren eingezogen, die
Zehn-Dollar-Türen waren eingesetzt. Im Hauptraum standen
drei große Stanzpressen. Überall stapelten sich Kisten und
Behälter, gefüllt mit Geräten, die zusammengebaut werden
mussten. Auch Arbeiter waren da – Boss Gao, der jüngere der
beiden Unternehmer, wurde begleitet von drei Technikern, die
er eingestellt hatte, um die Fabrik in Gang zu bringen. Bei
meinem letzten Besuch hatten die Bosse ihr Produkt vage als
»Bekleidungszubehör« bezeichnet, und jetzt fragte ich einen
der Techniker nach näheren Einzelheiten.

Der Mann hieß Tian Hongguo und stammte aus der Provinz Sichuan. Er war Ende dreißig, in der Fabrikwelt schon ein
vorgerücktes Alter – alle riefen ihn »Alter Tian«. Er war klein,
wog gerade einmal 45 Kilo und hatte ein koboldartiges Gesicht:
spitzes Kinn, große Ohren, breiter Mund. Auf meine Frage hin
grinste er.

»Wir werden zwei Dinge herstellen«, sagte er und nahm
Muster aus einer Schachtel. Das eine war ein Ring, der so klein
war, dass er nicht auf meinen kleinen Finger gepasst hätte. Das
andere war ein größerer Stahlreifen, hauchdünn und an beiden
Enden mit Kunststoff überzogen; er war wie ein weit offenes U
gebogen. Der Alte Tian reichte mir zwei von unterschiedlicher
Größe. Einer war gerade groß genug, dass eine Billardkugel

hindurchging. Der andere hatte ungefähr die Größe eines Soft-balls. Ich fragte den Alten Tian, wozu sie dienten.

»Sie sind für Frauenbekleidung«, sagte er.

Er hielt einen Reifen vor seine Brust, so dass die Enden nach oben zeigten, wie ein Lächeln. Da dämmerte es mir plötzlich – es waren Stützstrukturen für Büstenhalter.

»Sie helfen den Frauen, sich schöner anzuziehen«, erklärte der Alte Tian. »Wir haben verschiedene Größen. Einige sind klein, einige sind groß, und einige sind *richtig* groß.« Er deutete mit seinen Händen ein Objekt an, das ungefähr die Größe eines Basketballs hatte. Ich konnte mir nicht vorstellen, dass er noch immer Büstenhalter meinte, und dachte, diese Drähte müssten eine andere Funktion erfüllen.

»Die ganz großen«, fragte ich, »wofür sind die?«

»Für Russinnen«, sagte der Alte Tian.

* * *

Boss Gao hatte in den letzten zehn Jahren die sonderbarsten Bekleidungsstücke hergestellt. Er stammte aus der Region Ouhai, einem Marschland südlich von Wenzhou, wo sein Vater Reisbauer und Dorflehrer war. Boss Gao ging zwei Jahre zur Berufsschule und lernte Maschinenbau. Mitte der neunziger Jahre gründete er mit seiner Familie einen kleinen Betrieb. Sie machten Innenfutter für Hosen, jenen billigen weißen Stoff, mit dem der Hosenbund unterfüttert wird. Es stellte, wie so viele Produkte von Wenzhou, keine hohen Ansprüche an Arbeitskräfte und Technik. Das Gründungskapital der Gaos lag unter 4000 Dollar, und die Familie stellte die ganze Belegschaft dar: Boss Gao, seine Eltern und seine beiden Schwestern. Sie verkauften an örtliche Kleiderfabriken, und in den ersten Jahren betrug ihre Gewinnspanne rund 50 Prozent. Sie verdienten so viel, dass sie erweitern konnten; sie kauften neue Maschinen und stellten sechs Mitarbeiter ein.

Anfangs gab es in der Region nur fünf oder sechs Betriebe, die dasselbe Produkt herstellten. Aber der Erfolg der Familie Gao fand Nachahmer, und bis zum Jahr 2003 stieg die Zahl der örtlichen Hersteller von Faserstoff auf zwanzig; gleichzeitig sank die Gewinnspanne auf 15 Prozent. Das war Anlass für Boss Gao, mit dem Hosenfutter allmählich aufzuhören. Noch machte er zwar Gewinn, aber lieber stieg er aus, bevor es unrentabel wurde.

»In den neunziger Jahren war es sehr viel einfacher, Geschäfte zu machen«, sagte er mir einmal. »Damals waren noch nicht so viele Konkurrenten auf dem Markt.« Oft sprach er sehnsüchtig über jene Zeit. Für Boss Gao, der gerade einmal dreißig Jahre alt war, waren die neunziger Jahre die gute alte Zeit, als es noch gemütlich zuging. »Damals kam es nur auf das Produkt an«, meinte er wehmütig. »Man suchte sich etwas, was noch keiner machte. Jetzt können Sie nehmen, was Sie wollen – es gibt bestimmt schon einen chinesischen Hersteller, Sie haben also Konkurrenz. Jetzt geht es nicht mehr um das Produkt, jetzt zählt die Masse.«

Boss Gao gab das Hosenfutter auf und tat sich mit seinem Onkel zusammen, der Formbügel für BHs herstellte. Auch das ist ein Produkt mit geringen Anfangskosten: Man braucht nur eine elektrische Stanze, die das Metall biegt, die Stücke ausschneidet und über hundert Bügel pro Minute ausstößt. Die Nachfrage ist konstant, was das einzig Gute an Formbügeln ist. »Solange es Frauen gibt, wirst du Kundschaft haben«, sagte Boss Gao einmal philosophisch. »Es ist dasselbe wie Monatsbinden.« Doch von den Bügeln wird keiner reich, und so begannen Boss Gao und Boss Wang sich nach einem neuen Produkt umzuschauen. Sie suchten etwas, das erhebliche Investitionen in den Maschinenpark erforderte – eine der Methoden, um sich Nachahmer vom Leib zu halten.

Die beiden Bosse suchten weit und breit, genauer gesagt, unterzogen sie den Büstenhalter einer gründlichen Prüfung.

Von der Wenzhouer Warte aus betrachtet, stellt dieses Produkt eine Welt für sich dar, benötigt ein BH für die Endmontage doch zwölf verschiedene Komponenten. Die Bosse begannen ihre Untersuchung unten, beim Bügel, und arbeiteten sich von dort aus nach oben, wobei sie die Möglichkeiten jeder Komponente abwogen. Sie machten sich Gedanken über den Faden, sie warfen einen Blick auf die Spitze, sie betrachteten den Verschluss. Als sie oben ankamen, wo winzige 0- und 8-förmige Ringe dazu dienen, die BH-Träger zu verstellen, hatten sie das Gesuchte gefunden.

Für die Benutzerin ist ein BH-Ring etwas so Einfaches, dass sie ihn gar nicht wahrnimmt. Er besteht aus dünnem mit Nylon beschichtetem Stahl und wiegt nur ein halbes Gramm; der normale BH enthält vier solcher Ringe. Sie sind mit den Nylonträgern verbunden, und kaum eine Frau in Amerika oder Europa verschwendet einen Gedanken daran. Dabei sind die Ringe der technisch komplizierteste Bestandteil eines BH. Um einen Stahlring gleichmäßig mit hochglänzendem Nylon zu beschichten, braucht der Hersteller eine dreistufige Fertigungslinie, und auf jeder Stufe wird der Ring auf über 500 Grad erhitzt. Das Ganze ist computergesteuert: die Temperatur, der schwingende Mechanismus des Pulvermischers, die Geschwindigkeit jedes Förderbandes. Eine solche Apparatur lässt sich nicht aus Ersatzteilen zusammenschustern, und sie ist nicht billig: Boss Gao und Boss Wang gaben 65000 Dollar für ihre Fertigungslinie aus. Bis dahin hatte keiner der beiden auch nur ein Zehntel dieses Betrags für ein Ausrüstungsteil aufgewendet, und ihre Pläne hingen ganz davon ab, dass diese Fertigungslinie einwandfrei funktionierte.

Die Maschine stand im Erdgeschoss, in dem ersten Raum, den Boss Gao entworfen hatte. Sie war ein gedrungenes, mürrisch wirkendes Ding: Der Außenanstrich war seekrankgrün, und die beiden fünfzehn Meter langen Hauptfertigungslinien waren in Doppeldeckermanier übereinander angeordnet. Die

Förderbänder waren aus poliertem Stahl, und sie schimmerten spiegelhell unter nackten Glühbirnen. Das Ganze wog sechs Tonnen, weil die Bänder von unglaublich dicken Stahlpfeilern gestützt wurden. Diese Stützen hätten ohne weiteres ein ganzes Haus tragen können – es war nicht einsichtig, wieso die Herstellung winziger BH-Ringe solche dicken Pfeiler braucht. Aber Stahl ist wie Zement einer der Grundbaustoffe, die man im ländlichen China gern im Übermaß einsetzt. Das hat seinen Grund in der Massenproduktion: In diesem riesigen Land werden Rohstoffe in einer Zeit unglaublichen Wachstums in solchen Mengen produziert, dass die Preise relativ niedrig sind. Ausländische Architekten sind oft erstaunt über die Mengen von Zement und Stahl, die in einem durchschnittlichen chinesischen Projekt verbaut werden.

Ich besuchte die Fabrik an dem Tag, an dem die Maschine erstmals getestet wurde. Ein Techniker namens Luo Shouyun drückte auf einen Schalter, und aus Gasbrennern schossen blaue Flammen hervor; die Förderbänder begannen zu laufen. Auf einem digitalen Steuerpult wurde die Temperatur angezeigt. Der Raum selbst war kalt – draußen war es etwas über null Grad, und wie fast alle in Zhejiang heizten die Bosse ihre Fabrik nicht. Aber rasch begannen die digitalen Ziffern zu steigen, denn die Gasflammen erwärmten die Maschine. Die Anzeige zeigte 90 Grad, dann 150. Nach fünfzehn Minuten wurden 400 Grad überschritten. Bei 474 war der Höhepunkt erreicht, dann sank die Temperatur plötzlich ab. Die Maschine musste konstant auf mindestens 500 Grad gehalten werden, bevor die Produktion anlaufen konnte.

»Es könnte daran liegen, dass es hier kälter ist als in Guangdong«, meinte Luo Shouyun. Er hatte im tiefen Süden Chinas fast zehn Jahre mit BH-Ringen zu tun gehabt, und alle nannten ihn Luo Shifu: Meister Luo. Man hatte ihn bei der Konkurrenz abgeworben, und er war der Einzige im Raum, der wirklich verstand, wie die Maschine funktionierte. Jetzt zog er sich feuerfeste Handschuhe an und versuchte, die Tür zu einem der Heizelemente zu öffnen. Weil aber beim Schweißen gepfuscht worden war, lösten sich die Verbindungen in der Hitze auf. Plötzlich hielt Meister Luo die lose Klinke in der Hand. Fluchend ließ er das glühendheiße Stück fallen. Es lag auf dem kalten Betonboden und zischte wie eine böse Schlange.

»*Mei shir*«, sagte Boss Gao. »Kein Problem. Das haben wir gleich.«

Er steckte sich eine »State Express 555« an und gab Meister Luo eine. Die Zigarette zwischen die Zähne geklemmt, bastelte Meister Luo an dem Steuerpult herum, das mit zwei Dutzend Schaltern besetzt war. Er beschloss, einen ersten Satz Ringe durch die Fertigungslinie zu schicken, um zu sehen, wie sie herauskamen. Am Ende der Linie maß er sie mit einem digitalen Messschieber. Sie waren 1,7 Millimeter dick, viel zu viel für einen BH-Ring, dessen optimale Dicke 1,2 bis 1,3 Millimeter beträgt. Das Nylon schmolz nicht gleichmäßig – die Maschine war noch zu kalt. Die Temperatur der Fertigungslinie lag mittlerweile unter 400 Grad.

»Liegt es am Wetter?«, fragte Boss Gao.

»In Guangdong hatten wir im Winter in der Fabrik gewöhnlich siebzehn bis achtzehn Grad«, sagte Meister Luo. Er machte sich mit einem Schraubenschlüssel an den Gasventilen der Maschine zu schaffen. »Heute sind es ungefähr sechs Grad«, sagte er. »Daran könnte es liegen.«

»Vielleicht ist es auch ein Problem mit dem Gas«, meinte Boss Gao.

Im Nebenraum standen sechs Erdgasflaschen, 1,20 Meter hoch, aus Metall und durch Gummischläuche mit der Maschine verbunden. Die Männer prüften die Anschlüsse: Alles schien in Ordnung. Einer meinte, ein bisschen Bewegung könne vielleicht helfen. Erst schüttelten sie die Gasflaschen behutsam, schaukelten sie hin und her, aber die Temperatur änderte sich nicht. Dann wechselten sie in eine härtere Gangart – dröhnend stießen sie die Metallflaschen gegen den Betonboden. Dabei hingen ihnen die brennenden Zigaretten an den Lippen. Unauffällig schlich ich mich in Richtung Ausgang, in der Hoffnung, meine Haut zu retten, falls etwas hochgehen sollte. »Vielleicht müssen wir sie aufwärmen«, sagte Boss Gao. »Ich gehe Wasser kochen.« Er machte einen Ofen im Hauptraum an und setzte einige Kessel auf. Der Alte Tian trieb eine Trittleiter auf und schob sie neben die Gasflaschen. Als das Wasser gekocht hatte, goss Boss Gao es in einen Eimer, wuchtete ihn auf die Schulter und stieg die Leiter hinauf. Die Zigarette klemmte ihm immer noch zwischen den Lippen. Das war das Letzte, was ich von Boss Gao sah, denn an diesem Punkt kam ich zu dem Schluss, dass ich mich nicht länger auf den Augenschein verlassen musste, um die Vorgänge zu dokumentieren. Vom angrenzenden Raum aus lauschte ich, wie es weiterging.

Zuerst hörte ich ein lautes Zischen, wie wenn Fleisch auf einen heißen Grill gelegt wird, dann folgte eine Reihe von Spritzern, schließlich Stille. Ich spähte vorsichtig hinein. Dampf füllte den Raum, und die frischgetauften Flaschen glänzten im Licht der nackten Glühbirnen. Meister Luo prüfte die Temperatur der Maschine: keine Änderung. Als der Tag zu Ende ging, hatten sie fast vier Stunden an der Fertigungslinie herumgefummelt, ohne einen Schritt weiterzukommen. Man spekulierte, dass das Erdgas minderwertig sein könnte; Boss Gao sagte, er werde es bei einem anderen Lieferanten probieren. Aber das klang nach Wunschdenken, und offensichtlich wollte keiner der wahrscheinlichsten Ursache ins Auge sehen – dass an ihrer nagelneuen Maschine etwas nicht stimmte.

* * *

Die Ahnen der Maschine stammten aus Europa. In den Fabriken Chinas hat jedes Gerät seine Ahnentafel, und gewöhnlich führt sie ins Ausland. In den achtziger Jahren dominierten unter den Herstellern von BH-Ringen die Franzosen und die Deutschen, aber dann wurde die Produktion wegen der billigen Arbeitskräfte nach Taiwan verlagert. Etliche taiwanesische Fabriken importierten die Maschinenausstattung aus Europa, und Anfang der neunziger Jahre war die Insel der Weltmarktführer für BH-Ringe. In der Mitte des Jahrzehnts beschloss das taiwanesische Unternehmen Daming, die Produktion nach China zu verlagern. Nach diesem Muster verfuhren in den nächsten zehn Jahren sämtliche Branchen, bis schließlich fast die ganze arbeitsintensive Produktion aufs Festland verlagert war.

Daming errichtete einen Betrieb in Xiamen, einer Sonderwirtschaftszone in der Provinz Fujian. Der Chef, den wir der Einfachheit halber den Ersten Boss nennen wollen, importierte eine Maschine aus Europa. Anfangs wurde mit dieser Maschine spielend Geld verdient. Die Lohnkosten waren noch niedriger als in Taiwan, und es gab keine heimische Konkurrenz, weil der hochkomplizierte Fertigungsprozess von Nachahmern schwer zu kopieren war. Nach und nach verließ sich der Erste Boss stark auf einen Mitarbeiter namens Liu Hongwei, einen Wanderarbeiter aus der ländlichen Provinz Sichuan. Liu besaß kaum Schulbildung, aber er war äußerst intelligent, und mit der Zeit wurde er zum Experten für die Wartung der Maschine.

Liu Hongwei verfügte außerdem über ein ausgezeichnetes Gedächtnis. In Daming fertigte er insgeheim eine detaillierte Blaupause der Maschine an. Seine Kollegen sahen ihn nie die Anlage vermessen und skizzieren, und später vermuteten sie, er habe sie sich tagsüber Stück für Stück eingeprägt, um sie dann nachts zu zeichnen. Als Liu mit seinen Blaupausen fertig war, nahm er sie mit in die Stadt Shantou, eine andere Sonderwirtschaftszone im Süden Chinas. Er machte die Bekanntschaft des Zweiten Bosses, der eine Firma namens Shangang Keji führte. Im Jahr 1998 stellte der Zweite Boss Liu Hongwei ein und ging mit den Blaupausen zu einer Werkzeugbaufirma, die nach Vorlagen von Kunden arbeitete und ihm eine weitere Maschine baute. Anfangs funktionierte das Ding nicht – niemand hat ja ein perfektes Gedächtnis –, aber nachdem man hier und da Änderungen vorgenommen hatte, waren die Probleme innerhalb weniger Monate behoben. Shangang Keji begann, BH-Ringe zu produzieren, und bald war auch der Zweite Boss reich.

Es dauerte nicht lang, bis der Dritte Boss die Szene betrat. Er saß ebenfalls in Shantou, wo er eine Firma namens Jinde gegründet hatte, und er warb Liu Hongwei ab. Gemeinsam nutzten sie die Blaupausen ein weiteres Mal und ließen sich noch eine Maschine nach Maß bauen. Der Preis von BH-Ringen war inzwischen merklich gesunken, aber noch waren die Gewinnspannen gut, und auch der Dritte Boss wurde wohlhabend. Dennoch wurde er wütend, als er erfuhr, dass Liu Hongwei insgeheim Verhandlungen mit dem Vierten Boss aufgenommen hatte.

Ich erfuhr diese Geschichte von Meister Luo, der in Shantou neben Liu Hongwei gearbeitet hatte. Damals erzählte man sich, Liu habe für den Verkauf seiner Blaupausen rund 20 000 US-Dollar erhalten, aber Genaues wusste niemand. Meister Luo kannte jedoch den genauen Betrag der Belohnung, die der Dritte Boss auf den Kopf des Mannes ausgesetzt hatte: 100 000 Yuan, also über 12 000 Dollar. »Er wollte nur Informationen«, erklärte Meister Luo. »Er sagte, diesen Betrag würde er jedem zahlen, der ihm sagen konnte, wohin Liu Hongwei gegangen war. Er war über das, was Liu getan hatte, echt sauer.«

Ich fragte, was der Dritte Boss vorhatte, falls er den Mann fand.

»Sie kennen die Geschäftpraktiken im Süden«, antwortete Meister Luo grinsend. »Er hätte ihn totgeschlagen wie einen Hund.«

Aber was die Profite anging, war es bereits zu spät. Seit die Maschine auf dem freien Markt erhältlich war, konnte sich jeder eine kaufen, wenn er 65 000 Dollar zusammenhatte. In den letzten Jahren waren zu dem Vierten Boss ein Fünfter, ein Sechster und ein Siebter Boss gekommen, und so ging es weiter. Als die Firma in Lishui ihren Betrieb aufnahm, gab es in China bereits zwanzig größere Fabriken, die auf diesem Sektor tätig waren, und der Preis für BH-Ringe war um 60 Prozent gefallen. Mittlerweile hängt die Gewinnspanne hauptsächlich von den Transportkosten ab, und deshalb hatten Boss Gao und Boss Wang sich für den Standort Lishui entschieden. In diesem Teil von Zhejiang gab es sonst keinen Hersteller von BH-Ringen, und mit der neuen Schnellstraße würden sie die BH-Fabriken der Provinz günstig beliefern können.

Meister Luo sprach oft über Liu Hongwei und bezeichnete ihn als »den Arbeiter, der drei Bosse hereinlegte«. Die Geschichte klang nach einem Mythos, einer Arbeiterlegende, und schließlich flog ich aus Neugier nach Shantou, um herauszufinden, was daran war. Der Erste, der Zweite und der Dritte Boss wollten nicht darüber reden – es widerstrebte ihnen sichtlich, nochmals auf die Geschichte zurückzukommen. Dafür traf ich andere, die mit Liu Hongwei zusammengearbeitet hatten, und sie alle erzählten mir im Kern dasselbe, mit gewissen Abweichungen im Detail. Einige glaubten, Liu sei nicht sein wirklicher Name, andere meinten, er habe seine Herkunftsregion falsch angegeben. Einige ehemalige Kollegen bezeichneten ihn als einen meisterhaften Fälscher; dem stand die Aussage eines Fabrikleiters entgegen, der Lius Ausweis mit eigenen Augen gesehen hatte und schwor, er sei echt gewesen.

Schließlich wurden mir sogar die Pläne für die gestohlene Maschine gezeigt. Sie lagen in der Stadt Kanton bei der Firma Qingsui-Maschinenbau, die das Ding nach den Angaben Lius gefertigt hatte. »Er hatte wirklich keine gute Ausbildung, und entsprechend schwer fiel es uns, die Anlage zum Laufen bringen«, sagte mir der Manager bei Qingsui. »Wir haben für die notwendigen Änderungen zwei Monate gebraucht.« Der Manager war freundlich und offen, und ich merkte, dass er mir die Pläne zeigte, weil er hoffte, mir eine Maschine zu verkaufen, obwohl ich wiederholt darauf hinwies, dass ich Schriftsteller war. Seinen letzten Geschäftsabschluss hatte er mit Boss Gao und Boss Wang gemacht.

In der Fabrik in Lishui, wo der erste Testlauf gescheitert war, bemerkte Meister Luo endlich, dass die Maschine noch einen erheblichen Konstruktionsfehler aufwies. Er verbrachte zwei Wochen damit, das Ding auseinanderzunehmen und wichtige Teile auszutauschen. Er rückte die Gasbrenner näher an das Förderband heran, und er bastelte an der Konstruktion des Oszillators herum. Teile der Maschine ersetzte er behelfsmäßig durch Sperrholz und Bindfaden, und er verzichtete ganz darauf, den abgeschmolzenen Griff wieder anzubringen. Als die Produktion dann anlief, hatte die Maschine bereits einiges mitgemacht. Wo vorher die Türklinke gewesen war, klaffte ein Loch, und die neu eingestellten Gasbrenner hatten Brandflecken auf dem Stahl hinterlassen. Meister Luo sagte mir, die Stützpfeiler seien unnötig dick, weil Liu Hongwei auf diesen Teil der Konstruktion nicht besonders achtgegeben hatte. »Die Blaupausen sind noch immer nicht sehr gut«, erklärte er.

Meister Luo hielt Liu Hongwei für einen falschen Namen, und seine Beschreibung des ehemaligen Kollegen stimmte weitgehend mit der von anderen überein. Demnach war Liu Hongwei groß und dünn, und mit seinem dunklen Teint wirkte er wie ein Bauer. Seine Bildung war dürftig. Er hatte angeblich Frau und Kind, die freilich keiner gesehen hatte. Und obwohl die Summe, die der Dritte Boss als Kopfgeld auf ihn ausgesetzt hatte, sehr beeindruckend war, blieb das Geld (12 000 Dollar) liegen, weil Liu es geschafft hatte, spurlos zu verschwinden. Er war *jiaohua*, trickreich – dies war das Wort, das man am stärksten mit Liu Hongwei assoziierte. Ich hörte es immer wieder, überall, wo BH-Ringe hergestellt werden, in Lishui, Shantou und Kanton, und überall schüttelte man den Kopf und sagte, Liu sei *jiaohua*. Niemand hatte auch nur den leisesten Schimmer, wo der Mann abgeblieben war.

Als die Maschine im Januar 2006 endlich lief, war die Jinliwen-Schnellstraße schon eröffnet. Sie wies in beiden Richtungen je zwei Spuren auf, und der Mittelstreifen war sorgfältig mit Büschen bepflanzt, die das Fernlicht entgegenkommender Fahrzeuge abfingen. In Abständen von tausend Metern hatte man Notrufsäulen aufgestellt – in den Vereinigten Staaten hätte man das für Verschwendung gehalten, und in China war es kaum nötig, weil der Handyempfang überall ausgezeichnet ist. Am Ou entlang sind die Berge so steil, dass die Straße oftmals durch den Fels gesprengt werden musste. Zwischen Wenzhou und Lishui gibt es 29 neue Tunnels, von denen der längste über drei Kilometer lang ist. Jetzt fehlten nur noch aktuelle Straßenkarten, denn auf den vorhandenen war die Schnellstraße noch nicht eingetragen. Allerdings hinken die chinesischen Karten immer hinter dem Bau hinterher, und manchmal denkt man, das Bauen gehe schneller als das Zeichnen.

Für einen Autofahrer in China gibt es kein größeres Vergnügen als eine neue Straße. Als ich die Jinliwen-Schnellstraße die ersten Male benutzte, herrschte leichter Verkehr, weil viele Auffahrten noch nicht offen waren. Die 120 Kilometer von Wenzhou nach Lishui konnte man fahren, aber auf der ganzen Strecke konnte man weder ab- noch auffahren, und oft sah ich über längere Abschnitte kein anderes Fahrzeug. Streckenweise war die Straße aufgestelzt und führte direkt über Fabrikstädte wie Qiaotou hinweg. Die neue Straße führte so dicht an den Lagerhallen vorbei, dass ich sehen konnte, was sich dort unten abspielte: Arbeiter gingen in Gebäude hinein, Lastwagen holten Waren ab, und Betonmischer drehten sich für neue Bauprojekte. Doch niemand fuhr auf die Schnellstraße auf, weil sie für diese Orte noch tabu war. Es war, als flöge ich – so waren die flüchtigen Eindrücke, die ich im Vorbeifahren gewann.

Auf der ganzen Strecke wurden auf den Werbetafeln Zementmarken angepriesen: »Goldener Garten«, »Roter Löwe«, »Hauptstadt der Unsterblichen«. Das waren die ersten Werbebotschaften. Hinzu kamen die amtlichen Hinweisschilder, die in demselben Grünton gehalten waren wie in den Vereinigten Staaten. In Zhejiang hatte man viele Straßenschilder sogar ins Englische übersetzt. In Wenzhou stand an der Ausfahrt »Shoe Center of China«. Die Spuren der Schnellstraße waren gekennzeichnet als »Slow Lane« und »Quickly Lane«. »Dirve Carefully« – diesen nicht ganz korrekt geschriebenen Hinweis sah man überall. Ein anderer befahl: »Do Not Get Tired«. In regelmäßigen Abständen tauchte neben der Straße ein seltsamer Vers auf:

Please Not Try Tired Driving
Keep Off the Traffic Accident

In Lishui führte die Ausfahrt direkt in das Gewerbegebiet der Stadt. Nach der Friedlichkeit der neuen Schnellstraße wirkte das halbfertige Industriegebiet mit den größtenteils nicht asphaltierten Straßen wie ein Schock. Erdbaumaschinen und Bulldozer waren hier rund um die Uhr im Einsatz, und das Bauernland, das diese Zone von allen Seiten umgab, erinnerte daran, wie es hier bis vor kurzem noch ausgesehen hatte. Das Bauprojekt war von seiner Größe her beeindruckend – es umfasste an die 15 Quadratkilometer. Wie mir der Direktor des Gewerbegebiets, ein Mann namens Wang Lijiong, berichtete, hatte man für die erwarteten Fabriken genau 108 Berge und Hügel eingeebnet. Chinesische Beamte haben ihre eigene Art, mit Statistiken umzugehen – überwältigende Zahlen können sie auf ganz beiläufige Art herunterrasseln. Ein Kollege des Direktors, ein Mann namens Yang Xiaohong, berichtete, die Bevölkerung der Stadt sei zwischen 2000 und 2005 von 160000 auf 250000 gestiegen, wegen der vielen Wanderarbeiter, die auf dem Bau und in Fabriken arbeiten wollten. Angesichts des neuen Gewerbegebiets erwartete er, dass die Einwohnerzahl sich in den nächsten fünfzehn Jahren auf eine halbe Million verdoppeln würde. Er sagte außerdem, Lishui habe von 2000 bis 2005 insgesamt 8,8 Milliarden Dollar in die Infrastruktur gesteckt. In diesen fünf Jahren, so Yang, habe die Stadt fünfmal so viel in die Infrastruktur investiert wie in den vorangegangenen fünfzig Jahren.

Bei jeder Begegnung mit Beamten hielt ich die genannten Zahlen eilig in meinem Notizbuch fest, aber wenn ich sie mir abends anschaute, kamen mir Zweifel, ob sie stimmen konnten. Doch als Direktor Wang Lijiong davon sprach, dass 108 Berge versetzt worden seien, ließ ich meinen Stift ruhen und bat ihn stattdessen um eine Erklärung.

»Angenommen, dies ist ein Berg«, sagte er und deutete dabei auf einen Punkt auf seiner Schreibtischplatte. Dann ging er mit dem Finger ein paar Zentimeter zur Seite. »Hier ist ein anderer Berg. Dazwischen ist ein Tal. Deshalb tragen wir die Spitze der beiden Berge ab und füllen das Tal auf. Wir senken die hohen und erhöhen die niederen Teile, so dass es möglichst flach wird.«

Er fuhr mit der Hand über den Tisch – vollkommen flach. »Wir haben hier in Lishui eine Redensart«, fuhr er fort. »›Auf neun Morgen Berge kommt ein halber Morgen Wasser und ein halber Morgen Ackerland.‹ Bei einem so kleinen Anteil von gutem Land hatten wir keine andere Wahl, als die Berge zu versetzen.«

Direktor Wang war 48, und er war lässig gekleidet, in Jeans und Pullover. Er trug eine Brille mit Drahtgestell und eine goldene Omega-Uhr. Er war Mitglied der Kommunistischen Partei. Er hatte einen Laserpointer in der Tasche, den er gelegentlich benutzte, um ein Detail auf der Karte von Lishui, die an der Wand seines Büros hing, hervorzuheben. Es war eine Karte der Zukunft – sie zeigte alle noch zu bauenden Straßen im Gewerbegebiet. Direktor Wang war freundlich und gelassen, und er beantwortete meine Fragen mit einer Direktheit, die mich überraschte. Auch rief er zurück, wenn ich ihn nicht direkt am Telefon erreichte; das hatte ich noch bei keinem chinesischen Beamten erlebt. Die meisten sind argwöhnisch und verschlossen; sie sehen keinen Grund, mit einem ausländischen Reporter zu sprechen. Direktor Wang war anders, und irgendwann fragte ich ihn nach seinem Werdegang.

»Ich habe ganz unterschiedliche Erfahrungen gemacht«, begann er. Während der Kulturrevolution habe man ihn aufs Land geschickt; so sei es vielen jungen Leuten aus der Stadt ergangen. Dann habe man ihn zur Arbeit in eine Dynamitfabrik gesteckt. Danach sei er in die Volksbefreiungsarmee eingetreten und zum Panzerfahrer ausgebildet worden. Nachdem er fünf Jahre lang Panzer gefahren sei, sei er aus der Armee ausgeschieden und auf eine Stelle in einer Bank versetzt worden. Nach zehn Jahren bei der Bank habe er eine Führungsposition in einem Gewerbegebiet übernommen. Danach sei er von Stadt zu Stadt umgezogen und in der Bürokratie immer weiter aufgestiegen, und am Ende habe er beschlossen, die Führung des neuen Gewerbegebiets von Lishui zu übernehmen. Er selbst habe nur wenig Schulbildung genossen, aber sein Sohn sei Student in Internationalem Finanzwesen an der Universität Auckland. Dass diese Familie es in zwei Generationen vom Panzerfahren zum Auslandsstudium der Wirtschaftswissenschaft gebracht hatte, war nicht besonders überraschend. Viele Männer im Alter von Direktor Wang hatten einen Lebenslauf voller Ungereimtheiten, Übergänge ohne Zusammenhang und unerwarteter Karrieresprünge. Aber wenn sie diese Geschichten erzählen, ist es der zurückgelegte Weg, der zählt, nicht die einzelnen Schritte. Vom Dynamit über Panzer und Banken zu Gewerbegebieten – kann jemand behaupten, dass das kein Fortschritt sei?

Direktor Wang zehrte noch immer von dem, was er bei der Armee gelernt hatte. »In einem Panzer fährt man direkt auf sein Ziel zu«, sagte er. »Man darf sich keine Gedanken darüber machen, ob die Straße gut oder schlecht ist oder ob etwas dazwischenkommt. Man muss sich konzentrieren; man muss zielstrebig sein. So halte ich es hier im Gewerbegebiet. Von Problemen lasse ich mich nicht entmutigen.«

Er erklärte, seine Jahre als Panzerfahrer hätten ihn zu der Parole für das Gewerbegebiet Lishui inspiriert: »Jeder arbeitet für zwei, und die Arbeit von zwei Tagen wird an einem Tag erledigt.« Für Direktor Wang ging die größte Gefahr von der Zeit aus. Gewerbegebiete gibt es in anderen Teilen Chinas schon seit zwanzig Jahren, und ständig kommen neue hinzu. Ihre grundlegende Strategie ist überall dieselbe: die Infrastruktur vorbereiten, Landnutzungsrechte zu reduzierten Sätzen an Fabrikbesitzer verkaufen und Steuererleichterungen für die ersten Jahre der Produktion gewähren. Steigt eine Stadt spät in diese Strategie ein und hofft sie, sich zu profilieren, bleiben ihr nicht viele Möglichkeiten. Gelegentlich entdeckt eine Verwaltung einen Industriezweig, der eine große Zukunft vor sich hat – so war es in Wuhu, der Stadt in der Provinz Anhui, die beschloss, Chery-Autos zu produzieren. Aber solche Gelegenheiten werden immer seltener, und heutzutage ist es sehr viel wahrscheinlicher, dass ein Nachzügler am Ende Dinge produziert, die man anderswo nicht mehr machen will.

Bis 2006 hatte sich bereits mehr als ein Dutzend Fabriken in Lishui angesiedelt, die Kunstleder herstellen. Wenn chinesische Städte sich dadurch auszeichnen, dass Beton und Stahl bei Bauprojekten im Übermaß eingesetzt werden, dann spielt Kunstleder eine ähnliche Rolle bei den Verbrauchern. Ausländer, die in China leben, nennen das Zeug *pleather* – abgekürzt für *plastic leather* –, und die Zahl der Variationen, auf die man im Alltag trifft, ist erstaunlich. Fast jeder chinesische Unternehmer hat eine Geldtasche aus Kunstleder bei sich, und die cooleren Typen tragen Kunstleder-Jacken. Frauen ziehen Kunstleder-Röcke an; Männer haben Kunstleder-Slipper. Ich habe Wohnungen besichtigt, in denen jedes Möbelstück mit Kunstleder bezogen war. Das Zeug kommt in einem solchen

Überfluss vor, dass man meinen könnte, es sei ein natürlicher Rohstoff, und zuweilen stellte ich mir vor, dass sie es in einem vergessenen Teil der Provinz Shanxi direkt aus dem Boden holen.

Tatsächlich stammt ein Großteil davon aus der Region Wenzhou. Die ersten Kunstlederfabriken entstanden in den küstennahen Vororten in der Nähe des Flughafens, und die Auswirkungen dieser Branche gehören zu den ersten Dingen, die ein Besucher gleich nach der Ankunft bemerkt: Die Luft ist schmutzig braun, und ein süßlich ekliger Geruch schwebt über dem Flughafen. Die Kunstleder-Industrie ist berüchtigt wegen des Lösungsmittels DMF, Dimethylformamid, das in der Produktion verwendet wird. Untersuchungen in den Vereinigten Staaten haben ergeben, dass Menschen, die mit DMF arbeiten, oft unter tränenden Augen, trockenem Hals und Husten leiden. Sie verlieren ihren Geruchssinn und entwickeln eine Alkoholunverträglichkeit. Wer langfristig DMF ausgesetzt ist, erleidet einen Leberschaden, und Untersuchungen legen die Vermutung nahe, dass Arbeiterinnen einem erhöhten Risiko von Totgeburten ausgesetzt sind. In Laborversuchen an Tieren hat sich gezeigt, dass DMF Geburtsfehler verursacht.

In Wenzhou entstanden die Kunstlederfabriken in den ersten Jahren des wirtschaftlichen Aufschwungs der Stadt, als noch niemand an Umweltverschmutzung und gesundheitliche Probleme dachte. In den letzten Jahren hat die Stadtverwaltung sich jedoch entschlossen, diese Industrie loszuwerden: Erweiterungen werden nicht mehr genehmigt, und für bestehende Fabriken wird es immer schwerer, ihre Zulassung verlängert zu bekommen. Als ich mit meinen Besuchen im südlichen Zhejiang begann, waren etliche Kunstlederfabriken von Wenzhou im Begriff, in das neue Gewerbegebiet von Lishui überzusiedeln. Auf dem globalen Markt ist das ein naheliegender Weg für eine üble Industrie. Amerikaner möchten jedenfalls kein Kunstleder herstellen, und da sogar die Wenzhouer argwöhnisch gegen das Zeug geworden sind, findet es jetzt eben seinen Weg nach Lishui.

Als ich Direktor Wang wegen der Branche befragte, reagierte er mit Bedacht. Lishui, erklärte er, werde die Sache besser regulieren. »In der Umgebung von Wenzhou hat man das DMF nie streng kontrolliert«, sagte er. »Damals, als diese Fabriken anfingen, hatte man keine geeigneten Grenzwerte. Wir haben dafür jetzt klare Regeln. Die staatliche Umweltschutzbehörde war dieses Jahr hier und hat die Sache ausführlich untersucht, über einen Monat lang. Sie sagten, wir seien bezüglich dieser Industrie an der Spitze.«

Direktor Wang sagte mir, Lishui beschränke die Zahl der Kunstlederfabriken auf 26, denn man wünsche nicht, dass Kunstleder das beherrschende Produkt wird. Als Strategie kam mir das riskant vor – sich eine Gruppe bekannter Umweltverschmutzer in die Stadt zu holen, um die Wirtschaft in Schwung zu bringen. Doch ein so abgelegener Ort hat nur begrenzte Optionen, und Lishui ist bereit, alles zu nehmen, was es kriegen kann. Wenn Berge im Wege stehen, müssen sie eben versetzt werden.

Zur Zeit meiner ersten Besuche in Lishui war man noch dabei, einen Hügel unweit der BH-Ring-Fabrik abzutragen, und eines Tages fuhr ich zu der Baustelle. Dutzende von Männern kletterten auf dem Abhang herum, und die Luft war erfüllt von Staub von all den Baufahrzeugen: dreißig Muldenkipper, elf Caterpillar-Löffelbagger, vier große Hydraulikbohrer auf Rädern. Ein Vorarbeiter sagte mir, sie seien hier schon seit über einem Jahr zugange, und allein an dieser Stelle hätten sie bereits 1,2 Millionen Kubikmeter Erde und Gestein abgetragen. Um das zu schaffen, steckten sie Dynamit in den Boden, sprengten alles in die Luft und karrten dann den Schutt fort. Das hatten sie ein Jahr lang immer wieder gemacht, Tag für Tag, und bisher hatten sie die Höhe des Berges um dreißig Meter verringert.

Während unseres Gesprächs kam ein anderer Arbeiter herbei. Er hatte einen Sonnenhut aus Stroh auf und trug in jeder Hand einen billigen Einkaufsbeutel aus Plastik mit dem aufgedruckten Slogan »Qualität Nummer 1, der Kunde ist König«. In den Beuteln steckten sechs Kilo Dynamit, und der Mann stellte sie neben meinen Füßen auf den Boden. Er fragte: »Werden Sie meinen kleinen Bruder nach New York mitnehmen?«

Da ich schon zehn Jahre in China lebte, war ich unlogische Gespräche einigermaßen gewohnt, aber diese Einleitung machte mich sprachlos. Auf jeden Fall konnte ich meinen Blick nicht von diesen Beuteln lösen. Der Mann lächelte und sagte: »Ich mache nur Spaß. Aber er möchte wirklich nach Amerika.«

Wir plauderten ein Weilchen, und dann stapfte der Mann den Berg hinauf; er sagte, sie würden einen großen Felsblock sprengen. Das war ein Vorspiel zu dem Hauptereignis dieses Morgens. In weniger als einer Stunde wollten sie weitere 9,9 Tonnen Dynamit zünden, die man gerade unter einem Teil des Hangs vergraben hatte. Ich fragte, wer die Sprengung leite, und der Vorarbeiter nannte mir den Namen Mu Shiyou. »Er steht oben auf dem Hügel«, sagte er. Eigentlich meinte er: Er steht oben auf dem, was von dem Hügel noch übrig ist.

»Kann ich mit ihm sprechen?«, fragte ich.

»Selbstverständlich«, antwortete der Vorarbeiter.

Ich stand eine Weile da. Der Vorarbeiter schaute zu, wie die Bagger sich langsam über die Straße schoben. Endlich fragte ich: »Soll ich einfach hinübergehen?«

»Natürlich«, sagte er.

»Ist es in Ordnung, wenn ich allein hingehe?«

»Klar!«

Ich machte mich allein auf in Richtung des todgeweihten Berges. Große Kipper voller Erde und Gestein kamen herabgerast, und deshalb mied ich die Straße und ging lieber über den Schutt. Nach einiger Zeit entdeckte ich Plastikkabel, die aus Löchern im Boden hervorkamen, und mir wurde klar, dass dies das Gebiet war, das sie mit 9,9 Tonnen Dynamit vollgepackt hatten. Ich beschleunigte meinen Schritt. War es ein schlechtes Vorzeichen, dass sich sonst niemand auf diesem Teil des Abhangs aufhielt? Der Vorarbeiter hatte sich wegen meiner Anwesenheit ersichtlich keine Sorgen gemacht, aber genau das ist das Problem mit chinesischen Baustellen: Sie sind so einladend, dass es mich nervös macht. Da das halbe Land eine Baustelle ist, haben sich die Leute vollkommen an Pressluft-hämmer und Bulldozer angepasst, und den Bautrupps ist es ziemlich egal, ob Fremde sich auf dem Platz tummeln.

In Lishui fand man in dieser frühen Bauphase besonders leicht Zugang. Beamte und Polizisten traf man so gut wie nie im Gewerbegebiet an, und die Leute dachten, dass einer sich nicht grundlos dort herumtreibt. Sie waren freundlich, und sie waren offen; alle stammten von woanders her. Wenn ich dort herum-streifte, fragte ich nicht vorher um Erlaubnis, und ich nahm alles, was mich interessierte, in Augenschein. Man ließ mich freundlich vor auf die halbfertige Brücke, die in sechzig Meter Höhe den Fluss Ou überspannte, und ich besichtigte unzäh-lige Baustellen. Einmal ließ ich mich auf eine Plauderei mit Arbeitern ein, die dabei waren, das Fundament für eine neue Fabrik zu bohren; sie hatten eine Pause eingelegt, um ein Bier zu trinken. Nachdem wir eine Viertelstunde geplaudert hatten, drückten sie mir einen Presslufthammer in die Hand und baten mich, ihn auszuprobieren. Es wurde mein persönlicher Beitrag zum Gewerbegebiet von Lishui: ein fünfzehn Zentimeter tiefes Loch, das ich in die Erde bohrte, während die Arbeiter lachend zusahen, wie ich mich abmühte, mit dem verdammten Ding nicht die eigenen Schuhe zu treffen. Aber wer hatte die Leitung von dem Ganzen?

Endlich erreichte ich die Spitze des todgeweihten Berges, und dort sah ich den Mann mit den Plastikbeuteln voller Dyna-mit. Er machte mich mit Mu Shiyou bekannt, der die heutige Sprengung leitete. Herr Mu war sechzig Jahre alt, hatte ein rundes Gesicht und schütteres Haar; er besaß den trällernden

Akzent der Leute aus Sichuan. Er stammte aus Luzhou, einer Stadt am Jangtse, hatte sich aber in den letzten Jahren in Zhejiang niedergelassen, wo Sprengtrupps sehr gefragt waren. Aus seinen staatlichen Ausweispapieren ging seine Befähigung hervor. Sie waren in Kunstleder gebunden, und einem Dokument war in goldenen Zeichen »Sprenger der Provinz Zhejiang« aufgeprägt. Das klang doch richtig gut – Herr Mu war uneingeschränkt berechtigt, die Provinz Zhejiang in die Luft zu sprengen. Auf einem anderen Ausweis stand »Sicherer Sprenggerät-Arbeiter der Provinz Zhejiang«. »Das bedeutet, dass ich nie einen Unfall hatte«, erklärte Herr Mu.

Er versicherte mir, dass die heutige Sprengung vollkommen ungefährlich sei. Vor dem großen Ereignis sprengten sie die kleineren Felsblöcke, und in regelmäßigen Abständen hörte ich eine Explosion, gefolgt von dem pfeifenden Geräusch der durch die Luft fliegenden Gesteinsbrocken. Jedes Mal duckte ich mich instinktiv, aber Herr Mu sagte mir lachend, ich könne unbesorgt sein.

»Ich mache das seit dreißig Jahren«, erzählte er. »Früher habe ich auf einigen der Atomwaffenstandorte im Westen gearbeitet!«

Das trug dazu bei, die Verhältnisse zurechtzurücken: Von einem Stein am Kopf getroffen zu werden war ja nichts, verglichen mit einer Explosion von zwanzig Megatonnen. Auch beruhigte es mich ein wenig, dass Herr Mu einen Schutzhelm trug; besser wäre es allerdings gewesen, wenn er mir auch einen angeboten hätte. Ich folgte dem Mann, als er den Abhang hinabstieg, die Kabel von dem vergrabenen Dynamit hinter sich herziehend. Er spleißte sie zusammen, isolierte die Zuführungen und verband das Ganze mit einer Rolle von weißem Kabel. Einen elektrischen Sprengzünder trug er in einem Sack bei sich, der über seiner Schulter hing. Die kleineren Sprengungen waren beendet; die meisten Kipper hatten schon den Platz verlassen. Bald darauf ließ der Vorarbeiter einen Pfiff ertönen, das

Signal für die letzten Fahrzeuge, sich zu entfernen. Die gelben Caterpillar-Bagger krochen davon und stellten sich schließlich in einer Reihe am Rand des Platzes auf, die Schaufeln nach außen gekehrt. Sie wirkten wie große Tiere, nach vorn gebeugt und das Hinterteil dem zum Verschwinden bestimmten Berg zukehrend.

Der Pfiff ertönte abermals – diesmal galt die Warnung allen, die noch auf dem Platz waren. Die Arbeiter eilten zur Seite, und dann waren nur noch Herr Mu und ich da. Er beendete das Verspleißen der Kabel und marschierte los, wobei er das weiße Kabel von der Rolle ließ. Fünfzehn Meter, dreißig Meter, sechzig. Es war so still geworden, dass wir das Knirschen unserer Tritte im Sand hörten; hoch oben hörte ich Vögel trillern. So still hatte ich das Gewerbegebiet von Lishui noch nicht erlebt – sonst dröhnten hier Lastwagen, Maschinen und Presslufthämmer.

Wir gingen zu den aufgereihten Baggern hinüber. Herr Mu stand im Schatten eines der Fahrzeuge und stellte den Zünder auf einer Gleiskette ab. Der Zünder hatte zwei Schalter, gekennzeichnet mit »Laden« und »Sprengen«. In dem Funkgerät von Herrn Mu ertönte krächzend der Befehl »Laden!« – und er legte den ersten Schalter um.

»Gehen Sie dort rüber, da können Sie es besser sehen!«, sagte er. Nervös trat ich aus dem Schatten des Baggers und schaute zu dem stummen Hügel hinüber. Im Funkgerät begann ein Countdown bei fünf und endete in einem weiteren Befehl: »Sprengen!« Herr Mu betätigte den zweiten Schalter. Unmittelbar bevor der Berg aufbrüllte, zuckte ein Netz elektrischer Funken über die Felsen, wie ein Blitz, der in die Erde schlug.

* * *

Am 9. Februar 2006, eine Woche nach dem chinesischen Neujahrstag, jagte Boss Wang vor der Fabrik zwei Kisten voller Feuerwerkskörper in die Luft. Mit diesem Ritual wird in

Zhejiang traditionell ein neues Unternehmen eröffnet. Größere Firmen lassen Drachentänzer vor dem Haupteingang auftreten, aber ein kleiner Unternehmer wie Boss Wang konnte sich die Honorare der Truppe nicht leisten, und so beschränkte er sich auf das Feuerwerk. Außerdem hatte er einen Wahrsager für die Bestimmung des optimalen Datums seiner Eröffnung bezahlt. Im Mondkalender war es der achte Tag des ersten Monats, und acht ist die beste Glückszahl in China.

Boss Wang war, wie viele Unternehmer in Zhejiang, zutiefst abergläubisch. Der Süden Chinas ist stärker religiös orientiert, und das Christentum ist ausgesprochen populär in der Umgebung von Wenzhou, wo der fremdländische Glaube von vielen mit Entwicklung assoziiert wird. Boss Wang war jedoch nicht religiös; von Jesus oder Buddha sprach er nie. Er glaubte an Fengshui, und er glaubte an Wahrsager: Vor wichtigen geschäftlichen Entscheidungen ließ er sich immer erst das Datum analysieren. Boss Wang war vierzig Jahre alt und machte längst nicht einen so weltläufigen Eindruck wie sein Partner und Neffe Boss Gao. Der ältere Mann hatte kurzgeschnittene Haare, ein sanftes Lächeln und weit auseinanderstehende Augen, deren Ausdruck oft leicht gequält wirkte. Er stotterte, und wenn er mit einem Ausdruck kämpfte, flatterten seine Augenlider. Seine Kleider trugen oft Fettflecken. »Die großen Bosse geben sich nicht mit Maschinen ab«, sagte er mir einmal, als er dabei war, eine Stanzpresse zu reparieren. »Ich bin aber nur ein kleiner Boss und muss alles selber machen, soweit ich es kann. Ein General, der nicht genug Soldaten hat, muss auch selber in den Kampf.«

Boss Wang hatte in seinem Leben schon alles Mögliche produziert. Seine Eltern waren Bauern, und als er Anfang der neunziger Jahre ins Geschäftsleben einstieg, produzierte er zunächst Teile von Plastikrohren. Danach fertigte er Stahlteile von Fahrradklingeln, und im Rahmen der Metallbearbeitung stieß er auf die BH-Bügel. Nichts von alledem hatte ihn wirklich reich gemacht, und oft sprach er mit Bedauern von der Vergangenheit. Mit seinem Zeugnis hatte er knapp die Zulassung zum Studium verpasst. »Es war damals sehr viel schwerer«, sagte er. »In meiner Generation haben es nur ein oder zwei Leute von hundert auf die Universität geschafft.« Er war in Longwan aufgewachsen, einer der Küstenregionen von Wenzhou, die sich früh zu einem Fabrikbezirk entwickelten. »Eine Zeit lang waren sie berühmt für die Herstellung von Schreibstiften, aber ich habe nie Stifte gemacht«, erzählte Boss Wang. »Dann wurden sie berühmt für Schuhe, aber die habe ich auch nicht gemacht. Mit Schuhen konnte man am leichtesten Geld verdienen. Viele meiner Freunde sind in diese Branche gegangen, und jetzt sind sie alle reich. Sie fragen mich manchmal, ob ich nicht auch gern Schuhe gemacht hätte, und ich muss zugeben, dass ich es ein bisschen bereue. Viele dieser Kerle besitzen heute Zigmillionen.«

Boss Wang steckte den größten Teil seiner Ersparnisse in die BH-Ring-Fabrik, zusammen über 90000 Dollar. Das ist in China eine Menge Geld, und der Durchschnittsbürger wäre begeistert, über solche Mittel zu verfügen. Aber es kommt immer auf den Vergleichsmaßstab an, und in Longwan war Boss Wang stets von Leuten umgeben, die erfolgreicher waren als er. Auch in Lishui stieß er auf Nachbarn, die ihn in den Schatten stellten. Boss Wang und Boss Gao mieteten ihre Betriebsfläche von der Geley-Elektro-Gesellschaft, die ein Mann namens Ji Jinli gegründet hatte. Ji hatte als kleiner Bauer in Qiaotou angefangen und sich wie alle anderen auf die Knopfherstellung verlegt. Dann nahm er zusätzliche Produkte auf, Plastik-Lichtschalter und Ventildeckel sowie Kupferdraht. Er war nach Lishui gegangen, um von den niedrigen Landnutzungspreisen zu profitieren, und seine neue Fabrik bestand aus drei großen Gebäuden. Da er über so viel zusätzlichen Raum verfügte, vermietete er den zweigeschossigen Flügel an Boss Wang und Boss Gao.

Im Hof des Geley-Geländes befanden sich ein in Beton

gefasster Teich und ein Betonfuß mit drei Fahnenmasten. Täglich hisste man dort die Fahne Chinas, eine rote Fahne der Firma Geley und das amerikanische Sternenbanner. Die Erzeugnisse von Geley wurden in Kisten abtransportiert, auf denen »American Geley Professional Electrical Engineering« stand. Arbeiter sagten mir, an der Firma seien Investoren aus den Vereinigten Staaten beteiligt, aber bei meinen Erkundigungen fand ich keinen Anhaltspunkt für eine ausländische Beteiligung. Vermutlich wollten die Leute nur Eindruck schinden, denn in Fabrikstädten herrscht die Ansicht, Firmen mit Auslandskapital würden besser geführt. Und Ji Jinli war erkennbar darauf bedacht, nach außen gut dazustehen. In Lishui hatte er das beeindruckende Fabriktor mit zwei großen Löwen verzieren lassen, und die Eingangshalle (Treppe und Pförtnerloge aus Beton) zierte ein Spruch des Eigentümers in seiner flüssigen Schönschrift. In vergoldetem Metall reproduziert, war der Spruch dermaßen vergrößert worden, dass er eine halbe Wand bedeckte:

Die Erschütterungen der Zukunft
vollziehen sich direkt vor euren Augen

Diese Parole stand auch auf den Pappkartons für die wichtigste Produktlinie von Geley, die unter dem Titel »The Jane Eyre Series« vertrieben wurde. Die Jane-Eyre-Serie bestand aus Plastikschaltern und elektrischen Ventildeckeln, deren Einstandspreis 2,97 Dollar betrug. Manchen mag es als absurd oder prätentiös erscheinen, einen Lichtschalter nach einer Person in einem klassischen viktorianischen Roman zu benennen. Doch wer so denkt, hat vermutlich nie Knöpfe gemacht, um sein Brot zu verdienen, und ganz sicher ist er nicht als Bauernkind in Qiaotou aufgewachsen.

Alles ist eine Sache der Perspektive, und irgendwie erging es Boss Wang immer so, dass er zu seinen Nachbarn aufschauen musste. Hier in Lishui hatten er und Boss Gao nichts, um es mit Geley aufnehmen zu können: keine Betonlöwen, keine goldene Kalligraphie, keine ausländischen Fahnen, keine Brontë-Protagonisten. Sie hatten noch nicht einmal ein Schild vor ihrer Fabrik aufgestellt. Aber wenigstens funktionierte ihre Maschine, und drei Tage nach dem Abbrennen des Feuerwerks brachten die Bosse ein handgeschriebenes Schild neben dem Fabriktor an:

ARBEITER GESUCHT

Wir suchen 30 Arbeiterinnen und 15 Arbeiter

Qualifikationen:

1. Alter 18 bis 35, Hauptschulabschluss
2. Gute Gesundheit, gute Eignung
3. Auf Hygiene bedacht, bereit, Bitternis zu essen
   und hart zu arbeiten

Boss Wang brauchte Männer zur Bedienung der großen Stanzpressen, die die Rohlinge der Ringe liefern, welche dann in der Fertigungslinie der Maschine weiterverarbeitet werden. Überwiegend wollte er jedoch Frauen einstellen. Die meisten Tätigkeiten erforderten keine Fachkenntnisse und wenig Kraft: Sortieren der Bügel, Überwachung der Fertigungslinie, Verpacken der fertigen BH-Ringe. Boss Wang äußerte wie andere Fabrikleiter eine entschiedene Präferenz für junge Arbeiterinnen.

»Mädchen sind geduldiger, und man wird leichter mit ihnen fertig«, erklärte er. »Männer sind schwieriger – sie fangen Streit an oder bereiten andere Probleme.« Auf meine Frage nach der idealen Mitarbeiterin meinte Boss Wang, sie solle jung und unerfahren sein. »Wenn sie schon anderswo gearbeitet hat, muss ich mehr zahlen«, sagte er. Deshalb zog er auch Bewerberinnen mit geringer Schulbildung vor. Wenn sie gut angezogen war oder eine aparte Frisur hatte, war das ein schlechtes Zeichen. Hübsche Mädchen waren ein Risiko. »Ich nehme lieber solche, die durchschnittlich aussehen«, so Boss Wang. »Leute, die zu kompliziert sind, möchte ich nicht. Ich möchte nicht solche, die denken: ›Wenn ich Lust dazu habe, tu ich es.‹ Das ist nicht gut für mich.« Bei Einstellungsgesprächen fragte Boss Wang unter anderem nach Hobbys. Sagte die Bewerberin »Kartenspielen« oder »Mit Freunden zusammen sein«, war das negativ – zu leichtfertig. »Bücher lesen« galt als Hinweis, dass die Bewerberin faul war. Das Schlimmste war, wenn die Jobanwärterin sagte, dass sie ihre Freizeit mit dem Internet verbringe. »Ich mag es, wenn sie gern mit ihrer Familie zusammen ist, sich um ihre Mutter kümmert und dergleichen«, sagte Boss Wang. »So sollte ein einfacher Mensch vom Lande sein. Ich brauche jemanden, der Bitternis essen kann.«

* * *

In chinesischen Fabrikstädten ist der Spätwinter die Zeit der Jobsuche. Viele Wanderarbeiter fahren zum Frühlingsfest, wenn das chinesische Neujahr gefeiert wird, heim, und anschließend steigen sie in Busse und Züge, die sie in Städte mit Gewerbegebieten bringen. Es ist eine unruhige Zeit, ein Monat, in dem die Leute endlich ihren langgehegten Plan umsetzen, das Dorf zu verlassen, in dem sie ihren Job wechseln oder eine neue Stadt ausprobieren. Auch die Vorsichtigen fühlen sich angespornt, etwas zu unternehmen, und eine in dieser Zeit getroffene Entscheidung bestimmt oft den Rest des Jahres. Manchmal wird eine Wanderarbeiterin zehn Jahre später zurückblicken und erkennen, dass ihr ganzer beruflicher Werdegang von einem zufälligen Einstellungsgespräch an einem Februarmorgen vor langer Zeit bestimmt wurde.

Dies alles war neu für Lishui. Nach Auskunft von Einheimischen war 2006 das erste Jahr, in dem eine nennenswerte Zahl von Fabriken im Gewerbegebiet in Betrieb war, und doch hatte die Nachricht auf irgendeine Weise schon die Wanderarbeiter erreicht. Sie strömten aus dem Bahnhof und verstopften die Bushaltestelle. Der Verkehr auf der neuen Schnellstraße bestand überwiegend aus Überlandbussen, die Arbeitssuchende beförderten. In China wächst die Zahl der Wanderarbeiter jedes Jahr um rund zehn Millionen, und es gibt unzählige Busrouten aus den Provinzen im Landesinneren. Ihr Ziel ist gewöhnlich die Küste, aber zuweilen finden sie ihren Weg auch zu weniger etablierten Orten wie Lishui. In jenem ersten Jahr schleppten Wanderarbeiter ihre Koffer über die unfertigen Straßen des Gewerbegebiets – Menschen ohne Job, neu angekommen an einem Ort ohne richtige Straßen. Aber sie wussten, dass einige Fabriken bereits arbeiteten und andere bald folgen würden und dass es ein Vorteil war, wenn man früh kam.

Einige Wanderarbeiter besuchten den »Talentmarkt« von Lishui, die örtliche Stellenvermittlung. Das Gebäude befindet sich in der Innenstadt, ausgestattet mit einem riesigen digitalen Bildschirm, auf dem eine endlose Liste von Jobs abläuft. Junge Leute stehen in Gruppen zusammen, recken die Hälse und schauen, welche Angebote in der knappen Sprache der Arbeitsvermittlung an ihnen vorüberhuschen:

Steinbrecher. Männer, gute Gesundheit, bereit, Bitternis zu essen, Verköstigung und 40 Yuan pro Tag.

Einfache Arbeiterinnen gesucht, Hauptschulabschluss, gediegenes Auftreten, 1,55 Meter oder größer.

Oft wird von Bewerbern eine Mindestgröße verlangt, eine Obsession der Chinesen. Das gilt speziell für Frauen, deren Berufschancen eindeutig durch das Aussehen definiert sind:

Supermarktkassiererinnen gesucht, Hauptschul- oder Berufsschulabschluss, 1,58 Meter oder größer, helle und reine Haut, gepflegte Erscheinung.

Frauen erhalten zudem weniger Lohn – ein Detail, das in den Listen offen vermerkt wird, neben regionalen Präferenzen:

Arbeiter gesucht für 35 Yuan pro Tag, Arbeiterinnen gesucht für 25 Yuan pro Tag. Einschließlich Unterkunft und Verpflegung.

Durchschnittliche Arbeiter gesucht. Leute aus Jiangxi und Sichuan unerwünscht.

Die Einträge sind im Telegrammstil gehalten – die Firmen zahlen pro Wort, also fassen sie sich kurz. Sie beschreiben nur die nötigsten Eigenschaften und verdichten Menschen auf ein Merkmal, das dem Boss am wichtigsten erscheint. Manchmal lassen sie die Stellenbeschreibung ganz weg, und man steht vor einem Rätsel. Was genau wird jemand tun, von dem nur diese Merkmale gefordert werden?

Arbeiterinnen gesucht, 1,58 Meter groß, gepflegte Erscheinung. 600 bis 800 pro Monat.

Arbeiter gesucht, Sehvermögen 4,2 oder besser. 800 bis 1200 pro Monat.

Viele Firmen halten sich nicht mit dem Talentmarkt auf. Sie hängen einfach Schilder am Eingang auf und gehen davon aus, dass Wanderarbeiter vorbeikommen. In diesem ersten Februar in Lishui zogen Leute in Scharen durch das Gewerbegebiet, und zuweilen hatte man den Eindruck, als handle es sich um eine Verlängerung des Frühlingsfestes. Alle waren jung; sie trugen neue Kleider, und ihre Stimmen klangen freudig erregt, während sie den Fabrikbezirk durchstreiften. Leute aus derselben Region gesellten sich gern zueinander, und wenn sich zwei Gruppen auf der Straße trafen, tauschten sie Informationen aus. Ein Stück weit von der BH-Ring-Fabrik entfernt trat ich zu einer Menge von dreißig Leuten, die sich am Eingang von Jinchao-Kunstleder versammelt hatten, einer der größten Fabriken in der Region. Ein Werkschutzmann prüfte die Ausweise der potenziellen Bewerber und wies jeden ab, der aus der Provinz Guizhou kam. Guizhou ist die ärmste Provinz Chinas, weit im Landesinneren, und dort leben viele ethnische Minderheiten.

Eine Gruppe junger Leute aus Guizhou, die gerade abgewiesen worden waren, stand auf der Straße und beriet, wo sie als Nächstes hingehen sollten. Ich fragte einen, was Jinchao-Kunstleder gegen seine Heimatprovinz hatte. »Sie haben keinen Grund genannt«, antwortete er. »Aber viele Leute aus Guizhou kommen nach Lishui, und daher kann es sein, dass die Fabriken uns manchmal nicht nehmen wollen.«

Eine Diskriminierung aufgrund der Heimatprovinz ist den chinesischen Firmen untersagt, aber in der Praxis geschieht derlei ständig. Neugierig auf die Gründe von Jinchao, ging ich mit einer Reihe von Bewerbern hinein. Sie begaben sich in den ersten Stock, wo der stellvertretende Geschäftsführer die Einstellungsgespräche in seinem Büro führte. Ich sprach ihn auf die Einschränkung an, und er gab bereitwillig Auskunft. »Leute aus Guizhou sind streitsüchtig«, erklärte er. »Sie bringen zu viel Unruhe in die Fabrik. Auch ein Großteil der Kleinkriminellen hier kommt aus Guizhou. Deshalb will ich sie nicht in der Fabrik haben.«

Ich hatte erwartet, dass er den Punkt umgeht oder eine Antwort verweigert. Aber er hätte es nicht direkter sagen können: Er wollte Leute aus Guizhou nicht einstellen, weil er sie nicht mochte. Wer brauchte einen besseren Grund als das? Genauso offen verfuhr er mit den potenziellen Mitarbeitern, die sich um seinen Schreibtisch drängten. Als ein Mann unter Hinweis auf die chemische Belastung bei der Kunstlederverarbeitung einen höheren Lohn auszuhandeln versuchte, gab der Manager umgehend zurück: »Wenn Sie nicht mit giftigen Dämpfen arbeiten möchten, sollten Sie vielleicht Lehrer werden.« Ein anderer Bewerber fand den Anfangslohn für ungelernte Arbeiter – 3,8 Yuan pro Stunde, das sind 47 US-Cent – zu niedrig. Darauf der Manager: »Wenn Sie eine Frau wären, würden Sie noch weniger kriegen. Frauen verdienen nur 3,4. Sie sollten daher mit 3,8 zufrieden sein.« Ich wollte von ihm wissen, warum Frauen für die gleiche Arbeit weniger bekommen – für ihn wieder so eine dumme Frage. »Weil Frauen nicht so stark sind«, sagte er trocken. »Es gibt Dinge, die Männer besser können, deshalb müssen wir ihnen mehr zahlen.«

Mir fiel aber auf, dass dieser Mann gut bei den Arbeitern ankam, obwohl fast alle seine Äußerungen beleidigend klangen. Er hatte ein gutes Verhältnis zu den Mitarbeitern, die sich nach dem Urlaub für das kommende Arbeitsjahr bei ihm zurückmeldeten. Und Bewerber, die nicht gleich die Flinte ins Korn warfen, wurden dafür belohnt. Ein Mann war nicht mit dem Anfangslohn einverstanden. Er hatte schon eine ähnliche Arbeit in einer anderen Fabrik verrichtet, und er war überzeugt, dass seine Erfahrung einen höheren Lohn wert war. Der Manager sagte rundheraus nein (»Dann gehen Sie doch zurück zu Ihrer früheren Stelle«), aber der Arbeiter ließ nicht locker. Er stand neben dem Schreibtisch und trug Gründe für seine Forderung vor, derweil der Manager andere Bewerber abfertigte. Hin und wieder tauschten sie spitze Bemerkungen aus (»Ich wäre nicht hierhergekommen, wenn ich gewusst hätte, dass Sie ungerecht sind.« – »Was kümmert es mich, ob Sie hierherkommen oder nicht?«), aber keiner von beiden ließ auch nur eine Spur von Ärger erkennen. Nach einer geschlagenen Stunde stellte der

Manager ihn schließlich zu dem höheren Lohn ein. Das war es, was man brauchte, um seine Achtung zu erringen – Geduld, Entschlossenheit und eine gewisse Sturheit.

Dies war für alle eine noch ungewohnte Praxis. Zehn Jahre zuvor hatten die meisten Chinesen eine vom Staat zugewiesene Tätigkeit ausgeübt, und es kam selten vor, dass jemand sich selbst eine Arbeit suchte. Seither hatten die Menschen rasch gelernt, aber die Routine ist noch neu – Blinde stellen Blinde ein. Und für die Finessen einer amerikanischen »Abteilung für humane Ressourcen« haben sie keine Zeit. Euphemismen und Andeutungen kennt man nicht. Niemand spricht davon, »Teil des Teams zu werden«, von »Wachstumschancen« oder von einem Wunsch nach »hochmotivierten, kreativen Mitarbeitern«. Man sagt, was man denkt, und man spricht Beurteilungen von brutaler Deutlichkeit aus. Man scheut sich nicht, jeder Laune und jedem Vorurteil zu folgen. Hier in China haben »humane Ressourcen« eine handgreiflichere Bedeutung: Millionen Menschen müssen eine Arbeit finden, unzählige Fabriken brauchen sie für harte Arbeit, und keine sprachlichen Feinheiten können die harten Zahlen von Angebot und Nachfrage abmildern.

In Lishui war die BH-Ring-Fabrik eines der Unternehmen, die zum ersten Mal Leute einstellten, und Boss Wang und Boss Gao führten die Einstellungsgespräche mit den Bewerbern im Büro im ersten Stock. Das Büro war wie alles andere hastig eingerichtet worden, und das Mobiliar machte einen provisorischen Eindruck. Auf den Betonboden hatte man einen schmutzigen Teppich geworfen, eine billige Couch stand da, ein niedriger Teetisch, zwei Schreibtische und zwei Topfpflanzen, die schon an Vernachlässigung einzugehen schienen. Auf einem der Tische lagen BH-Ringe in leuchtenden Farben ausgebreitet. Es waren die einzigen hellen Tupfer im Raum, und wenn ein Bewerber fragte, was die Fabrik produziere, schob Boss Wang ein paar Ringe über den Tisch, wie ein Croupier im Kasino. »Bekleidungszubehör für Unterwäsche«, sagte er dann.

Und oft genügte diese Erklärung, besonders bei weiblichen Bewerbern, die das Produkt sogleich erkannten. Nur Männern musste man erklären, wozu die Ringe dienten.

Die Fabrik bot einen Anfangslohn von dreieinhalb Yuan pro Stunde, also etwas mehr als 40 Cent. In Lishui war das der gesetzliche Mindestlohn. Einen landesweiten Standard gibt es nicht wegen der starken regionalen Wohlstandsunterschiede, und so legt jede Stadt ihren eigenen Mindestlohn fest. Das weiterentwickelte Kanton hatte 2006 ein Minimum von 4,3 Yuan pro Stunde, was aber nicht automatisch hieß, dass die Arbeiter mehr verdienten. In weiterentwickelten Städten ist es unter Umständen schwerer, einfache Jobs zu finden, oder die Arbeitszeit ist kürzer. Das ist ein wichtiger Punkt für die Arbeiter, denen die Arbeitszeit genauso wichtig ist wie der Anfangslohn. Die meisten wollen möglichst lange arbeiten; da sie weit weg von daheim sind, legen sie auf freie Wochenenden oder Feiertage keinen Wert. Sie freuen sich über Überstunden, und ideal ist ein Job, bei dem der Mitarbeiter keinen Urlaub erwarten kann, ausgenommen ein großer nationaler Feiertag wie das Frühlingsfest. Eine Bandarbeiterin erzählte mir einmal stolz, sie käme auf fast 300 Stunden im Monat. In dem Fall ergab der stündliche Mindestlohn von Lishui einen Monatslohn von 120 Dollar – ein glänzender Verdienst für einen ungebildeten Wanderarbeiter.

Genaugenommen wusste Boss Wang nicht, wie viele Stunden er anbieten konnte oder wie viele Arbeiter er brauchte, denn alles würde von der Nachfrage nach seinem Produkt abhängen. Aber er sagte den Bewerbern, was sie hören wollten: Er versicherte ihnen, dass sie mindestens zehn Stunden Arbeit pro Tag haben würden und nicht mehr als einen freien Tag im Monat. Das war die Lishui-Version des leeren Versprechens eines Chefs: Zur Beschwichtigung erzählte er den Bewerbern, er würde sie gnadenlos schinden, während es ihnen genauso gut passieren konnte, dass sie auf nicht mehr als vierzig

Stunden pro Woche kamen. Die schlaueren Bewerber wollten wissen, wie lange die Firma schon im Geschäft war, und viele erkundigten sich nach dem Produktionsprozess. Manche Frau fragte: »Gibt es hier Dämpfe?« Das war in Lishui das Kürzel für DMF, das Lösungsmittel in Kunstlederfabriken. Die Risiken hatten sich herumgesprochen, und selbst ungebildete Neulinge wussten erstaunlich gut Bescheid. Frauen, die noch kein Kind hatten, mieden die Arbeit mit Kunstleder, weil sie gehört hatten, dass die Chemikalien Geburtsfehler verursachen. Und Männer arbeiteten dort nur gegen gutes Geld – Kunstlederfabriken mussten mehr bieten als den Mindestlohn.

In der BH-Ring-Fabrik war der Vater von Boss Gao gekommen, um bei der Personaleinstellung zu helfen, und er erlaubte mir, bei seinen Einstellungsgesprächen dabei zu sein. Die meisten Bewerberinnen waren noch Teenager, die mit gesenktem Kopf dastanden und ihre Antworten murmelten. Nervös nestelten sie an den BH-Ringen herum. Jeder, der den Raum betrat, fixierte sich unweigerlich auf diese farbigen Objekte. Hin und wieder gab es aber auch Bewerber, die sich von den anderen abhoben. Eine Frau antwortete auf die Frage von Herrn Gao nach ihrem Alter: »Meinen Sie mein richtiges Alter oder das in meinem Ausweis?«

»Was steht denn in Ihrem Ausweis?«

»Fünfundzwanzig, aber das stimmt nicht. Ich habe es ändern lassen, als ich anfing zu arbeiten, weil ich noch zu jung war. Das ist lange her. Jetzt bin ich in Wahrheit dreiundzwanzig.«

Herr Gao nickte und trug ihren Namen in die Liste der geeigneten Mitarbeiter ein. Als die Frau draußen war, fragte ich ihn, ob jemand, der seinen Ausweis fälscht, ihm keine Sorgen bereitet. »Nein«, entgegnete er, »das ist ein gutes Zeichen. Es bedeutet ja, dass sie wirklich arbeiten will. Eine wie sie wird wahrscheinlich eine gute Mitarbeiterin sein.«

Initiative zählte am meisten, gleichgültig, was die Bosse sich unter einem idealen Mitarbeiter vorstellten. Boss Wang und andere leierten es immer wieder herunter: Bewerber sollten jung, unerfahren und ungebildet sein. Sie wollten keine aparten Frisuren und keine Leute mit Hobbys, und sie brauchten keine Mitarbeiter mit eigenen Ansichten. Aber in Wahrheit machte eine starke Persönlichkeit durchaus Eindruck, mochte der Boss auch noch so pragmatisch denken. Bereits am zweiten Tag war die Liste der potenziellen Mitarbeiter der BH-Ring-Fabrik voll, und Herr Gao schickte die Leute schon an der Tür fort. Einer jungen Frau sagte er, er würde sie auf die Warteliste setzen. Aber sie ging nicht.

»Können Sie mich nicht auf die reguläre Liste setzen?«, fragte sie.

»Ich sagte Ihnen schon, sie ist voll. Ich setze Sie auf die zweite Liste. Falls sich jemand anders entscheidet, melden wir uns bei Ihnen.«

Mit herzigem Lächeln sagte sie: »Tauschen Sie doch einfach die Namen aus und setzen meinen für jemand anders ein.«

»Das geht nicht. Wir haben schon genug. Wir haben neunzehn Kräfte für diesen Job.«

»Ich habe schon in einer Fabrik gearbeitet. Ich bin eine gute Arbeiterin.«

»Wo waren Sie denn?«

»In Guangdong.«

»So jung und schon erfahren!«

Laut Ausweis hieß sie Tao Yuran und war 1988 geboren. Sie war erst siebzehn, gerade alt genug nach chinesischem Recht, das für Fabrikarbeiter ein Mindestalter von sechzehn fordert. Sie hatte kurzgeschnittene Haare und lebhafte Augen, und im Unterschied zu vielen Bewerbern schaute sie den alten Mann direkt an, wenn sie sprach. Der Versuchung, an den BH-Ringen herumzunesteln, konnte sie ebenso wenig widerstehen wie alle anderen, aber sie ging anders mit ihnen um. Sie nahm einige auf und hielt sie fest, als wären sie Teile eines Spiels, das sie unbedingt gewinnen wollte.

»Tauschen Sie doch einfach einen Namen aus«, hakte sie nach. »Das macht doch gar nichts.«

»Das kann ich nicht«, sagte Herr Gao.

»Wenn ich das gewusst hätte, wäre ich schon gestern gekommen.«

»Ich setze Sie als Erste auf die Warteliste«, erklärte er. Er schrieb ihren Namen oben auf das Blatt. »Schauen Sie, ich habe sogar ›gutes Mädchen‹ neben Ihren Namen geschrieben.«

Doch Tao wollte nicht gönnerhaft behandelt werden. Sie blieb neben dem Schreibtisch stehen, hielt die Ringe fest und trug weiter ihre Argumente vor. Nach fünf Minuten antwortete Herr Gao ihr nicht mehr. Er beschäftigte sich mit Papierkram und ignorierte die Frau, aber sie gab nicht auf. »Tauschen Sie doch einfach meinen Namen aus«, sagte sie.

Der Mann schwieg.

»Können Sie ihn nicht einfach zusätzlich auf die Liste setzen?«

Schweigen.

»Was macht das schon aus?«

Schweigen.

»Ich werde gut arbeiten. Ich habe schon in Guangdong gearbeitet.«

Schweigen.

»Von denen wird keiner erfahren, dass Sie die Liste geändert haben!«

Nach geschlagenen zehn Minuten gab Herr Gao endlich nach. Er setzte ihren Namen hinzu, aber als er sich dann die Liste ansah, kam der Aberglaube von Wenzhou ins Spiel. »Jetzt ist es *ershi*«, sagte er. »Zwanzig. Das ist eine Zahl, die nicht gut klingt – sie ähnelt zu sehr *esi*, verhungern. Ich muss nach Ihrem Namen noch einen hinzufügen.«

Tao dankte ihm und ließ die verschwitzten Ringe auf den Tisch fallen. Sie war fast aus der Tür, als Herr Gao ihr warnend nachrief: »Vergessen Sie nicht, dass die letzte Entscheidung beim Boss liegt. Wenn er sagt, dass einundzwanzig zu viel sind, dann können es nur neunzehn sein.«

Die Frau trat wieder an den Schreibtisch und sagte mit entschlossener Miene: »Setzen Sie meinen Namen auf der Liste nach oben.«

Fünf Minuten später, nach einem weiteren einseitigen Gespräch, stand der Name von Tao Yuran mitten auf dem Blatt. Siegreich zog sie davon. Der ältere Mann wirkte leicht erschöpft. Als sie draußen war, wandte er sich mir zu, schüttelte voller Bewunderung den Kopf und sagte: »Dieses Mädchen versteht sich durchzusetzen.«

Irgendwann sollten die Bosse erfahren, dass die junge Frau gar nicht die war, für die sie sich ausgab. Sie hatte keine Erfahrung, sie hatte nie in einer Fabrik gearbeitet, sie war nicht einmal annähernd in der Provinz Guangdong gewesen. Sie war nicht siebzehn, und sie hieß nicht Tao Yuran. Das war der Name ihrer älteren Schwester. Sie hatte sich den Ausweis geborgt und alles vorgetäuscht. Das Mädchen, das sich durchzusetzen verstand, war gerade einmal fünfzehn Jahre alt.

* * *

Das Auftreten von Frauen in diesem Teil von Lishui war für das Gewerbegebiet etwas Neues. Wann immer ich durch den künftigen Fabrikbezirk fuhr, fielen mir Veränderungen und Fortschritte auf. Die BH-Ring-Fabrik lag an der Suisong-Straße, die im Sommer 2005, als ich zum ersten Mal dort war, nur ein unbefestigter Weg gewesen war. Aus irgendeinem Grund hatte man bereits Bushaltestellen ausgeschildert – einsame Metallschilder, die Haltestellen aufzählten, von denen die meisten noch gar nicht existierten und von denen keine vor Ablauf eines weiteren Jahres angefahren werden sollte. Bei jenem ersten Besuch sah man auf der Suisong-Straße praktisch nur Männer. Die meisten waren Bauarbeiter, aber es gab auch schon eine erste Vorhut von Unternehmern. Diese Pioniere hatten sich auf der westlichen Seite der Straße angesiedelt, gegenüber den halbfertigen Fabriken, und die Mehrzahl ihrer Betriebe war aus billigen Schlackenbetonblöcken hochgezogen worden. Sie verkauften Baustoffe, und sie lieferten Nudeln, Mehl, Gemüse und Schweinefleisch, schlichte Kost für die Niedriglohnarbeiter. Die einzigen echten Läden mit professionellen Schildern und erkennbaren Marken gehörten China Mobile und China Unicom. In neuen Fabrikstädten sind Handyläden gewöhnlich unter den Ersten, denn wer sich hier aufhält, ist in der Regel Wanderarbeiter, und er möchte zu Hause anrufen.

Bei meinem zweiten Besuch im Oktober waren alle Haltestellenschilder gestohlen. Unter der Suisong-Straße wurde die Kanalisation verlegt, und die Reihe der Läden und Restaurants auf der Westseite war gewachsen. Es gab jetzt eine Druckerei – das erste Geschäft, das etwas anderes als Lebensmittel, Telefonkarten und Baustoffe verkaufte. Der Printshop war spezialisiert auf Firmenschilder und Namensschilder für Mitarbeiter, und seine Präsenz war ein Vorzeichen, dass die Maschinen bald in Schwung kommen würden. Einige Fabriken hatten schon Schilder an ihrer Front angebracht: American Geley Professional Electrical Engineering, Glasfabrik Neujahr, Glücksbringende und sichere Edelstahl-Gesellschaft. Im Januar wurde endlich die Suisong-Straße asphaltiert. Dutzende von Männern waren dabei, die Oberfläche zu glätten, doch die Gullylöcher ließen sie offen. In neuen Fabrikstädten werden die Gullydeckel meistens zuletzt eingesetzt, denn die Metallplatten werden gern gestohlen und als Schrott verkauft – so war es den Haltestellenschildern ergangen.

Im Februar beobachtete ich, wie eine Frau mit dem linken Vorderrad ihres Honda in ein offenes Gullyloch fuhr. Der Wagen blieb unbeschädigt; Männer aus den angrenzenden Geschäften eilten herbei und hoben das Fahrzeug aus dem Loch. Einen Monat darauf wurden die Deckel endlich eingesetzt. Sie waren nicht aus Eisen. Eine Shanghaier Firma namens Chunyi hatte einen neuartigen Deckel aus Verbundkunststoff entwickelt, um den Dieben einen Strich durch die Rechnung zu machen. Zum ersten Mal konnte ich die Suisong-Straße befahren, ohne befürchten zu müssen, dass ich mir einen Reifen ruiniere, und bei dieser Fahrt fiel mir auf, dass die Frauen den Männern an Zahl überlegen waren. Es war alles auf einmal passiert: Die meisten Bautrupps waren weitergezogen, und die Fabrikchefs stellten jetzt bevorzugt junge Frauen für die Fließbandarbeit ein. Nach Schichtende zogen die Arbeiterinnen abends in Rudeln die Straße entlang, vielfach noch in ihrer Arbeitsuniform. Bald gab es auch andere Einkaufsmöglichkeiten: Zwei Schuhläden kamen hinzu, und ein großes Kleidergeschäft versprach ganzjährig »Zum halben Preis!« Außerdem gab es eine Krankenstation und einen Supermarkt. Ein halbes Dutzend Kosmetiksalons machte an der Suisong-Straße auf, und in einigen brannten die roten Lichter, die auf Prostitution hindeuten.

Innerhalb von neun Monaten hatte sich der Ort gründlich verändert, das konnte ich selbst mit geschlossenen Augen spüren. Abends erklangen Freizeitgeräusche, junge Leute unterhielten sich und lachten, und auch der Tageslärm hatte sich geändert. Ein halbes Jahr lang hatte Baulärm das Gewerbegebiet beherrscht: Bulldozer, Presslufthämmer, Bohrer. Dieses Getöse trat unvorhersehbar auf: Mal heulte eine halbe Minute lang ein Bohrer auf, dann ratterte ein Presslufthammer los, danach trat für kurze Zeit Ruhe ein. Mit diesen unregelmäßigen Synkopen war es bei den Fabriken vorbei. Ihre Fließbänder summten und sangen im gleichmäßigen Rhythmus eines Chorliedes. Eines Nachmittags schloss ich, auf der Suisong-Straße stehend, die Augen und lauschte dem Lied der einzelnen Produkte. Rums-Zisch, rums-zisch, rums-zisch – das war das pneumatische Keuchen der Metallpresse, die die Rohlinge der BH-Ringe heraushämmerte. Brrrech, brrrech, brrrech – das Pochen einer Schleifmaschine, die aus Polykarbonat Jane-Eyre-Lichtschalter machte. Surr, surr, surr – Wickelmaschinen, die für die Geley-Elektro-Gesellschaft Kupferdraht wickelten. All die Maschinen sangen miteinander – rums-zisch, rums-zisch, brrrech, brrrech, surr, surr –, und da fiel mir auf, in welcher Weise sich diese Geräusche noch vom Baulärm unterschieden. Die Fabrikgeräusche hörten nicht auf. Jedes war so gleichmäßig wie der Herzschlag, so verlässlich wie der Atem. Und auf diese Weise begann das Gewerbegebiet endlich zu leben.

II

Als das fünfzehnjährige Mädchen zur Arbeit in der BH-Ring-Fabrik erschien, machte sie keinen Versuch, das Geheimnis ihres Alters zu verbergen. Sie brachte sogar ihre ältere Schwester mit und erklärte, ihr gehöre in Wahrheit der Ausweis, der auf den Namen Tao Yuran lautete. Die richtige Tao Yuran brauchte natürlich auch einen Job. Da der Name bereits eingetragen war und die Frau arbeitswillig dastand, blieb den Bossen kaum etwas anderes übrig, als ihr eine Stelle am Förderband der Maschine zu geben. Aber was sollte nun mit der falschen Tao Yuran geschehen? Sie hieß richtig Tao Yufeng, und sie würde erst in knapp einem Jahr sechzehn werden; in ihrem Alter durfte sie nicht beschäftigt werden. Doch in der Praxis setzt man sich darüber gewöhnlich hinweg, besonders wenn Bewerberinnen falsche Ausweise vorzeigen. Was soll man sonst tun, wenn jemand so unbedingt arbeiten möchte? Und so behielten die Bosse das Mädchen, zum Anlernen an dem Fließband für BH-Bügel.

Als nächster Tao trat Tao Fei in Erscheinung. Er war der Patriarch des Clans, und so sah er auch aus: groß und grobknochig, mit der aufrechten Haltung eines Soldaten. Er hatte kurzgeschorene weiße Haare, ein kantiges Gesicht, geprägt von hageren, eingefallenen Wangen, und er rauchte Kette, Sorte »Westsee«. Kaum etwas an diesem Mann war bei seinen Töchtern wiederzuerkennen, jedenfalls äußerlich. Die Mädchen hatten beide sanfte, kindliche Gesichtszüge, und es fehlte ihnen die stattliche Haltung ihres Vaters. Doch ein Hauch von Ähnlichkeit zeigte sich, wenn der Mann lächelte – eine gewisse Lebhaftigkeit des Blicks, die auch an den Töchtern zu beobachten war. Es war so etwas wie angeborene Intelligenz in Verbindung mit schierer Entschlossenheit, und dieser scharfsichtige Blick hatte alle drei Taos in die Fabrik gebracht.

Ursprünglich hatte die Familie in der Provinz Anhui Ackerbau betrieben. Sie stammten aus dem im Bezirk Taihe gelegenen Dorf Taolou – der Ortsname bedeutet wörtlich »Herrensitz der Taos«. Es gab so gut wie niemanden, der nicht Tao hieß, und trotz des grandiosen Namens waren die meisten bettelarm. Herr Tao und seine Frau hatten früher zwei Morgen Land mit Mais, Weizen und Sojabohnen bestellt. Sie hatten drei Kinder, und zwar in einer Reihenfolge, die auf dem Lande typisch war: Tochter, Tochter, Sohn. Wie viele Bauern hatten sie sich nicht der staatlichen Geburtenbeschränkung gefügt und lieber eine Geldbuße gezahlt, bis endlich der ersehnte Junge geboren war.

Wie überall auf dem Land hatten die jungen Leute ihrem Dorf in den letzten Jahren den Rücken gekehrt. Die ältere Generation blieb meistens daheim, bestellte den Acker und profitierte von dem Geld, das die Kinder aus der Stadt überwiesen. Doch Herr Tao und seine Frau wollten ebenfalls arbeiten, und so beschlossen sie, gemeinsam abzuwandern. In Lishui mieteten sie bei einem Bauern ein Zimmer für rund zwanzig Dollar im Monat. Es hatte Lehmwände, einen billigen Kachelboden und eine Fläche von weniger als vierzehn Quadratmeter. Dort wohnten die Taos zu fünft, und dort stapelten sie nachts ihre Waren. Die Eltern gehörten zu den unternehmerischen Pionieren, die sich in der Nähe der BH-Ring-Fabrik niedergelassen hatten und dort einen kleinen Verkaufsstand betrieben. Auf einem langen, mit einer Plastikplane bedeckten Holztisch boten sie Dinge an, die Fabrikarbeiter gebrauchen konnten: billige Batterien, Plastikrasierer, Shampoos und andere Toilettenartikel. Neben dem Stand arbeitete Frau Tao an einer pedalbetriebenen Nähmaschine. Ihre Spezialität war das Ändern von Arbeitsuniformen: Fabrikmädchen, denen die schlabbrig sitzende Firmenkluft nicht gefiel, konnten sich die Sachen am Stand der Taos für 40 US-Cent ändern lassen – ein stetiges Geschäft. Auch von ausgelesenen Magazinen und Taschenbüchern profitierten die Taos. Einmal im Monat ging Herr Tao in den staatlichen Xinhua-Buchladen in der Innenstadt und kaufte die veralteten Zeitschriften für 17 Cent auf, um sie an seinem Stand für 20 Cent zu verkaufen. Auch Tauschgeschäfte waren ihm willkommen; ein Wanderarbeiter, der zwei alte Magazine brachte, bekam dafür ein aktuelles. Das waren die Gewinnspannen der Welt der Taos, und ihr Geschäftsmodell, in Fabrikstädten einfache Stände aufzuschlagen, wird von vielen Bewohnern der Provinz Anhui praktiziert.

Die Taos gingen nach Lishui, nachdem sie von anderen Dorfbewohnern von dem neuen Gewerbegebiet gehört hatten. Nach und nach trafen weitere Verwandte ein, und immer wieder kreuzte ein Cousin oder ein Neffe in der BH-Ring-Fabrik auf. Zeitweise bestand die Belegschaft zu einem Drittel aus Taos. Die Bosse brauchten des Öfteren Teilzeitkräfte, weil ihr Unternehmen sich noch in der Gründungsphase befand, und es stand immer ein Tao bereit, ein paar Stunden zu arbeiten. Sie glichen der von William Faulkner bekannten Familie Snopes aus dem Süden – nachdem einer einen Fuß in die Tür bekommen hatte, folgten andere nach.

Es war ein genialer Einfall gewesen, die Jüngsten zuerst zu schicken. Wäre Herr Tao als Erster durch die Tore der Fabrik marschiert, hätte man ihn wegen seines Alters nie genommen – Leute von vierzig oder fünfzig wollen die Bosse nicht. Und selbst wenn Herr Tao eine Stelle bekommen hätte, wäre es für ihn immer peinlich gewesen, um eine Gefälligkeit zu bitten, wenn er eine weitere Tochter oder einen anderen Verwandten vorstellen wollte. Stattdessen erschien die Jüngste mit dem Ausweis ihrer Schwester, wenn man so will, eine Doppelpackung, und danach war es nur natürlich, dass der Vater folgte, weil er bereit war, für wenig Geld zu arbeiten. Kaum Mitglied der Belegschaft geworden, sorgte Herr Tao dafür, dass seine Töchter anständig bezahlt wurden. Er holte am Monatsende ihren Lohn ab – keines der Mädchen hat das Geld je in die Hände bekommen.

Yufeng, die jüngere, war nach der siebten Klasse von der Schule abgegangen. Sie sei keine gute Schülerin gewesen, erzählte sie mir, und das Schulgeld habe rund hundert Dollar im Jahr betragen. »Als ich zur Schule ging, hatte ich das Gefühl, eine Last für die Familie zu sein«, sagte sie. »Ich war froh, als ich weg war.« Selbst wenn sie geblieben wäre, hätte sie nur zusehen müssen, wie ihre Altersgenossen einer nach dem anderen verschwanden, und so dachte sie sich, dass es besser wäre, wenn sie früh mit der Fabrikarbeit anfangen würde. In Lishui hoffte sie, mit achtzehn eine bessere Stelle zu bekommen – dann würde ihr Alter ihr nicht entgegengehalten werden, und sie würde in einer großen Fabrik arbeiten können, einer, in der man den Ausweis sorgfältig prüft und wo es richtige Uniformen gibt. Eine Schuhfabrik würde ihr zusagen; vielleicht würde sie etwas über das Geschäft lernen und irgendwann eine eigene Firma gründen. »Wenn ich könnte, würde ich viel Geld verdienen und heimkehren und ein Haus bauen«, erklärte sie. »Ein richtiges Haus, zwei- oder dreistöckig. Dort könnten meine Großeltern wohnen.« Die Großeltern hatten für das Mädchen gesorgt, als die Eltern erstmals zur Arbeit fortgegangen waren und sie noch zu jung gewesen war, um sie zu begleiten. Diese bejahrten Menschen waren jetzt ihre einzige Verbindung zum Dorf. Einmal fragte ich Yufeng, was für Menschen ihre Großeltern seien; da wurde sie still, und ihre Augen füllten sich mit Tränen. Danach fragte ich nicht mehr nach ihnen.

In der Fabrik arbeitete sie an den BH-Bügeln. Sie musste die U-förmigen Stahlreifen Stück für Stück zwischen die Windungen einer langen straffen Feder stecken. Auf eine Feder passen 57 Bügel. Die Bügelenden werden dann in Nylonpulver getunkt und durch einen Erhitzer geschickt. Yufengs Arbeit gehörte zu den wenigen, die nicht nach der Zeit abgerechnet wurden; sie arbeitete im Akkord und wurde nach der Zahl der Bügel entlohnt. Genauer gesagt für je zwei Bügel, die zu einem Büstenhalter gehören. Akkordarbeit gilt in der Fabrikwelt als die niedrigste Form der Bandarbeit, und dort landen vielfach die Minderjährigen.

Für je zwei Bügel bekam Yufeng den Gegenwert von einem zwanzigstel US-Cent. Anfangs, als sie die Arbeit noch nicht gewohnt war, verdiente sie mit einer ganzen Stunde Arbeit nur 25 US-Cent. Aber das Mädchen war von Natur aus geschickt, und sie lernte schnell. Bald war sie in der Lage, 80 Cent pro Stunde zu verdienen, fast das Doppelte des Mindestlohns von Lishui. Sie trug auf dem linken Daumen einen Fingerhut, und jedes Mal, wenn sie einen Bügel in die Feder hängte, klickte das Metall. Klick-klick-klick-klick machte es so gleichmäßig wie ein Metronom, so schnell wie ich zählen konnte.

An einem Nachmittag schaute ich zu, wie Yufeng Tausende von Bügeln fertigmachte, alle von der Größe 75, B-Cup; die Fabrik richtete sich nach den europäischen Größen. Oft bearbeitete Yufeng zehn Stunden lang nur eine einzige Größe. Sie konnte meine Fragen beantworten, ohne innezuhalten oder aufzuschauen: klick-klick-klick-klick. Sie sei froh, sagte sie, dass sie mit Bügeln arbeite und nicht mit BH-Ringen.

»Für diese Arbeit gibt es keine Maschine«, erklärte Yufeng. »Wenn man an der Maschine arbeitet, bestimmt die Maschine das Tempo. Hier bin ich freier. Ich kann arbeiten, wann ich will und so lange ich will.« Der Fingerhut blitzte: klick-klick-klick-klick. Das Mädchen sprach weiter. »Ehrlich gesagt, habe ich oft ein friedvolles Gefühl. Ich arbeite für mich, und keiner stört mich. Ich denke an nichts Bestimmtes. Wenn ich versuche, an etwas Bestimmtes zu denken, arbeite ich langsamer. Also versuche ich einfach, an nichts zu denken.«

* * *

In den ersten Monaten, als die Fabriken ihre Produktion aufgenommen hatten, gab es im Gewerbegebiet zunächst keine regulären Freizeitmöglichkeiten: keine Theater, keine Lokale, keine Karaokekneipen, und an einen öffentlichen Park hatte die Verwaltung nicht gedacht. Genau diesen Zweck erfüllten jedoch die Straßen – es herrschte nur wenig Verkehr, und so standen sie jedem zur Verfügung, der eine improvisierte Veranstaltung aufziehen wollte. Auf der Suisong-Straße stellte ein Unternehmer abends regelmäßig einen Fernseher und ein Karaokegerät auf; pro Lied verlangte er zehn Cent. Hin und wieder bog eine fahrende Truppe von der Schnellstraße ab und bot eine gewisse Unterhaltung. Schausteller kamen häufig vorbei, speziell solche, die Glücksspiele veranstalteten. Es gab aber auch Anspruchsvolleres. Einmal erschien eine Theatertruppe der traditionellen Wu-Oper und errichtete mitten auf der Suisong-Straße eine hölzerne Bühne. Eine Woche lang traten sie allabendlich auf und lockten Hunderte von Zuschauern an. Im Gewerbegebiet werden solche Großveranstaltungen oft unentgeltlich dargeboten, weil sie von den Unternehmen gesponsert werden. Firmen wie China Mobile und China Unicom haben die Wanderarbeiter im Blick, die dankbare Abnehmer von Unterhaltung sind. Die jungen Arbeiter sind weit weg von zu Hause, haben abends nichts zu tun, und die meisten verdienen zum ersten Mal in ihrem Leben Geld.

Eine Woche lang war die Akrobaten- und Artistentruppe »Roter Stern« zu Gast. Sie fuhren einen verbeulten Yukang-Laster, der so umgebaut worden war, dass die Seitenwände sich zu einer Bildwand ausklappen ließen, die Farbfotos von Frauen im Bikini zeigte. An einem provisorischen Kassenhäuschen vorbei gelangte man in ein Zelt, das hinter dem Laster aufgestellt worden war. Lautsprecher beschallten die Straße mit Musik. Die Bildwand trug die Aufschrift:

Akrobatentruppe auf Tour über die vier Meere
Lockt von überall her Gäste an
Wir heißen alle willkommen!

Sie hatten sich neben der Firma Tongfeng-Kunstleder auf-
gebaut, die an der Suisong-Straße liegt, ein paar Blocks von
der BH-Ring-Fabrik entfernt. In der Nähe befanden sich zwei
weitere Kunstlederfabriken: Jinyu und Huadu. Die Truppe
hatte den Standort mit Bedacht gewählt – sie wussten, dass die
Kunstlederfabriken überwiegend Männer beschäftigen, und sie
hatten ihre Bildwand mit den Bikinifotos am Spätnachmittag
aufgeschlagen, wenn Schichtwechsel ist. Das ist die magische
Stunde des Gewerbegebiets, wenn auf den Straßen etwas los
ist, und rasch versammelte sich eine Menge von Schaulustigen.
Ein Mann von der Truppe griff zum Mikrofon.

»Meine Damen und Herren!«, rief er. »Chefs und Arbeiter!
Brüder und Schwestern! Wir heißen alle willkommen zu unseren akrobatischen Darbietungen! Wir wissen, dass Sie alle hart
arbeiten und am Ende des Tages müde sind. Wir wünschen
Ihnen, dass Sie sich bei unserer Schau entspannen!«

Der Ausrufer war dunkelhäutig und spindeldürr, mit hohen
Wangenknochen und schmalen Augen. Er trug einen dreitei-
ligen Nadelstreifenanzug, und aus seiner Uhrentasche hing
eine billige, golden gefärbte Kette. Die Kleider schlotterten
an ihm, und weil er sich beim Aufstellen des Zeltes staubig
gemacht hatte, wirkte er wie eine Vogelscheuche. Obwohl er so
dünn war, hatte er große Hände und kräftige Handgelenke, die
Unterarme eines Bauern. Er schlug einen schmalzigen Ton an
und dehnte die Wörter. »Arbeiter und Chefs!«, rief er. »Brüder
und Schwestern! Heute geben wir eine Sondervorstellung ...«

Sollten sich Chefs unter der Menge befunden haben, so
erkannte ich sie nicht, und auch Schwestern waren nicht zu
sehen. Die Bikinis auf der Bildwand lockten nur Männer an,
die dort umherliefen und dem Ausrufer zuhörten. Viele hat-

ten ihre Arbeitsuniform an, und einige trugen Schutzhelme. Der Eintritt kostete fünf Yuan, rund 60 Cent, etwas mehr als ein Stundenlohn für den normalen Arbeiter. In einer halben Stunde lockte der Ausrufer sie mit Geduld – »Arbeiter und Chefs!« – ins Zelt; insgesamt mochten es siebzig Besucher sein. Sie saßen auf schmalen Bänken vor einer groben Bühne aus blanken Brettern.

Zu Beginn der Vorstellung sang eine Frau im mittleren Alter ein patriotisches Lied über die Entwicklung mit dem Titel »Wir betreten eine neue Ära«. Dann traten zwei Mädchen auf, die BH, Höschen und Mädchensocken trugen. Die eine war groß und dünn, die andere klein und dick. Zusammen tanzten sie zu elektronischer Musik. Ihre Schritte passten nicht zum Takt, und sie waren nicht aufeinander abgestimmt; jede schien zu einem eigenen Lied zu tanzen, das sie im Kopf hatte. Sie lächelten nicht und starrten nur auf die Bretter, auf denen sie standen. Der Ausrufer, inzwischen zum Zeremonienmeister mutiert, rief immer wieder ins Mikrofon: »Macht Tempo, Mädchen, macht Tempo! Tempo, Tempo, Tempo!«

Die Zuschauer saßen stumm da, und das einzige Lebenszeichen waren die Zigaretten, die in der Dunkelheit aufglühten. Die Männer wirkten benommen – vielleicht kann es gar nicht anders sein, wenn Leute zehn Stunden lang Kunstlederdämpfe einatmen und dann so sonderbare Darbietungen vorgesetzt bekommen. Ein junger Mann kam auf die Bühne und führte halbherzig einen Breakdance vor, dann waren wieder die Mädchen in Höschen und Mädchensocken an der Reihe. Auf sie folgte ein älterer Mann mit dem abgezehrten Gesicht eines Schwindsüchtigen, der schmallippig lächelte und ein populäres Lied über die tibetische Hochebene vortrug. Danach spielten ein Mann und eine Frau einen lustigen Sketch, der damit endete, dass der Mann seinen Reißverschluss runterzog und die Frau ein Hackebeil schwenkte. Daraufhin betrat der Zeremonienmeister die Bühne und begann mit einem langen Monolog. Er erzählte von seiner Kindheit, wie er als einsamer Junge in einem armen Dorf aufgewachsen war, aus dem die meisten Erwachsenen fortgezogen waren. Mutter und Vater waren fortgegangen, um Arbeit in einer Fabrik zu suchen, und mit den Jahren verloren sie den Kontakt, wodurch der Junge ein schlechtes Gewissen bekam, weil er auf seine Großeltern angewiesen war. Schließlich machte er sich auf den Weg und reiste durch die Küstenregionen auf der Suche nach seinen Eltern. Er fuhr von einer Fabrikstadt zur nächsten, doch seine Eltern fand er nicht. Am Ende wurde er von einer freundlichen Varietétruppe aufgenommen. Als der Monolog endete, trat eine Frau aus den Kulissen, mit einer frisch zubereiteten Mahlzeit in einem Topf. »Mama! Mama!«, rief der Zeremonienmeister, woraufhin die Frau von der Bühne verschwand – es war nur ein Traum.

Als die Geschichte fertig war, ließ der Zeremonienmeister einen Hut herumgehen, für Spenden aus dem Publikum. Die Männer blickten teilnahmslos drein, doch einige fanden sich zu einer kleinen Spende bereit. Freigiebiger wurden sie bei der Schulternummer. Dabei trat ein anderer Darsteller auf die Bühne und ließ seine Schulter aus dem Gelenk springen, und er krümmte sich vor Schmerzen, während der Spendenhut quälend langsam durch das Zelt kreiste. Die Vorstellung endete damit, dass eines der tanzenden Mädchen, ohne zu lächeln und den Blick auf den Boden geheftet, langsam sein Höschen herunterzog, um sich gute fünf Sekunden lang nackt den Blicken darzubieten. Jetzt reagierte die Menge. Die Männer raunten und richteten sich auf, und ihre Zigaretten erglühten hell. Und damit war Schluss, die Musik verstummte, und die Zuschauer gingen hinaus. Inzwischen war es dunkel geworden, und aus den Fenstern der Firma Tongfeng-Kunstleder drang das Licht der Nachtschicht.

* * *

Die Akrobaten- und Artistentruppe »Roter Stern« stammte ursprünglich aus einem armen Dorf namens Xiaohong in der Provinz Henan. Sie bildeten eine Großfamilie: drei Brüder, ihr Vater, ein Onkel, ein entfernter Cousin und die Frauen der jüngeren Männer. Zu ihnen hatte sich ein Nachbar aus dem Dorf gesellt, der behindert war; er half, wenn sie unterwegs waren, beim Kochen und Putzen. Nachts schliefen sie auf schmalen Stockbetten an den Seitenwänden des umgebauten Lastwagens. Alle Paare hatten Kinder, die daheim im Dorf von älteren Verwandten aufgezogen wurden.

Die Leute von der Truppe waren locker und gesprächig, und nach der ersten Vorstellung aß ich mit ihnen neben dem Lkw zu Abend. Der spindeldürre Zeremonienmeister hieß Liu Changfu und trat seit fünfzehn Jahren auf. Er war nur bis zur vierten Klasse in die Schule gegangen und sprach offen über seine Mängel. »Eigentlich bin ich ein Analphabet«, sagte er. Auch über die Darbietung machte er sich keine Illusionen. »Sie ist blöde«, meinte er. »Sie hat echt kein Niveau. Wir haben nicht mal richtige Kostüme.«

Die mangelnde Qualität war einer der Gründe, warum sie gewöhnlich jeden Tag woanders auftraten. »Wer die Schau gesehen hat, wird wohl kein Geld ausgeben, um sie noch mal zu sehen«, erklärte Liu. Nach Möglichkeit stellten sie ihr Zelt neben Fabriken auf, weil Bandarbeiter ein ideales Publikum waren: Sie langweilen sich, und sie erwarten nicht viel. Und in Gewerbegebieten fanden sie geeignete Stellplätze. Jahr für Jahr fuhr die Truppe die neuen Fernstraßen durchs Küstengebiet ab, von einer Fabrikstadt zur nächsten. Letzthin hatten sie in der Provinz Jiangsu angefangen, in der Nähe von Nanjing, und arbeiteten sich nach Süden vor. Erst letzte Woche waren sie in Yongkang rausgeworfen worden, der Stadt, die für elektrische Waagen berühmt ist. Dass sie ständig unterwegs waren, lag auch daran, dass ihr Auftritt in mehrfacher Hinsicht ungesetzlich war. Sie waren nicht beim Amt für kulturelle Angelegenheiten angemeldet, ihr umgebauter Laster war nicht technisch abgenommen, und von den elf Mitgliedern hatte keiner einen Führerschein. Sie zeigten eine Entkleidungsnummer, was in China streng verboten ist. Auf der aktuellen Tour waren sie auch in Nanjing und Hangzhou rausgeworfen worden.

»Wenn es Probleme gibt«, erklärte Lui, »sage ich einfach: ›Ach, wir sind doch so klein, was macht das schon? Wir wollen dem Amt für kulturelle Angelegenheiten nicht zur Last fallen.‹ Das zieht meistens, und dann lassen sie uns in Ruhe.«

Ihr größtes Problem war jedoch die zunehmende Konkurrenz. Immer häufiger gab es Schaudarbietungen und Konzerte in Gewerbegebieten, und an dem Abend, als sie hier in Lishui neben den Kunstlederfabriken angefangen hatten, trat etwas weiter die Straße hinunter eine Operntruppe auf. Das, glaubte Liu, wirkte sich auf die Zuschauerzahl aus, und deshalb zog die Truppe am nächsten Tag an den südlichen Rand des Gewerbegebiets, in der Hoffnung, dort einen besseren Standort zu finden. Sie parkten ihren Laster an einer Stelle, wo der Fabrikbezirk endet und das Ackerland beginnt. Irgendwann würde auch dies eine Baustelle sein, aber einstweilen luden die Einheimischen hier ihren Müll ab. Fliegen schwärmten über dem Abfall, und es stank. Der Himmel über uns war kunstlederbraun getönt. Doch Liu war mit dem Platz zufrieden. »Dort ist ein Dorf«, sagte er, »und dort ist noch eins. Und auf der anderen Seite sind Fabriken.« Er deutete auf einige klotzige Bauten: eine Kunstlederfabrik, eine Chemiefabrik, ein Edelstahlunternehmen. Von dort erwartete Liu sich Besucher, und der Dreck ringsum war ein Vorteil, garantierte er doch, dass man nicht allzu viel von ihnen erwarten würde.

Als sie mit dem Zeltaufstellen fertig waren, kamen ein paar Dorfbewohner vorbei. Auf die Frage von Lius Vater, ob es in letzter Zeit andere Vorstellungen gegeben habe, antwortete ein Bauer: »Eine ganze Menge. Und heute Abend gibt es ein Gesangskonzert.«

Alle erstarrten. Der Vater fragte, was für ein Konzert.

»Ein Gratiskonzert«, kam als Antwort. »Von China Mobile.«

Sie machten lange Gesichter. Ein Varietékünstler hat nichts so sehr zu fürchten wie die Konkurrenz von China Mobile. Nach hektischer Beratung beschlossen sie, den Vater auf Erkundung auszuschicken. Die anderen fuhren mit der Einrichtung des Zeltes fort, blickten aber auch zum Himmel empor, der sich bedrohlich verfinstert hatte. China Mobile und Regen – schlimmer konnte es nur noch werden, wenn die Polizei aufkreuzte.

Am Tag zuvor hatten sie weniger als hundert US-Dollar eingenommen. In den beiden letzten Jahren war ihr Einkommen gesunken – wegen all der neuen Konkurrenz, und der Monolog des umherirrenden Wanderarbeiters, den Liu jeden Abend hielt, zog auch nicht mehr so recht. Er hatte dieses Repertoirestück in den späten neunziger Jahren von einer anderen Truppe abgeguckt. Die Geschichte, erklärte er, muss rührselig sein, von einem, der weit weg von zu Hause ist, am besten mit verlorenen Eltern, verlassenen Kindern oder Ehefrauen, die untreu geworden sind. Da die Zuschauer überwiegend Männer sind, gehört unbedingt eine unerreichbare Frauengestalt dazu – deshalb beendete Liu seinen Auftritt mit der Traumsequenz. Von ihr hatte er übrigens zwei Versionen: Manchmal träumt der verwaiste Mann von seiner Mutter, dann wieder von einer verlorenen Ehefrau. Wenn es die Mutter ist, kommt sie mit Essen, wenn es die Frau ist, ist sie schwanger. Weil Liu nicht wusste, welche Version mehr Eindruck macht, behielt er beide in seinem Repertoire. Gewöhnlich nahmen sie mit dem Sammelhut fünf bis sechs Dollar zusätzlich ein, aber es war auch schon vorgekommen, dass jemand einen Hundert-Yuan-Schein hineingetan hatte, etwa zwölf Dollar. »Vielleicht hat die Geschichte sie traurig gestimmt, vielleicht haben sie sie auch lustig gefunden. Ich weiß es nicht.«

Der Vater kam nach wenigen Minuten von seiner Erkundung zurück. Das Flugblatt, das er mitbrachte, ließ Schlimmes erwarten. Unter dem Logo von China Mobile stand: »Eintritt frei!« Das Unternehmen warb für eine neue Telefonkarte, die nur 0,18 Yuan pro Minute berechnete.

»Lasst uns abhauen«, meinte Liu Changfu.

»Es ist nicht dasselbe«, sagte sein Vater. »Sie singen, wir machen Varieté.«

Das Zelt war bereits aufgestellt, die Wolken wurden dichter. Während sie noch berieten, kam ein halbes Dutzend Leute von China Mobile vorbei. Sie waren in den Zwanzigern und ihrer gepflegten Erscheinung nach Städter. Sie trugen Button-Down-Hemden, und um den Hals hatten sie große Erkennungsmarken von China Mobile hängen. Böse wirkten sie nicht, nur neugierig und wichtigtuerisch und ungemein spöttisch. Sie scharten sich um die Männer von Liu auf dem müllübersäten Feld.

»Was bieten Sie?«, fragte einer der China-Mobile-Leute.

»Akrobatik«, antwortete der Vater, »jeglicher Art.«

Die Männer deuteten auf die Fotos mit den Bikinis. »Wo sind Ihre Frauen?«

»Sie arbeiten im Zelt. Wir machen noch alles zurecht.« Dass die Frauen sich vor den Vorstellungen nicht zeigten, hatte einen einfachen Grund: Potenzielle Besucher sollten nicht merken, dass sie nicht annähernd so hübsch waren wie die auf den Fotos.

»Bei uns ist der Eintritt frei«, sagte der China-Mobile-Mann. »Bei Ihnen wird keiner blechen, wenn er bei uns umsonst reinkommt.«

»Das macht nichts. Wir sind anders.«

»Begreifen Sie doch, wir machen eine richtig große Veranstaltung«, sagte der China-Mobile-Mann und warf den Kopf in den Nacken. »Sie kostet fünftausend Yuan!«

»Wir haben gute Geräte«, sagte der Vater. »Unsere Schau ist computergestützt.«

Zum Beweis deutete er auf einen Kasten mit einer angeschlagenen elektrischen Orgel von Yamaha.

»Wie hoch ist Ihr Eintritt?«, fragte der China-Mobile-Mann.

»Fünf Yuan.«

»Das ist aber billig!«

Der China-Mobile-Mann zeigte auf mich. »Was macht der Ausländer hier? Tritt er auf?«

»Ja«, sagte der Vater, »er gehört zu uns.«

Ich ließ ihm das durchgehen – ich hatte bisher nichts gesagt, und die Leute von China Mobile nahmen an, dass ich nicht Chinesisch konnte. Und ich musste die Unverfrorenheit des Vaters bewundern. Er warf sich in die Brust und behauptete sich gegenüber den Handy-Jungs. Für einen Augenblick verstummten sie, vielleicht weil sie sich vorstellten, was ein Ausländer mit Frauen in Bikinis auf der Bühne macht. Aber rasch wurden sie wieder großspurig. »Ich denke, Sie tun besser daran, woanders hinzugehen«, meinte der China-Mobile-Mann.

»Wir bleiben«, entgegnete der Vater laut. »Sie ziehen Ihr Publikum an, wir das unsere.«

Die jungen Männer gingen kopfschüttelnd davon. Stolz und unbeugsam sah der Vater ihnen mit verschränkten Armen nach. Kaum waren sie außer Sicht, wandte er sich an seine Söhne.

»Wir müssen sofort weg«, sagte er. »Solange diese Kerle da sind, kriegen wir keine Besucher.«

In einer halben Stunde hatten sie das Zelt eingepackt und waren wieder auf der Straße. Der Regen setzte mit schweren Tropfen ein, und sie fuhren nach Norden, bis sie ein leeres Grundstück fanden. Aber auch dort blieben sie nicht, weil ein Arbeiter ihnen erzählte, dass hier am Abend zuvor ein Gratiskonzert stattgefunden hatte, gesponsert von einer Arzneimittelfirma. Nun probierten sie es neben einer Reißverschlussfabrik, aber der Platz war zu eng. Am Ende wählten sie einen vielversprechenden Platz neben einer Kunstlederfabrik namens Sunenew. Sie hatten kaum das Zelt aufgestellt und die Musik eingeschaltet, als ein Polizeifahrzeug erschien.

Es war das erste Mal, dass ich überhaupt einen Streifenwagen im Gewerbegebiet sah. Zwei Polizisten stiegen aus und gingen zum Kassenhäuschen. Einer von ihnen fragte Liu, ob die Truppe angemeldet sei.

»Nein«, erwiderte Liu. »Wir sind aber bloß eine kleine Truppe. Wir bleiben hier nur eine Nacht.«

Die Polizisten berieten sich einige Minuten, dann wandte sich einer an Liu: »In Ordnung. Aber passen Sie auf, dass Sie keine Ordnungswidrigkeit begehen.«

Als die Polizisten weg waren, begann Liu mit seinem Gelaber: »Arbeiter und Chefs!« Männer in blauen Sunenew-Overalls versammelten sich vor dem Eingang, starrten die Bikinifotos an und begannen nach und nach, Eintrittskarten zu kaufen. Von den Frauen, die nachher auftreten würden, war wie immer nichts zu sehen. Ich hatte Liu Changfu vorher wegen der Stripszene gefragt. »Von Varietés erwartet man so etwas«, erklärte er mir. »Bevor sie Eintrittskarten kaufen, fragen die Leute, ob man in der Vorstellung mehr zu sehen kriegt. Dazu müssen wir ja sagen können. Es ist ja wirklich nur eine Kleinigkeit, was sie am Ende macht, aber es reicht, damit wir sagen können: ›Ja, unsere Vorstellung ist freizügig.‹«

Ich fragte Liu, ob seine Frau auch schon den Strip am Schluss hingelegt habe. Sie war die kleine dicke Frau, die in der Vorstellung, die ich gesehen hatte, in BH und Höschen aufgetreten war und bei ihrem unrhythmischen Tanz zu Boden gestarrt hatte.

»Auf keinen Fall!«, antwortete Liu mit weit offenen Augen. »Das würde ich nicht zulassen. Auch die Frauen meiner Brüder würden das nicht machen. Es wäre schlecht, wenn jemand aus der engen Verwandtschaft das machen müsste. Das macht jedes Mal die andere Frau.«

Das war in der Hierarchie der Akrobaten- und Artistentruppe »Roter Stern« die unterste Position: die Frau des entferntesten Cousins. Sie hieß Wang und war 23 Jahre alt. Sie war als Einzige in der Truppe hübsch, mit dunklen Augen und zarten Gesichtszügen; in meiner Gegenwart hatte sie meist geschwiegen. Aber einmal sprach sie mich beim Zeltaufbau schüchtern an: »Haben Sie einen amerikanischen Dollar?«

Ich hatte einen bei mir und zeigte ihn ihr.

»Ich habe noch nie einen gesehen«, sagte sie. »Wie viel ist er wert?«

»Ungefähr acht Yuan.«

»Geben Sie ihn mir für zehn?«

Ich reichte ihr den Schein und sagte, es sei schon in Ordnung. Sie strahlte und zeigte ihn den anderen, stolz auf das ausländische Souvenir. Am zweiten Abend verabschiedete ich mich vor Beginn der Vorstellung und fuhr los. Liu Changfu hatte recht: So etwas muss man sich nicht zweimal ansehen. Mir war die Truppe zu sehr ans Herz gewachsen, als dass ich es noch einmal durchgehalten hätte.

* * *

Im März 2006 bekam die BH-Ring-Fabrik binnen einer Woche ein offizielles Logo, eine Website, Visitenkarten und Musterbücher. Ein Designer aus Wenzhou schuf das alles für weniger als 800 Dollar, und zum größten Teil kopierte er dabei Mustervorlagen von Konkurrenten und anderen Unternehmen. Er verpasste ihnen auch einen englischen Namen: Lishui Yashun Underdress Fittings Industry Co., Ltd. Auf der Website präsentierte er ein Foto von einem glitzernden mehrgeschossigen Gebäudekomplex, der mit dem Werk in Lishui nicht das Geringste zu tun hatte. Außerdem hieß es dort, man habe »langjährige« Erfahrung in der Herstellung von BH-Ringen, und mit besonderem Stolz wurde die Maschine beschrieben: »Aus Deutschland importierte vollautomatische Produktionsanlage«.

Die Designfarbe des Unternehmens war Pink. Die Beschreibung der Maschine auf der Website war pinkfarben umrandet, und auf der Homepage hüpften pinkfarbene Blasen umher. In derselben Farbe waren die Musterbücher gehalten, und sie zeigten sinnliche ausländische Frauen, die BHs und Bustiers mit Nackenträger trugen. Sogar die Visitenkarten der Bosse waren in Pink gedruckt. Sie waren mit dem neuen Logo der Firma geschmückt:

Als ich das Design zum ersten Mal sah, dachte ich, es könne einen fliegenden Vogel oder ein Herz darstellen. Bei genauerem Hinsehen fragte ich mich, ob es vielleicht zwei Brüste darstelle. »Ich weiß nicht, was das sein soll«, gestand Boss Wang. »Das ist auch nicht wichtig, wenn es nur gut aussieht. Der Designer hat es vermutlich von einem anderen Unternehmen übernommen.«

Die Bosse mussten sich um wichtigere Dinge kümmern. Vor allem gab es keine Käufer für BH-Ringe. Die neue Firma hatte Maschinen, Rohstoffe, Techniker, Bandarbeiter – aber keinen einzigen Kunden, jedenfalls nicht für die Ringe. Sie hatten alte Kunden für die BH-Bügel, die sie seit Jahren produzierten, aber das neue Produkt musste ganz von vorn anfangen. So funktioniert die Wirtschaft in Zhejiang, erklärte mir Boss Gao. »Wenn man kein Produkt hat, kann man es nicht verkaufen. Erst muss man ein Produkt haben, dann kann man anfangen, Kunden zu suchen. Deshalb mussten wir zuerst dies alles aufbauen.«

Als die Musterbücher fertig waren, gingen die Bosse auf Reise durch die Provinz Zhejiang und besuchten die Vertreter von Unternehmen, die Büstenhalter herstellen. Um gute Beziehungen zu potenziellen Kunden aufzubauen, muss eine neue Fabrik sie mit Geschenken umwerben; es reicht jedenfalls nicht, ihnen bloß die Muster zu zeigen. Die Bosse der BH-Ring-Fabrik verteilten *baijiu*-Flaschen der Marke »Wuliangye« und Stangen Zigaretten der Sorte »Chunghwa«; das ist die bevorzugte Marke der meisten Bosse in Zhejiang. Manchmal überreichten sie Geschenkpackungen mit Gelbem Umberfisch, der in Wenzhou besonders beliebt ist. Nicht nur Fabrikkunden, auch Beamte hielten die Hand auf. Besonders wichtig war das Finanzamt – wenn diese Beamten unzufrieden sind, können sie ein Unternehmen ruinieren. »Sie kennen ja China: *toushui loushui*«, erklärte Boss Gao. »Steuerhinterziehung und Steuerflucht.« Damit wollte er sagen, dass sie gute Beziehungen zu den Beamten brauchten, wenn sie, wie es üblich war, ihre Einnahmen nicht vollständig meldeten. »Wir haben noch nicht damit angefangen, aber irgendwann werden wir etliche der Steuerbeamten zum Essen ausführen müssen«, sagte er. Auf meine Frage, ob bei diesen Banketten auch Geschenke überreicht würden, antwortete er kopfschüttelnd: »Beim Essen überreicht man keine Geschenke. Das sind zwei verschiedene Dinge. Mit den Geschenken besucht man sie zu Hause.«

Zu diesem Zweck hatten sie einige Bankdarlehen aufgenommen. In China ist es für einen kleinen Unternehmer nicht leicht, ein Darlehen zu bekommen; dazu braucht man mehr *guanxi*. Boss Gao sagte mir, sie müssten sich mit Bankbeamten und Kreditberatern anfreunden; jeder würde Essenseinladungen und Schmiergeld erwarten. Um diese Ausgaben zu vermeiden, hatte Boss Wang ausschließlich bares Geld investiert, und Boss Gao hatte nur geringe Kredite aufgenommen. Schmiergelder bewahrte er sich für die wichtigeren Beamten auf. In Lishui, so Boss Gao, verlangten solche Beamten ein Geschenk im Wert von rund 2000 Yuan, annähernd 300 Dollar. In Wenzhou wäre es noch kostspieliger gewesen, einer der Gründe, warum sie in diesen Teil der Provinz umgezogen waren. »Die Miete ist hier billiger, und es ist billiger, *guanxi* zu pflegen«, erklärte Boss Gao.

Zunächst kamen mir die Details der *guanxi* ungeheuer kompliziert vor, weil ich als Ausländer mich von den Ritualen, den Banketten und den geheimen Treffen, ablenken ließ.

444

Irgendwann begriff ich jedoch, dass es sich um ein richtiges System handelt, das im südlichen Zhejiang ganz zweckmäßig organisiert ist. Die Geschenke sind standardisiert und tragbar, wodurch sie zu einer Art Währung werden. Eine Stange »Chunghwa« kann ein Geschäftsmann entgegennehmen, sie einem anderen geben, der sie an einen Beamten weitergibt, der sie wiederum einem Vorgesetzten schenkt. Wenn »Chunghwa«-Zigaretten doch nur reden könnten! Vermutlich gibt es Schachteln, die von den Sümpfen von Ouhai quer durch die Provinz Zhejiang bis zu den Gärten von Hangzhou gewandert sind, mit kurzen Aufenthalten in Knopfdorf und Kunstlederstadt. Und was das Wichtigste ist: *guanxi* sind bequem. Boss Gao sagte mir, dass er Beamten gelegentlich einfach eine Geldkarte übergibt, die sie im örtlichen Supermarkt benutzen können. Ich fragte ihn, woher er weiß, welchen Betrag er schenken muss.

»Das weiß man einfach«, antwortete er.

»Woher wissen Sie das?«

»Ich kann es nicht erklären, aber es ist offenkundig«, sagte er. »Schon ein Schulkind kriegt das heraus!«

In jenem März saß ich eines Nachmittags mit den Bossen in ihrem Büro im ersten Stock, als drei Finanzbeamte erschienen. Mit ihrem Besuch hatte keiner gerechnet. Boss Wang saß an seinem Schreibtisch und erledigte Papierkram, und Boss Gao beschäftigte sich mit den soeben eingetroffenen Musterbüchern. Er klebte BH-Ringe auf die Seiten, als die Steuerbeamten hereinkamen. Boss Gao erstarrte für einen Moment, wie ein Mann, der bei einem Kinderspiel ertappt wird, und klappte dann rasch das Buch zu. Eine würdigere Haltung einnehmend, erhob er sich und überreichte den Beamten eine pinkfarbene Visitenkarte.

Die Beamten waren nicht besonders gut gekleidet, aber sie trugen ihren Kopf hoch, und einer von ihnen zückte einen Dienstausweis des Finanzamts Lishui. Er hieß Liu. Er trug Bluejeans und ein orangefarbenes T-Shirt, und er hatte jene

Art von Bürstenhaarschnitt, die in China oft Ärger bedeutet. In China ist es der offizielle Haarschnitt des Beamten, der nicht mit sich spaßen lässt – mir wird immer etwas bang ums Herz, wenn ich einen Bürstenschnitt erblicke. Dennoch überreichte ich dem Beamten Liu meine Visitenkarte. Er studierte sie kurz und sagte achselzuckend, wenn ich mit dem Betrieb nichts zu tun hätte, habe er kein Interesse an mir. Er wandte sich Boss Wang zu.

»Wir haben einige Ihrer Anmeldeformulare mitgebracht«, sagte er. »Sie müssen sie unterschreiben. Sie hätten das vor dem Beginn der Produktion tun sollen.«

»D-d-das w-w-weiß ich«, sagte Boss Wang, »w-w-wir ha-ha-hatten es vor. Aber wir haben noch nichts verkauft.«

Das Stottern trat bei Boss Wang immer auf, wenn er aufgeregt war, und jetzt flatterten seine Augenlider, und seine Stimme wurde piepsig. Er schenkte den Männern Tee ein und bat sie mit einer Geste, auf der Kunstledercouch Platz zu nehmen. Sie blieben jedoch stehen. Beamter Liu ging zur Tür, um sie zu untersuchen.

»Sehr sicher ist das hier nicht«, meinte er. »Warum haben Sie kein besseres Schloss?«

»Wir sind eben erst eingezogen. Wir sind noch dabei, uns einzurichten.«

»Jemand könnte durch das Fenster einsteigen. Wo bewahren Sie die Einnahmen auf?«

Boss Wang deutete auf einen Aktenschrank aus Metall.

»Sie sollten es besser sichern. Hier wird viel gestohlen.«

Die beiden anderen Männer machten eine langsame Runde durch den Raum und prüften das karge Mobiliar. Einer von ihnen betrachtete den Bildschirm des Computers von Boss Gao, der andere blätterte in einem Musterbuch. »Ist es dies, was Sie produzieren?«, fragte er.

»Ja.«

»Welche Materialien brauchen Sie dafür?«

»Nur Metall und Nylonbeschichtung. Es ist ganz einfach.«

»Welche Abfallprodukte entstehen dabei? Etwas Gefähr-liches?«

»Nein, nur Wasser. Und viel Wärme. Es ist kein Problem.«

»Sie wissen, dass es besser gewesen wäre, wenn Sie vorher Kontakt zu uns aufgenommen hätten«, sagte Beamter Liu.

Boss Wang wurde rot. »Ich ha-ha-habe das Finanzamt an-gerufen, aber ich bekam keine Auskunft über die Anmeldung, und da dachte ich, ich warte ab. Sie müssen verstehen, dass ich hier niemanden kenne. Wir fa-fa-fa-fangen gerade erst an. Es ist besser, wenn wir direkt miteinander sprechen, und deshalb hielt ich das Telefon nicht für geeignet.«

Zwei der Männer nahmen endlich auf der Couch Platz, doch Beamter Liu schlenderte nach wie vor umher. Jetzt stand er am Fenster und schaute hinaus auf die Suisong-Straße. Das ist hier keine besonders gute Umgebung», bemerkte er.

»Alles ist noch neu«, sagte Boss Wang. »Sie sind mit der Straße noch nicht fertig.«

»Wie viele Mitarbeiter haben Sie?«

»Zwölf oder d-d-dreizehn. Wenn wir erst Kundschaft haben, werden wir mehr einstellen.«

»Wie viele?«

»Vielleicht fünfzig bis sechzig.«

»Was ist mit dem Teil des Gebäudes dort?«

»Das gehört nicht zu uns. Das hat eine andere Firma gemie-tet. Sie ziehen von Shanghai hierher.«

»Was produzieren sie?«

»Thermoskannen.«

Beamter Liu nickte. Wahrscheinlich sammelte er überall Informationen über neue Firmen. Er wandte sich wieder an Boss Wang. »Haben Sie einen Buchhalter?«

»Wir haben eine Sekretärin, die die Buchhaltung erledigt. Einen richtigen Buchhalter brauchen wir noch nicht.«

»Sie werden bald einen brauchen.«

»Wenn das Geschäft sich belebt, werden wir einen einstellen.«

Beamter Liu entnahm seiner Kunstleder-Geldtasche eine andere Visitenkarte. »Sie sollten diese Firma anrufen«, sagte er. »Der Chef ist ein Freund von mir, und er kann die Buchhaltung für Sie übernehmen.«

Boss Wang zögerte nur ganz kurz, bevor er antwortete. Dann sagte er das Richtige: »W-w-w-wie viel?«

»Irgendwas zwischen sechs- oder siebenhundert im Monat. Ich weiß es aber nicht genau. Sie können dort anrufen. Die Firma ist sehr gut.«

Boss Wang legte die Karte vor sich auf den Schreibtisch. Für den Beamten Liu erfüllte sie zwei Zwecke: Er tat einem Freund einen Gefallen, und er eröffnete sich eine zusätzliche Auskunftsquelle, denn der Buchhaltungsservice würde Informationen über das Unternehmen an ihn weitergeben. Das Beste daran war natürlich, dass die BH-Ring-Fabrik für ihre Überwachung zahlen würde.

Beamter Liu holte die Anmeldeformulare hervor, und Boss Wang versah sie mit dem Firmenstempel. Am Schluss erwähnte der Beamte nochmals den Buchhalter.

»Gut«, sagte Boss Wang, »ich werde dort anrufen. Ich möchte es nur möglichst p-p-p-praktisch haben.«

»Wir möchten es auch möglichst praktisch haben«, sagte Beamter Liu lächelnd. Er verließ den Raum, die beiden anderen folgten ihm. Es gab kein Händeschütteln. Sobald sie draußen waren, wurde mir bewusst, wie sehr ich mich bei der bloßen Beobachtung des Gesprächs verkrampft hatte, und ich lehnte mich auf meinem Stuhl zurück. Doch Boss Wang hatte schon das Bürotelefon abgehoben. Er wählte die auf der Karte angegebene Nummer und sagte: »*Wei*, ich möchte Sie bitten, mich mit einem Buchhalter bekannt zu machen …«

* * *

Guanxi sind logisch (»Schon ein Schulkind kriegt das heraus!«), und auf der persönlichen Ebene funktionieren sie ohne Frage. Ein Beamter erhält ein Geschenk, eine Fabrik erhält eine vorteilhafte Behandlung – an einem solchen Tauschgeschäft ist nichts Rätselhaftes. Es ist aber überhaupt nicht klar, ob dieses System sich für eine Stadt als Ganzes auszahlt. In Lishui fuhr ich auf nagelneuen Straßen an gewaltigen Bauprojekten vorbei, und oft fragte ich mich: Wer zahlt für das alles? Nach den Maßstäben der Provinz Zhejiang war Lishui unterentwickelt – im Jahr 2006 betrug das jährliche BIP pro Kopf nur 1460 Dollar. Nachdem die Planwirtschaft längst verschwunden war, kam jetzt sehr wenig Geld von der Zentralregierung. Die chinesischen Städte müssen einen Großteil ihrer Mittel selbst aufbringen, aber sie dürfen, anders als amerikanische Städte, keine Kommunalobligationen begeben. Sie können auch keine nennenswerten Grundsteuern erheben, weil Grund und Boden noch immer verstaatlicht ist. Die Steuerbasis ist schwach, besonders für eine junge Industrieregion: Im Gewerbegebiet von Lishiu erhielten Unternehmen während der ersten drei Jahre der Produktion Steuervergünstigungen, und danach würden die meisten bei ihren Gewinnmeldungen sowieso mogeln. Das lohnte sich für die Fabriken und die Beamten – sie bekamen Gefälligkeiten und Bargeld und all die »Chunghwas«, die ein Mann rauchen kann –, aber die Stadt konnte mit ihren Steuereinnahmen unmöglich überleben.

Und dennoch hat Lishui wie die meisten chinesischen Städte überall Geld ausgegeben. Von 2000 bis 2005 hat Lishui 8,8 Milliarden Dollar in die Infrastruktur investiert, fünfmal so viel wie in den fünfzig Jahren zuvor. Dieses massive Ausgabenprogramm haben sie gleich darauf noch mal gesteigert: In der ersten Hälfte des Jahres 2006, als die BH-Ring-Fabrik aufmachte, stiegen die Infrastrukturinvestitionen von Lishui im Vergleich zum Vorjahr um weitere 31,7 Prozent. Die Immobilieninvestitionen stiegen um 57,5 Prozent. Das war echtes Geld, das in neue Straßen, neue Brücken und neue Gebäude floss. Es war nicht bloß eine Sache von »Chunghwas«, die den Besitzer wechselten. Aber woher kam das alles?

Die Antwort lag unter all dem Gebauten. Es war der Boden, genauer gesagt, die Veränderung der Landnutzungsrechte beim Wechsel von ländlichen zu städtischen Regionen. Auf dem Land ist der gesamte Grund und Boden Kollektiveigentum, und Bauern wie Wei Ziqi sind nicht berechtigt, ihre Grundstücke oder Häuser auf dem freien Markt zu verkaufen. Alle entsprechenden Geschäfte werden vom Dorf wahrgenommen, und auch das Dorf besitzt wenig Verhandlungsmacht, wenn eine Stadt beschließt, sich in das umliegende bäuerliche Land hinein auszudehnen. In solchen Situationen kann die Stadt den Boden nach eigenem Belieben erwerben, und sie zahlt dafür einen festen, vom Staat bestimmten Preis. Wenn der Kauf getätigt ist und die Bauern die Grundstücke geräumt haben, kann die Stadt die grundlegende Infrastruktur schaffen und die Region als städtisch einstufen. Städtische Landnutzungsrechte wiederum können zu Marktpreisen an den Meistbietenden versteigert werden. Es ist eine Art Arbitragegeschäft, bei dem Ackerland gekauft und als städtischer Grund weiterverkauft wird, und dazu sind nur Verwaltungen von der Gemeindeebene an aufwärts berechtigt.

Bei solchen Geschäften fallen riesige Gewinne an. Wang Lina, Ökonomin an der Chinesischen Akademie der Sozialwissenschaften, sagte mir, dass Städte in küstennahen Regionen rund die Hälfte ihrer Haushaltseinnahmen mit Grundstücksgeschäften erzielen. Nach ihrer Darstellung ähneln die chinesischen Städte Unternehmen, und der Bürgermeister fungiert als Geschäftsführer. »Sie wollen natürlich Geld verdienen«, erklärte sie. »Aber das Einzige, was sie verkaufen können, sind Grundstücke. Die Investoren sind nicht dumm. Sie wissen genug, um sich zu fragen, wer Wohnungen in einer Stadt kaufen wird, die keine Industrie hat.« Um dieses Problem zu lösen, errichten viele Verwaltungen ein Gewerbegebiet, in dem sie die Landnutzungsrechte zum Selbstkostenpreis verkaufen. Die niedrigen Preise locken Fabriken an, die wohl für gewisse Steuereinnahmen sorgen, aber wichtiger ist, dass sie die Stadt vergrößern. Mehr Unternehmer, mehr Ladeninhaber, mehr Wanderarbeiter – das alles bedeutet mehr Vorstädte und einen besseren Immobilienmarkt.

Eine Stadt, die solvent bleiben will, muss ständig wachsen. Zur Schaffung der Infrastruktur nehmen die Verwaltung und die Immobilienunternehmen riesige Darlehen bei den staatseigenen Banken auf. Wang Lijiong, der Direktor des Gewerbegebiets von Lishui, sagte mir, die Stadt habe im Jahr 2003 über sechzig Millionen Dollar aufgenommen, um mit dem Sprengen der Berge und dem Bau von Straßen zu beginnen. »Wenn man Wolle will, muss man Schafe züchten«, erklärte er. Doch in vielen Teilen Chinas hatten die Verwalter auf Investoren gesetzt, die nie kamen. In diesem Fall blieb das Gewerbegebiet halbfertig liegen, die Kredite konnten nicht bedient werden, und die ganze Blase platzte.

Im Jahr 2006 erkannte die Zentralregierung die Risiken dieses Systems und versuchte, das Wachstum zu bremsen. Die Zinsen wurden angehoben, und bei größeren Ausbauvorhaben mussten die Städte sich einem strengeren Antragsverfahren unterwerfen. Die Zuständigkeiten waren aber inzwischen so dezentralisiert, dass die Regeln kaum durchzusetzen waren.

Wang Lina sagte, das Ministerium für Landressourcen habe einfach nicht genug Personal, um die erforderlichen Ermittlungen vor Ort vorzunehmen. Zuweilen stützte man sich sogar auf Satellitenbilder, um zu ermitteln, welche Städte mit größeren Bauvorhaben beginnen. Die kommunalen Haushalte waren eine Katastrophe, weil die Verwaltung letztlich entscheiden konnte, was sie meldete und was sie verheimlichte. Wang hatte sich kürzlich mit einer Stadt in der Provinz Henan befasst, wo die Verwaltung jährliche Haushaltseinnahmen von nur 200 Millionen Yuan gemeldet hatte – das sind rund eine Viertelmillion Dollar. Das Fünffache davon hatten sie für Infrastrukturprojekte ausgegeben. Wang konnte nicht ermitteln, woher das Geld kam – sie nahm an, die Stadt habe von Immobiliengeschäften profitiert, aber es gab viele Möglichkeiten, die Meldung solcher Geschäfte zu umgehen. Die Beamten sind wie alle anderen in das *guanxi*-Spiel verwickelt; größere Geschäfte sind mit Schmiergeld und Geschenken verbunden, aber belastende Unterlagen hinterlässt niemand. Und um langfristige Ziele kümmern sich nur Narren. »Alle fünf Jahre werden die Verantwortlichen in der Kommunalverwaltung ausgewechselt«, sagte Wang. »Sie wissen also, dass die Gelegenheit zeitlich begrenzt ist. Ob sie an ihre Nachfolger denken? Sie greifen zu, solange sie können.«

Wang war wie viele Wissenschaftler überzeugt, dass China irgendwann den Grundbesitz privatisieren musste. Mit festen Grundsteuereinnahmen könnte das gegenwärtige System der Immobilienspekulation beendet werden, aber der Anreiz, es jetzt zu ändern, ist nicht groß. Und am meisten leiden darunter diejenigen mit der geringsten Macht: die Bauern. Mit dem Land, das sie verlieren, subventionieren sie die Urbanisierung Chinas, und sie haben keine rechtlichen Mittel – es ist schon schwer genug, eine dörfliche Parteisekretärin zu stürzen, wie will man da dem ganzen System beikommen? Die meisten Bauern sind jedenfalls so darauf versessen, in die Stadt abzuwandern, oder haben mit den Problemen des Übergangs zum Privatunternehmen dermaßen zu kämpfen, dass eine eventuelle Verfassungsänderung zu ihren Gunsten ihre geringste Sorge ist.

In einem Land, in dem alles in Bewegung ist, sind Grund und Boden selbst etwas Fließendes, Ungewisses, zumindest im rechtlichen Sinne. Um eine Stadt wie Lishui werden Bauernhöfe in Vorstädte verwandelt, und jeder Bauplatz bedeutet mehr Einnahmen für die Verwaltung. Östlich des Stadtzentrums war an einem Ort, der früher Xiahe hieß, ein größeres Bauprojekt im Gange. Xiahe war ein Dorf am Ufer des Ou – früher bauten die Bauern hier Reis, Mandarinen und Gemüse an. Doch vor einigen Jahren erwarb die Verwaltung von Lishui einen Teil des Dorfes mit einer Fläche von 6,7 Hektar. Für die Rechte an diesem Land zahlte die Stadt knapp eine Million Dollar, die zum größten Teil dafür verwendet wurden, die Bauern, die weichen mussten, zu entschädigen. Ich sprach mit einem Einwohner von Xiahe namens Zhang Qiaoping, der mit der Bewirtschaftung einer Fläche von ungefähr 0,14 Hektar eine vierköpfige Familie ernährt hatte. Für den Verlust seines Landes zahlte man ihm umgerechnet 15 000 Dollar.

Nachdem die Stadt das Gelände von Xiahe erworben hatte, schuf sie ein Straßennetz und eine Kanalisation und verkaufte dann die Bebauungsrechte an ein Privatunternehmen namens Yintai. Yintai hatte vor, einen Wohnkomplex zu errichten, und sie hatten, wie Zhang Qiaoping zu Ohren gekommen war, rund 36 Millionen Dollar für den Boden gezahlt. Nach dem Gespräch mit ihm suchte ich die Zentrale von Yintai auf, wo mir der Projektleiter Dokumente zeigte, aus denen hervorging, dass sie tatsächlich 37 Millionen Dollar gezahlt hatten. Lishui hatte das Land also für eine Million gekauft und drei Jahre später für 37 Millionen losgeschlagen. Und das alles hatte sich ganz offen abgespielt – die Bauern kannten sogar die ungefähren Zahlen. Auf meine Frage, ob es ein fairer Deal gewesen sei, antwortete Zhang Qiaoping achselzuckend: »Sie haben das Recht, es zu verkaufen.« Eigentlich war sein Stück Land mindestens 200 000 Dollar wert, aber er hatte seine Entschädigung von 15 000 Dollar klaglos akzeptiert. Er hatte das Geld genommen und in einen kleinen Laden direkt gegenüber dem geplanten Wohnkomplex von Yintai investiert. Tag und Nacht wurde dort gebaut, und die Bauarbeiter kamen oft in Zhangs neuen Laden und kauften sich Lebensmittel und Getränke. In dem Bewusstsein, dass er gegen das System nicht ankam, hatte er wenigstens versucht, davon zu profitieren.

Der neue Wohnkomplex bekam den Namen Jiangbin, das

heißt Flussufer. Er umfasste 28 Gebäude, von denen das höchste elfstöckig war. Das Herzstück der Anlage war ein Musikbrunnen, größer als ein Footballfeld. Für dieses Projekt hatte Yintai bei staatlichen Banken über 28 Millionen Dollar aufgenommen, doch wie mir Verantwortliche sagten, hatte das Unternehmen keine Schwierigkeiten, den Kredit zurückzuzahlen. Sie hatten genau den richtigen Zeitpunkt erwischt, denn der durchschnittliche Preis einer Wohnung in Lishui war in den letzten fünf Jahren um das Sechsfache gestiegen. Wie der stellvertretende Vorstandsvorsitzende von Yintai mir erklärte, rechnete das Unternehmen bei dem Komplex mit einem Gewinn von 19 Millionen Dollar.

Der Vize hieß Ji Shengjun und war der Sohn des Firmengründers. Als 1978 die Reformen begannen, waren die Jis eine arme Bauernfamilie in Qiaotou. Der Patriarch arbeitete für private Baufirmen und gründete schließlich sein eigenes Unternehmen. Er erwischte die erste Welle des Baubooms und dehnte sein Geschäft auf die ganze Provinz Zhejiang aus, und inzwischen arbeiteten seine drei Söhne alle mit. Ji Shengjun war mit 27 Jahren der jüngste. Neben der Baufirma gehörte ihm eine Reihe anderer Geschäfte, darunter der Nachtclub Masear. Ich traf ihn dort eines Abends im VIP-Raum. Er trug schwarze Prada-Slipper, eine schwarze Prada-Hose und ein rot-schwarzes Versace-Hemd. Sein vergoldetes Dupont-Feuerzeug hatte über 600 Dollar gekostet. Er rauchte natürlich »Chunghwa«. Mir wurde wie allen im VIP-Raum Jis Lieblingsgetränk serviert, Old Matisse Scotch, versüßt mit grünem Tee und serviert in einem Weinglas. Ab und zu beugte Ji, wenn er einen Schluck genommen hatte, sich vor und spuckte auf den Teppich, woraufhin er den Fleck mit seinen Prada-Slippern verrieb. Er trug keine Socken.

Im VIP-Raum befand sich ein halbes Dutzend Leute. An der Tür wachte Jis Leibwächter, ein kräftig gebauter Mann in einem engen T-Shirt. Zu seinen täglichen Aufgaben gehörte es, auf den Fahrten durch Lishui Jis Louis Vuitton-Geldbörse zu tragen. Im Club saß neben Ji eine hübsche junge Frau, deren Hand auf seinem Schoß lag. Als Ji mir sagte, er werde demnächst heiraten, machte ich den Fehler, das auf diese Frau zu beziehen und sie als seine Verlobte zu bezeichnen, was allgemeine Heiterkeit auslöste. Ji war freundlich und entspannt, und wenn er lächelte, entblößte er seine vom Tee verfärbten Zähne. Er war extrem dünn, wie man es auf dem Land häufig antrifft, wo die Leute leicht unterernährt sind, und wären nicht die Prada-Kleider und der Leibwächter gewesen, hätte man ihn nicht von einem Bauern unterscheiden können. Beiläufig sagte er mir, die Eröffnung des Nachtclubs habe ihn 1,25 Millionen Dollar gekostet. Die Verlobte habe ich nicht gesehen. Die hübsche junge Frau im VIP-Raum nuckelte an einem Lutscher. Sie streichelte Jis Arm und gurrte ihm ins Ohr; nach außen wirkte es romantisch, bis ich etwas von ihrer Unterhaltung aufschnappte. Es war rein geschäftlich: Sie bat Ji, ihr bei der Beschaffung eines Visums für Portugal zu helfen.

* * *

Eines Nachmittags im Juli, als gerade ein sommerlicher Regenguss einsetzte, erschien bei der BH-Ring-Fabrik ein Eilbote mit einer Versandtasche. Es war Kunstleder-Wetter – im Gewerbegebiet setzt ein Guss mit großen schmutzigen Tropfen ein. Der Bote hielt sich die Tasche über den Kopf, zum Schutz vor dem dreckigen Regen, und als er drinnen war, wischte er sie an seiner Hose ab und überreichte sie Meister Luo. Sie enthielt nur vier BH-Träger aus Nylon, jeder in einer anderen Farbe: pink, weiß, braun und hellblau. Kein Brief, keine Rechnung, keinerlei Erklärung. Die Träger stellten so etwas wie ein Signal dar, und Meister Luo wusste, wer sie deuten konnte. »Xiao Long!«, rief er nach oben, wo sich die Schlafräume der Fabrik befanden. »Post!«

Xiao Long war der Chemiker der Firma. Sein voller Name war Long Chunming, aber alle nannten ihn Xiao Long – »Kleiner Long«. Er kam herunter, in Badesandalen und einer blau-weißen Basketball-Uniform. In größeren Fabriken tragen die Mitarbeiter einen Firmenoverall, aber die BH-Ring-Fabrik war so klein, und es ging dort so formlos zu, dass jeder anhatte, was er wollte. Der Kleine Long trug Shorts und Tanktop aus Nylon, Imitate der Marke Puma, in denen er wie ein Sportler im Stadion aussah. Er studierte die Absenderadresse auf der Tasche: Sie kam von einem BH-Montagewerk in einer Stadt namens Dongyang.

»Sie haben vor ein paar Tagen Ringe bestellt, und dies sind die Farben«, erklärte er. Das ließ sich deshalb leicht merken, weil die BH-Ring-Fabrik noch immer kaum Kundschaft hatte. Derzeit hatten sie nur vier regelmäßige Käufer, die aber bloß kleine Mengen bestellten. Boss Gao und Boss Wang waren oft tagelang unterwegs, um neue Kunden anzuwerben, aber wenn sie zurückkamen, stand ihnen die Enttäuschung ins Gesicht geschrieben. Im Betrieb wurde gemunkelt, die Firma sei in finanziellen Schwierigkeiten. Einige der jungen Frauen am Band waren schon entlassen worden, und die Familie Tao wurde nur sporadisch zur Arbeit geholt, wenn Bestellungen eingegangen waren. Ganztägig war nur noch ein halbes Dutzend Techniker beschäftigt, darunter Meister Luo und der Kleine Long.

Nachdem er den Inhalt der Versandtasche gedeutet hatte, folgte ich dem Kleinen Long in das Labor, das sich neben dem Maschinenraum befand. In seinem Puma-Dress griff er zu seinem Loseblatt-Ringbuch, in dem Dutzende von Ringen hintereinander eingeklebt waren, deren Farbe sich von Blatt zu Blatt schrittweise änderte. Neben jedem Ring hatte er das entsprechende Färberezept und einen englischen Namen eingetragen. Die Beschreibungen klangen exotisch: Ein roter Ring war zum Beispiel gekennzeichnet als »Sellan Bordeaux G-P«. Der Kleine Long sprach die fremde Sprache nicht, aber er hatte lange Einträge aus anderen Musterbüchern abgeschrieben:

Padomide Br. Yellow 8GMX
Padocid Violet NWL
Sellanyl Yellow N-5GL
Padocid Turquoise Blue N-3GL
Padomide Rhodamine

»Wie man das Pink und das Blau macht, weiß ich«, sagte er.
»Aber jetzt muss ich das Braun machen.« Er schnitt ein Stück
von dem Träger ab und hielt es neben andere Brauntöne, die er
in seinem Buch hatte, um ungefähr abzuschätzen, welche Mi-
schungsformel er brauchte. Dann nahm er drei pulverförmige
Farbstoffe – Blau, Gelb und Rot –, die er in ein Becherglas
schüttete und auf einer Schalenwaage wog. Er notierte sich die
jeweiligen Mengen auf einem neuen Blatt seines Ringbuchs.
»Dafür brauche ich mehr Blau und Gelb und weniger Rot«,
erklärte er. Er erhitzte Wasser und rührte die Pulverportionen
hinein. Den entstandenen Farbton übertrug er auf einige Ringe
und hielt sie neben den Träger – die Farbe war zu hell. Mehr
Blau, mehr Rot. Er probierte es erneut – noch immer zu hell.
Erst beim dritten Versuch stimmte alles überein. »In Guangdong gibt es Große Meister, die sich eine Farbe bloß einmal anzuschauen brauchen, und schon wissen sie die Formel«, meinte
er. »Sie arbeiten für die großen Firmen in Hongkong. So ein
Großer Meister verdient Zehntausende Yuan im Monat. Davon
bin ich himmelweit entfernt.«
      Der plötzliche Schauer hatte aufgehört, aber jetzt war es
schwül. Draußen war es über 38 Grad heiß, und hier im Labor
mit den Brennern und Maschinen war es noch heißer. Nach der
ersten Runde des Farbenmischens hatte der Kleine Long das
Top abgelegt, wie ein Spieler, der das erste Spiel hinter sich
hat und jetzt Ernst machen will. Ich zog jetzt auch mein Hemd
aus, und so standen wir schwitzend im Labor und schauten zu,
wie die Ringe in der Rührmaschine kreisten. Fast alle Fabrikarbeiter gingen im Sommer ohne Hemd.

Der Kleine Long war Anfang zwanzig und der Einzige in der Fabrik, der kein Han-Chinese war. Er gehörte zur Volksgruppe der Miao, die im Südwesten Chinas beheimatet und kulturell mit den Hmong in Laos und Vietnam verwandt ist. Die Haut des Kleinen Long war eine Spur dunkler als die der Han-Chinesen, und er hatte etwas andere Gesichtszüge: Mit seinen vollen Lippen und den hohen Wangenknochen wirkte er beinahe mädchenhaft. Er sah gut aus und war ein wenig eitel, vor allem in Bezug auf seine Haare. Sie waren mehr als schulterlang und in einem Rotton gefärbt, der so leuchtend war, dass man ihn am besten in der Sprache der Chemiker beschreibt: Sellan Bordeaux G-P. Wenn der Kleine Long nicht ausgelastet war, flirtete er gern mit den Tao-Schwestern und den anderen Mädchen in der Fabrik.

Er kam aus einem armen Bauerndorf in der Provinz Guizhou. Seine Eltern bauten hauptsächlich Tee und Tabak an, und als er mit der achten Klasse fertig war, zog es den Kleinen Long in die Provinz Guangdong. Zunächst arbeitete er in einer Textilfabrik, und dann fand er einen Job in einer BH-Fabrik, die sich auf den Export spezialisiert hatte. »Jedes Land hat seine Besonderheit«, sagte er mir einmal. Ich erwartete, dass er sich nun in pauschalen Verallgemeinerungen ergehen würde, wie man sie auf dem Dorf oft zu hören bekommt. Doch sein Weltbild war ganz empirisch gefärbt: Er nahm andere Länder durch ein strenges Raster von BH-Trägern und -Ringen wahr. »Die Japanerinnen haben gern Blümchen auf ihren BHs«, fuhr er fort. »Sie mögen solche kleinen Details. Die Russinnen mögen das nicht, sie wollen keine Blumen und kleinteiligen Muster. Für sie müssen die BHs eine einheitliche Farbe haben. Und groß müssen sie sein!«

Der Kleine Long war aufmerksam, und er hatte in den BH-Fabriken des Südens gelernt, sich zu spezialisieren. Nachdem er am Fließband angefangen hatte, war er ins Chemielabor gewechselt, wo er sich die Färbeverfahren aneignete. Er studierte das Handwerk bei Großen Meistern; es war Facharbeit, und der Lohn war gut. In Lishui hatte er für 2500 Yuan pro Monat angeheuert. Aber er war nicht zufrieden mit seinem Status. Auf den nackten Putz seines Schlafraums hatte er den Satz geschrieben:

Man kann überall Erfolg haben;
ich schwöre, erst heimzukehren, wenn ich berühmt bin.

In der BH-Ring-Fabrik schrieben die dort wohnenden Arbeiter gern inspirierende Parolen an die Wand. Dieser Satz – ein Zitat von Mao Zedong – war das Mantra des Kleinen Long. Vor Jahren hatte er ihn in einem Ratgeber gelesen, und seitdem hatte er ihn zu seiner Leitmaxime erkoren. Er wollte mit Fabrikarbeit genug Geld sparen, um schließlich heimzukehren und ein eigenes Geschäft aufzumachen. Gelegentlich sprach er von der Absicht, Kaninchen zu züchten und an Restaurants zu verkaufen. Er dachte auch daran, einen Großhandel aufzumachen und kleine Läden zu beliefern. Das alles waren vage Pläne für eine ferne Zukunft. Jetzt wollte er sich vor allem auf seine Arbeit konzentrieren und Geld sparen. Er fuhr im Urlaub nicht nach Hause, und wenn seine Entschlossenheit zu erlahmen drohte, dachte er an seine Mutter daheim auf dem Bauernhof. Sie war als Einzige der Familie noch auf dem Dorf; sein Vater und die drei Geschwister waren in küstennahe Regionen abgewandert. »Ich denke an meine Mutter, wenn ich müde bin«, sagte er. »Wenn ich mutlos bin, fällt mir ein, dass sie allein sein muss.« Vor kurzem hatte er ihr zu Ehren ein Lied geschrieben, und er hatte daran gedacht, es ihr am Telefon vorzusingen, aber dann hatte er doch darauf verzichtet, um sie nicht zum Weinen zu bringen. Er hielt die Verse stattdessen in seinem Tagebuch fest:

Viele sagen, dein Leben sei schwer,
Du aber sagst lächelnd, solange du uns hast,
wirst du niemals traurig sein ...

Der Kleine Long führte sein Tagebuch in einem Spiral-Notiz-buch. Es enthielt auch eine Abschrift eines langen Briefes an eine ehemalige Freundin, und einige Seiten, auf denen er geübt hatte, das lateinische Alphabet zu schreiben, das er sich ohne Hilfe beibringen wollte. Immer wieder hatte er Aphorismen und Mottos in seinem Notizbuch festgehalten, und einige davon tauchten auch auf der Wand seines Schlafraums auf. In großen Schriftzeichen stand über seinem Bett: »Suche den Erfolg augenblicklich.« Ein anderer Spruch lautete: »Sieh der Zukunft direkt ins Auge.« Und er schrieb auch den Titel eines Ratgeberbuches auf: »Das Eckige und das Runde«.

Viele junge Leute in den Fabrikstädten verschlangen solche Ratgeber, so auch der Kleine Long. *Das Eckige und das Runde* schätzte er sehr; es ist in China ein Bestseller. Der Leser erfährt, wie man sich in der modernen Gesellschaft verhalten soll. Der Buchtitel geht auf eine überlieferte Weisheit zurück: Das Eckige steht für die innere Integrität eines Menschen, das Runde für die äußere Anpassungsfähigkeit, die man im Umgang mit anderen braucht. Bei der Übertragung dieser Idee auf die Wirtschaft von heute mit ihrer scharfen Konkurrenz gelangt der Verfasser zu beunruhigenden Folgerungen: Man darf um des eigenen Vorteils willen lügen, Kollegen manipulieren und sich insgesamt wie ein postkommunistischer Machiavelli aufführen. Um bei seinem Chef etwas zu erreichen, empfiehlt es sich, zunächst eine unrealistische Forderung zu erheben, deren Ablehnung bei ihm das Gefühl hervorruft, einem doch entgegenkommen zu müssen. Man kann auch etwas erreichen, wenn man vor einem Vorgesetzten in Tränen ausbricht, darf es aber nicht übertreiben. Und was die Freundschaft angeht, sollte man sich einen nüchternen Blick bewahren: »Wenn Sie und Ihr bester Freund sehr gut miteinander auskommen, dann sind Sie wahre Freunde, im Augenblick. Wenn es aber um einen möglichen Gewinn von einer Million Dollar geht und Sie ihn nicht zur Seite stoßen oder er Sie nicht zur Seite stößt, haben Sie psychische Probleme.«

Der Kleine Long zog neben dem Buch *Das Eckige und das Runde* oft eine chinesische Ausgabe des *Harvard* MBA *Comprehensive Volume of How to Conduct Yourself in Society* zu Rate. »Ich bin noch unerfahren«, sagte er mir. »Jemand wie ich braucht Hilfe, und dieses Buch hilft mir. Wenn ich ein Problem habe, kann ich mit niemandem darüber reden und bin ganz auf mich allein gestellt. Dann kann ich in einem Buch wie diesem nachschlagen, wie man mit der Situation fertig wird.« Auch *Ein geschätztes Buch für Erfolg im Leben* las er gern, und zu seinen Favoriten gehörte eine *Sammlung der Klassiker*, die Geschichten aus dem Ausland enthält. Besonders beeindruckte ihn ein Kapitel über John D. Rockefeller. Der Ölmagnat, heißt es dort, nahm sein Mittagessen jeden Tag in demselben Restaurant ein, und jedes Mal ließ er einen Dollar Trinkgeld auf dem Tisch zurück. Nach einigen Wochen sprach ihn endlich der Kellner an: »Wenn ich Sie wäre, wäre ich beim Trinkgeld nicht so knauserig.« Darauf Rockefeller: »Weil Sie so denken, sind Sie bloß Kellner geblieben.« Das Buch formuliert die Lehre so: »Viele bringen es nicht zu Reichtum, und es liegt hauptsächlich daran, dass sie so freigebig sind.« Ein anderes Kapitel befasst sich mit Jesus Christus, schildert allerdings einen Vorfall, der so nicht in der Bibel steht. Ein Mann versucht, anderen zu helfen, macht aber die Sache nur schlimmer, bis Jesus ihn endlich auffordert, damit aufzuhören. Die Botschaft des Messias lautet also: Akzeptiere die Welt, wie sie ist. Das Buch zieht daraus die Lehre: »In unserer realen Welt zerbrechen wir uns oft den Kopf darüber, was wir am besten tun sollten. Aber unsere Wünsche stehen oft im Widerspruch zur Realität. Wir müssen annehmen, dass es für uns das Beste ist, wenn wir akzeptieren, was wir haben.«

Der Kleine Long, von Natur aus ein gutmütiger Mensch, zog aus dieser sonderbaren Mischung von Büchern die Lehre, die Dinge mit Gleichmut zu nehmen. Das war das Wichtigste, was er von all den großen Lehrern, von Konfuzius und Jesus, Rockefeller und Mao lernte. »Ich muss beharrlich sein«, erzählte er mir. »Ich darf mich nicht entmutigen lassen oder zornig werden.« Er schrieb sich die Parolen auf die Wand des Schlafraums, und er machte es sich zum Prinzip, nie über Arbeitsüberlastung zu klagen. Er fand, dass die Leute in Fabriken zu viel meckern. Er wollte mit sich selbst im Reinen sein und mit den anderen auskommen. »In der Gruppe muss man flexibel sein«, sagte er. »Man muss sein inneres Gleichgewicht bewahren, um zurechtzukommen und den richtigen Weg zu finden.« Diese Worte hätten direkt aus einem taoistischen Lehrbuch stammen können, ebenso wie die Geschichte über Jesus: Aus ihnen spricht die klassische Weisheit *wu wei er wu bu wei*, das heißt: »Tue nichts, und damit kannst du alles tun.« Es erinnerte mich an meine Erfahrungen als Lehrer für englische Literatur in Sichuan. Die Studenten deuteten westliche Klassiker oft auf chinesische Weise. China nimmt vieles aus dem Ausland begierig auf, und die jungen Leute setzen sich bereitwillig neuen Einflüssen aus, aber innerlich bleiben sie stark der Tradition verhaftet.

Die Geschichte von John D. Rockefeller bewog den Kleinen Long, seine Zigarettenmarke zu wechseln. Der Unterschied zwischen einem Kellner und einem Ölmagnaten ermahnte ihn zu größerer Sparsamkeit. Von der gewohnten Marke »Einträgliche Wolke« ging er zu »Hibiskus« über, einer schrecklichen Sorte. Das Stück kostet nur anderthalb Cent, und schon die Marke verrät, dass derjenige, der sie raucht, nur ein Bauer sein kann. Doch der Kleine Long war genau wie Rockefeller entschlossen, sich über solche Kleinigkeiten hinwegzusetzen. An jeder Packung sparte er 37,5 Cent, und mit der Zeit ergab das ein hübsches Sümmchen. Irgendwann würde er genug zusammenhaben, um die Prophezeiung von Mao Zedong zu erfüllen:

Man kann überall Erfolg haben;
ich schwöre, erst heimzukehren, wenn ich berühmt bin.

* * *

In Lishui passierte es mir oft, dass ich über das Ausland sprach,
obwohl sich dort nie ein ausländischer Käufer oder Investor
zeigte. Er hätte keinen Grund gehabt, im Gewerbegebiet auf-
zukreuzen, denn es gab kaum eine Fabrik, die mit auslän-
dischem Kapital arbeitete. Und an einem so entlegenen Ort
werden überwiegend Vorprodukte hergestellt, die bis zum End-
produkt noch ein oder zwei Fertigungsstufen durchlaufen müssen. Die Ringe werden anderswo an den BHs angebracht, und
das Kunstleder wird in größeren Fabriken innerhalb Chinas
zu Handtaschen oder Autositzen verarbeitet. Andere Massen-
erzeugnisse werden in Yiwu abgesetzt, einer Stadt in der Provinz Zhejiang, deren Großhandelszentren ausländische Käufer
in großen Scharen anlocken. Solche Leute bemühen sich gar
nicht erst nach Lishui, und wenn ich in die Stadt fuhr, trafen
mich, den Ausländer, befremdete und leicht ratlose Blicke. Das
erste Fitnessstudio, das in der Innenstadt aufmachte, trug den
Namen »Der Duft der Frauen«, nach dem gleichnamigen amerikanischen Film. Im Gewerbegebiet produzierte die Firma Geley
kistenweise Jane-Eyre-Lichtschalter. Eine Straße weiter hatten
die Besitzer am Haupttor der Lishui Sanxing Power Machinery
Co., Ltd., ein riesiges Schild mit einer vermeintlich englischen
Aufschrift angebracht. Die Buchstaben liefen jedoch von rechts
nach links, so wie die Chinesen seit jeher mit ihrer Zeichen-
schrift verfahren:

DTL, .OC YRENIHCAM REWOP GNIXNAS IUHSIL

Das änderte aber nichts daran, dass die Leute in Lishui – die
Wanderarbeiter, die Bosse, die Unternehmer – viele für den Ex-

port bestimmte Waren herstellten und gern über ausländische Themen sprachen. Sie waren begierig auf Ratgeberbücher, in denen vermeintlich amerikanische Dinge behandelt wurden, und ihre Neugier war grenzenlos. Einer wie der Kleine Long erinnerte mich mit seiner Energie und Entschlossenheit an andere Länder und andere Zeiten. Was ich hier sah, war die chinesische Version der industriellen Revolution: Menschen zogen vom Land in die Städte, und die Findigkeit, die sie an den Tag legten, konnte es mit allem aufnehmen, was Dickens seinerzeit beschrieben hatte. Und der hemmungslose Kapitalismus, den sie praktizierten, wäre jedem amerikanischen Historiker bekannt vorgekommen.

Als ich in der BH-Ring-Fabrik die Geschichte von Liu Hongwei hörte, der sich die Konstruktion der Maschine eingeprägt und sie kopiert hatte, fiel mir Francis Cabot Lowell ein, der 1810 dasselbe Kunststück vollbrachte. Die Amerikaner waren damals die Neulinge, während die Briten die Konstruktionspläne ihrer mit Wasserkraft angetriebenen mechanischen Webstühle eifersüchtig hüteten. Lowell verschaffte sich jedoch unter falschen Vorwänden Zutritt zu den Fabriken von Manchester und nutzte sein fotografisches Gedächtnis, um die Webstühle daheim in Massachusetts nachzubauen. Sein Unternehmen wurde zur Grundlage der amerikanischen Textilindustrie.

Auch das Tempo des Wandels in China erinnerte an die Zeit des Aufschwungs in den Vereinigten Staaten. Besucher aus Europa, die im 19. Jahrhundert erlebten, wie im Zuge der ersten Welle der städtebaulichen Entwicklung im Westen quasi über Nacht neue Siedlungen entstanden, waren von dem Tempo verblüfft. Ebenso erstaunt sind Ausländer in China, wo sich Gewerbegebiete im Handumdrehen in Städte verwandeln. Doch je länger ich in Lishui weilte und zusah, wie der Fabrikbezirk zum Leben erwachte, desto deutlicher nahm ich die entscheidenden Unterschiede wahr. Es ging nicht nur um eine andere Zeit und eine andere Kultur, auch das Motiv für die Gründung einer neuen Stadt war ein anderes. Und die Pioniere, die in einer chinesischen Boomtown in Erscheinung traten, deckten nur ein enges Spektrum ab. Damals, als viele amerikanische Städte gegründet wurden, gehörten zur ersten Welle der Bewohner in der Regel Anwälte, Gewerbetreibende und Bankiers. Vielfach erschien die erste Lokalzeitung schon, als die Menschen noch in Zelten lebten. Die ersten dauerhaften Bauten waren im Allgemeinen das Gerichtsgebäude und die Kirche. So widrig auch die Bedingungen waren, gab es doch Keime eines Gemeinschafts- und Rechtsempfindens.

Eine chinesische Boomtown ist dagegen reines Geschäft: Fabriken, Baustoffhandlungen und Handyläden. Die ersten Wachstumsphasen sind vollständig vom freien Markt geprägt. Deshalb gibt es sofort Unterhaltungsmöglichkeiten, aber kaum gesellige Vereinigungen. Keine privaten Zeitungen, keine unabhängigen Gewerkschaften – solche Dinge hat die Kommunistische Partei verboten. Die Religion mag auf der persönlichen Ebene florieren, doch die Institutionen sind schwach; im Gewerbegebiet von Lishui baute niemand eine Kirche oder einen Tempel. Es gab weder Anwaltskanzleien noch gemeinnützige Vereinigungen. Fast ebenso selten waren Polizisten und Verwaltungsangestellte; sie kamen nur, wenn es eine Gelegenheit gab, ein krummes Geschäft zu machen.

Meine erste Bekanntschaft mit der Staatsgewalt machte ich im Juli 2006 auf der Jinliwen-Schnellstraße, wo man mir einen Strafzettel wegen zu schnellen Fahrens verpasste. Das System war voll automatisiert, und ich erfuhr davon erst, als ich den Santana bei der Blühenden Autovermietung Wenzhou zurückgab. Ihr Computer zeigte, dass ich in einem Achtzig-Kilometer-Bereich mit 96 Sachen gefahren war. Das Bußgeld, ein Betrag von etwa 25 Dollar, wurde gleich von meiner Kaution einbehalten.

Nach dieser ersten Übertretung ging es Schlag auf Schlag. Ich holte mir an der ganzen Schnellstraße Strafzettel in den

Fabrikstädten. Eine Kamera erfasste mich außerhalb von Qiaotou, der Knopfstadt, und danach in Jinhua, das für die Produktion von Unterwäsche bekannt ist. Mein Tagesrekord lag bei drei Strafzetteln. In Lishui passierte es mir, dass sie mich in weniger als einer Stunde zweimal erwischten. Dabei war ich kein rücksichtsloser Fahrer und hatte bis dahin keinen Eintrag im Verkehrszentralregister. In den fünf Jahren seit ich den chinesischen Führerschein hatte, gab es bei mir keine Regelübertretung, bis ich nach Zhejiang kam. Die Behörden im Süden hatten rasch erkannt, welches Gewinnpotenzial in Radarfallen steckt. An verwirrenden Kreuzungen stellten sie Starenkasten auf, und an der Schnellstraße montierten sie Radarpistolen an Stellen, wo ohne Grund und ohne Warnung plötzlich die Höchstgeschwindigkeit herabgesetzt worden war. Die Leute aus der Gegend merkten sich die Stellen, und ich versuchte es mir ebenfalls zu merken, aber es gab schon so viele Dinge, auf die ich achten musste. Ich musste mich zum Beispiel vor den Bossen in ihren Audis A6 in Acht nehmen, die mit 160 Sachen dahinrasten und dann kurz vor einer Radarkamera brutal auf die Bremse traten. Einen lebenden Polizisten habe ich auf dieser Straße nie gesehen.

»Für die Polizisten ist das ein gutes Geschäft«, erklärte der Filialleiter bei der Blühenden Autovermietung, wenn ich mich wieder einmal über einen Strafzettel beschwerte. Und er hatte recht: Polizeibeamte steckten ihr Geld privat in Aktien von Radarkameras und kassierten Dividenden. Ein Polizist in Zhejiang, der 6000 Dollar in eine Radarfalle an der Schnellstraße steckte, strich von den Einnahmen aus jedem Strafzettel 7,5 Prozent ein. Die Zahl der Investoren war auf vier pro Kamera begrenzt, und Polizeianwärter durften erst eine Aktie erwerben, wenn sie Beamte geworden waren. Höhere Beamte durften sich an mehreren Kameras beteiligen. Wer welchen Standort an der Schnellstraße bekam, wurde per Los ermittelt. Es gab in dieser Branche sogar private Geldverleiher, denn einem Polizisten, der sich an einer Radarfalle beteiligen wollte, konnte man bedenkenlos Geld leihen. Das war wie so vieles in dieser vom Profitstreben geprägten Welt nicht unbedingt gesetzlos – die Geldanlagen der Polizisten waren sogar strengen Regeln unterworfen. Es waren jedoch die Regeln der Hierarchie und des Profits, nicht die von Recht und Ordnung.

Für jede Geschwindigkeitsüberschreitung kassierte der Autofahrer Punkte in seiner Kartei, und ich hatte mir inzwischen so viele geholt, dass ich einen Fahrkurs zwecks Besserung meines Verkehrsverhaltens zu absolvieren hatte. Der Filialleiter bei der Autovermietung klärte mich jedoch darüber auf, dass ich den Kurs vermeiden konnte, wenn ich mich persönlich auf dem Polizeirevier in Lishui meldete. Dort fragte ein Beamter meine unbezahlten Verstöße auf dem Computer ab. Er druckte einige Formulare aus und wies mich an, das Bußgeld bei der Bank von China zu begleichen, deren Zweigstelle bequemerweise auf der anderen Straßenseite war. Die letzten Mandate beliefen sich auf insgesamt rund sechzig Dollar.

»Was ist mit den Punkten?«, fragte ich.

»Die habe ich schon gelöscht«, sagte der Beamte. »Wenn Sie gleich Ihre Gebühr einzahlen, ist die Sache erledigt.«

Auf der Bank stellte ich mich vor einem Schalter an, der speziell für Verkehrsverstöße eingerichtet worden war. Ein halbes Dutzend Yuppies stand schon da, und der Reihe nach traten wir an den Schalter, wo der Beamte rasch unsere Gebühren einbuchte. Es war Februar, doch ein großes Transparent verkündete auf Englisch »Merry Christmas«, obwohl das Fest schon Monate zurücklag. In derselben Woche bemerkte ich ein neues Schild an der Schnellstraße:

Fahren Sie sicher!
Auf dieser Straße sind 26 Menschen umgekommen!

* * *

Ende Juli hatte die Fabrik noch immer nur vier Kunden, und inzwischen lag über eine Million BH-Ringe auf Lager. Die Maschine stand tagelang still, und es war nicht mehr zu übersehen, dass die Firma ernste Probleme hatte. Die teilzeitbeschäftigten Bandarbeiter ließ man nicht mehr kommen, und den Technikern wurde das Gehalt zusammengestrichen. Der Kleine Long bekam 40 Prozent weniger; Meister Luos Gehalt wurde um die Hälfte gestutzt. Das verstieß gegen ihren Arbeitsvertrag, und theoretisch hätten sie sich beim Arbeitsamt beschweren können, aber dazu rafft ein chinesischer Arbeitnehmer sich nur selten auf. Ihr Vertrauen in den Staat ist durchweg gering – »solche Dinge muss man selbst regeln«, pflegte Meister Luo zu sagen. Einstweilen würde er stillhalten, und wenn sich nichts änderte, würde er sich nach einem anderen Job umsehen, erzählte er mir.

Meister Luo hatte schon so viele Jahre mit BH-Ringen gearbeitet, dass er nachts von ihnen träumte. Im Traum sah er Ringe von dem Förderband der Maschine fallen und Haufen bilden, die sortiert und eingepackt werden wollten. In seinen Albträumen hatte er gewöhnlich lange, sinnlose Auseinandersetzungen mit den Chefs. Einmal, als wir im Maschinenraum miteinander plauderten, schilderte er mir die Szene, die ihn in der Nacht zuvor geweckt hatte. »Wir hatten gerade frisches Nylonpulver bekommen, und es taugte nichts«, erzählte er. »Boss Wang sagte jedoch, es sei gut. Ich sagte, nein, es wird nicht funktionieren. Er sagte, es sei gut. Ich sagte, nein, was Sie sagen, ist Mist!«

In der Fabrikwelt war Luo jemand, den man einen *Da Shifu* nennt, ein »Großer Meister«. Er war erst Ende dreißig, aber davon hatte er 23 Jahre in verschiedenen Fabriken in ganz China gearbeitet. Und wie fast alle Meister seiner Generation war er auf einem Bauernhof aufgewachsen. Seine Eltern hatten außerhalb von Songzi, einer Kleinstadt in der zentralchinesischen Provinz Hubei, Baumwolle angebaut. In den siebziger Jahren

468

waren die Schulen auf dem Land in einem schrecklichen Zustand, und daher hatte Meister Luo nicht viel gelernt. »Wir hatten nur zwei Schulbücher«, erinnerte er sich, »Chinesisch und Mathematik, das war alles.« Am Beginn der Mittelstufe war er mehr oder weniger immer noch Analphabet, aber dennoch beschlossen seine Eltern, kein Schulgeld mehr zu zahlen. »Sie sagten, sie brauchten Geld, und ich solle lieber fortgehen und arbeiten«, erzählten sie.

1984, als er vierzehn war, fand er eine Stelle in einer Spielzeugfabrik in der Provinz Hunan. Dort arbeitete er ein Jahr, und von den 25 Dollar, die er im Monat verdiente, schickte er einen Großteil nach Hause. Danach begab er sich nach Shenzhen, in die Sonderwirtschaftszone ganz im Süden, die in den achtziger Jahren einen rasanten Aufschwung nahm. Nachdem Meister Luo dort eine Weile in einer Textilfabrik gearbeitet hatte, wechselte er erneut die Stelle. Nach diesem Muster machte er zehn Jahre lang weiter, in denen er von Stadt zu Stadt, von Fabrik zu Fabrik, von einem Produkt zum anderen wechselte. In Hubei machte er Schrauben, in Xinjiang arbeitete er in einer Farbenfabrik. In Kanton fertigte er Plastikschüsseln. Er trieb Handel in der Provinz Yunnan, kurz vor der Grenze zu Burma, und er arbeitete in einer Spielzeugfabrik im nordöstlichen Heilongjiang, am Rande Sibiriens.

Aber schließlich kam er zurück nach Shenzhen und in die anderen Städte des tiefen Südens. Mit größter Zuneigung dachte er Jahre später an diese Region zurück, denn in Shenzhen nahm er gegen Ende der achtziger Jahre Privatkurse. »Der Kurs begann um 20 Uhr, und direkt nach Schichtende in der Fabrik eilten wir dorthin«, erinnerte er sich. »Der Kurs kostete fünf Yuan und dauerte jeweils fünfundvierzig Minuten. Wir lernten dort Elektroinstallation, das Arbeiten mit Werkzeugmaschinen und Schweißen – alles, was man so braucht. Der Lehrer, ein Pensionär aus Peking, war wirklich gut. Der Unterricht fand in einem Raum statt, der ungefähr so groß wie dieser war, aber allabendlich versammelten sich dort über zweihundert Leute. Es war brechend voll, weil der Lehrer einen so guten Ruf hatte.«

Damals arbeitete Meister Luo sechzig Stunden pro Woche, und dennoch fand er die Zeit, die Abendschule zu besuchen. Der finanzielle Aufwand war erheblich, denn er verdiente nur 500 Yuan im Monat, aber trotzdem war er bereit, für jede Unterrichtsstunde fünf Yuan zu opfern. In vielen Gewerbegebieten findet man Privatschulen und -kurse, weil die Arbeiter motiviert sind und die Chance sehen, vom Fließband wegzukommen. Daneben verbesserte Meister Luo seine Fähigkeiten im Lesen und Schreiben, bis er beides beherrschte. In Shenzen legte er eine staatliche Prüfung ab und erwarb ein Zeugnis, das in etwa einem Berufschulabschluss entsprach.

Abgesehen von seiner angeborenen Intelligenz und seiner Entschlossenheit, brachte Meister Luo kaum natürliche Vorzüge mit. Er war in Armut aufgewachsen, und er sah nach chinesischen Vorstellungen nicht gut aus. Er war klein und hatte Sommersprossen, die in China als Schönheitsfehler gelten. Er hatte eine wuchtige Stirn und eine lange Nase; seine Zähne waren schlecht. Aber er machte einen aufgeschlossenen Eindruck, und wenn er lächelte, bildeten sich um seine Augen weiche Falten. Er wirkte wie einer, der viel durchgemacht hatte, ohne allzu zynisch zu werden, und für mich war er der Fabrikarbeiter, den ich mit der Zeit am besten kannte. Er besaß einen größeren Überblick als die meisten – dank der instinktiven Wissbegierde des Autodidakten. Und als Großer Meister fand er sich oft in einer Mittlerrolle zwischen den Eigentümern und den Arbeitern. In der Stadt Shantou hatte er sich nicht nur um die Maschinen, sondern auch um Personalangelegenheiten gekümmert, eine Erfahrung, die einen tiefen Eindruck bei ihm hinterließ.

»Ich kümmerte mich um die gesamten Anmeldeformulare der Firma, und ich merkte, dass viele Arbeiter nicht schreiben konnten«, sagte er. »Es gibt in China immer noch so viele ungebildete Menschen! Aber Sie wissen ja, dass manche dieser Leute sehr klug sind. In Shantou kannte ich jemanden, der im ›Blue Sky Hotel‹ als Fahrstuhlboy arbeitete. Er hatte keine Schule besucht, und er konnte nicht lesen und schreiben, aber er besaß eine angeborene Intelligenz. Einmal war der Generator des Hotels kaputt, und die Elektriker konnten ihn nicht reparieren. Als sie sich geschlagen gaben, sagte der Fahrstuhlboy zum Direktor: ›Lassen Sie mich mal nachschauen.‹ Darauf sagte der Direktor: ›Davon verstehen Sie nichts.‹ Doch schließlich ließ er ihn ran, und innerhalb einer Stunde hatte der Mann den Generator repariert. Danach gab der Direktor ihm verantwortungsvollere Aufgaben, und schließlich wollte ihn ein anderer Chef mit einem Monatsgehalt von 2800 Yuan einstellen. Dieser Arbeiter kam aus Sichuan, und er war sehr ehrlich. Er sagte: ›Ich kann weder lesen noch schreiben, wie können Sie so viel Gehalt anbieten?‹ Da antwortete der Chef: ›Das ist mir egal – Hauptsache, Sie verstehen etwas von den Dingen.‹ Dann kam ein anderer Chef, der ihn für viertausend einstellte. Er konnte nicht einmal seinen Namen schreiben, aber er war imstande, alles zu reparieren. Woran es lag, konnte er nicht sagen, aber er schaffte es.«

In Chaonan, einem Vorort von Shantou, erlebte auch Meister Luo seinen Aufstieg in der Fabrikwelt. Ende der neunziger Jahre fand er eine Stelle bei Shangang Keji, einem der ersten Unternehmen, die BH-Ringe produzierten. Meister Luo lernte, die Maschine zu reparieren, und 2002 verdiente er fast 200 Dollar im Monat, ein exzellentes Gehalt. Unterdessen war anderen Unternehmern in Chaonan zu Ohren gekommen, was man mit BH-Ringen verdienen kann, und einer wandte sich an Meister Luo. Von einer Stelle war zunächst nicht die Rede, doch er lud Meister Luo zum Essen im teuren Friedensrestaurant ein. »Es gab Krebse, Tintenfisch und Hummer«, erinnerte sich der Meister. »Dazu bestellte er ein Bier, das pro Flasche achtzehn Yuan kostet. Mir wurden ›Chunghwa‹-Zigaretten angeboten.

Anschließend besuchten wir einen Coffeeshop und danach eine Karaokebar. Der Boss lud mich noch zweimal zu dieser Tour ein, und beim dritten Mal fragte er: ›Können Sie mir helfen?‹ Sein derzeitiger Meister sei schlecht und er brauche jemand, der etwas von der Sache verstehe.«

Noch Jahre später konnte Meister Luo in allen Einzelheiten nacherzählen, wie es war, als verschiedene Chefs ihn umworben hatten. Sehnsüchtig dachte er daran zurück, und er wusste noch jedes Hotel, jedes Restaurant, sogar die Gerichte und die Preise. Als der zweite Boss ihm eine Verdoppelung seines Gehalts anbot, schlug er ein, und bald hatte auch dieses Unternehmen Erfolg. Meister Luos Status war inzwischen gestiegen, als der Nächste sich bei ihm meldete, und damit wurde die Werbung aufwendiger. »Zweimal aßen wir im ›Hotel Goldener Garten‹, erzählte er. »Zweimal waren wir auch im Glückverheißenden Garten, und dann einmal im Goldenen Drachen und einmal in der Goldenen Schönen Stadt.« Als Boss Gao und Boss Wang auf der Bühne erschienen, vertraten sie die vierte BH-Ring-Fabrik, die Meister Luo haben wollte, und inzwischen war sein Monatsgehalt von weniger als 200 auf über 700 Dollar gestiegen.

Bei jedem Stellenwechsel hielt Meister Luo sich an ein bestimmtes Protokoll. Seinem bisherigen Chef sagte er nichts von dem neuen Angebot, und wenn er eine noch offene Lohnforderung hatte, bemühte er sich um rasche Auszahlung. Dann bat er um einige Tage Urlaub, weil er dringende familiäre Angelegenheiten in seiner Heimat zu erledigen habe. Manchmal ließ er ein paar wertlose Habseligkeiten im Schlafraum zurück, damit man glaubte, er werde zurückkommen. Danach holte er sich einfach eine neue Handynummer und fing in der neuen Firma an; Kontakte zu Leuten aus der alten Firma mied er. In Chaonan war er dreimal so verfahren, bei drei BH-Ring-Fabriken, die alle im selben Viertel lagen.

»Macht das die Leute nicht sauer?«, fragte ich.

»Natürlich!«, sagte er. »Aber bis sie es kapieren, können sie nichts mehr dagegen tun. Deshalb darf man sie nicht vorher informieren. Wenn man das macht, werden sie versuchen, einen zum Bleiben zu bewegen, indem sie beispielsweise den Lohn zurückhalten, einem drohen oder so.«

»Und wenn Ihnen die neue Stelle dann nicht gefällt und Sie zurückwollen?«

»Hm, das ist ein Problem«, meinte er grinsend. Sein letzter Wechsel sei ihm leichter gefallen, weil zwischen Chaonan und Lishui 150 Kilometer liegen. So konnte er die Fiktion aufrechterhalten, dass er vielleicht noch in die alte Firma zurückkehren könnte. Hin und wieder steckte Meister Luo seine bisherige SIM-Karte in ein Handy und rief unter der alten Nummer seinen früheren Boss an. Er erzählte ihm, ein schwerer Krankheitsfall in der Familie halte ihn leider in Hubei fest. Diese Art von Lösung findet man in chinesischen Ratgebern wie *Das Eckige und das Runde*: Wenn eine Lüge funktioniert – wunderbar, wenn nicht, soll man einfach die Brücken hinter sich abbrechen. In einem Gewerbegebiet findet man niemanden, der langfristig denkt oder zurückblickt. »Ein Stellenwechsel ist ein Glücksspiel«, erklärte Meister Luo. »Man geht weg und hofft, dass die neue Firma gute Geschäfte macht. Wenn es nicht klappt, kann man vermutlich nicht auf die alte Stelle und in das alte Leben zurück. Die Vergangenheit bleibt ein abgeschlossenes Kapitel.«

* * *

Lishui war die erste Stadt, wo Meister Luo spielte und verlor. Boss Gao und Boss Wang hatten ihm mehr angeboten, als er in seinem alten Job verdiente, und, falls das Geschäft gut lief, einen nochmaligen Aufschlag versprochen. Als sie jedoch in finanzielle Schwierigkeiten gerieten, kürzten sie erst sein Gehalt, und dann zahlten sie gar nicht mehr. Gerade das war seltsamerweise die wirksamste Methode, ihn vom Wechsel zu einer anderen Firma abzuhalten. Wenn sie ihm weiterhin ein gekürztes Gehalt zahlten, würde er wahrscheinlich die Firma verlassen, aber wenn sie ihm einen erheblichen Betrag schuldeten, würde er vermutlich eher bleiben. Den ganzen Sommer über machten Boss Gao und Boss Wang an jedem Monatsende Ausflüchte und Versprechungen, in der Hoffnung, das geschuldete Gehalt werde Meister Luo in Lishui halten. Sie wollten ihn auf keinen Fall verlieren – er war der einzige Mitarbeiter, der sich mit der Maschine auskannte.

Im Sommer herrscht in den Gewerbegebieten des chinesischen Südens in vielen Firmen Flaute. Erst im Herbst läuft die Produktion wieder auf vollen Touren, für die Weihnachtseinkäufe in Amerika und Europa. Aber der alljährliche Produktionsrückgang hängt auch mit dem Wetter zusammen. Die meisten Fabriken haben keine Klimaanlage, und der Sommer im Süden ist brutal – man kann sich kaum etwas Schlimmeres vorstellen, als sich in der Julihitze am Fließband einer Kunstlederfabrik abquälen zu müssen. Die Arbeiter werden träge, und die Chefs verlieren ihren Antrieb; Bautrupps flüchten in den Schatten. Als ich in jenem Sommer nach Lishui kam, war die Arbeit an der Suisong-Straße fast zum Stillstand gekommen. Der Bürgersteig blieb im unfertigen Zustand liegen, die aufgeschütteten Pflastersteine brieten in der Sonne. Ein Unwohlsein schien sich des ganzen Bezirks bemächtigt zu haben und zwang alle, nur mit halbem Tempo zu arbeiten.

Das Produkt der BH-Ring-Fabrik war nicht an den Weihnachtstermin gebunden, und die Probleme, die man dort hatte, gingen weit über das unbehagliche Wetter hinaus. Die Bosse wirkten angespannt und verschlossen, und Meister Luo sagte, sie hätten Streit wegen der Investition. Ursprünglich war vereinbart worden, dass Boss Wang und Boss Gao die Fabrik je zur Hälfte finanzieren; jeder sollte 1,5 Millionen Yuan, rund 180000 Dollar, beisteuern. Doch bisher hatte keiner den versprochenen Betrag voll eingezahlt, und während des Sommers wartete jeder ab, weil er nicht der Erste sein wollte, der mehr zahlte. In Familienbetrieben kommt es oft zu solchen Auseinandersetzungen, sagte Meister Luo. »Besser nimmt man sich Freunde als Partner. Mit einem Freund kann man offener reden. Verwandte sind empfindlicher, und sie geraten leicht in Zorn.«

Das tiefere Problem schien jedoch darin zu bestehen, dass sie überhaupt kein System hatten. Die Firma hatte keine Geschäftsleitung, keinen Investitionsplan; keiner kümmerte sich um rechtsgültige Verträge oder ein vorher festgelegtes Protokoll. Die Bosse hatten fast alles mit Bargeld finanziert, was das Risiko erhöhte und Spannungen in der Familie erzeugte. Die Einrichtung ihrer Fabrik hatten sie in einer Stunde und vier Minuten aufs Papier geworfen. Den entscheidenden Teil ihrer maschinellen Ausrüstung hatte man nach der Erinnerung eines ehemaligen Bauern mit Mittelstufenbildung konstruiert. Es gab nicht die leiseste Andeutung eines förmlichen Unternehmenskonzepts. Der Aufbau des künftigen Kundenstamms beruhte allein auf der Methode, dass man hoffnungsvoll Schnaps der Marke »Wuliangye« und Zigaretten der Marke »Chunghwa« austeilte. Es war daher nicht verwunderlich, dass die flüssigen Mittel der Firma im Juli hauptsächlich aus einer Million BH-Ringe bestanden, die in Plastikbeuteln verpackt waren.

Es war vielmehr erstaunlich, dass sie es überhaupt so weit geschafft hatten. Der gebildetste Mann in der Firma war Boss Gao, der einige Jahre zur Berufsschule gegangen war. Die meisten Mitarbeiter hatten überhaupt keine förmliche Ausbildung, und sie alle, vom Chef bis zum einfachsten Arbeiter, waren auf dem Bauernhof aufgewachsen. Boss Gao und Boss Wang stammten aus Familien von Reisbauern; die Eltern von Meister Luo hatten Baumwolle angebaut. Der Alte Tian, der für die BH-Bügel zuständig war, hatte zuvor Reis angebaut. Die Eltern des Kleinen Long produzierten Tee und Tabak. Bei den Taos waren es Weizen und Sojabohnen. Die Sekretärin – sie war eigentlich Buchhalterin, weil sie die Bücher führte – kam aus einer

Gegend, wo vornehmlich Birnen angebaut wurden. Der Mann an der Stanzpresse hatte früher inmitten von Orangenhainen gewohnt. All diese landwirtschaftlichen Erzeugnisse hatten sie irgendwie hinter sich gelassen, und die Menschen, die früher den Boden bearbeitet hatten, stellten jetzt zwei Objekte her, die man nicht essen konnte: hauchdünne Bügel und BH-Ringe, die ein halbes Gramm wogen.

Ähnliches kann man aus fast jeder chinesischen Fabrik berichten. Den Leuten mag es an Schulbildung mangeln, aber ihre aktuelle Situation zwingt sie, am Arbeitsplatz zu lernen. Vor allem gibt es sehr viele von ihnen. Das Land hat 1,3 Milliarden Einwohner, davon 72 Prozent im Alter zwischen 16 und 64. In seiner neueren Geschichte hatte das Land noch nie einen so hohen Anteil von Menschen im arbeitsfähigen Alter, und noch nie hatten sie es so leicht, das ländliche Leben hinter sich zu lassen. Die Straßen sind besser geworden, es gibt regelrechte Netzwerke der Wanderarbeiter, und das alte kommunistische *hukou*-Meldesystem wird inzwischen so lax gehandhabt, dass die Leute reisen können, wohin sie wollen. Zudem sind sie alle durch die Vergangenheit abgehärtet – die Arbeiter sind einfallsreich und motiviert, und die Unternehmer sind furchtlos. Der Staat hatte das strategische Hauptziel verfolgt, diese menschlichen Energien freizusetzen, und dabei dem Markt vertraut, dass er neue Städte wie Lishui schaffen würde.

Doch dem, was der Einzelne durch bloße Willenskraft erreichen kann, sind Grenzen gesetzt. Selbst bei einem so einfachen Produkt wie einem BH-Ring kommt man an einen Punkt, wo man in Schwierigkeiten gerät, wenn es an systematischer Struktur und schulischer Bildung mangelt. Die wichtigere Frage ist, ob es chinesischen Unternehmen gelingt, einfache Produkte mit geringer Gewinnmarge hinter sich zu lassen und Industrien aufzubauen, die Kreativität und Innovation erfordern. Darin besteht letztlich der größte Kontrast zwischen dem Aufschwung Chinas und der industriellen Revolution des Westens. In Europa und den Vereinigten Staaten ging der Aufstieg der Industrie mit radikalen Veränderungen im Denken einher, und er beruhte zum Teil auf einem Mangel an Arbeitskräften. So hatte Amerika im 19. Jahrhundert Land in Hülle und Fülle und relativ wenige Menschen. Wer ein paar Monatslöhne zusammengespart hatte, konnte in den Westen ziehen und sich als Bauer versuchen. Die Landwirtschaft und die Westausdehnung zehrten am Bestand der körperlich leistungsfähigen Arbeitskräfte, so dass die Unternehmer aus dem begrenzten Arbeitspotenzial das Beste machen mussten. Dieser Zwang zur Effizienz führte zu Neuerungen, die die Welt veränderten: der Baumwollentkörnungsmaschine, der Nähmaschine, dem Fließband, dem »amerikanischen System« der Standardisierung und der austauschbaren Teile.

Im heutigen China gibt es jedoch wenig Anreize zur Einsparung von Arbeitskräften. Jahr für Jahr wächst die Zahl der Wanderarbeiter um rund zehn Millionen, und die jungen Leute verlassen ihre ländliche Heimat immer früher. Die Schüler, die es in die boomenden Städte zieht, halten die schulische Ausbildung vielfach für unwichtig, besonders weil das herkömmliche chinesische Schulwesen außer gedankenloser Wiederholung und Auswendiglernen wenig zu bieten hat. Die hohe Bevölkerungszahl, der Mangel an sozialen Einrichtungen und die Trägheit der Bildungsreform tragen zusammen dazu bei, die Innovationsfähigkeit zu schwächen. Jedes Land kommt unweigerlich in die Versuchung, seinen größten Reichtum zu verschwenden, und diese Ressource ist in China nun einmal der Mensch. Die persönliche Geschichte von Meister Luo war ein einzigartiger Erfolg, und doch machte er nur etwas so Anspruchsloses wie BH-Ringe, und auf jeden Mann wie ihn kamen Dutzende, die es nie so weit gebracht hatten.

* * *

Als die Bosse in Lishui Meister Luo einstellten, erzählte er ihnen, er habe schon ein Kind und wolle in Kürze ein weiteres haben. Seine Frau oder seinen ersten Sohn bekamen sie nie zu Gesicht; Meister Luo lebte wie viele Wanderarbeiter von seiner Familie getrennt. Er wies die Bosse jedoch nachdrücklich auf seine persönlichen Verpflichtungen hin – ein wirksames Mittel, um ein höheres Gehalt auszuhandeln. Boss Wang hatte ebenfalls zwei Kinder, und daher wusste er, welche Schmier- und Bußgelder man aufwenden musste, um die für die Durchsetzung der Ein-Kind-Politik zuständigen Beamten herumzukriegen.

Kurz vor Ende Juli bat Meister Luo um die Erlaubnis, heim nach Hubei zu fahren, um bei der Geburt seines zweiten Kindes zugegen zu sein. Aber diesmal waren die Bosse so schlau, seine finanzielle Verantwortung als Argument gegen ihn zu nutzen.

»Sie müssen hierbleiben«, sagte Boss Wang. »Sie verschwenden bloß eine Menge Geld, wenn Sie jetzt heimfahren.«

Meister Luo erklärte, in der Fabrik werde nicht gearbeitet und er werde nicht lange fortbleiben; für ihn sei es wichtig, bei der Entbindung seiner Frau da zu sein.

»Sie waren doch beim ersten da, oder?«, sagte Boss Wang. »Das ist alles, worauf es ankommt. Beim ersten Kind ist es spannend. Das zweite ist keine große Sache mehr. Als meine Frau das zweite Kind gebar, war ich nicht mehr annähernd so aufgeregt.«

Über eine Woche lang zog sich dieses Gespräch zwischen ihnen hin, auf kleiner Flamme, wie es bei Verhandlungen im Gewerbegebiet üblich ist. Es gab keine Ultimaten, und niemand wurde zornig oder ungeduldig; die Stimmen beider Männer blieben so ruhig, als sprächen sie darüber, was es gestern Abend bei ihnen zu essen gab. Aber man spürte, dass die Temperatur von Tag zu Tag stieg, und die Spannung äußerte sich in kaum merklichen Zeichen. Meister Luo wurde rot, und das Lächeln fiel ihm schwerer als sonst. Boss Wang war nicht mehr so freigebig mit Zigaretten. Er kam jetzt öfter ins Stottern – die schlechte Geschäftslage lastete auf ihm, und nun kam noch die Forderung von Meister Luo als weitere Belastung hinzu. In normalen Zeiten hätte er ihm, ohne zu überlegen, Urlaub gewährt, aber nun befürchtete er, dass Meister Luo diese Gelegenheit nutzen könnte, um sich abzusetzen. Und seine Befürchtungen waren wohlbegründet, denn in der Vergangenheit hatte Meister Luo genau ein solches familiäres Ereignis als Vorwand benutzt, um die Stelle zu wechseln.

Ihre Verhandlungen hatten meistens etwas Beiläufiges. Der Angestellte sagte etwas, der Boss antwortete, und keiner schaute dem anderen ins Gesicht. Oft waren ihre Äußerungen so gedämpft, dass ich kaum etwas davon mitbekam. Eines Morgens, als ich mich mit Meister Luo im Maschinenraum aufhielt, wandte dieser sich an Boss Wang. Ich schnappte das Wort »Gehalt« auf. Boss Wang blickte rasch weg.

»N-n-nicht jetzt«, sagte er. »Im Moment läuft das Geschäft nicht besonders gut.«

»Ich bitte ja nur um zwei Monate«, sagte Meister Luo. »Sie schulden mir drei.«

»K-k-k-kann ich nicht machen.«

»Und ich bitte nur um vier Tage Urlaub. Vier Tage reichen mir.«

»D-d-d-das geht nicht. Wir könnten jederzeit neue Aufträge kriegen.«

Damit ging Boss Wang aus dem Raum. Meister Luo grinste mich an. Ich hatte inzwischen gelernt, mich in Acht zu nehmen – ich musste, wenn es um Meister Luo ging, auf mich selbst aufpassen. Ich hatte ihn kürzlich zum Essen in einem Restaurant an der Suisong-Straße eingeladen, wo wir ein paar Flaschen Bier tranken und uns zwei Stunden unterhielten. Tags darauf bombardierte Boss Wang mich mit Fragen: Wo waren Sie gestern Abend mit Meister Luo? Warum waren Sie so lange dort? Und warum sind Sie immer so neugierig, was die Fabrik betrifft? Bei anderen Schreibprojekten in anderen Teilen Chinas musste ich den Leuten hin und wieder versichern, dass sie durch meine Geschichten keine politischen Scherereien bekommen würden. Doch über solche Dinge machten sich die Unternehmer im Süden Zhejiangs keine Gedanken. Ihre Befürchtungen galten allein dem Geschäft – sie sorgten sich, ich könne ein verdeckt auftretender Konkurrent sein, der selbst eine BH-Ring-Fabrik aufmachen wollte. Nachdem ich bemerkt hatte, wie nervös Boss Wang war, zeigte ich ihm ein Exemplar eines meiner Bücher, und ich druckte einige Zeitungsartikel von mir aus, die ich aus dem Internet heruntergeladen hatte. Ich sagte ihm die Wahrheit: dass ich kein Interesse hatte, Meister Luo abzuwerben, und dass mir das Schreiben so viel Spaß machte, dass ich es für alle BH-Ringe in Zhejiang nicht aufgeben würde.

Die Verhandlungen in der Fabrik zogen sich derweil in die Länge, bis Meister Luo am 27. Juli 2006 um 11 Uhr morgens erfuhr, dass sein zweiter Sohn geboren war. Ein Verwandter hatte es ihm per SMS aufs Handy mitgeteilt. Das Kind war per Kaiserschnitt entbunden worden; die Mutter musste voraussichtlich noch zwei bis drei Tage im Krankenhaus bleiben. Und auf einmal kam das Gespräch mit dem Chef voran. Boss Wang war bereit, ihn zu beurlauben, und zahlte ein ausstehendes Monatsgehalt aus. Sie schuldeten Meister Luo nun noch zwei Monatsgehälter, was nach ihrer Einschätzung sicherstellte, dass er wiederkommen würde. Er zog auf der Stelle los und kaufte sich eine Fahrkarte nach Hubei. Der Zug fuhr mitten in der Nacht ab, und wenn es keine Verspätungen gab, würde er seinen Sohn sehen, bevor ds Baby drei Tage alt war.

Vor der Abfahrt lud ich Meister Luo zu einem abendlichen Festessen in der Innenstadt von Lishui ein. Wir fuhren mit meinem gemieteten Santana, und Meister Luo meinte, dass er nun zum ersten Mal in drei Monaten aus dem Gewerbegebiet herauskam. Er entschied sich für ein Sichuan-Restaurant, und dort aßen wir Aal in pikanter Sauce, Chongqing-Huhn und Hackfleisch mit Tofu. Es war nicht annähernd so elegant wie die Lokale, an die er sich aus der Zeit in Chaonan erinnerte – der Goldene Drachen, der Goldene Schöne Garten –, aber Meister Luo war zufrieden.

»Ich wünschte, ich wäre noch in Guangdong«, sagte er. »Dann würde ich ein Lotterielos kaufen, weil dies ein Glückstag ist. In Guangdong kann man Lose der Hongkonger Lotterie kaufen, aber hier kriegt man sie nicht.«

Ich fragte ihn, was er den Beamten sagen werde, die für die Ein-Kind-Politik zuständig sind. Wanderarbeiter, die dagegen verstoßen, lassen das Kind an einem anderen Ort zur Welt kommen als an ihrem gemeldeten Wohnsitz, aber Meister Luos Kind war in seiner Heimatgemeinde geboren, genau wie sein erster Sohn. Er schwieg eine Weile und dachte über meine Frage nach. Dann sagte er: »Das wird kein Problem sein.«

»Werden Sie eine Geldbuße zahlen müssen?«

»Das wird kein Problem sein«, sagte er nochmals. »Es ist schon geregelt.«

Er wechselte das Thema und hob sein Glas. Wir tranken auf die Gesundheit seines neugeborenen Sohnes. Meister Luo strahlte und bemerkte ein weiteres Mal, dass er gern ein Los der Hongkonger Lotterie kaufen würde. Man schuldete ihm eine Menge Geld. Die Fabrik, in der er arbeitete, stand kurz vor der Pleite. Er hatte gerade bei der Geburt seines Sohnes nicht dabei sein können. Aber aus seiner Sicht war er an diesem Sommerabend der glücklichste Mensch in ganz Lishui.

III

Seit über einem Jahr war ich regelmäßig ins südliche Zhejiang gefahren, und inzwischen fühlte ich mich dort fast wie zu Hause. Ich genoss die Fahrt auf der neuen Schnellstraße durch die vertraute Landschaft an den Ufern des Ou, und immer wieder hielt ich an, um dieselben Orte und dieselben Menschen zu besuchen. In Lishui war ein neues Hotel mit dem Namen »Modern Square« entstanden, und ich handelte mit den Geschäftsführern einen Sonderpreis aus: zwanzig Dollar pro Nacht. Ich meldete mich beim Fitnessstudio »Der Duft der Frauen« an, das ein paar Straßen weiter weg lag. Es war das einzige richtige Fitnessstudio in der Innenstadt von Lishui und für Männer und Frauen zugänglich. Die Geschäftsführer sagten mir, sie hätten den Namen gewählt, weil er hübsch klingt. Den amerikanischen Film gleichen Titels hatte keiner von ihnen gesehen. Tatsächlich roch das Fitnessstudio stark nach Kunstleder, weil all die Geräte nagelneu waren.

Bei schönem Wetter lief ich weite Strecken in dem Hügelland südlich der Stadt, durch terrassenförmig angelegte Mandarinenhaine. Die Früchte, die in dieser Gegend wachsen, schmecken herrlich – ein weiterer Grund, warum ich dort gern weilte. Ich fand ein annehmbares Sichuan-Restaurant und einen erstklassigen Nudelimbiss, und ich erkundete die Orte entlang der Schnellstraße. Ich mochte meine regelmäßigen Gewohnheiten, und ich mochte die Hektik der Boomtown, die Energie, die von so vielen Menschen in Bewegung ausgeht. Und stets hatten diese Ausflüge in den Süden etwas Surreales. Wenn ich mit dem Flugzeug von Peking kam, erschien, sobald die Maschine aufgesetzt hatte, eine SMS-Nachricht auf meinem Handy:

> Willkommen im Zentrum einer der zehn vitalsten Wirtschaftsregionen Chinas: Wenzhou. Das Stadtkomitee der Kommunistischen Partei der Stadt Wenzhou hofft aufrichtig, dass Sie hier, in der wegweisenden Heimatstadt »kühner Pioniere und harmonischer Bürger«, Freundschaft, Geschäftsmöglichkeiten und Erfolg finden werden.

Bei einem der Flüge traf ich Mao Zedong. Es war die erste Maschine, die morgens von Peking nach Whenzou geht, der Sonderflug der Air China um 7.30 Uhr, und kaum hatte ich meinen Platz eingenommen, schlief ich ein. Die Passagiere waren wie immer fast ausschließlich Geschäftsleute und Beamte. Während sie an Bord gingen, wurde ich immer wieder aus meinem Halbschlaf gerissen, und einmal erblickte ich in meinem dämmrigen Zustand wie durch einen Nebel einen Mann, der dem Vorsitzenden auffallend ähnlich sah. Ich tat das jedoch als eine Traumvorstellung ab, jedenfalls so lange, bis ich nach dem Abheben der Maschine das Gespräch von zwei Flugbegleiterinnen aufschnappte.

»Dahinten sitzt der Schauspieler, der den Vorsitzenden Mao spielt!«, sagte eine.

»Welche Reihe?«

»Fünfundzwanzig.«

Er hatte den mittleren Sitz, eingeklemmt zwischen zwei Geschäftsleuten aus Wenzhou, die wie fast alle anderen während des Fluges eingenickt waren. Aber der Schauspieler, der den Vorsitzenden Mao darstellte, war hellwach. Er trug einen eleganten grauen Anzug, eine rote Krawatte und Bühnen-Make-up, wie sein unnatürlich leuchtendes Gesicht verriet. Auch seine Zähne schimmerten, und seine Haare waren schwarz gefärbt und nach hinten gekämmt, wie man es von Mao kannte.

Er trug sogar ein künstliches Muttermal auf der linken Seite seines Kinns. Alle, die auf dem Weg zur Toilette vorbeikamen, mussten zweimal hingucken: Mao Zedong saß in der Economy-class, Sitz 25E.

Nach der Landung in Wenzhou brachte ein Bus alle Passagiere vom Flugfeld zum Flughafengebäude. Hier war man noch beengter als im Flugzeug, und ich stand im Gedränge zufällig neben dem Vorsitzenden Mao. Ich stellte mich vor und überreichte ihm meine Visitenkarte; er fischte eine von sich aus der Tasche. Nicht weniger als sieben offizielle Titel waren darauf verzeichnet:

Jin Yang, der Schauspieler, der die Rolle des Großen Führers Mao Zedong spielt

Direktor, Phoenix-Kultur- und Kunstzentrum
Generaldirektor, China International Film Company, Ltd.
Vizemanager, Internationale Kulturentwicklungsgesellschaft Starke und Blühende Kampfkünste Peking
Geschäftsführer, Filmforschungsinstitut Peking
Ehrenamtlicher Direktor, Filminstitut der Volksuniversität von China
Hochrangiger Berater, Rote Libelle-Gruppe China
Oberinspektor, Rote Libelle-Geschäfts- und Kulturzentrum China

In Wenzhou wollte er Aufnahmen für eine Miniserie des chinesischen Staatsfernsehens drehen. Es ging um einen Vorfall aus den vierziger Jahren, als die Rote Armee in Zhejiang mit den japanischen Eindringlingen zusammenstieß. Jin Yang berichtete, in den letzten zehn Jahren habe er den Vorsitzenden in Filmen und Fernsehsendungen gespielt. Er lächelte, als er meine Visitenkarte las.

»Oh, Sie sind Journalist«, sagte er. »Es gab mal einen berühmten amerikanischen Journalisten, er hieß Edgar Snow und war mit dem Vorsitzenden Mao befreundet.«

Über Edgar Snow war ich durchaus im Bilde. Seine Geschichte ist ein abschreckendes Beispiel für Leute, die aus Missouri stammen und über China schreiben. Snow war in den dreißiger Jahren zum Günstling von Mao und Zhou Enlai geworden, und am Ende übernahm er ungeprüft einen Großteil ihrer Propaganda. Als beim Großen Sprung nach vorn 20 bis 40 Millionen Menschen hungers starben, reiste Snow durchs Land und verkündete, die Gerüchte von einer Hungersnot entbehrten jeder Grundlage. Was mich hier in Wenzhou jedoch mehr interessierte, war Jin Yang selbst. Wie war er entdeckt worden? Was hatte er gemacht, bevor er der Schauspieler wurde, der die Rolle des Großen Führers Mao Zedong spielt?

Jede Frage, die ich ihm stellte, beantwortete er mit einer Anekdote aus dem Leben des Vorsitzenden. Er erzählte mir, er sei aus Changsha – aus der Region kam auch Mao. Als ich fragte, was er gemacht habe, bevor er Schauspieler wurde, sagte er: »Wissen Sie, das berühmteste Foto vom Vorsitzenden Mao hat Edgar Snow aufgenommen.«

»Davon habe ich gehört«, sagte ich. »Aber was haben Sie vorher gemacht, ehe Sie Schauspieler wurden?«

»Es ist das Foto, das immer benutzt wird, wenn es um den jungen Mao geht«, fuhr er fort. »In den fünfziger und sechziger Jahren wurde es überall reproduziert.«

Während unser Bus sich holpernd dem Flughafengebäude näherte, brüllten die dichtgedrängt stehenden Leute in ihre Handys. Jin Yangs Lächeln blieb so ruhig wie das Plastik-Muttermal an seinem Kinn. Es war derselbe gütige Blick, den er während des ganzen Fluges beibehalten hatte, so als sei er noch immer der Führer des Landes und nicht ein auf dem mittleren Sitz eingeklemmter Passagier auf dem frühmorgendlichen Sonderflug nach Wenzhou. Ich versuchte weiterhin, Persönliches von ihm in Erfahrung zu bringen. Ich fragte ihn nach seiner

Rolle in der auf der Visitenkarte erwähnten »Internationalen Kulturentwicklungsgesellschaft Starke und Blühende Kampfkünste Peking«: »Betreiben Sie selbst Kampfkünste?« Darauf antwortete er mit einem gelassenen Lächeln: »Ja. Auch der Vorsitzende Mao hat stets betont, wie wichtig die körperliche Betätigung ist. Wussten Sie von seiner berühmten Durchquerung des Jangtse?« Nochmals sagte er, dass er aus Changsha sei. Das Buch von Edgar Snow, meinte er, habe den Vorsitzenden erstmals im Westen bekannt gemacht. Bei jeder antiquierten Anekdote, die er vortrug, erschien mir sein Lächeln unheimlicher, und schließlich brach ich das Gespräch ab. War dieser Mann völlig verrückt? Glaubte er wirklich, er sei Mao Zedong?

Am Flughafengebäude holte ich meine Reisetasche ab. Vor dem Verlassen des Flughafens suchte ich noch kurz die Herrentoilette auf. Es war niemand da außer Mao Zedong. Er stand vor dem ersten Urinal, und ich hörte ihn leise etwas sagen, als spräche er mit sich selbst: »*Meiguo jizhe, Meiguo jizhe*. Amerikanischer Journalist, amerikanischer Journalist.« Ich wählte das am weitesten vom Vorsitzenden Mao entfernte Urinal, erledigte so rasch wie möglich mein Geschäft, machte den Reißverschluss zu und ging wortlos hinaus. Noch immer das gütige Lächeln auf seinem Gesicht, stand er einsam in der Toilette und murmelte vergnügt vor sich hin.

* * *

In der BH-Ring-Fabrik zog sich die Sommerflaute durch den ganzen August hin, bis endlich das tiefe Kaffeebraun auftauchte. Im September bestellte ein neuer Kunde über hunderttausend BH-Ringe, alle in der gleichen Farbe. Nach monatelanger Untätigkeit hatte der Kleine Long auf einmal viel zu tun; eine Fülle von Reagenzgläsern in seinem Labor enthielt eine bestimmte Schattierung von Dunkelbraun. In seinem Farbenbuch wurde sie als »tief kaffeebraun« bezeichnet. Der neue Kunde war eine

BH-Fabrik im südlichen Zhejiang, über die der Kleine Long und Meister Luo allerdings kaum etwas wussten. Die Bosse hielten sich gegenüber den Mitarbeitern mit Informationen über Kunden gewöhnlich zurück, um zu verhindern, dass sie mit Kenntnissen über potenzielle Käufer den Arbeitgeber wechselten. In diesem Fall hatten sie Meister Luo lediglich wissen lassen, dass der neue Kunde BHs exportierte, weshalb die Ringe von höchster Qualität sein mussten. Wohin sie letztlich geliefert wurden, wusste Meister Luo nicht – es musste ein Land mit einer Vorliebe für braune Unterwäsche sein.

Ebenfalls im September gab ein anderer neuer Kunde eine größere Bestellung in Auftrag, und jetzt kam die ganze Fabrik in Schwung. Zum ersten Mal seit dem Frühling waren beide Stanzpressen in Betrieb, und die Maschine polterte täglich acht Stunden vor sich hin. Die Taos kamen zuhauf wieder: Die beiden Schwestern, der Vater und ein Cousin mussten sich täglich zur Arbeit einfinden. Einige der entlassenen Frauen, die am Fließband gearbeitet hatten, wurden wieder eingestellt, und wie mir Boss Wang mitteilte, war der September der erste Monat, in dem die Einnahmen die Ausgaben überstiegen. Seit der Einrichtung der Fabrik waren elf Monate vergangen, und es würde noch lange dauern, bis sie die Investitionskosten wieder hereingeholt hatten, aber endlich warf das Geschäft einen Gewinn ab.

Im Laufe des Sommers war der jüngste Bewohner in den Schlaftrakt der Firma eingezogen. Die Frau und der zweijährige Sohn von Boss Wang wohnten oft wochenlang in dem Gebäude, und nun wurde es auch zum Zuhause für das neugeborene Baby von Meister Luo. Es war noch keine zwei Monate alt, als seine Mutter – sie hieß Cheng Youqin – es genommen und über zwanzig Stunden mit dem Bus quer durch China gefahren war. Die Familie bewohnte einen unfertigen Raum im zweiten Stock. Sie verfügten über ein schlichtes Holzbett, eine Kochplatte, ein paar Küchengeräte und einen Pappkarton, in dem sie ihre Kleider aufbewahrten. Darüber hinaus besaßen sie fast nichts. Stolz berichtete mir Cheng, das Baby habe sich schon an den Maschinenlärm gewöhnt und könne ruhig schlafen.

Es war jetzt fünfzig Tage alt, und daher lud ich die Familie in ein Restaurant ein. In China pflegt man solche Tage zu feiern – wobei der hundertste Tag eines Babys von besonderer Bedeutung ist. Wir trafen uns im Schlaftrakt. Meister Luo wechselte gerade die Sachen seines Sohnes und rauchte dabei eine Zigarette der Marke »Einträchtige Wolke«. Wegen der Hitze in der Fabrik hatte man dem Kind kürzlich den Kopf geschoren, und es hatte die hübschen Augen seiner Mutter. Runde Wangen, volle Lippen und eine Nase, die aus Knopfstadt hätte kommen können – es war ein schönes Kind. Meister Luo legte es mir in die Arme.

»Wie geht's seinem großen Bruder?«, fragte ich. Ich nahm an, dass der Ältere im Dorf geblieben war und von Großeltern oder anderen Verwandten versorgt wurde. Doch kaum hatte ich die Frage gestellt, machte Meister Luo ein langes Gesicht, und seine Frau warf ihm einen Blick zu, der ihre Verlegenheit verriet.

»Ich muss Ihnen etwas erklären«, sagte Meister Luo gedehnt. »Dies ist in Wirklichkeit unser erstes Kind. Als Boss Wang und Boss Gao mich einstellten, erzählte ich ihnen, ich hätte schon einen Sohn, um ein höheres Gehalt verlangen zu können. Ich wollte Sie nicht anlügen, aber sie waren in der Nähe, wenn wir miteinander sprachen. Ich hatte Angst, dass sie etwas aufschnappen könnten, und deshalb habe ich Ihnen nie die Wahrheit gesagt. Ich hätte es Ihnen sagen sollen, bevor ich wegfuhr. Das habe ich unterlassen. Es tut mir leid.«

»Nicht so schlimm«, sagte ich. Das fiktive Kind hatte Meister Luo jedenfalls schon einmal zu schaffen gemacht, als Boss Wang ihn wegen der Geburt seines realen Kindes nicht hatte fortlassen wollen. Es sei kein so großartiges Ereignis, hatte der Boss damals betont, weil es sich um eine zweite Geburt handelte. Ich fragte, ob der Chef jetzt die Wahrheit kenne.

»Nein«, antwortete Meister Luo. »Jetzt kann ich es ihm nicht mehr sagen. Ich tu einfach so, als wäre der andere Junge in meinem Heimatdorf.«

Für mich war das eigentlich keine Lüge – solche Geschichten kommen in den Boomtowns häufig vor. Bei Verhandlungen mit einem Boss versucht man jeden erdenklichen Vorteil zu nutzen, und mir war klar, dass ein nicht vorhandenes Kind nützlich sein kann. Auch jetzt noch konnte er Gebrauch von ihm machen. Sollte Meister Luo beschließen, die Stelle in Lishui aufzugeben und etwas anderes zu suchen, konnte er dem fiktiven Kind eine fiktive Krankheit andichten – mit einer solchen Begründung würde man ihm die Bitte um Urlaub nicht abschlagen.

* * *

Auf der Suisong-Straße trafen wir einen mit Meister Luo befreundeten Händler, der in der Nähe einen Stand mit billiger Kleidung hatte. Ein Stück die Straße hinunter, sagte er, habe ein neues Hot-Pot-Restaurant aufgemacht und feiere die Eröffnung. In einem solchen Lokal sitzen die Gäste um einen großen mit Gas befeuerten Kessel herum, in dem Öl mit Gewürzen zum Sieden gebracht wird. Die Gäste bereiten sich ihr Essen selbst, indem sie rohes Gemüse und Fleisch in das Öl werfen; Innereien vom Schwein bilden vielfach den Hauptbestandteil. Was die Leute daran vor allem reizt, ist die Geselligkeit, denn zu diesem Essen kann man gut ein Bier trinken, und die von Dampf und Lärm erfüllte Gaststube ist genau das, was die Chinesen wollen, wenn sie abends ausgehen. Ich würde zu einem solchen Essen allerdings kein Kind mitnehmen, um seinen fünfzigsten Lebenstag zu feiern, aber mich fragte niemand um Rat, was Kindern guttut.

Dass es dieses Restaurant jetzt gab, war ein weiteres Zeichen für den Fortschritt des Viertels. Hot-Pot ist nicht billig und findet Anklang bei der Mittelschicht des Gewerbegebiets, den

Managern und Technikern. Dies war schon das zweite Hot-Pot-Lokal, das innerhalb von vier Wochen an der Suisong-Straße eröffnet wurde, und zur Feier des Tages hatte man den Eingang mit Blumen geschmückt. Auch Feuerwerk wurde abgebrannt – als wir uns gerade hinsetzten, zündete der Besitzer draußen eine Lunte an. Als es laut knallte, zuckte das Baby mit den Augen, weinte aber nicht.

An unserem Tisch erwärmten wir das Öl im Topf, Meister Luo und sein Freund steckten sich Zigaretten an, und bald glänzte die zarte Haut des Kindes von Schweiß. Seine Wangen wurden rot wie eine Tomate – der Blick wirkte leicht benommen. Ich war der einzige Mann in diesem Lokal, der nicht rauchte. Aber der Ausdruck des Kindes blieb ruhig, und endlich beschloss ich, mir keine Sorgen mehr zu machen. Er hatte schon fünfzig Tage Zeit gehabt, sich abzuhärten – das ist in einem Gewerbegebiet eine Ewigkeit.

Nahe beim Eingang des Restaurants saßen acht Männer um einen großen runden Tisch, die ihre Mahlzeit beendeten. Sie mussten am frühen Abend gekommen sein, und es war offenkundig, dass sie heftig getrunken hatten. Da einer von ihnen die Kellnerin schikanierte, indem er sich laut über das Essen beschwerte, eilte der Restaurantbesitzer herbei. Er war ein junger Mann in den Dreißigern; seine Frau half ihm, den Laden zu schmeißen. Er versuchte den Gast zu beschwichtigen und entschuldigte sich, doch die anderen Männer stimmten lautstark seiner Kritik zu. Endlich gewährte der Besitzer ihnen einen Preisnachlass und spendierte eine Runde Bier, aber die Männer wurden immer lauter.

In China kommt es häufig vor, dass die Gäste eines Restaurants sich über das Essen beschweren. Es gibt vieles, was die Chinesen geduldig hinnehmen, aber das Essen gehört nicht dazu; das hat vermutlich dazu beigetragen, dass sie heute eine erstklassige Küche und eine lange Geschichte politischer Katastrophen hinter sich haben. Trotzdem war der Vorfall in dem

Hot-Pot-Restaurant merkwürdig. Einen Nachlass zu gewähren und einen Drink zu spendieren ist ein extremer Schritt, der eine Gruppe gewöhnlich dazu bringt, ihre Kritik zu mäßigen. Hier verfehlte er aber seine Wirkung, denn die Männer fuhren mit ihrer lautstarken Kritik fort. Sie ließen den Besitzer noch einmal antanzen, um ihm gehörig die Meinung zu sagen; sie brüllten seine Frau an und verlangten, den Koch zu sprechen. Der arme Mann erschien in seinem schmutzig weißen Kittel und stand mit vor Angst geweiteten Augen vor ihnen, während einer der Betrunkenen vor seinem Gesicht herumfuchtelte. Er beschwerte sich über das Öl und die Fleischstücke; außerdem sei das Gemüse nicht frisch gewesen. Das Restaurant war ziemlich klein, und die anderen Gäste verfolgten den Auftritt gespannt. Als die Gruppe endlich gegangen war, herrschte einen Moment Ruhe, bis der Mann, der am meisten getrunken hatte, wieder zur Tür hereinstürmte, wie der Schurke in einem Horrorfilm. Nochmals stieß er eine Serie von Verwünschungen hervor, bis seine Kumpels ihn hinauszerrten und endgültig verschwanden.

Als alles vorüber war, kam der Besitzer an unseren Tisch. »Entschuldigen Sie bitte die Störung«, sagte er. »Sie müssen jedoch wissen, dass diese Leute in Wirklichkeit nicht über das Essen verärgert waren.« Das Ganze sei von dem Besitzer des anderen Hot-Pot-Restaurants ein Stückchen weiter angestiftet worden. Der habe die Männer dafür bezahlt, dass sie früh zum Essen erscheinen, sich betrinken und eine Szene machen. Sie sollten ihm die festliche Eröffnung verderben und er habe den Trick erst durchschaut, als es zu spät war.

Er trug seine Erklärung eindringlich und in leisen Worten vor, und er ging von Tisch zu Tisch, um auch den anderen Gästen den Sachverhalt zu erklären. Aber es half nichts, denn in China sind Beschwerden hochgradig ansteckend und breiten sich wie ein schlimmer Bazillus in der Masse aus. Es hängt mit dem Herdentrieb zusammen, gegen den die Leute offenbar

machtlos sind: Wenn sie sehen, dass andere sich auf eine bestimmte Weise verhalten, lassen sie sich sofort von der Stimmung mitreißen. Das zeigte sich hier im Hot-Pot-Restaurant
auch an unserem Tisch. Meister Luo bemerkte, das Lokal sei
nicht besonders sauber, und sein Freund äußerte, das Gemüse
habe keinen guten Eindruck auf ihn gemacht. Die Brühe sei
versalzen gewesen und man habe am Fleisch gespart, das im
Übrigen von schlechter Qualität sei. Während sie sich so in
Klagen ergingen, fuhren sie fort, dies und das ins Öl zu tunken,
um es anschließend genüsslich zu verzehren. Das ist einer der
Aspekte der Kritik am Essen: Die Chinesen lassen sich davon
keinesfalls den Appetit verderben. Das ging so weit, dass Cheng
Youqin am Ende des Essens sogar über den Tee herzog. Der
Einzige, der nichts Negatives zu sagen hatte, war ihr kleiner
Sohn – er blieb so ruhig wie zuvor, atmete den Rauch der Ziga-
retten, den die Männer verbreiteten, passiv ein und schwitzte
wie ein Ferkel in den Dünsten des heißen Topfes.

Nachdem das unbefriedigende Essen restlos verschlungen
war, tauchte der Freund von Meister Luo seine Essstäbchen
ins Bier und schob sie dem Baby in den Mund. Der kleine Kerl
verzog das Gesicht – es war die stärkste Reaktion, die er den
ganzen Abend über gezeigt hatte. Der Freund sah sich dadurch
ermutigt, die Reflexe des Kindes zu testen. Er schwenkte seine
Hand, als wolle er ihm ins Gesicht schlagen, hielt aber kurz
vor der Knopfnase mit der Bewegung inne. Als das Baby davon
unbeeindruckt blieb, erklärte der Mann: »Er sieht es gar nicht.
In dem Alter können sie nicht sehr gut sehen.«

»Er kann doch sehen«, sagte Cheng.

»Nein, kann er nicht!« Der Mann schwenkte noch einmal
seine Faust – keine Reaktion. »Siehst du? Ich hab's doch gesagt!«

Mütter mögen es nicht, wenn ihr Kind schlechtgemacht
wird, und so nahm Cheng ihre Essstäbchen und stieß mit ihnen
auf die Augen des Kleinen zu, bis auf eine Daumesbreite. Jetzt

endlich kniff er seine Augen zu. »Da sehen Sie es!«, rief sie triumphierend. »Er hat gute Augen!«

»Aber *dies* sieht er nicht!«

»Doch, er sieht es!«

»Schauen Sie – darauf reagiert er nicht.«

»Doch! Sie müssen es nur *so* machen.«

»Mir ist es hier drinnen ein bisschen zu heiß«, sagte ich. »Hätten Sie etwas dagegen, wenn wir jetzt aufbrechen?«

Als wir im Gehen waren, überreichte der Besitzer uns Gutscheine im Wert von fünfzig Yuan, als Entschuldigung. »Da gehe ich nicht mehr hin«, sagte Meister Luo, als wir draußen waren. »Das Essen ist schauderhaft.« Dennoch faltete er die Gutscheine sorgfältig zusammen und steckte sie ein. Die frische Luft tat dem Kleinen gut, er schwitzte nicht mehr. So gelassen wie immer schaute er drein, ohne mit der Wimper zu zucken, gefasst auf alles, was die nächsten fünfzig Tage ihm bringen mochten.

* * *

Wann immer ich auf der neuen Schnellstraße von Wenzhou nach Lishui fuhr, machte ich zwischendurch in den kleinen Orten längs der Straße halt. Sie waren zum Teil zusammen mit der Straße geplant worden, und neben jeder Ausfahrt wurde neu gebaut. An manchen Stellen waren auf dem vormaligen Bauernland ganze Siedlungen entstanden. Einer dieser Orte, rund fünfzehn Kilometer südlich von Lishui, hieß Shifan. Zum ersten Mal war ich dort, bevor die Schnellstraße fertig war und der Ort nur ein großes Baugelände darstellte, mit unvollendeten Straßen und Baugerüsten um die geplanten Wohnblocks. Am Beginn der Hauptstraße stand eine große Anzeigetafel:

SCHÄTZT DEN TANKENG-DAMM,
DIENT DEN MENSCHEN,
DIE HIERHER UMGESIEDELT WERDEN

Die erste Einzugsphase wird in
32 Tagen beginnen

Die Ziffern der Tageszahl konnte man abreißen, wie auf einem Kalender, und vor der Tafel flogen einzelne Blätter von den zurückliegenden Tagen herum, hier eine 5, dort eine 4, daneben eine zusammengeknüllte 3 – Countdown für eine neue Gemeinde. Als ich die Hauptstraße entlangging, sprach mich ein Mann mit einem Hammer an. »Sind Sie hier, um eine Wohnung zu kaufen?«, fragte er. Ich sagte, nein, ich sei Journalist und auf dem Weg nach Lishui. »Ah, Sie sind Journalist«, meinte er. »Suchen Sie nach Leuten, die mit dem Damm unzufrieden sind?«

Das waren die beiden ersten Dinge, die mir in Shifan angeboten wurden: leere Wohnungen und unzufriedene Menschen. Der Ort gehörte zu einer Reihe von Ausfahrt-Siedlungen, die man wegen eines geplanten Wasserkraftwerks errichtete, das unter dem Namen Tankeng-Damm lief. Der Damm sollte hoch in den Bergen westlich von Lishui den Fluss Xiao aufstauen. Die Bauzeit war auf fünf Jahre veranschlagt, die Investitionskosten sollten über 600 Millionen Dollar betragen. Zehn Städte und achtzig Dörfer werden nach Fertigstellung in dem neuen Stausee verschwinden, für den über 50000 Menschen umgesiedelt werden müssen. Diese Fakten konnte man Informationstafeln in der Nähe der Baustelle entnehmen; ansonsten war es schwer, über den Tankeng-Damm etwas zu erfahren. Die Zeitungen von Zhejiang hatten über das Projekt kaum etwas gemeldet, und in der Auslandspresse stand buchstäblich nichts darüber. Das Bemerkenswerteste an dem Tankeng-Damm war, dass es möglich war, 50000 Menschen zu vertreiben, ohne dass ein Wort darüber laut wurde, zumindest in den Medien.

In China werden so viele Staudämme gebaut, dass sie oft kaum beachtet werden, und den einheimischen Medien ist es in der Regel verwehrt, Kritik an solchen Projekten zu üben.

Da man sich zunehmend Sorgen wegen der Luftverschmutzung macht, braucht die Regierung Alternativen zu Kohlekraftwerken, und die erste Option ist vielfach die Wasserkraft. Das gilt besonders für einen Ort wie Lishui, der viele Niederschläge und hohe Berge hat und davon träumt, zu einem bedeutenden Industriezentrum zu werden. Die Region ist bereits für ihre Dammbauten berühmt, und der örtliche Strombedarf wird auf jeden Fall steigen. Im Gewerbegebiet sagte mir ein Vertreter der Verwaltung, dass auf die Industrie derzeit 70 Prozent des Stromverbrauchs entfallen. Diese Zahl bezog sich auf den ganzen Verwaltungsbereich, der auch kleinere Städte und die ländlichen Gebiete einschließt. Der hohe Anteil erklärt sich durch die Schwerindustrie und die mechanisierte Fertigung, ist aber auch Ausdruck des niedrigen Lebensstandards. In den Vereinigten Staaten entfällt vom Gesamtverbrauch des Landes nur ein Drittel auf den industriellen Sektor.

Wenn die anfänglichen Investitionen in die Infrastruktur und die Industrie sich auszahlen, wird der Lebensstandard der Einwohner von Lishui zwangsläufig steigen. In den ersten sechs Monaten nach Eröffnung der Schnellstraße verdoppelte sich gegenüber dem gleichen Vorjahreszeitraum die Zahl der Haushalte in Lishui, die ein Automobil erwarben. Die Leute bezogen größere Wohnungen, beispielsweise in dem Flussufer-Komplex, der der Familie Ji gehörte. Im Norden der Stadt errichtete ein anderes Immobilienunternehmen die Siedlung »Weiße Wolke«, das erste Viertel der Stadt, das nur aus freistehenden Villen bestand. Jedes Haus dort verfügte über eine eigene Zufahrt und Garage – auch dies etwas Neues für Lishui, wie mir Firmenvertreter stolz verkündeten. Größere Häuser bedeuteten aber zwangsläufig eine stärkere Belastung für das Stromnetz der Stadt, die jetzt schon stark darauf angewiesen war, Strom aus anderen Teilen Chinas zu kaufen. Der TankengDamm sollte diese Abhängigkeit verringern, und er hatte den Vorteil, dass er hoch in den Bergen lag, wo die Leute arm waren und wahrscheinlich weniger Widerstand gegen eine Umsiedlung leisten würden.

Die größte Stadt in dem betroffenen Gebiet war Beishan mit rund 50 000 Einwohnern. Als im Herbst 2005 der Zeitpunkt des Umzugs nahte, konsultierte die Verwaltung einen Wahrsager, der ermittelte, dass der 23. Tag des neunten Mondmonats der günstigste Zeitpunkt sei, um den Ort abzureißen. Am Morgen des 23. fuhr ich in meinem gemieteten Santana nach Beishan. Die unbenannte Straße war schmal und folgte dem Verlauf des Flusses Xiao, dessen schnell dahinschießendes Wasser gesäumt war von großen Felsblöcken, die den Talboden markierten. Hier und da watete ein Angler in den Uferbereich hinein, doch für Boote ist der Xiao zu seicht, und die Region ist dünn besiedelt. Auch für den Ackerbau ist die Gegend kaum geeignet: In dem flachen Talgrund beiderseits des Flusses sah ich Reisfelder, aber die Berge sind zu steil, um dort Terrassen anzulegen. Diese zerklüftete Landschaft scheint mit den Fabrikbezirken von Wenzhou kaum etwas gemein zu haben – dabei sind es nicht einmal achtzig Kilometer Luftlinie bis zur Stadt. Diese Landschaften haben dazu beigetragen, den Geschäftsinstinkt der Menschen im südlichen Zhejiang zu prägen. Die Berge haben die Menschen jahrhundertelang dazu genötigt, ihr Brot mit dem Handel an der Küste zu verdienen, und in jüngerer Zeit hatten die Einheimischen gelernt, ihre unternehmerische Energie der Produktion von Waren zu widmen. Nun kehrten sie als Dammbauer endlich in das Hinterland zurück, in der Hoffnung, mehr Strom für ihre Fabrikstädte zu erzeugen.

Auf der ganzen Strecke warben große Tafeln für Zement der Marke »Roter Löwe«. Sonst gab es kaum Reklame, und die Siedlungen waren winzig und arm. Dafür herrschte auf der Straße selbst ein reger Verkehr. Von Beishan kam mir ein nicht abreißender Strom von Fahrzeugen entgegen: große Lastwagen der Marke »Befreiung«, ramponierte Pritschenwagen mit hölzernen Rungen, Dreirad-Traktoren mit Anhängern und knatternden Zweitaktmotoren. Kisten, Schränke und sonstiges Mobiliar stapelten sich auf den Ladeflächen; an den Seiten der Lastwagen waren schmutzige alte Matratzen festgezurrt. Sie fuhren an blauen Schildern vorbei, die der Staat neben der Straße aufgestellt hatte:

Vollenden wir den Bau des Tankeng-Dammes
Zum Nutzen der kommenden Generationen

Bieten wir den Tankeng-Damm als einen Tribut heute
Nutzen wir den Generationen von morgen

Die meisten Fahrzeuge, die in dieselbe Richtung fuhren wie ich, gehörten Leuten, die auf die eine oder andere Weise Nutznießer waren. Betonmischer rumpelten zum Staudamm, ebenso die Pritschenwagen, auf denen Bautrupps saßen. Die Abfallverwerter fuhren mit leeren Lastern – wo etwas abgerissen wird, fallen immer jede Menge Ziegelsteine, Holz und Metall an, das man wiederverwerten kann. Funktionäre waren in schwarzen Audis A6 unterwegs, und auch Polizisten sah ich – im ländlichen Zhejiang war mir nie so viel Polizei begegnet. Ich kam an dem Standort des Staudamms vorbei, wo ich einer Anzeigetafel entnahm, dass das Projekt 164 000 Kubikmeter Zement erfordern würde. Das war der Batzen, der auf die Firma »Roter Löwe« zukam, und die meiste Arbeit stand noch bevor; die Staumauer bestand vorerst nur aus Gerüsten, die in den Fluss hineinragten. Weiter oberhalb verrieten die Einschnitte in den Berghang, wo einmal der Damm verlaufen würde – eine riesige Auskehlung in den Bergen, die von einer Talseite zur anderen verlief, wie ein großes Puzzle, das noch auf das abschließende Teil wartet.

Ich war zuvor schon in Beishan gewesen, als noch Leben in der Stadt war, die ich jetzt nicht mehr wiedererkannte. An der Hauptstraße stand eine Countdown-Tafel, wie in Shifan, nur dass der Countdown hier 00 erreicht hatte und die Abbruch-trupps dabei waren, dem Kern der ehemaligen Innenstadt den Garaus zu machen. Staatsangestellte in weißen Overalls gingen gruppenweise von Haus zu Haus und sahen nach, ob sich noch Bewohner darin aufhielten. Der Abbruch als solcher blieb privaten Abfallverwertern überlassen. Im Gewerbegebiet von Lishui hatten Marktkräfte eine ganze Gemeinschaft entstehen lassen, waren Fabriken und Läden gleichzeitig geschaffen wor-den; hier sorgte das Gewinnstreben ebenso zuverlässig für die Zerstörung von Beishan. Die Ziegel auf den Dächern, die Back-steine in den Mauern, das Kupfer unter den Fußböden – das alles ließ sich verkaufen. Rasch fielen die Trupps in die Stadt ein, wie Heuschrecken in ein ertragreiches Feld, und als sie abzogen, blieb nur Wüste zurück.

Um in das ehemalige Stadtzentrum zu gelangen, brauchte ich zehn Minuten, weil die Laster, die das Material fortschafften, nicht vom Fleck kamen. Schließlich ging mir das Schnecken-tempo auf die Nerven, ich parkte den Wagen und lauschte ein-fach. In den Fabrikstädten ist das bestimmende Geräusch der Maschinenlärm, aber hier in Beishan war der Abbruch über-wiegend Handarbeit. Fußböden wurden aufgerissen, Nägel aus den Wänden gezogen, Beton mit Presslufthämmmern zer-trümmert. Ich hörte die regelmäßigen Rhythmen eines Abfall-verwerters beim Abbruch einer Wand – aufreißen, rausziehen, zertrümmern, aufreißen, rausziehen, zertrümmern – dann ein dumpfes Dröhnen, danach nichts mehr. Diese Leere sollte Beis-hans Zukunft sein: Nie wieder würden die Rhythmen der Fa-brik oder die Stimmen der Nachtschichtarbeiter im Tal wider-hallen. Stattdessen würde die Stille des Stausees einziehen, das Schweigen des eingemauerten Wassers, und in der lautlosen Tiefe würde dieser Ort erlöschen.

* * *

Im Gewerbegebiet wurden im November 2006 innerhalb von zwei Tagen Laubbäume gepflanzt. Im selben Monat ließ die Verwaltung die Pflasterung der Bürgersteige an der Suisong-Straße fertigstellen, und sogar Abfalleimer wurden angebracht. Zuvor, als die Unternehmen noch am Bauen waren, hatte man zugelassen, dass der Müll sich in der Gosse sammelte, aber nun führte die Stadt eine regelmäßige Leerung ein. Außerdem wurde eine öffentliche Busverbindung in die Innenstadt eingerichtet, und Arbeitstrupps pflanzten an den Straßen des Gewerbegebiets Kampferbäume aus der Baumschule, die bereits zweieinhalb Meter hoch waren. Man setzte die Bäume im Abstand von fünfzig Metern, so gleichmäßig wie Fließband-stationen. Und auf einmal war der Fabrikbezirk begrünt – eine Erinnerung daran, dass diese Gegend vor gut einem Jahr, bevor die Berge weggesprengt und die Maschinen aufgestellt wurden, ganz und gar bäuerlich gewesen war.

Ein paar Tage nach dem Einzug der Bäume feierte eines der Mädchen, die am Förderband der Maschine arbeiteten, seinen sechzehnten Geburtstag. Sie hieß Ren Jing und stammte aus einem Dorf in der Provinz Anhui, unweit vom Heimatort der Familie Tao. Die Rens waren wie die Taos alle zusammen gekommen: beide Eltern, zwei Töchter und ein Sohn. Die Eltern betrieben einen Stand, der die Arbeiter mit Obst und Gemüse versorgte, und die ältere Tochter verkaufte schwarz hergestellte DVDs. In der BH-Ring-Fabrik arbeite Ren Jing an der Seite von Tao Yuran, der älteren der Tao-Schwestern; sie sortierten die vom Förderband der Maschine kommenden Ringe. Die drei Fabrikmädchen verbrachten die Abende, wenn die Schicht beendet war und die Eltern an den Ständen viel zu tun hatten, meistens zusammen. Das war einer der Gründe, warum die Mädchen ihre Arbeitszeitregelung schätzten: Abends waren sie gewöhnlich unbeaufsichtigt.

Am Abend des Geburtstags kamen sie erst um acht Uhr weg, weil die Fabrik Überstunden machte, um den Auftrag eines neuen Kunden abzuwickeln. Die Tao-Schwestern kauften für Ren Jing eine Torte mit der englischen Zuckergussaufschrift »Luck for You!« Die Schwester von Ren Jing hatte sich vom DVD-Verkauf freigenommen und bereitete ein siebengängiges Essen vor. Sie war neunzehn Jahre alt, und an diesem Abend kochte sie Graskarpfen, gewürfeltes Hühnchen, Blumenkohl und Lotuswurzel. Sie aßen in der Wohnung der Rens, die aus einem gemieteten Zimmer in einem Haus bestand, das einem einheimischen Bauern gehört hatte. Die Wände waren aus Zement, der Fußboden grob gekachelt und größtenteils mit Orangen- und Apfelsteigen bedeckt. Die Mädchen saßen auf dem Bett ihrer Eltern, genossen das Essen und prosteten sich mit Sprite und Coca-Cola zu.

Für die Männer hatten sie Flaschenbier der Sorte »Double Deer« gekauft. Der Freund der älteren Ren-Schwester war da – er hatte gerade eine Zwölfstundenschicht in einer Kunstlederfabrik hinter sich –, und aus der Fabrik kam der Alte Tian. Er war Vorarbeiter am BH-Bügel-Fließband und überwachte dort Tao Yufeng, die Fünfzehnjährige, die bei der ersten Einstellungsrunde der Fabrik ihr Alter falsch angegeben hatte. Jetzt nahm sie sich, sobald die Bierflaschen geöffnet waren, den Alten Tian vor.

»Alter Tian, trink ein Glas«, sagte sie. Sie füllte das Schnapsglas des Mannes mit Bier und schenkte ihren eigenen Becher mit Sprite voll. Die beiden tranken, und sogleich schenkte Yufeng nach.

»Trink noch einen«, sagte sie streng.

»Augenblick!«, sagte der Alte Tian. »Ich muss eine Pause machen.«

»Trink aus!«

»Einen Moment.«

»Jetzt! Trink aus!«

Kaum war das Glas leer, schenkte sie wieder ein.

»Jetzt bist du dran«, sagte sie und zeigte auf Rens Freund.

»Bring du ihn zum Trinken. Ich möchte, dass er sich so besäuft, dass er mich morgen früh bei der Arbeit nicht herumkommandieren kann.«

»Ich werde dich nicht herumkommandieren.«

»Bring ihn zum Trinken!«

Nachdem der Freund ihrem Wunsch entsprochen hatte, wandte sie sich an mich. »Jetzt bist du dran«, belehrte sie mich. »Bring den Alten Tian dazu, dass er trinkt.« Ich zögerte keine Sekunde – so blöd, Yufeng in die Quere zu kommen, war ich nicht. Seit sie durch Lügen an ihre Stelle gekommen war, hatte Yufeng sich als Naturgewalt in der Fabrik etabliert. Sie hatte ein junges knabenhaftes Gesicht mit Pausbacken und kurzgeschnittene Haare, aber mehr Haltung als alle erwachsenen Arbeiter zusammen. Niemand war bei den Bügeln auch nur annähernd so flink wie sie, und sie ließ sich von den Bossen nicht einschüchtern. Als Boss Wang ihr einmal sagte, dass es einige Tage lang keine Arbeit geben würde, verfluchte sie ihn und stürmte aus der Fabrik. »D-d-d-das Mädchen hat T-t-t-temperament«, meinte er milde, als sie fort war. Er schien wie die anderen Männer in der Fabrik vor allem ratlos zu sein. Keiner wusste, wie man mit einer Frau fertig wird, die so jung und dennoch so stark ist.

Besonders der Alte Tian war dem Mädchen in keiner Hinsicht gewachsen. Er wog knapp 45 Kilo, hatte ein sanftes, elfenhaftes Gesicht und befolgte eine aus zwei Sätzen bestehende Devise: »Verbringe jeden Tag glücklich! Ein neuer Tag beginnt gerade jetzt!« Das war seine Parole, seit er Mitte der achtziger Jahre aus dem ländlichen Sichuan aufgebrochen war. Damals verdiente er ordentlich mit dem Reparieren von Armbanduhren an Ständen, die er auf den Straßen von Gewerbegebieten errichtete. Aber dann wurde er vom Fortschritt überholt. Kurz nach 2000 wurden Handys so billig, dass selbst Kleinverdiener sie sich leisten konnten, und weil Handys auch die Zeit anzeigen, waren seine Fachkenntnisse von Armbanduhren nicht mehr gefragt. Er machte die Erfahrung so vieler Chinesen, dass man nie auslernt; den Wechsel vom Acker zu den Uhren hatte er hinter sich – jetzt musste er eben etwas Neues lernen. Aber das schaffte er spielend, der ewige Optimist: Ein neuer Tag beginnt gerade jetzt! In der Region Wenzhou fand er Arbeit als Techniker in Fabriken und spezialisierte sich schließlich auf die Herstellung von BH-Bügeln.

Er verdiente einen anständigen Lohn, von dem er ungefähr ein Drittel für Lotterielose ausgab. Die staatliche Wohlfahrtslotterie finanziert Sozialprogramme, zu denen der Alte Tian mehr als seinen Anteil beisteuerte. Der Mann war spielbesessen; er notierte sich die Gewinnzahlen und übertrug sie auf die Wände seines Schlafraums. Das war eine fensterlose Kammer im Erdgeschoss mit roh verputzten Wänden, auf denen sein Motto von den glücklich verbrachten Tagen prangte und dazu Dutzende von geheimnisvollen Lotterieberechnungen:

$$95 \ 1.3.17.20.21.24 + 16$$
$$97 \ 1.5.9.13.15.33 + 14$$
$$97 \ 11.14.15.20.26.27 + 12$$
$$98 \ 6.7.10.11.15.23 + 16$$
$$99 \ 7.12.18.23.24.27 + 5$$

Es gab keinen Arbeiter in der Fabrik, der nicht einen heimlichen Zukunftstraum hegte. Yufeng sagte mir, sie wolle irgendwann eine Schuhfabrik aufmachen, und der Kleine Long sprach davon, Kaninchen zu züchten oder einen Großhandel zu betreiben. Meister Luos Geschäftsidee war es, Lotuswurzeln zu trocknen und eingeschweißt im Norden Chinas zu verkaufen, wo sie von Natur aus nicht wachsen. Einmal traf ich den Alten Tian, als er sich gerade an den Maschinen zu schaffen machte, und da fragte ich ihn, was er machen würde, wenn er in der Lotterie gewänne. Lächelnd deutete er auf die BH-Bügel. »Das würde ich machen«, sagte er. »Ich würde meine eigene Firma aufmachen und das produzieren.« Er war der Einzige in der Fabrik, der danach strebte, genau das zu tun, was er bereits machte. In China gilt es als ein schöner Traum, so unwahrscheinlich wie ein Hauptgewinn in der Lotterie, sich voll darauf verlassen zu können, dass der erlernte Beruf nie veraltet.

Auf der Geburtstagsfeier rötete sich das Gesicht des Alten Tian zusehends von dem Bier. Yufeng nötigte ihn, noch ein paar Glas zu trinken, und als sie endlich Frieden gab, sank er auf das Stockbett in der Zimmerecke. Die Mädchen begannen, sich über verschiedene Fabrikjobs zu unterhalten. Eine erwähnte die Gerüchte, wonach die Arbeit mit *pige*, Kunstleder, Geburtsfehler verursache, worauf Yufeng einwarf, Schuhfabriken seien besser.

»Auch dort gibt es giftige Dämpfe«, sagte Ren Jing. »Das Problem ist dasselbe.«

»Es sind andere Dämpfe«, korrigierte sie Yuran, die ältere Schwester. »Bei Schuhen ist das Problem, dass dort ein Leim verwendet wird, der schädlich für dich ist. Er ist aber nicht so schädlich wie die *pige*-Dämpfe.«

Yuran war erst siebzehn, aber über Fabriken wusste sie Bescheid; dies war ihr dritter Fließbandjob. Zuvor hatte sie Schuhe und Herrenhemden gemacht. Ren Jing, das Geburtstagskind, war rein rechtlich gesehen erst seit heute im arbeitsfähigen Alter, aber dies war schon ihr zweiter Job. Mit vierzehn hatte sie als Näherin in einer Fabrik für Billigkleidung angefangen. »Dort haben wir Stücklohn gekriegt«, erzählte sie mir. »Dieser Job ist besser, weil sie hier Stundenlohn zahlen. Es ist lockerer.«

»Die Kleiderfabrik, in der ich vorher war, hat mir gefallen«, meinte Yuran. »Der Chef war wirklich nett. Als wir einmal wegen eines eiligen Auftrags bis in die Nacht arbeiten mussten, brachte er uns allen Getränke. Niemand hatte ihn darum gebeten.«

»Boss Gao würde das nicht tun.«

»Boss Gao ist zu geizig.«

»Der Chef in der Kleiderfabrik hat sich um die Arbeiter gekümmert.«

»Boss Wang ist nett. Nur macht er sich immer zu viele Sorgen.«

»Schaut euch den Alten Tian an!«

Die Mädchen lachten, denn der angesäuselte Vorarbeiter war auf dem Stockbett eingeschlafen. Die Torte war verzehrt, und auf dem Tisch lagen ein paar Geschenke ausgebreitet: ein Spielzeugschwein, eine kleine Kuh und ein schlaffer Stoffhund. Ren Jing liebte Kuscheltiere, und zuweilen wirkte sie wie die anderen Mädchen jünger, als sie an Jahren war. Von Jungs sprachen sie nie, jedenfalls nicht in deren Anwesenheit, und sie gehorchten ihren Eltern mit einer Bereitwilligkeit, die für westliche Teenager unvorstellbar gewesen wäre. Doch in anderer Hinsicht waren sie ausgesprochen reif. In den Vereinigten Staaten könnte kaum ein Mädchen ein siebengängiges Festessen für den sechzehnten Geburtstag zubereiten, und ziemlich sicher würde dort keine Fünfzehnjährige auftreten, die ihren Vorarbeiter am Fließband dazu nötigt, zu viel zu trinken. Es gibt jedoch Eigenschaften von Teenagern, die überall dieselben sind, und als die Mädchen aus Anhui anfingen, sich miteinander zu unterhalten, hellten sich ihre Gesichter auf, und sie hätten nicht glücklicher sein können. Eine gute Stunde saß Ren Jing mit ihren Freundinnen zusammen, und sie schwatzten über frühere Jobs, neue Chefs und darüber, welche Fabriken die besten sind.

* * *

Im Herbst jenes Jahres fuhr Boss Gao eines Abends auf der neuen Schnellstraße von Wenzhou nach Lishui. Es war stockdunkel, es regnete heftig, und er war mit mehr als 130 Sachen unterwegs. In einer Kurve geriet er in eine Wasserlache, und als er voll auf die Bremse stieg, fing der Wagen – es war sein Buick Sail – an zu schleudern. Er machte eine volle Drehung, rutschte quer über die Fahrbahn und knallte gegen die Leitplanke. Die Jinliwen-Schnellstraße ist an vielen Stellen aufgestelzt, und oft verläuft sie direkt neben einer Felswand, doch Boss Gao hatte Glück im Unglück – die Leitplanke hielt. Es war kurz vor Mitternacht, sonst war niemand zu sehen. Boss Gao fuhr auf den Seitenstreifen und steckte sich eine »State Express 555« an, um seine Nerven zu beruhigen. Der Schaden am Wagen war relativ gering, und er konnte die Fahrt nach Lishui fortsetzen.

Die Chefs wohnten nach wie vor in der Nähe von Wenzhou, und jede Woche fuhren sie zwei- bis dreimal hin und zurück. Das hing unter anderem mit der Qualität der Maschinen zusammen: Ständig ging irgendetwas in der Fabrik kaputt, und so mussten sie wieder nach Wenzhou, um das passende Ersatzteil zu besorgen oder reparieren zu lassen. Vorher waren beide nicht viel gefahren, und die offene Strecke verunsicherte sie. Außerdem war es kostspielig – die Mautgebühren betrugen hin und zurück rund 25 Dollar. Und als die Fabrik in jenem Herbst zum ersten Mal Gewinn machte, erwogen die beiden, den ganzen Betrieb in die Nähe ihrer Heimatorte zu verlegen.

Es hing wohl auch mit der ewigen Rastlosigkeit des Gewerbegebiets zusammen. Das Umziehen und die Anpassung an veränderte Bedingungen werden den Menschen an solchen Orten zur zweiten Natur. Und oft schafft ein kleiner Erfolg mehr Unruhe als Befriedigung. Als der Betrieb endlich etwas abwarf, glaubten die Chefs, unbedingt die Kosten senken zu müssen. Ihre zwanzig Mitarbeiter waren überlastet und mussten oft bis spät in die Nacht schuften, aber die Chefs dachten nicht daran, zusätzliche Kräfte einzustellen. Sie beklagten sich über die hohen Mietkosten, weil die Betriebsfläche so groß war. Ihre ursprünglichen Pläne waren allzu ehrgeizig gewesen; sie hatten mit einer großzügigen Erweiterung innerhalb eines halben Jahres gerechnet. Doch nach einem Jahr stand fest, dass das

Wachstum hinter ihren Erwartungen zurückblieb, und in den oberen Stockwerken blieb ein großer Teil des Raumes ungenutzt.

Wenn es um wichtige geschäftliche Dinge ging, sprachen die Chefs ihren Heimatdialekt, den die Mitarbeiter nicht verstanden. Und es kam kaum vor, dass sie andere in ihre Pläne einweihten. Allerdings wollten sie im Herbst jenes Jahres wissen, wie viel Zeit Meister Luo im Falle einer Betriebsverlegung für den Abbau und Wiederaufbau der Maschine veranschlagen würde. Insgesamt zehn Tage, antwortete er ihnen. Weitere Fragen stellten sie ihm nicht, und er konnte nicht sagen, ob sie ernsthaft an einen Umzug dachten. Vor Jahresende würden sie so etwas nicht wagen, meinte er, weil das Geschäft gerade erst richtig in Schwung kam und eine Verlegung mit Risiken verbunden sein würde. Allerdings räumte Meister Luo ein, dass er nach all den Jahren in chinesischen Fabrikstädten die spontanen Entscheidungen eines Chefs noch immer nicht vorhersagen konnte. Eine sorgfältige Planung war die Ausnahme, speziell in einer Region wie Zhejiang. Dort ging es aus der Sicht von Meister Luo noch chaotischer zu als in Guangdong, wo er so viele Jahre verbracht hatte. »Dort packt man die Dinge logischer an«, erklärte er mir. »In Guangdong werden zuerst die Straßen gebaut und dann die Fabriken, hier ist es genau umgekehrt. Hier bauen sie zuerst die Fabriken, und dann denken sie daran, wie die Straßen und alles andere fertig wird.«

Als der Herbst zu Ende ging, befand Meister Luo, dass es für seine Frau und das Kind das Beste sei, in ihr Heimatdorf in der Provinz Guizhou zurückzukehren. Er wusste nicht, ob die Fabrik verlegt werden würde, und die Chefs hielten noch immer einen Teil seines Gehalts zurück. Nach dem Frühlingsfest würde sich vielleicht die Möglichkeit ergeben, nach einem anderen Job zu suchen. In beiden Fällen musste er beweglich sein, und das ist mit einem kleinen Kind nun einmal schwerer. Sie beschlossen wie so viele Familien von Wanderarbeitern, getrennt zu leben, bis sich die berufliche Situation für Meister Luo stabilisiert haben würde.

Cheng Youqin packte so viel zusammen, wie sie tragen konnte, und sie nahm die neue Digitalkamera von Canon mit. Es war der wertvollste Besitz der Familie – nach der Geburt des Kindes hatten sie 150 Dollar dafür ausgegeben. Mit ihrem gesamten Gepäck und dem Baby bestieg Cheng in Lishui einen Bus, der sie zu dem Zug nach Guiyang brachte, der Hauptstadt der Provinz Guizhou. Es war ein Nachtzug, und kurz vor fünf in der Frühe kamen sie an. Auf dem Bahnhof in Guiyang trat eine freundliche junge Frau auf Cheng zu und fragte sie nach ihrem Ziel; sie sagte, sie kenne jemanden mit einem Lieferwagen, der in dieselbe Richtung wolle, und da sie einen annehmbaren Preis nannte, ging Cheng darauf ein. Ihr Heimatdorf lag auf dem Land, über eine Fahrtstunde von Guiyang entfernt, und um dorthin zu gelangen, musste sie mit dem Bus gewöhnlich mehrmals umsteigen.

Sie folgte der jungen Frau vor den Bahnhof, aber als sie das Fahrzeug erblickte, kamen ihr Bedenken. Es war schmuddelig und eng, jene Art von Minivan, die man »Kastenbrot« nannte. Drinnen saßen drei Leute, zwei davon dicke Männer, die Zigaretten rauchten und nicht viel sagten, als Cheng nähertrat. Sie überlegte, umzukehren und auf den Bus zu warten, aber es war so früh, und nach der langen Reise war Wang müde. Ihr Sohn schlief noch friedlich in ihren Armen. Am Ende beschloss sie, in das Kastenbrot einzusteigen und das Beste zu hoffen.

Die Fahrt ging durch die Stadt und auf das Land hinaus. Die anderen vier kannten sich untereinander, aber sie redeten nicht viel, und je länger sie fuhren, desto mehr ging dieses Schweigen Cheng auf die Nerven. Guizhou ist eine arme, abgelegene Provinz mit einer atemberaubenden Berglandschaft, und bald hatten sie die letzten Vorortsiedlungen hinter sich gelassen. Auf der leeren Landstraße fiel Cheng plötzlich ein starker chemischer Geruch auf, und ihr wurde schwindelig. Das

Kastenbrot hielt am Straßenrand an. Was dann geschah, nahm sie wie durch einen Nebel wahr: Die Männer forderten Geld, Wertsachen und das Handy von ihr. Sie drohten, falls sie nicht mitspielte, sie und das Kind zu töten. Cheng hatte Bargeld im Wert von 120 Dollar bei sich, das sie zusammen mit dem Handy aushändigte. Sie forderten ihre Ohrringe, und sie nahm sie ab. Nichts sagte sie jedoch von der Digitalkamera, die ganz unten in einer Tasche mit den Babysachen lag. Auch als die Männer nochmals nach Wertsachen fragten und drohten, die beiden zu töten, falls sie lügen sollte, beteuerte sie, nicht mehr zu besitzen.

Die Diebe ließen Cheng und ihr Baby am Straßenrand zurück. Es war früher Morgen, und die Luft war feuchtkalt. Cheng fühlte sich noch immer benommen, so als habe man sie narkotisiert. In letzter Zeit hatte es Berichte gegeben, dass Diebe ihre Opfer mit chemischen Mitteln betäuben. Zum Glück sah sie nicht weit von der Straße ein Bauernhaus, auf das sie, das Kind in den Armen, zuwankte. Dort wohnten zwei ältere Leute, die sie hereinbaten, ihr etwas zu essen gaben und ihr erlaubten, das Telefon zu benutzen. Als Erstes versuchte sie, alle Freunde und Verwandten zu erreichen, deren Nummern in dem Handy gespeichert waren. Manche Diebe, die ein Handy an sich gebracht hatten, riefen nämlich Nummern aus dem Verzeichnis an und erzählten etwas von einem schrecklichen Unfall der Handybesitzerin. Sie sei so schwer verletzt, dass sie nicht sprechen könne, und müsse sofort operiert werden. Ohne Vorauszahlung wollten die Ärzte jedoch nicht tätig werden. Wenn die Verwandten darauf hereinfielen, forderten die Diebe sie auf, das Geld unverzüglich zu überweisen.

Weil Cheng von solchen Gaunereien gehört hatte, versuchte sie, sich an möglichst alle Nummern zu erinnern, und sie rief Meister Luo an, um ihn nach weiteren Nummern zu fragen. Diese Anrufe bei Verwandten und Freunden, denen sie von dem Vorfall berichtete und die sie vor dem Betrugsmanöver warnte, nahmen eine halbe Stunde in Anspruch. Dann fiel ihr auf, dass das Kind noch immer schlief. Gewöhnlich wachte der Kleine um diese Morgenstunde auf, aber heute schien er benommen zu sein. Cheng rief von Panik ergriffen noch einmal ihren Mann an, der ihr riet, den Jungen sofort in die Badewanne zu stecken und tüchtig zu schrubben, falls er etwas von einer Droge abbekommen haben sollte.

Die alten Bauersleute ließen ein Bad ein, und prompt wurde der Kleine wach. Offenbar war ihm nichts passiert, denn obwohl Cheng ihn die folgenden Wochen aufmerksam beobachtete, fiel ihr nichts Verdächtiges auf – er war so ruhig und zufrieden wie immer. Bei unserem nächsten Zusammentreffen sagte sie, die Diebe hätten sie bestimmt ermordet, wenn sie nicht den Kleinen dabeigehabt hätte. Sie war stolz, dass sie die Diebe ausgetrickst hatte, was die Digitalkamera anging – auch in der Zwangssituation hatte sie den wertvollsten Besitz der Familie beschützt.

Mit der Zeit trat die Ähnlichkeit mit Meister Luo immer deutlicher bei dem Kind hervor. Es hatte seine lange Nase, die wuchtige Stirn und das sanfte Lächeln. Irgendwann würde man vielleicht auch die ruhige Art von Meister Luo und seine Ausstrahlung von Lebenserfahrung ohne Zynismus bei ihm feststellen, aber das blieb abzuwarten. In den ersten vier Monaten seines Lebens war das Kind zweimal quer durch China gereist, es hatte in einem Fabrikschlafraum gewohnt und in Gehaltsverhandlungen als Argument gedient. Es war Zeuge der vorgetäuschten Beschwerden über das Essen im Hot-Pot-Restaurant gewesen, und auch das mögliche Betrugsmanöver der Diebe mit dem gestohlenen Handy hatte es schadlos überstanden. Man hatte ihm ein Betäubungsmittel verpasst und es beraubt. Sein Vorname war Wen, was »kultiviert« bedeutet. Meister Luo hatte ihn ausgesucht, weil er davon träumte, dass aus seinem Sohn einmal ein gebildeter Mann werden würde.

* * *

Meister Luo schrieb keine Parolen an die Wand seines Schlafraums. Er las keine Ratgeberbücher und interessierte sich nicht für Religion. Er mochte Mao Zedong nicht, weil China durch ihn dreißig Jahre vertan hatte, aber er bewunderte Deng Xiaoping wegen seines Pragmatismus. Meister Luos Lebensphilosophie nach über zwanzig Jahren in Fabrikstädten ließ sich in einem Satz zusammenfassen: »Wenn du ein Problem hast, musst du es selber lösen.« In Gewerbegebieten trifft man häufig auf diese Ansicht. Wer es zu etwas bringt, verdankt es im Allgemeinen den eigenen Fähigkeiten und Anstrengungen; er erwartet keine Unterstützung und bekommt auch keine, weder vom Staat noch von der Gewerkschaft oder sonst jemand. Ein aufstiegsbewusster Arbeiter sieht in der Regel keinen Anlass, in die Kommunistische Partei einzutreten, weil das in der Fabrikwelt bedeutungslos ist. Es gibt nur eine zugelassene Arbeitnehmervereinigung, den staatlich gelenkten Allchinesischen Gewerkschaftsbund, doch in Lishui ist mir kein Arbeiter begegnet, der sich um Unterstützung an diese Organisation gewandt hätte. Sie begegnete mir nur aus einem einzigen Anlass: Sie machte Veranstaltungen unter freiem Himmel. Einmal im Monat zeigte die staatliche Gewerkschaft in der Suisong-Straße auf einer mobilen Leinwand einen Film, den sich alle unentgeltlich anschauen durften, und einmal im Jahr veranstalteten sie einen großen Karaokewettbewerb für die Arbeiter.

In Fabrikstädten reichen die häufigsten Einstellungen zum Staat von Verachtung bis zu vollkommenem Desinteresse. Viele beklagen die Korruptheit der Beamten, werden aber selten konkret, weil sie kaum direkten Kontakt zu Funktionären haben. Es ist ähnlich wie bei den Strafzetteln wegen zu schnellen Fahrens auf der Schnellstraße: Fahrer, die von Polizisten angehalten und belästigt werden oder denen man mehr oder weniger gewaltsam Geld abpresst, sind verständlicherweise wütend. Aber so dumm sind die Behörden gar nicht, und im Allgemeinen finden sie Mittel und Wege, an Geld zu kommen, ohne allzu persönlich zu werden. Die meisten Bürger lassen sich das gefallen, und manche zeigen sich dabei nicht kleinlich. Ein Fabrikbesitzer betrachtete seine Schmiergelder als eine Art Dienst an der Öffentlichkeit: »Man muss ihnen das Gefühl geben, dass sie wichtig sind. Man muss ihnen Zigaretten schenken, sie zum Essen einladen, ihnen ein bisschen Selbstachtung vermitteln. Wenn sie nicht diese Sachen machen müssten, würden sie den ganzen Tag in einem Büro herumhocken. Stellen Sie sich vor, wie das für sie ist; sie dürfen keine Firma gründen oder interessante Sachen machen. Ihr Leben ist so langweilig!«

Wenn Menschen sich tatsächlich um Hilfe an den Staat wenden, geschieht es meist aus purer Verzweiflung. Auf meinen Fahrten entlang der Schnellstraße traf ich nur in den Orten, die die Umsiedler wegen des Dammbaus aufgenommen hatten, den einen oder anderen, der sich von den Beamten etwas erhoffte. Und das waren die mit Abstand bedrückendsten Siedlungen, die ich in Zhejiang je gesehen habe. Sie lagen überwiegend in einer verlassenen Gegend in der Nähe einer Schnellstraßenausfahrt und machten alle den verstaubten Eindruck einer neuen Boomtown, nur dass von deren Energie nichts zu spüren war. Auf diesen Baustellen schien nichts fertig zu werden. Shifan, die Stadt an der Ausfahrt südlich von Lishui, habe ich im Laufe von über zwei Jahren mehrfach besucht, aber die Hauptstraße blieb unvollendet. Es fing wie in jeder neuen Stadt mit den gleichen ersten Geschäften an: China Mobile, Baustoffe, Hausmobiliar. Sie verkauften Bodenfliesen und Wasserhähne, und es gab eine Fülle von Waren für die Fertigstellung einer Wohnung. Doch die Hauptstraße schaffte es nie bis zur nächsten Wachstumsstufe, wo die Restaurants florieren und regelmäßig Veranstaltungen auf der Straße stattfinden. Shifan hatte keine Chance, in Schwung zu kommen, weil es in der Nähe keinen größeren Industriebetrieb gab.

Es war ein Ort der Durchreise, und es bekam nichts als vorübergehende Arbeit, quasi auf der Durchreise. Hin und wieder kam ein Fabrikbesitzer aus der Großstadt auf der Schnellstraße herbei und bot den Einheimischen eine Gelegenheit für einen Zuverdienst. Bei einem meiner Besuche saßen ältere Frauen zu Dutzenden auf der Straße und plauderten gemächlich, während sie Plastikperlen auf Stoffstreifen nähten. Den Auftrag hatten sie von einer Schuhfabrik in Wenzhou, die ihnen für jeden bestickten Streifen zwölfeinhalb US-Cent zahlte. Die Streifen schmückten später die Oberseite von Damenschuhen. Als ich einige Monate später wieder in Shifan war, sah ich Leute, die Perlen auf Stirnbändern befestigten. Danach waren alle eine Zeit lang damit beschäftigt, winzige Glühbirnen auf Leuchtschildern zu montieren. Anschließend machten sie einige Monate lang billige Baumwollhandschuhe.

Beim ehrgeizigsten Industrieprojekt in Shifan ging es um Online-Videospiele. Ein paar junge Männer kauften Computer, beschafften sich einen Highspeed-Internetzugang und fingen an, »World of Warcraft« zu spielen, um damit Geld zu verdienen. »World of Warcraft« ist das populärste Onlinespiel der Welt, und die Teilnehmer bilden in dem Spiel auftretende Charaktere, die durch Kampferfolge virtuelle Schätze anhäufen. Das Spiel ist so verbreitet, dass sich Märkte gebildet haben, auf denen diese Siegprämien für echtes Geld gekauft und verkauft werden können. Wahrscheinlich sind die Spieler in Amerika und Europa zu beschäftigt, um sich mit der zeitraubenden Routinearbeit abzugeben, die mit der Entwicklung eines Charakters verbunden ist, aber sie zahlen gern, wenn das jemand anders für sie macht. Man nennt das »Gold farmen«, und es ist im Grunde ein Outsourcen der Unterhaltung. Die jungen Männer in Shifan verdienten eine Zeit lang nicht schlecht; sie spielten »World of Warcraft« in Schicht, rund um die Uhr, und verkauften die gewonnenen Punkte an Spieler in Deutschland. Doch dann gingen die Administratoren des Spiels gegen diese Praxis vor und sperrten Accounts in China, und die Spieler in Shifan mussten ihr Unternehmen aufgeben. Sie verkauften ihre Computer und begaben sich per Schnellstraße zur Arbeitssuche nach Wenzhou. Für die meisten jungen Leute in den Orten an einer Ausfahrt war das die logische Antwort auf fehlende Chancen: Sie gingen fort.

Es gab aber auch einige, die über das Tankeng-Dammprojekt verbittert waren und jetzt Gerechtigkeit suchten. Die Behörden hatten während der Umsiedlung versprochen, dass jedem Bewohner eine Entschädigung entsprechend der Art seines Haus- und Ackerlandbesitzes gezahlt würde, und außerdem bekam jeder beim Kauf einer neuen Wohnung in Shifan einen Preisnachlass. Die Entschädigung war sehr detailliert geregelt: War das frühere Haus gemauert, bekam man pro Quadratmeter Nutzfläche 220 Yuan, war es aus Holz, 180 Yuan. Für jeden Herd und Ofen gab es einen Festbetrag. Für die Umzugskosten erhielt man 480 Yuan. Wer eine Vollzeitstelle hatte und umzugshalber bei der Arbeit fehlte, bekam noch mal 480 Yuan. Bei Besitzern von Obstgärten wurde jeder einzelne Obstbaum notiert, nach Ertragsfähigkeit eingestuft und entsprechend entschädigt. Im Schnitt betrug die Entschädigung für jeden mehr als 10000 Dollar, aber der tatsächlich ausgezahlte Betrag war wegen Korruption vielfach geringer. Praktisch jeder in Shifan murrte wegen der Umsiedlung, und einige hatten einen solchen Zorn, dass sie auch offiziell Gerechtigkeit begehrten.

Sie wollten sich an eine höhere Verwaltungsebene wenden. Wie viele traditionell denkende Chinesen waren sie zutiefst autoritätsgläubig, und Korruption war für sie ein Problem der untersten Ebene. Sie fuhren in die Provinzhauptstadt Hangzhou und stellten sich bei bestimmten Ämtern an, in der Hoffnung, dass ein Beamter von ihnen Notiz nehmen würde. Von keinem hörte ich, dass sie auf diese Weise Gerechtigkeit erfahren hätten, aber sie versuchten es immer wieder. Und fast immer, wenn ich in der Stadt weilte, wurde ich von jemandem angesprochen, der mir seinen Fall schildern wollte. Ich sagte dann, dass ich nur Bücher schreibe, die im Ausland erscheinen, und dass ich keine Artikel in Zeitungen der Provinz Zhejiang veröffentlichen könne, doch die Leute wollten sich trotzdem aussprechen. Sie brauchten vermutlich jemanden, der ihnen zuhörte, und oft saß ich stundenlang bei einem vertriebenen Bauern, der in seinem Umsiedlungsbuch blätterte, obwohl er natürlich alles auswendig wusste, jedes Detail, jede Ungerechtigkeit: Er hatte ein gemauertes Haus besessen, war aber nur für ein Holzhaus entschädigt worden, oder die Nutzfläche war falsch berechnet worden, oder man hatte Mandarinenbäume, die tatsächlich ertragsfähig waren, als junge Bäume eingestuft. Bei solchen Gesprächen empfand ich meine ganze Hilflosigkeit, weil nur eine funktionierende Lokalpresse sich mit solchen Problemen befassen konnte, die Journalisten von Zhejiang aber die Weisung erhalten hatten, ihre Finger von dem Thema Staudamm zu lassen. In einer Durchreise-Stadt fühlte ich mich wie ein Journalist auf der Durchreise, der sich traurige Geschichten anhört, bevor ich mich wieder auf die Schnellstraße begab.

Besonders deprimierend daran war, dass das System in gewisser Hinsicht extrem gut funktionierte. Es machte die Leute nicht unbedingt glücklich, und es war sicherlich nicht gerecht, aber es war äußerst funktional. Die Verwaltung war so klug, nicht alle Staudamm-Flüchtlinge in einem Ort anzusiedeln, was sich politisch verheerend hätte auswirken können, sondern sie verteilte sie auf Ausfahrt-Siedlungen längs der Schnellstraße. Und sie stellte eine Fülle kleiner Regeln auf, die die Leute von den größeren Problemen ablenkten. Sie maß Quadratmeter und zählte Bäume; sie quantifizierte den Unterschied zwischen Mauerwerk und Holz. Das verlieh der ganzen Angelegenheit einen Anschein von Legalität und Rechtsstaatlichkeit, obwohl sie in Wahrheit von Anfang an falsch gelaufen war. Man hätte den Betroffenen Gelegenheit geben müssen, in öffentlichen Versammlungen über den Staudamm zu sprechen; die Presse hätte beteiligt werden müssen; die Leute hätten die Möglichkeit haben müssen, den Boden, den sie seit Generationen bearbeitet hatten, zu besitzen. Neue Städte wie Shifan hätte man dort planen müssen, wo es eine Industrie gab, in der die Menschen hätten Arbeit finden können. Aber gerade diese Themen wurden in den Gesprächen kaum erwähnt, weil die Betroffenen zu sehr von den Einzelheiten abgelenkt waren.

In den ersten Phasen des Projekts hatte es, wie mir Einheimische erzählten, in der Nähe von Beishan Demonstrationen gegeben. Den Organisatoren des Protests sei aber auf Geheiß der Funktionäre von Schlägern tüchtig eingeheizt worden; es wurde gemunkelt, einer sei sogar erschlagen worden. Schließlich wurde die Unruhe von den Behörden ohne große Mühe unterdrückt. In China kommt es häufig zu solchen Eruptionen – in dem Jahr, in dem Beishan abgerissen wurde, registrierte das Ministerium für öffentliche Sicherheit landesweit 87 000 »Störungen der öffentlichen Ordnung«. Alljährlich werden solche Zahlen aus China gemeldet, und man ist jedes Mal erstaunt. Aber die Zahl der Proteste ist im Grunde belanglos, weil es allein auf das Ziel ankommt. Hätten die Leute zum Beispiel den Sturz der Kommunistischen Partei gefordert oder die grundsätzliche Struktur der Landnutzungsgesetze beanstandet, wäre das möglicherweise ein ernstes Problem gewesen. Ganz anders liegen die Dinge jedoch, wenn jemand aufgebracht ist, weil die Fläche seines Hauses statt mit 150 nur mit 100 Quadratmetern angegeben wurde. Fast alle Beschwerden in China spielen sich auf dieser Ebene ab: Sie sind stark örtlich und individuell begrenzt. Dann spielt es noch eine Rolle, wer protestiert. In ländlichen Gegenden, wo die schlimmsten Missstände vorkommen, neigen fähige Leute zum Abwandern. Wenn ein tüchtiger Mensch dableibt, wie etwa Wei Ziqi in Sancha, wird er sehr wahrscheinlich irgendwann in die örtliche Machtstruktur eingebunden, vielleicht als Mitglied der Kommunistischen Partei. Auch in dieser Hinsicht ist das System funktional: Es gibt eine Fülle von Druckventilen, um die Energien potenziell gefährlicher Leute umzulenken.

Die meisten fähigen Chinesen haben gelernt, dass offene politische Betätigung sinnlos ist, aber das bedeutet nicht, dass sie machtlos sind. China hat eine höhere soziale Mobilität als die meisten anderen Länder, und Talent und harte Arbeit zahlen sich gewöhnlich aus – das zeigt die Erfahrung von Leuten wie Meister Luo. Vom Staat erwarten diese Leute praktisch nichts. Sie finden anderswo Möglichkeiten, etwas zu bewirken: Sie zahlen für private Ausbildungskurse, sie lernen, *guanxi* zu nutzen, sie suchen sich selbst eine neue Stelle. Sie verhandeln hart mit den Chefs und nutzen dabei jeden erdenklichen Vorteil. Werden sie in eine Gemeinde umgesiedelt, in der nichts los ist, gehen sie einfach fort. Für den, der so viele Möglichkeiten hat und so beweglich ist, wäre es sinnlos, sich auf einen Kampf gegen die Funktionäre einzulassen, den er ohnehin nicht gewinnen kann.

In Shifan machten die meisten Kläger, mit denen ich sprach, einen hoffnungslosen Eindruck. Ihr Bildungsgrad war zumeist unterdurchschnittlich, ihre Beschäftigungschancen waren schlechter, und oft hatten sie als Wanderarbeiter Pech gehabt. Viele waren traumatisiert – man hatte sie während ihrer Protestaktionen auf die eine oder andere Weise bedroht. Das alles machte es noch unwahrscheinlicher, dass sie ihr Ziel erreichen würden, aber sie probierten es weiter, weil man sie in eine aussichtslose Lage gebracht hatte. Und nur einmal traf ich auf einen Beschwerdeführer, der auf mich einen sehr kompetenten Eindruck machte. Sorgfältig arrangierte er ein Treffen über einen gemeinsamen Bekannten, und als Erstes verlangte er meine staatliche Zulassung als Journalist zu sehen. Das war mir noch in keiner Ausfahrt-Siedlung passiert.

»Um ehrlich zu sein, würde ich lieber mit jemand anders reden«, sagte er. »Eigentlich möchte ich mit einem Vertreter von CBS oder BBC sprechen.«

Das respektierte ich – er wollte ins Fernsehen und nicht einen lausigen Zeitungsjournalisten. Aber an diesem Tag war ich die einzige verfügbare Option, und so unterhielten wir uns eine Stunde lang. Er beklagte, dass man nichts Genaues über die Genehmigung und die Finanzierung des Tankeng-Dammes wusste, und man munkelte von privaten Investoren, die von dem erzeugten Strom profitieren würden. »Wenn sie so etwas bauen, müssen wir wissen, warum«, erklärte er. »Wir müssen wissen, wer die Investoren sind. Ich bin aber vor allem deshalb dagegen, weil der Staat den Leuten nichts geboten hat. Es reicht nicht, uns Geld und Wohnungen zu geben. Wie sollen die Leute in dieser Gegend ihren Unterhalt verdienen? Schauen Sie sich um – hier gibt es nichts. In Beishan hatten wir einen guten Standort für Geschäfte, weil es ein Zentrum für die Leute aus den Dörfern der Umgebung war.«

Zum ersten Mal hatte ich einen Einheimischen vor mir, den die grundlegenden Probleme hinter dem Staudammprojekt zu interessieren schienen, und er hatte es aus Prinzip abgelehnt, die ihm zugestandene Geldentschädigung anzunehmen. Er war gut gekleidet und besaß ein teures Handy. Ich fragte ihn, wovon er lebe. »Ich bin Geschäftsmann«, antwortete er. »Ich habe einige Läden in dieser Gegend, davon einen hier.«

Ich wollte wissen, was er dort verkaufe.

»Bodenfliesen«, sagte er.

Er hatte die staatliche Entschädigung zurückgewiesen, und er versuchte, die Geschichte in die Presse zu bringen, profitierte derweil aber von der Bautätigkeit in den Ausfahrt-Siedlungen. Ich hatte nicht die Absicht, ihm einen Vorwurf daraus zu machen, dass er sich nach allen Seiten absicherte – er bemühte sich wenigstens, Licht in die Sache zu bringen, und vielleicht würden eines Tages mehr Chinesen wie er es fertigbringen, dass die grundlegenden Probleme diskutiert werden. Vielleicht würde das Bildungssystem sich verbessern, und die Bürger würden einen größeren Weitblick gewinnen, der sich mit ihren praktischen Fertigkeiten verbinden ließ. Im Gewerbegebiet wurde ich am stärksten von Anzeichen des Individualismus ermutigt – manche hatten es offenbar geschafft, sich dem Herdengeist des Dorfes zu entziehen, und gelernt, ihre Entscheidungen selbst zu treffen und ihre Probleme selbst zu lösen. Es würde aber noch einmal einen großen Schritt erfordern, solche persönlichen Lehren auf gesamtgesellschaftliche Probleme anzuwenden. Das ausschlaggebende Motiv würde vielleicht wirtschaftlicher Natur sein – oft hatte ich das Gefühl, dass China den Punkt erreichen muss, an dem die Mittel- und Oberschicht den Eindruck gewinnt, dass es das System ist, das ihrem Erfolg im Wege steht. Aber so weit war es noch nicht, nicht einmal in den Ausfahrt-Siedlungen, wo man mit Bodenfliesen noch gut verdienen konnte.

* * *

Anfang November beschlossen die Bosse, die BH-Ring-Fabrik zu verlegen. Wann der Umzug stattfinden würde und wohin es ging, sagten sie nicht, und wahrscheinlich wussten sie es selber nicht. Regelmäßig begab sich Boss Gao mit seinem Buick Sail auf die Schnellstraße, und wenn er am nächsten Tag wiederkam, beriet er sich still mit Boss Wang. Meister Luo nahm an, dass sie immer noch nach einem neuen Standort suchten, höchstwahrscheinlich in der Nähe von Wenzhou, aber selbst er wusste nichts Genaues. Und es war typisch für die Bosse, dass sie sich über solche Dinge ausschwiegen. Hätten sie einen Umzugstermin genannt, hätten die Arbeiter aus den unteren Lohngruppen entweder eine Lohnerhöhung verlangt, oder sie hätten sich auf der Stelle eine andere Arbeit gesucht. Da die Geschäftslage sich aber laufend verbesserte, konnten die Bosse es sich nicht leisten, Arbeitskräfte zu verlieren, und so sagten sie nur, sie würden irgendwann in ferner Zukunft umziehen.

Einen ersten Vorstoß zu Verhandlungen unternahm Boss Wang bei Herrn Tao. Herr Tao hatte sich inzwischen als Sprecher von rund einem Viertel der Belegschaft etabliert: er selbst, seine beiden Töchter, die Cousins, die gelegentlich in Teilzeit tätig waren, und Ren Jing, die Sechzehnjährige, die ebenfalls aus der Provinz Anhui kam. Boss Wang hasste es, mit dem Mann zu verhandeln, aber es blieb ihm nichts anderes übrig, und die Mädchen waren wertvolle Mitarbeiterinnen. Eines Tages fragte er Herrn Tao, ob die Familie zu einem Umzug bereit wäre.

»Wohin?« fragte Herr Tao.

»D-d-d-das weiß ich noch nicht genau«, antwortete Boss Wang. Das Stottern trat jedes Mal auf, wenn er es mit Herrn Tao zu tun hatte. »Aber sehr weit von hier wird es nicht sein.«

»Dann weiß ich's auch noch nicht genau«, meinte Herr Tao. »Erst wenn Sie mir sagen, wohin, kann ich Ihnen antworten.« Doch mehr wollte Boss Wang nicht verraten, und weiter kamen sie nicht – beide wussten, dass es das Beste war, kein Wort mehr darüber zu verlieren.

Im Verhandeln war niemand in der Fabrik so gut wie Herr Tao. Wenn abends die Arbeit am Fließband beendet war, kümmerte er sich um den Verkaufsstand der Familie, und auch das tat er mit Erfolg. Er hatte Hunderte von Büchern und Zeitschriften und Dutzende von billigen Alltagsartikeln im Angebot, und alle Preise kannte er auswendig. Im Unterschied zu anderen Ladenbesitzern flachste er nicht herum oder gab sich gegenüber potenziellen Kunden freundschaftlich. Angesichts seiner einschüchternden Größe und seiner straffen Haltung wusste man gleich, dass man mit Feilschen bei ihm an der falschen Adresse war. Er war aber bekannt für sein gutes Urteilsvermögen, und gelegentlich baten ihn andere Ladenbesitzer um Rat.

Der Stand der Taos befand sich in einer kleinen Gasse, die in die Suisong-Straße mündete. Die meisten Händler hier stammten aus der Provinz Anhui, und obwohl sie alle Konkurrenten waren, herrschte unter ihnen ein gewisser Kameradschaftsgeist. Manche Stände hatten sich mit der Zeit zu richtigen Läden entwickelt, und direkt gegenüber den Taos hatte ein Ehepaar eine Ladenfront aufgemacht. Die beiden hatten einen zehn Monate alten Sohn, der im Aussehen auffällig von den meisten Chinesen abstach. Der Kleine hatte helle, beinahe blonde Flaumhaare, und seine Augenfarbe ging ins Graue. Seine Haut war hell – die Nachbarn nannten ihn »der kleine Ausländer«. Wenn ich abends zuweilen bei Herrn Tao saß, scherzten sie: »He, er könnte Ihr Kind sein!« Mir war es jedoch unbehaglich, wenn sie so redeten. Ich sah in China des Öfteren ein Kind mit andersartigem Aussehen, was nicht verwunderlich war in einem Land, das seit jeher eine größere ethnische Vielfalt aufwies, als man sich gemeinhin vorstellt. Nach jahrhundertelangen Migrationsbewegungen waren alle möglichen Gene im Umlauf, und da konnte schon einmal ein ungewöhnliches Merkmal bei einem Kind auftreten. Bei solchen Kindern war man mit ungehobelten Äußerungen schnell bei der Hand. Der Junge in Lishui war noch zu klein, um sie zu verstehen, aber ich konnte mir vorstellen, dass er irgendwann solcher Bemerkungen überdrüssig werden würde.

Seine Eltern hatten sich nie recht verstanden. Die Taos erzählten mir, dass es seit ihrem Einzug ins Gewerbegebiet Zank zwischen ihnen gab, der sich an einem Novemberabend zu einem bösartigen Streit vor aller Augen ausgewachsen hatte. Es ging wie immer ums Geld. In chinesischen Familien ist es meistens der Mann, der das Geld für Zigaretten, Schnaps und Bankette verschwendet, und das war auch der Streitpunkt zwischen dem Paar aus Anhui. Fünf Minuten lang brüllten sie sich mitten auf der Gasse an, dann schlich sich der Mann davon. Auch als er längst fort war, schrie seine Frau ihm noch wütend hinterher. Sie war eine stämmige Frau mit dunklen bäuerlichen Zügen, und es war rätselhaft, woher das Kind seine helle Haut hatte. Ich war oft am Stand der Taos, aber nie habe ich diese Frau lächeln gesehen.

An diesem Abend kreischte sie eine Viertelstunde lang herum, und dann schickte sie sich an, den Warenbestand des

Ladens in Brand zu stecken. Sie stapelte Pappkartons mit Nylonsocken wie Anmachholz auf der Gasse und griff zum Feuerzeug. Das Baby, das sie auf dem kalten Zementboden des Ladens zurückgelassen hatte, fing an zu weinen. Rasch waren dreißig Gaffer zusammengelaufen, nur fehlte ihnen die Stimmung, die gewöhnlich bei solchen Anlässen herrscht. Streitigkeiten und Kämpfe werden meistens als öffentliche Unterhaltung wahrgenommen, aber heute gab es niemanden, der lächelte oder lachte. Sie sahen erschrocken drein, und endlich löste sich ein Mann in Arbeitskluft aus der Menge, um sie an ihrem Vorhaben zu hindern.

»Lassen Sie das«, sagte er. »Das ist schlecht. Gehen Sie wieder rein – er ist schon weg.«

Die Ladenbesitzerin stieß seinen Arm weg und versuchte, dem Feuerzeug eine Flamme zu entlocken. Bei ihrer Wut dauerte es ein Weilchen, bis eine Ecke des Kartons Feuer fing. Das Gesicht des Babys war inzwischen rot angelaufen und tränennass.

»Sie können ihn nicht so weinen lassen«, meinte ein anderer. »Er ist zu klein!«

Doch davon ließ sich die Ladenbesitzerin nicht beirren. Sie steckte einen weiteren Karton in Brand. Jetzt trat Herr Tao wortlos auf die Gasse. Er war wie immer restlos entschlossen. Ohne die Ladenbesitzerin zu fragen, die ihn eh nicht beachtete, ging er in den Laden, hob das Baby auf und trug es zu seinem Stand.

Rasch breitete sich ein schwerer, ätzender Geruch aus. Die Socken waren von der billigen Sorte, die man für ein paar Cent kriegt, und brannten schlecht, aber ein dichter schwarzer Rauch stieg von ihnen auf. Die Frau ging in ihren Laden zurück und schaute prüfend auf die Regale. In der Menge erhob sich ein Murren.

»Man muss verhindern, dass sie noch etwas ansteckt.«

»Sie sollte es sein lassen.«

»Hören Sie auf damit!«

Herr Tao hielt den Kleinen so, dass er seine Mutter nicht sehen konnte, und gab ihm ein Plastikspielzeug von seinem Stand. Endlich hörte das Kind auf zu weinen. Das Feuer schwelte weiter vor sich hin, aber offenbar konnte die Ladenbesitzerin sich nicht dazu aufraffen, noch etwas hineinzuwerfen. Der Streit war um das Geld ausgebrochen, und selbst in ihrer Wut hielt sie an ihrem Geiz fest – zum Anzünden hatte sie sich die billigsten Socken ausgesucht. Jetzt ließ sie sich mit wütendem Gesicht schwerfällig im Ladeneingang nieder und starrte vor sich hin. Vereinzelt hörte man ein beklommenes Lachen, und dann begann die Menge sich zu zerstreuen. Jemand trat das Feuer aus. Schließlich überquerte Herr Tao die Gasse und hielt der Frau das Kind hin.

Sie schüttelte kurz den Kopf. Das Kind fing wieder an zu weinen, doch seine Mutter wollte es nicht anschauen. Herrn Tao blieb nichts anderes übrig, als wieder zu seinem Stand zurückzukehren. In der nächsten Dreiviertelstunde wurde das Kind immer hektischer. Frau Tao hielt es eine Weile, dann reichte sie es an mich weiter, und ich reichte es Herrn Tao zurück. Wir alle bemühten uns, leise auf den Jungen einzureden und ihn zu beruhigen, aber vergeblich – er schrie unaufhörlich, und sein Köpfchen lief unter dem hellen Haar rot an. Die Mutter ignorierte jeden, der sie anzusprechen versuchte. Sie hatte ihren Mann nicht zügeln können, das Feuer war eine Schmach gewesen, und jetzt richtete sie die Reste ihrer Wut gegen den einzigen Menschen, über den sie Gewalt hatte.

Wir standen mit dem Baby herum, bis es neun Uhr vorbei war und die Tao-Schwestern aufkreuzten. Sie hatten gerade eine verlängerte Schicht hinter sich, und Yuran, die Älteste, nahm sich sogleich des schreienden Kindes an. Yuran war erst siebzehn und hatte soeben einen Elfstundentag lang BH-Ringe in den Farben Pink und Lila sortiert, aber jetzt nahm sie diese neue Herausforderung an – und wurde spielend mit ihr fertig.

Sanft schaukelte sie das Baby in ihren Armen und gurrte ihm leise ins Ohr, bis ihm endlich die erschöpften Augen zufielen. Als Yuran zum ersten Mal mit dem Kind über die Straße ging, wollte die Mutter nichts von ihm wissen. Yuran wartete geduldig, das Baby auf ihrer Hüfte, und dann versuchte sie es noch einmal. Ohne ein Wort hielt sie der Frau das Kind entgegen. Und endlich, fast zwei Stunden nach dem Beginn der Szene, nahm die Frau ihr Kind an. Zusammen mit ihm verschwand sie im Inneren des Ladens.

Als ich Yuran wiedertraf, fragte ich sie, ob es bei der Heimkehr des Ladenbesitzers Probleme gegeben habe. Sie schüttelte den Kopf; nein, er war spätnachts gekommen, und nichts war passiert. Yuran hatte ein junges, mädchenhaftes Gesicht, aber ihre Äußerungen klangen manchmal alt. »So geht es ständig bei ihnen zu«, sagte sie. »Es ist einfach ihre Art. Manche streiten sich halt gern.«

* * *

Südlich von Lishui war schon mit dem Bau einer weiteren Fernstraße begonnen worden, die einen Anschluss an die Jinliwen-Schnellstraße bekommen sollte. Sie würde südwestlich am Gewerbegebiet vorbei aufs Land führen. Das Projekt befand sich noch im Anfangsstadium; gegenwärtig wurden Tunnels in die Felsen gesprengt. Abgesehen von den Orten, wo der Abbruch in vollem Gang war, war es in der Region überwiegend still, und wenn ich eine Pause vom Gewerbegebiet brauchte, fuhr ich in jene Richtung. In einigen Jahren würden dort Fabrikstädte entstehen, aber einstweilen war diese Gegend noch friedliches Bauernland.

Eine der künftigen Ausfahrten von der Fernstraße sollte zu dem Ort Dagangtou führen, rund dreißig Kilometer von Lishui entfernt. Früher war Dagangtou ein kleines Fischerdorf am Ou, wo man vor Jahrhunderten ein steinernes Wehr errichtet hatte. Die Hauptstraße des Dorfes hat Kopfsteinpflaster und ist von traditionellen Holzhäusern mit Ziegeldach gesäumt. Nach Meinung der Stadtverwaltung ist das Dorf ein idealer Standort für eine »grüne Industrie«. Sie hatte in Lishui früh auf Kunstlederfabriken gesetzt und suchte jetzt nach Möglichkeiten, Branchen zu fördern, die sauberer waren. In Dagangtou sollte eine Künstlerkommune entstehen. Damit wurde ein doppeltes Ziel verfolgt: Maler würden vermarktbare Werke schaffen, und nach Fertigstellung der Schnellstraße würde der Ort außerdem Touristen anziehen. Jetzt fehlte nur noch eine lebendige Kunstgemeinde, welche die Verwaltung mit denselben Mitteln herbeizulocken gedachte, mit denen sie die Industrie angelockt hatte. Im Gewerbegebiet hatte man den Fabriken für die ersten drei Jahre nach ihrer Ansiedlung Steuererleichterungen gewährt; in der Künstlerkommune sollte jeder Maler, der sich dort niederließ, für drei Jahre einen Mietnachlass bekommen. Wenn es beim Kunstleder funktioniert hatte, wieso sollte es dann nicht auch bei der Kunst klappen?

Die Beamten gaben ihrem Projekt den Namen »Kunstdorf am alten Wehr« und behaupteten, sich dabei am Vorbild von Barbizon zu orientieren, der französischen Künstlerbewegung des 19. Jahrhunderts, die sich in dem Dorf Barbizon am Wald von Fontainebleau entwickelt hatte. Im Geist von Barbizon bestellte die Verwaltung von Lishui eine Reihe von Landschaftsbildern aus der ländlichen Umgebung. Man baute, um diese Bilder zu zeigen, eine Galerie, die ich kurz nach ihrer Eröffnung besuchte. Was ich dort sah, waren Szenen aus der Region: ein bukolischer Abschnitt des Flusses Ou, ein stiller Berghang mit Mandarinenhainen, eine malerische Ansammlung traditioneller Bauernhäuser. Die meisten Bilder verrieten einen starken Einfluss des französischen Impressionismus, mit gedämpften Farben und weichem Licht; manche Details kamen mir sogar europäisch vor. Ein Bild zeigte drei träge Kühe, ein Tier, das mir in Lishui nie unter die Augen gekommen war. Ein anderes Gemälde stellte mit Pinselstrichen, die an van Gogh gemahnten, einen Mandarinenbaum dar. Es gab ein von Monet inspiriertes Bild eines Strohfeuers. Im Hauptraum der Galerie fand sich unter 26 Landschaftsbildern nur eines, auf dem eine menschliche Gestalt zu sehen war. Genauso, dachte ich beim Betrachten der versammelten Szenen, würde Lishui aussehen, wenn es in Frankreich läge und menschenleer wäre.

Das Kunstdorf am alten Wehr war erst vor kurzem eröffnet worden, hatte aber mit der versprochenen Mietfreiheit schon elf Kunstunternehmen angezogen. Die meisten dieser Kleinunternehmen beschäftigten Maler, die für den Überseemarkt bestimmte europäische und amerikanische Stadtansichten schufen. Sie hatten ihre Ausbildung auf Malschulen in der Provinz Zhejiang erhalten, und einige hatten sich darauf spezialisiert, Bilder von Venedig zu reproduzieren. Eines der größten Unternehmen am Ort war die Firma Hong Ye, deren Geschäftsführer mir sagte, sie seien in Verhandlungen mit einem europäischen Abnehmer, der jeden Monat tausend Gemälde von Venedig wünsche; sie würden in Europa an Touristenläden, Hotels und Restaurants verkauft. Einen guten Markt gab es auch für Gemälde, die das Werk niederländischer Meister kopieren. Die chinesischen Künstler nannten diese Szenen *Helan Jie*, »Hollandstraße«, und sie brauchten für ein solches Bild etwas mehr als einen Tag.

In der Galerie Bomia sah ich eine Frau namens Chen Meizi an einer »Hollandstraße« arbeiten. Das Bild zeigte eine Kopfsteinstraße, einen Pferdewagen und ein Gebäude, das sie als »Turm« bezeichnete. Als ich ihr erklärte, dass es sich um eine Kirche handele, sagte sie, das habe sie schon vermutet, sie sei sich aber nicht sicher gewesen. Diese Szene habe sie schon rund 300-mal gemalt. Zu den Sujets, die sie außerdem am häufigsten malte, gehörten der Markusdom und der Dogenpalast, von denen sie allerdings nicht den Namen wusste. Wie die anderen hiesigen Künstler bezeichnete sie Venedig als *shuicheng*, »Wasserstadt«. Sie war auf einem Bauernhof in einem anderen

Teil von Zhejiang aufgewachsen, und ich fragte sie, woher ihr Kunstinteresse rühre.

Sie sei eine ganz schlechte Schülerin gewesen, sagte Meizi. »Ich hatte schlechte Noten und kam daher nicht auf die höhere Schule. Auf einer Malschule wird man leichter aufgenommen als auf einer Berufsfachschule. So kam ich zur Kunst.«

»Haben Sie als Kind gern gezeichnet?«

»Nein«, sagte sie.

»Aber Sie hatten doch ein gewisses Talent, oder?«

»Überhaupt nicht!«, erwiderte sie. »Als ich anfing, konnte ich noch nicht einmal einen Pinsel halten!«

»Aber dann haben Sie gut gelernt?«

»Nein, ich war die Schlechteste in der Klasse.«

»Aber es hat Ihnen doch Spaß gemacht?«

»Nein, ich mochte es kein bisschen.«

Nach meiner Einschätzung war Meizi handwerklich durchaus begabt; ihre Gemälde machten einen guten Eindruck. Aber von ihrer Arbeit sprach sie ohne eine Spur von Sentimentalität. Chinesen nehmen in dieser Beziehung kein Blatt vor den Mund, erst recht, wenn sie vom Land sind, und oft empfinde ich das als erfrischend. Eine junge Amerikanerin, die für eine Werbeagentur kritzelt, lässt sich gern über Kreativität und Inspiration aus – wenn die Firma mir doch nur erlaubte, meiner Muse zu folgen! Damit konnte Meizi nichts anfangen. Sie war eine zierliche, hübsche Frau mit einer Reibeisenstimme, trug einen weißen Malerkittel und lachte über viele meiner Fragen. Sie malte nie zu ihrem eigenen Vergnügen – als ich diese Möglichkeit erwähnte, schaute sie mich an, als wäre ich verrückt. Als ich sie fragte, welches ihrer Gemälde sie am liebsten mag, antwortete sie: »Ich mag keines.« Ähnlich fiel ihre Antwort aus, als ich wissen wollte, ob sie das Werk berühmter Künstler wie Monet und van Gogh bewundere. »Ich habe keinen Lieblingsmaler«, sagte sie. »Das ist eine Art von Kunst, die mit dem, was wir machen, nichts zu tun hat.«

Sie lebte mit ihrem Freund Hu Jianhui zusammen, der ebenfalls Künstler war, und gemeinsam betrieben sie die Galerie Bomia. Sie hatten ein paar junge Malschulabsolventen eingestellt, die mit ihnen zusammenarbeiteten. Ungefähr einmal im Monat packte Jianhui ein Bündel Gemälde zusammen und fuhr mit dem Zug nach Dongguan, einer Stadt im tiefen Süden. Dort gibt es einen auf solche Gemälde spezialisierten Markt, und die meisten seiner Kunden kamen aus Europa und Russland. Sie zahlten nach Größe in Zentimetern: Das Format 20 x 25 ging gewöhnlich für 6,25 Dollar weg, 30 x 40 kostete 12,50 Dollar, und für 75 x 100 zahlte man 45,11 Dollar. In einem durchschnittlichen Monat verdienten Meizi und Jianhui zusammen tausend Dollar, was für Lishui ein glänzender Verdienst ist. Von den Technikern in der Fabrikwelt kann nur ein Großer Meister so viel verdienen.

Eines Nachmittags hing ich in ihrem Atelier herum, während sie am Malen waren. Das Gespräch kam auf das Thema Geschmack. Jianhui berichtete von seinen Beobachtungen auf dem Kunstmarkt. »Die Amerikaner bevorzugen leuchtende Bilder«, erklärte er. »Sie mögen hellere Szenen. Auch die Russen mögen leuchtende Farben. Die Koreaner mögen sie mehr gedämpft, und die Deutschen mögen Sachen, die grauer sind. Denselben Geschmack haben die Franzosen.«

Meizi blätterte in einem Buch mit Bildbeispielen und deutete auf eine unbeholfene exotische Szene mit Palmen am Strand. »Die Chinesen mögen solche Sachen«, sagte sie. »Es ist blöd, so etwas würde einem Kind gefallen. Die Chinesen haben keinen Geschmack. Den besten Geschmack haben die Franzosen, dann kommen die übrigen Europäer, danach die Amerikaner. Wenn wir ein Bild malen und der europäische Kunde es nicht haben will, zeigen wir es einem Chinesen, und der sagt dann: ›Großartig!‹«

Zuweilen bekamen die Künstler den Auftrag, Fotos in Ölfarbe zu reproduzieren. Gerade war ein Haufen Schnappschüsse von einem Amerikaner eingetroffen, und Meizi zeigte mir einen davon: eine große weiße Scheune mit zwei Silos. Ich fragte, was das Foto ihrer Meinung nach darstelle.

»Ein Gewerbegebiet«, sagte sie.

Ich klärte sie darüber auf, dass es sich um eine Farm handele. »Bloß ein Bauernhof und so groß?«, fragte sie. »Und wozu dienen die zwei da?«

In den Silos, erklärte ich, werde Getreide gelagert.

»Diese Riesendinger für Getreide?«, meinte sie lachend. »Ich dachte, darin werden Chemikalien aufbewahrt.«

Jetzt betrachtete sie die Szene mit anderen Augen. »Es ist unglaublich groß!«, sagte sie. »Wo ist der Rest des Dorfes?«

In Amerika, erklärte ich, leben die Farmer gewöhnlich nicht in einem Dorf.

»Wo sind ihre Nachbarn?«, wollte Meizi wissen.

»Die sind vermutlich auch weit weg«, antwortete ich.

»Sind sie nicht einsam?«

»Das stört sie nicht«, sagte ich. »So leben nun mal die Bauern in Amerika.«

Sie zeigte mir die übrigen Fotos, die sie nachmalen sollte, überwiegend Ladenfronten und alte Gebäude, wie man sie wohl in einer amerikanischen Kleinstadt antreffen würde. Sonst konnte sie mir nichts über den Auftrag sagen; sie hatte ihn durch einen Mittelsmann erhalten, der nichts über den Endkunden verraten wollte. Anhand der Straßenschilder vermutete ich, dass sie aus Park City in Utah stammten, und eine Internetrecherche bestätigte das. Es ging wahrscheinlich um Fremdenverkehrswerbung, dachte ich anfangs, aber Leute in Park City, bei denen ich mich erkundigte, wussten nichts davon, dass ihre Häuser und Geschäfte im chinesischen Barbizon gemalt wurden. Wahrscheinlich war jemand mit einer Kamera durchs nördliche Utah gefahren, hatte rasch ein paar Schnappschüsse gemacht und die Gemälde in Auftrag gegeben. Sehr wahrscheinlich würde man sie als Schmuck für Hotelzimmer und Restaurants verkaufen; der Endabnehmer konnte überall in Amerika oder Europa sitzen.

Das größte Problem für die Künstler waren die Schilder, denn sie konnten kein Englisch. Jianhui hatte ein Gebäude gemalt, an dem das Schild »Miners Hospital 1904« hing. Das Gebäude hatte er perfekt hingekriegt, aber auf dem Schild stand bei ihm »Miers Hospital 1904«. Meizi hatte bei einem Laden die Jahreszahl verändert: Aus »Fine Sheepskin Leather Since 1973« machte sie »Fine Sheepskim Leather Sine 1773«. Eine »Bar« war jetzt eine »Dah«. Aus einem Museum wurde ein »Hope Nuseum«, ein Antiquitätenladen verkaufte »Amiques«, und ein Immobilienmakler war kein »Broker«, sondern ein »Residentlal Bboker«.

Im Stillen gab ich den neuen Versionen den Vorzug – wer würde nicht gern seinen Drink in einem Lokal namens »Dah« zu sich nehmen? Weil ich den Künstlern bei ihrem Auftrag jedoch einen guten Erfolg wünschte, machte ich sie auf die nötigen Korrekturen aufmerksam.

Von nun an machte ich bei jedem Besuch in Lishui einen Abstecher zu dem Kunstdorf am alten Wehr. Ich mochte die stille Landschaft und das friedliche Dorf, an dem sich bis zur Eröffnung der Schnellstraße nicht viel ändern sollte. Jedes Mal half ich den beiden Malern, Schreibfehler zu korrigieren, und zum Dank boten sie mir an, ein Bild nach meinem Wunsch zu malen. »Bringen Sie mir nur ein Foto«, sagte Jianhui. Schließlich gab ich ihnen ein Foto von dem Haus in Missouri, in dem ich meine Kindheit verbracht hatte und in dem meine Eltern noch immer wohnen. Jianhui hatte sich bei diesem Bild ersichtlich Mühe gegeben, aber ein Detail hatte er nicht richtig verstanden, wofür er sich entschuldigte.

»An der Stelle habe ich leider nicht klar erkennen können, um was es sich handelt.«

Er deutete auf die Zufahrt neben dem Haus. Auf dem Foto fällt ein Schatten auf den Asphalt und verdunkelt die Fläche.

Jianhui hatte eine solche Grundstücksgestaltung offenbar noch nie gesehen. Das erste Viertel von Lishui mit privaten Zufahrten war »Weiße Wolke«, aber es befand sich noch im Bau. Ich erklärte ihm, dass viele Amerikaner ihr Auto auf einem Asphaltstreifen neben dem Haus parken.

»Ach, jetzt verstehe ich«, sagte er. »Ich dachte, es wäre vielleicht eine andere Straße. Wenn Sie wünschen, ändere ich das.«

Er hatte den Asphalt auf dem Bild so verbreitert, dass er gut die Hälfte des Rasens im Vorgarten einnahm. Jahrelang hatten meine Eltern sich dagegen gesträubt, ihre altmodische Zufahrt zu ändern, weil sie die neuen Doppelgaragen für übertrieben hielten. Nun hatte Jianhui die Verbreiterung für sie vorgenommen. Ich sagte ihm, es sei in Ordnung, nur eines fehle: die Signatur. Die Künstler lieferten ihre Werke immer unsigniert ab, weil kein Europäer ein Bild von Venedig betrachten will, auf dem ein chinesischer Name steht. Also bat ich Jianhui, das Bild zu signieren, rollte es zusammen und nahm es auf meinem nächsten Flug in die Staaten mit. Meine Eltern waren begeistert und hängten sich das Geschenk in die Küche. Jedes Mal, wenn mein Blick auf das Gemälde fiel, erinnerte es mich an eine meiner Lieblingsgegenden von Lishui, wo sich innerhalb der sanften Landschaft das Kunstdorf am alten Wehr erhebt. Aber ein bisschen plagte mich auch das schlechte Gewissen, weil Jianhui und Meizi kein Geld für diesen Auftrag annehmen wollten. Es war in der ganzen Zeit, in der ich mit ihnen verkehrte, wohl das einzige Mal, dass sie zum Vergnügen gemalt hatten.

* * *

Ende November trafen die Bosse endlich die Entscheidung über die Betriebsverlegung. Boss Gao fuhr nach Ouhai, einer Region westlich von Wenzhou, wo kurz zuvor eine neue Ausfahrt der Schnellstraße eröffnet worden war. Er fand ein leerstehendes Lagerhaus, das groß genug war, die Maschine und die

Stanzpressen aufzunehmen, und schloss mit den Eigentümern einen Mietvertrag. Es war günstiger als das bisherige Arrangement, und nachdem der Vertrag unterzeichnet war, suchten die Bosse einen Wahrsager auf. Sein Urteil war eindeutig: Der 28. November war zugleich der achte Tag des Mondmonats, und größeres Glück als zwei Achten kann man nicht haben.

Mit der Unterrichtung der Mitarbeiter warteten sie bis zum 26. November. Wie erwartet, kündigten die meisten Frauen, die am Fließband arbeiteten, auf der Stelle. Meister Luo und die anderen Techniker versuchten, den Umzug als Druckmittel zu nutzen, um höhere Gehälter zu fordern. Den Bossen gelang es jedoch, diese Forderungen der Reihe nach abzuweisen. Die einzige offene Frage war, ob die Taos und Ren Jing bereit waren, mit der Fabrik umzuziehen. Boss Wang wartete bis zum Morgen des 27., um Herrn Tao direkt anzusprechen.

»K-k-k-ommen Sie mit oder nicht?«, fragte er.

»Wir kommen nicht mit!«, sagte Herr Tao. »Mein Sohn geht hier zur Schule. Wir können nicht einfach weg. Außerdem haben wir hier unser Geschäft.«

»Das können Sie dort auch betreiben, wenn Sie wollen.«

»Sie haben leicht reden«, erwiderte Herr Tao. »Hier läuft es gut.«

Ich hatte, bevor Boss Wang ihn ansprach, mit Herrn Tao geplaudert; er war entspannt und gutgelaunt. Jetzt sagte seine Körpersprache etwas völlig anderes: Der Rücken war gerade, der Kopf gereckt, das Kinn vorgeschoben. Boss Wang versuchte es noch einmal: »Ach, p-p-p-probieren Sie es ein Weilchen.«

»Ich muss mich hier um meinen Sohn kümmern.«

»Na gut, dann lassen Sie die Mädchen gehen.« Das war sogar die ideale Lösung für Boss Wang: die Mädchen behalten und Herrn Tao fallenzulassen. Doch Herr Tao reagierte rasch.

»Allein lasse ich sie nicht gehen, sie sind zu jung«, entgegnete er. »Sowieso haben wir Verträge für das ganze Jahr. Wenn Sie umziehen, brechen Sie den Vertrag.«

»Ich breche keine Verträge! Ich lade Sie ein mitzugehen.«

»Im Vertrag steht nichts von einem Umzug in eine andere Stadt. Mit der ganzen Familie umziehen, wie soll ich das machen?«

»Das ist Ihre Sache«, erwiderte Boss Wang. Was ich Ihnen anbiete, ist die gleiche Arbeit. Das ist der Vertrag.»

»Wenn ich mich an das Arbeitsamt wende, wird man es dort anders sehen.« Das war eine leere Drohung – wäre Herr Tao wirklich so töricht gewesen, sich ans Arbeitsamt zu wenden, und hätten die Beamten sich wie durch ein Wunder tatsächlich die Beschwerde eines Bürgers angehört, dann hätte ihre Reaktion darin bestanden, die illegale Beschäftigung der fünfzehnjährigen Yufeng zu beenden. Aber die Bemerkung erfüllte ihren Zweck: Boss Wang stürmte verärgert davon, und Herr Tao schien es zufrieden zu sein. Für Verhandlungen stand nicht einmal mehr ein ganzer Tag zur Verfügung, aber für einen Mann wie ihn war das eine Menge Zeit.

* * *

Er verschwand um die Mittagszeit, um eine geheimnisvolle Besorgung zu erledigen. Nachdem Herr Tao die Fabrik verlassen hatte, lud Meister Luo Yufeng und Ren Jing zum Essen in seinem Schlafraum ein. Der Alte Tian war auch dabei, und nach dem Essen begannen die Männer, die Mädchen aufzustacheln.

»Du hast kein Bankkonto, oder?«, sagte Meister Luo zu Yufeng.

»Nein.«

»Du gibst immer noch dein ganzes Geld deinen Eltern! In deinem Alter solltest du ein eigenes Konto haben.«

»Sie brauchen meine Hilfe.«

»Es hilft mehr, wenn du lernst, selbständig zu sein«, erklärte er. »Viele sind in deinem Alter schon selbständig. In meinem Dorf bekommt jeder, der arbeiten geht, sofort ein Bankkonto.«

»Das ist in meinem Dorf anders«, meinte Yufeng. Sie saß mit verschränkten Armen da und starrte zu Boden. Ren Jing, die neben ihr saß, sagte nichts; ihre Mutter hatte ihr schon gesagt, sie dürfe nur gehen, wenn Herr Tao die Mädchen begleiten würde.

»Du solltest umgehend ein Bankkonto eröffnen«, beharrte Meister Luo.

»Gut, morgen eröffne ich eins!«, rief Yufeng. »Lassen Sie mich jetzt in Ruhe?«

»Ich meine ja nur, dass du über dich selbst entscheiden soll-test«, sagte Meister Luo besänftigend. »Wenn du ein Bankkonto hast, kannst du dir selbst Sachen kaufen. Wenn die jungen Leu-te aus meinem Dorf zum Frühlingsfest heimkommen, tragen sie Markenkleidung, und sie haben Markenhandys.«

»Das tun sie in meinem Dorf auch«, gab Yufeng zurück. »Ich weiß noch, wie ein Mädchen mit einem Motorrad wiederkam. Alle sagten, sie sei erfolgreich.«

»So solltest du es auch machen. Zumindest solltest du deine Entscheidung selbst treffen.«

»Es ist nicht meine Entscheidung!«

»Nein, natürlich nicht«, sagte er. »Du lässt deinen Vater für dich entscheiden. Er will nicht, dass du selbständig bist. Was wirst du machen, wenn ihr hierbleibt?«

»In einer Schuhfabrik arbeiten«, antwortete Yufeng.

»Wie viel bekommst du dort?«

»Weiß ich nicht.«

»Glaubst du, eine Schuhfabrik wird dich jetzt, am Ende des Jahres, einstellen?«

Das Mädchen verstummte – sie wusste, dass Meister Luo recht hatte. Der November ist keine gute Zeit, sich eine Fabrik-arbeit zu suchen; die meisten Leute warten bis nach dem Frühlingsfest, um die Stelle zu wechseln. Andererseits ist der November aber auch keine gute Zeit, um neue Mitarbeiter zu finden, und genau darum ging es Meister Luo und dem Alten

Tian bei diesem Gespräch. Allein die Verlegung der ganzen Maschinen war schon ein enormes Projekt; dazu neue Mitarbeiter anzulernen, das hatte ihnen gerade noch gefehlt.

Bevor er zu seiner Besorgung aufgebrochen war, hatte Herr Tao seine Bedingungen klar formuliert. Er forderte 1000 Yuan pro Monat für jeden: ihn selbst, seine beiden Töchter und Ren Jing. Das bedeutete eine Lohnerhöhung von rund 30 Prozent, und außerdem verlangte er freie Unterkunft und Verpflegung. Boss Wang hatte noch nicht geantwortet – er hatte mit den Umzugsvorbereitungen alle Hände voll zu tun. Seine Frau war gekommen, um zu helfen, und sie hatte ihren dreijährigen Sohn mitgebracht. Sooft er in der Fabrik war, verbrachte er seine Zeit damit, seine Nase in die Maschinen zu stecken und Scherereien zu verursachen. Er wechselte von einem Stockwerk ins andere, überall von den Arbeitern fortgescheucht. Sie taten es nur zu gern – für sie schien das Kind ein willkommener Sündenbock zu sein, an dem sie ihre aggressiven Gefühle gegen den Boss auslassen konnten.

Jetzt, wo die Mittagspause vorbei war, trat das Kind in den Schlafraum von Meister Luo. Meister Luo packte ein großes Küchenmesser, krempelte sich die Ärmel hoch und kauerte sich auf den Boden, wobei er wie ein Psychopath vor sich hin brummelte. Der Dreijährige erstarrte und machte große Augen.

»Brrrr!«, knurrte Meister Luo, während er auf das Kind zutorkelte. »Brrrr! Brrrr!«

Als er nun noch das Messer durch die Luft schwenkte, schrie das Kind auf und rannte davon. Sein Geschrei hallte wider, als der Junge die Treppe hinunterpolterte. In Kürze würde er im Chemielabor auftauchen, wo dem Kleinen Long sicher etwas Kreatives einfallen würde, um ihn zu vertreiben. Meister Luo und der Alte Tian konnten lange nicht aufhören zu lachen, aber dann begannen sie wieder, Yufeng zu bearbeiten.

»Wo ist dein ganzes Geld?«, fragte der Alte Tian herausfordernd. »Du kannst von dem Geld, das du verdienst, nichts behalten, stimmt's?«

»Sie muss lernen, selbständig zu sein«, sagte Meister Luo.

»Ich würde ja gern mitgehen«, gestand Yufeng. »Aber wenn mein Vater sagt, dass ich bleiben muss, finde ich vielleicht eine Stelle in einer Schuhfabrik und kann Fachkenntnisse erwerben.«

»Du machst Witze!«, meinte der Alte Tian. »Dir wird man in deinem Alter keine Facharbeit geben.«

»Komm mit uns«, sagte Meister Luo. »Wenn du gelernt hast, auf dich allein gestellt zu sein, kannst du das Jahr darauf nach Kanton oder Shanghai gehen, wo wirklich etwas los ist.« Er erzählte, wie er selbst zum ersten Mal aufgebrochen war, als er Geld zusammengespart hatte, und es schließlich bis Shenzhen schaffte. Die Mädchen hatten das alles schon gehört, aber trotzdem verstummten sie und lauschten mit leuchtenden Augen den Geschichten über den Süden.

* * *

Um sieben Uhr war Boss Wang mit seinem Angebot bei 700 Yuan angekommen. Herr Tao beharrte auf 1000 – die Differenz belief sich auf 38 Dollar pro Person, ein ansehnlicher Betrag. Er wartete zu Hause, als seine Töchter von der Arbeit heimkamen.

»Meister Luo und der Alte Tian piesacken mich«, klagte Yufeng. »Dauernd sagen sie, ich solle auf eigene Faust mitgehen.«

»Was sie dir sagen, spielt keine Rolle«, erklärte Herr Tao.

»Ich möchte aber gehen!«

»Du musst abwarten, was die Bosse sagen. Habe Geduld.«

»Ich möchte gehen.« Ihr Vater ignorierte sie, und nun sagte sie mit erhobener Stimme: »Ich möchte gehen!«

»Sei brav«, sagte Yuran. Die ältere Schwester hatte eine ruhigere Wesensart, und schon öfter hatte sie dafür gesorgt, dass

Yufeng nicht aus der Reihe tanzte. »Fang nicht an zu streiten«, sagte sie.

»Ich möchte aber gehen.« Jetzt klang Yufeng kleinlaut.

»Warte nur«, sagte ihr Vater streng. »Wenn du wartest, wird alles in Ordnung gehen.«

* * *

Um acht Uhr kam Meister Luo. Wir waren gerade mit dem Abendbrot fertig, und nun scharten wir uns alle um den Gasbrenner: die beiden Tao-Mädchen, ihr Vater, sein Cousin und ich. Das gemietete Zimmer war im Grunde nicht mehr als ein Verschlag mit Lehmwänden; der kalte Novemberwind blies durch die Ritzen. Meister Luo teilte an die Männer eine Runde Zigaretten der Marke »Westsee« aus, und die Mädchen gingen still hinaus — sie wussten, dass die Erwachsenen nun unter sich sein wollten. Während des Essens hatten Herr Tao und sein Cousin sich über Geschichte unterhalten, wie es bei den Leuten auf dem Lande üblich ist, und jetzt fuhren sie mit dem Thema fort.

»Die Ming waren anfangs stark, aber dann wurden sie schwächer«, meinte der Cousin.

»So ist es immer«, sagte Herr Tao. »Beim Menschen ist es genauso. Man wird alt, man wird schwach, und dann stirbt man.«

»Die Ming-Zeit war, als China *wirklich* schwach wurde«, erklärte Meister Luo und schaltete sich damit mühelos in das Gespräch ein. »Sie wurden von den Mandschu besiegt. Die Mandschu waren eine Minderheit, und doch herrschten sie vierhundert Jahre. So wenige, die über so viele herrschen!«

»Und danach blieb China schwach bis Mao Zedong«, ergänzte Herr Tao.

Von da aus hätte das Gespräch in jede beliebige Richtung abdriften können, aber Meister Luo brachte uns wieder auf Kurs. »Hören Sie! Ich würde Ihnen gern geben, was Sie verlangen«, sagte er zu Herrn Tao. »Ich möchte im Moment nicht eine Menge neuer Leute einstellen. Sie müssen verstehen, dass ich auf Ihrer Seite bin.« Er machte eine Pause, um an der Zigarette zu ziehen. »Boss Wang und Boss Gao sagen, dass sie Ihnen allen bis zum Jahresende zweitausend zahlen. Wenn das Geschäft gut läuft, gibt's eine Prämie, und zum Frühlingsfest bekommen Sie dann alle einen roten Umschlag. Nach dem Frühlingsfest garantieren sie allen achthundert pro Monat. Boss Wang sagte, mehr kann er Ihnen nicht geben.«

Der rote Umschlag ist ein traditionelles Geschenk zum Frühlingsfest, und er enthält Geld, doch Herr Tao blieb unbeeindruckt. »Ich möchte meine Familie nicht auseinanderreißen«, sagte er. »Es kostet uns Geld, wenn wir das täten.«

»Ich weiß«, entgegnete Meister Luo. »Ich habe ihm gesagt, dass es ungefähr fünfhundert pro Person kosten würde, wenn ich neue Leute suchen und anlernen müsste. Ich habe den Bossen gesagt, dass Ihre Forderungen nicht so hoch sind.«

»Unterkunft und Verpflegung sind darin nicht enthalten?«

»Die Verpflegung nicht«, sagte Meister Luo. »Aber die Unterkunft bekommen Sie.«

»Ich möchte beides.«

»Tut mir leid, aber vergessen Sie nicht, dass sie die Prämie und den roten Umschlag anbieten.«

»Der rote Umschlag ist nichts Sicheres, die Prämie auch nicht«, meinte Herr Tao. »Für mich zählt nur, was fest vereinbart ist. Wenn sie nicht für Verpflegung und Unterkunft zahlen, sollten sie sieben Yuan pro Tag für Lebensunterhaltskosten zahlen. Es muss für alle dasselbe sein, Ren Jing eingeschlossen. Ich bin für sie verantwortlich, genauso wie für meine Mädchen.«

»Ich weiß nicht, was sie dazu sagen werden.« Meister Luo konnte seine Hände nicht ruhig halten. Wiederholt faltete er ein Stück Papier. Jetzt kam die Frau von Herrn Tao herein und setzte sich zu der um den Brenner versammelten Runde.

»Als ich hier anfing«, sagte Herr Tao, »hatte ich vorher vier-einhalb Yuan die Stunde bekommen. Sie sagten mir, hier könne ich mehr verdienen. Aber das war nicht der Fall. Deshalb werde ich ohne eine feste Garantie nicht umziehen.«

»Das wird auf jeden Fall schwierig«, erklärte Meister Luo.

Jetzt meldete sich die Frau zu Wort: »Warum so viel Tamtam? Wir können die beiden in eine Schuhfabrik schicken.«

»Bevor wir anfangen, über Schuhfabriken zu sprechen, müssen wir dies geklärt haben«, erwiderte Herr Tao.

»Für diesen Zeitraum sind zweitausend ordentlich«, sagte Meister Luo. »Und nach dem Frühlingsfest bekommen Sie achthundert fest garantiert.«

»Auf das, was in der Zukunft passiert, habe ich keinen Ein-fluss«, sagte Herr Tao. »Das Wort ›garantiert‹ ist bloß eine andere Methode, die Arbeiter hereinzulegen. Yufeng schafft an einem Tag zwanzigtausend Paar BH-Bügel. Wo nehmen Sie eine neue Arbeiterin her, die so schnell ist?«

In der nächsten Dreiviertelstunde kam das Gespräch nicht vom Fleck. Die Männer rauchten ununterbrochen und beklag-ten, wie lästig es ist, umzuziehen und neue Leute einzustellen. Sie waren sich einig, dass den Bossen in Zhejiang durch die Bank nicht zu trauen sei. Danach dauerte es ein ganzes Weil-chen, ehe wieder eine konkrete Zahl genannt wurde. »Sie müs-sen bei jedem von uns hundert pro Monat drauflegen, vor dem Fest«, sagte Herr Tao schließlich. »Sagen Sie ihnen, das Geld soll die Lebenshaltungskosten decken.« Meister Luo nickte, drückte seine Zigarette aus und verließ die Baracke. Über eine Stunde war er dort gewesen.

* * *

In der Fabrik waren Boss Wang und Boss Gao von den Ver-handlungen mit den Mitarbeitern, die beim Umzug mitgehen sollten, voll in Anspruch genommen. Tagelang hatten sie nichts anderes getan, als zu feilschen, und jetzt nahmen sie zur Kenntnis, was Meister Luo ihnen zu berichten hatte.

»Wir sollten es ihnen einfach geben«, sagte Boss Gao. »Wen juckt das?« Er schaute seinen Onkel an, der die letzte Entscheidung zu treffen hatte. Boss Wang dachte eine Weile nach – die Unterhandlung mit Herrn Tao war ihm offenkundig lästig, obwohl er sich eines Vermittlers bediente.

»Bieten Sie ihm fünfzig an«, sagte er, »nicht hundert.«

»Ist das Ihr letztes Angebot?«, fragte Meister Luo. Der Unterschied betrug 6,37 Dollar.

»Sagen Sie ihm, das ist das letzte Angebot. Das, was er verlangt, werde ich ihm nicht zahlen.«

* * *

Meister Luo und ich marschierten auf der Suisong-Straße zurück zu den Taos. Es war halb zehn vorbei, und die Nacht war kälter geworden. Mit bitterem Lachen meinte er: »Immer muss ich das machen. In jedem Betrieb ist es dasselbe – der Meister muss den Mittelsmann machen. Keiner will mit dem anderen direkt verhandeln. *Mafan!* Ich wünsche mir nichts anderes als zuverlässige Mitarbeiter, aber immer muss ich für die Verhandlungen herhalten.«

Zu Hause trafen wir die Taos nicht an, und so begaben wir uns zu dem Verkaufsstand, wo Yufeng und Yuran die abendliche Kundschaft bedienten. Gewöhnlich war ihr Vater um diese Zeit da, aber wieder war er zu einer rätselhaften Erledigung verschwunden, und auf seinem Handy meldete er sich nicht. Meister Luo hinterließ bei den Mädchen die Nachricht, Herr Tao möge ihn anrufen, aber er ließ nichts von sich hören. Als die Nacht endete, lag das Angebot immer noch auf dem Tisch.

* * *

Als ich am Morgen des 28. November, dem achten Tag des Mondmonats, einem Glückstag mit guten Aussichten für die Zukunft, zu meinem gemieteten Santana kam, hatte er einen Platten. Nach mehr als fünf Jahren Fahrpraxis in China, mit all den schlechten Straßen und den halb vollendeten Gewerbegebieten, war dies mein erster Platte. Ich machte den Kofferraum auf: kein Wagenheber, kein Schraubenschlüssel. Bei der Firma Blühende Autovermietung Wenzhou bekam man einen Wagen mit einem leeren Werkzeugkasten und einem leeren Tank. Zum Glück hatten sie ein Reserverad hineingetan. Ich rief einen Taxifahrer an, den ich vor längerer Zeit kennengelernt hatte, und er kam mit seinem Werkzeug und wechselte das Rad. Als er die letzte Schraube festzog, knackste es plötzlich – er hatte den Schraubenkopf abgedreht.

»*Mei shir*«, meinte er. »Kein Problem. Fest sitzt sie jedenfalls – dieses Rad geht bestimmt nicht ab!«

»Aber was ist, wenn ich noch mal einen Platten habe? Wie bekomme ich dann diese Schraube ab?«

Schweigend überlegte er. »Das wäre ein Problem«, sagte er bedächtig. »Sie sollten vielleicht nicht zu schnell fahren.«

So viel zu den Wahrsagern, dachte ich. Der Tag verhieß nichts Gutes – mit grauen Streifen durchzogene Wolken hingen tief über dem Gewerbegebiet. Die Bosse der BH-Ring-Fabrik hatten einen Gabelstapler und vier Lkw der Marke »Befreiung« gemietet und dazu sieben Tagelöhner angeheuert. Die Laster waren Fünftonner-Tieflader mit offener Ladefläche, und als ich kam, war einer schon mit Pappkartons und Maschinenteilen beladen. Ich fragte Boss Gao, was sie vorhatten, falls es regnen sollte.

»Es darf nicht regnen«, sagte er.

»Es sieht aber ganz danach aus.«

»*Mei banfa*«, sagte er. »Dagegen können wir nichts tun.«

Meister Luo war seit dem frühen Morgen dabei, die Maschine auseinanderzunehmen. Das Hauptförderband hatte er in drei Teile zerlegt. Dann hob der Gabelstapler den schweren Stahlrahmen auf die Ladefläche. Die Stanzpressen und die Maschinen für die BH-Bügel wurden aus dem Gebäude geschleppt. Der Alte Tian und der Kleine Long packten die fertigen BH-Ringe ein, insgesamt über eine Million, verteilt auf 94 Pappkisten. Mittlerweile waren alle größeren Ausrüstungsgegenstände verladen, und Boss Gao durchstreifte mit Boss Wang alle Räume, ob etwas vergessen worden war. Sie retteten den schmuddeligen Teppich im Büro und trugen alle Teile aus Metall zusammen, die an Schrotthändler verkauft werden konnten. Sie schraubten jede einzelne Glühbirne heraus. Aus einem Haufen Holzreste schlug Boss Gao mit dem Hammer alle Nägel heraus und steckte sie ein. Vor etwas mehr als einem Jahr hatten sie bei dem Bauunternehmer die Zehn-Dollar-Türen bestellt, die sie jetzt eine nach der anderen aus den Angeln hoben. Wie Spielkarten stapelten sie sie auf der Ladefläche eines Lkw übereinander. Mittags fielen ein paar schwere Regentropfen, und die Bosse schauten besorgt nach oben, aber dann hielt das Wetter.

Am Nachmittag kreuzte Herr Tao auf. Eine halbe Stunde stand er lässig da und schaute beim Beladen der Lkws zu. Seine Hilfe bot er nicht an, denn offiziell gehörte er nicht mehr dazu. Er hatte sich in den letzten Tagen nach einem anderen Job umgesehen und bei der Kunstlederfabrik Huadu ganz in der Nähe eine Stelle am Fließband gefunden. Wegen der berüchtigten giftigen Dämpfe wurde sie besser bezahlt als die meisten Anfängerjobs. Herr Tao würde 59 US-Cent pro Stunde bekommen. Abends konnte er sich um den Verkaufsstand der Familie kümmern. Was seine Töchter anging, so war das ganze Gerede von ihrer Jugend und dass sie einen Aufpasser brauchten, nur ein Verhandlungstrick gewesen. Herr Tao hatte immer gewusst, dass sie in der Lage waren, selbst für sich zu sorgen, und jetzt konnten sie gehen.

Ren Jing hatte für sich dieselbe Entscheidung getroffen.

Zum Schluss drehte ihre Mutter durch und lief dem Mädchen bis zum Fabriktor nach, um sie zum Bleiben zu bewegen. Sie sei zu jung, dies sei erst ihr zweiter Fabrikjob, sie müsse bis nächstes Jahr warten! Doch Ren Jing war fest entschlossen. Sie hatte eine kleine Tasche mit all ihren Habseligkeiten gepackt und wartete, dass einer der Umzugs-Lkws sie mitnahm. Sie sagte nichts und weigerte sich, ihrer Mutter in die Augen zu sehen. Die Frau flehte sie immer wieder an und brach schließlich in Tränen aus – das Mädchen blieb vollkommen stoisch. Schließlich gab die Mutter auf und rief: »Geh, wenn du unbedingt gehen willst!«

Sie drehte sich um und ging, von einem heftigen Weinkrampf geschüttelt, steifbeinig auf die andere Seite der Suisong-Straße. In dem Moment, als sie von Ren Jings Seite wich, brach das Mädchen zusammen – es steckte den Kopf zwischen die Knie und schluchzte. Eine Stunde lang standen Mutter und Tochter sich weinend gegenüber, durch die Fahrbahn getrennt. Sie waren zu aufgewühlt, um miteinander zu sprechen, und sie schauten sich nicht in die Augen, aber die Mutter wollte nicht fortgehen. In China pflegt man einen nahestehenden Menschen zu begleiten, bis er abfährt, und trotz ihres Zorns wollte die Mutter ihrem Kind nicht den Rücken kehren.

Schließlich kam Ren Jings ältere Schwester, um Nachrichten von der einen Seite der Suisong-Straße zur anderen zu überbringen. »Sie sagt, du sollst auf dich achtgeben«, berichtete sie ihrer Schwester, worauf die Sechzehnjährige erwiderte: »Sag ihr, dass sie sich um mich keine Sorgen machen muss.« Fünf Minuten später kam die Ältere wieder: »Sie weint. Sie möchte wirklich, dass du bleibst.« Doch Ren Jing blieb standhaft: »Ich rufe sie an, wenn wir heute Abend dort ankommen.« Es dauerte lange, bis die Arbeiter den dritten Laster beladen hatten, und dann stieg Ren Jing in das Führerhaus. Als all das Flehen der Mutter nichts geholfen hatte, schickte sie 200 Yuan über die Straße. Sie stand noch immer da, und die Tränen rollten ihr die Wangen herab, als der Laster mitsamt ihrer Tochter in der Ferne verschwand.

Bei der Abfahrt der Tao-Schwestern weinte niemand. Die Mädchen hatten beide einen kleinen Koffer gepackt, und sie plapperten aufgeregt, als sie zum Eingangstor gingen, wie junge Leute in Amerika, die zum Studium ihr Elternhaus verlassen. Herr Tao begleitete sie ans Tor, blieb aber nicht. Keine Umarmungen, keine Küsse – bis zum Schluss wahrte er seine soldatische Haltung. Die traditionellen Formen des Abschiednehmens bedeuteten ihm nichts; er hatte Wichtigeres zu besorgen. Seine letzten Worte waren: »Ihr müsst euch warm anziehen. Es wird kalt, und wenn ihr nicht aufpasst, werdet ihr krank. Wenn ihr krank seid, müsst ihr Geld für Medizin ausgeben. Zieht euch also warm an, okay? Auf Wiedersehen!«

Damit machte er auf dem Absatz kehrt und ging davon. Um zehn Uhr abends verließ endlich der letzte Lkw die alte Fabrik. Sie fuhren zu dem neuen Standort, wo alle bis weit nach Mitternacht arbeiteten, um alles abzuladen und sicher im Gebäude zu verstauen. Sie hatten alles herübergebracht – die Maschine und die Stanzpressen, die Glühbirnen und die Zehn-Dollar-Türen, die BH-Bügel und die Millionen BH-Ringe – innerhalb eines einzigen Tages. Kaum waren sie fertig, als der Himmel seine Schleusen öffnete und ein Regen einsetzte, als solle die Welt untergehen.

IV

Mein chinesischer Führerschein lief im Sommer 2007 ab.
Aber da war ich schon wieder in den Vereinigten Staaten und
gewöhnte mich allmählich an die anderen Fahrgewohnheiten.
Ich lernte, mich im Verkehr langsamer zu bewegen und den
rechten Standstreifen nicht mehr als eine Möglichkeit zum
Überholen zu betrachten. Ich ließ die Hupe in Ruhe. Wenn an
Kreuzungen die Ampel auf Grün sprang, musste ich den Drang
unterdrücken, noch schnell vor dem Gegenverkehr nach links
abzubiegen, wie es in China üblich ist. Nicht länger plagten
mich Dreirad-Traktoren, Fernbusse oder schwarze Audi A6.
Wenn ich in die Werkstatt musste, traf ich auf Mechaniker,
die nicht rauchten. Als mir einmal eine Frau in Denver die
hintere Stoßstange eindellte, regelten wir das nicht in bar,
sondern tauschten Telefonnummern aus. Zweimal wurde ich in
Colorado von der Polizei angehalten. Beide Male beließen sie
es bei der Ermahnung, ein bisschen langsamer zu fahren, und
wünschten mir einen schönen Tag.

Kurz vor Jahresende reiste ich nach China. Ein Freund sagte mir, für Besitzer abgelaufener Führerscheine gebe es eine
Gnadenfrist. Ich begab mich also zum Pekinger Amt für Verkehrssicherheit und füllte eine Menge Formulare aus. Im Handumdrehen erhielt ich ein neues Dokument, gültig bis 2013. Ich
erwischte eine Maschine nach Wenzhou, mietete mir einen VW
Santana und drehte den Zündschlüssel um: Warnlicht, Tank
leer. Ich kannte mittlerweile alle Tankstellen im Umkreis von
acht Kilometern um die Blühende Autovermietung Wenzhou
und fuhr zur nächstgelegenen. Während ich tankte, schoben

zwei Polizisten einen Streifenwagen in die Tankstelle. Der Motor war aus, die Kupplung im Leerlauf. Ich fragte, ob das Fahrzeug defekt sei.

»Nein, alles in Ordnung«, erwiderte einer der beiden fröhlich. »Wir haben bloß keinen Sprit mehr!«

Es war ein gutes Gefühl, zurück zu sein. Ich fuhr Richtung Norden zur Jinliwen-Schnellstraße, vorbei an den Ein-Produkt-Städten: den Klettergerüsten von Xiaxie, den Knöpfen von Qiaotou. In Lishui blieb ich einige Tage und fuhr im Gewerbegebiet herum. Kurz zuvor hatte die Verwaltung ein neues Projekt begonnen, die »Osterweiterung«, mit der sich die Fläche des Fabrikbezirks vervierfachen würde. Sie hofften, technisch anspruchsvollere Branchen anzuziehen, und setzten die dafür notwendigen Investitionen mit 900 Millionen Dollar an, die überwiegend durch Kredite finanziert werden sollten. Diese Zahlen nannte mir Wang Lijiong, der ehemalige Panzerfahrer und gegenwärtige Direktor des Gewerbegebiets. Er sagte mir, für die Osterweiterung müssten nochmals 400 Berge und Anhöhen weichen.

Mir war noch die Sprengung von 2005 in Erinnerung, als der Sprengtrupp in der Nähe der BH-Ring-Fabrik gewirkt hatte, und so fuhr ich dorthin. Die Männer waren längst weg, und wo der Berg gewesen war, standen jetzt vier neue Fabriken. Eine stellte Baustoffe her, eine andere Chemikalien für DuPont, und die dritte produzierte Polyurethan für die Kunstlederfabriken. An der vierten Fabrik hing ein großes Schild mit der englischen Aufschrift: »Zhejiang Renli Environmental Protection Co., Ltd.«. Neben dem langen flachen Gebäude ragte ein hoher Schornstein empor, aus dem weiße Wolken hervorquollen. In der Nähe standen Hunderte rostiger Metallfässer aufgereiht, die man provisorisch mit einem Regenschutz abgedeckt hatte. An einer Wand prangte die Parole:

Für den Schutz der Umwelt ist jeder verantwortlich

Als ich das Firmengelände betrat, nahm niemand daran Anstoß, dass ich, ohne zu fragen, eingedrungen war. Ein Arbeiter geleitete mich zu einem Büro, wo mir ein Mann im dunklen Anzug seine Visitenkarte überreichte: Ye Chunsheng, Vizepräsident von Renli. Renli, erklärte er, sei ein Privatunternehmen, das DMF verarbeitet, jenes giftige Lösungsmittel, das bei der Herstellung von Kunstleder benutzt wird. Am Ende bleibt DMF als Abfallprodukt übrig, und das schaffen die Fabriken dann zu Renli. Die rostigen Fässer draußen waren voll von dem Zeug, das er jetzt zu verarbeiten hatte.

»Diese Anlage arbeitet rund um die Uhr«, erklärte Herr Ye. »Wir sind die einzige Firma in China, die das macht. Eine Anlage haben wir in Wenzhou und eine hier.«

Ich fragte nach den weißen Rauchwolken, und Herr Ye versicherte mir, dass sie sauber seien. »Das alles ist staatlich genehmigt«, sagte er. Er bot mir eine Zigarette an, die ich dankend ablehnte. Er lud mich ein, ihn jederzeit wieder zu besuchen. Auf dem Weg nach draußen zählte ich insgesamt 640 Fässer mit DMF. Nur in China, dachte ich, ist es möglich, dass man einen Berg besichtigt, und zwei Jahre später findet man an seiner Stelle etwas, das sich Renli Environmental Protection Co., Ltd. nennt.

* * *

Die BH-Ring-Fabrik hatte sich nach dem Umzug anfangs gut geschlagen. Der neue Standort befand sich in Ouhai, dem Marschland südlich von Wenzhou. Die Verwaltung hatte angekündigt, dass in einem Teil des Umlands ein Grüngürtel entstehen sollte und alle Industriebetriebe dort verschwinden müssten. Solche Pläne sind ein erstes Anzeichen dafür, dass sich in den Städten Chinas ein Umweltbewusstsein entwickelt, aber bis dahin ist es noch ein weiter Weg. In Ouhai hatten sich nach der Bekanntgabe der Grüngürtelpläne viele Leute auf Billigprodukte verlegt, deren Herstellung stark die Umwelt verschmutzt. Sie rechneten sich aus, dass dort, wo die Industrie ohnehin bald weichen muss, zeitweilig nicht so streng auf die Einhaltung der Vorschriften geachtet wird und dass außerdem die Miete niedrig ist. Das war das Hauptmotiv für die BH-Ring-Fabrik – sie sparten bei der Miete einen Haufen Geld. Irgendwann würden sie erneut umziehen müssen, aber darüber zerbrachen sie sich jetzt nicht den Kopf.

Wenige Monate nach dem Umzug trat ein benachbarter Unternehmer diskret an Meister Luo heran. Ihm war aufgefallen, dass BH-Ringe sich gut verkauften, und weil er in dieses Geschäft einsteigen wollte, bot er Meister Luo eine Beteiligung an einem neu zu gründenden Unternehmen an. Meister Luo schlug dieses Angebot jedoch aus – er war zu dem Schluss gekommen, dass man den Leuten von Wenzhou nicht über den Weg trauen kann. »Das ist die Lehre, die ich aus der Zusammenarbeit mit diesen Kerlen gezogen habe«, sagte er. »Wenn ein Boss aus Wenzhou ein Versprechen gibt, kannst du sicher sein, dass er es brechen wird.«

Gleichwohl gab der Unternehmer bei der Qingsui Machinery Manufacture Company eine Bestellung auf, und bald gab es in der Region Wenzhou eine weitere Maschine, die BH-Ringe ausspuckte. Bei einem unserer Gespräche sagte mir Meister Luo, ein branchenfremder Investor benötige nur 40000 US-Dollar, um einen solchen Betrieb aufzumachen, sofern Meister Luo mit von der Partie sei. Er wisse, wie man eine Maschine kauft und montiert, und er könne eine geeignete Betriebsfläche ausfindig machen. Die Arbeitskräfte seien billig. Meister Luo erwähnte, dass er Ersparnisse besitze, die er zu dem Gründungskapital von 40000 beisteuern könnte, und schließlich kapierte ich, worauf er hinauswollte. Ich dankte ihm und erklärte, ich sei für das Geschäftsleben nicht geschaffen, erst recht nicht in China. Sollte ich aber einmal das Schreiben aufgeben und mich entschließen, Büstenhalterzubehörteile zu machen, könne ich mir keinen anderen als Partner vorstellen.

Einige Monate später verließ Meister Luo die BH-Ring-Fabrik. Sie hatten ihm nie das versprochene Gehalt ausgezahlt, und sie schuldeten ihm annähernd 1500 Dollar, in China ein Riesenbetrag, aber schließlich wollte er der Sache ein Ende machen. Er kehrte in den Süden zurück, wo er einen anderen Boss fand, der in das Ring-Geschäft einsteigen wollte. Meister Luo half ihm, zwei Maschinen aufzustellen, und der Absatz lief prächtig, als die Weltwirtschaftskrise zuschlug. Die Auswirkungen machten sich in der zweiten Jahreshälfte 2008 in allen chinesischen Fabrikstädten bemerkbar. »Täglich hört man, dass zwei oder drei Unternehmen Pleite machen«, sagte mir Meister Luo. Die Fabrik, in der er beschäftigt war, entließ Arbeiter, allgemeine Praxis in jener Zeit. In Wenzhou verringerten Boss Gao und Boss Wang ihre Belegschaft um die Hälfte.

Doch ihre Fabrik überlebte, und ab Mitte 2009 gingen auch wieder mehr Bestellungen ein. Es gab Anzeichen, dass China die Krise besser überstanden hatte als viele andere Länder. Das Land hatte nicht die Schuldenprobleme der Vereinigten Staaten, und die chinesische Regierung hatte die überschüssigen Barbestände seit Jahren in amerikanischen Staatsanleihen angelegt. Die Bürger hatten kaum Kredite aufgenommen, und nur wenige hatten genug Geld, um überhaupt an der Börse zu investieren. Vor allem waren sie sehr viel besser für die emotionale Belastung eines Abschwungs gerüstet. Es gab keinen, der nicht schwere Zeiten erlebt hatte; Unsicherheit hatte die jüngste Vergangenheit geprägt, und alle wussten, dass das Glück nicht beständig ist. Die Fabrikarbeiter, die im Jahr 2008 entlassen wurden, kehrten zumeist in ihre Dörfer zurück und warteten ab, dass die Lage sich besserte. In der Reformära hatten die Chinesen viel dazugelernt; sie waren flink, einfallsreich und kompromisslos geworden. Aber sie konnten auch geduldig sein – eine alte Tugend, so alt wie das Land selbst.

Die Zentralregierung reagierte auf die Krise mit einem weiteren großen Straßenbauprogramm. 2008 wurde ein auf zwei

Jahre angelegter Plan zur Belebung der Wirtschaft verkündet, mit Investitionen von 586 Milliarden Dollar, die fast zur Hälfte in Straßen-, Eisenbahn- und Flughafenbau gehen sollten. Die ländlichen Regionen sollten gefördert werden, in der Hoffnung, dass Hunderte Millionen chinesischer Bauern mehr konsumieren werden. Eine Entschließung des Staatsrats würde, wenn sie umgesetzt wird, den Bauern erlauben, ihre Landnutzungsrechte zu verpachten und auf dem freien Markt zu handeln, und einige ländliche Regionen haben begonnen, mit Hypotheken und Krediten zu experimentieren. Eine Kampagne der Zentralregierung sollte »Elektronische Geräte aufs Land« bringen; Landbewohner bekamen Zuschüsse für die Anschaffung von Waschmaschinen, Kühlschränken und Handys. Das war eine Wohltat sowohl für die Bauern als auch für die Fabrikstädte, die auf diese Weise ihre Lagerbestände abbauen konnten. Ferner wurden die Steuern auf neue Autos gesenkt, und der Absatz im Inland stieg weiter. In den ersten drei Monaten des Jahres 2009 wurden in China erstmals mehr Autos gekauft als in den Vereinigten Staaten.

Auf dem Höhepunkt der Krise schaffte Luo Shouyun endlich den Übergang vom Großen Meister zum Boss. Während 25 Jahren, die nahezu die gesamte Reformära umspannten, hatte er für andere gearbeitet. Nachdem er als schreib- und leseunkundiger Fließbandbursche begonnen hatte, war er durchs ganze Land von einer Stadt und von einer Fabrik zur anderen gewechselt und hatte es schließlich zum qualifizierten Techniker gebracht. Er hatte sich mit unzuverlässigen Chefs und gebrochenen Verträgen herumgeschlagen, und er hatte so viele BH-Ringe angefertigt, dass er nachts von ihnen träumte. Doch das alles ließ er im Jahr 2009 hinter sich. Er gründete gemeinsam mit seinem Neffen sein eigenes Unternehmen, und zusammen schufen sie einen Betrieb in der südchinesischen Stadt Foshan. Sie waren im Recycling tätig: Sie kauften Müll aus Übersee und machten daraus Rohstoffe für chinesischen

Fabriken. Die Firma spezialisierte sich auf hochwertigen Kunst-stoff, und Luo richtete dank seiner technischen Fähigkeiten die Maschinen ein. Ein halbes Jahr später hatten sie ein Dutzend Mitarbeiter, und Luo verdiente mehr Geld, als er es je mit BH-Ringen geschafft hatte. Seine Frau arbeitete im Betrieb mit, während ihr Sohn bei Verwandten in Guizhou lebte und in den Kindergarten ging.

Er lachte, als ich ihn mit seinem neuen Namen ansprach: Boss Luo. »Wir kriegen Müll aus Ihrem Land«, sagte er. Sie wur-den regelmäßig aus den Vereinigten Staaten, aus Europa und Australien beliefert, und das meiste traf in gutem Zustand ein; sie konnten Kühlschränke und Fernseher und sogar Autoteile identifizieren. Sie trennten die Stoffe, verarbeiteten den Kunst-stoff und verkauften ihn an chinesische Hersteller. »Manche machen daraus Spielsachen«, sagte Boss Luo. »Wir haben aber auch etliche Kunden, die Kühlschränke oder Fernseher ma-chen, dieselben Sachen, die wir von den Ausländern kriegen. Im Grunde ist alles dasselbe Zeug.«

* * *

In Zhejiang verließen die Tao-Schwestern und Ren Jing die BH-Ring-Fabrik bald nach dem Umzug in die Region Wenzhou. Auch das gehörte zu dem Plan von Herrn Tao: Er hatte hart um einen höheren Lohn vor dem Frühlingsfest verhandelt und dann, als er die Prämie und die roten Umschläge in der Hand hatte, die Mädchen abgezogen. Sie gingen gemeinsam zurück nach Lishui, wo sie alle eine Stelle in einer Fabrik fanden, die Aschenbecher herstellt. Als Yufeng sechzehn geworden war und leichter Arbeit in einer großen Fabrik finden konnte, wech-selten sie alle zu Huada-Kunstleder, wo sie in der Qualitätskon-trolle tätig waren. Sie prüften das fertige Produkt, untersuchten es auf Mängel, und mit ihrer Abnahmeerklärung wurden die Rollen Kunstleder in die weite Welt hinausgeschickt.

Während meines letzten Besuchs in Lishui schaute ich bei den Taos in ihrem Einzimmer-Verschlag vorbei. Yufeng war gerade von der Arbeit zurück, und sie plauderte fröhlich über den Job. »Sie zahlen für Überstunden!«, sagte sie. »Ich verdiene neunhundert im Monat, aber mit den Überstunden sind es gewöhnlich 1500.« Das war ein hoher Lohn, etwa 200 US-Dollar und ungefähr doppelt so viel, wie ein Fließbandarbeiter als Anfänger verdient. Yufeng berichtete stolz, die Fabrik produziere *pige*, also Kunstleder, von ungewöhnlich hoher Qualität, das zum Beispiel für Motorrad-Sitzbezüge und den Innenbereich von Autos verwendet wird. »Ich finde den Boss sympathisch«, erklärte sie. »Wenn wir müde werden und einschlafen, wird er nicht so böse. Und wenn wir einmal einen wirklich langen Tag haben, kauft er uns Obst oder etwas anderes als Zwischenmahlzeit. Es macht Spaß.«

Sie wollte noch rund ein Jahr in der Kunstlederfabrik bleiben und dann ihre Ersparnisse dafür verwenden, ein Geschäft aufzumachen, wahrscheinlich zusammen mit ihrem Vater. Sie wollten einen richtigen Laden eröffnen, etwas Überdachtes mit Türen und nicht bloß einen Stand auf der Straße. »In einer Kunstlederfabrik kann man nicht sehr lange bleiben«, sagte sie. »Es gibt dort Gift, und es tut einem nicht gut. In der Qualitätskontrolle, wo wir arbeiten, ist es besser, aber gesund ist es trotzdem nicht. Man bleibt dort ein bis zwei Jahre, aber dann sollte man besser gehen. Ohne das Gift wäre es ein toller Arbeitsplatz.«

Yufeng wurde in Kürze siebzehn. Ich hatte sie vor fast zwei Jahren kennengelernt, als sie sich um ihren ersten Job bewarb. Damals hatte sie rundliche, jungenhafte Züge, sie hatte die BH-Ringe festgehalten, als wären es Kasinochips, dem Boss einen falschen Ausweis gezeigt und ihm etwas von Erfahrung vorgegaukelt. Aber im Laufe der letzten zwanzig Monate war sie gleichsam in ihre Geschichten hineingewachsen. Ihr Babyspeck war verschwunden, und plötzlich war sie hübsch geworden –

sie hatte hohe Wangenknochen, eine zarte Haut und eine modische Frisur. Ihre Fingernägel waren manikürt, eine Seltenheit unter Fabrikmädchen. Das Dorf hatte sie vor zwei Jahren verlassen, aber zwischen damals und heute lag eine ganze Welt. Sie sagte nichts von ihren Großeltern oder ihren ehemaligen Klassenkameraden. Sie wollte nur über das Morgen sprechen – neue Jobs, neue Pläne, ein neues Leben, über all das, was das Prickeln der dahinsausenden Zeit zu verheißen schien.

* * *

Eines Nachmittags fuhr ich zu dem ehemaligen Sitz der BH-Ring-Fabrik. Das dreistöckige Gebäude an der Suisong-Straße stand noch immer leer, wenngleich es Anzeichen gab, dass Geley sich ausdehnen und die Räume übernehmen würde. Die Firma stieß auf vollen Touren Kupferwicklungen und Jane-Eyre-Lichtschalter aus. Ein Sicherheitsbediensteter sagte mir, das Geschäft laufe gut. Als ich ihn fragte, ob ich den Wagen auf dem Gelände der alten Fabrik abstellen könne, sagte er, das sei kein Problem. Ich ging an den steinernen Löwen, dem ausfahrbaren Sicherheitstor und der amerikanischen Fahne vorbei. Die goldene Kalligraphie hing noch immer schimmernd an der Wand:

DIE ERSCHÜTTERUNGEN DER ZUKUNFT
VOLLZIEHEN SICH DIREKT VOR EUREN AUGEN

Was mir in der Fabrik als Erstes ins Auge fiel, waren all die Ringe. Niemand hatte sich die Mühe gemacht, die Räume nach dem Umzug zu putzen, und sie lagen überall: schwarze Ringe, rote Ringe, verbogene Ringe, zerbrochene Ringe. In dem Raum, wo Yufeng gearbeitet hatte, lagen verbogene BH-Bügel dicht wie Stroh über den Boden ausgebreitet. Dazwischen leere Bierflaschen der Marke »Double Deer«, zerknüllte Zigaret-

tenpackungen »State Express 555« und angebrochene Rollen
Packband. Eine verwelkte Pflanze in einer zerbrochenen Vase.
Ein Bauer aus einem Schachspiel, ein verwaistes Essstäbchen.
Ein Abreißkalender, der noch immer den 22. November zeigte.
Eine leere Wickeltasche, ein Kinderschuh. Im Erdgeschoss, wo
der Alte Tian geschlafen hatte, stand auf dem Wandverputz eine
Reihe von Lotteriezahlen:

95 1.3.17.20.21.24 + 16
97 1.5.9.13.15.33 + 14
97 11.14.15.20.26.27 + 12
98 6.7.10.11.15.23 + 16
99 7.12.18.23.24.27 + 5

Überall, wo früher Arbeiter gewohnt hatten, sah ich Schriftzüge,
aufgetragen mit einer Feder, einem Bleistift, in Farbe. Ihre Rat-
geberparolen füllten kreuz und quer die schmutzigen Wände.
Ich streifte durch den ehemaligen Schlaftrakt, an all den Maxi-
men vorbei:

Suche den Erfolg augenblicklich

Verbringe jeden Tag glücklich!
Ein neuer Tag beginnt gerade jetzt!

Sieh der Zukunft direkt ins Auge

Man kann überall Erfolg haben;
ich schwöre, erst heimzukehren, wenn ich berühmt bin.

Ein kühler Wind blies gegen die Fenster. Die emsige Herbstsai-
son war angebrochen, und die meisten Fabriken im Gewerbegebiet hatten stramm zu tun. Von draußen vernahm ich die
Rhythmen der Maschinen – das Scheppern des Glasmachens,

das Rumpeln von Plastikformen, das Surren des Drahtwickelns. Doch kein einziger menschlicher Laut war zu hören, und ich stand eine halbe Stunde allein da und las die Schriften an den Wänden der verlassenen Fabrik.

DANK

Alle drei Teile dieses Buchs hatten ihren Ursprung in Arbeiten für die Zeitschriften *The New Yorker* und *National Geographic Magazine*, für deren Unterstützung ich dankbar bin. Darüber hinaus danke ich Ludger Ikas, meinem Lektor beim Berlin Verlag, sowie dem Übersetzer Friedrich Griese für all die harte Arbeit, die sie investiert haben, um diese deutsche Ausgabe zu ermöglichen. Die Hesslers werden diese ausgezeichnete Übersetzung wohl nicht genießen können, die Hässlers, so hoffe ich, dafür umso mehr.

Die frühen Entwürfe von *Über Land* wurden durch das verständige Urteil und die klugen Ratschläge von Michael Meyer, Ian Johnson und Leslie T. Chang enorm verbessert. Kersten Zhang in Peking half mir beim Überprüfen der Fakten. Seit 1999 ist Doug Hunt der brillante und großzügige Lektor all meiner Projekte, von Zeitschriftenartikeln bis hin zu Büchern, und ich bin zutiefst dankbar für seine Hilfe.

Mein herzlicher Dank gilt David Spindler, dem Experten für die Große Mauer. David hat das Manuskript eingehend geprüft und mich großzügig an seinen bahnbrechenden Erkenntnissen über die Chinesische Mauer teilhaben lassen. Ein Großteil seiner Arbeit ist bisher noch unveröffentlicht, dennoch was er so freundlich, mir Zugang zu seinen Aufzeichnungen und seinem Sachverstand zu gewähren. In vielen Abschnitten des Buches habe ich ausgiebig aus seinen Übersetzungen von Ming-Dokumenten zitiert. Die ausführlichen Zitatnachweise werden in der demnächst erscheinenden amerikanischen Ausgabe von *Über Land* (unter dem Titel *Country Driving*) nachzulesen sein. Während der Recherchen für dieses Buch habe ich darüber hinaus für den *New Yorker* einen Artikel über David geschrieben, der für alle, die mehr über seinen Forschungsansatz und seine Erkenntnisse wissen möchten, von Interesse sein dürfte. Er trägt den Titel „Walking the Wall" und erschien in der Ausgabe vom 21. Mai 2007.

Ich hatte das Glück, mein Haus in Sancha mit Mimi Kuo-Deemer teilen zu dürfen. In den ersten Jahren meines Aufenthalts war der Umgang mit den örtlichen Behörden eine enorme Herausforderung, denn viele von ihnen waren gegenüber Ausländern auf dem Land extrem misstrauisch. Ohne Mimis Geduld und Urteilsvermögen wäre ich niemals in der Lage gewesen, mit ihnen zu verhandeln, und es ist Mimis Freundschaft geschuldet, dass das Leben in Sancha zu einem solchen Vergnügen wurde. Auch für ihre Hilfe bei der Redaktion des entsprechenden Abschnitts bin ich dankbar.

Ich bin allen Menschen, über die ich geschrieben habe, zu tiefstem Dank verpflichtet. Ich danke dem wunderbaren Mr Wang von Hauptstadt-Autos in Peking dafür, dass er das Automieten für mich sowohl zu einem Vergnügen als auch zu einem Abenteuer gemacht hat. In Lishui waren mir besonders Luo Shouyun, Wang Aiguo, Gao Xiaomeng sowie die Familie Tao mit ihrer Geduld und Freundschaft eine große Hilfe. Danke. Und in Sancha hatte ich das Glück, Wei Ziqi, Cao Chunmei, Wei Jia und Wei Zonglou kennenzulernen. Danke, dass Ihr Euer Heim mit mir geteilt habt, danke für all die vorzüglichen Mahlzeiten im Kreis der Familie, und danke dafür, dass Ihr mir Eure Herzen geöffnet habt. Eurer Freundlichkeit wegen wird sich Sancha für mich stets wie ein Zuhause anfühlen.

Juni 2009
Ridgway, Colorado

Xu Zechen

Temporeich, aufregend und lakonisch direkt!

Xu Zechen
Im Laufschritt durch Peking

Dunhuang, Mitte zwanzig, ist getrieben vom Traum, in Peking das große Geld zu machen. Er schließt sich einer Bande von Dokumenten-fälschern an, und das Geschäft läuft gut, bis er von der Polizei einge-buchtet wird. Drei Monate später kommt Dunhuang frei und gerät gleich wieder auf die schiefe Bahn. Und dann sind da noch Xiaorong und die hübsche Qibao, die ein reichlich exzentrisches Leben führt …

»Ein Favorit für die Buchmesse 2009!« *arte Metropolis*

Berliner Taschenbuch Verlag
Weitere Informationen: www.berlinverlage.de